U0903118

亲历者说

中国抗战编年纪事

1931~1937

全国政协文史和学习委员会 编

人民出版社

责任编辑：杨美艳　柴晨清　刘　畅
封面设计：肖　辉　欢　欢
责任校对：周　昕

图书在版编目（CIP）数据

亲历者说：中国抗战编年纪事：全 10 册／全国政协文史和学习委员会 编 .
　– 北京：人民出版社，2015.8
ISBN 978 – 7 – 01 – 015186 – 1

I. ①亲…　II. ①全…　III. ①抗日战争 – 史料 – 中国　IV. ① K265.06

中国版本图书馆 CIP 数据核字（2015）第 198049 号

亲历者说
QINLI ZHE SHUO
——中国抗战编年纪事

全国政协文史和学习委员会　编

人民出版社 出版发行
（100706　北京市东城区隆福寺街 99 号）

北京盛通印刷股份有限公司印刷　新华书店经销

2015 年 8 月第 1 版　2015 年 8 月北京第 1 次印刷
开本：710 毫米 ×1000 毫米 1/16
印张：330.5　插页：40　字数：5000 千字

ISBN 978 – 7 – 01 – 015186 – 1　定价：1280.00 元（全十卷）

邮购地址 100706　北京市东城区隆福寺街 99 号
人民东方图书销售中心　电话（010）65250042　65289539

1931 年，九一八事变爆发，图为侵华日军在沈阳城垣上向城内射击。

九一八事变后，各地青年学生到南京向国民党中央政府请愿出兵抗日。图为蒋介石出面答复学生的质问。

马占山将军。

1932 年一·二八淞沪抗战，中国守军在街垒抵抗日军进犯。

1932 年，淞沪抗战期间，第十九路军总指挥兼淞沪警备司令蒋光鼐（中）与十九路军军长蔡廷锴（右）、上海警备司令戴戟（左）合影。

一·二八淞沪抗战，中国军队敢死队准备出击。

1933 年春，长城抗战。图为坚守在喜峰口的第 29 军战士。

甯為战死鬼
不作亡國奴
宋哲元

第二十九军军长宋哲元及其手迹（左图）。

二十九军三十七师一〇九旅旅长赵登禹。

1937年春，二十九军高级将领在北平举行军事会议后的合影。前排左起：张维藩、张自忠、宋哲元、刘汝明、石友三；后排右起：佟麟阁、赵登禹、冯治安、郑大章。

察哈尔民众抗日同盟军总司令冯玉祥在训话。

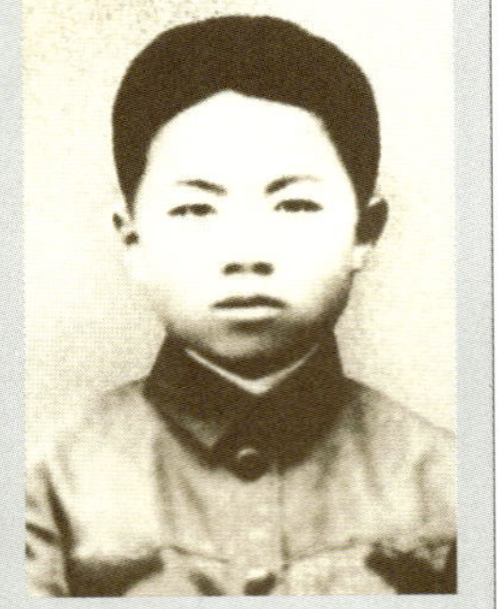
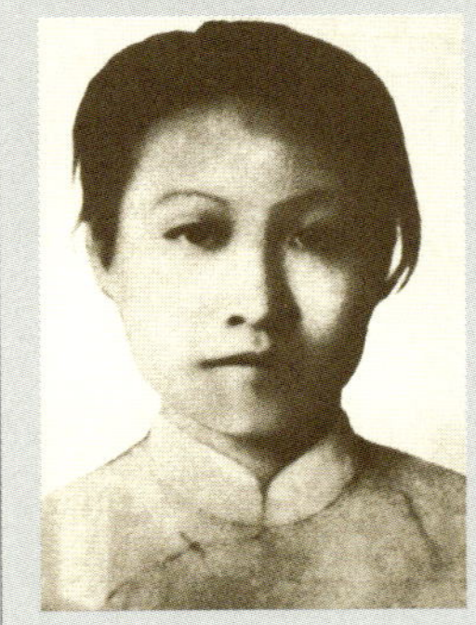

东北抗联总指挥杨靖宇（左上），东北抗联第三军军长、总司令令赵尚志（右上），东北抗联三军二团政委赵一曼（下）。

东北抗日联军战士。

参与领导一二·九爱国学生示威游行活动的北京大学学生黄敬在电车上进行抗日演讲。

1935 年，北平爆发一二·九运动。图为学生们向北平市民演讲。

1936 年 5 月“七君子事件”的七君子。左起：王造时、史良、章乃器、沈钧儒、沙千里、李公朴、邹韬奋。

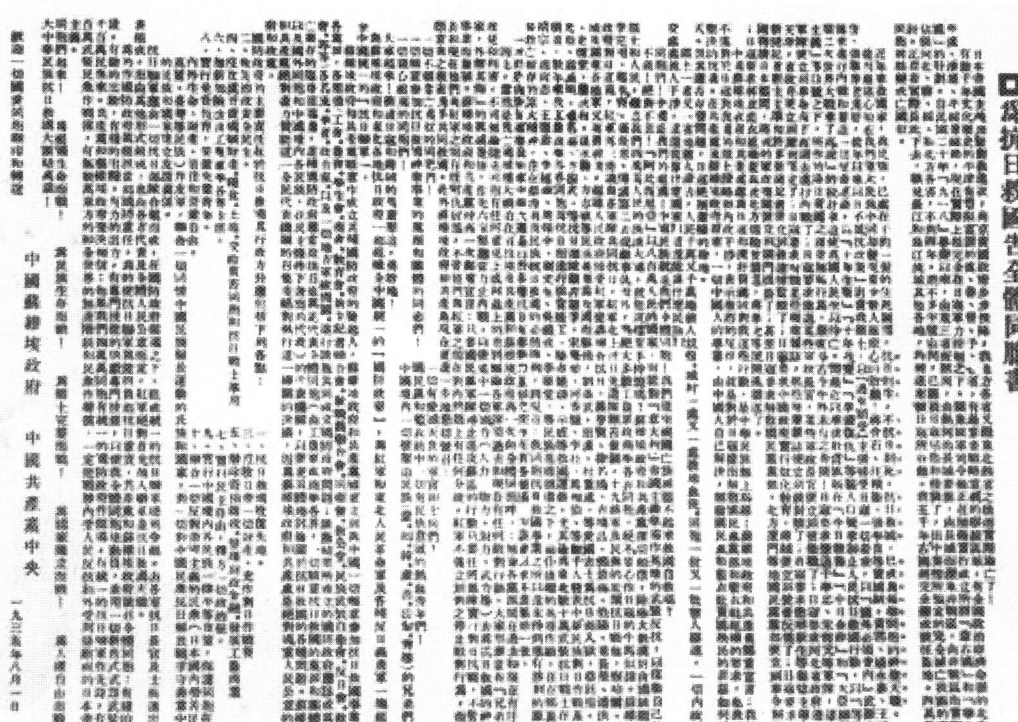

為抗日救國告全體同胞書

中國蘇維埃政府　中國共產黨中央

一九三五年八月一日

1935 年 8 月 1 日，中国共产党发表了《为抗日救国告全体同胞书》，即《八一宣言》。

指挥绥远抗战的三将领合影。左起：赵承绶、傅作义、王靖国。

参加绥远抗战的中国军队抵达平地泉时的情景。

西安事变前夕的张学良（左）与杨虎城。

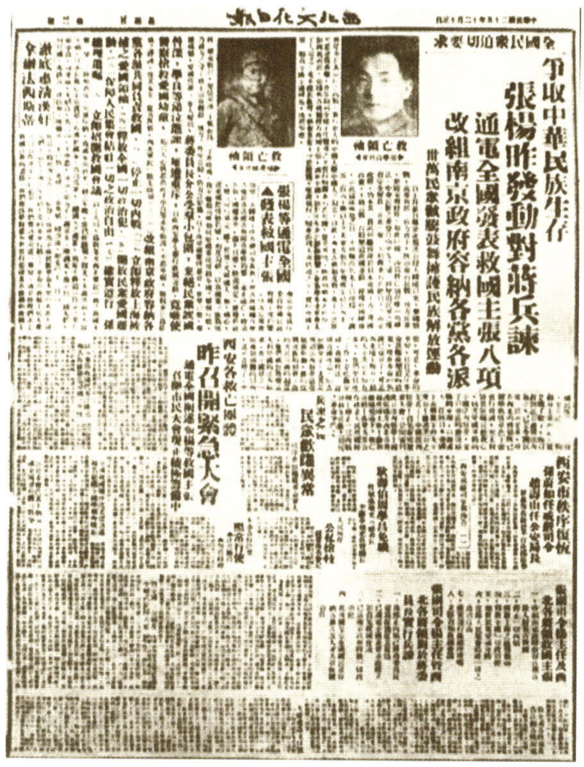

西北文化日報

全國民衆迫切要求

爭取中華民族生存

張楊昨發動對蔣兵諫

通電全國發表救國主張八項

改組南京政府容納各黨各派

救亡領袖

救亡領袖

張楊等通電全國

發表救國主張

西安各救亡團體

昨召開緊急大會

民衆歡躍異常

西安市秩序恢復

西安事变第二天《西北文化日报》的消息。

应张学良邀请赴西安参加谈判的中共代表。右起：周恩来、叶剑英、秦邦宪。

1937 年 4 月初，周恩来在西安谈判后回到延安，中共领导人到机场迎接。机前人员左起：秦邦宪 、张闻天、毛泽东、周恩来、彭德怀、林伯渠、萧劲光。

编委会名单

执行主编

石玉新　党德信　屠筱武　刘晓冰

执行副主编

黄小同　章　同　方兆麟　高峰岗　李维青　曾　骅
殷小琴　姜东平　张燕妮

编　辑（按姓氏笔画排序）

弓　强　马爱英　王　辉　王秀玉　王重道　王彦斌
王嘉梅　石凯勋　史　永　丛菁华　包广林　曲　元
刘军洲　许丽澄　农　毅　孙　彤　孙为武　孙海燕
杜以宾　李俊峰　杨　文　杨　娇　杨　琼　杨　鹏
杨志强　杨绍武　吴　裘　吴艳芳　汪　丽　汪厚云
宋玉宝　宋家宏　张　婷　张克勇　张贤达　武学沪
范晓娟　赵庆怡　胡勤刚　柯楚将　段　敏　宫继辉
祝军利　袁红雁　袁维辉　夏　颖　夏　薇　殷小琴
高　红　郭少敏　黄　凯　梁琼月　彭　芬　蒋杰梅
魏　凯

前　言

今年是中国人民抗日战争胜利暨世界反法西斯战争胜利70周年。70年前，中国人民经过艰苦卓绝的浴血奋战，打败了日本军国主义侵略者，赢得了近代以来中国抗击外敌入侵的第一次完全胜利。这一伟大胜利，彻底粉碎了日本军国主义殖民奴役中国的图谋，洗刷了近代以来中国抗击外来侵略屡战屡败的民族耻辱；重新确立了我国在世界上的大国地位，中国人民赢得了世界爱好和平人民的尊敬；开辟了中华民族伟大复兴的光明前景，开启了古老中国凤凰涅槃浴火重生的新征程。这一伟大胜利，也是中国人民为世界反法西斯战争胜利，维护世界和平作出的重大贡献。

为纪念中国人民抗日战争暨世界反法西斯战争胜利70周年，全国政协文史和学习委员会编辑《亲历者说——中国抗战编年纪事》（10卷本），通过历史当事人、见证人和知情人的回忆著述，生动翔实地记录了70年前那场气壮山河的抗日战争，展现了中国人民英勇反抗外敌入侵的壮阔历史，彰显了中华民族以爱国主义为核心的伟大民族精神，书写了中华民族走向伟大复兴的不朽篇章。

那段反侵略的悲壮历史已经铭刻在中国人的记忆之中。1931年，日本军国主义悍然发动九一八事变，占领中国东北全境。中国人民局部抗战和全国抗日救亡运动揭开了世界反法西斯战争的序幕；1937年日军又蓄意制造七七事变，发动了全面侵华战争，中国人民遭受了前所未有的巨大灾难。中国全面抗战爆发，开辟了世界上第一个大规模反法西斯战场。在中华民族面临危难之际，中国共产党秉持民族大义，呼吁建立以国共合作为基础的抗日民族统一战线，共同抵抗日本军国主义的侵略。面对日本侵略者的野蛮残暴，全国各民族、各阶级、各党派、各社会团体、各界爱国人士、港澳台同胞和海外侨胞团结一心，义无反顾投身到这场关系民族生死存亡的伟大斗争中。1941年，日军偷袭珍珠港，太平洋战争爆发，国际反法西斯统一战线于次年正式形成，中国人民在亚洲担负起抗击日本法西斯的重任，中国战场成为世界反法西斯的东方主战场。经过艰苦卓绝的长期抗战，中国人民从战略防御到战略相持，进而发展到战略反攻，终于在世界反法西斯战争走向胜利的进程中彻底打败了日本侵略者。1945年9月2日，日本政府正式签署投降书，宣告了日本侵略者的彻底失败和世界反法西斯战争的最后胜利。中国人民抗日战争和世界反法西斯战争以中国人民和世界各国人民的彻底胜利载入了史册。

在这场救亡图存的伟大斗争中，中华儿女冒着敌人的炮火共赴国难，无论正面战场，还是敌后战场，千千万万爱国将士浴血奋战、视死如归，各界民众万众一心、同仇敌忾，奏响了一曲气壮山河的抗击日本侵略者的英雄凯歌，用生命和鲜血谱写了一部感天动地的反抗外来侵略者的壮丽史诗。

中国共产党作为中华民族解放的先锋队，先后提出一系列重大思想理论和方针政策，创造性地回答了决定抗日战争成败的根本性、战略性问题，开辟了广大的敌后战场，支撑起全民族救亡图存的希望，成为坚持持久抗战、夺取抗战胜利的中流砥柱。

历时14年之久的中国抗日战争，不仅谱写了世界民族解放史上的辉煌篇章，而且成为半殖民地半封建的弱国战胜法西斯强国的典范。14年抗战，中国战场长期牵制和抗击了日本军国主义的主要实力，毙伤、俘虏日军150余万人，其中毙伤人数占日军在第二次世界大战中军队伤亡人数的70%以上，对日本侵略者的彻底覆灭起到了决定性作用；日军战败后向中国投降的共计128万余人，占当时其海外投降总兵力的50%以上。中国人民不屈不挠的英勇斗争，从根本上奠定了东方战场的胜利格局。

中国为世界反法西斯战争作出了巨大贡献，也付出了最大牺牲。当时的中国，与日本在经济实力、军事力量等方面有着相当大的差距，在很多情况下，中国军民几乎是以血肉之躯奋勇抵抗，以奋不顾身的精神弥补了装备上的劣势，缓解了战场上的危机。抗日战争中，整连整营的中国军队在一场战斗中全部牺牲的情况并不罕见，惨烈战斗中甚至出现全师阵亡。中国军民付出的伤亡达到3500万人以上，直接经济损失达1000多亿美元。“一寸山河一寸血”，中国军民的抗战壮举，可歌可泣，永垂史册。

抗日战争既是一场军事实力和经济实力的较量，更是一场民族精神和民族意志的较量。

我们必须牢记由鲜血和生命铸就的中国人民抗日战争的伟大历史，牢记中国人民为维护民族独立和自由、捍卫祖国主权和尊严建立的伟大功勋，牢记中国人民为世界反法西斯战争胜利作出的伟大贡献，弘扬伟大抗战精神。

我们必须弘扬以爱国主义为核心的伟大民族精神；弘扬“天下兴亡，匹夫有责”的爱国情怀，视死如归、宁死不屈的民族气节，不畏强暴、血战到底的英雄气概，百折不挠、坚忍不拔的必胜信念。这些伟大的抗战精神，是中国人民弥足珍贵的精神财富，是永远激励中国人民克服一切艰难险阻、为实现中华民族伟大复兴而奋斗的强大精神动力。

历史是最好的教科书，也是最好的清醒剂。每一次回望这段历史，我们都更加深切地体会到：中国要实现民族振兴和人民幸福，必须首先实现民族独立和人民解放，必须建立人民当家做主的人民民主政权，真正掌握自己的命运；中国共产党提出的改造旧中国、建设新中国的主张，代表了历史发展的正确方向，符合中国人民和中华民族的根本利益；中国共产党是领导中国人民争取民族独立和人民解放的坚强核心；中国人民抗日战争的胜利，成为中华民族走向富强的历史转折点。正是在中国人民抗日战争胜利的基础上，中国共产党领导中国人民取得了新民主主义革命的胜利，建立了中华人民共和国，实现了中国历史上最伟大、最深刻的社会变革。

回顾中国人民抗日战争的伟大进程，就是要铭记历史、警示未来，勿忘国耻、圆梦中华，以向中华民族伟大复兴目标不断前行的新成就，告慰为中国抗日战争胜利献出生命的所有先烈和被日寇残杀的无辜中国平民。

人民政协的文史资料工作，是周恩来同志亲自倡导和培育的一项富有统一战线、政协特点的重要工作。长期以来，全国及地方政协文史部门编辑出版了一大批反映抗日战争的文史书籍，具体翔实地记述了对抗日战争的亲历、亲见、亲闻。其内容有侵华日军所犯下的滔天罪行，有广大民众在日伪统治下饱受奴役之苦的悲惨生活，有风起云涌的抗日救亡运动，有中国共产党领导的波澜壮阔的人民战争，有中国军队浴血奋战的悲壮战斗，有抗日将士英勇牺牲的不朽功勋，也有投敌汉奸卖国求荣的昭昭劣迹，几乎涉及抗日战争过程中的所有重大事件和重要人物。这些鲜活生动的史料弥补了文献记载的不足。特别是政协利用自身优势，动员和组织原国民党将领撰写的正面战场抗战回忆录，让战争亲历者说话，既对战争防御阶段发挥主战场作用和众多国民党爱国将士血洒疆场作了具体的记述，也对国民党政府在抗战初期的消极行为以及在战略相持阶段发生动摇，制造摩擦直至公开反共、挑起内战的行径进行了如实揭露，用第一手资料批驳歪曲历史、否认和美化侵略战争的错误言论。

在纪念中国人民抗日战争暨世界反法西斯战争胜利 70 周年之际，全国政协文史和学习委员会挖掘整理、编辑的《亲历者说——中国抗战编年纪事》具有重要史料价值，它将成为研究在中国共产党倡导建立的抗日民族统一战线旗帜下进行的全民族抗战的不可多得的素材，也将成为深入揭露日本侵略者对中国人民犯下的滔天罪行的重要史实。

殷忧启圣，多难兴邦。中国抗日战争的胜利证明，中华民族是具有顽强生命力和非凡创造力的民族，全国各族人民紧密团结起来，就没有克服不了的艰难险阻，就没有战胜不了的敌人。抗日战争胜利 70 年来，中国发生了翻天覆地的变化，中国共产党团结带领人民前仆后继、持续奋斗，把贫穷落后的旧中国变成了日益走向繁荣富强的新中国。

谨以此书作为献给中国人民抗日战争暨世界反法西斯战争胜利 70 周年的礼物，祭奠和怀念那些为民族自由、解放英勇献身和不屈奋斗的英烈们，他们的事迹将永远留在历史和人民的记忆中。

编辑说明

一、《亲历者说——中国抗战编年纪事》（10 卷本）以全国政协和各地政协征集的抗战“亲历、亲见、亲闻”史料为主体，通过历史当事人、见证人和知情人的回忆，生动翔实地记述了中国抗日战争中的重大事件和重要人物活动，再现了全民族同仇敌忾、共御外侮、抗击日本侵略者的历史画面。

二、本书采用编年纪事体。以时间为经、事件为纬。对重大事件、重要史实的回忆按发生时间分项归类排序。有关重要历史人物的回忆一般融入历史事件记述中。反映同一事件的文章一般不超过 3 篇。对一些比较有代表性、又不易分类的文章，归入“其他”类。

三、本书重点收录记述抗战期间重大事件和重要历史人物的回忆文章，突出各地在抗战中最具特色和有影响力的内容，同时也收录了普通民众的回忆，力求以小见大，真实客观地反映抗日战争全貌。

四、本书分为 10 卷，每卷约 50 万字，总计 500 万字左右。第一卷内容以 1931 年九一八事变至 1937 年七七事变前为时限，是为局部抗战纪事；第二卷内容以全国性抗战为起点，为 1937 年七七事变至 1937 年底纪事；第三卷为 1938 年纪事；以下分年依次编排，第十卷 1945 年纪事至 9 月 3 日抗日战争胜利。每卷以一篇概述作为篇首，并配以若干反映相关内容的历史照片。时间跨度较长特别是跨年度纪事，按起始日期编入，如南京大屠杀发生在 1937 年 12 月 13 日，持续 6 周至 1938 年 2 月，纪事按起始时间编入 1937 年卷，1938 年卷不再列入。

五、为尊重作者原意，保持原作原貌，入选文稿除统一年代、数字、称谓等标准用法，删除个别偏颇之词外，未对内容做大的改动。对有些篇幅过长的文章，节选其相关内容或主要部分。书中的部队番号沿用了文史资料的传统用法，共产党领导的军队均用阿拉伯数字，红军方面军、解放军野战军的番号用汉字；对国民党军、日军、美军等部队番号也均用汉字。

六、人民政协的文史资料工作自开创以来，以征集民主党派和社会各界人士的史料为主。为较为全面地反映抗日战争的历史，本书还补充了部分中共党史、档案文献等方面资料，也收录了少量史家学者根据文献资料编写的文章。即便如此，囿于史料征集多寡不一和史料价值的差异，所收文章对全面反映抗日战争历史仍难免有遗缺未全之憾。

七、本书收入的文章，主要是各地政协文史部门提供的稿件，多选自其编辑出版的文史资料选辑或专题图书。因此，文末不再注明出处。

八、《亲历者说——中国抗战编年纪事》的问世是全国各级政协文史工作部门开展大协作的成果，得到了各级政协领导在人力、物力、财力等方面的大力支持，部分专家学者参加了书稿审定工作。在此，向支持参与本书编辑出版工作的各协作单位和各位同人表示感谢和敬意。

九、由于时间仓促，加之水平有限，可能因取舍失当或寻访不周而遗漏了一些很有价值的史料。同时，在史实和语言文字上，也难免有失当之处。谨请专家学者以及各界读者批评指正。

编者

2015 年 7 月

目 录

东北义勇军

东北抗日联军

长城抗战

察哈尔抗日同盟军

抗日民族统一战线

西安事变

其　他

概　述

九一八事变是日本帝国主义发动侵略中国战争的起点，也是中国人民进行艰苦曲折的抗日战争的开端，同时揭开了反法西斯第二次世界大战的序幕。中国抗日战争，经历了一个由局部抗战到全国抗战，由战略防御到战略相持再到战略反攻的过程。局部抗战是全国性抗战的基础和准备，全国性抗战是局部抗战历史的继续和发展，本册内容记述的是九一八事变到七七事变前六年局部抗战的情况。

1931 年 9 月 18 日夜，日本帝国主义在沈阳北大营附近制造了柳条湖事件，发动了对中国东北的武装侵略。这是日本帝国主义继 1894 年中日甲午战争、1904 年日本同俄国争夺在华权益的日俄战争、1915 年日本提出旨在灭亡中国的“二十一条”后，又一次把中华民族推到了危亡的边缘。由于以蒋介石为首的国民党政府推行“攘外必先安内”方针和对日不抵抗的错误政策，致使东北三省迅速沦陷。

九一八事变后，中国共产党作为一个受反革命军事“围剿”重压的非执政党，从全民族利益出发，及时发表宣言，作出决议，揭露日本帝国主义的侵略罪行，指出国民政府“不抵抗”政策的实质，主张武装抗日，并引导工农红军和人民群众，把国内革命斗争与抵抗日本侵略的反帝爱国运动结合起来，同时号召全国人民开展各种形式的斗争，坚决把日本侵略者驱逐出中国。东北军部分爱国官兵和东北各民族各阶层人民组成的东北义勇军，违抗国民党政府绝对不抵抗的命令，奋起抗战，给日本侵略者以有力打击。当东北各地义勇军的抗日武装斗争从一度高涨转向低潮时，中国共产党领导的抗日游击队却在斗争中不断壮大，逐渐成为东北人民抗日武装斗争的核心力量，使东北的抗日游击战争进入发展的新时期。在此期间，驻上海地区的国民党军爱国官兵，冲破国民党的对日不抵抗政策，奋起保卫淞沪，也给侵略者以沉重打击。

1932年1月28日，日本帝国主义对上海实行武装进攻（即一·二八事变）。驻防上海的第十九路军奋起抵抗，在第五军的参战和全国人民支援下，共同奋战四十余日。而南京国民政府不但加以阻挠，最后竟然和日本帝国主义签订了《淞沪停战协定》。

同年3月，日本帝国主义劫持清逊帝溥仪，在东北组织了伪满洲国傀儡政权，使东北成了日本帝国主义殖民统治下的沦陷区。日本及其卵翼下的伪满政权，对东北人民实行野蛮的法西斯统治，残酷迫害和屠杀抗日人民。在经济上实行“统制”政策，大量掠夺东北的财富，摧残中国民族工商业；在文化教育上实行法西斯文化专制政策，篡改历史，企图在东北人民中泯灭中国民族文化和民族意识。日本通过加强殖民统治，逐步把东北变成其侵略华北乃至全中国的战略基地。

1933年1月，日军进攻山海关。1933年春，日军大举进犯热河，并向长城各口进攻。当地驻军曾在东起山海关、西至古北口的长城沿线进行英勇的抵抗。这时，南京国民政府正集中主力部队围剿中国共产党领导的革命根据地和红军，没有调集更多的兵力投入战斗，致使日军突破长城防线，进逼平津。南京国民政府一让再让，又与日军签订了《塘沽协定》，划冀东为非武装区，平津一带便成了我国的国防前线。在此期间，爱国将领冯玉祥与中国共产党人合作，组织察哈尔抗日同盟军从事抗战，但却因受到国民党的破坏而失败。日本帝国主义的侵略魔爪伸到了华北地区。

1935年，日本帝国主义进一步向华北地区发动新的侵略。同年11月，日军策动汉奸殷汝耕成立了伪“冀东防共自治政府”。1936年5月，日军又策动蒙王德穆楚克栋鲁普成立了伪内蒙古军政府，并于同年11月向绥远发动进攻。绥远驻军傅作义部奋起抵抗，打退了伪蒙军的进攻，并收复了绥北重镇百灵庙。

日本帝国主义还以中日“经济提携”为幌子，加紧对华北进行经济掠夺。日本资本逐步控制了华北的铁、煤、盐等军需资源和交通运输、电力设备。华北的部分农村也逐渐变成日本的植棉区。在天津、青岛等大城市，日本单独经营的公司迅速增加，不少工厂、矿山变成中日“联营”的企业。日本商人大规模地武装走私，使日货泛滥于中国市场，对已经处于衰退状态中的中国民族工商业构成严重的威胁。

日本对我国东北、上海、华北的大规模侵略强烈地震动了中国社会。各阶层爱国人士看到大片国土迅速沦丧，政府屈辱退让，无不痛心疾首，义愤填膺。“中华民族到了最危险的时候，每个人被迫着发出最后的吼声。”一个群众性的抗日救亡运动很快在全国许多城市和村镇兴起。工农商学兵各界民众团体和知名人士，纷纷抗议日本的侵略暴行，要求国民党政府抗日。

1935 年中共发表《为抗日救国告全体同胞书》(即八一宣言)，同年 12 月中共瓦窑堡会议确立了抗日民族统一战线的指导思想。瓦窑堡会议后，中国共产党积极开展各阶层的抗日民族统一战线工作。继续组织和领导全国人民的抗日救亡运动，加强对东北军工作，成立东北军工作委员会。加强西北军工作，提出西北大联合的主张。加强对华北及其他地方实力派的工作。大力支持国民党爱国将领的抗战行动。直接领导东北的抗日游击战争。1935 年 12 月 9 日，北平爆发著名的一二・九爱国运动，并迅速扩展到全国各地。

在中国共产党抗日民族统一战线政策的推动下，在全国抗日救亡特别是一二・九运动的冲击下，在国民党内抗日派的促进下，在华北事变后英美等国在华利益和国民党中英美派利益受到损害的情况下，特别是西安事变的和平解决，迫使蒋介石抛弃了“内战、独裁和对外不抵抗政策”，接受了中国共产党抗日民族统一战线的主张，初步实现了国共两党的再度合作。经过“抗日反蒋”到“逼蒋抗日”和“联蒋抗日”的发展过程，中华民族由分裂走上了团结抗战的道路。中国政局的这一重大变化，不仅给予日本全面侵华政策以沉重打击，而且对于全民族抗战的发动、坚持与胜利具有深刻的影响，同时也为世界反法西斯统一战线的形成提供了借鉴。

九一八事变

九一八事变目击记

李树桂*

1931年1月，我在沈阳东北陆军高等军事研究班第二期毕业后，被分配到北大营东北陆军独立第七旅司令部（旅长王以哲）任少校参谋，并兼任步兵研究班的战术课。7月又被派任本旅军士队的总队长。该总队包括两部分人：由全旅军士及上等兵中选拔200多人，携带武器参加；另外东北保安总司令部所属军需、军医训练班的学生200多人也参加，由本旅代办6个月的入伍生教育。

军士队共编4个中队，从步兵研究班毕业学员中，选拔优秀的尉级军官分任中队长及中队附。军士队进行了修整环境、清理宿舍、购置用具和教材等一系列工作，准备于9月19日上午9时举行开学典礼，请柬业已发出。谁知9月18日夜就发生日军夜袭北大营中国驻军的突然事变。

1931年9月18日夜10时许，突然从营房西侧、南满铁路方向发生一声霹雳巨响，震撼了沈阳全城，也震醒了刚刚入睡的全旅官兵。我正惊惧疑虑中，一发炮弹击中了我的寝室的屋顶，将我由床上震到地上。我在灰尘迷雾中爬起来穿上衣服，只听到西围墙附近已经响起机关枪、步枪射击声以及

* 作者时任东北军独立第七旅军士队总队长。

炮弹的连续爆炸声。我拎着手枪将出屋门，又一声轰然巨响，一发炮弹击中外屋会议室的西北角。霎时间烟尘弥漫，半壁屋顶摇摇欲坠。我立即卧倒在地。当我带着轻伤跑出屋外时，听清枪声确从西围墙传来，比刚才更激烈了。几个中队长齐来报告："日军已占领西围墙，正向第六一九团及步研班营房射击中。"我一面派传令兵去旅部请示（电话已中断）；一面令各中队在营房东侧集合，伏卧在甬路上，派军士两名去西围墙侦察情况。这时北院第六二〇团传令兵跑来说，旅部赵参谋长让我团通知军士："一律不得轻举妄动，更不能向日军还击，原地待命。"当时我想在敌人枪炮密集射击下，怎能等着挨打呢？正踌躇中，派去的军士来报："日军已越过围墙，冲进第六一九团的营房了。"我静听一下，果然枪声已向前、向两侧扩展，火力更密集起来，情况变得严重了。于是我当机立断，一面派人向旅部继续请示行动，并派两个中队向第六一九团密集枪声处详细侦察，一面令各中队按四至一队的顺序，以低姿势跑步到营房西侧壕沟内潜伏，同时派出警戒哨在西沟沿任警戒。我乘机爬上炸塌的房顶，借颓垣的遮蔽观察形势。适值旅部后面骑兵连草垛中弹起火，在漫天火光映照下，我隐约看见西面营房前，有人影跑动。随着爆豆似的枪声，人影应声倒地，有的人正在没命地奔逃。显然这是日军在追杀我方士兵。这时北院第六二〇团尽管人员都已起来，还听到口令声，可能已集合隐蔽待命，但毫无动静。草垛火光已微弱下去，除敌人炮弹爆炸时发出火光外，周围漆黑一片。日军到底进来多少？有没有日军沿南围墙壕沟窜过来？一时判断不出来。但我们肯定这是日军有计划、有准备的侵略行动。因为几个月来，日军已经不止一次地向我们挑衅。可是我怀疑旅部为什么不立即按演习计划下达撤退命令呢？是否西营房的第六一九团、甚至连旅部和第六二一团都撤不出来呢？这时潜伏在壕沟里的各队学兵们一听警戒兵传话，又看到火光下日军枪杀我西营房士兵的惨状，莫不义愤填膺，怒火中烧，纷纷装弹入枪膛，准备射击。这时我派去旅部请示的军官回来汇报说："参谋长让我回来报告总队长。旅长从城里来电话，总部荣参谋长指示，日军进入营房，任何人不准开枪还击，谁惹起事端，谁负责任。"学兵们一听立即纷纷提出质问："那咱们就这样眼看咱们的弟兄都被打死吗？”“为什么叫小鬼子这样欺负我们？”“我们就这样白白等死吗？”我无法回答，连忙和各中队长厉声制止，才静寂下来。这时派出侦察的军官又回来报告：“旅部、第六一九团和第六二一团的士兵，已有少数人跑到东边来了，大部分仍没消息和动静。估计可能被日军火力封锁或被密集火力压制在营房的一侧，或压制在林荫路附近，必须赶快进行火力支援，否则有被全歼的危险。”又说：“据逃过来的士兵讲，日兵进入营房内，由于无人还击和抵抗，如入无人之境，见人就杀，一个不留。有的死守‘原地待命’的安排，竟被日兵用刺刀活活挑死在床上，有人冲出来，日兵仍追着枪杀。”学兵们一听，立刻又叫嚷起来：“队长，难道我们不是人吗？咱们和鬼子拼了吧！”“简直是欺人太甚！我们也有枪，怕什么！”其中第一、二两中队因有枪有弹，吵嚷得最厉害。三、四两中队虽是徒手兵，也按捺不住内心的愤懑，七嘴八舌地议论起来。我和各队军官们虽然心情和学兵们一徉，但迫于命令，只得仍以压抑的口吻要求大家镇静，听候上级的指示。这时敌方的枪、炮声越来越密集了。显然是日军得到增援，正在向前挺进。忽然在旅部以及第六二一团附近的林荫路下响起了自卫还击的枪声，虽然稀稀落落，但我们听来，却是那样的清脆、有力，而且越来越猛烈了。我初步判断这可能是处于绝境的士兵们出于自卫迫不得已地向日军开火了。可是十分清楚，如果没有我们这方面的火力支援，林荫路附近士兵仅凭少数抵抗火力，是不能持久地与日军对抗并脱身的，情况不容再拖延了。这时持枪的学兵和大部分军官纷纷要求马上开始射击。我也在考虑是否先干一下，把友军救出来再说。正要下达“开始射击”的口令时，忽然旅部的传达长跑来，口头传达总部和旅长转张副司令（张学良）奉蒋委员长的命令：“日军进攻，绝对不准抵抗。缴械任其缴械。占营房任其占营房。”因为这是最高级的命令，人们听后都寂然无声了。但全总队士兵的惊讶、怀疑和愤懑是可想而知的。良久，一个学兵说话了：“现在不是缴械和占营房的问题，而是日本小鬼想要全部打死我们。”另一个说：“我们这里看情况还能跑得出去。可是，旅部和那两个团怎么办？难道扔下不管吗？任凭小鬼全部歼灭吗？”又一个接着说：“就是现在想走，恐怕只能走出一小部分了。”的确，这些人说的都是实际情况。我们只有不顾一切马上逃跑，不然会被敌人全部歼灭的。但我们是军人，当然得听从上级的命令。于是我又派一个中队长和中队附由北院过去到旅部向参谋长请示。一面命令各队按四至一队的顺序，马上跑步撤到营房后面隐蔽，暂避敌人的火力，由第一队留一个分队任掩护。当学员兵沿着壕沟往后低身跑时，日军机、步枪突然向这边扫射起来。几个没战斗经验的学兵，因姿势稍高，中弹负伤。邻近的人就搀扶着他们随后赶来。留在后面掩护的分队，一看这样，眼睛都红了。有的人干脆不顾一切，在忍无可忍的情况下，也向日军射击起来。我和两个中队长一再制止，他们才愤愤不平地退下来。当我们最后到达房后时，先退到这里的军官向我报告说："第六二一团有一部分撤到这里来了。"我马上率全总队，继第六二一团一部分之后，按原来顺序向东卡子门快速前进。这时派去旅部的中队长及队附跑回来报告，参谋长指示："旅长命令以第六二〇团任掩护，其他团队按演习计划向东大营大操场撤退。"不久，就看见东围墙上卡子门两侧空隙处，约有几十条步、机枪喷出愤怒的火舌，指向逼近的日兵。对方的枪声已明显地稀疏下来。这是日本侵略者的攻势开始遭到初步压制。大家长长地舒了一口气。当军士队到达东卡子门时，发现第六一九团、第六二一团已经绕道第六二〇团院墙，撤到这里。有的军官背几支枪，有人搀扶着伤员，衣帽不整，队形混乱，十分狼狈。军士队等候两团走后，立即跟了上去。当我们走出很远，第六二〇团掩护的枪声，仍在时断时续地响着，但不如最初那样猛烈了。我们顺便向第六二〇团预备队打听，才知道旅部和直属连队已先行撤出，正在前方领着我们这支退兵前进呢！我看了一下怀表，正是夜半 12 点多钟。

由于第六二〇团的掩护，日军炮兵延伸射程，盲目向东大营路上轰射，他们没有越过围墙追击我们。

全旅溃退的部队，像一条乌合之众的长龙，在黑夜里行走着。忽然受到敌炮的远程追射，队伍顿时混乱起来，向东急促奔逃。最痛苦的莫过于伤员了，包扎本来就草率，无药可医，还得拼命地跟上队伍。重伤员虽有人换班抬着，但因颠簸震动，痛苦呻吟之声不绝于耳。士兵们边走边骂："蒋介石纯粹是日本鬼子的干儿子，为什么打上门了还不让还手？叫我们白白送命！”“难道日本鬼子是人，我们就不是人吗？”“咱们为什么听蒋介石的？得了他什么好处？”“这是蒋介石想借刀消灭咱们的东北军呀！”“老帅（张作霖）要活着，日本小鬼子就不敢来！”……在军官们的一再制止下，士兵们的咒骂声稍平静些，但低声私语的咒骂声、斥责声仍然不断。这时敌人的大炮延伸射程，向山嘴子东大营狂轰起来。

9 月 19 日晨 3 时许，全旅官兵到达东大营大操场清点人数。这时在城内的团、营长都跑步赶来，掌握队伍。我们发现讲武堂第十一期学员及教职员工等已麇集在大操场的一侧。原来他们也得到总部转达的“不准抵抗”的命令，为了躲避敌炮弹的轰炸，自动集合在大操场的。步科学员背着空枪，骑、炮科学员牵着空马，群龙无首，乱作一团。正当两队汇合时，几发敌人的炮弹在操场东边和南侧爆炸了。于是人们犹如惊弓之鸟，又继续慌乱地向东溃逃，显然是想逃出敌人炮弹射程以外去躲避一阵，这就引起全操场的秩序混乱。这时又接连打来几发炮弹，大部队就不顾一切地拼命向东狂跑，狼奔豕突，争先恐后，窘态毕露，而敌炮仍在尾随追击中。黎明时，先头部队已到达灰山街村附近，后尾拖得很长，两侧田地漫山遍野黑压压地拥挤着武装的人群。大家都以为到了安全地带，可以喘息一下了。不料敌机掠空而来，向俯卧的队伍侦察、扫射、投弹。所幸队伍闻声疏散，纷纷躲进树林、高粱地里卧倒，没有受到损伤。当敌机俯冲时，机中人影和机尾上的太阳徽清晰可见。这次仅来 1 架飞机，盲目投射一番就飞走了。于是部队重整队伍，入村休息。这时由沈阳城内外逃来的宪、警、守卫队以及部分老百姓也掺杂在我们的队伍中。我立即组成纠察队，由 10 名持枪的学兵、1 名中队附率领，佩带临时制成写有“旅司令部纠察队”的红袖章，维持秩序。并与当地的村、保长联系，出具借条，由他们帮助我们安排了一顿早饭。其他各队也仿效这个做法，出具借条，饱餐后各奔前程。

下午，旅长王以哲找到了我们。我来到旅部，知道他是化装由沈阳城内出来，直奔东大营预定集合地，又尾追前来的。于是各团、队长依次向他汇报。这时我才知道第六一九团伤亡较重，不仅在营房内因严令卧倒假寐，被日兵刺杀一部分；当撤离敌人火力圈时，腹背受敌，又受损伤。而第六二一团以一部分兵力掩护，绕道旅部经第六二〇团院内跑出，所以损伤较轻。该团驻东陵的一个营尚没有消息，另一个营跑得又快又远，已派人去联络，尚未返回。第六二〇团掩护我们撤退，敌人不敢尾追，故无伤亡。军士队在转移时，有 3 名徒手学兵负轻伤，可以随队行动。旅长听了我们汇报后表情凄惨，没说什么，当即决定各团、队清点人数，逃散的部队马上派人找回，清查枪械、弹药、装备，集中伤员，军士队解散，军士各回原队，入伍生分到各连当兵，我也回到参谋处。讲武堂学员少数愿留下的到参谋或副官处听候差遣。接着旅长就去巡视岗哨，探望伤员，和地方负责人接头工作。其他人员分头执行旅长的指示。

当我们受命从锦州向关内的清河镇转移时，途中，在一节车厢上，我清楚地听到旅长王以哲沉痛地讲了这样一段话:“如果九一八之夜，我们坚决抵抗，事情就不是这样的结局，敌人的野心可能遭到遏止。我们犯了一个根本性的错误，我们将成为千古罪人，真是有口难辩呀！”正因为有了这样的认识，在更多的事实教育下，在中国共产党“停止内战、团结抗日”政策的感召下，他成了和共产党接触、联系的东北军高级将领中的第一人，并在 1936 年 4 月 9 日极力促成张学良将军在第一〇七师的防地、延安天主教堂内秘密会见了敬爱的周恩来副主席，共商联合、团结大计，从而为红军、东北军、西北军抗日统一战线的建立奠定了基础，为发动西安事变起到了十分重要、积极的作用。

日军进攻北大营和我军的撤退

赵镇藩*

日军进攻北大营情形

1931年9月18日上午，日军第二师团第三十三联队长村田来到北大营要求见王以哲，我答以王旅长出席水灾会议未回。村田对我说："赵参谋长，这些天咱们之间多事，容易发生不友好、不信任的问题。咱们相处得很好，如果一旦发生事故，希望不要扩大事态。"我回答说："你的意见很好，但是最好不要发生任何事故。"

当日白天平静无事，至晚间10点20分左右，突闻轰然一声巨响，震动全城（事后方知是日军在南满路柳条湖①附近炸毁铁路，诬为我军所为，以作发动事变的借口）。不到5分钟，日军设在南满站大和旅馆的炮兵阵地即向我北大营开始射击。据情报人员报称，日军步兵在坦克掩护下向我营开始逼近。我得报后，向三经路王以哲家打电话。王说，他去找荣参谋长研究。当时因王以哲旅长不在军中，我除一面立即下令全军进入预定阵地外，一

---

* 作者时任东北军独立第七旅参谋长。

① 柳条湖，也有称作柳条沟的。

面用电话直接向东北边防军参谋长荣臻报告。他命令我说："不准抵抗，不准动，把枪放到库房里，挺着死，大家成仁，为国牺牲。"我说："把枪放到库房里，恐怕不容易办到吧！"过了不久，我又借汇报情况为由，打电话给荣臻，希望他改变指示。我说："这个指示已经同各团长说过了，他们都认为不能下达，而且事实上也做不到，官兵现在都在火线上，如何能去收枪呢？"荣臻仍然坚持说："这是命令，如不照办，出了问题，由你负责！"我问他王以哲是否在他那里，他说："曾来过，已经回旅部去了（王在回旅部途中被阻折回）。"我觉得荣臻难以理喻，就挂上电话，命令各单位仍按原定计划准备迎击敌军。

到了 11 点钟左右，北大营四面枪炮声更密，有如稀粥开锅一样。这时荣臻又来电话问情况，我向荣臻报告说，敌人已从西、南、北三面接近营垣，情况紧急，把枪放进库内办不到，并向他建议是否可将驻洮南的常旅（第二十旅）调来。他仍说不准抵抗，并且说，调常旅已经来不及了，指示我们必要时可以向东移动。

深夜 2 时许，敌军已迫近营垣四周的铁丝网。我鉴于情况非常危急，就决定利用敌军迟滞前进的间隙，从南、北两面出击，以掩护非战部队由东面按照原定计划向东山嘴子撤退，集结待命。我军与敌人激战到下半夜 3 点多钟，伤亡颇多（事后调查，计伤亡中校以下官兵 290 余人），敌人已从南面突入营垣。我当即命令旅的卫队连，反击突入营垣之敌。这时我旅所有对外联系的电话全部不通，同时西面的敌人也突入营垣，接着旅部前后都发现敌人，展开了巷战，我始下令突围。当部队突围时，仍有部分军官盲目执行荣臻不准动的命令不肯走，最后硬由士兵架着突围而出，始免于被日军俘虏。

北大营打了一夜，王以哲始终未回军中，也未来电话指示部队如何抗击敌人的进攻，及至我率部队脱出重围抵达东陵附近时，始遇我旅军械官方贵传达他的命令说："旅长让我告诉参谋长，将枪搜集到一起放在东山嘴子库房内。"我说："敌人还在后边追着，那怎么能成呢？"我没有执行王以哲的收枪命令。

在抗击敌人进攻的战斗中，第七旅的大多数军官和广大士兵都是英勇的，他们奋不顾身地抗击着装备优良、人数众多的日军的进攻，他们还不知道国民党政府已经给他们的长官下了不抵抗的命令，因此，他们一面反击敌人一面问："兄弟部队为什么不前来增援呢？""我们的飞机为什么不起飞参战呢？"及至撤出北大营，他们还很关心地问："我们几时反攻回来呢？"这说明了广大的东北军的军官和士兵是爱国的。但是有一部分团以上军官由于接受了国民党政府的不抵抗主义，战斗意志却是消沉的。虽然事前已规定官兵不准归宿，但旅长王以哲经常不在军中，日军进攻北大营了还不回旅指挥，团长张士贤当晚也回家未归；另一个团长王铁汉炮响起来了才临时赶回军中，因而指挥不灵，使部队的战斗威力不能很好地展开，不得不在日军的猛烈进攻下狼狈撤退。

同时，驻在北大营的军事单位很多，而事前又缺乏联系和统一应变的措施，战事发生后又没有统一的指挥，大家都争着及早脱出危险，以至由于有些单位撤退过早，反而暴露了部队突围的企图，使敌人的攻势愈益猛烈。及至营垣内发生巷战，还有很多部队被敌人牵制着不能脱离战场，最后陷于狼狈逃命状态，使部队遭受很大损失。

我军撤退经过

19 日清晨 5 点多钟，我军撤退到东山嘴子，稍加整顿。6 点多钟，发现敌军骑兵来袭，当即决定向山城镇转移，因山城镇地形复杂，且驻有于芷山部，同时也便于解决补给和冬服问题。出发后，约 10 点多钟，因有敌机 3 架空袭，决定就地隐蔽休息，俟天黑后行动。我军在敌军空、骑、步联合部队的追击下，3 天后才到达山城镇。

当我见到于芷山，把敌军攻击北大营的经过和我军转移到山城镇的原因告诉他时，想不到他竟然要求我们离开山城镇。他说："你们的给养和冬服问题我可以帮助解决，不过有一个条件：你们得离开此地，免得我们遭到日机轰炸。"我见他心地如此卑劣（此人以后投降日军，作了伪满大汉奸），感到非常气愤，对他说："日本人还能分于芷山、王以哲两旅不同吗？"双方争执不下，最后他见我的态度很坚决，就要求王以哲来面谈。恰巧这时听说王以哲已到草市车站，正在打听我的下落，我随即派人把他请来。王以哲来后，我向他说明情况，认为不能接受于芷山的条件。他说，这里不能久待，能得到给养就算了。

我随即同王以哲研究此后的行动问题，决定第一步先到锦州候命。王以哲说，为了解决补给问题和请示机宜，他要换上便服先走，部队交给我负责率领。当时我不赞成去锦州，因为我认为短期内可能反攻，走了容易回来难，主张留下打游击，以策应反攻，但王以哲坚决不同意，理由是械弹给养无法补充。

部队到达锦州后，王以哲已先到。他见到我，行了一个九十度的鞠躬礼，对我说："当时如果听我的话（指把枪放在库里）就坏了，我这个旅长是你给我的，谢谢你。"

不久我们部队即离开了东北，开进了山海关，进驻清河镇休整。

满洲事变是这样策划的①

[日]花谷正*

译者话：震惊中外的九一八事变（日本通称“满洲事变”），是从柳条湖事件即沈阳事件开端的。花谷正和板垣征四郎、石原莞尔都是密谋策划柳条湖事件的核心人物，也是日本帝国主义侵略中国的战争罪犯。1931年，花谷正任日本陆军少佐、关东军参谋、奉天特务机关辅佐官，后因侵华“有功”擢升少将。在1946年至1948年的远东国际军事法庭上，板垣被列为甲级战犯判处死刑。石原因病，庭外提审，旋病死。花谷正这篇回忆录写于1956年。在本文中，他仍然坚持反动立场，观点亦极荒谬，处处为日本统治集团和他们自己侵略中国开脱罪责，并充满了对中国人民的敌意。约略言之，以下两点必须澄清。

第一点，九一八事变是日本帝国主义侵华的基本国策在新形势下的实施。早在日本明治维新之后，即逐步确定了对外侵略扩张政策，包括所谓海洋政策和大陆政策。这些都是有据可查，并且列为“基本国策”，逐步地付诸实施的。吞并朝鲜和霸占台湾、辽东半岛就是实施大陆政策的早期行

① 本篇译自《理性》增刊，“昭和秘史”1956年12月号。摘自《沈阳文史资料》第一辑。

* 作者时任日本驻中国奉天特务机关辅佐官，是发动九一八事变的核心人物之一。

动了。1927年田中内阁时代，明确提出了“灭亡满蒙”的新大陆政策。到了1931年九一八事变前夜，已经形成了完整地变中国东北为日本殖民地的理论和政策。例如“满蒙是日本生命线”和“武力占领满蒙”的叫嚣，成了日本政府、军部、财阀、右翼团体的流行语。又例如日本参谋本部的《1931年度形势之判断》、关东军司令部的《处理满蒙问题方案》、日本陆军省《解决满蒙问题对策之大纲》等内部正式文件中，对侵略中国东北的具体方法、步骤、策略乃至肇事的时间、地点，都明确而详尽地作了规定。所以九一八事变的发生不过是日本帝国主义大陆政策的新步骤而已。板垣、石原、花谷等人正是新大陆政策的积极鼓吹者和推行者，是当事人并非局外人。可是花谷正这篇回忆录，避开日本侵华的既定政策，硬把九一八事变说成是从板垣、石原、花谷等几个人的头脑中凭空设计出来的方案。仿佛事变的发动、事态的扩大、傀儡国的建立，都是他们几个人的“杰作”，这纯属弥天大谎。

第二点，应该承认日本统治集团内部确实存在着矛盾。但这种矛盾只是在侵略中国东北的步骤、方法、策略方面的意见分歧，绝非实施“基本国策”的对抗性矛盾。相反，在侵略中国、变中国东北为日本殖民地这个根本问题上，他们的利益一致、意见一致。例如在花谷正等人制造柳条湖阴谋事件的5分钟之后，板垣就以代理关东军司令官的名义，下达攻占北大营和沈阳城的四项命令；3个小时之后，关东军司令官本庄繁也下达了攻占南满各军事要地的八道命令；8个小时之后，日本中央军部会议一致认为“关东军此次之行动是完全合适的”，并同意增派援兵；6天之后，日本政府公开发表“关于满洲事变的声明”，认为日军是“自卫”，应当“先发制人”，并且这个声明是在军部起草基础上写成的。花谷正在回忆录中无限夸大日本统治集团的内部矛盾，把板垣、石原和他自己等少数军人说成处处主动，日本中央军部和政府处处被动，而由他们牵着鼻子走，他们是背着政府和中央军部的孤立行动，他们有反对日本财阀的纯洁理想等等，这些均属无稽之谈。

关于这篇回忆录，我们并不是赞同他的荒谬论述，而是因为它具有第一手史料价值。例如："柳条湖铁路是谁爆破的？"这一桩重大历史疑案，连远东国际军事法庭的审判都没有得到解决，读了本文，当可涣然冰释。其他关于九一八事变中，日本帝国主义策划阴谋的真相，本文也可作参考。

序

在东京审判（注：远东国际军事法庭）中，业已查明：应把太平洋战争的起点，追溯到满洲事变。的确，柳条沟（注：系柳条湖之误）事件的爆炸声及以后引起的连锁反应，竟使我国卷入了无休止的大规模的战争。今天回想起来，满洲事变如果按照我们当时设想的路线处理，多少会改变历史发展的方向。

发动满洲事变的当时，无论从时机或方法来看，都绝不能认为有错误。当时，形成对立集团已经成为世界性的必然趋向。日本没有满洲，就不可能生存下去，反之，如果置之不理，那么由于来自张学良及其背后的南京政府的排日（译者按：当时南京政府并不排日），日本就会失掉在中国大陆上的立脚点。我们面对世界出现的危机，只有使满洲从中国本土分离出来，才是日本前进的必由之路。我们还相信，为受虐待的满洲居民建设王道乐土，乃是稳定远东秩序的上策，而丝毫没有打算愚蠢地同中国本土进行无止境的大规模的战争。

作为满洲事变开端的柳条沟事件，今日除我以外几乎没有人能把它说清楚了。因为，大部分的当事人已经死去。迄今为止，即使有人做过一些含混不清的猜测，但是，谁也没有能够说出事件的真相。我想一边追忆往事，一边把当时的情景记述下来。

在旅顺偕行社聚会研究

我到满洲当关东军参谋，是1928年8月炸死张作霖两个月以后的事。

又过了两个月，石原莞尔中佐也到任，当作战主任。完成满洲事变的中心人物不论怎么说也应该是石原。此后，到满洲事变发生前，其间除开一年时间外，我和他交往密切，促膝谈心，深知他的为人。石原是第一流的军事学者。他从年轻时代起，就研究弗理德里希大帝、拿破仑战史，树立了站在军事学立场上观察问题的世界观。

虽然他是日莲宗色彩很浓的信徒，但是作为一位思想家，在当时的军队中也是罕见的，还应该特别指出的是：他在私生活方面也是一个正人君子。他年轻时究竟如何，我不得而知，但是，嫖娼宿妓、酒席宴乐等等，一概与他无缘。他的唯一的“短处”，就是能比别人早 10 年、20 年预见到后来发生的事情。他说的事情，称赞他的人，认为是天才的见解；贬低他的人，则看做是离奇古怪的，或者误解为脱离现实的。然而他绝不是梦幻式的理想主义者，而是能够制订周密计划，敢于雷厉风行的战略家。满洲事变初期的作战，就曾引起世界军事学界的震惊。

我到满洲不久，炸死张作霖的真相就逐步明朗化了。河本大作大佐被召回东京受审，使当地的气氛无法平息下来。为了调查皇姑屯事件的真相，宪兵司令官峰于 10 月间抵达满洲。由于关东军方面采取不合作的态度，结果一无所获。峰在归国途中，路过朝鲜，向驻朝鲜日军司令官倾诉了苦衷，军司令官马上召集中队长以上军官，设晚宴招待。宪兵司令官峰在宴会席上的闲谈里，从亲自执行爆破作业的龙山工兵队神田中尉的口中，得知了有关皇姑屯事件的情况说明，峰就算完成了使命。

河本大佐利用炸死张作霖之机占领南满的打算失败了。如果成功的话，后来的满洲事变，也许在那个时候就爆发了。相反，登上新的东三省统治宝座的张学良，不久就实行了易帜，挂起了青天白日旗，和南京政府相呼应，发起排日的攻势。满洲的形势也日趋恶化。另一方面，北方苏联正在着手进行第一个五年计划，逐步充实战备实力，即将成为与我国相毗邻的远东的一大敌国。石原对苏联的实力发展，给予了特殊的注意。创建满洲国的一个重要目的，也正是在于筑起一道遏止赤色势力南下的防波堤。

再说，在炸死张作霖以后，板垣征四郎大佐也前来就任关东军的高级参谋。板垣与石原相比，具有相反的性格。板垣不是秀才型的人物，他具有宽宏大度、坚韧不拔的性格，是一位阅历丰富的领袖人物。板垣的实际能力和石原的周密计划能力的结合，铸成了满洲事变的大业。我们这样说，并非过誉。

于是，我们就面临着日益恶化的满洲形势应如何处理的问题。每周一两次在旅顺偕行社聚会热心地进行议论和研究。这件事情的动议，起源于 1929 年 7 月畑英太郎中将（畑俊六元帅的胞兄）代替村冈为关东军司令官到任之时。我们首先想分辨清楚新任司令官对满蒙问题的见解。经过探询，确认中将对此抱有充分理解的态度。当天夜里，我们三人会面，就当前满蒙问题进行了热烈的讨论。石原中佐提议："利用旅顺安静的环境，从世界形势和满蒙现状出发，研究我们应采取的态度和方法。"为此，每周一两次在偕行社聚会，彼此推心置腹，坦率地交换意见，不明白的地方，向有关专家请教。再有，应当扩充不只是调查中国马的中国马调查班，以进行更高水平的研究。石原的提议获得了一致意见，以后三人每周都要聚会进行研究。

我认为新的满洲，要以双重国籍的日本人为骨干，以建设各民族共同享受的王道乐土。日满结成不可分割的整体，犹如月亮之沐浴太阳的光辉一样。那时的设计是：日本人从事大企业和脑力劳动，朝鲜人从事农业，中国人从事小商贩和体力劳动，各尽其职，以达到共存共荣之目的。因为是拯救受虐待的满洲人，以建设王道乐土，所以不允许像日本内地那样，大资本家横行肆虐。我们一贯主张禁止财阀进入满洲。我们引进"日产"康采恩，也是因为"日产"公开招收广大群众的股本，我们只不过是单纯地利用其经营技术而已。

进入 1931 年，我们的计划很快地具体化了。这是由于世界经济危机的波及，满洲粮食价格的暴跌，张学良铁路平行线的奏效，及满铁财政赤字的大量出现而造成的。

参与谋划的人们

1931 年春，制定了柳条沟事件的概略计划，制造战争借口显系轻而易举，可是问题在于处理善后难。我们吸取了炸死张作霖事件的教训，这次制订了周密计划。今天看起来，那时炸死张时机并未成熟，只是杀掉了一个人，事后所应采取的行动则一无所成。当时既与中央军部全然没有联系，又与毗邻的驻朝鲜日军也没有任何磋商，日本国民对满洲问题也很冷淡。总之，全国上下步调不一致。加之，既使用日本浪人，又使用中国游民，结果日军的阴谋全部败露。这次不要重犯过去的错误。满洲事变一经发动，必须以迅雷不及掩耳之势出动军队，一夜之间占领奉天（沈阳）；在列强干涉尚未介入之前，即应迅速占领预定地区。那时，当然必须考虑来自政府和驻外地外交官员方面的干扰，然而如果犹豫不决，必将一事无成。因此，那时有必要实际上置中央命令于不顾而加以强制推行。为了使关东军的行动得到支援，可求助于中央军部将校中的骨干分子，把他们拉到我们一边，引为同志，实行内应；还有桥本派策划的国内军事政变若能和满洲事变同时并举，那就更属千载难逢的良机；还必须取得毗邻的驻朝鲜日军的适时增援。

值得庆幸的是，驻朝鲜日军参谋神田正种中佐，在满蒙问题上阅历较深，赞同我们的计划，因此一旦有事的时候，可以指望从驻朝鲜日军那里得到援助。应石原的重托，神田中佐在满洲事变发生前，大约三次来访旅顺。他出身于俄国班，也在哈尔滨特务机关任过职，是俄国通的硬汉子。他来到驻朝鲜日军后，发现朝鲜事态的发展，远较预想的要更坏，为此他大吃一惊。朝鲜人的排日气氛，一直贯彻到朝鲜儿童的意识里，如果单独一个日本人到乡村去，则有生命危险。这也是受到满洲的中国人排日影响的结果。因此，从驻朝鲜日军的立场上说，也有必要发动满洲事变。

展示最初计划之时，恰值驻朝鲜日军司令官南次郎中将任内。南次郎面有难色，向神田表示，自行越境显系无理。林铣十郎中将上任以后，征询意见时，他表示充分理解，这才放心。另一方面，在中央军部，当时由第二部长调任第一部长的建川美次少将，从他处理张作霖事件的原委看，他是最可信赖的。任参谋次长的二宫，是一个精明人，因此有点靠不住。可以无条件信赖的人有中国课长重藤千秋大佐、中国班长根本博中佐、俄国班长桥本欣五郎中佐三人，军事课长永田铁山，也是一位大致可以信赖的人。对他们透露我们计划的程度，如果用数字表示的话，那么桥本、根本为 95%，建川、重藤为 90%，永田为 85%，小矶、二宫为 50%。

6 月，我为了和他们作大致的磋商，返回了日本内地，会见了桥本、根本，同他们交换了意见。他们二人正热衷于国内改造。我们一致的意见是，如果发动满洲事变，国内改造也将容易进行。桥本是政变第一主义者，主张首先举行政变。结果相约 10 月同时举行。至于详细的爆破计划，他们并没有多加过问。

8 月，召开了师团长会议。南陆相陈述了对满蒙问题的积极意见后，引起了轩然大波。这时因为关东军司令官、驻朝鲜日军司令官、驻台湾日军司令官都出席了会议，所以板垣大佐也跟随新任司令官本庄繁晋京，神田也是驻朝鲜日军司令官林的随行人员。

这时，到兴安岭进行地志调查旅行的中村震太郎被杀事件发生了，接着又有万宝山事件，满洲的气氛日益紧张，实施计划的时间日益逼近。8 月下旬，我到东京，任务是使中央军部认识满洲实况。在中村事件中，我曾以奉天特务机关补佐官的身份同张学良的官员谈判。但是越是反复交涉，问题越是纠缠不清。于是决定利用这个机会进行实力发动。可是不知中央军部究竟有什么意见，想再一次弄清情况。

我同二宫、小矶、建川、永田等交换了意见。二宫、建川特意嘱咐说：“按照现状看，中日两军近期内势必发生冲突。因此请考虑对策。如果冲突一经发生，即可听凭关东军做临时处置。关东军必须慎重地考虑国际形势，周密地计划自己的行动，直至每一个细节，以避免外来干涉。”同时对于发动群众的场所，是否把局面控制在南满范围，作战的时间，兵力的估计，转换为外交交涉的时间，对住在北京的张学良如何处理等项问题，也都作了商讨。二人还根据我讲的情况，要我领会言外之意：“对于政府将来能采取怎样一种态度，现下虽不得而知，但应尽可能努力贯彻贵军主张为是。”双方就这样约定了。

后来会见桥本、根本，我对他们说：“因为准备完毕，所以按预定计划坚决执行。”根本劝我延期执行，他说：“现在看来，如果想实现计划，我很忧虑能否得到国内支援。特别是若槻内阁很难办，因此是否等到推翻内阁之后再说。如果操之过急，恐怕只有逼得本庄先生剖腹自杀了。”我说：“事到今日，更待何时，箭在弦上，唯有一放。”就这样返回了满洲。

现场的同志们

我们究竟怎样进行现场谋划的呢？新任关东军司令官本庄繁是 1931 年 8 月到任的。虽说是新上任，然而他是与中国交往人员中的老前辈，是一位性情浑厚、人格高尚，堪称将才的人。

他作为重大时期的军司令官是个适任的人选，中央人事当局似乎也是经过深思熟虑才确定的。我们关于事情的细节，虽然什么也没向本庄先生讲，可是根据平时的观察，我们判断：“一旦有事，他一定是可以信赖的人物。”

三宅参谋长等幕僚中的大部分并不知晓计划，爆破工作分派给 4 月到任的张学良的军事顾问柴山兼四郎少佐的补佐官今田新太郎大尉承担。今田大尉的父亲是个汉学家，他本人精通剑术，是一个天真、固执、富有正义感的热血汉。

因为在超越必要的人物中泄露秘密很危险，所以在人选上是颇费一番苦心的。爆破工作如果交给一般非军事人员去做，无论如何容易暴露，因此只有使用军人才是上策。既然在爆破后，必须立刻集合部队开始行动，那么，无论如何需要向驻奉天部队的骨干分子透露秘密。因此必须一个人一个人地使之尽情饮酒，畅所欲言，然后向志同道合的人，讲明计划，巩固团结。

这些志同道合的人即川岛大尉、小野大尉（他们都是驻奉天独立守备队岛本大队的中队长）、小岛少佐（驻奉天第二十九联队副）、名仓少佐（驻奉天第二十九联队大队长）、三谷少佐（奉天宪兵队）等人。辅助作业则由甘粕正彦预备役大尉、和田劲预备役中尉等人参加。岛本大队长因为不摸情况，所以在事变发生的当天夜里，完全如晴天霹雳一样，感到事出愕然。

另一方面，与柳条沟事变发生的同时，向满铁沿线各地投掷炸弹，以治安不良为理由，由领事出面要求增援，再以此为理由，迅速出兵。为此，令甘粕正彦等人潜往。9 月 18 日刚过，在哈尔滨和吉林所挑起的类似事件都是预先筹划好的。

还有现场的警戒和联络工作，指使无法谋生的浪人和青年充当，由和田劲统率。经费从日本内地筹措，由河本大作经手送交，当时活动经费还算宽裕。

谋划的暴露

我们最初，预定于 9 月 28 日实行爆破，以爆破声为暗号，用安装在奉天日军驻地兵营（步兵第二十九联队。译者按：一说安装在日本独立守备队第二大队队部内）内的 24 厘米口径的要塞炮，炮轰北大营中国驻军兵营。与此同时，驻奉天部队夜袭奉天城，随即占领之。然而这种要塞炮原来并不在此地。这年春天，永田军事课长来满洲视察时，我们向他说："在满洲的关东军总兵力不过 1 万人，张学良的军队素质虽然不好，但大约有 22 万人；还有从法国购入的飞机 30 架，而我们在满洲不但一架飞机都没有，而且在奉天连一门重炮也没有。如果一旦有事的时候，还能不陷入困境吗？"于是从旅顺（注：从日本东京运至旅顺后，又密运到沈阳。）把要塞炮拆开，运来奉天，然后再重新安装。若说安装重炮，太使人神经过敏，所以便以打井为名，将周围圈起来，这样外人便看不到里面在干什么了。即使这样，外边的人还是觉察到了，如领事馆就曾前来探听过。虽说是 24 厘米口径的大炮，但性能不好，安装也不好，再加上没有会操纵的炮兵，于是一开始就计算出距北大营的水平射程，把瞄准器对好，放在那里，这样即使闭上眼睛发射也能命中。其实，我们的目的是让它起威吓作用，并不指望它发挥多大的实际效果。

这个重炮虽说 9 月 10 日就已安装完毕，但还要教会临时炮兵的操作技术，因此仍需花费时间。而且割倒高粱后才适于作战，高粱繁茂就难以发现躲藏的敌人。从这个观点出发，选定 9 月 28 日。这个日期之所以提前，是由于发生了下述情况的缘故。

9月15日，特务机关收到了从很早以前同我们有联系并进行过接触的桥本中佐那里打来的电话。其中说："因为计划暴露，决定派建川前往满洲，请我们不要犹豫，要尽快行动。即使建川到达也来得及，要赶在尚未听到建川传达中央命令之前行动。"

后来，我才听说事情是这样的。我们在满洲策划的种种事情，当地的外交派出机关，隐隐约约有所觉察，风声甚至越过了海洋传到内地。其原因我估计是由于我用钱收买的浪人的酒后狂言，或者是弹药和物资的集中而引起了某些人的注意，以及我借助酒兴说些夸口之谈所造成的。总之，那些情报是先传到币原外相的耳朵里，然后被带到内阁会议议席上的。

陆军大臣是南次郎，此人是一位东洋长者式的不着边际的人物。币原提出的种种问题固然百般挑剔。可南次郎也只是作些不得要领的回答："我认为军队不会任意干出那种事情，那是偶发事件。"币原将奉天总领事林打来的电报给他看，他显得有些惊慌，并表示："究竟是否属实，调查一下再说。"他这样回答之后，回去就把第一部长建川叫来。建川听过南的询问之后，回答说："难以否认'在满洲正策划着某种事件'的谣传。"于是南说："那可难办了，你应该去到那里劝阻。"就这样建川以"和事佬"的身份只身前来奉天。可是，建川感到事情棘手，就把桥本和根本叫来。在建川的暗示下，桥本立即将前边说过的那封电报拍发给关东军。

这时，桥本等中央军部的同志，脸色苍白不知所措。当时奉天特务机关长土肥原由东京归任途中，18日在汉城和神田中佐相会后，回到奉天。建川于15日夜，从东京出发，一路上慢悠悠地乘坐火车、联络船，潜往满洲。18日午后和到本溪湖车站前去迎接的板垣大佐一道从奉天站下车。我马上用车把建川从车站送进奉天柳叶的一家带有艺伎的菊文高级饭店。

9月18日夜

我接到桥本电报后，9月16日午后，在奉天特务机关的二楼上，有关全体人员聚集一堂商议对策。这一天，恰值新任关东军司令官本庄首次巡视。板垣、石原也正好逗留在奉天未走。到会者除板垣、石原、我和今田以外，有执行部队川岛、小野俩大尉，小岛、名仓俩少佐。奉天宪兵队长三谷少佐缺席未到。

围绕着是否坚决执行既定计划的问题，展开了热烈的讨论。我的主张是："建川是奉谁的命令前来，还无从知晓。假如是奉天皇之命前来，我们就将变成乱臣贼子。果真如此，还有没有坚决执行既定计划的勇气？总之，在没有和建川相会之前，是无法决定我们将如何行动是好。"但是今田却说："我们的既定计划，已被泄露。所以必须趁没有会见建川，大家没有泄气之前，务必坚决执行为好。"因为争论不休，没有结果，最后通过划拳，姑且听从了我的意见。

可是到了第二天，今田来到了我的住处，他说："无论如何要在建川到来之前动手。"我说："还是要和东京合拍，而后执行方是上策。"尽管我怎么说，可是今田怎么也不听从，最后我也只好同意说："建川方面由我亲自去说服。"就这样约定，并且决定 18 日夜坚决执行。首先叫来了小岛，接着又叫来了川岛、名仓。我宣布说："18 日动手已经定下来了。小岛，你们大队的任务是连续出击，要一夜之间攻占奉天城。川岛只要攻下北大营即可。"对于担任现场巡游队的和田劲也取得了联系。至此，一切准备停当。

18 日，我到建川住的菊文饭店，同换上浴衣的建川，一边喝着酒，一边暗中试探他的意向。嗜酒的建川，尽管从风度上看是一位从容不迫的豪杰，可是他也是一位具有头脑缜密、感觉敏锐的人。对于我说的事情，他似乎已基本理解，可是他万万没有料到竟然今晚动手。然而他绝对没有制止之意，这大致还是清楚的。于是寻找适当的机会，当建川欢乐的时候，我丢开了他，回到了特务机关。板垣也回来了。石原跟随关东军司令官，于前一天去旅顺，今田因为跑出去指挥计划的实施，不见他的踪影。

9 月 18 日夜里，一弯明月落进高粱地里，天色顿时昏暗下来。疏星点点，长空欲坠。岛本大队川岛中队的河本末守中尉，以巡视铁路为名，率领部下数名，向柳条沟方向走去。一边从侧面观察北大营兵营，一边选了个距北大营约

800米的地点。在那里，河本亲自把骑兵用的小型炸药装置在铁轨旁，并亲自点火。时间是10点钟刚过。轰然一声爆炸，炸断的铁轨和枕木向四处飞散。

不管怎么说，也没炸张作霖时那么大的规模。这一次，不仅没有必要把火车炸翻，而且还必须使在满铁线路上驰骋着的列车免受损害。因此事先让工兵作了计算，直线单面铁轨即使炸断一小段，遇上正在高速行驶的火车，也只要它暂时地倾斜一下，还能够通过。根据计算所得的这个安全系数，规定了所需的炸药数量。

在炸毁路轨的同时，用随身携带的电话机报告大队本部和奉天特务机关。这时守在爆破地点以北4公里文官屯的川岛中队长，立即率兵南下，开始进攻北大营。今田大尉不但在现场附近直接监督实施爆破作业，而且他是一个精通剑术的人，发起冲锋时，他挥舞着军刀，亲自杀进了北大营。片冈、奥户和中野等雄峰会的一群浪人，也从旁协助。在特务机关方面，岛本大队长一无所知，宴会回来，正在熟睡。得到紧急报告后，慌忙赶到现场。这时板垣代理军司令官业已下达命令，令第二十九联队和岛本大队，立即集合部队，参加战斗。

在北大营，一无所知的中国军队，多数人还睡在梦乡，带着武器库钥匙的将校军官外出。士兵拿不到枪，正在赤手空拳，东奔西窜时，日军已经冲进兵营。还有一种说法，中国军队很早就得到内部命令（注：指蒋介石的不抵抗政策），自己逃出了营房。随着24厘米重炮的轰击声过后，就开始了向北大营的炮击，使得大部分中国军队败走，到黎明时，奉天全城都落到我们手里，很快就实行了全城军管，土肥原大佐就任奉天临时市长。

中央军部的限制

我接到爆破的报告，立即拍电报给旅顺的关东军司令部。石原中佐召集全体参谋开会，向军司令官说明了作战方案，军司令官马上批准了这个作战方案。于是，军司令部在19日早进驻奉天，分散配备在满铁沿线的第二师团主力，除了防守吉林方面的驻长春部队之外，都迅速地向奉天集中。独立守备队在各自配置兵力的地方采取行动，分别占领了凤凰城、安东、营口等地。同时还向驻朝鲜日军司令官林铣十郎中将以及第二遣外舰队（注：停泊在青岛和旅顺）司令官津田静枝少将请求协助增援。津田司令官对于将海军集中于营口的请求，以山东形势不稳为理由加以拒绝。此后对于满洲事变的进展，海军方面常常抱着冷眼旁观的态度，就是从这里开始的。

驻朝鲜日军方面，当我们认为可以畅通无阻时，也出现了预想不到的障碍。19 日早，驻朝鲜日军司令官林铣十郎发来电报，内称："驻朝鲜日军司令官，为了应驻奉天附近关东军之紧急请求，自行决定将旅团长指挥的第五步兵大队和第二飞行中队派往奉天。"大家看到这里，都在为由于神田的努力，终于促使林下定决心而欣喜。往下还看到电文上写着："派出部队，从 10 时起，陆续由卫戍区出发。"可是就在同一时刻，中央军部作出的判断却是满洲形势并不严重。于是给驻朝鲜日军下达了命令说："越境出兵须待圣上裁决，在未获批准前，不得擅自行动。"为了更加彻底贯彻这一宗旨，还给新义州的宪兵队长发一封电报："如有越境部队，即令其停止前进！"就这样，越境计划暂时受到了阻碍。

在那天的半夜里，从驻朝鲜的日军方面又拍来了一封令人失望的电报。其中说："参谋总长对卑职再三陈述的意见，竟置于不顾，严禁派出增援部队。"我们的既定计划是：一俟 20 日早驻朝鲜日军到达奉天，关东军即行北上，出兵哈尔滨。恰好在我们布置部队集结于长春之时，接到了这封电报，真令人气愤万分。

正在这时，从神田那里又得到消息说："如果关东军出兵吉林，则驻朝鲜日军以奉天守备薄弱为理由，可再次越境。"21 日早，我们指使吉林特务机关长大迫，令其投掷炸弹，然后以保护侨民为理由出兵吉林。驻朝鲜日军按既定计划，命令嘉村旅团自行越境，抵达奉天。神田为了制造出兵间岛（注：即吉林延边地区）的借口，到过龙井村，进行密谋策划，但没有成功。

我们的计划是按照上述顺序，迅速果敢地占领整个满洲，因遭到中央军部的阻挠而难于进行。中央认为如果放任自流，关东军还会惹出事来。所以，首先派兵务课长安藤大佐来到满洲，他向我们提出质问说："东京方面，盛传此次事件是关东军的阴谋所为，你们的真实意图究竟是什么？”接着在月末又派参谋本部第二部长桥本虎之助少将来到满洲，他作为中央军部的监察官，逗留在奉天，凡事都想过问，以牵制我们的行动。然后参谋本部又给我们发来带侮辱性的啰里啰嗦的指示，一般地说，这样的指示是不应该向关东军这样的大机关发布的。

我们认为占领吉林以后，无论如何也要出兵哈尔滨。为了制造出兵的借口，甘粕正彦大尉悄悄地潜入哈尔滨。9 月 21 日以来，向正金银行等几栋建筑物内投掷炸弹。见效后，由哈尔滨总领事以及哈尔滨特务机关长百武出面，打电报请求出兵保护当地，关东军再三要求中央军部派兵，但中央军部害怕出兵哈尔滨，会惹起苏联方面采取行动而加以拒绝。

参谋总长下达了如下严厉的命令；

一、不准进兵宽城子以北；

二、不准管理满铁以外的铁路；

三、未获参谋总长的指示，不准采取新的军事行动。

既然如此，只好暂时作罢。

占领哈尔滨已是第二年 1 月的事了。这时我们同上海的田中隆吉少佐合作，点燃了上海事变。趁着混乱局面，很容易地就结束了作战。

我们以石原为中心所作的判断是：即使出兵北满，苏联也不会出兵，国际联盟也好，列强也好，没有干涉满洲事态的实力。当时美国、英国、法国的利害关系，使他们在远东互相对立，不能形成一个遏止日本的联合体制，苏联也正在执行第一个五年计划，无暇兼顾西伯利亚以外的事情。然而若槻内阁害怕国际联盟方面排斥日本，中央军部也过高地估计了苏联的实力，把超过限度的行动看成是冒险。

然而就此止步，将和 3 年前一样半途而废。为了改变政府的怯懦态度，我们的行动是 10 月 8 日轰炸锦州。此时，石原亲自搭乘小型飞机向锦州张学良的驻军兵营投掷了小型炸弹。实际的损害虽然很小，但给予国际联盟的震动是很大的。桥本一伙大吃一惊。便来责问我们，但遇到针锋相对的回答。他们一气之下回国了。这次轰炸事件，促使国际联盟对日本的态度急剧恶化，我们达到了目的。

对不服驾驭的关东军感到棘手的中央军部，于10月中旬派遣侍从武官川岸少将前来“慰问”。我们正打算聆听圣上嘉奖“干得好”的赞语，可是侍从武官到来的当天早晨，却收到了由陆军大臣拍来的电报：“外间有关东军闹独立的谣传，必须切实中止此项企图。”这是连做梦也没想到的事，简直把我们的肺都气炸了。事后还听到，与此同时，逮捕了“十月事件”的首谋者。其原因可能那时不知是谁散布的谣言，被小题大做传开了的缘故。

（张德良译）

沈阳、锦州沦陷纪略

熊正平*

九一八事变的前夕

九一八事变时，我（当时名熊飞）任沈阳市公安局督察长兼公安总队长，公安局长由辽宁省警务处处长黄显声兼任。当时沈阳市武装力量除正规军队外，全市警察和公安队共约两千人；其他各县也都有警察和公安队，人数按县的大小不同。

九一八事变前两个月，沈阳形势即日渐紧张。我接到情报后，都随时向警务处长黄显声报告。黄曾在一次省政府会议上向省主席臧式毅提出报告，并亲向代理东北边防司令长官职务的荣臻参谋长作了报告。臧、荣二人都指示黄径报张学良，黄遂亲赴北平向张学良报告。他回来向我说："副司令派王维宙（王树翰）代表他到南京请示中央了，蒋介石指示不必惊慌，有《九国公约》及国联，日本不能强占我领土，万一日本进攻，也不可抵抗，以免事件扩大，处理困难。副司令又说，'你们地方武装可加紧训练，严加戒备'。"黄显声回来后即将辽宁公安队改编为 12 个总队（3 县至 5 县编为 1

* 作者时任沈阳市公安局督察长兼公安总队长。

总队），并拟请更换武器，以备必要时使用。

是年 8 月中旬情况更加紧张：中国人到南满、安奉路线工作渐趋困难，日本关东军大量向沈阳集中，并在沈阳南满站日本忠魂碑附近架设大炮数十门，炮口指向城内。日本侨民纷纷传说，日军将占领沈阳，解决中村事件问题。我向黄显声报告后，黄又据情向荣臻、臧式毅请示，万一日军进攻，如何处理。荣、臧指示说，“中央一再指示，避免冲突，不可扩大事件。”9 月 17 日早 10 时，荣臻与日本关东军代表会谈中村事件的解决办法，承认惩办凶手，赔偿损失。荣臻、臧式毅等认为这一事件既已如此解决，即可望不致扩大了，因而未作任何应变措施。

日军进占沈阳实况

9 月 18 日晨，日本特务机关长土肥原贤二由日本国内回到沈阳与本庄繁见面，闻其携有密谋，将采取爆发行动。我得此情报，遂向黄显声报告，黄当晚到市公安局办公。夜 10 时 20 分钟，日本南满站忠魂碑附近的炮兵突然开炮向我北大营射击。10 时 50 分，王以哲也赶到市公安局，与黄显声会商如何应付。王以哲表示如被攻击，即服从命令，退出北大营，向东山嘴子东北讲武堂撤退。黄显声则表示公安各分局队将尽力支持。非到不能抵御时，决不放弃驻地。

9 月 19 日晨，日军占领了北大营，复向我军追击。第七旅撤退到东山嘴子后，会同讲武堂官兵学生向海龙方向撤退。同日，日军攻占我沈阳市商埠地及大小西关，这些地区的各警察分局及公安分队与日军接触后，颇有伤亡，余部集中东关公安总局及公安总队部。

9 月 20 日，日军继续攻占我大小北关和大小南关；日军飞机多架，不时在空中侦察，有时扫射，居民有些伤亡；并有坦克车多辆，在街上纵横驰骋，商民愤恨异常。时市公安局尚能与臧式毅通电话。20 日下午，日军占领了沈阳兵工厂及东塔飞机场，并开始于其占领区派士兵在较重要的街巷路口站岗，并有日本宪兵向民户搜查武器及抗日分子。沦陷区的警察及公安队除向总局及总队部集中外，尚有一部分分散潜匿于各人家中。当时大汉奸赵欣伯开始作建立伪政权的活动。

9 月 21 日夜间，沈阳各城门及东关公安总局、公安总队部大门，先后被日军坦克车攻开，守门公安队颇有伤亡。在总局及公安总队部集中的警员及公安队官兵受黄显声的指示，尽量携带武器弹药，以分局分队为单位由后门退出，连夜经新民向锦州集中待命。

22 日，伪自治警察局成立，伪警左臂带白臂章，以维持秩序为名，实际是执行伪政权的权力。同时地方维持会也在酝酿成立。荣臻、黄显声看到形势日非，遂化装去北京，请示以后行动。臧式毅未及走脱，在家被日军包围。我督率警务处人员和沈阳市警察及公安队分散潜匿市内的人员，向锦州集中。其他机关公务员和各人民团体负责人不甘心为敌人利用者，纷纷由皇姑屯上火车转赴锦州或北平。当时皇姑屯至北京的铁路尚能通车，但皇姑屯车站有日军放哨，检查甚严。

我率大部警察及公安队到锦州后，受黄显声指示，整编警务处及公安骑兵 3 个总队。9 月底，米春霖奉张学良命令由北平到锦州，代理辽宁省政府主席臧式毅的职务，其他各省府委员及厅处长也多到达锦州。辽宁省政府在锦州正式成立，荣臻也率东北边防司令长官公署大部分职员到锦州办公。当时据我方遗留在沈阳市的人员向锦州的辽宁省政府报告说：日军逼迫臧式毅仍以省主席名义办事，但称新政权（即伪政权）。至此，沈阳遂为日军全部占领。

东北当局平时对日军既毫无作战准备，事变发生后又不抵抗，致使大批作战物资均被日军掳去。东北兵工厂一处即损失步枪 95000 余支，各式机关枪 2500 余挺，各种口径的大炮 650 余门；迫击炮厂损失各式迫击炮 2300 余门；东北航空处损失各种飞机 260 架。此外，还损失了大批的弹药、器械、被服、粮秣等。而在沈阳的驻军如东北步兵第七旅、长官公署卫队、东北讲武堂、辽宁省警务处、省会公安局等亦损失武器甚多。至于东三省官银号、边业银行、中国银行以及其他各机关、企业、学校等损失的物资更是不计其数。

日本侵占锦州实况

12月初，南京国民党政府派顾维钧与日本大使交涉，双方决定划锦州为中立区，命令驻辽西的东北军撤至山海关内，留我率公安骑兵3个总队维持锦州一带的治安，防守大凌河岸，并约定日军不过大凌河，听候国联派调查团前来调查解决东北问题。因此，驻锦州的步兵第十二旅、第二十旅和骑兵第三旅，陆续撤退至山海关内。留在锦州的武力只有我率领的公安骑兵3个总队，高级人员只有省府秘书长黄剑秋、警务处长黄显声及其秘书刘澜波等。12月下旬，我派公安骑兵第三总队防守大凌河南岸，以第一、第二两总队驻锦州附近。旋接情报，知日军以第八师团集中皇姑屯、马三家子一带，准备了20列火车，拟向锦州、山海关进攻。黄显声即用电话报告张学良，张学良指示说，不遭攻击，不准撤退；如遭攻击不能抵御时，可率3个总队退入关内。

1932年1月2日，日军第八师团先头部队到达大凌河东岸，向我军展开包围攻击，并分别在3个地点用炮火掩护步兵实行强渡。我守河岸的第三总队开枪还击，双方互有伤亡，敌军最先渡河的7人被我军擒获。时已天黑，我军又无重武器，难以固守，遂向城内撤退，至城内时，已经夜半。黄显声率省府人员退至城西20里的杨官屯，我仍驻城内。后半夜2时，日军开始攻城。4时，我命令炸毁女儿河铁桥，保护省府人员向虹螺岘、锦西撤退，1月3日早10时，日军飞机9架至虹螺岘上空侦察，我全部人马在山坡森林中隐蔽，未受损失。1月4日，日军派古贺骑兵联队向锦西方向来追，我全部人马退至锦西的西南大山中，因车辆不能行走，遂将所俘敌军7名枪毙。

1月10日，我率公安骑兵3个总队退至抚宁，日军进至山海关外前所车站后即不再前进（当时山海关驻有何柱国的步兵第九旅，山海关外20里是河北、辽宁两省界限）。日军侵占锦州战事，至此告一段落。

东北救亡运动

1931年“督促政府出兵”记

钟志刚*

九一八事变爆发后，举国沸腾。上海学生立即罢课进行抗日宣传，掀起了汹涌澎湃的抗日救亡运动。当时不抵抗的真相尚未披露，人们对张学良将军诟谤交集，而对中央政府出兵收复失地的期望极为殷切。1931年9月下旬，上海各大学学生曾会同各地大学生组成请求政府出兵抗日的请愿团赴南京请愿。一到下关车站，就被国民党南京市党部和国民政府教育部的官员们“殷殷勤勤”地请进中央陆军军官学校，听国民政府主席兼行政院院长蒋介石的“训话”，大意是说，抗日出兵大事政府自有权衡，学生们不必多管，还是回去安心读书的好。然后很客气地派兵护送学生上车。上海同学回来后报告了请愿经过，大家极为愤慨，各校都举行了学生大会讨论对策。

在酝酿之中

我在那学期才由南京金陵大学转学到上海大夏大学。在全校学生的大会上，大家情绪异常激动，有一位同学当场咬破手指，沥血作书表示“投笔从

* 作者时为上海大夏大学的学生，系大夏大学赴南京向国民政府请愿学生代表之一。

戎”的决心。对于出兵问题，大致分为三种意见，一是主张全体同学都到南京去坚请出兵，不达目的誓不回沪；二是认为政府既消极抗日，就干脆由我们学生自己组成义勇军，发给武器北上抗日；三是认为，政府消极，我们积极，一次请愿不成，可以两次三次继续要求，但去南京的人不宜过多，多数同学可留沪策应。我虽是新生，却是坚持第三种方法的人。经过两天激烈辩论，终于通过了这项提议，约有200人自愿赴京，我和李应武当场被选为全校的代表。

这时，上海各大学几乎作出了同样的决定，于是由学联会召集各校代表商定再赴京事宜。首先，是煞费苦心地研究代表全市大学生组织的名称问题，认为如叫请愿团，显得有些哀求苦恼；如说是示威，又似乎太对立。最后定名为“上海各大学督促政府出兵代表团”。因为督促二字是国家主人翁的口气，“督促政府出兵”六个大字，更是名正言顺，要求明确。

这个团体，以全市28个大学、学院各派代表一至二人所组成的代表会议为核心组织，下设总务、纠察、交际、卫生等组，负责集体行动中的纪律秩序、对外联系、卫生防护和生活上的问题。另由各院校按统一规定自行编队，决定所有重要事项均须经代表会议中多数同意才能执行，各校代表不得单独对外活动；同时写就了一个给国民政府主席的“呈文”，主要有三点要求：

一、明令惩办不抵抗将军张学良；

二、立即誓师北上抗日，收复失地；

三、武装青年学生成立学生义勇军北上杀敌。

但后面拖了一个尾巴，就是：“如一时准备不及，亦请蒋主席给予可于何时出兵之书面保证。”

闯出上海

1931年9月下旬的一天下午，上海复旦、同济、交通、大夏、光华、持志、暨南、法学院等 28 所大专院校学生 2000 余人，各带最简单的行李（二三人合一床被）和少数干粮齐集北站，由代表向车站交涉派车。国民党上海市党部、市政府和社会局都派员前来劝阻。好在那时交通大学本是专攻铁路管理和机械的学校，经在站工作的毕业同学指点，我们一哄而登上停在站上的一列空客车，僵持了两三个小时，直到傍晚，才由懂得开车的交大同学协同司机开动列车，闯出了上海北站。

这次行动的组织工作是较严密的，各校一般派出代表二人，其中一人经常参加作为核心组织的代表会议，共 28 人坐在列车最末一节小车厢里；另一位代表坐在本校队伍车厢里，负责前后的联络工作。我是参加会议的 28 位代表之一，坐定后，临时推举复旦大学代表周孝伯为主席。大家一路上进行了讨论，决定了到南京后的行动步骤和每一个细节，并作出以下重要决定：

> 一、下车后坚决不接受任何招待，直往中央大学；
>
> 二、向政府官员扬言要在中大休息很久，然后出其不意地进入国民政府，坚持面见蒋介石；
>
> 三、在沿途及进入国府前不散传单，不呼口号，不作街头宣传，以免被扣上“动机不纯”，有“政治背景”等帽子；
>
> 四、态度要有软有硬。软，是对不愿见的人和不中听的话可以置之不理，但仍要彬彬有礼，决不叫闯叱骂；硬，是如蒋介石不出来或见了面不满足我们的要求，就死守“国府”，任你甜言蜜语或威胁恫吓，决不动摇；
>
> 五、各校代表不能脱离群众，负带队联络责任的代表应各驻原队；议事代表在行动中更应站在队伍的最前列，非经指派不得离队同政府官员接触，以免引起误会。

我们一路上走走停停，每到一个大站总要遭遇些阻碍，费一些唇舌，直到次晨 7 时左右才到达南京下关车站。

突入国民政府

正如我们预料，南京下关车站早就增加了岗哨，国民党南京党部和教育部的官员们早已在站迎候多时了。一下车，他们就说大家太辛苦了，该好好休息休息。又要殷勤地把我们引到一个食宿俱全的好地方去。我们虽然在车上熬了将近一天一夜，却依然精神抖擞，下车之后迅速集合整齐，代表们在最前列扛起一幅写着“督促政府出兵”六个大黑字的巨大白布横幅，四个人一排步伐整齐地走出车站，直向中央大学而去。

我们才在中央大学体育馆卸下行装，市党部和教育部的官员又来了。他们看见学生躺的躺，坐的坐，不像是马上就有什么行动的样子，就和大家说下午再谈吧，说罢就走了。待他们一跨进小汽车，我们就立即行动起来，留下了行李，迅速整队出发，依然用那面“督促政府出兵”的巨大横幅作前导。两千几百人出了中大后门，浩浩荡荡地直奔国民政府而去。

到了国府路（今长江路），老远就看见国民政府门楼的正门敞开着，外面警卫也不多，显然是没有戒备。当队伍到了大门口时，我们对卫兵说要派几个代表去见值日官。这是按规矩办事，当然不会遭到拒绝，有几位代表就进了门楼，大门口的每一个卫兵身旁，也有一两个代表向他们进行宣传。突然，一位已进门的代表向外一招手说：“好了，进来吧！”卫兵们愣了一下，同学们已像潮水般地涌了进去，卫兵们想拦阻也来不及了。很快，2000多个学生黑压压地占满了从门楼至大堂的一片庭院。这时，卫兵们才在上司指挥下，手忙脚乱地关上大门。我们突入国府的计划已经完成，时间大约是在上午9时。

走马换将

进入国府后，我们的28位代表分两排站在大堂屋檐下，各校队伍整整齐齐地排在庭院里，当中留出一条走道。不久，从大堂转出一位白脸高瘦西装笔挺的中年人来，接谈后知是国府秘书凌某。他问明来意之后，要我们把

“呈文”给他。我们说必须见蒋面交，但还是给他过了目。他转身进去，半小时后又出来请我们派几位代表到里面去和负责长官谈谈。我们答复，此行目的要求很明确，有规定代表不能离开队伍，和别人谈也不解决问题，只要蒋主席出来答复一下就行。他再回去，两个钟点还无动静，我们就接连派人到总值日官那里去催问。

直到下午1时左右，才见有人把一架木制小台推到大堂右檐下，这时凌又陪着一位要人走上了台。经凌简单介绍后，知道他就是张道藩。张满脸堆笑地先把同学们的爱国热情恭维了一番，然后说：“主席尽瘁国事，简直忙得连吃饭睡觉的工夫都没有，今天不会来府。大家先回去，静候我们答复。”讲完后又堆起满面笑容。哪知我们不理不睬，毫无反响，他只好下台找代表们商量。我们一致表示，今天不见，就等明天，明天不见，还有后天，事情没结果，大家决不会离开国府。

下午4时左右，又来了一位满脸胡须、身着灰布长袍的老者，他就是监察院长于右任。他用陕西口音含糊不清地说了许多话，还不时做着手势，无非是劝大家回去，并说不回去僵在这里没有好处。我们仍然没有退让，于右任也只得踉跄退去。

时近傍晚，天越发阴沉，同学们干粮带得少，都饿着肚子坐在冷冰冰的水泥地上等待。说也奇怪，当初非常关心我们生活的官员们，这时却一个也不见了。

这时，南京中央大学、金陵大学和各地来京学生早已聚集在国府大门外进行声援，声势十分浩大。代表们派我出去致谢，当我爬上门楼右侧高坎台时，只见黑压压的人群挤满了整条马路，把国民政府围得水泄不通，到处打着大大小小的旗帜横幅。他们见到我时，顿时响起一阵暴雷似的掌声，他们说，你们要坚持下去，就一定能胜利，我们也要同你们坚持到最后胜利！大门内的同学们忘记了饥饿与寒冷，一个劲儿催着：快找总值日官去请蒋介石出来。

那天，夜班总值日官是傅选青少将，他是同情我们的。他告诉我们，看来今晚蒋介石不会来，还是先解决食宿问题为好。说话间，前前后后跑来跑去张罗了一阵，总算送来了开水和馒头，又发给每人一条灰军毯。天渐渐黑了，又淅淅沥沥地下起雨来，大堂和院旁两廊的卫兵室就成了我们的栖息之所，大家只好挤在一起，坐在地上打个盹儿。

面见蒋介石

早上，细雨霏微，大家实在挤得难受，都披着毯子跑到院子里来。代表们开会估计了这一天可能发生的一些情况，并继续要求全体同学在任何情况下都要坚持到底，遵守秩序。

上午 9 点多，身着黄呢军装的张治中将军面带焦急的神色出来了。我们和他站在大堂屋檐下交谈了很久，他首先表示对同学们的热情和正当要求非常同情，接着又用种种比喻来说明政府的处境。他说，政府像一个突然遭受凶徒强暴的可怜的母亲，怨愤痛苦不堪而又不能不暂时含垢忍辱，暗中准备报复，可是孩子们却都愤激地抡着小拳头要立即和暴徒拼命，暴徒也想一下子扼杀那些小生命，这时做母亲的就只好一面稳住暴徒，一面劝哄孩子，如果孩子们肯理解母亲的心情和策略，那么要复仇就容易了。他又坦率地指出海防空虚和军备陋劣的情形，说明所以不能立即出兵抗日的原因，要求我们“少安毋躁”，体谅政府的某些苦衷。同时说到蒋介石一时还不能来府，问我们是否愿到军校去见他。我们对军校这个地方存有戒心，没有同意，仍坚持要求蒋介石来国府。最后，他答应尽力设法请蒋到国府来和大家见面，并一再叮嘱必须严守秩序，千万不要意气用事，以免妨碍正事。当时我们对张将军的印象是“善于辞令”“态度诚恳”。我们也知道，通过他的周旋，蒋介石很有可能出来同大家见面，因此一面通知大家要耐心等待，一面推定周孝伯和我为代表团的总发言人。

张将军果不失信。下午 1 时许，大堂上增了岗，进进出出的人多了起来，张将军通知我们，蒋介石就要出见，又叮咛了一番。我们立即整好队伍，周孝伯和我站在正中走道的头里，周手持“呈文”站在我前面四五步远的地方。

霎时，从大堂后面闪出一群穿灰色中山装的彪形大汉，脸朝外围着讲台站好，这才见蒋介石登上台来。周孝伯走上前去递了“呈文”，蒋只扫视了一下并没仔细看，就笔直地站着瞪了大家好几秒钟，然后清了清嗓子，开口就问：“你们为什么到这里来？为什么一定要找我？为什么不到广东去？”接着又说：“自九一八事变以来，本主席极为忧伤，自问爱国之心，决不下于各位。可是事情来得太突然，国内又有许多纷扰，事情是你们所不能明白的。本主席身负国家重托，不能轻举妄动，必须准备充分，才能一举而收复失地，希望相信政府，安心回校，切勿受人利用……”话一讲完，就背转身子想走。这时队伍里稍微有些动摇，有的同学沉不住气了。周孝伯及时高叫了一声：“主席，我们还有话报告。”蒋介石才又转过身来站住。周接着说：“主席刚才问我们为什么不到广东去，我可以代表同学答复，因为我们只相信一个中央政府，所以才到这里来，至于我们是否会被人利用的问题，从这次来京的目的要求和纪律秩序看，就很明白。我们只是督促政府出兵抗日，只有爱国热情，毫无政治背景。如果一时准备不及，只要主席告诉我们什么时候可以准备好，我们也可安心。”说罢，就静候答复，蒋愣了一下，连连点头说：“你们说没有政治背景，不会受人利用，这个……很好，很好……嗯，嗯……’”他在“嘉许”几句之后，好像还想讲什么，却什么也没有讲就回身下台去了。

事情没有结果，大家怎肯罢休。代表们商量后，决定继续坚持下去，同时提出如果不拿到蒋亲笔写的在一年内出兵抗日的保证书，决不离开国民政府。后来，又是张治中将军来来回回地奔走磋商，直到傍晚时分，才传出一张用国民政府信笺写的“手谕”，上面是核桃大的寥寥两三行字：“余誓以至诚负责在准备充裕之时出兵收复失地，此谕。”下面署名“中正”二字。我们仔仔细细研究了这张“保证书”，认为确是亲笔，只是未注明准备时间，总有些不够满意。张将军说不可能再有比这更好的结果，又焦急地劝大家回去。最后，多数代表认为，既有了这张字据，总算比上次请愿有了很大的进步，就决定一回去就送报社刊登，不怕政府不认账。于是班师回沪。

中 计

这张“保证书”是由周孝伯保管的，回沪后，我们急等着见报。哪知一天天过去了，却始终未见发表，就连学生们在国府坚持要求蒋写保证这回事也未透露。据周孝伯说，一回上海，中央通讯社就很巴结地要拿去制版发通讯，后来又说怕“打草惊蛇”，所以暂不发表，原件也奉命收回，不能再交还学生。我们这才知道这张“手谕”只是“退兵之计”，而不是什么“出兵保证”。

1941 年 11 月间，我们在重庆与冯玉祥将军见面时谈起这一段往事时，冯将军惊叹地说：“哎呦，好险哪！那天我是在里面的，如果不是张治中先生声泪俱下跪求的话，你们的小性命就不保险了！”后来我又听当时在国府里值日的傅选青先生说，我们在外面坚持要求时，里面争执得非常激烈，有的主张用水龙头冲，有的坚持要动武，只听见张治中将军发急争辩说：“学生们手无寸铁，一非土匪，二非强盗，怎能用粗暴的方法对待爱国青年！”事情这才有了转变。但那年 12 月，上海学生第三次去南京要求抗日时，就出现了令人痛心的虐杀学生惨案，可见杀机早萌。

周孝伯在复旦毕业后，就一帆风顺，抗战期间在重庆已当上了行政院参事。1949 春，我在上海遇见他，问起他当年那张“手谕”怎会轻易脱手的，他只是笑而不言。

回忆九一八后的学生抗日运动

吴世昌*

1931 年 9 月 19 日下午，我手里捧着一个淡青色的汝窑小花瓶，连同刚配好的乌木座子，走出街口，正低着头看顾手中的瓷器，却被对面来的一个同学，抓住我的手臂。他一脸严肃，劈头问道："老吴，你听见了消息没有？""什么消息？""日本关东军侵占了沈阳！""报上没有登？"我大吃一惊，将信将疑地追问下去。"是的，昨天晚上发生的事变。日军已占领北大营和兵工厂，消息确实可靠。"这位同学是从东北大学转到燕京大学来的，对东北情形相当熟悉，他得来的有关东北的消息使人不能不信。

敌人已经破门而入，怎么还能安心读书！

燕大成立学生抗日会

星期一早上，我回到燕大。

我找了两张大白纸、一瓶墨汁（这些文具是学生会常备的），也不起草，提笔就写了一张带有"煽动性"的《告全体同学书》，一式两份，一份

---

* 作者时为燕京大学学生，燕大学生抗日会抗日委员。

贴在图书馆前的布告牌上，一份贴在第一宿舍（现在的德斋）入口处的布告牌上。我批评了有些同学对国事毫不关心，也批评了有些绅士式教授“只要三百元薪金无恙，一家子人口平安，国家亡了也不关痛痒”的观点。我说：“国家亡了，只要有志士仁人，还是可以复兴的。哀莫大于心死！所谓士大夫阶层对国事如楚人视秦人之肥瘠，这才是最大的耻！耻！耻！”末了，我呼吁同学们起来，采取行动，“赞成者请签名”。不久即有许多人围着签名。

不到两天，报上消息也已传开。全校沸腾起来了，许多同学纷纷贴出“公开信”，要求学生自治会召开全校大会讨论局势。学生自治会的负责人大多数是国民党，和校方关系搞得不坏。学生自治会是全校同学选举的，抗日行动理应由它进行组织。但事变以来近半个月，却毫无作为（除了“停止娱乐”及臂戴黑纱）。同学要求召开全体大会，另组抗日委员会。学生自治会遂不得不于10月初召集全体大会。

大会是由学生自治会召集的。以前学生自治会也召集过别的会议，讨论有关全体学生的事情。但燕大学生的自由主义特别严重，除了读书玩乐，对别的公共事情大都不感兴趣，因此，开会常因“不足法定人数”而“流会”（开不成）。可是这次全体大会，同学们都踊跃参加，大礼堂中800个座位早已坐满，连两边窗台上也都坐满了人。开会时群情激愤，大家慷慨陈词，有的同学提议立即罢课游行，反对“不抵抗”政策（当时以为张学良知道日军要发动战争，下令不抵抗而撤退）。但也有国民党的稳健分子主张“慎重”，“爱国不忘读书”，反对罢课游行。大会结果，否决了由当时掌权的学生自治会主持抗日工作的提案，另行组织由全体大会直接自由提名选举出来的学生抗日会。当时决定选举抗日委员11人，以得票最多者为主席。选举结果（假如我没有记错）如下：吴世昌、杨缤（女，即杨刚）、张德生、史国雅、董文田、卢惠卿（女）、周振光、刘纪华（女）、谭诲英（女）、叶楚生（女）等任委员，其中吴世昌任主席。大会并通过以下议案：下一个星期某日罢课游行，借以唤起民众，抗议日寇侵略我领土，同时要求南京政府出兵抗日御侮，并罢免不抵抗的封疆大吏，处之以丧失国土罪（当时尚不知道张学良是奉蒋介石之命不抵抗日军的），以及要求政府全力抗战等。

第一次抗日游行

全体学生大会议决案中别的还都不成问题，唯有罢课游行一项是燕大当局所不能容许的。因为燕大自建校以来，素以“学风纯正”著称，从来不曾有过罢课游行等“不轨行为”。所以，达官贵人、军阀富商的子女，都被送到燕大来“好好念书”。当时校务长司徒雷登① 正在美国筹募燕大经费（因自 1929 年美国经济萧条以后，燕大经费来源大减），如有重大校务则临时组织一个委员会处理，由年高德劭、素称谨厚的教育系主任高厚德代理校务长。校务委员会听说学生要罢课游行，立即召集紧急会议讨论此事，并通知我代表学生抗日会列席此会，报告学生全体大会开会及决议经过。其实学生开大会时，学校当局早已派人参加听信，备知一切，要我汇报无非是要留下一个正式记录，以便以后用时可以说：据学生抗日会主席某某报告云云。同时校务委员也可以借此机会向我提出问题。到会的校务委员，除文、理、法三院院长、各系主任外，也包括一些美国教授。他们虽不赞成罢课游行，但对于学生的爱国情绪都表示同情和理解。只有一个例外，那是经济系讲师、代理法学院院长陈其田。别人提问时都站直身躯，用严肃而和善的口气发言，有时也表示为学生的困难考虑问题。唯独陈其田，欲站不站，把身子斜靠在桌上，用极端轻蔑鄙夷的口吻，歪着嘴巴问我道：

“你们昨天的会到了几个人呀？够不够法定人数呀？这样的会算不算合法呀？对全校学生有约束力吗？赞成罢课游行的有几票？这些赞成票中，有多少是你们布置好的？”

这显然是存心侮辱，以小人之心度八百多青年之腹。他说话时那种鄙夷的神情，连别的教授都不自觉地对他侧目而视。

我说：“陈先生所提的都是学生团体内部的问题，不是今天校务会议所要知道、所要讨论的问题。陈先生没有资格问我这些问题，我也没有义务回

① 司徒雷登本为燕大校长，英文名称为 President，后因国民政府不许外国人为大学校长，乃聘前清翰林吴雷川为校长，译名 Chancellor，司徒仍保持英语原称，中文则译称校务长。

答他。不过他既然提出来了，我不说好像我理亏，所以不妨说几点：第一，昨天大会到会的人数，不是几个人看见，而是上千人共见的。够不够法定人数，他可问任何人，不必在这个会中提此问题（有的美籍教授点头）。第二，每一件提案表决时票数的多少，够不够法定票数，大会文书处自有记录。陈先生如要去查核，他随时可以去查，一个人去可以，带了律师去也可以。第三，陈先生所谓‘事先布置’的问题，谁都看见，这个全体大会本来是由学生自治会召集的。他们事先有无布置，陈先生可以去问学生自治会负责人。后来到会同学临时动议另外成立抗日会，临时提名选举，这些手续都是坐在主席台上的学生自治会职员办的。我们被选为抗日委员的都四散坐在台下，有一半被选的人直到选出时我还不认识，因为不是和我同系或同班的，素无来往。有无‘布置’问题我说不上来，还是请陈先生去问召集大会的学生自治会负责人吧。”

我一说完，陈其田拿起帽子就走。以后对学生的抗日活动，他再也不出头捣乱了。1941 年珍珠港事件后，日军占领燕大，燕大许多教职员被日军关进监狱（如陆志韦、洪煨莲、张东荪、司徒雷登等）或送进集中营（如谢迪克），但陈其田却和日军宪兵队合作得很好，还升了官。此是后话，兹不赘述。

燕大校务会议不许罢课游行的布告出来了。布告措辞很委婉郑重，劝学生在国难严重时期更不可荒废学业。学生抗日会只执行全体大会的决议，根本不理会学校的布告。大家筹备罢课游行很紧张。学校想再一次通过个别抗日会的委员，破坏罢课游行的计划。又因为预定的罢课游行这一天，正是开学以后第一个月终，正是要举行月考的考期。于是就有人扬言，说这次罢课是为了躲避月考。这个说法在西籍教师中颇引起反感。我们了解这些情况以后，召集了一个短促的全体大会，要求全体同学在游行完毕后第二天照常参加月考，以后照常上课。这个提案在大会中通过并且公布了，这样才消除了所谓“罢课为避考而非为爱国”的流言。

到了决定游行的前一天上午，代理校务长高厚德博士把我找了去。他转弯抹角说了半天，意思是要我再召集一次全体大会，以取消这次游行。

他说：“你在同学中很有威信，既能够说服他们游行回来照常考试，你也可以说服他们索性取消这次游行，因为北平别的学校都没有罢课游行。燕大是美国教会办的大学，何必干这个国立大学还没有干的事？我知道只有你能取消这种荒废学业、不符合燕大传统的行动。”

我说：“学校不能取消这次游行。我也不能说服同学们这样做。他们同意游行完了考试，因为他们本来就没有‘避考’之意。爱国是每一个人的天责，人人可以领先。国立大学不发动，燕大为什么不能先发动？”

他看我很坚决，知道软话劝不转，只好“图穷而匕首见”了。他把脸一沉说：“Mr. 吴！燕大优良的传统，不能由你们轻易破坏！司徒博士把这事看得很严重。我受他之托，责任也很重。我要提醒你，Mr. 吴，你这一年是最后的一年，只有八九个月你就要取得学士学位了。你即使不管燕大的传统，也该考虑你一生事业的起点。”

我知道他这话是什么意思。我笑起来了。我说：“高厚德博士！你知道吗？我近来学会了刻图章。”

“这和我们正谈着的问题有什么关系？”

“有一点关系。”我说，同时把牌摊在桌上：“我准备在必要时刻一颗图章，文曰‘燕京大学开除学生’。”

他呆了一下，但立刻恢复原状说：“我知道你是不在乎文凭或学位的。但你应该考虑你的 10 个同事（指抗日会的其他 10 个委员）的利益。”

我说：“学校准备开除全体抗日会委员吗？那好极了！从此燕大学生倒真会有一个光荣的传统了。你们开除 11 个抗日会委员，他们再选举 11 个。再开除，再选举，你到哪一天能开除完毕？并且，你忘记了上海圣约翰大学的前车之鉴了吗？你知道不知道上海光华大学是怎么建立起来的？”我说完就要走。

“Mr. 吴，等一分钟。”他还想劝告。

我说：“我忙着呢，为筹备游行，昨夜几乎通宵没睡。你等着看报上燕大学生首先游行的消息吧，我等着看布告牌上开除全体抗日会委员的消息。”

彼时燕大一共只有 800 个学生，游行队伍并不长。从西校门到城里，也比清华近些。为了阻止有人不去参加游行，借此玩一天，抗日会组织了纠察队。队伍排好后，纠察队派人到各宿舍查看，各教室用大锁都锁上了门。出发时，每人手里拿一个长方形或三角形的小纸旗，上面写的标语有“打倒日本帝国主义”“驱逐日寇出沈阳”“还我河山”“团结起来，一致抗日”“抵制日货”“反对不抵抗主义”等口号。名义上由张学良负责的北平军分会，设在府右街路西几所大楼内（现在统战部和文史馆一带）。游行的队伍经西单往东，到军分会前面的空地，那里约有一连张学良的卫队。他们把步枪搭成三支一组的许多三角架子，士兵自己却徒手坐在地上，仰着脖子看学生一面走，一面把小旗在他们面前晃来晃去。学生们又齐声高呼口号，但他们仍坐着，木然无动于衷。估计他们是奉命静坐，不许作声的。

燕大的游行，当然引起了连锁反应。接着是清华、师大、北大等校也纷纷发动。接着是上海、南京、杭州、广州各大中学校的同声响应。燕大学生的罢课游行，从召集大会，产生抗日会到上街游行，据我所知全是自发的，没有任何外来的领导。后来响应这一运动的全国各校，大多数也是自发的。所以后来国民党宣传诬蔑学生运动为“奸人煽动”，只能更激起群众的愤慨。

在游行后的一个星期，我收到司徒雷登从香港发来的一个电报，要我转全体同学。电文很简单，原文如下：

“Congratulations！ I am very proud of my students’ patriotic movement.”（祝贺你们！我的学生的爱国运动使我非常引以自豪。）

这也许是真的，因为这一次燕大学生的爱国行动跑在全国之前了。在向全校公布这个电报之前，我先拿去给代理校务长过目。高厚德见了只有苦笑，早先要他用开除全体委员的威胁手段来阻止罢课游行的指令，其实都出自同一个人打来的电报。

持续不断的抗日救亡活动

罢课游行只能起到引爆作用。用当时的话说，只能“唤起民众”。抗日运动的工作却是日常的、持久的。为了宣传，我们办了一个不定期的刊物

《火把》，每星期出一期或两期，有时有了特别材料，也出增刊。这个刊物除了学生撰文外，也刊登教职员的稿子。最先用投稿和捐款支持这个刊物的是国文系教授容庚先生。不久历史系教授顾颉刚先生和洪业先生的诗文也陆续出现在《火把》上。学生的文字，除了我自己必要时供给固定字数的稿子外，要算杨缤（杨刚）的文章最为泼辣有力。

首先被燕大学生的抗日运动带动起来的是燕大的教职员。由于《火把》上刊登了几位著名教授的文章，全体教职员也不能不组织抗日会。我说“全体”，并没有夸张。一开始，对华友好的美国人如夏仁德、瑞士人王克私，都是同情中国学生的。但其中也有美国人不愿卷入中日纠纷，坚持不同意用全体教职员的名义，主张改用“燕京大学中国教职员抗日会”的名义。教职员中最积极的是谢景升，他是校长室秘书，亦可见校长吴雷川是暗中支持他的。燕大教职员和学生抗日会合作得很好。清华的教职员也响应而组织抗日会，但不幸主席落在国家主义派的蒋廷黻手里，变成有名无实的御用团体了，不但没有积极参与抗日工作，反而起了阻碍作用。

除了编写《火把》等校内经常工作外，对外还有一些工作要做：例如到前线慰劳抗日军队，募集钢盔、皮背心，调查临近敌占区的社会情况以及和北平市内学联的联络工作。

日本侵略军在取得沈阳时，虽未遇到抵抗，但当他们向东北各处伸张时，却遇到当地驻军和人民的英勇抵抗。当时最著名的一支抗日军队，即驻守在黑龙江省西北边地齐齐哈尔的马占山部队。上海、广东各地的爱国人士，听说有一支部队居然敢于抵抗日寇，无不愿意倾家荡产以助战争而保卫国土。

自从九一八到这一年底，平津各校的抗日活动主要有：通电全国和致电南京政府，要求团结抗敌；一部分学生赴南京请愿；在校学生要求军训，也有的组织敢死队请缨赴前线杀敌；大批学生停课到近郊农村宣传抗战，在城乡到处讲演，暴露揭发日军罪行，提倡抵制日货。

最使人感动的是赴南京请愿的学生。当时已入冬季，有的未备冬装。他们都挤在敞篷车皮中。天津和唐山的学生，由唐山铁道管理学院的学生和天津北洋大学的学生自己生火、加水、扳道、开车，一段一段开到南京。北平请愿的学生，由于没有人开车，而路局又奉命不准运输学生，就采取了“卧轨”行动。他们在寒冬中躺在冰凉的铁轨上，阻止了别的客车和货车的运行，从而迫使路局不得不把他们送到南京。不久前去世的韩幽桐同志（原名韩桂琴），当时是法学院学生抗日会的积极分子，即曾参加卧轨请愿。

各地学生（先是平、津，后有沪、杭、武汉）到达南京后，把主张不抵抗的南京政府吓坏了。他们要求蒋保证抗日，否则不散。第一次蒋介石在国民政府大楼的阳台上接见了学生，还当场提笔写了一页信纸，大意谓他一定要收复失地，要同学们回去安心读书，以便将来学成，为国效劳。但后来赴南京请愿的学生越来越多，蒋就不再出见学生，只派一个二、三等的秘书出来代表“委座”敷衍一番。学生不满，时起争执。后来，在南京一些湖沼中发现了16具学生的尸体，当时的行政院长汪精卫，竟发明了“自行失足落水”的怪论，为谋害学生的特务推卸责任。南京政府用这种毒计阻止了满腔热血请愿抗日的青少年。

1932年1月28日，日本浪人先纵火烧三友实业社，随即向中国军队挑衅。当时自沪至吴淞口一带为十九路军驻防地，总指挥蒋光鼐，副总指挥蔡廷锴，团长翁照垣等忍无可忍，传檄御侮。这篇檄文使全国人心大为振奋。上海市民踊跃捐输，学生舍命参战，这场恶战打了35天，打得日本侵略者大为惊愕，不想中国军队以落后武器对他们的现代化装备，竟打得这样勇敢。

上海人民守土抗日，热血沸腾、肝脑涂地。但北平的学生则被禁止，不许宣传抗日。

但在城外的燕京是可以的。追悼将士的消息一传出去，北平驻军的各个部队最先送来挽联，他们都是爱国军人，来赴追悼会，正是曹子桓所谓“既痛逝者，行自念也”。追悼会在燕大礼堂举行，礼堂前进门草地两边华表上，横着一大幅标语：“踏着烈士的血迹前进！”

公祭于3月11日举行。会中主要的宣传品是挽联，也有祭文。《北平晨报》记者有详细记录，挽联百种，也择要摘录。此外，还发表了七篇祭文。

12日该报记述追悼会情况曰：

凄凉严肃，追悼抗日烈士，千余人参加燕大公祭

昨日上午9时，在燕大大礼堂，一千三百余人到会。除本校男女生外，来宾有张学良代表郭尔珍，于学忠代表韩玉璞，张焕相，章太炎，熊希龄等数十人。北平无线电台放送了会中节目。

燕大学生抗日会的巨幅挽联如下：

壮士足千秋，民族定万岁；懦夫当愧死，丑虏应胆寒

这副挽联上联表扬烈士功业，激励来者，坚定民族信心；下联鞭挞不抵抗者，震慑敌寇。虽对仗不甚工整，但大气磅礴，声震山河，是为全部挽联压卷之作。

1932年秋，我在燕大英文系毕业了。但我的抗日工作却没有“毕业”。

流亡关内东北民众的抗日复土斗争

阎宝航*

抗日救国会的成立

1931 年 9 月 23 日，阎宝航偕辽宁省商、工两会会长金哲忱、卢广绩等从沈阳设法逃出敌人虎口，抵达北平，次日即会同先已在平的高崇民、王化一等发起组织东北民众抗日救国会（简称为救国会，以下均用简称），以“抵抗日人侵略，共谋收复失地，保护主权”为宗旨。救国会于 9 月 27 日正式成立，会址设于旧刑部街奉天会馆内。在平的东北人士踊跃参加，入会者达四百余人（会员不以东北人为限）。会员大会为最高权力机构，由会员大会选举执行委员会，由执行委员会推选常务委员会；常务委员会下设总务、军事、政治三部，各部设正部长一人、副部长两人，均由常务委员兼任。总务部正、副部长为卢广绩、高崇民，军事部正、副部长为王化一、彭镇国、熊飞，政治部正、副部长为阎宝航、杜重远（杜在上海未到任，嗣推霍维周继任）。此外，还设有监察委员会及特种委员会，如军事及政治委员会等。

---

* 作者时任东北民众抗日救国会政治部部长，1937 年参与发起成立东北抗日救亡总会，1941 年参与组织中国民主革命同盟。

东北民众抗日救国会的组织成员，如从阶级来分析，资产阶级占少数，小资产阶级知识分子及青年学生占绝大多数。从党派来说，国民党如梅公任（又名梅佛光）、吴焕章、黄剑秋及“改组派”钱公来等，青年党如王捷侠、霍维周等，都曾参加。共产党地下党员和在党的影响下思想进步的青年，则有宋黎、张希尧、宁匡烈、张雅轩（今名为张金辉）等。阎宝航、卢广绩、王化一、车向忱等，则属于大多数的无党无派。

当时摆在东北民众抗日救国会面前的紧急任务，是立即开展抗日宣传和组织人民抗日的武装斗争，以期唤起全国人民共起抗日，并对日寇进行破坏扰乱，以阻挠其进一步扩大对我国领土的侵略。东北民众抗日救国会成立后，即以宣传工作及军事工作为中心，展开并推动了多方面的抗日活动。

为了联络马占山、李杜，策动辽东救国军唐聚伍、邓铁梅等部及沈阳、辽西的义勇军，救国会先后派车向忱、黄宇宙、宋黎、张雅轩、苗可秀、高鹏、纪廷榭、潘赓祺、魏兴华等及大批政工人员秘密出关，进行工作。在宣传工作方面，除了组织宣传队，沿平津、平汉等铁路线扩大宣传之外，又以北平、天津、上海为宣传重点地区，曾派王化一、徐靖远等到平津各大学，阎宝航到南京、上海各地，报道九一八事变后东北人民抗日活动及东北义勇军奋起抗战的情形。为了训练出关抗日青年，曾组织学生军集中训练，为期两三个月。为了安置逃亡进关的东北青年学生，培养抗日的骨干力量，开办了东北学院（后改名东北中学）和东北难民子弟中学，以王化一、李梦兴分别担任校长。东北大学不久亦在平复校。三校开学后，均加紧实施军事训练。言论机关则办有《救国旬刊》《复巢月刊》与《东北通讯》。为了安置抗日人员的眷属及逃亡关内，一时无法谋生的东北人民，设立了收容机关，名曰东北难民教养院。为了表彰为国捐躯的抗日烈士，设有昭义祠。以上种种措施，都以“打回老家、收复失地”为指导方针，各方配合，积极创造条件。

在这里需交代张学良和东北民众抗日救国会的关系。东北民众抗日救国会的组织与抗日活动，纯系东北民众出于爱国热情、民族义愤和愤于国民党政府的不抵抗，自动自发保家卫国的行动，事前既无张学良的授意，事后亦无需他的批准。但是张学良在精神上和物质上都曾给我们许多有力的支持，直到他被迫下野为止，如鼓励抗日将领，维持救国会领导同志生活及发行爱国奖券，以接济义勇军和填补救国会及东北中学的开支。

南京请愿

为了督促国民党政府实行抗日，救国会决定组织赴京请愿团。此时适逢国民党宁粤两方在上海举行和平会议，救国会乃于 10 月 28 日开全体委员会议决，请愿团先去沪向国民党和平会议请愿，再转回南京请愿。请愿的目的为：一、响应和平会议，促成统一政府；二、团结全国爱国力量，一致抗日；三、督请南京政府出兵收复东北失地。

11 月 5 日，请愿团大队齐集北平东车站，准备出发，路局受南京政府暗示，不给挂车。张学良为敷衍南京政府的面子，也表示劝阻，请愿团未予理睬。南下列车行将开车，请愿群众纷纷卧轨，阻止开行。青年们大声疾呼，向乘车客人宣传南下请愿的重大意义，有的声泪俱下。全体乘客深受感动，自动让出列车，并有一部分人要求参加南下请愿。顿时，这一列客车变成了请愿专车，在车上车下欢声雷动之中，驶出了北平车站。

11 月 7 日早晨请愿团到达浦口，过江后，经在南京的东北群众协助，即时转搭沪宁列车去上海，当日深夜抵达上海南站。江问渔、陈立廷等多人代表上海市各爱国团体到站欢迎，并将请愿人员分别安置在中华职业学校、西成小学、上海中学、务本女中四处。

和平会议已于请愿团到沪的前夕闭幕，因此，请愿团决定推出高崇民、卢广绩等为代表，会同原已在沪的阎宝航去会见胡汉民、汪精卫；请愿大队则由王化一率领在上海游行示威。汪精卫在接见代表时大谈其对国事的意见，滔滔不绝，但毫无要领。胡汉民接见时，则戒备森严，代表每人身后站着一个便衣。胡对张学良大肆非议，对东北的沦陷则谓“国之强弱不在疆土之大小”。一场激烈争辩之后，不欢而散。

11 月 10 日，请愿团转回南京，住在金陵大学的体育馆和礼堂的地板上。

次晨，请愿团到国民党中央党部请愿，吴铁城、张继两人代表蒋介石向大家讲话，劝大家早日北返，不要受别人“煽动”，并说中央一定有办法等语。请愿团当场驳斥了他们所谓受别人煽动的说法。当时听说蒋介石躲在中央军校，于是，大队人马在激昂愤怒的情绪下，转赴中央军校。此时大雨滂沱，中饭未吃，请愿团冒着大雨，忍着饥饿，一口气赶到中央军校。蒋介石推延到下午 3 时半才出来接见。这时，天津学生请愿团也赶至参加。

高崇民站在大队的最前列，与蒋介石的讲台相距咫尺，慷慨陈词，请蒋介石率兵北上，收复东北失地。他说：“东北人民对促成统一、保卫国土所做的努力，对得起中央，而中央在敌寇入侵以来，不发一兵，不做明确抗日表示，一味依赖国联，使敌寇得寸进尺，侵略无止境，中央何以对得起东北人民？”这番义正词严、激切沉痛的诘责，把蒋介石质问得面红耳赤，哑口无言。他于是恼羞成怒，要起流氓态度，说道：“东北失掉，东北人来请愿还可以，天津并未丢失，天津学生来请什么愿？”这一来，全体群众特别是天津学生请愿团更加愤怒了，一位青年大声高呼：“东北是中国土地，我们是中国人，你是中央政府的最高负责人，所以来京向你请愿。”随后全场掌声雷动，高呼“请中央领导抗日！收复失地！打倒不抵抗政策！”等口号。蒋介石惊慌失措，急忙转身退入后台。十几分钟后，他又重新出来，用挑拨离间的口吻对大家说“不要听信造谣挑拨，要镇静听候中央处理”，并且又重复“到必要时候，中央一定抵抗，还要依靠国联正义制裁”等一套滥调。蒋介石说完之后，立即退席。这时，群情鼎沸，呼喊叫骂之声，不绝于耳。

“南京请愿，白跑一趟。国民党政府既决定不要东北，我们自己去干吧！”这是请愿团六百余人的共同认识，同时也是流亡关内东北民众一致的决心。

东北人民抗日活动转入地下

1933 年 5 月，《塘沽协定》签字之后，何应钦奉行日寇要求取缔华北抗日活动，特别是取消东北民众抗日救国会及辽吉黑民众后援会的意旨，通过高仁绂于7月10日向我们传达了取消救国会的命令。7月14日，救国会公推阎宝航、卢广绩、王化一、钱公来四委员到怀仁堂向何应钦交涉，何应钦为了减少他们屈膝外交的困难，坚持救国会必须取消，并采用威胁手段，施加压力。救国会张希尧同志于15日在街头散发反对卖国的《塘沽协定》的传单而被捕，徐靖远同志因在清华大学做报告而入狱。与此同时，何应钦明令停止救国会发行爱国奖券，以断绝救国会的经费来源，企图从经济上扼杀救国会。这时，专以镇压抗日人民为任务的中央宪兵第三团，已经开驻北平。“抗日有罪”成为公开执行的法令，被捕和失踪者，日有所闻。7月15日，朱庆澜主持的辽吉黑民众后援会，被迫宣告结束。

在国民党反动派和日寇配合向东北民众抗日救国会加紧压迫摧残的形势下，我们并未因而消极畏缩，相反，抗日到底与对国民党反动派斗争的决心，更加坚定。但是鉴于当时华北内外情势，抗日工作不得不转入地下。8月31日，常务委员扩大会议决定，东北民众抗日救国会宣布结束。

复东会

原东北民众抗日救国会的领导核心，经过多次磋商，决定抛开原来委员中的国民党分子，团结热心救国的坚定积极分子，成立秘密组织，定名为复东会，并采用封建结盟的方式，举行入会仪式。依照上述方式，于1933年9月18日即九一八两周年纪念日，在北平欧美同学会举行了复东会的成立大会，在关岳像前宣誓，并饮苦水一杯，誓词为：“团结一心，誓死救国，不达目的，永不罢休。”

复东会的最高权力机构，为会员大会，第一次入会的会员31人。执行机构为理事会，设理事长一人，理事若干人，秘书长一人。因理事长人选问题内部有争执，延至12月19日，才在欧美同学会举行会员大会，选出王卓然为理事长，高崇民为秘书长，理事9人。但理事长选出后，会员仍有意见，因而1934年2月18日，王卓然辞去理事长职务，另选阎宝航继任。

四维学会

复东会成立后，抗日活动转入地下，并排除了 CC 分子，这就引起国民党反动派更大的疑忌与敌视。

蒋介石遂派特务头子戴笠来平，会同在平的国民党北平军分会政训处长刘健群进行调查。

戴笠、刘健群经过调查研究后，认为复东会是关内东北人的一个核心力量，且与张学良关系密切。事实上，东北军将领与救国会领导人，多系知交故旧；东北军在张学良被迫下野后，失掉了领导权，许多将领如王以哲、黄显声等多同情支持复东会，因而复东会成为关内东北军与东北人联系的纽带。同时，张学良从德、意考察归国后，主张拥护领袖、实行独裁政治等论调，复兴社认为大可利用。当时复兴社成立不久，羽翼未丰，正想从各方面拉拢实力，以与 CC 系对抗。他们认为，如果把复东会拉了过来，便可以影响张学良这一方面的力量，削弱敌对势力，壮大自己阵容，一举两得，何乐不为。于是，他们对复东会就打定了拉拢的策略。

4 月 1 日，王卓然、王化一在南昌北坛分别向蒋报告了复东会的组织和九一八后东北民众的抗日救国工作。接着，谈到合作组织新团体问题，蒋指定刘健群、邓文仪、戴笠和王卓然、王化一共同商量。商量结果，决定以下各点：一、彻底融合蒋、张两方核心干部，拥护唯一领袖，肩起复兴民族之大业；二、继续东北抗日工作，以作大战时之准备；三、复东会由张学良负责说服取消，领导人加入新组织；四、蒋为事实上的领袖，不居名义，组织理事会，由张学良就近领导；五、新组织定名为四维学会；六、会址暂定设在武汉；七、对外暂守秘密。他们并根据上述各点起一草案，送蒋介石亲自加以审批。

4 月 15 日，邓文仪、戴笠、王卓然、王化一同返汉口，共同向张学良汇报了经过，张学良同意草案内容。同日，王化一返回北平，向复东会核心组织传达了张学良的意见和去南昌的经过。关于取消复东会、成立四维学会问题，核心组织进行了多次讨论，争论很激烈。最初决定绝不同意参加四维学会，更不能取消复东会；嗣则考虑可以参加四维学会，但不取消复东会，以高崇民、阎宝航主张为最力。4 月 18 日，王化一曾致电在武昌的王卓然称："此事（指取消复东会）最难解决，或兄回平，或高、阎去汉面商。"函电往复，终未解决，4 月 26 日，王卓然由汉回平，转达张学良的希望，并进行说服。王卓然在南昌时蒋介石曾问及复东会能否取消，王卓然表示不成问题，他可负责。而王化一当时在场，对王卓然这种未得理事会讨论决定、擅做主张的答复，也没有表示反对。

旋张学良又派黎天才来平疏通。理事会经过几次讨论，最后决定：可以考虑张学良关于取消复东会、加入四维学会的主张；但四维学会必须明确继续抗日救亡工作；为避免敌人注意，仍采秘密方式进行；并决定上项意见由复东会领导人去武汉面见张学良做最后决定。

5 月 3 日，阎宝航、高崇民、卢广绩、王化一去汉口，王卓然则先一日去南京转汉口。

5 月 7 日，张学良在武昌徐家棚亲自向复东会领导人做了长时间的说服工作。他的主要理由是：要打回老家，我们自己力量不够，必须与握有军事实力的黄埔系相结合，以及在当前大势下必须拥蒋才能实现抗日，等等。他的意见最后取得了大家勉强一致的同意。

5 月 12 日，四维学会在汉口银行公会举行成立大会，通过会章，选举理事。选出的理事共 15 人，蒋介石方面的有：贺衷寒、刘健群、戴笠、邓文仪、邱开基（后因犯罪被扣，由曾扩情补充）、丁炳权、袁守谦；张学良方面的有：王卓然、王化一、阎宝航、高崇民、卢广绩、吴瀚涛、黎天才、关吉玉；另有候补理事 5 人。嗣又根据蒋介石的指示，选出王卓然为理事长，刘健群为副理事长，王化一、黎天才、丘开基为常务理事。蒋介石为名誉会长，张学良为会长（实际上，蒋为会长，张为理事长，而以王卓然为对外的幌子）。

至此，表面上以"拥护唯一领袖，团结一致救国"（会章内有此两条）相号召，而实际上貌合神离、各有用心的"鬼胎儿"——四维学会，就呱呱坠地了。

一二·九运动后流亡北平的东北人民抗日救亡工作的蓬勃开展和“东联”的成立

流亡关内的东北人民抗日运动气势磅礴地开展起来，是在接受中国共产党的领导后开始的。1935 年一二·九救亡运动后，随着全国抗日高潮的到来，流亡关内的广大的东北人民觉悟了，唾弃了国民党的对日投降、对内内战的政策，接受了中共的抗日民族统一战线政策，纷纷组织抗日救亡团体，以推动东北人民的抗日救亡运动。处在抗日斗争最前线的北平的东北人民抗日救亡运动开展得最为深入：首先是东北留平各大专学校在一二·九运动中纷纷成立学生会，积极参加救亡活动。接着，1936 年春，由李延禄、于毅夫、赵濯华、张克威、陈大凡等组织了“东北人民抗日会”，出版了《东北之光》。继之，“东北旅平各界救国联合会”“东北妇女救国联合会”“东北旅平青年救国会”“东北基督教青年团”“黑龙江救国联合会”“吉林救国联合会”及“图存学会”等纷纷出现，出版刊物有《东北生活》《东北呼声》《黑流》等。

为了贯彻执行党的抗日民族统一战线政策，广泛团结东北各阶层人民抗日力量，1936 年秋，在共产党领导下，东北人民抗日会等 13 个团体又合组为“东北人民抗日救国联合会”，出版机关刊物《东北知识》。“东联”的会址设在西直门内东北大学校部，领导人为于毅夫、李延禄、张克威、赵濯华、陈大凡、汪之的、张希尧、李向之等。

“东联”成立后，在关内东北人民中展开抗日救亡活动，曾发动会员去西安参加东北军学兵队和去保定东北军五十三军吕正操团工作。1936 年 11 月，绥远抗战起，“东联”派于毅夫等去绥远傅作义部进行慰问。西安事变爆发时，“东联”在北平散发张、杨八项主张传单，组织各界座谈会，并派代表去西安联系。西安事变和平解决后，曾发动签名运动，要求停止内战，对日抗战，实行民主政治，由于毅夫等携带姜绍虞等一千七百余人的东北人民签名，向国民党三中全会请愿。1937 年春季，国民党教育部派 CC 分子臧启芳强制接收东北大学，东大同学拒绝接收，在“东联”的声援和支持下，展开了激烈的斗争。1937 年 5 月，留在北平的东大同学去南京请愿，要求国民党出兵抗日、释放张学良、续发东大经费等，“东联”发动旅平东北人民继东大同学南下之后，准备继续出发，为学生后盾，后因东大同学火车被胡宗南第一师扣于江苏柳泉车站，遂停止发动。不久，七七事变爆发，北平东大三百余同学，绝大部分都参加了共产党领导的八路军和新四军，很多人经过党的长期培养，以后都成了党的优秀干部。七七事变后，“东联”的战地服务团在宛平、长辛店最为活跃。北平失守后，“东联”疏散干部，一部分化装南下，开展内地救亡活动，并派会员到鲁西北、冀中、冀南、太行、晋东北、晋西北和陕甘宁各地区以及马占山挺进军、石友三部十军团工作。并有董学礼、戴福纯、高鹏等人爬出城墙，董到晋西北一带组织武装与敌人作战，后阵亡于山西兴县。戴、高等去平西发动游击战，后来发展成为赵侗等率领的华北国民自卫军，以后赵侗逃走，即由高鹏、纪亭榭、汪之的等率领，改编为八路军。

“东总”的成立

西安事变在共产党主张下的和平解决，制止了罪恶滔天的十年内战，并为实现全民抗战开辟了道路。但是，全国人民鉴于日寇侵略的紧张，民族危机的深重，因而要求实行抗战的浪潮日益高涨。在这样的形势下，流亡关内的东北人民在共产党的领导与号召下，为了推动和迎接行将到来的全民抗战，在精神上和组织上必须做好准备。

1937 年春，共产党人刘澜波、栗又文、张希尧、苏子元（当时由苏联回国，化名王俊清） 4 人和高崇民在北平聚议组织新的东北人民救亡团体，以适应时势的需要。刘澜波、高崇民、苏子元与阎宝航会商于南京，当即决定成立一个统一的东北人民抗日救亡团体，定名为“东北救亡总会”，并决定邀请以李延禄、李杜为代表的“东北抗联”加入，形成关内关外东北人民抗日救亡的统一组织。这个组织是继东北民众抗日救国会、复东会之后，抛弃了四维学会，以共产党领导之下的“东联”为中心，合东北各抗日团体而为一的东北人民抗日统一战线组织，是东北人民抗日复土斗争在共产党的领导下的继续和发展。

南京会谈做出内部决定后，复在上海由李杜、李延禄、阎宝航、刘丕光、董麟阁、孙山出面召开了旅沪东北人士二百余人的大会，公开宣布在北平成立东北救亡总会的决议。大会并提出援助东北抗日联军、释放张学良、拥护国共合作到底、要求政府出兵收复东北失地等主张。然后，刘澜波、高崇民等返回北平，正式举行了“东总”的成立大会，时在 1937 年 6 月。

时隔一月，七七事变爆发，“东总”决定迁到上海，后上海抗战爆发，又迁到南京，设会址于芦席营；南京失守前，又迁往武汉。

“东总”的组织与领导简述如下：在常务委员会下，设有秘书长及组织、宣传、训练、联络各部，并由常务委员会推选主席团负责执行日常会务。10 月 6 日，常委会根据党的统战政策和当时的政治情况，推定阎宝航、高崇民、王化一、卢广绩、杜重远、王卓然等为主席团，并确定秘书长及各部负责人：秘书长为于炳然（“东总”最初在平成立时秘书长为栗又文），组织部为高崇民，宣传部为于毅夫、徐寿轩，训练部为刘澜波，联络部为王化一、陈先舟；并决定关外工作由阎宝航负责，于毅夫负责主编“东总”的机关刊物——《反攻》半月刊，作为宣传党的抗日民族统一战线政策和团结广大东北人民的言论核心。

“东总”是在共产党领导下的东北人民抗日救亡团体，但在当时的情势下，共产党人不得不以无党无派的面目出现，有的同志如刘澜波、于毅夫等都不作“头面”人物，而实际上负责领导。当时为了求得掩护，避免打击，不得不利用名存实亡的四维学会的旧关系，不得不在复兴社和 CC 的矛盾中间求存在。于是决定由高崇民、王化一出面与复兴社的军统局头子戴笠接洽，说明东北人民成立抗日救亡的统一组织的必要，和中央（意思是指戴笠）便于领导等等理由。戴笠于犹疑之后表示首肯，并允每月补助 500 元，当即交付 2000 元作为 4 个月的开支。此即“东总”与戴笠发生关系的开始。

“东总”在武汉时期的活动，除组织与训练工作外，主要可分为三个方面：在东北上层人士中进行统战工作；进行抗日宣传与捐款慰劳前方将士及参加共产党领导下的保卫大武汉、反对投降妥协的各种活动；输送干部，组织敌后武装。

一·二八淞沪抗战

十九路军淞沪抗战回忆

蒋光鼐　蔡廷锴　戴　戟*

一、淞沪抗战的爆发

1931年九一八事变爆发后，国民党政府采取不抵抗政策，助长了日本帝国主义得寸进尺、吞并整个中国的野心。日军侵占东北得手以后，从1931年11月起，先后在天津、青岛、汉口、福州、重庆、上海等地进行挑衅活动。1932年1月中旬，日本帝国主义部署了以上海为中心的压制抗日运动和军事侵略的阴谋，派遣军舰30余艘和陆战队数千人登陆，通过驻华军唆使所谓"居留民"集会游行。捣毁了虹口北四川路的一些中国商店，闸北区还发生5名日僧和三友实业社工人殴打冲突事件。就在此时，日本领事村井向国民党上海市政府提出了封闭上海市各界抗日救国会和封闭上海《民国日报》等的无理要求。当国民党政府还没有作出答复以前，日方又在1月26日发出了所谓"哀的美敦书"，限令在48小时内（即1月28日下午6时前）对村井的要求作出"圆满"的答复，不然就要自由行

* 作者蒋光鼐时任第十九路军总指挥，蔡廷锴时任第十九路军军长兼右翼指挥，戴戟时任淞沪警备司令。

动。国民党上海市长吴铁城接受了这个最后通牒，在限期前封闭了抗日救国会，以打击爱国力量的手法来谋求对日方的妥协。不意在村井表示满意之后，日舰队司令盐泽幸一又在当晚发出了另一个以护侨为名的通牒，限令我十九路军立刻退出闸北让给日军进驻。盐泽没有等待中国政府答复，就下令开始军事行动。1 月 28 日午夜 11 时许，日海军陆战队向闸北我军进行突袭，我军奋起自卫，向日军还击。淞沪抗战在日军不宣而战下爆发了。

二、十九路军的抗战准备

九一八事变后，抗战呼声响遍全国。十九路军驻扎江西时，在中国共产党和红军“中国人不打中国人”“枪口一致对外”的正义号召的推动下，全体官兵 3 万余人，曾在赣州宣誓反对内战和团结抗日；调防淞沪一带后，在上海人民抗日宣传的影响下，更下定了为中华民族图生存、为中国军人争人格的决心。当时我军有些部队的驻地，靠近日军的营房，彼此可以望见，我军官兵故意每天在日军面前举行野外演习，让日军知道，屈服退让的是国民党政府，十九路军是不怕日本帝国主义的。

我军广大官兵虽然早有抗战的决心，但我们在组织上的准备工作，是不够充分的，特别是跟处心积虑要侵略中国的日军比较，相差更远。敌人在发动九一八、一·二八战争以前，是经过长时期的动员工作的。而我们呢，政府既坚持不抵抗主义，当然谈不到准备；十九路军本身从九一八起，连官兵军饷都领不到，要做准备工作，也是心有余而力不足。而且当时调沪不久，情况生疏，对于日军的真正企图，看得也很不准确。国民党政府没有给我军提供任何有关的情报，我们直到战争前两星期，才从自己所得到的情报中判断日军的侵略已不可避免，积极进行应战部署。

我们的军事布置是在 1 月 15 日以后开始的，距战争爆发还不到两星期。但在这段时间里，我们做了不少工作，这是我们能够有效地打击日军的关键所在。1 月 23 日，我军在龙华警备司令部召开了驻上海部队营长以上干部的紧急军事会议。参加这个会议的有蒋光鼐、蔡廷锴、戴戟、张襄、区寿年、翁照垣、黄固、林劲、丁荣光、樊宗迟、杜庆云、王燾、张君嵩、顾高地、徐义衡、杨富强、钟经瑞、李扩、钟桓、云应霖、黄曦、王贻锷等。蔡廷锴、蒋光鼐、戴戟等都在会上讲了话。蔡廷锴在会上说："日本人这几天处处都在向我们寻衅，处处都在压迫我们，商店被其捣毁，人民被其侮辱，并加派兵船及飞机、母舰来沪，大有占据上海的企图。我最近同戴司令一再商量，觉得实在忍不下去，所以下了决心，就是决心去死。但死也要有死的方法，所以今天召集大家来研究。"戴戟在会上说："天下兴亡，匹夫有责。成败何足计，生死何足论。我辈只有尽军人守土御侮的天职，与倭奴决一死战。"蒋光鼐在散会前说："从物质方面说，我们当远不如敌。但我们有万众一心的精诚，就可以打开一条必胜之路。何况我们还有二三万人，真不能挽救中国吗？"

紧急会议讨论决定了一切必要的应变措施（包括准备军粮物资等在内）。所有参加会议的人，都表示决心保卫上海，矢志不渝。根据会议决定，下午 7 时向我军各部发出如下密令：

一、据报日方现派大批舰队来沪，有向我政府威逼取缔爱国运动并自由行动之企图。

二、我军以守卫国土，克尽军人天职之目的，应严密戒备。如日本军队确实向我驻地部队攻击时，应以全力扑灭之。

三、七十八师第一五六旅担任京沪铁道以北至吴淞、宝山之线，扼要占领阵地。第一五五旅担任京沪铁道线（包括铁道）以南至虹桥、漕河泾之线（南市、龙华之团即在原地），扼要占领阵地。

吴淞要塞司令率原有部队固守该要塞，并且与附近要塞之友军，确取联络。

铁道炮队及北站之宪兵营归七十八师第六团团长张君嵩指挥。

丹阳六十师之茂权团，限明日（24 日）开至南翔附近待命外，其余沈光汉师、毛维寿师为总预备队，在原地候命。

各区警察及保卫团受各该地军队高级指挥官指挥。

四、总指挥部移驻真茹[①]。警备司令部仍暂驻龙华。

1月24日，蔡廷锴与区寿年、谭启秀、黄固、翁照垣到达苏州，召集十九路军驻苏高级将领沈光汉、李盛宗、邓志才等在花园饭店举行紧急会议。蔡廷锴在会上表明十九路军抗战决心，并传达解释了23日发出的密令。参加的驻军将领，也一致表示反对不抵抗和拥护团结抗日。

两次会议以后，十九路军各部基本上完成了战略战术的准备。全军动员起来了，有了充分决心，准备随时迎击来犯的敌人。

三、淞沪抗战的经过和我军的撤退

1932年1月28日深夜23点30分，日军在闸北天通庵路突然向十九路军翁照垣部袭击。我驻军依照总部23日下达的密令第二项“如日本军队确实向我驻地部队攻击时，应以全力扑灭之”的规定，当即给予还击，发生猛烈巷战。此时日军就用铁甲车20余辆为前导，分兵5路从闸北各马路口进犯。总部接到报告后，蒋光鼐、蔡廷锴、戴戟3人星夜步行经北新径到达真茹车站，设立临时指挥部，依照原定计划，以电话命令后方部队迅速向上海推进。29日天亮，日本飞机出动助战，在闸北、南市一带滥施轰炸，战火逐渐扩大，但在我军坚强抵抗下，敌军各路进攻均被击退。我军先后截获其铁甲车3辆，毙伤敌军甚众。

敌方因进攻没有得手，第二天晚上20点，通过英、法、美各国领事，向我提出停战要求。我们明知其为缓兵之计，但我军也要加强部署，所以接受了这个要求。命令前线停止战斗，严密戒备。指挥部同时即将原驻镇江以东的六十师调到南翔、真茹一带，并将六十一师调运来沪，原在上海的七十八师全部投入前线，加强防御。

29日凌晨1时，我军向全国各界发出通电，略谓:“暴日占我东三省，

① 真茹，今真如，下同。

版图变色，国族垂亡！最近更在上海杀人放火，浪人四出，世界残暴之举动，无所不至。而炮舰纷来，陆战队全数登岸，竟于28日夜11时30分公然在上海闸北侵我防线，业已接火。光鼐等分属军人，惟知正当防卫，捍患守土，是其天职，尺地寸草，不能放弃……十九路军总指挥蒋光鼐、军长蔡廷锴、淞沪警备司令戴戟。”

1月30日，日巡洋舰3艘、驱逐舰4艘、航空母舰两艘并随带陆战队5000人到沪。敌军增援后，对他们自己提出的停战要求，无耻抵赖，在31日23时，再度向我闸北防地猛攻，仍被我军奋勇击退。

战争的第一个星期，始终在闸北范围进行，敌军丝毫没有进展，2月4日，敌军开始第一次总攻，战火蔓延到江湾、吴淞一带，各线均展开了猛烈战斗。结果，在闸北方面向我青云路进攻的敌军被我击退，吴淞屹然无恙，江湾敌一联队（即一团）被我包围歼灭。我军乘胜反攻，各线激战达9小时之久，完全粉碎了敌军这次的总攻。敌司令盐泽幸一也因此被免职调回本国。

接替盐泽幸一而到上海的是海军第三舰队司令野村。野村到沪后，敌军续有增援，海陆空军已增加到万余人。2月11日野村对西方记者说：“日军渡过蕰藻浜之日，即为日军行动终止之时。”又说：“日军在吴淞踏平华军壕沟之日，为时不远。请诸君拭目相观，届时即可结束华东之抵抗。”野村的口气，虽然也很骄傲，但与盐泽在战前所说“一旦发生战事，4小时即可了事”的狂妄态度比较，却较为圆滑一些，也反映出日军指挥官在遭到坚决抵抗以后，不敢再那么趾高气扬了。

2月11日下午，日军一面出动飞机在闸北投下了大量烧夷弹，同时用大炮轰击；一面向蕰藻浜、曹家桥一带进攻，并不断增援。我守军猛烈抗击，最后展开肉搏战，毙敌数百人。战况的剧烈，为战事开始以来所仅见。至晚7时，我军将进犯蕰藻浜之敌全部击退。

吴淞方面，当闸北战事重起时，日军曾分一部分海空军向吴淞炮台和吴淞镇进犯，另有一股进袭吴淞附近的张华浜。2月4日，敌集结大小战舰20余艘，飞机数十架，对准我吴淞炮台轮番轰击。至2月7日，炮台全部被毁，但我步兵仍坚守阵地，浴血阻击，使敌无法登陆。在蕰藻浜南端淞沪铁路桥梁旁的敌军，也被我七十八师守军击溃。2月13日，我驻守蕰藻浜北端纪家桥的六十一师出击部队，也奋勇击退了强敌“久留米”师团的主力。敌原来企图从几面包抄我吴淞守军的计划，完全被我粉碎。

2月中旬，野村的职务已改由第九师团长植田谦吉接任。随植田开来上海的陆军约达万余人。植田谦吉以总司令的身份，也发表了谈话。他说，他要迫使十九路军撤退。2月18日，植田谦吉向蔡廷锴提出了如下的“哀的美敦书”一件：

本职基于欲以和平友好之手段达到任务，热烈希望，兹对贵军通告左开各件：

一、贵军应即从速终止战斗行为：于2月20日午前7时以前，将现据之第一线撤退完了。于2月20日午后5时以前从黄浦江西岸由租界西北端连结曹家渡镇，周家桥镇及蒲松镇之线起算，黄浦江东岸由连结烂泥渡及张家桥之线起算，各从租界境界线向北20基罗米突① 之地域（包括狮子林炮台）内撤退完了，且在该地域内撤去炮台及其他之军事设施，并不新设之。

二、日军于贵军开始撤退后不行射击轰炸及追击动作，但用飞机之侦察，不在此限。又贵军撤退后，日本军队保持虹口附近之工部局道路地域（包含虹口公园之周围）。

三、贵军第一线撤退完了之后。日本军为确实实行起见，派遣有护卫之调查员于撤退地域。该项调查员带日本国旗，以资识别。

四、贵军对于该撤退地域外，上海附近之日本人生命财产应完全保护之。此项保证如不完全，日方当采用适当之手段。

五、关于上海附近（包含撤退区域）外国人之保护，容另商议。

六、关于禁止排日运动，1月28日吴市长（按：指吴铁城）对于村井总领事之约诺应严重实行：关于此项，当另由帝国外务官宪对贵国上

① 基罗米突即公里。

海行政长官有所交涉。

如以上各项不能实行时，日本军将对贵军不得已采取自由行动。其结果所生之一切责任，应由贵军负之。

蔡廷锴接到植田这个荒谬绝伦的“哀的美敦书”后，即送蒋光鼐。决定召集高级官长会议。大家在会上看见这个文件都很气愤，指挥部立即下令前线部队集结炮火向日军阵地猛轰，作为对植田的复文。

这时，敌全部兵力约已有二三万人，野炮六七十门，并有陆战队分布次要战线，敌舰数十艘集中于吴淞口，飞机增加为60余架。

2月20日晨，敌发动又一次总攻。先以大炮分向我江湾、庙行等地猛轰。步兵协同坦克部队，一路进击张华浜一带；另一路由杨树浦进犯，来势甚凶。我军在装备上比敌人差得多，但与敌人接战了20余天，取得了一些经验。当敌人倾巢来犯、战火猛烈时，我军隐伏战壕以逸待劳，候敌军接近时即以手榴弹还击，敌人攻势每为我击破。向我炮台湾进犯的敌军，被迫后撤。闸北敌军千余人和坦克10余辆，因触地雷，死伤枕藉，残余兵士向沈家湾溃逃。江湾、庙行间的战斗也激烈异常。这两处阵地位于闸北与吴淞之间，地势重要，是敌攻击的重点。21日起，植田亲自指挥，以步兵数千人配合飞机、大炮，向我冲击，敌我死伤均重。延至23日黎明，敌试图从江湾车站包抄我江湾镇，我军对敌冲锋多次，弹雨血花，杀声震野，敌不支溃退。我生俘敌营长1名及士兵数百人，缴获步机枪数百支，江湾阵地始终确保。庙行方面，敌从22日起，向我竹围墩间的麦家宅阵地进攻，发炮数千发，飞机轰炸终日不停。我八十八师二六二、二六四两旅奋力抗御，正在危急时，我六十一师一二二旅从右翼增援，八十七师二六一旅从左翼向敌包抄，庙行阵地终于转危为安。此役敌遭受重创，当晚敌第九师团有一部分散兵，逃到杨树浦汇山码头一带，企图觅船回日，其狼狈情况，可见一斑。

此后一连几天，敌方继续用飞机大炮向我阵地轰击。至25日，敌向庙行前线八十七师二五九旅、六十一师一二二旅和独立旅古鼎华团等新接防地进攻，炮火集中在金家码头一带，十几分钟内，落弹数百发。古团几乎支持不住，经六十一师一二一旅以预备队全部赶到增援，两部会合，拼命坚持。七十八师一五五旅生力军又从广肇山庄和何家宅一带向敌猛攻，反复冲杀；至晚又会同一二二旅五团向侵入小场庙的敌人反攻，最后展开肉搏，阵地终于收复。至是植田所布置的总攻计划也宣告破产。

此时，敌旗舰“出云号”被我敢死队潜水炸伤，日本国内震动，且因劳师动众，战事无法速决，引起了反战浪潮；但当权派骑虎难下，仍然进一步布置军事行动，改派前田中内阁陆军大臣白川大将接替植田，并加派菱刈隆为副司令官，增调3师兵力和飞机两百多架来华，兵力已达六七万人。而我军防守的战线绵延百余里，战斗一个月，人员武器损耗极多，且补给无望，处境极为困难。

2月29日起，敌人在白川部署下，再度开始新的总攻，闸北八字桥、天通庵等地都展开激战。天通庵附近，敌我相持8小时。我六十师不断派敢死队跃出战壕，短兵相接，迫使敌军全部向狄思威路退却。其他各处战斗，也都极剧烈。闸北八字桥形成拉锯战，我方三失三得，伤亡不少。敌人死伤极大，遗尸累累，其联队长（团长）林崛大佐被击毙。

3月1日敌又开始新攻势，闸北战线，敌冲击未逞；江湾方面，敌向杨家楼方向扑攻，用重炮、钢炮、野炮和飞机连续猛轰，步兵乘势进袭，白刃相接，血肉横飞。七十八师一五五旅扼守广肇山庄附近，仅营连长即死伤12人之多，士兵死伤过半。庙行方面，敌从两路进犯，我军全力抵御，杀死敌军甚多。我又调浏河一团增援，终将一度失去的阵地夺回。但由于浏河守军大部已调到正面增援，兵力单薄，敌趁此机会，强行登陆，致浏河沦于敌手。浏河的危急情况十九路军是知道的，所以请军政部速派两师驰援浏河，但军政部置之不理。浏河失陷后，我军侧面后方，均受严重威胁，不得已于3月1日晚全军退守第二道防线（即嘉定、黄渡之线）。我军苦战月余，官兵日夜不得休息，后援不继，休整无暇，但士气始终旺盛，当退守时，无不义愤填膺，声泪俱下，决心要雪此深仇巨恨！

3月2日，十九路军向全国各界发出了退守待援的电文：

(上略) 我军抵抗暴日，苦战月余，以敌军械之犀利，运输之敏捷，赖我民众援助，士兵忠勇，肉搏奋战，伤亡枕藉，犹能屡挫敌锋。日寇猝增两师，而我以后援不继。

自二月十一日起，我军日有重大伤亡，以致力于正面战线。而日寇以数师之众，自浏河方面登陆，我无兵增援，侧面后方，均受危险，不得已于三月一日夜将全军撤退至第二道防线，从事抵御。本军决本弹尽卒尽之旨，不与暴日共戴一天。……

3 月 3 日，国际联盟开会决定，要中日双方停止战争。到 5 月 5 日，国民党政府与日本签订了丧权辱国的“淞沪停战协定”。从 5 月 9 日起，日军自浏河、嘉定、南翔等地撤兵。十九路军也已调离原第二道线，开往福建。

四、各方面对十九路军抗日战争的支援

淞沪抗战爆发后，中国共产党在上海的地下组织，通过工会、学生会及其他群众组织，展开了对十九路军的热烈支前工作。他们策动各界人民组织义勇军、敢死队、情报队、救护队、担架队、通讯队、运输队等等，有的在前线配合作战，有的担任后方勤务的任务，对作战、供应各方面，起了积极有效的作用。如前线冲锋时，需要大量手榴弹应用，我军请军政部发给被拒绝时，就由总工会动员募集了几万只空烟罐，赶制“土炸弹”运往前方供用。凡前线迫切需要的交通工具、通讯器材、工事物资、医药用品等，均通过各社会组织募集和供应。连前线战士每天两顿伙食，也组织郊区人民分区炊制和输送。

1 月 30 日上午，孙夫人宋庆龄先生、廖夫人何香凝先生等在真茹进行慰劳。在她们的主持和组织下，一天工夫筹设了几十个伤兵医院。何香凝先生到前线慰问时，天正下大雪，而官兵只穿单、夹衣各一套。她回沪立即发动捐制棉衣运动，5 天内制就了全新棉衣裤 3 万多套，运送给全体官兵穿用。

上海市商会会长王晓籁于 2 月 5 日到真茹指挥部，随来 200 余名童子军，

交十九路军指挥。他们在我军作战期间，始终坚持工作，直到我军在苏州举行追悼会后，才解散回沪复学。其中数人在前线牺牲。

东北冯庸大学、上海复旦大学及华北各大学的几百名学生，还有苏北人民组织的大刀队等，都要求使用伤兵的枪上前线杀敌。指挥部因为他们没有经过训练，所以没有批准他们去前方，只把他们分配在长江南岸守备；一部分到青阳港第二线参加防御工事工作。

海内外人民知道十九路军在上海发动抗战后，有的写信，有的打电报，有的寄钱，也有的寄衣物食品等慰劳我们。人民群众对于我军的热烈支援，鼓舞和激励了前线官兵舍身抗敌的决心和勇气，这是我军之所以能以少胜多、以劣势装备抵御全副现代化军队的关键所在。

第五军淞沪抗日经过

张治中*

一、淞沪参战

上海一·二八事变的爆发，系日本侵略野心及挑衅阴谋所造成。最先，日本制造5日僧被殴案；继有日浪人的暴动，焚烧三友实业社工厂，捣毁北四川路中国商店，使上海空气趋于极度紧张；终乃有4项条件之提出，要求我国取缔抗日运动及解散抗日救国会，挑衅阴谋层出不穷。于是日舰队集沪示威，日陆战队登岸布防，各地日侨撤退等等，而最后的一幕，就是一·二八的闸北夜袭，我们淞沪抗日的战幕正式揭开。

这时是第十九路军驻守上海，首先举抗日之旗，通电云：

> 暴日占我东三省，版图变色，国族垂亡！最近更在上海杀人放火，浪人四出，世界卑劣凶暴之举动，无所不至。而炮舰纷来，陆战队全数登岸，竟于二十八日夜十一时公然在上海闸北侵我防线，向我挑衅。光鼐等分属军人，惟知正当防卫，捍患守土，是其天职，尺地寸草，不能放弃。为救国保种而抗日，虽牺牲至一卒一弹，绝不退缩，以丧失中华

* 作者时任第五军军长兼左翼指挥。

民国军人之人格。此志此心，可质天日而昭世界。炎黄祖宗在天之灵，实式凭之！第十九路军总指挥蒋光鼐，军长蔡廷锴，淞沪警备司令戴戟叩艳（二十九日）。

这时，蒋介石虽已退职在野，但鉴于当时形势，也曾发出一道通电。但是我看到一种大可忧虑的情形：第十九路军单独在沪作战，孤军决不能久持，应该予以增援；同时，有党内反对派的人在上海就说中央看着第十九路军打光，按兵不救。蒋是2月初由洛阳到浦口，我去迎接他，就表示我的意见："我们中央的部队必须参加淞沪战斗才好，如果现在没有别的人可以去，我愿意去。"蒋说："很好。"马上关照军政部长何应钦，即调动散驻京沪、京杭两线上的第八十七、第八十八两师合成为第五军，命我率领参战。

当时我所率领的第五军所辖计有第八十七、第八十八两师及中央陆军军官学校教导总队和独立炮兵第一团山炮营。第八十七师师长由我兼，副师长王敬久，辖两旅：第二五九旅旅长孙元良，第二六一旅旅长宋希濂；第八十八师师长俞济时，副师长李延年，也辖两旅：第二六二旅旅长钱伦体，第二六四旅旅长杨步飞；中央陆军军官学校教导总队总队长为唐光霁。

我在2月14日奉到军政部的正式任命，2月15日又奉军政部令："第五军着归蒋总指挥光鼐指挥。"当即调动军队出发。首先从南京出发的是第八十七师宋旅，他们在14日已经奉蒋总指挥命接防蕰藻浜北岸阵地由胡家宅至吴淞西端曹家桥之线；第八十七师孙旅也在15日开到南翔（当时第十九路军总指挥部所在地）附近集结待命。第八十八师亦已经由沪杭线开到南翔附近待命中。

我是在2月16日从南京出发的。我住在中央军校，15日深夜鸡鸣以前，我起床端正地写了一封遗书，然后出发。我为什么要写遗书呢？这是表示我的决心，表示我尽忠国家的最大决心！因为这是一次反抗强暴的民族战争，也是我生平对外作战第一次，我必以誓死的决心，为保卫祖国而战。我知道：一个革命军人首先要具备的是牺牲精神，而牺牲精神又必须首先从高级将领做起。

我于 2 月 16 日上午 9 时从南京和平门登车出发，当天到达南翔，即奉蒋光鼐总指挥的命令，接替十九路军防务，由江湾北端经庙行镇沿蕰藻浜至吴淞西端之线，并以一部在狮子林炮台南北闸洞亘川沙口、浏河口、杨林口、七丫口担任沿江警戒。我就令第八十八师担任由江湾北端经庙行镇、周巷至蕰藻浜南岸之线，第八十七师担任胡家庄沿蕰藻浜北岸经曹家桥至吴淞西端之线，军校教导总队之一部担任狮子林南北闸洞、川沙口、浏河口、杨林口、七丫口沿江一带警戒，于 18 日先后接替完毕。这天，我奉总指挥令任左翼军指挥官（蔡廷锴是右翼军指挥官），吴淞、宝山、狮子林要塞地区司令谭启秀、翁照垣，也归我指挥。在 17 日黄昏，我由南翔进驻刘家行镇。

这天，我奉到南京统帅部的铣戌电：

兄等决定在淞沪原阵地抵抗到底，奋斗精神，至堪嘉慰！望兄等努力团结，为我党国争光。沪上地形复杂，敌方或将舍正面之攻击，而向我侧背着眼。我阵地附近河流纵横，到处便于扼守，日军若取攻势，其牺牲非有一与十之比，决难奏效。希望与十九路军蒋、蔡两同志，共同一致，团结奋斗。对于蒋总指挥命令，尤当切实服从，万不可稍有隔膜。吾人若不于此表现民族革命精神，决意牺牲，更待何时？可将此意转告全体将士，努力保持本军光荣之历史为要。

我当即呈复一电：

此次奉命抗日作战，即有最大决心，誓以一死报国，并与第十九路军团结一致，对于蒋、蔡两位，绝对和衷共济……请释廑注。

我也发布了《告全军将士书》，着重指出："打倒日本帝国主义，这是我们全国一致的呼声，一致的要求，一致的决心。现在，行动已代替了口号，实力已代替了空言，我们的存亡，将诉之于极猛烈的战斗。""我十九路军将士守土沪上，抵御暴日，冲锋陷阵，血战兼旬，为国家争人格，为民族求生存，屡建奇功，功在党国。""本军此次奉命来沪，协同十九路军作战……治中个人，誓与我军将士共患难，同生死。深望我全军将士，人抱必死之心，以救国家，以救民族。假如日军犹有一兵一卒留我国内，我们的责任即未完成；反之，我们如尚有一兵一卒，必与敌人拼命到底！”“同志们，冲向前去，最后的胜利，终属我们最后的努力者！”

二、庙行镇战斗

2月20日，敌人从这天拂晓起，开始向我总攻，敌飞机结队成群在我阵地附近及我阵地后方到处掷弹，更以重炮及舰炮向我吴淞、庙行镇一带阵地集中射击，敌步兵则借飞机炮火掩护，向我攻击前进。我军奋勇抵抗，击毙敌人很多，并且击落敌机一架。入晚敌继续向我攻击，战斗益酣，竟夜炮声不绝。我阵地工事被毁很多。我官兵隐蔽战壕内，沉着不动，等敌步兵接近，就用手榴弹、步枪迎头痛击，冲锋肉搏。这样血战两昼夜，敌死伤甚重，才不支而退。

到22日，敌人又倾巢来犯，继续攻我庙行镇以南阵地，想突破我阵地一点。这天上午9时，我庙行镇以南第八十八师第五二七团第三营大小麦家宅阵地，惨受敌炮火及飞机轰炸，工事全部被毁，被敌突破一段，营长陈振新当场阵亡。我立即亲率教导总队（缺一营）赴第八十八师指挥策应，并令第八十七师第二五九旅孙元良旅长率部向庙行镇增援；令守蕴藻浜北岸的宋希濂旅长率他的主力，由纪家桥渡河抄袭敌的侧背；令俞济时师长率部对被敌突破地区反攻。我第十九路军第六十一师张炎副师长也率兵两团由竹园墩出击。敌被我三面夹击，仓皇溃退，仅一小部残留在金家宅、大小麦家宅一带，顽强抵抗，血战到晚8时半，才把敌包围，完全解决。这一天的庙行镇战斗的激烈，为开战以来所未有，中外报纸一致认为是沪战中我军战绩的最高峰。26日，南京统帅部有一个电报给我们，说到庙行镇一役的战斗效果：“自经二十二日庙行镇一役，我国我军声誉在国际上顿增十倍。连日各国舆论莫不称颂我军精勇无敌，而日军声誉则一落千丈也。望鼓励官兵，奋斗努力，并为我代为奖慰。”

这是日军在沪第一次总攻的失败，敌第九师团及久留米混成旅团的精锐，伤亡重大，庙行、江湾间敌尸到处都是。而使我伤悼者，就是我的忠勇的袍泽，牺牲于此一役中的为数亦复不少，官长伤亡八九十员，其中包括第八十八师第二六二旅旅长钱伦体和副旅长陈普民，士兵伤亡 1000 余名。所以我在一本《淞沪抗日作战所得之经验与教训》小册子上面说过："以我官兵作战之勇，牺牲之烈，斯书殆亦不啻滴滴鲜血所写成。"而庙行一役的忠勇奋斗，壮烈牺牲，更是这滴滴鲜血的结晶。

三、浏河战斗

浏河在我军左侧背。沿江七丫口、杨林口、浏河新镇及小川沙一带，绵延数十里的沿江警戒线，只由本军教导总队一营会同少数冯庸义勇军担任守备的责任。根据南京统帅部 2 月 26 日的指示，对浏河方面应该早予准备，至少应该配备 3 团兵力。可是前线自从 20 日以来，无日不在激烈战斗之中，各部队都有重大伤亡，兵力实在感觉不敷。我所以把原守蕰藻浜北岸阵地的第八十七师宋旅两团调往田湾为预备队，也就是准备一旦战事吃紧，前可以策应江湾、庙行镇，后可兼顾浏河、杨林口。这个时候，日将白川义则大将率领日兵约 10 万来沪增援，令敌第十四师团全部驻运输舰中，泊在崇明海面，一面用飞机将我吴淞要塞及狮子林炮位毁损无余。3 月 1 日的拂晓，敌就开始在江湾、庙行镇一线向我总攻击，战舰 20 余艘携带无数民船和马达船，利用烟幕掩护，以步兵在我兵力配备单薄的六浜口、杨林口、七丫口登岸，并以舰炮向我沿江各口猛烈射击，飞机数十架从吴淞起沿江活动。敌登陆后，即连占浮桥等地，向茜泾要隘猛扑，我教导总队的一连死力搏斗，伤亡殆尽。我立即派遣第八十七师宋旅两团飞驰截击，想乘敌人立足未稳时一鼓而歼之，同时报告蒋总指挥请派兵赴太仓、浏河协助。

宋旅奉命后，即依第五二一团、第五二二团及各营的顺序，于午前 9 时由顾家宅汽车站向浏河输送，但只得汽车 11 辆，每次只可输送一营。宋希濂旅长率先头部队第五二一团第一营于正午 12 时到达浏河，得到一个紧急的情报：敌军约一万人，在占领浮桥后，有向我急进模样；教导总队的一营

（欠一连）正在马桥附近坚强拒止敌人。他得到这个报告后，观察形势，以茜泾营为浏河屏障，位置扼要，就打算先行将其占领，以掩护该旅后续部队的展开，即命第五二一团第一营唐德营长率部迅速向茜泾营搜索前进。哪里知道，才走到茜泾营南门附近，敌已先我占领，于是与敌接触，展开尖兵白刃战。到下午3时许，第五二一团团长刘安祺率第二营到达浏河，敌飞机正集中轰炸浏河车站，输送汽车及房屋全被炸毁，同时在途中装运部队的汽车也多被炸坏，使我后续部队不得不徒步前进。在这个时候，茜泾营附近的战斗愈演愈烈，敌机20余架密罩天空，一律低空飞行，掷弹如雨，敌舰的重炮连珠发射。4时许，敌大部向宋旅左翼绕攻，右翼方面教导总队的一营，死伤殆尽。这时与敌在茜泾营苦斗的第五二一团第一营，乃处于前、左、右三面受敌围攻的紧迫状态，死亡巨大。而全营官兵仍然沉着应战，几度冲进寨内，与敌肉搏，卒以敌火力过猛，众寡悬殊，不能得手。

看看到了下午6时，天色已昏，我第五二一团第三营才赶到。宋旅长即命第一营仍在原阵地死力抵抗，阻敌前进，并命已到部队迅速沿浏河南岸积极布防，等第五二二团全部到达后，再行乘夜大举反击。一直到深夜11时，第五二二团以徒步行进，路程过远，还没有到达。这里我要指出的，就是我军仅以一营之众，在茜泾营抗敌数倍之师，自晨以至深夜，使敌人不能有尺寸的进展，而我军视死如归，前仆后继，卒使敌密集茜泾营寨内，虽以一师团之众，仍不得犯我浏河。我教导总队孤军死战，我第八十七师宋旅仓促应援，都抱必死的决心，以期挽回全线被围的危险。激战至日没，敌我始终相持于浏河镇茜泾营间。

同时，第八十七师及第八十八师正面与右翼友军第十九路军第七十八师正面，均被优势之敌压迫，我官兵奋勇迎战，伤亡甚大。尤其这天午后3时，第七十八师阵线被敌突破，第五军的右翼被敌包围，预备队皆已用尽，阵地因伤亡而生之空隙无法补充，竭力支持至日没，乃退守杨焕桥、水车头、谈家宅、孟家角之线。蕴藻浜北岸阵地仍旧。

这天夜里，我军奉蒋总指挥命转移阵地。攻击茜泾营的部队，撤至太仓占领阵地。第五二二团还在黑夜中向浏河挺进，中途得令，才转向太仓。于是浏河一带，黯淡地陷于敌人之手，留下一个永远沉痛的回忆。

四、葛隆镇战斗

3月1日午后9时，蒋光鼐总指挥在南翔总部发下了撤退命令。关于第五军的指示主要内容有：左翼军须派一部在胡家庄、杨家行占领收容阵地，主力于本日午后11时向嘉定、太仓之线撤退，利用嘉定城、太仓城为据点，派出一部于罗店及浏河方面警戒。

蒋光鼐总指挥的命令全文如下：

（一）敌援军第十一、第十四两师团已到达上海，由敌将白川统率，企图与我军决战。其一部既在浏河附近登陆，威胁我军左侧背。

（二）本路军为避免与敌决战，拟本日（三月一日，下同）午后十一时将主力向黄渡、方泰镇、嘉定、太仓之线撤退，待机转移攻势。

（三）右翼军主力于本日午后十一时开始向黄渡、方泰镇之线撤退，以一部先占领真茹、大场，逐次向江桥镇、南翔、广福南端进入阵地，作主阵地之警戒，其兵力配备及各师之战斗地境如下：

甲、第八十八师独立旅及宪兵团向颛桥镇、莘庄、七宝镇之线撤退，左与第十九路军江桥镇附近联络。

乙、第六十师主力于本日午后十一时由铁道南方向黄渡方向撤退（古团及郑团暂归沈师长指挥，到达目的地后归还建制）。

丙、第七十八师主力于本日午后十一时由大场镇附近经南翔向陆家巷方向撤退。

丁、第六十一师主力于本日下午十一时由大场镇北方经陈家行向方泰镇方向撤退。

戊、新作战地境（退却路线同）：

1. 吴淞江以南属第八十八师独立旅。

2. 第六十师、第七十八师以京沪铁路相连之线为作战地境（线上属第六十师），第六十一师以大场北端小南翔、陆家巷、方泰镇之线为作战地境（线上属第七十八师）。

己、各师撤退时，正面留一团作收容队，极力佯攻，掩护主力脱离战场，至主力进入新阵地后逐次撤退之。

（四）左翼军须派一部在胡家庄、杨家行占领收容阵地，主力于本日午后十一时向嘉定、太仓之线撤退，利用嘉定城、太仓城为据点，派出一部于罗店及浏河附近对浏河方向警戒。

（五）作战地境：以胡家庄、唐桥、广福、马陆镇、外冈镇、篷阆镇之线为两军作战地境（线上属左翼军）。

（六）报告收集所在黄渡交通处。

（七）余现在南翔，明日午八时在昆山。

右令张军长治中　总指挥蒋光鼐

9 时 30 分，我在刘家行军部，下达左翼军变换阵地的命令，规定第八十八师由马桥宅退集嘉定城，第八十七师孙旅由唐桥退集娄塘镇，宋旅及教导总队由浏河退集太仓，独立旅第一团退集篷阆镇，第二团集结钱门塘，第七十八师翁照垣旅也集结于嘉定。各部队得令，都按时分途撤退，陆续到达指定地点，军部及直属部队也到达钱门塘镇。我一到就下命令，叫各部队即在新防御线构成坚固阵地，利用河川为外壕，构筑据点式的工事，逐次增强为主阵线。

在我奉命统率所部向新阵地嘉定、太仓行进的时候，又遭遇一场极惨烈的战斗，那就是 3 月 3 日我第八十七师第二五九旅第五一七团在葛隆镇附近的娄塘镇、朱家桥一带的战斗。

这是一个静悄悄的午夜（3 月 3 日凌晨 1 时），我第五一七团已在头一天的薄暮时分，由庙行镇左翼趋抵娄塘镇附近，此地距浏河仅 15 里，积疲未苏，血衣犹湿，夜凉野旷，哨线兵单，忽然敌以千余之众，自浏河猛扑而来，分向我警戒线夜袭。我娄塘镇、朱家桥、四竹桥三个前哨连奋起抵抗。战斗两小时，敌越来越众，以轻炮 10 余门向我猛烈射击。我每连警戒线达

3000米之宽，且损失已及三分之一，前哨线乃逐个被围，但仍死战不退，把敌人抑留在娄塘镇附近。战到午前8时，敌又增加主力4000余人，开始向我阵地突击，并向我右翼包围。这时我军正在构筑工事，仓促应战，被敌冲到朱家桥北岸我第五一七团团部门前。我阵地势极危迫，幸该团第一营第三连奋勇冲击，才把敌人打退。到了午前10时，我第二五九旅旅长孙元良得讯，急赴第五一七团团部指示机宜，并令坚强抵抗，同时向我紧急报告。我立即急令驻篷阆镇的独立旅莫团迅速增援，又令太仓宋旅掩护第二五九旅的左翼，令嘉定的第八十八师俞师长固守嘉定城，相机策应孙旅的右翼。

这个时候，敌军已增到七八千人，环绕于娄塘镇一带我阵地前面，我第五一七团孤军力战，弹药已将告罄，拼死相持。午后，各点都被突破，我第五一七团被困核心，弹雨纷下，死伤逾半。莫团援兵还未到达，而敌军已突过娄塘镇连占各村落各要点，直陷贺家村。孙旅长这时在葛隆镇，看见敌军披猖形势，在下午3时，亲书一件，派员急趋钱门塘军部向我紧急报告，内容如下：

一、第五一八团早尽，第五一七团现受包围，团长失踪。

二、职拟在葛隆镇殉职。

三、钱门塘将有危险，请军长迁移。

我接到了这个报告，马上打电话给孙旅长，告诉他莫团即可到达，第五一七团于日没时可向葛隆镇撤退，在河川岸线占领阵地拒止敌人。午后4时，莫团到达葛隆镇，即部署最后的抵抗线，并向前线增援。在这个时候，第五一七团战况越陷于不利，朱家桥左翼又被敌突破，张世希团长到这战的最后关头，乃率所部官兵向前冲击，并对众激励以必死的决心，各荷枪向蒋家村方面冲击。敌军机枪如雨，我军前仆后继，顶死冒进，直扑日军阵地，杀声震野，势不可挡。敌军受了这一次最大的猛击，才向后退去，重围遂解。零落而忠勇的我第五一七团抵外冈与第八十八师会合，经昆山转赴我军新阵地。

葛隆镇一役，关系很大，因为敌军的企图，在突破我嘉、太中间地区，直下铁路，截我后路。如果不是我第五一七团奋勇拒止，则敌趋葛隆镇，陷钱门塘，直下铁路，我们第五军和第十九路军的归路就断了，那后果是不能想象的。

这一天的血战，死了我军一个营长，两个连长和连附，六个排长，士兵伤亡近千数。其中第一营营长朱耀章身中7弹，殉国成仁，尤为伟烈！他在殉国前两天还作了一首词，题目是:《月夜巡视阵线有感》，今天读他的遗作，真可以说是一字一滴泪，一字一滴血了。朱耀章营长的词原文如下：

风萧萧，夜沉沉，一轮明月照征人。尽我军人责，信步阵后巡。曾日月之有几何？世事浮云，弱肉强争！

火融融，炮隆隆，黄浦江岸一片红！大厦成瓦砾，市镇作战场，昔日繁华今何在？公理沉沦，人面狼心！

月愈浓，星愈稀，四周妇哭与儿啼。男儿百战死，壮士十年归！人生上寿只百年，无须流连，听其自然！

为自由，争生存，沪上麾兵抗强权。踏尽河边草（蕰藻浜河），洒遍英雄泪，又何必气短情长？宁碎头颅，还我河山！

五、沉痛的收场

正值我第二五九旅第五一七团与敌在娄塘镇苦战时，3月3日下午，又奉到蒋总指挥电令，要我撤到陆家桥、石牌、白茆新市之线，构筑工事。奉命后我又令各部队依次撤退，令第八十八师撤至常熟城集结待命，第八十七师宋旅撤至白茆新市之线，孙旅撤至石牌之线，军部进驻东塘墅，独立旅第二团及军校教导总队集结于东塘墅附近待命。4日上午，军部及直属部队都已到东塘墅；5日，各部队也先后到达指定地点，都在积极着手整理并布防。于是，我们退守第二道防线了。

为着坚强防线持久抗战的打算，我特令各部队构筑纵深的第一、第二、第三之三线阵地。不过几天，各线阵地都已次第构筑完成，一面激励士气，整备军实，准备与敌作殊死战。9日，上官云相师长统率第四十七师开抵常熟，由总指挥部拨归我军指挥，当令该师在常熟东北梅李镇、谢家镇、福山镇一带构筑阵地，并严密警戒沿江各要点。而自从我军退抵第二道防线以来，敌未再犯，每天只有飞机向我作侦察动作。

我驻在常熟县东南的东塘墅大约一个月，中外人士络绎于途，或来慰劳，或来访问。而在慰问者中，使我怀感不已的，是过去黄埔军校党代表廖仲恺先生的夫人何香凝同志（在黄埔我们都尊称她廖师母），她特来我军驻地，慰问之余，慷慨赋诗，现将她所作的《赠前敌将士》那一首记在这里：

倭奴侵略，野心未死，既据我东北三省，复占我申江土地，叹我大好河山，今非昔比。焚毁我多少城市，惨杀我多少同胞，强奸我多少妇女，耻！你等是血性军人，怎样下得这点气？

在这以前，即在九一八事变发生后，她曾寄给我一封信，送来女褂子一件，要我转达黄埔学生的将领，并附一诗如下：

枉自称男儿，甘受倭奴气。不战送山河，万世同羞耻。
吾济妇女们，愿往沙场死，将我巾帼裳，换你征衣去！

何香老充满了爱国热情，民族义愤，真令人敬佩不已！

到 5 月 5 日，上海休战协定签字了，淞沪抗日战役至此告一段落。就是这样收场，实不胜感慨沉痛之至！

我在 5 月 7 日奉到南京来电，命第五军复员：第八十八师开驻武汉，第八十七师暂驻常熟附近原阵地集结整理。18 日复奉来电，令第五军第八十七师及军校教导总队调京训练，本军遂陆续返京。

第五军在这次战役中，计官长阵亡 83 名，受伤 242 名，失踪 26 名；士兵阵亡 1533 名，受伤 2897 名，失踪 599 名，合共 5380 名。因特于军中组织一个抚恤委员会，以司死难烈士家属的抚恤事宜。关于烈士的遗骸，国民政府在南京总理陵园附近的灵谷寺前，国民革命军阵亡将士公墓的中央，安葬一·二八事变之役阵亡烈士遗骸 128 人，第十九路军居其 70，我第五军及宪兵团居其 58，以隐示一·二八的血痕，并使一·二八阵亡烈士所代表的精神永垂不朽。第十九路军和第五军各立一个抗日阵亡将士纪念碑，但在 1937 年南京失陷后就被日军毁坏了。

一·二八抗战时十九路军的军械供应

王大文[*]

1927年，浙江警备师改编为第十一军，我在第二十四师七十一团任团副，第十一军后在江西编入第十九路军，总指挥蒋光鼐，军长蔡廷锴，我任十九路军第七十八师上校军械处长，负责武器弹药的供给工作。

1932年1月，日本侵略者在上海制造马玉山路事件后，进一步扩大事态，乘机准备进攻上海，激起上海及全国人民的强烈愤慨。

一·二八之夜，日军分三路向闸北进攻，十九路军翁照垣旅当即还击，打退敌人进攻。日军装备精良，大多为重武器，且配以装甲车，而十九路军的武器装备极差，大多为老式的汉阳造的"七九"步枪，每支枪配150发子弹，其他武器极少，也无装甲车。战争打响后，上海各外报记者到闸北前线采访，对十九路军能否以如此低劣的武器抵抗和战胜日军甚表怀疑，但十九路军全体将士在上海人民及全国人民的支持和声援下，士气旺盛，浴血奋战，决不后退。比如在市街战中，日军装甲车几次冲破我街垒防线，十九路军士兵就冒死攀登屋顶，投掷手榴弹炸毁日军装甲车，致使日军无法越雷池一步。

为了改善十九路军各部武器弹药的供应，当时曾采取一些措施。首先向

---

* 作者时任第十九路军第七十八师军械处长。

南京政府请求调拨，未有结果。后通过各种关系向上海各洋行购置到一批新式的武器弹药，立即分发各部，每连得 3 支捷克式自动步枪，每团的机枪连得 6 挺手提机枪，每团的迫击炮连得 6 门迫击炮。这些武器弹药均以昂贵的价格购来，因财力有限，购置不多，但也大大增强了十九路军的战斗力。

此后，据驻守南市的部队报告，在某兵工厂内贮存有大量武器弹药及通讯器材，系海军部所有，但当时驻沪海军拒绝给十九路军任何援助，因此他们秘而不宣。后来战事紧张，看守兵工厂的海军人员弃职逃跑，十九路军才决定直接接收这批武器弹药，命令所有后方勤杂人员悉数投入搬运。当时，十九路军得到上海各界人民的支援，要人有人，要汽车有汽车，足足搬运了十多天才搬完。由于获得了这批武器弹药，十九路军才有可能在淞沪战场坚持了一个多月。后来，十九路军后撤至第二道防线，师长区寿年命令我将剩余的武器弹药运往南翔，又从南翔用民船运往苏州，十九路军奉调福建时，全部随运至福建。

战事发生后，上海及全国各地的爱国群众和海外侨胞掀起了支援十九路军抗战的热潮，动员了大量人力，捐献了大量财物。当时部队所需的后勤物资、通讯器材、运输工具、医疗器械及药品等主要来自民间，许多群众将自己的望远镜、无线电收发报机以及汽车等，赠送或借给部队使用，其他如毛巾、食物、雨伞等等也都应有尽有。人民群众的爱国热情，极大地鼓舞了十九路军将士抗日斗争的决心和信心。

尽管十九路军装备低劣，但广大将士仍斗志昂扬，大智大勇地与日军进行战斗。有一次，七十八师在作战会议上讨论对付日军装甲车的问题，设想了不少办法。我提出，立即派人到昆山、苏州一带农村搜集稻草，在夜深人静时将稻草铺垫在日军装甲车必经的路面上，挑选最勇敢善战的士兵组成敢死队，各人配备多发手榴弹，埋伏于马路两侧，伺机杀敌。俟日军装甲车行经这些地段时，车轮或引擎被稻草缠住，无法开动，敢死队便用集束手榴弹塞入车内引爆。后来用这个办法曾炸毁日军三四辆装甲车，一时传为美谈。

由于军民同心协力，英勇斗争，日军遭受沉重打击，死伤惨重，在中国人民抗日战争史上写下了光辉的篇章。

东北义勇军

吉东地区的抗日斗争

李范五*

1931年冬，我在北平开始参加学生抗日运动。1932年5月参加革命，同年11月加入中国共产党，12月底党派我回东北工作，一直在吉东地区（即今牡丹江地区）做党的地下工作。1936年离开东北，去苏联学习。

一、穆棱地下工作的开辟

1932年12月底，我与孙绍唐（党员）回东北参加义勇军。当时在吉东一带，义勇军占领了牡丹江以东的各县，隔江与日军对峙。我们乘火车行至牡丹江铁岭河时，看到日军在车站附近堆满了弹药箱，好像准备装车打仗的样子。磨刀石是义勇军占领地区，上下火车的差不多全是军人。他们穿着杂色衣服，戴的红袖标上写着"不怕死，不扰民"，群众抗日的气氛很浓。又经过两站，我们到了下城子抗日自卫军第四旅刘万奎部队的军法处，找到共产党员周延生同志。他是哈尔滨法政大学毕业生，懂俄文。他说："日军马上就要进攻，你们最好到靠近苏联边界的地方去工作。"孙绍唐说他有个堂

---

* 作者时任中共穆棱县委书记、宁安县委书记等职务。

兄孙华堂在虎林抗日自卫军当营长，周同意我们去那里到军队开展工作。

第二天（12 月 31 日）早晨我们起程。路上听说日军已于 1 月 1 日开始从牡丹江向东部进攻，沿路我们看到义勇军纷纷向后撤退的混乱情形。1 月 5 日，当我们走到半截河时，遇到敌人的快速部队在我们眼前经过，向密山、虎林一带开去。

由于情况变化，我们决定不去虎林，各自回家乡进行地下工作，在工作中再找党的关系。

我回到刚被日军占领的穆棱县，在八面通当了小学教员，以此为掩护，进行工作。首先在学校找比较可靠的教员、学生，向他们进行抗日宣传，经过两个月左右的工作，在学校里成立了“反帝大同盟”，先后吸收教员李增代、马朝德、于清河、王怀孟及工友王世有（王克仁）、学生于忠友等为盟员。通过王世有在下城子河西村、王怀孟在兴源镇建立了我们的据点。

在伪县政府公安局当文书的孙长仁，是我小学的同学，我们也吸收他当了盟员，并通过他发展了两名伪军士兵。在农村狍子沟、白石砬子，分别吸收了魏绍武、戴少荣、吕中言、金兆珍、杜立春等人入盟。在八面通火车站吸收了俄语翻译许在田，并通过他发展了两名铁路工人。在我家吸收了三弟李福堂、我的前妻田孟君入了盟。在盟员中，挑选成分好，表现积极的魏绍武、杜立春、马朝德、田孟君、李增代、戴少荣发展为党员，另外发展了于清河、王世有、于忠友、李福堂、金兆珍等 5 名团员。

通过这一段工作，我了解到穆棱县原是我党工作的空白点（除中长路外），我们这些人是在糊里糊涂地工作着，特别希望早日接上党的关系。

6 月间，李增代说，他在下城子看见曾在义勇军时期进行过党的活动的人员。我让他赶紧去找，果然找到了这个人，他就是共青团满洲省委吉东局书记关书范。他立即约我到下城子秘密机关接头，在那里我碰到在北平的同学王兰贵，他扮作站柜台的买卖人。我向他们汇报了我的来历和工作情况后，他们向我传达了党中央 1933 年 1 月 26 日关于在满洲建立抗日统一战线指示信的精神，并根据这个精神让我们把“反帝大同盟”改为“反日会”。以后他又代表吉东局来八面通检查、指导工作。他要求我们要防止“左”倾关门主义，应大胆地发展反日会和党团组织，不要听那些胆小鬼的话，说什么“出头的椽子先烂”；现在咱们当了亡国奴，谁愿受日本鬼子欺负呀？只要一个传一个，大家都齐心，我们就可以把鬼子赶出去等等。他这些话，使我们思想开了窍。后来我们就用这些道理向老百姓做宣传。最后他向我传达了吉东局关于成立穆棱县委的决议，任命我为县委书记。

由于和上级党取得了联系，经常有交通来往，我们就把于忠友家租用的油坊作为交通站。

同年 8 月，吉东局调我去宁安，派老乔接替我在穆棱县的工作。

二、宁安的抗日烽火

1933 年 8 月我到宁安，住在县城孙八店，这是我同学孙绍唐家开的店。在这里住一个多月也没有人来接关系。我等得不耐烦，内心有点动摇，想回北平去找关系，当时认为反正在哪都一样干革命。但这只是一刹那的念头，很快就过去了。9 月初关书范来和我接关系。他先把县城一个中学生的关系交给我，然后领我到距县城三四十里的小牡丹屯，这里住着四户朝鲜族人家，全屯人都参加了革命活动。姜新泰就是这个屯的，他是青年团员，那时才十七八岁。关书范叫我先住在这里进行工作，过些时候，会有人来找我。第三天发生了一件事，那天上午我正在屋内和一个党员谈话，外面放哨的儿童报告说来了伪军，我开门一看有十来个伪兵在东岗上向着这屯子走来，距离只有二三百米了。怎么办？逃跑吗？都是一片开阔地，必遭敌人枪击；装作城里来要账的，必遭盘问。正在这紧急关头，姜新泰的姐姐姜新爱跑来，问我怎么办？我说无办法。她非常机灵地说：你马上躺下装病人，并立即给我盖上了棉被，又把她头上的毛巾缠到我头上，告诉我朝鲜族病人呻吟是“嗷嚎嚎！”这时伪军吵吵嚷嚷地进院了，姜新爱站在门口劝阻，每进来一兵，她就用一口流利的汉语嚷着：“这屋有伤寒病人，传染呀！可别进去！”这时我就起劲地大声呻吟：“嗷嚎嚎！”不一会所有伪兵都知道了，谁也不敢进来，我就蒙着头，不断地“嗷嚎嚎”地呻吟着。这时有个同志故意在外边说：“我们赶紧给老总们做晌饭呀！”接着就听到灶房烧火淘米声。炕越烧越热，加上盖的被子又厚，弄得我浑身是汗。足足有三四个小时，他们吃饱后才走了。这时我从被窝爬出来，全身衣服都湿透了，身上也觉得发虚无力，总算过了这个险关。原来，这帮家伙在东边渔房抢了两条大鲤鱼，是到这屯来吃大米饭、炖鱼的。

从这件事看出我不会适应环境，没有应变的准备。接受这次教训，我立刻换上朝鲜民族服装，到场院帮助群众打场。并与全屯定好了一致口供。

过了几天，原县委书记朱守一（周子岐）来向我移交工作。这一天，他带我走了七十里地，到晚上腿脚痛，腰发酸，“扯着猫尾巴也上不去炕”。第二天早晨，全家用一瓦盆水洗脸，用一条黑布巾擦脸，面对现实我心里发恶心，表面上还得硬着头皮和大家一样洗脸。

以上两件事就是给知识分子下乡干革命的一个锻炼。到了上马河，为了适应环境，我脱下长袍皮鞋换上农装，棉袄是全面开花的，腰间捆上麻绳子，颇像个老农，也像个要饭花子。经常不洗脸，满面灰尘，就是两手嫩皮细肉，过不了日本鬼子“看手”关。因日兵在乡下遇到青年人先看看你手有没有老茧，老茧在什么位置，是拿农具的还是拿枪的？如没有老茧，就认定你是装农民的学生，就有被抓走的危险。因此，我天天开会、谈话和走路时总是用个东西磨手，使之起老茧。

宁安建党时间比较早，1932 年成立了县委，书记是朝鲜族潘庆由，县委机关设在花脸沟，以后又改为宁安中心县委，领导穆棱（铁路上）、东宁、密山的工作。

谈宁安党的工作情况，只能从 1933 年秋我到宁安时谈起。分三个问题谈：一是统一战线工作，二是抗日武装斗争，三是党团和群众工作。

（一）统一战线工作

在 1933 年中央一·二六指示信未到前，宁安党不自觉地做出了一些农村和抗日部队以及乡村伪政权、伪自卫队的统战工作。中央一·二六指示信到达后，才从思想上开始自觉地进行一些统战工作。统战工作对象主要是各种自发的抗日武装部队和乡村的农民、城市的工人、学生等。对抗日部队的上层领导人，游击区及其附近的伪保甲政权、伪武装自卫团及乡下上层人物，也进行了一些工作。

在部队方面，县委 1932 年就派吉林第四中学毕业生、共产党员于洪仁同志到“平南洋”部队做工作，首先说服教育“平南洋”总队长，使他接受先进思想，接受共产党的领导，并在 1933 年入了党，成为改造这个部队的有利条件和推动力量。派共青团员朱光（赵金城）进入南湖头大刀会部队工作，用拜把兄弟的方法先做好了该队长王汝起的工作，然后改造他的部队。1934 年又派从北平回来的大学生伊俊山、赵永新、冯朴及石头河来的党团员马连山、崔展作、宋一夫（后来叛变了），八道河子朝鲜族党员十来名，上马河的党员黄志信等人，柴世荣、傅显明、王毓峰、王汝起、史忠恒都加入了共产党，成为第五军的领导骨干，其中多数人先后为民族解放和共产主义事业献出了生命。

争取农村伪自卫团、甲、牌长及地方上层人物，如烧锅、油坊、粉坊、豆腐坊的掌柜等。我们对上马河的自卫团二十多人，进行了大量工作。团长王奎福是个同情抗日的人，一班长钟春德、二班长孙世芳是共产党员，队员卫庆和、王庆真是我们派进去的共青团员，队员黄志礼、耿兆福、陈述文等十来个人是反日会员，剩下的也是同情者，这个队伍基本上已属于我们了，但表面上仍应付敌人。这就是“里外红白”政策。所以 1934 年春，当我们收缴这一带的伪自卫团武装时，有意把他留下来，通过他们买子弹及军需品。这年夏天，从岭南来了四辆货车，是汉奸搞投机生意的，晚上，住在自卫团院外。夜间，我军通过同自卫团打假仗的办法，把货车全赶出来了。另一方面，我们也考虑上马河是个战略据点，是我军经常过往铁路线的一个沟口。如果把这个自卫团也缴械了，很可能日军来驻守，那将对我们更不利。

上马河甲长卢子明的儿子卢广森，是个共青团员（后叛变了），卢甲长在给我游击队送粮上表现还好，对地方抗日活动，睁一眼闭一眼。卧龙河的朱牌长，经常拿着算盘子和一本账，在村里走来走去为我军筹粮。

伪基层政权的组织系统是：保长、甲长、牌长。凡靠近我游击区的甲长家住乡下的，差不多全是两面派。在我们工作较好的地方，多数牌长是反日会员或同情者；保长住城里的，除个别人有时对抗日表示点同情外，其余全是敌人的走狗。

由于贯彻中央一·二六指示信精神，统战工作在下层与上层，在部队和地方都有所开展。不料想满洲省委派团省委组织部长小赵（在哈叫小王），于1934年4月6日以省委代表名义来到宁安传达省委关于反右倾的指示。他说：上层统一战线就是“上层勾结”，只有把下层统一战线基础打好，才能团结上层统一战线。他还说：在伪军中做了工作的就应当哗变出来，以扩大我游击队，否则就是“右倾”。对伪军、伪政权的上层，以及对山林队的头目进行某些工作，这正是“上层勾结”等等。在这种反“右倾”思想指导下，发生了不少“左”倾行动。例如：

（1）救国军前线指挥部司令孔宪荣派代表和我们队伍谈联合问题，我们拒绝和他们接头。结果刀把攥在人家手里了，他们在士兵和人民中宣传我们破坏统一战线，这种宣传在部队和群众中造成了不良影响。

（2）周保中在救国军中苦心经营的边区救国军一、三连，好容易被争取接受了共产党的领导，在军队中发展了党员，成立了反日会支部，建立了政治工作制度，群众纪律和作战能力都有所提高。但他们于1933年12月刚到宁安，趁周保中同志进山里开会时，在唐头沟大部分部队不辞而别了。只剩下郑营长、张连长带领四五十人留下来。但反“上层勾结”运动一来，郑营长和张连长可能听到风声，害怕自己被赶走，他俩于6月6日、7日两天也分别带着他们的余部逃走了。他们脱离我军的原因固然很多，但主要原因是我们对郑营长、张连长等上层和下层的统战工作未做好。

（3）我军某部把一个山林队缴了械，但并未抓到他们有什么反共活动或投降的确实证据。

（4）1935年三军缴了四军三团的械，也是在反“右倾”影响下发生的。

（5）密山县伪军机枪连连长胡伦，是1927年入党的同志，他曾在法国勤工俭学，与聂荣臻同志一起在苏联学过军事。他在这个连做了许多工作，使这个连起了别人所不能起到的作用。例如，胡伦打发士兵骑着马到苏联边境，用麻袋驮回大量革命书报以及给我军买子弹，送情报等。他在这个连的工作并未暴露，不需要马上哗变出来。可是，密山县委书记朴风南（朝鲜族），在这次反“右”一来，就逼着胡伦在既没有内部准备又未布置外应的情况下，仓促地带着一个机枪排哗变出来。结果被敌人长途追击，几乎全部溃散、伤亡，只剩下胡伦等少数人到达李延禄部队。

（6）小赵亲自提议，县委应把泡子沿伪甲长的哥哥邓吉生（北平大学生）开除党籍，其实他哥俩并没有什么错误，相反他们是积极掩护我们工作的。我军参谋长张建东和我都在他家养过病。我在养病期间未停止工作，县委机关实际上是隐藏在他家中办公。

（7） 1936 年春节前，宁安县委布置一个小姑娘，在东京城日本宪兵队院内，趁闹秧歌时撒传单，叫做“虎口拔牙”。虽然传单撒出去了，小姑娘当时也未被捕，但这一下捅了马蜂窝，鬼子像发疯一样，不仅当时在宪兵队门口架上机关枪，院内出去的人挨个搜查，同时加强保甲统治，造成一片恐怖气氛。结果使在地方工作的脱产干部和有些暴露的群众同小姑娘一样不得不全部到部队，使地方工作一时陷于半瘫痪状态。

其实，“左”倾思想在小赵未来之前我们就有，例如 1933 年冬，吉东局关书范来宁安，就要求并未暴露政治面目的私塾先生于洪源全家上队，他不同意，就把他开除党籍，使一个在群众中比较有威望、工作有成绩的人从此消极下去。即使于老师有暴露的危险，只要秘密地搬搬家就可以了，不必要让他和老婆、孩子都上队，给队伍和本人都增加困难。再如我在穆棱、宁安做地方工作时期，总是放不开手，老在“老贫农、靠得住”“老的工作基础”等小圈子内绕来绕去，不能在空白地区打开局面，使许多愿意抗日的人不得其门而入，实际上这也是“左”倾关门主义在作怪。

满洲省委发动的这次反右倾，使原有的“左”倾关门主义，又来了个火上浇油，使中央一·二六指示信的统一战线政策，又贯彻不下去了。我们只能在地方和军队像鹦鹉学舌式大喊大叫地“反对上层勾结”，结果，造成了上述错误和损失。

宁安上述做上层统战工作的经验，在原救国军、山林队中争取改造部队，先从上层入手，敲开上层大门，然后在上层允许和支持下进行下层工作，最后把上层和下层都改造好了，这是成功的经验。反之，如抛开上层领导人物而直接派人到士兵中去工作，被人家发觉了，说你是挖他的墙角，引起上层的反感，反而把事情弄糟了。在地方工作上，也有许多在上层掩护下，把下层工作做好的事例。可见，反对“上层勾结”不是根据下边实际工作情况提出来的，而是从脑子里的“左”倾主观主义出发想出来的，对开展统战工作是不利的。这正如《六三指示》中所说的：“上层统一战线不是与下层统一战线对立，而是有利于下层群众工作的进行。”

1934 年 8 月，中共中央驻共产国际代表团（以下简称“代表团”）派吴平以省委巡视员名义来到吉东一带。吴平后来在延安担任《解放日报》总编时叫杨松。他是湖北人，1926 年参加共青团，1927 年入党，同年被派往莫斯科学习，以后留学校和代表团工作。这次派他来东北的主要任务是：传达代表团关于统一战线的指示，纠正我们的“左”倾错误。吴平同志来时先到密山、穆棱，12 月中旬到宁安。他在县委会议上和个别谈话中，主要是谈抗日统一战线、武装斗争、党的领导和党群工作等问题。其大意是：目前我东北党的主要任务是努力扩大抗日统一战线，反对“左”倾关门主义，加强对抗日武装斗争的领导。他说，东北老百姓谁也不愿当亡国奴，这就需要我们联合一切反日力量共同抗日，吸收一切愿意抗日的人参加斗争。要提出“有钱的出钱，有粮的出粮，有枪的出枪，有人的出人”的号召。特别要努力扩大我党领导的游击队，加强部队的政治思想工作，使我们的游击队成为强大的抗日武装力量，成为团结各种抗日武装力量的核心。吴平还说：实行全民的抗日统一战线，必须普遍地与各种抗日武装部队建立下层和上层统一战线，对伪军、伪自卫团要派人去做士兵的工作；对于乡村伪政权、伪自卫团的上层也要进行一定的争取工作，使他们少反对我们或者中立，这对我们也是有利的。不能把上层统一战线说成是“上层勾结”，上层与下层的工作都要进行。他对于军事活动的布置和解决供应问题，对地方党和群众工作等都作了指示。但重点是统一战线、武装斗争和纠正“左”倾错误。

为了在军队方面扩大抗日统一战线，吴平来到密山时，和县委、李延禄议定把抗日救国游击军改编为反日同盟军第四军。吴平介绍了四军编成的情况，他说：四军军长是李延禄，政治部主任是何忠国，参谋长是胡伦。李延禄原来的部队与密山游击队合编为两个团，第一团团长杨太和，第二团团长张奎，第三团团长苏衍仁，第四团是饶河游击队改编的，团长李学福，政治部主任李斗文，参谋长崔石泉。以上部队除第三团原是山林队“小白龙”外，其余全是我党的基本部队。

吴平还说，莫斯科东方大学招生，要求宁安选派学生。1935年春，宁安县选派的第一批学生4人：黄志财、朱光、王庆才、张友恒，都是共青团员（朱临走时转为党员）。以后又派罗云、王天（王小六）去学习。

为了贯彻执行吴平传达的各项指示，宁安县委于1934年12月20日召开扩大会议，作了《关于纠正“左”倾关门主义错误及目前工作任务问题的议案》。并作了各项具体工作安排。

（二）武装斗争

1932年吉东地区各县全在义勇军手里。为改造和帮助这些部队，坚持抗战，我党先后派周保中、李延禄、张建东、孟泾清、吴锡山、李维新、周延生等同志参加义勇军。经过一年左右的努力，在周保中、李延禄周围，团结了一部分较进步的救国军。1933年1月1日，日军从牡丹江市向东北地区进攻时，义勇军大部分退入苏联。这时，周保中在安图组织了辽吉边区救国军，李延禄在宁安组成了救国游击队，他们以这些部队为基础，进一步整顿、团结剩下的义勇军。

1933年夏，中共满洲省委吉东局（在牡丹江）决定调李延禄部队到密山一带去，开展各种军事活动；调周保中部队到宁安一带发展部队，开展游击活动，扩大抗日统一战线，建立游击根据地。

1933年12月，周保中率“边区军”一、三连二百多人到宁安与党领导的李荆璞、于洪仁的工农义务队（以下简称“义务队”）汇合。他们就如何贯彻执行中央1933年1月26日的指示信，如何加强党的基干部队，开展统一战线工作，进行抗日游击战争等问题进行了反复酝酿。1934年2月16日在天桥岭召开了党员主要领导干部的军事会议。参加会议的有：周保中、胡仁、李荆璞、于洪仁、张建东等同志。会议决定成立军党委，周保中任书记，胡仁、张建东、于洪仁、李荆璞为党委委员。会议决定成立第一师，李荆璞为师长。义务队改编为第一团，李荆璞为团长。边区军一、三连的一部分由郑营长和张连长领导。以后陆续将原救国军王团编为第二团，王毓峰任团长。原活动在镜泊湖一带的大刀会部队编为第三团，王汝起任团长，朱光（青年团员）任副团长，原救国军傅团编为第四团，傅显明任团长。

1934 年 4 月中旬又新成立了宁安游击队，共 26 人。队长白殿贞，山东人，共产党员，原是个木匠。政治指导员李元容，朝鲜族，汉语流利。队员全是农民，因干部、士兵全是新的，送密营训练一个月，然后出山进行活动。5 月 27 日在大唐头沟被敌人包围，经过顽强抵抗，队长白殿贞与 3 名队员牺牲，2 人负伤，2 人失踪，逃跑几人，只剩 12 人。以后经过补充，达到 20 人。

此外，成立了八道河子根据地的自卫队，队员十八九人，全是朝鲜族，他们的政治觉悟高，群众纪律好，战斗力强，这是典型的党的基本部队。

同盟军刚刚成立，就开始对敌展开游击战争。

1934 年 3 月，李荆璞队收缴了宁安二区新官地自卫团的武装，得步枪 21 支、手枪 1 支，因为有内应，一弹未发。团长李大金牙是日本走狗，处以死刑。4 月 22 日又把三区的小光棍屯、大荒地两个伪自卫团在一夜之间收拾干净，缴获钢枪二支、洋炮（土枪）十八支。接着又将在石岩修铁道的日本“大柜”收拾了，打死了“大柜”的日人经理、副经理、翻译及日本女人等 4 人，活捉了工头和二十多人，经审讯后释放。5 月 3 日，八道河子自卫队、王毓峰和“四季好”联合作战打小城子，烧了电信局，毁电话箱四个。5 月 7 日，李荆璞率队在有内应的情况下，攻下卧龙屯警察署，缴获步枪 20 支，匣枪 1 支，子弹 400 发，活捉伪警察长署长李进忠。我军高得新、王德山二同志牺牲。

在中长路石头河伪军中，当地党进行了士兵工作。排长马连山是共产党员，有暴露危险，要求同盟军去接应哗变。

1934年6月15日，由李荆璞、于洪仁率队长途行军西进中长路。钟子云在石头河布置这一军事行动，由马连山等同志做内应，把伪军一个连缴了械。动员被俘士兵及地方青年参加部队，使新队伍扩大到五十多人。完成任务后，部队又返回宁安。这次带来的新队伍，加上原宁安游击队，编成第一团的一个中队，马连山任中队长，下设四个小队，共一百多名，内有朝鲜族女队员四人。于8月6日举行成立典礼。队员多是老农民和一部分学生，队内有党员6名，团员13名，每个小队建立一个反日会支部和一个识字班，群众纪律较好，服装也整齐，在西北山活动时，群众有口皆碑，说从来未见过这样好的队伍。

这次缴来的枪支，除补充原有部队外，还送给八道河子根据地自卫队一些，他们原来使用的土枪都换成了钢枪。

同年7月，我军张祥部队在庙岭附近看到一辆日本军车去镜泊湖，他们就在庙岭公路上挖了陷阱，敌人汽车回来时，掉进坑内，被我伏兵全歼日军，缴获新“三八”式步枪6支，手枪1支，子弹数百发。原来这些人是来视察镜泊湖，准备把这个地方辟为国际公园，起名叫“镜泊学园”。

这些战斗的胜利，鼓舞了士气，加强了我党领导的部队，发展了各方面的统一战线工作，使安宁游击根据地，开创了一个新局面。但这时敌人发了慌，赶紧调来三四百日军来宁安进行“讨伐”，他们在我游击区内及其附近农村密藏探子，一听到我军在什么地方活动，马上乘汽车来奔袭。例如：

（1）我军消灭了卧龙河伪警察署当天下午，撤至约三四十里的山东屯宿营。第二天拂晓敌人就摸上来了，我军及时转移，使敌人徒劳，扑了个空。

（2）我军一个连在二区横道河子屯休息时，敌人袭来，连长黄志信为掩护战士撤退，不幸中弹牺牲在横道河子西山上。

（3）这年夏天，西北山“八大队”（即八个山林队联合行动）一千来人，经长途行军，夜间到达东南山团山子屯与我军汇合，共商抗日大计。敌人第二天下午乘三辆汽车赶来袭击，我同盟军为掩护友军安全撤退，利用山口有利工事，猛烈打击敌人。完成任务后，我军安全撤退，只有我参谋长张建东负轻伤。这次战斗我军以实际行动教育感化了友军，他们站在高山上叫好说："共产党真能打呀！咱往后别一见鬼子就'拿马'（跑的意思）呀！"虽然敌人有过多次奔袭活动，但由于我军运用灵活游击战术，夜间活动，白天休息，每到一地先封锁消息，在村中只许进人不许出人，使敌人耳目失灵。

总之，敌人在青纱帐起的夏季，既无法进行大规模"讨伐"，又在奔袭中捞不到便宜，所以他们的"讨伐"主要利用冬季。

1934年冬季，敌人进行大"讨伐"。第一阶段，在10月初来了一千多日军进入我游击区，将山内小村、单户的房屋烧毁，把人杀了或赶走，并向山边各屯居民宣布："对共产匪，不准送粮，不准留宿，违者杀全屯"，在群众中造成极大恐怖。我八道河子根据地这次又遭摧毁。此前，在秋季敌人曾来过一次，把田里庄稼毁掉，烧了房子，群众用挖"地窨子"、搭茅棚等办法勉强恢复起来，这次被毁后，因失去生活条件，群众都走了。

11月初，开始第二阶段，日军撤走，开来的全是伪靖安军，其袖口镶红边，群众称之为"红袖头"。靖安军是日军在辽宁新建立起来的，排长以上军官全是日本人，当兵的绝大多数是强征"国兵"抽来的青年学生。他们完全没有作战经验，也不能吃苦。这次"讨伐"的办法，主要是在游击区各山口和战略点驻兵把守，甚至每户都住上敌军，企图使山内抗日军与外边群众完全隔离，想把我军困死在山里。另一方面派探子进山，寻找我军踪迹，一旦发现我军活动地点，马上派兵进山袭击。

在这样紧张的情况下，我们趁两个阶段交替时间，即11月初，我军党委和县委在卧龙河西南沟"平日军"密营召开了军事会议，因各负责人分散在各地进行反"讨伐"斗争，不能开大型会议，出席会议的只有周保中、胡仁、李范五等。会议首先分析了形势，认为这次"讨伐"，在东北各地的敌人把目标集中在各老游击区，那些平常没有我军活动的县，都是空白点，如宁安两翼的邻县额穆和穆棱完全没有"讨伐"队。因此，会议决定要避实击虚，把主力部队分成东西两个派遣队，开辟新游击区。东部派遣队由胡仁带队挺进穆棱一带；西部派遣队由李荆璞带队挺进额穆一带；周保中率主力一部分留守宁安，联系东西两个派遣队，并与东满二军取得联系。西进部队，2月到达额穆县境后，敌人从县城倾巢出击，我军绕至敌后，乘虚攻入县城，正赶上春节，赶忙收拾了一些好吃的，待敌人慌忙回师时，我们已退出县城，又到乡下袭击村镇，使敌人处于首尾难顾之境。

东部派遣队进入穆棱，因有地方党和群众基础，部队一到就与县委接上关系，立刻受到当地党组织和广大群众的热烈欢迎和支持，扩大了部队，建立了新的游击根据地。

1934 年 3 月，在宁安石门子，我军用计诱敌进山，用埋伏战全歼靖安军四十多人，我军无一伤亡。放回俘虏，震动了全“讨伐军”，引起许多士兵动摇害怕。有许多士兵忍不住亡国奴之苦，吃不起冒着深雪进山之苦，对“讨伐”实行消极怠工。有两名士兵不愿打抗日军而自杀，有一名士兵带枪跑出来投奔我军。

日军“讨伐”不但未达到其消灭我军之目的，反而在军事上吃了不少亏，在政治上激起广大人民更大的民族仇恨。就这样，日军在宁安 1934 年的冬季大“讨伐”，不得不在 1935 年春，以失败而告终。

吴平 1934 年 12 月来宁安时说，为了进一步扩大统一战线，要以我党基本部队为骨干，团结一切愿参加的部队共同抗日。他提议将绥宁抗日同盟军改编为反日联合军第五军。经军党委和县委研究，同意吴平的意见，翌年 1 月即完成了改编。第五军军长兼党委书记仍为周保中，副军长为柴世荣，其他军部负责人无变动。下属部队编成两个师：第一师师长李荆璞，政治部主任关书范；第二师师长傅显明，副师长姜子荣，政治部主任李光林（朝鲜族）。第一团团长李荆璞兼，第二团团长王毓峰，第三团团长王汝起，第四团团长傅显明兼，第五团团长姜子荣兼。

为响应党中央《八一宣言》的号召，1936 年第五军又改编为东北抗日联军第五军。

要讲宁安的武装斗争，使我不能不想起前任县委书记朱守一（周子岐）同志。他不是一般的党员干部，而是个红色资本家，他原来是沈阳一个罐头工厂的经理。九一八事变后，他激于民族义愤，毅然抛开资本家的富贵生活和温暖的家庭，跑出来参加抗日义勇军，以后入了党。我和他接触时间不长，在他向我移交工作时，从这村到那村，白天走路，夜间开会或个别谈话，总是把时间安排得紧紧的。开头几天他看我走不动路，他就放慢步伐陪着我走，走一段休息一会，一路上总是谈笑风生。当我问到他的工厂时，他说："真他妈后悔！我没有把它卖了，弄点钱带出来作抗日经费，今年春天我家来信说叫特务没收了，真白瞎了！"我问他："你出来的时候，舍得把那块肉扔下吗？"他说："国家被狗咬了，那么一小块肉算个啥！"我问他："你当财主的时候天天吃香喝辣的，出来当兵打仗不觉得苦吗？"他说："说实在的，刚刚出来住土房，打小宿，吃小米、苞米，真够呛呀！可是看着老百姓吃不上，穿不上，我又觉得没啥了，常了就过惯了。"我打趣地问他："你不想老婆孩子吗？"他讲："说实在的哪能不想呢！不把鬼子打走，回去也过不上好日子，等把鬼子打跑了，那时回家好好团圆团圆。"

我们边走路边谈，不知不觉地到地方了。

他是大个子，四方脸，大眼睛，脸皮有点发黑，穿着一身农民破衣服，谁能想到他原来是个阔老财、资本家呀！可是他平常对谁也不讲这些。若不是关书范告诉了我他的老底，我怎么也想不到老朱原来是个这样的共产党人哪！我现在很后悔当时没有好好问问他的身世。

老朱把县委的工作移交完了，党派他到李荆璞的部队去帮助工作，什么官衔也没有，天天和大兵混在一起，一般人都不知他是个县委书记。第二年，即 1934 年春，党又派他到密山当游击队长。端午节那天，他率部队在哈达山与日军作战时，看到一个朝鲜族战士连放 3 枪打倒 3 个鬼子，老朱高兴得站起来哈哈大笑，不料这时中敌一弹，马上就不会说话了，两眼流出辞别的泪水，光荣牺牲了。谁能想到在哈达山下，还长眠着一位为民族为共产主义事业而流着鲜血和热泪，与世长辞的红色资本家——共产党员朱守一呀！

1935 年春，吴平第三次到宁安。闲谈之际，我把这个情况告诉了他。他非常惊讶地说："我在密山哈达岗和哈达河沟里待了那么久，只听说朱守一牺牲在什么地方，没人说他是这样一个不平常的人物呀！"吴平说这是九一八后东北阶级关系变化的一个典型事例！这是中央强调推行广泛抗日统一战线可能性的一个具体说明。然后他摇着头，唉声叹气，非常难过。

1936年2月我到哈达岗时，我问朱队长的坟在哪里？交通员老戴头说："不远，我领你去。"到山脚下找了半天，他指着草丛中一个小土堆说："这就是！"我走近坟堆时，情不自禁地流下了眼泪。我心中想，不知我的泪，能不能和你的血凝在一起呀！老戴头看到这种情况眼圈也发红了。现在已四十多年了，不知这个小坟堆还找上找不上？坟堆小志气大呀！我们要永远纪念他，学习他为革命而献身的精神。

（三）党群工作

宁安县地方党的工作是比较有基础的。其组织主要分布在沿东南山脚下：在二区有卧龙河、颜家屯、新官地、黑进沟、张家沟等处；在三区有上马河、金坑、中马河、后地、小河套、小光棍屯、褚家沟；在东京城镇及其附近的有于家屯、李糖坊、泡子沿、胡家沟、牛场、莲花泡等处；在宁安县城只有第四中学两个学生和孙家铺、孙八店的三个工人，他们害怕敌人的白色恐怖，不敢展开活动。

上述地区是以卧龙河、上马河一带为活动中心，工作比较好的地方有百分之六七十的人是反日会员，有的全屯、全家男女老少都参加。在工作较差的地方，每个村只有一二人或五六人，这样的地方居多数。在反日会员中约百分之十至十五左右是党团员。据不完全统计；1934年全县有党员约50人左右，团员80人左右，连军队有七八个支部。反日会员有700人左右（包括党团员在内）。地方反日会正式成立分会的11个，军队分会有4个。绝大多数会员是为反日而参加的，但也有百分之一二的人是为了避免"胡子"绑票参加的。妇女会员约六十多人，反日会员及党团员几乎全是贫雇农。他们的生活不好，一年到头忙于生产。因此，提拔不脱产的当干部，没有时间进行工作，他们只能利用晚间在本村或附近邻村进行点工作。在各地选择知识分子能脱产的提拔为干部，并调到外地去工作，这是干部的主要来源。

在地方开展工作，小学教员、知识分子和进步老人，往往走在前头，起了桥梁作用。例如上马河的小学教员段毓涛，小知识分子李奎明，进步老人黄兆枢，后地的私塾先生于洪源，卧龙河的小知识分子孟兆义、孙万贵，胡家沟的进步老人胡全有，褚家沟的老褚头等人，他们都是村里比较有威望的人，群众信赖他们，我们帮助教育他们，尽量通过他们去开展工作，有许多人往往由于他们说句话就参加了反日会。另一方面，大量的是我们发动农民群众，利用亲戚、朋友、自家、同学、同事关系去开展工作。

在地方工作中贯彻执行党的抗日统一战线，主要是在农民中发展党组织和反日会、妇女会、儿童团等项工作，这是抗日的可靠力量，他们在多方面支援了抗日部队。

为什么在我游击区及其附近的农村，地方工作就开展得比较好，距离县城近的地方开展得就不好？这主要是由于我游击队常来常往，经常在这一带作战，群众亲眼看到了我军政治觉悟高，战斗力强，群众纪律严，从而提高了我党在群众中的威信，群众信得过我们，甘心情愿地跟着我们走。同时农村中一些同我们不是完全一条心的人，包括一部分伪政权和伪军的人，慑于我军威力，也不敢破坏我们的活动。这是军事斗争支援了地方工作，公开的军事斗争和秘密的地方工作是相辅相成的。

县委的工作人员经常变动。1934 年人事的情况是：县委书记李范五（外号李大个子）；组织部长是上马河后地村的老贫农王庆恩，他是不脱产的；宣传部长因找不到合适的人暂缺。团县委书记张中华是个中学生，团组织部长先后由罗云、王克仁（王世有）和褚家沟的老贫农王安成（不脱产）担任。孟兆义（孟仁甫）担任宁安县反日会总会长，黄晏阁是副总会长，女老张（田孟君）担任县委妇女主任，黄小英（黎侠）担任儿童团指导员，王小六（朝鲜族）担任儿童团长。

宁安县委直接受满洲省委吉东局领导。吉东局 1933 年春成立，书记是孙广英（老朱），经常和我们发生联系的是孙广英、关书范。

由于共青团满洲省委宣传部长杨波被捕叛变，吉东局于 1934 年 4 月被破坏，把吉东局的联络站——牡丹江大同医院院长共产党员杨光庭抓去，还抓了窦玉山、苏长德、王德纯 3 名铁路工人。他们都是党员。而孙广英在这关键时刻，变成软骨头，借机脱党，逃回辽宁。他出身于地主家庭。这时钟子云暂时维持吉东局的工作。同年 5 月前后，共青团吉东局书记关书范被捕释放后，在地方站不住脚，满洲省委决定调关去部队工作。从此吉东局没有了。宁安县委就直接受满洲省委领导。

三、吉东特委时期的概况

1935年2月吴平第二次来到宁安。他说："满洲省委决定成立吉东特委，我担任书记，你和穆棱、密山、勃利、饶河县委书记都是特委委员。"吴说，这次特委成立，是在组织上接替已被破坏的满洲省委吉东局对这个地区的领导。吉东是个大游击区，东边背靠苏联，南边、西边、北边连接抗联第二、三、六军的三大游击区，把白山、黑水之间的抗日游击区连成一大片。这一大片国土有的是人民和山林，便于游击队出没其间，特委在省委统一领导下，同周围各地方党委、各抗联部队取得密切联系，互相帮助，互相配合，可以更有力地打击敌人，更好地开展工作。他对1934年12月宁安县委扩大会议的决议贯彻执行情况进行了检查。因当时敌人正在进行"讨伐"，情况较紧张，他很快就走了。

同年5月，他与省委宣传部长谭国甫一起又来宁安。吴平说，要调我到特委担任组织部长，由宁安县团县委书记张中华接替我的工作。

特委的秘密机关设在牡丹江市。我到时，吴平和共青团特委书记小郝（张林）已安排好了公开职业。吴平扮作一个小杂货店的掌柜，前房有人站柜台，吴在后房办公，不公开露面。小郝扮作一个玻璃匠，在家中放着一个背式玻璃箱，但他很少背它上街。我的公开职业是面包铺掌柜。面包匠是小郝帮我找的。他是个普通群众，我们是什么人，他根本不知道，只知道我是他的掌柜。除我们3人外，还有5个人：于忠友管抄写，住在一个党员泥水匠的家里；我的前妻田孟君住机关，掩护我的活动；张哈是跑密山联系国际交通员的；张发是跑哈尔滨满洲省委的交通员，他俩住在邸家豆腐坊，常扛着盘子上街卖豆腐，小王给吴平站柜台。我的日常工作是在第一线上管常务，对外接待来往同志，管理交通，收发文件，起草一般性的文件，审查小报的文稿，以及抄写重要文件等项工作，以保护吴平能安全地管大事。

这时特委所管辖的各县负责人是：宁安县委书记张中华，穆棱县委书记李守信，勃利县委书记李成林，密山县委书记先是老曹（刘曙华）、老侯（倪景阳），后是褚志远，饶河中心县委书记于化南，宝清、东宁两县当时尚无县委。第四、五两军因在这个地区活动，也归特委领导。

特委的上级有两条线：一条是满洲省委，一条是代表团设在海参崴的工作站，工作站负责人是中国四川人，苏名叫斯达干诺夫。通过海参崴可以经常得到在巴黎出版的中文《救国时报》（是代表团办的）和其他书刊，例如关于游击战的小册子、共产国际的文件等。我们把这些报刊转送省委及各地。这使我们的眼界比较开阔了，从《救国时报》上知道许多国际、国内的消息，给了我们一些精神食粮，特别是从中可以看出一些党的方针、政策、动向。

1935 年 6 月收到代表团的《六三指示》，我们马上转送省委及邻区，这个文件到达各地后，都讨论贯彻执行了，没有提出异议。只有某同志提出不同意见，吴平请周保中去做解释说服工作，接着代表团又于同年 11 月 26 日及 1936 年 3 月 12 日连续给某同志两封信，反复解释《六三指示》内容的必要性。企图说服某同志，其实这些内容都是对全东北党说的。

《六三指示》的主要内容，是阐明抗日统一战线，抗日的战略方针、游击运动、党的领导、党的建设和群众工作等等。涉及的问题比较广泛而全面。但其重点是论述抗日统一战线和武装斗争的必要性，反对与纠正“左”倾关门主义，要求我们对各种抗日武装力量和地方群众进行广泛的统一战线工作。也就是说要广泛发动群众，广泛联合群众，以进行抗日武装斗争。批评了过去的“左”倾关门主义。我们理解不打破“左”倾关门主义，不可能更广泛地开展统一战线，也就不可能把广大群众的抗日力量更好地发挥出来，打败日帝。关于这个道理，毛主席 1935 年 12 月 27 日在《论反对日本帝国主义的策略》一文中，提出“党的基本策略任务是什么呢？不是别的，就是建立广泛的民族革命统一战线”，“统一战线的策略和关门主义的策略，是正相反的两个不同的策略，一个是要招收广大的人马，好把敌人包围而消灭之。一个是要依靠单兵独马，去同强大的敌人打硬仗。”“目前的时局要求我们勇敢地抛弃关门主义；采取广泛的统一战线。”“统一战线的道理和关门主义的道理究竟哪一个是对的呢？……我坚决的回答：赞成统一战线，反对关门主义。”“关门主义的策略则是孤家寡人的策略，关门主义‘为鱼驱渊，为丛驱雀’”，实际上是日本帝国主义的忠顺奴仆。张闻天同志于 1935 年 11 月 17 日，在陕北瓦窑堡写文章也提出“如果以为只要红军的力量，即足以战胜日本帝国主义，这是小孩幼稚思想。红军在目前与未来的战争中，必须寻找每一可能的同盟者，即使是动摇的、暂时的、不可靠的……”

从上述两段话可以看出：代表团所提出的关于统一战线问题，与中央领导同志的意见，基本上是一致的。

同年 9 月间，吴平说他要暂时离开牡丹江，特委的事要我负责。不久他从莫斯科来信说他不回来了，要我代理书记。我感到担子太重，负不起这样大的责任。既然组织上决定了，我就暂时把任务接过来了。我一个人工作有困难，经过请示海参崴，把正在刁翎进行地下工作的孟泾清调来特委担任组织部长。

同年 11 月初，海参崴来信指名调珠河团县委书记小孟（韩光）和吉东团特委书记小郝到莫斯科去，后来才知道是参加少共国际六次代表大会。

11 月 26 日，代表团起草的《吉东特委给珠河中心县委及三军负责同志的信》中说：根据中央提出的“新策略”的精神，要强调在东北建立全民反日统一战线的可能性，并提出了在各方面实施办法等。

1935 年 11 月末，在莫斯科的王明、康生通过海参崴通知吉东特委说，满洲省委有“内奸”，要我们迅速转告东北各特委、各军党委切断与省委的联系，并要吉东特委与各地保持密切联系。对此，我们当然作为紧急任务立刻照办。

1936 年 1 月，海参崴通知吉东特委调李延禄去莫斯科，派李延平代理第四军军长。李延平是李延禄的弟弟，原在四军工作，1933 年派去苏联学习。至于李延禄调出去干什么，当时不知道。

1936 年 2 月 3 日，吉东特委机关被破坏。其经过是：四军政治部的罗英来特委汇报工作，经过孟泾清的安排，我和罗在牡丹江市郊一个菜园子张常德的家里会面。他谈了工作问题后，要求把他调回地方工作，我没有答应，并叫他明天就回部队。晚上他到戏院看戏，被四军的叛徒看见，跟踪到旅店，夜间被日本宪兵抓去，他叛变了，把张常德抓去，张也叛变了。又把孟泾清抓去了。在孟的住处敌人搜去《吉东特委给珠河中心县委及三军负责同志的信》和美钞 100 元。孟在敌人面前英勇不屈。我在孟被捕第二天转移了住处，并在一天之内安排好机关撤退及切断各县与特委的联系等善后工作。第三天清晨我离开牡丹江去密山。当天晚上，给海参崴写了报告，第二天即 2 月 7 日我想找个落脚点，但未成功，当夜出发去海参崴。

斯达干诺夫很快把吴平从莫斯科请来，我向他们汇报了吉东一带工作情况及特委被破坏的经过，并向他们提出，满洲省委被“封闭”后急待解决东北党的组织领导问题以及扩大抗联的问题。我们三个人商议的结果认为应当恢复吉东特委，成立哈东和下江两个特委。同时提出把在饶河的四军第四团扩编为第七军，谢文东、李华堂两支统战部队编为抗联第八、九军，吴平就这两个具体问题马上起草了一封简单信，以中央代表吴平的名义发给东北党，并提出委托周保中负责传达。后来知道这封信没有发，而发的是经过改写的 1936 年 3 月 12 日以中央驻东北代表的名义《给珠河党团县委及三军负责同志的信》。估计这个改写，是吴平以那个简单信请示莫斯科时，由代表团提出的。在这封信内除了再次强调建立全民反日统一战线的重要意义及其各种具体政策外，还写了“对于敌人并村政策不公开反对”，并正式宣布撤销满洲省委，改南满特委、东满特委、吉东特委为省委，另成立松江省委。在军队方面，提出增编第七、八、九军。后来我又知道，1936 年 10 月 2 日又发给东北《中央代表团关于中央新政策路线》的信中指出“不要把反满和抗日并提”。

由于罗英、张常德叛党，破坏了吉东特委机关。为安全起见，吴平我们 3 人还议定个撤退至苏联的人员名单：于忠友（潘祥）、田孟君、张发（老于），张哈（山东王）、老戴头、佟双庆。还有孙靖宇（勃利县委跑特委的交通员）、褚志远（宗池）夫妇。

以上人员除老戴头年岁大不识字，安排他到集体农庄落户外，其他人全到莫斯科学习。

吉东特委在其存在期间及其前后，从总的方面说主要是抓《一·二六指示》《六三指示》及《八一宣言》的贯彻执行。具体来说：

（一）首先抓领导班子的整顿。原密山县委书记朴凤南是朝鲜族派争分子，弄得县委内部不团结，与李延禄部队的关系也比较紧张。同时他的指导思想是极“左”的。他反对四军收编小白龙，反对支援谢文东的抗日暴动，以及强迫胡伦从伪军中哗变出来等等。因此，把朴凤南调至游击队，派从海参崴列宁学校毕业的老曹（刘曙华）为县委书记，并补充了县委干部。勃利县原为区委，因工作发展的需要，将区委改为县委，任命李成林（朝鲜族）为县委书记；穆棱县委书记是本地不脱产的贫农老杜，能力弱，无时间做工作，担不起自己的任务，调职业革命干部李守忠担任县委书记；在中长路的苇河成立了区委，管理苇河地区及附近铁路工人工作。宁安县调来张中华担任团县委书记，加强了团的领导。这样，县一级领导班子都加强了。

（二）进行纠“左”，扩大抗日统一战线。对1933年至1934年流行在吉东一带的许多破坏统一战线的“左”倾行为和关门主义做法（详见《宁安的抗日烽火》），给予批判，总结了经验教训；对于符合扩大统一战线的做法，也加以肯定。

（三）加强对武装斗争的领导。为了扩大部队的统一战线，先后编成抗联第四、五军，并向代表团建议增编第七、八、九军。针对敌人的“讨伐”情况，提出我军要避实击虚，将主力分兵进入敌人统治薄弱地区，开辟新的游击区，使第四、五军由宁安、密山、饶河三县的游击根据地，扩大到额穆、穆棱、勃利、依兰、方正、宝清、虎林等10个县，受到新区地方党和群众热烈欢迎和支援。部队组织和统战工作都扩大了游击活动的回旋余地，打击敌人的面宽阔了，使敌人不得不分散兵力，首尾难顾。

（四）扩大了共产党和抗日联军的政治影响，发展了地方党组织。我部队进入新区后，所到之处都向群众进行宣传，帮助地方组织发展反日会。向当地伪军、伪乡村政权，宣传“中国人不打中国人，中国人不当亡国奴”等，给地方组织创造开展工作的有利条件。

（五）大力宣传《八一宣言》。《八一宣言》一到，我们立即派出许多干部进行宣传，颇受群众欢迎。大家明白了当前抗日斗争的方向，提高了抗日斗争的信心。

特委虽然做了一些工作，但是按照党的要求，我们做得很不够。特别是党直接领导的部队，力量不够大，胜仗打得不够多，这就影响到其他各项工作开展得也不够好。

四、建立什么样的根据地

在东北敌我军力量对比相差悬殊，敌人反复“讨伐”，严密封山，搞“三光”和并村政策，加之冬季严寒时间长，山区人口特别少等情况下，我们到底建立什么样的根据地？在吉东和东满的汪清做过各种摸索、实验。

第一种是群众性公开的根据地。1933 年冬季，宁安小牡丹屯四户及汪清十多户朝鲜族农民，从山外迁入深山区八道河子，建立了小型根据地，组织了武装自卫队，建立了党团组织及儿童团，小学生站岗放哨，农民开荒种地，一时很像个根据地的样子。但 1934 年秋，暴露了目标，敌人来烧了房子、粮食，毁了庄稼，群众逃进森林。敌人冬季“讨伐”又摧毁一次，完全失去了生活条件，不得不离开这个地方，青年成年人参了军，老幼妇女去了东满。不到一年寿命的根据地就结束了。

东满在汪清县大荒沟、小荒沟、湾湾沟等地也建立了这样的大型根据地。那里人口多，比八道河子组织的更像样子。在 1933 年冬季“讨伐”时，我二军为保卫根据地，保护群众，展开了激烈的防守战，因敌众我寡，在军民受了很大伤亡之后，不得不撤退。就这样，各根据地都被摧毁，再也恢复不起来了。

第二种是密营，就是在比较远的深山老林里建立秘密营房。1933 年，我党领导的反日工农义务队，在天桥岭建立了大型密营。因这年敌人封锁不严，粮食运来较多，部队在这里安然整训了一冬天。第二年 3、4 月因部队出了叛徒，在当年春天领着日军进去，袭击我留守机关并把营房烧毁了。接着我们又在“平日峰”建立了中型密营。不驻部队，只住指挥机关、伤病员、印刷人员。但因粮食运不进来，于当年 11 月，不得不把人员全部撤出来。鉴于上述两种密营都不好存在，后来在牡丹江下游二、三道河子一带分别建立了两处小型密营，两营相距 20 里。一处住编写、印刷人员，即五军秘书处；一处住伤病员，各有 10 人左右。为了保密，除交通员，谁也不准进来。自己下山背粮、站岗放哨，开荒种菜。这样维持时间虽然较长一点，但后来因敌人严密封山，粮食运不进来，只好也走了。

第三种是群众性的秘密游击根据地。这是在沿山与平原接壤地带，或在山区居民较厚的地带建立的游击区。在游击区内及其附近，原来就有地方组织和群众工作基础，地方组织积极动员群众在兵源、粮食、军用品及传送情报等方面支援我军，使我军在这些地区能够顺利发展和进行活动，有力地打击敌人。这种公开军事斗争和地方秘密工作相配合的游击区，是当时比较好的游击根据地，也就是当时我们说的老游击区。在吉东一般地过了 3 年左右的好日子，一直持续到 1936 年春，敌人在吉东开始实行大规模的并村政策，建立“集团部落”，他们把山区附近的星散小村、单户强迫并进指定的大村，在村周围挖沟筑墙、修炮楼，在村内架设瞭望台，建立伪自卫团和保甲制，发良民证，密藏特务，严格管制和监视群众，破坏我地方组织，杀害逮捕抗日人员等等。在这种情况下，我脱产地方干部和已暴露的人员不得不撤出来。剩下少数未暴露的人，或随从山里小村、单户秘密藏进大村的人，也不敢活动，使地方工作一时陷入瘫痪，把地方群众与抗日军隔离起来。这种“集团部落”在各地建立起来后，就把我原来老游击区破坏了。再加上敌人在后期采取全面的连续的大“讨伐”和冬季在山里跟踪追击，使我东北游击战，在 1936 至 1937 年开始进入艰苦的斗争时期。1938 年以后，进入更为严重的艰苦时期。

以上各种形式的根据地，都是在东北当时具体情况下，随着敌情的变化而产生、存在和消失的。这与红军江西时期及抗战时期华北一带所建立的巩固根据地不一样。有人说东北抗联的“失败”，就是因为没有建立巩固根据地。这种说法，是不适合东北当时实际情况的。第一，东北山里居民特少，多半是季节性进山搞山货的，采蘑菇、摘木耳、挖人参、种大烟、打猎、烧木炭等，他们人数不多，不是常年住在山里，过了生产季节就出山了。在浅山区有些小屯、单户，边种田边搞副业。这多半是山东省“下关东”的人，人数也不多，他们的粮食自己还不够吃，哪有粮供给我军。这与南方、华北山区人口多的情况大不一样。第二，敌人推行并村政策，首先把山里的这些人赶出来，使我们在山里无房可住，无粮可吃，企图把我们困死在山里。第三，敌人建立“集团部落”多半在交通方便的地方，如果我们袭击“集团部落”，敌军马上乘汽车就来。在上述条件下是行不通的。

至于说抗联“失败”了，这也不是事实。假定在抗联鼎盛时期有三四万人，那么在后期受挫大量减员后还剩下一千多人。只能说受挫，不能说失败，这好比红军从江西长征开始 30 万人，到陕北只剩下 3 万人，毛主席还说我们取得了长征的胜利，国民党想把红军全部消灭在长征路上的计划失败了。我们抗联后期受挫是不是也可以采用类似的说法？

东北义勇军的兴起和失败

王化一*

东北义勇军是九一八事变以后，东北沦陷初期以旧军队为基础的自发抗日武装力量，人数最多时曾达 30 万人上下，活动地区几遍于全东北。东北义勇军的兴起，有力地打击了日本军国主义的侵略野心，激发了全国人民的抗日意志，并且及时地在全世界人民面前揭穿了日本军国主义伪造民意、树立伪满傀儡政权的阴谋。因此，东北义勇军曾经受到全国人民的拥护和支持，并且得到全世界人民的重视和赞扬。当时在穷凶极恶的侵华日军压迫和包围之下，在国民党政府不抵抗和不援助下，在装备、训练各方面都相形见绌的困难情况下，而东北义勇军不顾一切，揭竿而起，以血肉和敌人相拼，这种民族正气、爱国精神，是永远值得歌颂敬佩的。

但是，无可讳言，东北义勇军也有许多严重的弱点。其中主要的是：它的领导人物大多数都是一些旧军官，他们在政治上是落后的；他们之间派别繁多，非但不能团结一致，而且意见分歧，甚至往往互相火并；他们所率领的部队成分复杂，有的纪律很坏，往往抗敌不足，扰民有余。这样，他们就不仅没有能够担负起领导群众进行抗日斗争的任务，而且严重地危害群众的

---

* 作者时任东北民众抗日救国会军事部长、第二军团总指挥。

利益，从而影响了广大群众支持义勇军的积极性。

由于东北义勇军存在着这些弱点，他们虽然在东北沦陷初期曾经风起云涌，盛极一时，并且予日军以相当的打击；但是在敌军全面进攻、各个击破的压力之下，为时年余，便陷于土崩瓦解，烟消云散。有些领导人物如丁超、程志远、王之佑等甚至出卖民族利益，变节降敌。

东北义勇军从兴起到失败，其间过程虽然不长，但是它的面甚广，系统又多，变化起落也很复杂。我当时虽然参加过一部分义勇军的组织工作，对于全部情况也并不完全清楚，况且已事隔30年，现在要把它的整个过程作一个全面的追述，是相当困难的。现追忆如下。

一

东北义勇军是东北沦陷初期以旧军队为基础的自发抗日武装力量的总称，并没有统一的组织和指挥系统。作为义勇军的基础的旧军队，原来都是东北军的正规部队，他们抗击日军的举动不仅是自发的，而且也是同当时国民党政府不抵抗政策相违背的。同时，这些部队在抗击日军的过程中，又收纳了大量的民间武装力量和各阶层的抗日群众。因此，这些部队虽然有一部分仍然保持着正规军的番号，但是实质上已经不再是国民党政府和东北地方当局统率之下的正规部队，而成为一支以旧的正规军为基础，包括民间武装力量和抗日群众参加在内的自发的抗日武装力量了。

如果从义勇军各部分的成分来看，它们大致可以归纳为正规军队和警察大队、旧军官、收编的胡匪、农民的秘密会社、知识分子和青年学生五个部分。现分述如下：

（一）正规军队和警察大队

1. 马占山部

马占山在江桥抗战时所率领的黑龙江省防军，计有步兵第一旅孙鸿裕团、第二旅吴德林团、第三旅李青山团。骑兵第一旅（旅长吴松林）、第二旅（旅长程志远，后投敌），卫队团（团长徐宝珍），炮兵团（团长朴炳珊），此外还有一个保安大队和屯垦军一个旅（旅长苑崇谷）。马占山一度投降日军后，他在抗日基础上团结起来的黑省军队从此瓦解。他再度抗日时所能统率的武装力量，只剩下他自兼旅长的步兵第三旅和吴松林旅扩编的邓文、才鸿猷、邰斌山等部以及徐子鹤的山林队和收编的胡匪李海青等部义勇军，其余黑省部队都不再听他指挥。他自始至终，都用黑龙江省主席名义指挥军队。

2. 丁超、李杜部

丁、李所领导的东北军，是驻吉步兵第二十八旅（丁兼旅长）、第二十六旅（旅长邢占清）、第二十二旅（旅长赵毅）和山林警备队3个营。他们抗日时，吸收了其他部分溃败的吉林省军队和一部分义勇军，与冯占海等部会同商定称为“吉林省自卫军”。

3. 苏炳文部

苏所率领抗日的部队，为黑龙江省防军步兵第一旅（苏自兼旅长）和张殿九步兵第二旅张玉珽团，还吸收了一部分旧黑龙江军的残部如朴炳珊、徐宝珍等部，称为“东北民众救国军”。

4. 冯占海部

冯所领导的是吉林卫队团全部和张作舟第二十五旅的两个团及临时招降胡匪编成的宫长海、姚秉乾两个旅，会合丁超、李杜、赵毅等部并称“吉林自卫军”，并曾接受了辽吉黑民众后援会（以下简称“后援会”）所给的东北义勇军第六军团的名义。

5. 唐聚五部

唐原来是辽宁省东边镇守使于芷山（当时投敌）所兼步兵旅的第三团团长，抗日时先后组织了各县警察大队、义勇军、红枪会、大刀会等，称为“辽宁自卫军”，同时接受东北民众抗日救国会（以下简称“救国会”）所给的东北义勇军第三军区名义，后来又改组为后援会东北义勇军第三军团。

6. 王德林部

王原来是吉兴部东北军第二十七旅第一团第三营营长，率部参加抗日后曾吸收了延边一带的义勇军、大刀会、红枪会等，先称为“国民救国军”，后来参加了丁超、李杜的“吉林自卫军”。

7. 警察大队

沈阳被日军占领后，辽宁省警务处长兼沈阳市警察局长黄显声和督察长熊飞由沈阳带出一部分警察和公安队，并在撤退途中收集了北宁铁路附近的警察人员，进行抗日。东边桓仁县警察大队长张宗周、柳河县警察大队长王凤阁、凤城县警察大队长郭景珊、复县警察大队长刘景文等各率其全部或一部分警察大队，参加抗日。

（二）旧军政人员

九一八事变时，东北军有不少旧军官如彭振国、李纯华、于百恩、郑桂林、贾秉彝、康悦臣、严经武等，有的已经退伍，有的在军事机关挂个空名义，也有的是现役军官。他们在事变以后，纷纷参加各部队抗日。因为他们多数是陆大、保定或东北讲武堂等军官学校毕业的，具有军事知识，所以大都在各部队中担任领导和参谋工作。此外，当时各部队还有一些政府官吏参加，他们多数在各义勇军总部工作。唐聚五部起义时，桓仁附近几个县的县长也都参加了自卫军，但以后多数中途变节投敌。

（三）收编的胡匪

东北历来素以胡匪著闻，吉、黑两省的宫长海（宫傻子）、姚秉乾（双山）、李忠义（海青）、张希武（天照应）、马鸣春（一只鸡）、刘万奎（刘快腿），辽宁省的项青山（项忠义）、张海天（老北风）、小白龙等，多数是积年惯匪。九一八事变以前，有的正在拉竿（组织匪帮），有的被关在狱中（如李海青），也有的已经被地方当局招降（如宫长海、姚秉乾）。事变以后，各地统治机构垮台，社会秩序混乱，乘机而起、临时抱山头者更风起云涌，纷纷受各部队收编，参加抗日。

（四）农民的秘密会社

原在关内豫东、鲁西、冀南一带的大刀会、红枪会等秘密会社，随着这些地区的农民出关谋生，也发展到东北各地。九一八事变以后，东北各地农民在日本侵略者蹂躏之下，无法从事耕种，一经号召，这些秘密组织便迅速发展起来，加入各部义勇军。吉林省敦化、延吉、东宁、海林、珠河，辽宁省东边一带的通化、桓仁、新宾等地，这一部分民间武力最为活跃。邢占清、孙秀岩两部义勇军中，以这一部分人数为最多。

（五）青年学生和知识分子

事变以后，除了东北各地的青年学生参加各抗日队伍之外，北平各大专学校及其他地方也都有不少青年学生出关投军，而以东北大学、东北中学和救国会所办的各种训练班（如学生军）的东北籍学生为最多。此外，何香凝先生发起的华侨青年救护队，直接参加了锦西前线的工作。又如国民党中央军校有学生四十多人愤于蒋介石的不抵抗政策，自动离校，到热河参加抗战。

事变以后，代表救国会出关工作的人员，如车向忱去黑龙江，徐靖远去吉林，黄宇宙去辽东，苗可秀去三角地带，宋黎、张希尧（宋、张等系中共党员）、张雅轩等去沈阳和辽西各地，都是出生入死，历尽艰辛，对各部义勇军起了宣传、推动和组织作用。在辽东惨遭日军集体屠杀的救国会分会人员，也多数是知识分子。

二

东北义勇军在领导关系上各有系统，互不相属。大体上有三个系统，即东北军系统、救国会系统和后援会系统。

（一）东北军系统

马占山、李杜、冯占海、苏炳文等义勇军将领，原来都是东北军正规军队的军官。在事变以前，他们从“正统”观念出发，认为既受国民党政府和东北地方当局的委任和领导，就必须事事听命于蒋介石和张学良；蒋介石、张学良命令他们不准抵抗日军，他们便遵命退让。在事变以后，他们激于爱国热情并在广大群众和爱国官兵抗日浪潮推动下，起而抗日，但是他们受到国民党的不抵抗政策的影响，对于抗日仍然是动摇的，没有信心的。因此，蒋介石说要运用外交，依靠国联，他们就相信这些欺骗宣传，松懈抗日的斗志，等候国联“制裁”日本。蒋介石要反苏反共，他们有的便拒绝接受共产党的帮助，有的拒绝共产党人参加工作，甚至有的遇见共产党领导的游击队就打。当苏炳文在苏联的援助下，最后率部退入苏联、驻在沃木斯克的时候，苏联希望他的官兵就地参加劳动，苏炳文推说“容后再议”，加以拒绝（见苏炳文的秘书长贺圣达给国内的“支电”，载1933年1月某日的《大公报》），因为他唯恐这样做法将会得罪于蒋介石。最后这些将领还是多数投靠了蒋介石。

马、李、苏、冯各部，都有国民党东北各省党部的分子如王宪章、吴焕章、韩春萱、韩清伦、赵在田、王育文等在各部队进行活动。他们的主要目的，就在于防止各义勇军将领同共产党接近，防止他们脱离国民党的领导。

（二）救国会系统

救国会于1931年9月27日在北平成立后，即着手将辽宁义勇军划分为五个军区：辽西为第一军区，辽南为第二军区，辽东为第三军区，辽北为第四军区，热边为第五军区；并委任了52路司令和27个支队长，还派出了七十多名政治工作人员到各部队去进行宣传和组织工作。救国会到1934年4月为止，援助义勇军的款项共用了三十八万七千余元。

辽宁境内各部义勇军，经过救国会的组织和领导，在名义上和编制上虽然统一起来了，但是由于救国会的成员很复杂，既有共产党地下党员、进步青年和无党无派的爱国人士，也有国民党CC派、国家主义青年党、国民党改组派等党派分子，因而在对义勇军的领导工作上就一直存在着进步力量和反动势力的斗争。国民党CC派由于自己单独号召不起来，他们就掮着救国会的招牌向义勇军勾结拉拢，暗地里搞小组织。

（三）后援会系统

朱庆澜于事变后经上海各有关团体和一些知名人士的支持，以历年办赈有关的救济团体和个人为基础，于 1932 年 5 月组织了辽吉黑民众后援会；后来与救国会合作，于同年 9 月改组了救国会的各军区。不久以后，后援会受国民党压迫，宣告结束，因而它在后期义勇军的领导上所起的作用并不大，但在初期对义勇军的援助曾起过积极的作用。

除了上述三个系统之外，国民党改组派朱霁青在 1932 年曾亲自到过锦西、义县一带，召集他的家乡中的一批人组成“辽吉黑民众救国军”，并向救国会系统内的义勇军进行拉拢。他本想独树一帜，但为时不久，便告结束，影响也很小。

这里，还须说明一下东北义勇军和张学良的关系。张学良在九一八事变时，奉行蒋介石的命令，执行了不抵抗政策，同时也是为了保存实力；但是他在东北沦陷以后，受到舆论严厉的谴责，不能不感到内疚。何况日军对他还有杀父之仇，因此他对抗日的东北义勇军不仅表示同情，而且极力予以支持。但是他又不敢采取公开的行动来支持义勇军，因为他既怕被日军作为寻衅的借口，又怕惹起蒋介石的不满。因此，他对义勇军的支持，都是秘密地在各种名义的掩盖下暗中进行的。例如：他利用救国会名义的掩护，曾拨出很多枪械、弹药、被服和现款，交由救国会转发给义勇军。他曾用发行爱国奖券等方式给救国会以种种协助。他曾不断地用白绸条写成秘密手谕，命令关外旧部与救国会合作。义勇军将领到北平，他都随时接见，慰勉有加。张学良就是用这样一些办法来暗中支持义勇军的。

三

东北义勇军的活动，除已有其他同志专篇记述外，兹再概述如下：

（一）黑龙江、吉林各部

1. 马占山部

在马占山未到龙江就任黑省代理主席以前，谢珂等黑省爱国官兵已在江桥南端击退了张海鹏伪军的进攻。马占山到龙江以后，1931 年 11 月初旬，在江桥附近予进犯的日军以意想不到的打击，举世知名。日军不甘挫败，随即大举进攻，龙江被占。马率部退往海伦后，思想动摇，汉奸复乘机引诱，遂至变节投敌，重返龙江。后来在国联调查团到来之际，马又出走黑河，重揭抗日旗帜，并率部东下。日军派松木师团主力跟踪追击，广濑师团封锁两江，并以飞机沿途轰炸。马率部边战边走，1932 年 7 月下旬在刘家店附近遭到日军平贺、平松两旅团的袭击，全军溃败。马偕数十人遁入深山密林，经龙门镇绕道前往海拉尔与苏炳文会合，退入苏联。其残部则由邰斌山、邓文、檀自新等率领，穿越中东路，经肇东、大赉、开通、瞻榆等地退入热河，由国民党政府北平军分会收编。

马部吸收的义勇军以李海青部人数最多。李部以扶余、肇州、肇东、兰西各县为其活动地区，曾袭击过农安、安达、昂昂溪等地，但因系乌合之众，战斗力很弱，往往日军一来，即纷纷溃逃。

2. 冯占海部

吉林沦陷后，冯率部北上，并在途中吸收了宫长海、姚秉乾等部义勇军，日军派于琛澂部尾追。冯部先后在榆树、拉林等地作战后，于 1932 年初撤至蜚克图一带休整，会合丁超、李杜等部，参加了哈尔滨的保卫战。哈尔滨失陷后，冯拟率部反攻吉林，在团山子和伪军遭遇，激战后转向方正县退却。当时由哈尔滨撤退的邢占清旅山林警备队和其他残部均集结于方正附近，日伪军遂分路围攻，企图一网打尽，与冯、邢各部在桶子沟、会发恒、夹信子、宝兴隆各地发生激战。各部奋勇抵抗，牺牲惨重。邢部退往依兰，追随丁超、李杜；冯到大勒勒密一带整理，从此和自卫军失去联络。1932 年 4 月到 12 月期间，敌军以全力对付马、李、苏各部，冯部转战榆树、五常、农安、长岭、瞻榆各地，于 11 月到达热河，经朱庆澜委以东北义勇军第六军团番号，同时经国民党政府北平军分会收编为第六十三军。

3. 丁超、李杜部

吉林沦陷后，丁超、李杜两人虽未附逆，也未讨逆，日伪派汉奸孙其昌等多次向他们诱降，他们也不断派人到吉林省城探听情况。当时哈尔滨在日军主力来到之前，成为三不管地带（张景惠无实力，李振声仅有虚名，丁超懦弱无能）。此地本是富庶之区，因而成为汉奸、野心家争夺的目标。李杜和冯占海在蜚克图会商后于1932年1月10日，乘机进占哈市。丁超经王之佑撮合，同李杜合作，赵毅在双城护路，距哈很近，也与李、丁、冯联合一起，共同成立“吉林自卫军”，推李杜为总司令，冯占海为副总司令兼右路总指挥，丁超为护路总司令，王之佑为前敌总指挥，赵毅为左路总指挥，李杜（兼）、邢占清为中路总指挥。计划防守哈尔滨市，驱逐汉奸谢介石，并约请马占山合作，派兵增援。敌人以多门师团为主力大举攻哈，经2月4、5两日战斗，各部不支，相继撤退，丁、李退到依兰。这时松花江下游和吉敦路左右，义勇军、大刀会、红枪会风起云涌，都和自卫军发生联系，其中以王德林部最为活跃，在绥芬的东北军第二十七旅张治邦团也响应起义。敌人以广濑师团进迫依兰，5月17日丁、李由依兰撤向勃力，以后转战于哈绥线东段。敌人松木师团于5月下旬到海林，在牡丹江地区宁安、一面坡、乌吉密一带布置，切断丁、李和王德林各部联系。丁超中途变节，在宝清投敌，自卫军士气大为涣散。1932年冬，敌人于结束对苏炳文部攻击后，又抽回骑炮空各有力部队，加入对李、王各部的战斗。1933年1月，敌人一路沿穆棱河向虎林、密山追击，一路由绥芬河进军，占领八面通、东宁各地，在小绥芬河将刘万奎部包围，刘部缴械投降。至此，吉林自卫军大部分被消灭，李杜率三千多人退入苏境。

王德林率孔宪荣、王玉振、吴义臣、陈玉清等，配合红枪会、大刀会，共五六千人，出没于宁安、海林、延吉、和龙、汪清各县，给敌人以极大威胁，东宁战后，也退入苏境。

4. 苏炳文部

由于吉、黑各部义勇军将领不能团结一致合力抗敌，日军乘机对东北抗日武装力量实行各个击破。1932年4月间击溃了丁超、李杜、冯占海各部主力；5月到7月解决了马占山部队；10月里“扫荡”我辽宁东边各部，追击丁、李残部并消灭了王德林部。至此，所剩下的只有哈满线上的苏炳文一部了。日军派松木师团驻齐齐哈尔，10月开始对苏用兵。

苏炳文的实力仅有自己亲自带领的步兵第一旅、张殿九步兵第二旅的一个团，并联合朴炳珊旅和张竞渡、李振华（徐宝珍团旧部），约计一万二三千人。日、伪进攻之前，先派冯广有接收张旅，苏、张不同意，又拟调张旅离开苏炳文范围去安达，形势越逼越紧。在群众和部下的督促之下，苏炳文于1932年10月1日发出通电，成立“东北民众救国军”，宣言抗日。敌人用对付马占山的方式来对付苏。先由敌军参谋长小矶要求会晤进行利诱，经苏拒绝；继之，松木师团长发出布告，威胁苏炳文说，如不投降，将以空军轰炸扎兰屯、博克图、海拉尔、满洲里各车站。

敌军进攻开始后，朴炳珊先在泰安镇地区和敌人发生战斗。敌以一部压迫富拉尔基的张旅，乃以骑炮兵由铁路两侧直扑扎兰屯（苏军前方指挥部），切断哈满线苏军的联络，并以飞机沿线轰炸。苏炳文率眷属、士兵四千余人于12月4日退出国境。其在前方的部队由张玉珽、郃斌山等率领，穿越兴安岭经蒙古草地进入热河。

（二）辽宁各部

1. 辽西（救国会第一军区范围内）

九一八事变后，辽宁警务处长兼沈阳市警察局长黄显声和警察局督察长熊飞由沈阳带出一部分警察队，沿铁路向锦州且战且退。黄在沿途以警务处长名义发布命令，组织各县民团、警察队，收编胡匪，组织义勇军，并扑灭张学成部伪军。黄在撤退到锦州的途中，即和救国会联合动作，以后郑桂林、赵大中、于百恩、耿继周、赵殿良各部在绥中、北镇、黑山、新民、沈阳沿北宁路左右各树一帜，纷起抗敌。日军进攻锦州和榆关时，他们都配合正规军，或多或少地起了牵制敌军的作用。国联调查团出关时，他们和各军区一道接受救国会命令，发动总攻，破坏铁路交通，对敌军进行扰乱。他们所在地区因为距北平较近，得各方接济和政工人员协助也较方便。他们之中以郑桂林部成绩较好，支持较久，但到1933年5月热河战事结束以后，各部都相继溃散。

2. 辽南（救国会第二军区范围内）

这一地区义勇军的实际力量最多不超过一万人。事变不久，汉奸凌印清偕敌特仓冈和日伪军队数十人，到盘山县沙岭镇去招降辽南胡匪项青山、张海天，全部被诱杀。接着李纯华、邓铁梅、苗可秀、刘景文等在辽阳、海城、营口、盘山、盖平、复县、辽中各地，纷纷组成抗日部队，与救国会联系。这一部分义勇军在南满一带，多次拆毁铁道，破坏交通，曾颠覆日军兵车，攻占首山车站，烧毁海城大矢组敌军军草，在关门山击毙敌军支队长成泽直亮。邓铁梅、苗可秀在黄花甸子、尖山窑、龙王庙三角地段活动最久（苗支持到 1934 年 6 月），予敌伪扰害也最大。以后邓被敌人捕去杀害，苗亦被俘壮烈牺牲。

救国会曾拨付第二军区大批炸药、迫击炮、轻重机枪、电台等，由海上以木船运抵安东边境登陆，辽南各部队力量得以充实壮大，引起了日军注意。日军在解决马、苏各部以后，于 1932 年年底抽调多门、坂本、西义一等师团主力及守备队、伪靖安游击队深入辽南各地，疯狂进攻。各部队立足不住，步兵化整为零，潜伏各地，骑兵则由李纯华率领，寻隙穿越辽西到达热河后（邓、苗原地应战，未来热），适值热河抗战发生，他们参加了建平、赤峰各地战斗，王子丰副司令负伤，部队溃散。他们又被何应钦派黎明前往分化，脱离了救国会。李纯华和孙殿英合流西退，到宁夏为国民党收编，所余不足千人。

3. 辽东

1932 年初，救国会派工作同志黄宇宙去东北，历经沈阳、开原、铁岭、清源、抚顺、新宾、海龙、抚松、长白、辑安、临江、宽甸、桓仁各县，前后凡三次，以于芷山所部三个团为目标，进行策反，兼发动各县爱国志士，历尽艰险，几丧生命。当时唐聚五表示同情，但无决心。东边各县知识分子王育文、邹心达、包景华、英若愚、刘克俭等适亦在各县鼓动抗日，联络新宾警察大队长郭景珊、桓仁警察大队长兼五县“剿匪”司令张宗周、通化警察队孙秀岩等共同与唐会商起义。正值黄宇宙第三次到桓仁，带去救国会第三军区委任状，并传达国内外对抗日的一切情况，于是决定先成立救国会辽宁分会，推唐聚五、黄宇宙、王育文、张宗周、郭景珊为常委，在委员会下设政治、军事两委员会，在军委会内成立辽宁民众自卫军总司令部，推唐为总司令，张宗周、孙秀岩、郭景珊、王凤阁、李春润、唐玉振为各路总指挥，王育文为政治部委员长。4月21日在桓仁师范学校开抗日誓师大会，军民参加者万余人，朝鲜爱国人士很多参加，当即分头向各县宣传联络，声势所及，人心振奋，各县纷纷响应，大刀会、红枪会等均起而合作。其时敌伪主力正忙于应付吉、黑各部义勇军，命于芷山、邵本良、王殿忠、姜全我等伪靖安游击队分头向我军进攻。孙秀岩首向通化围击日警，逼走日领事。廖逆弼臣（于部团长）伪降，乘机逃走。接着李春润在新宾（李三次攻守新宾，裹创血战，异常英勇），王凤阁在辉南、柳河，唐玉振、张宗周在宽甸，郭景珊在辑安、临江等地，分别和日伪对抗，前后达八个月之久，各城市多次得而复失。唐部开办小兵工厂，发行军用票，但困难重重，救国会8月10日派康悦臣、石培基、秦喜霖携款万元前往慰劳，并协助工作。

日军于10月初由吉、黑抽回兵力，向东边总攻，西路由千金寨向新宾，南路由凤城攻宽甸、太平哨，北路由海龙向辉南柳河，同时由朝鲜江岸攻向辑安、临江并以大量飞机配合轰炸。我各路部队，节节溃退。15日总部退抚松，26日唐聚五化装去北平，其他将领除王凤阁外均先后进关，部队伤亡溃散，所余无几。1933年，李春润偕弟李子荣再返辽东，战死新宾。

辽北、热边、吉西各部，属于救国会第四、第五两军区范围，有宋国荣、金山好、包善一、魏国昌、吴家兴各路义勇军，他们在扰敌伪政权秩序上，都起了一些作用。

当时东北各地，除了抗日武装力量之外，还有一批为地主豪绅所掌握的所谓民团、大团等反动武装，如辽阳刘仁堡民团、辽中北大会、铁岭大团等等。他们打着保境安民的幌子，实际上与敌伪沆瀣一气，为虎作伥；见日军就开门欢迎，见抗日军就闭门不纳，甚至加以袭击。他们不啻是东北人民的敌人。

东北义勇军在抗战期间，曾经受到全国人民的热情支持和援助。全国报纸刊物以大量的篇幅报道了义勇军的抗战事迹，国内外各阶层人民源源不断地捐助大批的物资和款项。东北当地人民更为支持义勇军抗战作出了不可磨灭的贡献。江桥抗战时期，群众自动帮助马占山部队挖掘战壕，铁路工人昼夜不息，输送军队；昂昂溪车站上各方面支援的被服、食物和其他物资，堆积如山。哈尔滨保卫战发生后，哈市市民协助守军赶筑巷战工事，捐助军用物资。苏炳文在海满宣布抗日，扎赉诺尔矿工立即自动捐献工资，以助军饷；满洲里召开市民大会，附近各县和各蒙旗代表在海拉尔举行会议，表示支持。各地农民和青年学生参加各部义勇军，直接拿起武器抗击日军的，更难以胜数。这些事实，都充分表示东北和全国各地人民对义勇军的抗战所给予的巨大支持。

四

东北义勇军兴起之时如雨后春笋，遍地开花，最多时（1932年夏）达30万人上下。到1933年年初，义勇军主要部分基本上都被敌军消灭，残余部分如李春润、邓铁梅、苗可秀等。到1934年7月以后，也完全被消灭。

日军在1933年以前，对于东北抗日武装力量，除了使用武力之外，还没有施行那些以后用来对付中共领导的东北抗日联军的保甲连坐、经济封锁、“三光”政策等残酷手段，而且当时在东北各战场活动的日军也只有多门第二师团、坂本第六师团、西义一第八师团、广濑第十师团、松木第十四师团以及铁道守备队等，经常参加作战的兵力不过3万人；日军所利用的伪军也不足3万人。敌我兵力相比，固然装备和训练我不如敌，而我在数量上则超过敌人两倍以上，主客形势和地理条件又都对我有利。仅历时年余，30万人的武装力量竟全部失败。其主要原因不外下列三点：

首先，东北义勇军是以旧军队为基础所组成的自发武装抗日力量，领导各部义勇军的都是一些旧军官，他们虽然在东北人民抗日浪潮的促使之下，为形势所迫，起而抗战，但是他们在政治上大多数是落后的，他们对于抗日救国并没有信心。他们虽然一面抗战，但是一面仍然希望保存实力，静候国联制裁日本。马占山通电曾说：“明知势孤力薄，难支大厦。”苏炳文通电也说：“倘再坚持，势将同归于尽。”这些话都表明他们的抗日思想是动摇的。各部之间，彼此观望，互不支援，也都是由于“徒损实力，无济于事”的保存实力的想法在作祟。他们的思想既然没有武装起来，他们的军事行动就不可能有政治灵魂，一遇到困难挫折，他们自然就不能坚持下去，甚至有人变节投降，做了汉奸。

义勇军的将领们因为在政治上没有正确的指导思想，他们在军事上也是非常保守的。他们在当时环境之下，仍然墨守成规，袭用正规军的阵地战的战略战术，不知采取游击战争。因此，他们作战时，一经敌军迂回抄袭，顿即陷于包围，全线溃败。江桥战役和海满抗战的失败，即其显例。至于收编的胡匪，则在对敌作战时往往一仍其剽掠的惯技，更无战略战术可言了。

其次，脱离群众也是东北义勇军招致失败的一个重要因素。由于它是以旧军队为基础和大量收编胡匪所组成的，虽然也有不少农民和各阶层抗日群众参加，但是它在本质上并不是人民的武装。一方面它是抗日的，另一方面，它又有危害人民利益的行为。因此，它也就不能联系群众、依靠群众，甚至还脱离群众。

东北义勇军各部往往滥发空白委任状，滥收胡匪；有的委任贪官污吏，纵情搜刮人民，借机发财，还有部分军队纪律很坏，尤为东北人民所不满。旧奉军原来的纪律本来就不够好，时有扰民情况，但是多少还能保持旧军队的纪律；至于收编的胡匪，更是纪律荡然了。例如李海青部进入大赉（今吉林省大安县城）县城时，将商店抢光，到老百姓家翻箱倒柜，把农民的马匹全部牵走，见着行人就强换鞋帽，拿不走的东西丢弃满街，甚至还有强拉青年妇女成婚之事。后援会委任的义勇军司令武中原不去东北抗日，竟在北平前门外旅馆大卖委任状敛财。甚至还有义勇军到北平后，竟有在北新桥、东城一带进行抢劫的。因此，许多地方的群众，往往一听到义勇军要来，便坚壁清野，逃避一空。像这样严重脱离群众、危害群众利益的队伍，怎么能不失败呢？

最后，各部义勇军互相之间，不能团结一致，合力御侮，甚至互相掣肘，摩擦冲突，也是它的一个致命的失败因素。江桥之战，丁、李、冯各部按兵不动；及至丁、李、冯在哈尔滨和敌伪发生战斗，马也坐视不救。最后到苏炳文抗日的时候，竟成了孤军奋斗的局面。而吉林义勇军刘万奎部在撤退途中竟把李杜的旅长马宪章击毙，王德林和自己的副司令孔宪荣不合，唐聚五和东边的将领闹意见，到北平后还公开地互相攻讦。辽南、辽西各部亦有自相火并、大鱼吃小鱼、互相残杀的行动。

除了上述原因外，国民党政府的不抵抗政策自然是失败的主要因素。当时国民党政府如能出兵东北，坚决抗战，这 30 万抗日部队一定能起很好的配合作用，其结果当不致如此。

轰轰烈烈的东北义勇军的抗日斗争虽然很快就失败了，但当时参加义勇军的广大将士的爱国热情是值得我们尊敬的，而在抗日战斗中牺牲了的烈士们更是永远受到中国人民的歌颂。同时，他们的失败，也为中国共产党领导的抗日联军坚持东北 14 年的抗日斗争及以后 8 年的全民抗日战争提供了经验。因此，九一八事变后东北义勇军的抗日事迹，应当本着实事求是的精神分别加以整理，既要肯定他们的成绩，也要指出他们的缺点、错误，作为信史存入我们伟大祖国的史册。

马占山从江桥抗战、短暂降日到重举抗日义旗

谢　珂*

马占山到龙江就职

马占山在黑河接到代职电令后，即率步兵李青山团乘大兴轮西上，同时并电促在哈的窦联芳、赵仲仁等返省。马于10月19日午后2时半抵哈，即搭东铁3时的车赴龙江，当夜到达。是时黑省重要机关接到万福麟电令，凡擅离省者以弃职潜逃论罪，因此，窦联芳、万国宾等亦回龙江。20日上午，马占山正式就任代理主席的职务。当发表朴炳珊为黑龙江省城警备司令，并向各省市、各党部、各报馆发出就职通电，同时万福麟对黑龙江省城及各县父老兄弟发出说明辞职原因的通电。马占山就职后，即致电前方激励将士，并发出悬赏购买张海鹏首级的布告，张贴各处。当马占山就任代理主席后，我就把军署一切情形详细汇报，关于物资款项、军用物品等令负责部门即时开列清单详细呈报马占山存查。一日，万国宾向我说："马占山到此是指挥军事的，关于军署一切物品应由参谋长负责支配，马应另组指挥部，要啥可

* 作者时任东北边防军驻龙江副司令公署参谋长。

向参谋长负责商请。”我说：“现在大敌当前，黑省大局如此危险，还能分家么？马主席既然负军政的责任，一切事务应向马请示，各项物资更该由马支配。我今后一切应服从马主席，否则黑省前途不堪设想。”万国宾的计策未得施行，即派其表兄弟张中校副官印刷传单对我造谣攻击。我见传单后，把情形向马说明，因此在江桥抗战期间，普通事务均顺利无间。

10 月中旬，有驻洮索铁路沿线的东北屯垦军少将统带苑崇谷带领步兵三团、骑兵一团、炮兵一营，由景星绕道来省（军队由中东路运到昂昂溪），马占山命令苑部改编为暂编步兵第一旅，并电告北平备案，随即下令该旅开驻大兴以西布防，骑兵暂在富拉尔基以西对景星方面警戒。

日军进攻黑省的准备

马占山就职后，日领清水亦于 10 月 20 日由哈回任，同时到哈的有日本上院议员 7 人，均为窥探黑省情形而来。

10 月 26 日，日军第二十九联队借口匪患，进占四洮全线，此是日方以军队援张海鹏犯黑的第一步。马占山为了刺探张的动静，派国防处参谋长王静修前往洮南。王于 20 日回省，据其报告，张有再犯黑省的准备。

10 月 27 日，有日军步兵少佐林义秀以关东军司令代表名义向马提出要求书：“限黑省政府于 11 月 3 日以前将洮昂路嫩江桥修竣，否则，日方以实力掩护自行修理。”同时，日方极力宣传，以为采取积极行动的前奏。29 日，日方不俟我方动工修理，又由清水领事向省政府送致代修江桥的通牒，以示威胁。

张海鹏于 10 月 30 日午前在洮南召集军事会议，到有各团长，并有日军官等 11 名列席，讨论再犯黑省的军事计划。日方以张在泰来的军队有向洮南撤退情形深表不满，日酋山本等当面斥张，并派日军官须本、加藤、大矢、吉村 4 人与张同到泰来，监视张军的行动。山本并由洮南派少佐林义秀再至龙江见马占山，接洽修复江桥问题。日军以监视张军的军官业经与张赴泰来，遂由四洮路派铁甲车 3 列，内载重炮两门、日军一小队，进出洮昂路向嫩江桥进发。日军少佐林义秀于11月2日午前10时至黑省，偕日领清水谒马占山，声称："奉日本政府及关东军司令官的训令，因洮昂路修筑，原有日人借款，既有借款关系，嫩江桥应由日方派满铁工人修理，已派兵来监护工作"等语。当由马氏答复："南满铁路对于洮昂路仅有借款关系，债权者不能代债务者修理，且洮昂路并非黑省所属，亦不能代为承认由满铁兴修，可由黑省代为通知洮昂路自行修理。"林义秀悻悻而去。另有致马占山通牒一件，内容如下：1. 嫩江桥不得为战术上使用；2. 至11月3日正午止，南北两军各由桥梁撤退至10公里以外地点，至修竣为止，不得侵入其地域以内，修竣的日期，俟预计后，随时通知两军；3. 不承当上述要求或妨碍修理者，认为对日军有敌意，即行使用武力。此无异于是向黑军进攻的通牒。

当日马占山与我等讨论研究对付日军的策略，我说："江桥阵地非常坚固（利用道木、铁轨、铁板构筑），如后撤，无异于让防，尔后更难以抵御。我阵地距江桥桥头正面约四五里左右，是很好的桥头堡，日军对此阵地感觉头痛，妄想欺骗我们舍去这个良好阵地。"当时黑省大汉奸赵仲仁在座，在当时形势之下，也未敢有所表示（有些会议马邀赵参加）。因北平电令有避免向日军直接冲突的指示，各人均有所顾忌，不敢主张下令进攻日军，但采取自卫措施是必要的，最后决定江桥阵地不能向后撤离，目前对日方采取应付的态度，如日方问及，即说已经向后方撤退10公里了；对修桥的事暂取放任态度。3日午后，日飞机两架飞到昂昂溪站上空侦察甚久始南去。11月4日晨6时许，日领清水与我军政当局会商，同乘齐克专车903次车赴大兴站，勘测已破坏的江桥（此桥是木制，距洮南站187公里），8时乘904次车归省，当时并未抵江桥附近，显系借辞侦察我方军情。同时上午8时许，复有日机飞来散布传单于昂昂溪等站，大事恐吓；11时许，日军炮兵由桥南向我阵地轰击。我军不得已乃采取自卫行动，也还击了几炮。

嫩江桥的激战

11月3日上午11时，日军铁甲车2列，士兵30余名，开到江桥，并有飞机 5 架飞翔天空，实行以武力掩护修桥。我军为避免与日军冲突，即将少数防守江桥的部队撤退到本阵地。日军飞机向我阵地投掷炸弹，伤我士兵 9 名。午后天黑时，日军百余人渡过江桥（破坏处用木材垫好），对我阵地施行射击，并用飞机投弹，伤我士兵 7 名。至夜深时，因我方力求避免冲突，未加抵抗，日军始行退去。

4 日早 5 时，日军少佐林义秀、日领书记早崎、我方秘书韩树业，乘汽车到昂昂溪，会同石兰斌（石驻昂站，负中间指挥部责任）到前方哈尔葛江桥视察。石向我驻军讲话，林少佐亦向渡过江桥的日军讲话，彼此训诫士兵严守纪律，避免冲突。当石正在训话之际，林竟迫石签字承认将驻军撤退，并迫石立即下令。石谓本人是步三旅参谋长，无权下令。正交涉中，日军突进入我防地，捕去我哨兵 3 名，虽经石再三交涉，终未放回。日军此举，显系挑衅。是日午间，日军百余名在我左翼渡江，向我军猛攻，并来飞机 5 架掷弹，我军死伤数十名，大兴车站亦被炸毁。至是，我军忍无可忍，不得已实行正当自卫，给以还击，日军乃退。下午 6 时，日军复以炮火掩护步兵一大队渡江，并携带山炮多门，另有飞机 7 架、铁甲车 4 列配合向我猛攻。我军正面是徐宝珍卫队团阵地，官兵皆激于义愤，奋勇杀敌。左翼是骑兵连防守，该连少校张连长阵亡。在炮战中，我炮兵也阵亡连长 1 名。是日我方官兵计伤亡数十名。日军连日苦战，迄未得逞，乃于 5 日变更阵容，驱使张海鹏的军队在前，由日军督饬向我军猛攻，张部不支败退。是役我军伤亡百余名；敌军死伤数目，据日方发表，死者 167 人，伤 600 余名，张部死伤 700 余名，日军素藐视黑军，认为黑军装备较差，但我卫队团自补充捷克式轻机枪以后，发挥了极大的战斗力量，出于日军意料之外。自此，日军广播中说，黑军也有新式武器云云。6 日拂晓，日军向我阵地大举进攻，据闻是役有步兵两联队、野炮 40 余门、重炮 8 门、飞机 8 架、铁甲车 4 列，自早至晚，终日激战。我军伤亡太重，又遭敌机连续轰炸，运输断绝，为了保持余力，于 6 日下令江桥部队乘夜撤到大兴站以北整顿补充。

自 11 月 4 日以来，日军开始向我进攻，以 6 日最为激烈，上有飞机，下有大炮，晚间有探照灯指示炮兵射击。是役敌军伤亡亦重，闻有滨本步兵联队几于完全歼灭，高波骑兵队亦死伤殆尽。这是日军到东北以来空前损失的一次。我军伤亡约600余名。自与日军冲突以来，我方随时将战况向北平报告，新闻记者也发表消息，从此各地贺电有如雪片飞来。我军虽放弃江桥阵地，而全军士气仍极振奋。马占山11月7日将连日战况和退保三间房阵地的苦衷，以及誓与敌周旋到底、绝不屈让的决心，通电各方。

三间房的激战

三间房距江桥约50华里，距龙江约70华里。10月下旬，马占山下令暂编步兵第一旅开驻三间房大小新庄一带布防。11月初，我率领参谋同苑崇谷旅长视察该线地形，作为我军第二道防线。左翼由大兴以西起，沿三间房大小新庄一带的村落，构筑据点工事，并指派苑崇谷为该线指挥官。

自11月6日江桥守军奉令撤到大兴以北整顿补充后，当派步三旅李青山团、步二旅吴德林团接大兴吴松林骑兵旅防地，并将该旅东调，掩护我军左翼，以防江桥方面敌军侧攻。

马占山于11月7日早，率参谋处长金奎璧等乘汽车到前方视察，对卫队团团长徐宝珍等给予嘉奖鼓励，并在昂昂溪中间指挥部指示收容补充等事宜。马于8日下午回省，派我赴前方主持。北平副司令行营和南京国民党政府，因马捍卫省土有功，来电奖誉，并令全权主持军政，各将领对马亦愿听命一切。唯省府委员赵仲仁别有阴谋，极力阻挠马的军事计划。他谬称黑省代表，暗中曾与驻黑日领清水、驻哈日领大桥秘密接洽，欲使马让出省垣，由张海鹏主政。及日领已允，而战事忽剧，赵自此被日领拒绝往见。

11月8日起，战事较缓，一由于日军不敢轻视我军，一由于国联对日有严重的劝告。但同时日军少佐林义秀又向马占山送致本庄繁强迫马氏下野的通告，限时答复，林并以个人名义用书面表明日方真意，兹译录于次：

本庄繁通告（11月8日）

马主席如欲避免日军之进入齐齐哈尔，应速披沥诚意，希速于8日夜12时以前提出回答。此致黑龙江主席马占山。

林义秀短札

考察现在之时局，避免战祸，维持地方治安为唯一之方法，即马主席于此时下野，同时黑省政府与张海鹏和平授受政权，除此之外无他良策。

马阅后均置之不理。

日军在江桥一战损失颇重，竭力补充实力。第二师团长多门二郎9日晨自长春转往洮南规划一切，旅顺驻屯军的重炮队于10日上午开抵公主岭，即晚由四洮路赴洮南。洮南近郊辟有飞机场。当时洮南方面发现救国军，为蒙边4旗7县所组织，集众三千余人，在东平、镇东起义。张海鹏部进攻失利，日军遂拨炮助战，因此进攻黑省暂时停止。日军侵黑的损失，实出于意料以外，深恐消息传出，对其军事不利，因此宣传黑军得到苏联军火接济。日军经过这次失败，对于黑省的侵略，除调重兵以外，并采取用少数飞机更番投弹的手段，以疲劳我军，另以骑兵迂回我军侧后，进行扰乱。景星、朱家坎方面曾发现过少数日军，我方派程旅骑兵一部开驻景星，右翼已无所顾虑。

日军在江桥受挫后，宣传苏联接济我方军火，以掩饰其薄弱真相，马占山于11日通电驳斥。是日午日机两架飞昂昂溪上空侦察，经我射击，向南方飞去。本日晨，哈尔滨各界组织慰劳团约六七十人，携带物品到龙江慰问，当由马占山代表全体将士致谢，并向各代表表示抗敌决心，誓不屈服。各代表分头到各医院慰问受伤战士，午后返哈。是日有英伦《每日邮报》及上海《密勒氏评论报》记者亦访问了马氏，对马氏英勇奋战称赞不已。自兹以后，中国各地纷纷汇款劳军，甚至外国青年来信请求马占山签字的大有人在。中外报纸均争先登载黑省抗日消息。

黑省战事消沉了4日，至12日又重新沸热。12日午时，林义秀又送来本庄繁的通告，提出三点要求：1. 马占山下野；2. 黑军由省垣撤退；3. 日军部为保证洮昂路的安全，将向洮昂路昂昂溪行动，并限12日夜12时以前回答。马占山当电北平请示张学良将军，得复电“饬死守，勿退却”。12日晚马答复日方，略谓:“1. 下野本无不可，但须有中国中央政府命令，派人前来，方能交代，如张海鹏一类者，虽有中央命令亦不交与政权; 2. 关于退兵一事，在我国领土，我自有权，非日本所能干涉; 3. 昂昂溪车站为中国与苏联合营的铁路站，贵军要求进兵，殊与芳泽代表在国联所声明的日本无领土野心一语自相矛盾。且余奉令保守疆土，在未奉到明令让渡与日本前，碍难照办，同时在法律、事实两方面，亦非贵国所应要求”云云。其实日军未等答复，早已在前线采取行动。

我军自江桥撤退以后，马占山和我曾经召集参谋、军务、军械等处秘密讨论，认为日军虽然暂时受挫，决不甘心，三间房阵地薄弱，很难持久，应速筹备下一部署，万不得已，军政两署移驻海伦，与哈埠抗日军队成为犄角之势，主要阵地放在克山、拜泉、泰安镇一带。此种计划虽已决定，但绝守秘密。库存步枪 3000 余枝、子弹数百万粒，应利用晚间向泰安镇运走，尔后分存东荒各县，连同其他军用物品为将来补充编队之用，并决定自 12 日起，由军务、军械两处负责运输。

12 日午后 1 时许，日军先以骑兵五六百名向我乌诺头、张花园（三间房附近）等处吴旅防地进攻，激战历 40 分钟敌始退却。午后 3 时，日军大部来攻，有长谷旅团在我左翼，森连满铁守备队在我右翼，并飞机数架投弹助攻。经我苑旅竭力抵抗，至午后 6 时，敌军改为炮战，我军亦以炮还击，8 时停战。是夜程旅骑兵两团奉令由满洲里、扎赉诺尔开到昂昂溪待命。13 日拂晓，日军攻我新立屯阵地，飞机数架投弹助战，几次进扑，经我抵抗，均未得逞。14 日拂晓，日军骑兵扰我汤池、蘑菇溪间的骑兵防线，并用重炮向我射击，大兴方面战斗亦烈，并有坦克数辆助战。我程旅骑兵涂全胜团向前增援，士气一振。萨力布骑兵团亦继续开到增援，蘑菇溪方面调卫队团两营增援，三间房阵地派步一旅孙鸿裕团两营增援，我全线阵地与敌激战一日，敌军均未得逞。

15 日凌晨 3 时，马占山乘载重车带参谋、卫兵赴前线督战，先到昂昂溪指挥部。适驻黑日领清水于 14 日夜由省到昂候车，谓将赴哈，临行马曾挽留，并谓:“领事离黑，应按外交惯例签字再去。”清水谓:“此行是本人私事，其他一概不知。”故未照办。其余馆员亦均撤退。这是日军大举进攻省垣的信号。当日晨，洮昂线战事稍停，但日军后方大部援军开到。我方令绥化一带的保安大队王克镇部 2000 名编为一个独立团，加入大兴正面。是日午，日军坦克袭我前沿阵地，我军稍退。16 日上午 11 时，日飞机一架在富拉尔基上空投弹，有数枚落在东铁工房附近，东铁当局大为恐慌，急电哈总站请示。同时日军以步、骑、炮、空、坦克及 4000 余人向我全线猛攻，我军奋勇抵抗，战斗极为猛烈。我军以装备太差死伤甚重。日机数十架飞我上空，适天气骤变，大风突起，尘土蔽天，两军陷于混战状态，敌飞机失效。午后 3 时许，日军攻势渐缓。17 日，日军利用飞机轰炸和重炮射击来疲劳我军。当时参战的张海鹏的部队，除被击毙者外，多数溃逃，战场上完全由日军作战。18 日晨，日骑、步、炮约 3 个联队对我三间房主阵地施行猛攻，飞机、坦克、重炮配合作战，激战至午，多门师团前来增援。我军伤亡过重，不得已乘夜向昂昂溪方向撤退，大兴方面同时亦向后撤，沿途被飞机轰炸，死伤极多，步二旅团长吴德林在乌呼马站受重伤。18 日激战中，马占山由昂昂溪站用军用电话调省垣某团，限一小时之内乘车开到前方，该团迟到了 3 小时，马愤极，当将该团长枪决。连日以来，部队伤亡过重，马下令全军退保省垣，当夜电告北平，并向各方面发出撤兵通电。

19 日 4 时，马率军、政两署人员退出省垣，由商务会组织商团维持地方秩序。日军前锋于是日午越过东铁乌黑站，见我军业已撤走，午后 2 时骑兵一部入城；晚间日军第二师团长多门二郎率大部进入省垣，分驻城内外各地，我方军用物资一无所得。多门驻于边防副司令长官公署。城内街上满布日军，张贴各种标语，路绝行人，凄惨万状，唯见日旗满街飘扬。20 日下午，日骑兵 500 余名沿齐克路追我到宁年站，经我骑兵迎击，退归黑垣。至是，日人委张景惠兼任伪省长，成立黑省伪政权，并迫龙江各界筹备欢迎。自此，龙江进入傀儡政治的局面。

黑军撤抵海伦

21 日马占山等抵达克山，所部尚有两万余人，即在该地收容军队，并配备防务。22 日召开军事会议，讨论布防问题，到会的有我、程志远、吴松林、苑崇谷、朴炳珊、徐宝珍、金奎璧等，决定以程志远为骑兵总指挥，吴松林为副指挥，驻克山；程旅朱凤阳团与吴旅王克镇团（绥化保安队改编）驻泰安镇；苑崇谷为步兵总指挥，徐宝珍为副指挥，驻拜泉；其他各部由各指挥妥为布置；炮工辎驻于海伦；警备司令仍由朴炳珊担任，负海伦治安责任；前方各部布置，对敌采取守势。

23 日，马占山和我到达海伦，驻于广信涌油坊。是日，马占山电报北平及各地，略谓："占山率同军、政两署人员移驻海伦，部队分驻克山、拜泉等地，敬待后命"云云。至此，虽有少数日机到齐克路上空侦察，殊少军事行动，日军既占龙江，据有政治中心，对于海伦乃改用政治手腕进行阴谋活动。

马占山出任伪省长

东北自蒋介石实行不抵抗主义以来，助长了日军侵略的凶焰，挫折了人民抗敌的信心。而龙江一战，虽属局部，但对于人民的民族气节和爱国思想有很大的鼓舞作用。马自退守海伦以后，一面说对日绝不屈服，一面与汉奸保持联系，最后终于重返龙江，把全国共同赐予的民族英雄荣誉竟抛弃于不顾，使黑省昔日共同抗敌结成的团体陷于分化与瓦解，实为可惜。

马占山 2 月 16 日到沈，据说是接受臧式毅所谓"联省自治"的主张，到后受到日军的威胁，变为接受"建国会议"。当时日方将预定的建设伪国计划分交汉奸于冲汉、赵欣伯等当面迫令"4 巨头"（即张景惠、臧式毅、熙洽、马占山）接受，并限 7 日以内将"新国家"成立，且指定荣孟枚、宋文林为建国宣言起草者，所谓"联省自治"，至是竟成泡影。建国计划宣言内容，主要是要与中央政府脱离关系，令各人签字承认。当时马占山未允签字，于 2 月 18 日回哈转赴海伦。2 月 21 日马致各方通电中有"现在惟有一面应付事机，一面另谋瓜代，于最短期间接替有人，应即负疚引退，以谢国人"云云，暗示回省之意。

2 月 23 日，马带卫队 200 人和各厅处职员等乘中东路车转道龙江，于当日 11 时抵黑垣。日人对马欢迎，别有用心，除在各处张贴标语外，12 时骑、炮兵纷纷出动，在龙沙公园演习，并向西江沿一带放实弹炮 100 发，飞机回翔天空散发传单，在示威之中以表示庆祝。日酋铃木美通率领欢迎者至军署，向马表示欢迎，并请致辞。随马返龙江的重要职员计有教育厅长郑林皋、民政厅长刘廷选、军署参谋长谢珂、国防处参谋长王静修、军署副官长唐凤甲等。各机关均添设日人为顾问。24 日午，马在省政府大礼堂行就职典礼。事先布置在礼堂大门外的国民党的党旗和国旗，被铃木旅团长勒令撤去。军乐声中，行礼如仪。参加典礼的日酋为铃木、林义秀、土肥原、清水及军政各机关首领、日人顾问百余人。马略致数语毕，即由参议韩云阶朗读就任伪职的宣言。

马回龙江以后，伪国成立的消息更为盛传，当 2 月 11 日日军在祝贺日本建国纪念日时，同时预祝所谓“满蒙新国家”即将成立，街谈巷议，消息更真，日期更近。一日，马对我说：“不日新国家就要成立，我必须亲到长春参加建国典礼，到时你负责代表欢迎新国家成立，现在应积极筹备，转知各处遵照办理。”我说：“我尚须抽暇到哈尔滨去一次，把家眷接回来，关于筹备事项，当即告知各处积极办理。”

我自随马回省以后，暗中商同秘书刘伯岑准备出走国外。3 月 2 日，我与刘搭中东晚车赴哈，翌日交涉出国之事，拟由哈经满洲里走。伪国成立的日期已近，马发觉我未回省，改派国防处参谋长王静修代表欢迎伪国成立典礼。

3 月 8 日马占山赴长春迎接溥仪，9 日参加伪国成立典礼，同时发表兼任军政部长之职。

马占山出走黑河再度打起抗日旗帜

马占山自长春返回龙江以后，感于日军遇事迫胁，非法要求极多，且微闻有调他离开黑龙江去长春的传说，因此心滋不悦。3 月末，马密闻国联调查团已到中国，不日可来东北，遂决心秘密布置出走计划。他事先曾向日方宣称，东荒军队近来军纪不好，不久要到东荒一带视察，整饬军纪。

4月1日下午5时许，马以预备好的载重汽车与轿车多辆，偕第三旅职员约200余人（马的亲信），并携带两署关防印信、重要文件、军饷、办公费及重要物品等，潜行出走，向拜泉方面驶去。翌日午，日方发觉，初尚以为马是视察防务，一二日后始知马是有意出走。日军当电军部报告，得复："马氏名义仍予暂留，俾期可以回省"云云。同时又电请军部拟以财政厅长赵仲仁兼黑龙江伪省长，程志远为黑龙江伪警备司令官，

我于3月9日偕秘书刘伯岑到海参崴中国领事馆，中旬搭丹麦加洼轮赴青岛，途经大连被日水上警察署小尾通扣留，旋送沈拘押。4月初，我尚在押中，日军部派伪军政部次长王静修到沈阳会同日宪兵队长增冈贤七来访，拟诱我赴黑省担任要职，我拒绝未允。

4月7日马占山到黑河，除于9日电告北平东北当局外，12日致电日内瓦国联，略云："日本假借民众自决之名义，用绑匪手段强劫逊帝溥仪自天津挟赴旅顺，又威迫利诱东三省之官吏，演成一幕滑稽剧。溥仪尝于途中屡次自杀，均被监视之日人所发觉而阻止，欲死不得，足见其所处之境遇亦云苦矣"；并云："占山借以窥得暴日之肺腑、伪国之真相，以贡献于吾维持世界和平、主张国际公道当世唯一机关之贵会，以资参考"云云。

马回黑河以后，积极组织整顿，改警备司令部为省政府行署，调萝北县长韩树业为民政厅长，调瑷珲县长邹邦杰为教育厅长，任命黑河丰源金矿经理周宝基为实业厅长，调黑河市政筹备处长郎官普为财政厅长，任命第三旅副官长李俊卿为黑龙江全省警务处长；并令行全省军政各机关，嗣后一切文件径呈黑河省政府，以一事权。

另外，马并向各方面积极联系，并派员分赴各旧部联络起义，所派前往联络程志远、张文铸的王廷兰，被程、张报告日方枪杀。

马占山于5月15日率自己的第三旅徐景德部骑兵向东荒一带进发，并招收胡匪和地方部队等改编为义勇军，任才鸿猷、邓文（二人均为吴松林部连长）等为军长，但实力甚差，又缺乏训练。而日军松木直亮第四师团与西

义一第八师团各派兵一部由齐齐哈尔和哈尔滨开进东荒，每日出动飞机侦察轰炸。本庄繁又亲自到哈尔滨动员大部日军分头向各地的义勇军进行袭击。7 月底，马占山在海伦、东安、古镇、罗圈店等处被日军重重包围，激战 3 昼夜，所有辎重驮子损失殆尽。在混战中，日军传闻获得马占山尸体（实际上据闻是马的参议韩述彭的尸体，韩与马貌似），因此松木师团长冒报献功。当时报纸多有登载马占山战殁消息，实则马在此役仅面部受伤，早已走出重围，但因电台损失，以致对外消息断绝。八九月间，马占山曾到龙门、讷河一带收集旧部，有义勇军徐子鹤攻打讷河拉哈站一次。外间对马氏未死的消息，自是又有了传说。

吉林抗日自卫军的斗争与瓦解

刘化南*

依兰会议与反攻哈市

哈尔滨失陷后，吉林自卫军总司令李杜退到依兰，即连续召开会议，研讨哈尔滨保卫战失败的原因和当前的迫切任务。他曾屡次在会上说："内无粮饷，外无援兵，将无决心，兵无斗志，孤军抗敌，没有不失败的道理。为了争取抗日胜利，必须积极整顿部队，筹集粮饷，动员后方民众，支援前方作战，齐心合力共赴国难。"接着他又召集下江13县绅商开会，反复阐述抗战救国的重大意义，说明当前的紧急任务主要是：筹划粮饷供给部队；整顿保卫总队扩编部队；发动青年当兵共同参加抗日；军民互相支援保卫下江安全。

李杜为了表明抗日决心，率先把他的私有财产，如银行存款和面粉公司等统统捐献出来，给抗日部队补充粮饷，起了号召各县筹集粮饷的带头作用。同时，还将下江13县的保卫总队拨给各部队补充。在他的号召和影响下，当地绅商踊跃捐献款项，地主老财也捐助粮食，城乡青年纷纷报名参军

---

* 作者时任吉林抗日自卫军骑兵第六旅旅长。

抗日。大刀会、红枪会、土匪等也要求改编，参加抗日部队。

退到依兰地区的所有抗日部队，经过一个多月的补充整顿，战斗力量基本恢复。下江各界人民和部队官兵都要求打回哈尔滨，收复失地。与此同时，方正、延寿、珠河等地的红枪会、大刀会屡次派代表来依兰要求抗日部队打回去。

李杜根据以上情况，乃于1932年4月中旬在依兰自卫军总部召集将领会议，研究当前军事行动。出席这次会议的有丁超、邢占清、冯占海、杨耀钧、马载舟以及在依兰附近的旅长多人。会议由李杜主持，会上对当前敌我情况进行了概略分析研究，认为敌人主力已经开往黑龙江，哈市空虚，驻守各地的伪军不堪一击；方正、延寿、珠河、五常、拉林等地早为红枪会、大刀会等地方民众武装所控制，当地人民盼望抗日部队早日归来；我抗日部队经过一段休整，士气旺盛，迫切要求打回哈尔滨，讨伐叛逆，拯救百姓早出苦海。基于以上情况的分析研究，与会人员一致同意反攻哈市，收复失地。会上决定分3路进兵，扫荡沿途敌伪据点，向哈尔滨推进，相机夺取哈市。当时的兵力部署是：

（一）左路纵队总指挥为第一旅旅长马载舟，副总指挥为抗日救国军司令王德林，指挥其所属部队和第二旅刘万奎部，独立旅郭怀堂部和抗日义勇军第七军陈子鄂等部。第一、二旅等部队由马桥河附近地区出发，扫荡铁岭河、海林、一面坡等处敌人向哈尔滨方向前进。王德林的部队继第一、二旅之后沿哈绥铁路向西推进配合战斗。

（二）中路纵队总指挥杨耀钧（曾充当自卫军总司令部参谋长），副总指挥邢占清，指挥所属第二十六旅、第五旅李辅亭（原第二十八旅第六八一团扩编而成）部、第四旅李华堂（原山林警备队扩编）部、骑兵第六旅刘化南等部，由依兰地区出发，经大小勒勒密、方正、夹信镇、延寿、珠河等地，并于沿途收编蔡大黑、张师傅、樊山横等部红枪会、大刀会，扫除珠河等地敌人向哈尔滨推进。

（三）右路纵队总指挥冯占海、指挥所属第一旅（原吉林军署卫队团扩编）、骑兵团、炮兵团、工兵、通信各营等直属部队，第二旅赵维斌部（原

第二十五旅改编），第三旅宫长海，第四旅姚秉乾等部队，由依兰以西地区出发，经方正以北地区的涌河坝、会发恒、高力帽子等地，夺取宾县以后向哈尔滨东郊推进。

抗日自卫军总司令李杜，护路军总司令丁超坐镇依兰指挥。

各纵队于1932年4月下旬先后出发，冯占海部跋山涉水昼夜兼程前进，途中曾遭受敌机袭击和敌江防舰队炮击，屡有伤亡，但仍继续前进。到达高力帽子以后，冯占海集合部队讲话，做进攻宾县准备。因为在白天集合部队目标暴露，遭敌机攻击，伤亡二三百人。

冯部于5月初攻克宾县，歼灭该城守敌两千余人，残余敌伪逃回哈市。冯占海占领宾县后声势大振，哈市敌伪惊慌、遂增调部队，加强防御。冯部于5月10日前迫近蜚克图、永增源、三棵树等地侦察准备，等待中路大军到来后，合力进攻哈市。

杨耀钧、邢占清指挥的中路大军按既定路线前进，沿途受到当地红枪会、大刀会和老百姓的热烈欢迎，数日即到达珠河以北地区。

当时珠河县城驻有伪军第二旅的一个团和地方部队，车站驻有日军守备队一个大队并配备有铁甲列车，火力强大，工事坚固。

我军根据敌伪兵力配备，作出如下部署：

李辅亭的第五旅附第二十六旅的两个团，为主攻部队，攻克珠河县城后继续向车站日军进攻，歼灭该两处敌人。

李华堂的第四旅攻击于姑娘车站的敌人，炸毁蚂蜒河铁桥，阻击一面坡敌人的增援部队。

刘化南的骑兵第六旅攻占蜜蜂车站，破坏铁路，切断敌人退路，并向帽儿山站推进，准备随时阻击哈尔滨的敌人增援。

各部队进入攻击准备位置并完成攻击准备以后，乃于1932年4月29日拂晓开始进攻珠河县城，激战半日突入城内，歼灭伪军大半，残敌龟缩城内西北角何公馆院内（系新修建的独立大院，周围砖墙，四角有炮楼）负隅顽抗。我进攻部队除留一部包围残敌外，主力向车站日军猛扑，几次冲锋，均被敌人炽盛火力所阻止，双方死伤惨重，形成对峙状态。我军在攻击受挫以后，乃就地构筑工事包围监视敌人，并逐次利用工事向敌人阵地推进。

这时进攻于姑娘车站的李华堂部已经歼灭了该车站的敌人，并将蚂蜒河铁桥炸毁，完成任务后除留一部监视一面坡方面的敌人外，主力也增加到珠河车站。

刘化南的部队占领蜜蜂车站和乌吉蜜车站之后，主力向帽儿山车站推进，阻击敌人援军。

与此同时，左路纵队王德林部的赵圣武旅也将一面坡的敌人团团围住。李先民旅也占领了横道河子车站。陈子鄂的部队也占领了亚布力车站，敌人处处挨打，铁路被分割切断，使沿路敌军陷于孤立处境。

对何公馆、珠河车站屡攻不下，总指挥杨耀钧召集主攻部队各指挥官研究办法，一部分人主张留少数部队包围监视敌人，主力转向哈尔滨，不要因为少数敌人拖延时间影响进攻哈尔滨的计划。另一部分人主张必须把当前敌人彻底消灭后再向西推进，以免有后顾之忧。总指挥杨耀钧同意后一种意见。决定集中各部队所有炮兵及第二十六旅的重迫击炮营，集中火力先攻打车站，车站的日军解决了。城里的伪军就成了瓮中之鳖。

在我炮火集中轰击下，步兵开始攻击，这时四面八方的红枪会、大刀会共万余人也自动参加战斗，并要求打先锋。在枪林弹雨中，他们奋不顾身，猛似虎狼，赤膊一拥而上，爬上敌人铁甲车，与敌进行肉搏战，歼灭了铁甲车上的敌人。我主攻部队也乘胜突入敌人据点，将日军聚歼在据点之内。

车站攻克，何公馆的敌人更加孤立，经我军猛烈攻击，敌人全部就歼，5 月 7 日克复珠河县城，战斗全部结束。

此役歼灭日军 200 余名，伪军 1000 多名，俘虏伪军 500 余名，我军伤亡也将近 2000 人。红枪会、大刀会都云集在珠河附近，在敌机和炮兵轰击时，不会利用地形疏散隐蔽，伤亡也非常惨重。

左路纵队到达铁岭河以北地区后，马载舟即命令第二旅刘万奎消灭盘踞铁岭河敌人，刘万奎因为补充武器弹药时，对马载舟只给他的第一旅而一点也不给第二旅之事早就心怀不满，现在到了打仗的时候，马载舟却叫别人去牺牲，刘万奎认为他这种做法是借刀杀人。因而刘把队伍集结到马桥河以后，以缺乏武器弹药为借口，迟迟不前。马载舟认为刘万奎是不服从命令，借故拖延，贻误军机，对刘当面申斥，给刘很大难堪。这使刘怀恨在心，于是利用在马桥河指挥部开会之际，乘其不备，将马载舟活活勒死。

总指挥马载舟既死，左纵队指挥部瓦解，副总指挥王德林当时尚在宁安地区未到，陈子鄂在苇河地区，郭怀堂在横道河子附近，待机行动，总指挥被害，左路纵队遂陷入分崩离析状态。

反攻哈市三路大军出发以后，依兰仅留抗日自卫军总司令部和护路军总司令部以及各部队后方留守人员、伤病号和家属，兵力空虚，毫无战斗力，这种情况早被日军侦悉。在我前方部队相继攻克宾县、珠河迫近哈市时，哈市敌人并未派大部队迎击，而采取“调虎离山”之计，等抗日自卫军主力麇集哈东地区以后，密派广獭师团清水旅团，在江防舰队掩护下，乘轮船由松花江顺流而下，出我不意，于 1932 年 5 月 17 日突入依兰。幸而在依兰以西三块石附近遇到我小股自卫军抵抗，把敌人迟滞一下，使依兰所有人员始得仓皇撤退，不然，李杜、丁超及其部队都有被围歼的危险。

李杜从依兰撤出后经勃利县转移到梨树镇，丁超转移到宝清县。

敌人占领依兰以后，紧接着侵入佳木斯、桦川、富锦、同江沿松花江各县。同时也将通河、方正等县占领，截断前方我军归路。

我方原来认为依兰北有松花江天险，南有崇山峻岭，是个十分保险的地方。且前方捷报频传，正在筹备慰劳庆祝之时，忽听三块石发现敌人大部队，这才仓促撤退，所有储存的被服、粮秣、武器、弹药和修械所等全部家底都丢给了敌人。

在撤退时，李杜想让丁超一同转移到梨树镇，因为那里都是崇山峻岭，地形很好，南靠中东铁路，便于指挥部队，并且该地是个矿区，筹款容易。可是丁超别有企图，拒绝去梨树镇，要向宝清转移，他 2 人各有自己的打算，从此便分道扬镳了。

中路纵队杨耀钧、邢占清在攻克珠河后多次与依兰总部进行电报联系，但总是联系不上，杨耀钧等心急如火，踌躇不安！自卫军总司令部撤出依兰后去向不明。

当部队到达阿城、料甸子地区时，方和总司令部取得电报联系，知道总司令部到达梨树镇，冯、杨两军也取得联系，正等候马载舟到来合力进攻哈市，不料在 5 月 22 日得知马载舟部队发生内讧，马载舟本人被害身死，依兰失守。这许多不幸消息对前方士气影响很大，动摇了指挥官的决心。杨耀钧、冯占海、邢占清处于进退维谷之境地时电报李杜请示办法，后接李杜复电说："敌占依兰，物资丢光，退驻梨镇，兵不满千，前方军事，请兄等权宜处理。"

杨、冯两军深入敌区，后方补给断绝，粮秣服装只好就地征集，伤病官兵就地医治，因此加重料甸子附近百姓负担。甚至有部分士兵直接向当地百姓要鞋要袜，翻箱倒柜，抢劫财物，打骂群众，奸淫妇女等情事发生，军纪越来越无法维持。

6 月 17 日晚间，料甸子附近地区的红枪会、大刀会与杨耀钧部发生冲突，延寿、珠河等地跟来的红枪会也和当地红枪会联合起来，对自卫军实行内外夹击。

翌日天明，阿城伪军陈德才警备第九旅乘机开来，协助红枪会作战，敌机也飞临上空参战，激战两昼夜，我军不仅伤亡很大，而且被分割包围在各村，不能互相支援。当时雨水连绵，道路泥泞，相峙十来天，给养发生恐慌，如雨继续下去就有全军瓦解的危险。后经杨耀钧、邢占清等商议，决心命令部队突围。

7 月 3 日，李辅亭率张福泰营首先突围，由于计划泄露，突围后又遭伪军伏击，几乎各部被歼，李辅亭换便衣藏入老乡菜窖内，后来只身逃走。张福泰率残部逃往夹信镇。

杨耀钧、邢占清亲率指挥部及直属部队两千多人，从大杨树村突围后，且战且走，经八里口、对面山、三道河子等地渡过牡丹江后，邢占清驻于勃利县，杨耀钧驻于八面通整顿。

刘化南率第六旅由玉泉村突围后会同驻小岭的李华堂部经五常县的太阳宫庙、朝阳河等地区由四道河子渡过牡丹江。而后，刘化南部到达前后刁翎、黑山背、双台镇等地整顿。李华堂部到达驼腰子金厂。

杨耀钧败退下江，冯占海更为孤立，究竟该向哪里去，冯曾多方考虑。他认为李杜的部队损失很大，态度消极，下江只剩下弹丸之地，终非长居久安之地。张学良、张作相都在北平，与其与李杜困在下江，莫如退到关里与东北军汇合，待机打回东北，总比在吉林孤军奋战好得多。主意拿定以后，便于7月间乘青纱帐起，边走边打边扩充，经过五常、榆树、农安、长岭、瞻榆等县，于1932年10月间到达热河开鲁，脱离了吉林抗日自卫军指挥系统，尔后改编为东北抗日义勇军第六军团。

丁超叛国，李杜等转入苏境

前方的残兵败将退下来以后，又形成以梨树镇为中心的抗日残局。部队经过一番整顿补充，邢占清升任吉林抗日自卫军副总司令，把各部队所有炮兵集中起来成立了炮兵总指挥部，委派杨炳森为炮兵总指挥，王孝之升为第二十六旅旅长，驻八面通。杨耀钧调为自卫军总部的参谋长。第一旅旅长石占斌（马载舟死后接任）部驻下城子。第二旅刘万奎部驻小绥芬河。第二十四旅苏国部驻梨树镇，新编第五旅徐国光部驻勃利。骑兵第六旅刘化南部驻前后刁翎。李华堂部驻驼腰子金厂。保安第七旅谢文东部驻林口一带。虽然番号不少，可是兵员不足，每旅多则不到两三千，少则仅千余人，武器弹药更是缺乏，战斗力很差。

丁超转移到宝清，从前方退回来的原第二十八旅的一部分官兵也去了宝清，总计也不过两三千人，在宝清独据一方，与李杜早已貌合神离。

抗日救国军王德林的部队仍驻宁安以东地区，名义上虽归李杜指挥，但中间被敌人分割，鞭长莫及，指挥不灵。梨树镇的各部队也是离心离德，互相埋怨。

李杜经过王之佑临阵投敌，赵毅便衣逃走，依兰陷入敌手，马载舟被害身死，冯占海转入关内，丁超分道扬镳等重大问题的刺激，再加上依兰多年经营的家底全部丢光，基本队伍也弄得损兵折将。他感到孤军抗日前途渺茫。由于意志已经消沉，所以对部队便不多过问，光想弄几个钱作为将来退身之计。

延寿、方正、珠河等县自抗日部队撤走以后，敌伪并没有及时占领，当地的红枪会、大刀会和义勇军以及流散小股部队名目繁多，各自为政，要粮要款，百姓不堪其苦，地方绅商仍希望李杜部队前来驻扎，安定地方，维持社会秩序。而李杜却一味推辞不理，从此部队失去民心，当地商民绝望后才把伪军请来。

在很长一段时间里，总司令部只命令各部队在原地整顿等候时机，对敌人没有任何战斗行动。这时哈绥段上除几个大站有日军驻守以外，其余地方都在红枪会、大刀会手中，火车不能畅通。如果当时能乘敌人空虚，集中力量协助红枪会攻取几个据点，消耗敌人力量，完全可以集小胜为大胜，可是李杜并没有这样做，而是一味苟延残喘，得过且过。

1932 年秋季，敌人集中兵力解决了黑龙江的马占山、苏炳文以后，就于当年冬季将兵力转调到吉林，准备对李杜、王德林等部进行扫荡。

在这以前，敌人通过地方士绅与哈绥段上控制各车站的红枪会、大刀会的首脑磋商，如果准许客车安全运行，不加阻拦破坏，日军就给补充粮饷弹药服装，准留驻原地维持秩序。当时正值数九隆冬，红枪会、大刀会等地方武装正面临无法克服的给养困难，遂同意以准许通车来换取补充，当时还认为是讨了便宜。

敌人在交涉客运的同时，就秘密把大批军队运往宁安、绥芬河、东宁等地，准备对李杜、王德林等部施行围剿。

从 1932 年 11 月下旬开始，敌人以 3 个师团对下江地区围剿。一路从绥芬河出发，沿中苏国境线内北进，向密山、虎林一带前进，准备由东向西压迫。另一路由延吉向东宁北进，在小绥芬河将刘万奎部包围，敌人以东宁保警总队司令名义施行诱降，刘万奎接受条件，投降敌人。

驻下城子的第一旅石占斌部在山顶站受到敌人攻击，该旅奋起应战，激战一昼夜，石占斌旅伤亡一二百人，部队即溃退下来。敌人继续追击，占领八面通，威胁到梨树镇。李杜就率领抗日自卫军总部和其他部队向北转移。

敌军另一路从依兰向桦川、富锦、宝清前进，将丁超包围，以锦州省长职位为诱饵对丁超劝降。丁超原来被迫参加抗日，暗中与敌人始终没断绝联系，这时他看到抗日大势已去，为了保存他自己的地位，于 11 月下旬叛国投敌。

李杜转移到勃利附近又遇到敌人阻击，继向宝清方向前进，计划与丁超会合，中途得到丁超投敌的消息，又改变计划，向东直奔密山。到密山附近又遭敌人截击，与敌人激战后，伤亡数百人，部队被击溃，便分股转移。

李杜、邢占清、杨耀钧率残部三千余人沿穆棱河北岸向临江方向转移，12 月下旬进入苏联国境。随后跟之进入苏联国境的还有杨炳森、徐国光、石占斌等部队。

刘化南部在密山附近被敌人截击之后，又向西转移，后来又与郭怀堂、钟三省等部会合转移到牡丹江西岸。

敌人解决了李杜之后，即将部队转运到哈绥路以南地区，分路合围王德林部。1933 年 1 月中旬，把王德林压缩到东宁西南地区，激战两日，王德林被击溃。王率二千余人沿绥芬河南岸退入苏联国境。李先民、赵圣武等向西转移到横道河子附近地区。

敌人一方面围攻抗日部队，一方面抽调伪军两个旅，分驻哈绥路各站，加强守备，构筑碉堡。当把李杜、王德林消灭以后，反过头来就把铁路沿线的红枪会、大刀会迫令开出各站，随后有的被拆散补充伪军，有的编为地方自卫团，有的缴械遣散，有些头目惨遭杀害。从此下江 13 县和铁路沿线的抗日武装力量基本被肃清，广大地区完全陷于日军之手。

自卫军全部瓦解

在李杜、王德林退入苏联国境时，有不愿离开吉林的就先后转移到牡丹江两岸地区，这时更成了各不相顾、各据一方的态势。当时李先民、孔宪荣等部活动于海林河、横道河子地区，赵圣武活动于珠河以南小山子地区，陈子鄂盘踞于苇河县以南龙爪沟地区，刘化南活动于苇河县四合川一带，钟三省活动于延寿县中和镇一带，郭怀堂活动于苇河县二十四里一带，谢文东、李华堂活动于勃利县以西柳树河子一带，孙朝阳在宾县夹板站一带。以上各股总共约有两三万人，其中力量较大者为孙朝阳、刘化南、钟三省、谢文东等部，这些部队都是处在敌人分割情况之下，既无统一指挥，也没战斗任务，能打就打，不能打就跑，随处流动，到1934年才全部瓦解。

吉林省抗日自卫军、义勇军各部队自九一八以后树立起抗日旗帜到全部瓦解前后达4年之久，队伍最多时曾发展到将近20万人，攻克过大小城镇据点几十个，破坏过铁路、击毁过敌人汽车、火车，歼灭俘虏敌伪军数千人，缴获许多军用物资，取得辉煌战绩。其中还有不少可歌可泣的壮烈事迹和英雄人物，但没有坚持到最后胜利，半途失败全部瓦解，其失败的主要原因是：

（一）由于国民党的不抵抗政策，使我们孤军作战。蒋介石不予支持，张学良亦无力支持，没有军队支援，而让其自生自灭。

（二）没有政治领导，官兵抗日决心不够，胜利信心不强。在和敌人战斗中，有的动摇变节叛国投敌，有的贪生怕死临阵脱逃。

（三）以旧东北军为基础，并收编土匪、红枪会等组成的抗日部队，成分复杂，组织涣散，勾心斗角，互相猜忌、害怕牺牲、保存实力，不能齐心协力共同对敌。

（四）指挥官多为旧军官或土匪出身，有的不会指挥，有的墨守成规，习惯于正规战，不会打游击战，动辄与敌人硬拼，徒损耗兵力无济于事。

（五）高级指挥官只知军事不懂政治，只管打仗，不管建立地方政权，组织人民群众，进行宣传教育。

（六）军纪不良，扰害百姓，脱离人民，没有抗日根据地，得不到群众充分支援。有的部队甚至是抗敌不足，扰民有余，引起人民强烈反对。

东北抗日联军

东北抗日游击运动和东北抗日联军

周保中*

1931年九一八事变后，由于蒋介石政府奉行不抵抗政策，领导抗日救国的责任便历史性地落在中国共产党人的肩上。事变发生后，中国共产党和中国工农民主政府连续发表宣言、声明，号召全国人民武装起来，抗击日本侵略者。中国共产党的正确主张在全国和东北人民中产生了深刻的影响，抗日义勇军如雨后春笋般地在东北各地迅速兴起，掀起了抗日游击战争的浪潮，沉重地打击了日本帝国主义侵略势力，阻止了日本帝国主义侵略计划的迅速扩张。

东北抗日游击战争的发展历程，可分为四个时期：第一时期，自1931年至1933年，自发抗日运动与我党领导的游击队初创时期。第二时期，自1934年至1937年，游击战争发展的高潮时期。第三时期，自1938年至1941年，游击战争遭受严重困难挫折时期。第四时期，自1942年至1945年，积蓄力量，取得最后胜利时期。在分述这四个时期之后，再谈谈游击战争中的群众组织与政权问题，以及抗联建制与军事问题。

---

* 作者时任中共满洲省委军委书记、东北抗日联军第5军军长等职。

党领导的抗日游击队的初创

东北抗日游击运动的开始阶段，主要特点是自发性抗日，缺乏组织性和坚强领导。因此，迅速兴起的抗日义勇军队伍，在日伪军的疯狂打击下瓦解失败。中国共产党在斗争中汲取经验教训，很快创建了党直接领导下的抗日游击队。

1931年11月，黑龙江省东北军马占山所部，在群众抗日情绪激励之下，起而抗战，坚守嫩江桥，给日本侵略者以沉重打击。接着，吉林的东北军李杜、丁超、邢占清、张治邦、冯占海、王德林所部先后组成抗日义勇军，响应抗日。在辽宁旧东边道及以南数十县由东北军唐聚五举义；辽东三角地带则有邓铁梅之义勇军；耿继周、郑桂林等义勇军驰骋辽西，十分活跃。广大农民组织“大刀会”“红枪会”等团体出现于各地抗日，为数甚众。原来许多绿林队伍，也调转枪口，开始抗日。据1932年4月中共满洲省委的统计，当时东北各地抗日武装队伍总人数达30万之众，规模极为浩大。

在这一时期，中共满洲省委为适应群众反日斗争日益高涨的形势，积极开展工作，一方面加强和发展地方的群众反日会组织，另一方面派出大批干部动员工农、知识分子积极参加“救国军”“自卫军”“大刀会”“红枪会”及“反日山林队”等义勇军队伍中去，加入上层与打入下层齐头并进。例如：王德林所部在延边地区起义组织救国军时，中共东满特委事先曾派党员胡泽民、王生柏等10位同志参加鼓动与计划起义，事先派李光同志组织以党员、团员、革命农民为基干的救国军别动队。该队打击日寇最多，声望最广。延吉、和龙地方也组织游击队，协助救国军作战。杨靖宇、北杨[①]同志也曾直接由省委派往南满吉奉铁路沿线指导游击运动及组织南满游击队，并动员群众帮助该方面的民众自卫军和义勇军各部。张寿篯（即李兆麟）同志曾被派往辽宁义勇军耿继周部活动。周保中、张建东、刘铁刚等同志派往吉林东部对李杜的自卫军和王德林的救国军做争取工作，冯仲云等同志去松花

① 北杨即金伯阳。

江下游组织汤原游击队。对于黑龙江省抗日军的援助和参加则由中共满洲省委直接领导。与此同时，省委还动员青年干部、工人和学生打入伪满警备军各旅进行秘密工作，瓦解走狗军，促其起义，转向抗日，携带武器参加红色游击队，以壮大革命力量。

中共满洲省委在用很大力量进行上述各方面工作的同时，并未忽略从工农群众中创造革命的武装力量。1931年年末至1932年年初，在李红光、杨佐青，后又在杨靖宇等同志领导下，在南满磐石县创建了200人左右的磐石抗日游击队。① 游击队创建初期，它既要不断向日军进攻，又要防御反动派和国民党分子所领导的军队的进攻，一度遭受挫折，后来又迅速恢复起来，与海龙游击队会合，扩大了游击活动范围。游击队在东丰、西丰、海龙、辉南等地不断出击，打击日伪军，发展队伍，遂于1932年9月18日成立了东北人民革命军第1军独立师，师长兼政治委员杨靖宇。

九一八前夜，在东满地区、延吉北部、汪清西部和龙南部若干山林农村曾建立过工农民主政权和红色游击队，后被中国反动地主和军阀勾结日本领事而镇压下去。九一八事变后，中共延吉、汪清、和龙各县委都建立了游击队，并积极开展活动，李光同志率领的游击队则参加救国军。1933年年初，珲春县也建立了游击队。这年年底，在中共东满特委书记童长荣同志领导下，建立了东北人民革命军第2军独立师②，师长朱镇，政治委员王德泰。

1932年年初，在牡丹江地区，宁安中心县委组织了绥宁游击队。事变前夜，该地区组织的红色游击队失败后，曾将武器埋在穆棱地区。绥宁游击队把这些枪支起出来，组织了近百人的队伍，后来在战斗中扩充到200多人。但游击队在日伪军的进攻中遭受损失，剩下半数人转移东满，同东满游击队合并。同年，中共宁安县委派共产党员于洪仁等同志掌握了宁安最大的反日队伍——平南洋队（李荆璞部），并将其改编为工农抗日义勇队，进行了彻底的改造。同年冬，周保中得到中共满洲省委吉东局的同意，退出了救

① 南满磐石游击队由中共满洲省委军委书记杨林同志创建。

② 该师于1934年3月正式成立。

国军的领导，建立了抗日同盟军，包括柴世荣、刘汉兴、史忠恒、于学堂、王汝起、傅显明等进步的救国军各部及工农义勇队。

1933年年初，救国军、自卫军大部瓦解之后，散在吉林东部和辽吉边区的残部不下5万人。党在这时掌握了救国军的领导，以周保中、胡泽民、王毓峰组成党委，重整残部，分编6路，每路三四千人。有基层党组织与群众基础者，为柴世荣、刘汉兴同志的第四路。另以经过党苦心改造的史忠恒、王毓峰等同志的救国军约千余人精悍队伍编为游击军①。由李延禄同志任该军司令，张建东同志为参谋长，孟泾清同志为党委书记。该军形成绥宁地区抗日诸军之主力。后来该军离开牡丹江地区向密山转移，途中不断为日寇截击，损失过半。同年秋，该部到达密山后，得到中共密山县委创建的由周子岐同志领导的密山游击队的支持，开始在密山、勃利、宝清、林口一带展开游击战争。

1933年春，赵尚志以同乡关系到哈（尔滨）东地区的义勇军孙朝阳部工作，并做了该部的参谋长，做上层工作。同年6月，中共珠河县委派李启东等也到该部做下层工作。同年冬②，孙朝阳受日寇奸细政策诱骗，形势对我不利。在该部的秘密党组织负责同志李启东主张之下，与老朴、李根植、赵尚志等7人，携带轻机枪1挺，步枪7支，脱离孙部。珠河县委以该批人员武装和珠河地方秘密的自卫队武装为基础，建立了珠河游击队。省委县委曾用很大的力量来扶持这支游击队，该部积极打击日伪军，很快在哈东地区"异军突起"，形成了松花江下游强大的抗日支柱。

1932年巴彦游击队失败后，中共满洲省委依然不断地注意发展松花江左岸巴（彦）、木（兰）、通（河）、汤（原）的抗日群众组织、抗日救国会和创建游击队。汤原中心县委曾以张文藻、王永江、高庆云、王亚棠等同志组织了汤原游击队，因屡受敌人疯狂进攻先后两次遭到挫折。最后在夏云杰同志领导之下巩固了汤原游击队，并迅速发展壮大起来。九一八事变发生

---

① 全称"东北抗日救国游击军"。

② 此处记忆有误，应为1933年9月。

后，中共饶河中心县委即以崔石泉、朴振宇、李学福、金天民、朴元彬、李斗文、张文偕等同志为领导骨干组织了饶河反日游击队。游击队既独立活动，也同高玉山、陈东山的救国军部队协同作战。1933 年年初，高、陈所部被日寇击溃后，饶河游击队便成为乌苏里江左岸各县抗日游击战争的核心力量。

1933 年夏，中共满洲省委在编成巴彦游击队的同时，曾试图在海伦地方党的工作基础上建立江省平原游击基点，成立海伦游击队，但开始便遭到日本奸细的破坏而失败了。在东北人民自发抗日运动时期，党经过艰苦工作与党团员的牺牲创建起来的南满、东满、绥宁、密山、饶河、珠河、汤原等反日游击队，虽然人数不多，武器不好，物质条件困难，但组织严格，成分好（以党、团员做骨干加入优秀的工农青年和学生），自觉程度高，作战英勇，行动积极。他们在地方党所领导的反日会和各种革命团体支援与配合下，用灵活的游击战术，积极主动地不断打击日寇，开辟游击区，并且同时进行着具体的广泛宣传，放手组织以农民为基础的抗日救国会，促进党组织的发展。

游击战争的发展和抗日联军的建立和活跃

1933 年，自卫军、救国军及其抗日义勇军队伍溃败，造成抗日潮流的急剧低落。但是，在这一时期，由于党的影响扩大和组织力量的加强，由于满洲省委和各级党委执行了党中央一二·六指示信，即实行抗日民族统一战线政策和策略的指示，由于党领导的游击队在各地顽强地对抗日寇的进攻不断取得胜利，成为 1934 年抗日斗争重新抬头并飞跃发展的决定性因素。在辽东和沿吉奉线与通化地区的救国军、自卫军残部 2 万人，以及在吉林和江省不下 5 万人，都受到党的吸引，坚持抗日斗争。例如邓铁梅、王凤阁、殿臣、王德林、双胜（齐永全）及朝鲜革命军等，完全依靠南满人民革命军进行活动；吉林的张禹亭、祁司令、于学堂、三侠、李洪滨等则以绥宁游击队和东满人民革命军第 2 军为主导；在哈东的考凤林、汪雅臣，松花江沿岸的谢文东、李华堂、于九江、北来等都围绕在珠河游击队，即后来成立的东北人民革命军第 3 军的周围。

1934 年 4 月，日寇发动的春季“讨伐”破产后，抗日军有了很大发展。它们频频袭击吉敦、中东、吉海各铁路颠覆列车，攻击敌伪军守备的城镇。同年 10 月，日寇以通化、哈东、延边和绥宁地区为重点，以 6 个师团日军及伪靖安军 3 万余人，实行 4 个多月残酷的“大扫荡”，结果甚微。只有那些领导动摇和组织散漫的反日武装，如殿臣、德林及孔宪荣、李三侠、金三侠、牡丹江 8 个大队遭受损失，殿臣、德林投降，孔宪荣只身逃往关内。而党所领导的各地游击队反而在艰苦战斗中普遍发展壮大起来。从 1933 年 9 月到 1936 年 2 月，在各地建立的反日游击队的基础上，东北人民革命军 1 至 6 军相继建立，东北人民抗日游击战争有了很大发展。

1935 年，东北人民革命军各部在反秋季大“扫荡”中着手组建东北抗日联军。1936 年 2 月 20 日发表《东北抗日联军统一建制宣言》，起到了很大的号召作用，反映了当时党内思想行动趋向一致，对革命群众颇有教育意义。吉东、东满、南满各地党组织依据中央代表团 6 月 3 日的指示信精神，在执行广泛的抗日民族统一战线政策基础上，坚持游击战争。并在积蓄力量的方针下，改造和吸收非党领导的抗日武装，扩大抗日联军，加强巩固内部工作，特别注意肃清内奸，克服统战部队内的动摇叛变倾向。到 1936 年 11 月，东北抗日联军第 1、2、3、4、5、6、7 军相继改编。具体是：在南满的人民革命军第 1 军改编为抗日联军第 1 军，杨靖宇同志任军长兼政治委员。东满的人民革命军第 2 军改编为抗日联军第 2 军，分编为 2 个师，王德泰同志任军长，东满特委书记魏拯民同志兼任政治委员。哈东的人民革命军第 3 军，改编为抗日联军第 3 军，初编 1 个师，后编 3 个师，赵尚志同志任军长，冯仲云同志为政治部主任。由游击军和密山游击队合编为抗日联军第 4 军，初编 1 个师，李延禄同志任军长，金策同志为政委（未到职），黄玉清同志为政治部主任。绥宁游击队及同盟军各部统编为抗日联军第 5 军，分编 2 个师，1 个教导大队，周保中同志任军长，柴世荣同志任副军长，刘汉兴同志任参谋长，宋一夫（后叛变）任政治部主任。汤原反日游击队编为抗日联军第六军，夏云杰同志任军长，张寿篯同志任政治部主任。饶河游击队编为抗日联军第7军，编为2个师，陈荣久任军长，郑鲁岩（后叛变）任政治部主任。

由于党所领导的东北抗日联军各军组织好、战斗力强，队伍在反日伪的疯狂的“讨伐”中日益壮大。各军均有很大发展。1936年冬，谢文东所部编为抗日联军第8军，初编为2个师，谢任军长，党派刘曙华同志任该军政治部主任。李华堂所部编为抗日联军第9军，李任军长，李熙山（许亨植）同志任该军政治部主任（后由王克仁同志接任）。汪雅臣所部编为第10军，汪任军长。祁致中同志的明山队，1936年编为独立师，次年编为抗日联军第11军，分编2个师，祁任军长，金正国任军政治部主任。

为了适应东北游击运动发展的新形势，东北抗日联军将各部先后组成3路。1936年7月，第1、2军合编为第1路军，后编成3个方面军，杨靖宇同志任总司令，魏拯民同志任政治委员①。1路军以京图路（长春到图们）南，南满路以东为游击区。1937年10月，第4、5、7、8、10军编为第2路军，王荫武的救世军、姚振山的游击军均归其指挥，周保中任总指挥。2路军以京图路（长春至图们）以北，松花江南岸乌苏里江西岸为游击区。至1939年5月，第3、6、9、11军编为第3路军，由李兆麟同志任总指挥。

1936年至1937年，是东北游击战争发展到高峰的时期。这一时期的主要特点是：首先，非党领导的抗日武装队伍日渐缩减和消失，党领导的抗日联军发展壮大起来。藤井和李寿山的靖安军全部，先在南满遭到惨重打击，后在吉东连吃败仗。在松花江下游富锦一带的兴安军亦受打击，党领导的“十大联军”的威望提高了，游击区域扩大了，在几乎半个多满洲的地方，除城市和交通要点以外，广大农村都为抗联所控制。其次，在城市的党和群众抗日救国的工作日趋困难和急剧缩小，但满洲广大农村地区掀起了游击运动浪潮，广大农民拥护党的政策和主张，以人力物力积极赞助和参加救国游击斗争。第三，伪满机构中的一部分军政人员、知识分子、青年对抗日联军

① 杨靖宇任总司令，王德泰任副总司令，魏拯民任政治部主任。

同情感增大，伪满军整团整营的起义，投奔抗联来。甚至日军士兵也因受打击和政治宣传的影响而动摇，如日军士兵福间投降南满抗日联军。又如宁安日军“讨伐队”数次发生叛逃及遗弃大批弹药等例。在这一时期，我党中央“八一宣言”的发表和红军北上抗日长征的成功，给了党内和党周围的革命群众思想上政治上一大鼓舞。继绥远抗日战争及双十二事变之后的全国抗日浪潮，对东北抗日游击运动，是有巨大影响的。

不断壮大的东北抗日联军，给日伪军以沉重的打击。如京图铁路、图佳铁路、林虎铁路、绥佳铁道修筑计划的数次拖延；吉海、中东各铁路屡遭破坏袭击，以及农村游击战争的发展和影响的扩大，对日寇实施侵略政策形成一大威胁。因此，日军自 1935 年始，逐年增调军队，充实关东军的“讨伐”实力。1936 年年初，日军在东北增至 12 个师团，4 个混成旅和专驻延边之“朝鲜派遣军”1 个师团，此外铁道守备队尚不计算在内。1937 年日寇继续增兵。同时逐段逐区加紧从 1933 年就实行的保甲制连坐法，严刑峻法，广布奸细、警察、特务，到处烧杀掠抢，实行经济封锁，修警备道，建碉堡，归屯并户，坚壁清野。同时，日军使用飞机，快速部队及毒气对东北抗日联军实行大“扫荡”。其重点进攻是南满、东满和吉东地区，日军三毛中将任南满“剿匪”总司令；畑中将、岩越中将继任吉东和东满“剿匪”总司令。1936年夏，我延边游击区的第2军，在日寇军事进攻下不得不脱离延边。第 5 军主力则向北转移。第 1 军向辽西发展的计划屡受阻碍，东南满经营游击根据地的计划无法实现。沿长白山山脉东西老爷岭、老松岭一带山区农村变为无人区，抗日联军与农村广大群众被隔离，物资来源遂告断绝，抗日斗争更加尖锐化。在牡丹江下游和松花江两岸伪三江省的抗日斗争更加如火如荼地发展。

1937 年 7 月 7 日，全国性的抗日民族解放战争爆发了，东北抗日游击运动掀起了新的浪潮。游击区的群众，不顾日寇的烧、杀与死的威胁，坚决拥护我党十项抗战纲领，积极以人力、物力支持抗日联军，勇敢地参加游击战争的各项工作。抗日救国会的组织扩大了，好子弟、好女儿携好枪、好马到抗日联军来参加战斗。非游击区的群众行动起来了，伪满职员及军官中的爱国者也动荡起来了，伪军士兵成营成团的胁迫长官实行举义，投向抗日联军，抗日救国。

游击战争遭受挫折　抗联进入艰苦斗争时期

七七事变前后，东北抗日游击运动的浪潮更加高涨。但是，日寇为实现其顺利侵略我内地，必然要为巩固后方基地而加紧向抗日联军进攻。因此，摆在东北游击战争面前的任务更加艰巨。中共吉东、北满省委会议分别做出决定，第 3 路军越兴安岭依据山区，开辟黑嫩平原游击区；第 2 路军主力向哈东旧区活动，以粉碎日寇当时在伪三江省对抗联部队聚而歼之的计划。东南满省委和第 1 路军军部决定围绕长白山西南和西北地区活动，以一部试探深入辽西。

1938 年夏，第 1、2 路军按预定方针开始行动。日寇也加紧行动，首先打击了 1 路军向辽西突入的部队，同时也打击了向哈东和小兴安岭西伸张的各部，加紧对东满老游击区发动“篦梳”进攻，抗日联军普遍遭受打击并且日渐严重。从 1937 年 12 月起，日寇用 4 个师团以上的兵力，对活动在三江省的抗联部队在军事上实行大“扫荡”，政治上招降、经济上封锁（断绝粮食服装来源），同时对抗联发动猛烈进攻。例如：吉东省委及第 2 路军总部所在地之依兰、刁翎区江西就有日军 9000 人，“围剿”6 个月。日寇于 1938 年夏开始的大“扫荡”直到 1939 年 4 月才暂告停止，接着由伪满军继续“搜剿”。

1938 年至 1939 年，东南满、北满地区的我抗联部队，在反抗日伪三江省大“扫荡”的战斗中，普遍遭受严重损失，部队减员过半。2 军军长王德泰；3 军师长常有钧、关化新、张连科、郝贵林、王德富，师政治部主任李福林、吴景才、周庶范；4 军军长李延平，副军长王光宇，师长王毓峰、张相武；5 军 3 师副师长张成弟、蒋德；6 军师长马德山，副师长张传福，师政治部主任徐光海、吴玉光；7 军师长王汝起[1]；8 军政治部主任刘曙华；9 军

① 疑记忆有误，王汝起牺牲于 1940 年。

政治部主任王克仁、魏长魁；11 军政治部主任金正国（仅就记忆所及者）等重要干部及其他无数的团、营、连级干部战士英勇牺牲。也有一些人如谢文东、李华堂、王荫武、程斌、关文吉等，先后率其残部投降。但同盟部队如姚振山、闵宪山、孔夫人等率领的残部近百人，于 1939 年夏初在穆棱九站南沟的最后一次战斗中，英勇抵抗，全部战死。曾拥有数千之众的著名反日山林队头领老双胜（齐永全）亦战斗到最后一人，死于威虎岭上。

在日伪军发动的大“扫荡”中，东北党和革命群众经受住了考验。例如 4 军政治部主任黄玉清，连长李海峰等同志所率领的部队；7 军师长隋长青同志所率领的一个团在宝清；2 军师长侯国忠同志所率的一个团在宁安都遭到强敌打击。敌人软硬兼施，威胁利诱，劝其投降。但这些坚定的共产党员宁死不屈，他们除隋长青同志及其他余部冲出重围外，均英勇牺牲了。道南特委书记兼政治部主任张中华重伤被俘，死不投降。

1938 年底，东北党接到了毛泽东同志在党中央六次扩大会议上所作的关于《论持久战》的报告，它成为东北党和抗日联军了解抗战形势、政策和战略战术问题的指路明灯，增强了大家坚持斗争的信心。

1940 年，东北党在反“围剿”斗争中，收集力量，重新整编了部队，把第 1 路军缩编为 3 个支队，2 路军缩编为 3 个支队、3 路军缩编为 4 个支队①，克服了党内思想涣散和群众的动摇情绪，巩固了党和抗联队伍。党员、游击队员人数锐减，但思想愈坚定，组织纪律愈严格。1939 年至 1940 年，周保中、崔石泉、柴世荣、季青、王效明诸同志在图佳铁路以东、松花江左岸，指挥各部利用夏秋季节继续反击日寇薄弱据点，攻击破坏日寇屯垦军。张寿篯、冯仲云、金策、李熙山、冯志刚、于天放、王明贵、王钧、高禹民、郭铁坚、朴吉松、张光迪同志于 1938 年底率领 3、6、9、11 各军坚决向嫩江小兴安岭西挺进。在那里以朝阳山和绥化北、东部山区为依托，展开了黑龙江、嫩江平原的游击战争，屡获胜利，曾攻克讷河、北兴镇、克山

---

① 由于情况严重，第 1 路军没有改编为支队。2 路军只有 7 军改编为 2 支队。第 3 路军改编为 3、6、9、12 支队。

县城及其他城镇，并在广大农民群众中组织抗日救国会。王明贵、王钧、高禹民同志所率领的 3 支队，深入西兴安岭，游击于嫩江、布西、甘南、齐齐哈尔各县。郭铁坚、张光迪、朴吉松等同志所率之 6、9 两支队，活动于青冈、明水、绥化、北安、东兴、铁骊、庆城一带，而许亨植、韩玉书、张瑞麟等率领的 12 支队则纵横于哈尔滨西北的三肇（肇州、肇源、肇东）地区，攻克了肇源县城。在滨绥铁路以南，2、5 军混合各支队，在陈翰章、陈明亚（陶净非）等同志率领下，曾在舒兰、五常地区开展活动。1939 年在吉敦铁路的哈尔巴岭，他们曾先后歼灭日寇 400 余名，破坏镜泊湖水电站的设施，拆断了牡丹江与敦化公路交通。

但是，抗联终难避免在不利条件下的牺牲和损失。1 路军的周树东、曹亚范，2 路军的李文彬、王汝起，3 路军的冯志刚、高禹民、张兰生、赵敬夫等领导干部相继战死。至 1941 年年初，部队人数减至 2500 人。同年 3 月，中共南满省委书记魏拯民在大病之后，兼以冻饿，遂死于牡丹岭，遗体被日寇搜获，悬首于敦化。吉东道南 5 军部队领导者陶净非同志亦战死，所部悉被消灭。同年冬，黑龙江省的游击运动局面亦急剧恶化。

苏德战争前夜，在伪满的日军已不下 70 万。这些日军轮番交替、持续不断地打击抗日联军。从 1941 年冬至 1942 年年底，日军在江省北安地区、嫩江上游、绥佳铁路沿线，对第 3 路军各支队；在抚松、长白、安图、敦化，对第 1 路军余部；在牡丹江地区与完达山山脉地区对第 2 路军各支队，实行大规模的“搜剿”。千百里的深山大林，往复拉网，摧毁一切密营和地下粮食埋藏以及地上的种植物，实行严密的经济封锁。在黑龙江、伪三江省继续实行大检举。有抗日联军活动的县份，成千的农民被逮捕、拷打、杀害。同时组织大批武装特务深入山林，纵火燎原，施放毒物，用卑鄙手段，在树上大量张贴淫秽的画片和妇女的装束，还留酒食和“亲恳书”。然而，共产党人为了民族解放，为了党的事业，宁断指裂肤，铺冰盖雪，吃树皮草根代替粮食，用山水草药来裹治战斗伤痕，也不屈不挠地坚持斗争。

但是，我军袭击敌人，一般只能在夏秋两季，而且每次袭击之后，须奔走几百里，以摆脱追敌。当敌人“梳篦”森林、追寻踪迹时，我军还要设法消踪灭迹。这样艰苦的行动，在 1937 年东满、南满的抗联队伍即已开始。接着，活动在松花江两岸和黑龙江沿岸一带的抗联队伍陷入更甚苦境。1942 年，在黑龙江省坚持斗争的李熙山、徐泽民、郭铁坚、于天放、朴吉松、张光迪等同志领导的部队，在松花江南岸和饶河地区的王效明、姜信泰、刘雁来等同志领导的部队，在延吉敦化地区与牡丹江地区的部队，以及柴世荣、李青领导的部队，行动更加困难。李熙山、郭铁坚、朴吉松及其他部队的领导干部先后战死，队伍继续减员。在最有利的时机，只能集中百人左右做短促的阻击行动，然后立即分散，化成小队，以防敌人围歼，处境异常艰难。抗联队伍总计已不足千人。

1942 年秋，东北党组织代表会议，估计到日寇会加重对东北人民殖民地化的残酷压迫，会继续加紧对抗日联军的"搜剿"，抗日联军人员已减少到最低程度，若不改变斗争方针，抗联则将有被完全歼灭之虞。因此，中共东北党委员会决定实行保存力量，培养干部的方针，抗日联军将基干人员转移到苏联哈巴罗夫斯克去，成立 A 野营，另一部则在沃罗什诺夫城郊成立 B 野营①，并在苏联同志帮助下，开始进行完全严格的训练，准备应付东北未来发展的形势。另外，东北抗日联军指定了一定的人数，分编成十多支小部队，每小队 10 人至 15 人，分遣北满地区者三，吉东及延敦地区者八，桦甸、蛟河地区者二。北安于天放同志率领的部队，桦甸郭池山同志率领的部队，敦化曲玉山同志率领的部队，均留原地活动。这些小部队的基本任务是：1. 侦察敌伪统治状况（以军事设施为主，特别是邻近苏联边境的要塞工事地带）；2. 经营在必要时期游击部队临时依据的场所；3. 秘密联系群众，进行口头的、文字的抗日救国的各种宣传。各小队以曾担任过连长、营长的最坚定者为队长，每队内有党小组，小组长负责政治领导。各小队独立行动，避免相互联系。各小队由周保中、张寿篯等直接领导。小部队活动从 1943 年至 1945 年日寇投降前夜，其中如于天放、郭池山、曲玉山同志所率

① 抗联成立 A、B 两野营，是在 1941 年春，周保中同志在这里所说的时间是指野营编为国际教导旅的时间。

各队，曾遭受打击和损失。曲玉山同志在敦化战斗中牺牲。尽管如此，各小队基本上完成了任务。

抗日联军的再起——取得最后胜利的时期

A、B 两野营组建后，东北党委会集中精力领导抗日联军基干部队人员进行整顿学习，努力提高干部的党性观念和政治军事素质，以求适应可能到来的新形势。

在军事上，野营进行了以现代化为主的学习训练，大部人员还学习了航空陆战队的技术，一部分学习了无线电技术和医疗卫生知识。一部分高级干部学习了毛泽东同志《中国革命战争的战略问题》一书。同时根据所得到的《新华日报》上刊载的整党文件，进行过初步的整风学习。

1945 年 5 月，苏军攻占柏林之后，周保中在苏军远东战线总司令普尔卡也夫同志积极帮助下，以抗日联军现有干部为领导骨干，计划建立 6 万至 10 万人的军队，以便参加大规模对日作战和展开敌后活动。当时还加强了东北各小部队的侦察活动和筹备降落敌后游击部队的准备工作。

8 月 8 日，苏联对日宣战。东北抗日联军部队先由野营分遣十数小队降落敌后开始行动，主力部队则准备向佳木斯作战地区转移。由于日寇在英勇的苏军猛烈打击下迅速投降，东北党委员会不能不重新确定自己的斗争方针。这个方针是：争取与组织广大群众，重建东北各地党组织，建立人民武装，迎接八路军和党中央所派遣的干部，准备发动新的游击战争，对抗国民党在东北建立反动统治的企图。为了执行党的这一指导方针，抗联干部 330 人，于 9 月初分配到东满、南满、北满 50 余县积极开展活动。

当苏军攻入东北边境时，抗日联军在延边的分遣小队号召动员群众，组织了武装部队开始向日寇补给线出击，并收缴溃散日寇武装。最显著的是王洁忱（王亚东）同志所组织的小队在群众积极参加之下，在穆棱泉眼河消灭日军一支队伍，夺取了全部武器。在松花江下游地区的小队亦迅速的发展并参加了饶河、宝清、同江、富锦与汤原地区的作战，领导北满小部队的于天放同志，被日寇判处死刑之前夜越狱逃出，不久他组织北安一带的人民自卫队，打击日寇，并与王明贵、张瑞麟、陈雷、王钧等之分遣队会合。

自 9 月初，迄 10 月 20 日前，抗日联军配合党中央派来的干部，在各地积极协助苏军肃清日伪残余和反动武装，开始建立了党的组织基础，如长春市委，吉林市委，延边党委和牡丹江市委，宁安、穆棱、林口各地方党组织，哈尔滨及黑嫩地区，也已着手建立地方党组织。

杨靖宇联合抗日

韩 光*

1933年10月中旬，中共满洲省委派我去南满磐石、海龙一带巡视工作。行前，省委负责同志一再嘱咐我说："南满抗日军虽多，但各自为政，局面很复杂。杨靖宇同志正率领部队向南满发展，你这次前去，要协助他把统战工作搞起来。"

赶到磐石，杨靖宇同志领导的东北人民革命军独立第1师，正分路南向桓仁、通化、清原；北向吉林、敦化；东向长白、鸭绿江节节发展。我在磐石把党的工作告一段落，也随着后续部队渡过了辉发河。11月中旬，在濛江县（今靖宇县）的龙岗山区撵上了杨靖宇同志。

他的指挥部设在山下一个小草房里。夜深了，里边还亮着灯，我问一位参谋："天这么晚了，杨司令还没睡？"他说："自从挺进南满以来，他时常通夜不睡，真忙哪！现在正拟订一个个战役计划。"我走进小草房，只见炕上铺着地图，杨靖宇同志正和参谋李红光同志俯身在图上轻声交谈。

他一见我进来，紧紧地握住我的手说："你赶得不慢，再晚来几天，就要到鸭绿江边去找我们喽！"

---

* 作者时任中共满洲省委特派员。

我说："四处炮声隆隆，你是冒着几万敌人的重围，闯进南满来的啊！"他爽朗地笑了。

我们挨着炕沿坐下来，从南满情况，谈到省委关于统战工作的指示。杨靖宇兴奋地站起来，在地图上搜寻片刻，又用铅笔划了个大圈说："这里情况果真如此，群众很好，困难很多，前途很大。在这一带有上万的抗日队伍，就是需要组织起来，扭成一股绳儿！"他忽而又微笑说："但是这些头头，还不相信我们党的力量哩，要争取他们、团结他们，必须显示一下我们的力量。"

正谈着，门开了，参谋领进一位老人。老人的胡须上挂着白霜，打量了我们很久很久，才把一件东西塞到杨靖宇同志手里，咬住牙关，愤恨地说："看！这样的败类！"

在灯光下，我看清楚了：这是一张敌伪报纸，上边刊载着南满大汉奸邵本良的名字。这个土匪头，原东北军的团长，摇身一变，当上了日本人的少将"讨伐"司令了。另一条消息是蒋、日正在签订"华北协定"，我们这才理解了老人的来意。

从谈话中知道，老人是从辑安（今集安县）逃难来的。两年前日军侵占辑安时，辑安镇守使李寿山率领1个团投降了日军，几千群众在愤怒之下，联合当地的大刀会，与日军展开了厮杀。杀了两天两宿，从辑安城北一直杀到老岭上的红土崖，后来弹尽粮绝，剩下的几十个人全部跳了崖。这位老人就是参战负伤的一个，他全家被害，房屋被毁，现在无家可归，流落此地。

老人讲完他的经历，望着杨司令："咱们东三省还有救吗？"杨靖宇同志扶住老人，激动地说："老人家，有你们这样的中国人，东三省就不会亡！我们共产党领导的抗日军队，坚决和你们在一起！"

杨靖宇同志的一番话，使老人振奋起来，他两只眼里，一下充满了希望，连声说："对！对！这就有盼头了！"

这位老人的爱国热情，深深地感动了我们，直到把他送出门去，我们的心情还十分激动。杨靖宇同志坚定地踱着步子，接着把手往地图上的南满地区一指，对我又像对他自己说："在这里，我们要扛着党的抗日红旗，打出一个局面，想尽一切办法，把一切反日力量团结起来！”他的声音，从小草房里传到外面静寂的夜空。

当时南满的局势的确相当严重。日军已增兵到3个师团，4个混成旅，共十万余人；而且正在利用国民党妥协的机会，大量发展伪军，步步向农村渗入。针对这种情况，师党委在濛江的那尔轰召开了会议，根据省委的指示，决定在发动群众的时候，广泛地争取一切反日力量，结成抗日统一战线。会议结束后，就向各抗日军写信，邀请他们联合对日作战。

南满的一些抗日军，有的是东北军的残部，有的是农民自发组织的“红枪会”“大刀会”改编的，有的是山林队（当地群众称他们“胡子”）。他们虽然都打起了抗日的旗号，但纪律败坏。我们去联合他们，群众都想不通，向我们说：“你们这样好的队伍，怎么和他们打交道！”杨靖宇同志给群众讲话时，总是向他们说：“豺狼入门，外患为重，要联合起来对付日本侵略者！”

在我们宣传教育下，群众对党的统一战线政策逐渐有了认识，开始为他们筹粮备草，那些部队也接受了我们的劝告，对老百姓态度好些了。一个名叫老长青的头目奇怪起来。他说：“共产党真有门道，他们一来，老百姓变了，我要亲眼见见杨司令。”

一天，我们在金川县龙泉镇宿营时，他真的来了。不过他还是心怀疑惧，先把部队布置在山上，才请杨靖宇同志出去。杨靖宇同志却连一个警卫员也没带，就去接见了他。谈话到最后，老长青拍着胸膛说：“我武夫长青不是瞎子，谁抗日、谁亲日，我今天懂得了！”他一回营，逢人就讲：“我看，共产党最有骨头、最讲义气、最有学问，有远见的要和他们交朋友。”在他的影响下，反日军青林、天虎、赵参谋长等人，也陆续来见杨司令。统战的局面很快打开了。

不过，一提到联合作战，大多数抗日军的头目都怕惹火烧身。有一个叫臣军的头目，在写给杨司令的信上说：“今南满日军势雄力强，枪械精良，高垒固守，我等欲战而力不胜，且看杨司令之深谋远策！”日军这时也正疯狂叫嚣“南满共军指日可清”“江南治安一片风静”。

在这种情况下，师党委决定要打出去，给敌人当头一棒。经过侦察了解，先从三源浦开刀。

三源浦是日本侵略者正在修建的四（平）辑（安）铁路线上的一个重要据点，距离伪通化省省会通化市只有五十余公里。据点四周群峰环抱，地势险要，素为屯兵之地；南满的一些抗日军，曾多次攻打未下。他们说，打三源浦比虎口拔牙还困难。杨靖宇同志说："我们偏要来一个虎口拔牙。"

杨靖宇同志用了调虎离山计，把驻守三源浦的邵本良混成旅的第六团调了出去，去援救凉水河子的邵本良老巢，我们乘虚而入，将据点里的守敌全部歼灭，活捉了日本缉查局长，砸毁了伪满铁路工程局和当地警察署，烧毁了伪军的营房。

这一仗给了日本侵略者及其走狗邵本良一个"见面礼"。邵本良十分狡猾，他得知我军东向通化、临江转移时，扬言要通化驻守的日伪军出来堵击。杨靖宇同志识破了他的诡计，将计就计，把部队转向柳河。正当邵本良派两个团向柳河增兵时，我们又连夜行军60公里，掉转头来，突进了金川县的凉水河子（今属柳河县），把邵本良的后勤基地一下敲掉了。后来据俘虏讲，邵本良闻听凉水河子被占，敲着自己的脑袋叫喊："杨靖宇！杨靖宇！到头来，还是我中了你的计！"

三源浦、金川、柳河一系列的战斗胜利，轰动了南满。我们的游击活动已延伸到东起鸭绿江，南至凤城，西至抚顺近郊，北临吉林、敦化的广大区域。1934年2月，我们同抗日军田麟部队联合，攻占了通化以东的八道江镇；然后顺浑江而上，进入临江、抚松的密林地带，直到3月初旬，我们又经抚松、金川回师濛江县那尔轰。

这一路全是深山密林，有很多抗日军的"山寨"。一天，我们正行进在龙岗山的大森林里，忽见三匹快马疾驰而来。近了一看，原来是和我们一起攻打八道江镇的田司令，同来的还有他部下的两个队长。田麟一见杨司令，便向他手下的两个队长说："这就是大家闻名的杨司令！"他部下一听，赶快下马给杨靖宇同志磕起头来。

队伍继续向前开拔时，我和田麟并马而行。他皱着眉似乎有事在心。我问他如今粮草怎样？百姓对部队的态度如何？他一听连声说："百姓对我们的态度全变啦！好啦！军中粮充草足，一片兴旺！"

我们高兴地说了半个上午，最后他感叹地谈起他十几年来所经历的失败、艰险和痛苦。尤其是九一八事变以后，他亲眼见过多少抗日好汉一帮帮揭竿而起，又一伙伙溃散失败；见到国民党军阀、政客一批批投降日本帝国主义当了汉奸。他曾拔刀盟誓，要为国雪耻，可是又感叹自己势单力薄，力所不胜。他正为东三省的局面不可收拾而悲观的时候，共产党来了，从此抗日的局面一天天好起来。讲到这里，他猛然勒住马，凑近我，郑重地说道："我要跟共产党走，请给我个政委吧！"

这个长白山的木把（即伐木工人）在铁一般的事实面前，终于认识到了一条真理：没有共产党就没有中国。晚间宿营时，我向杨靖宇同志汇报了和田麟的谈话，他兴奋地说："很对！很好！这说明了党的正确主张深入了人心！"

3 月中旬，我们回师到濛江县那尔轰附近时，接到中共满洲省委指示，要南满部队利用有利时机，立即组织抗日联合指挥部。

师党委研究了省委的指示，认为时机已经成熟，要立即把那些抗日军组织起来。于是便给抗日军领导人写信，说服他们参加联合的抗日组织，请他们来参加会谈。我和李红光同志一起负责筹备工作。他每天鸡叫出屯，夜半归营，骑着马到各地去接头。

经过半个多月的准备，1934 年 4 月 1 日，二十多位抗日军领导人，骑着高骡大马来到会议地点——城墙砬子。我们事先组织动员了两千多群众，在山口上欢迎他们，高呼"联合抗日"的口号。

联合会议是在一个临时搭起的席棚里举行的。杨靖宇同志代表中共满洲省委首先讲话，他着重分析了东北的形势，以巨大的说服力，阐明了我们党的抗日主张，劝诫各抗日军的领导人："斗争是长期的，今日联合，万不可遇难而退。"许多首领也纷纷表示，愿随共产党抗日到底。

会上通过了联合作战条例，组织了联合指挥部，一致推选杨靖宇同志为总指挥，李红光同志为参谋长。二十多帮共四千余人的抗日军分编为 8 个支队。并通过了抗日联合宣言。

我们南满的抗日军领袖们，在祖国山河欲裂，严重危机之际，向三省同胞宣誓：我们一致拥护中国共产党的坚决抗日主张，不分见解、信仰，枪口一致对外，我们一致联合起来！

这次会议的影响是深远的。后来在残酷的斗争中，虽然有些人动摇、堕落了。但是在我们党的团结争取下，多数都坚持了斗争。田麟还参加了党，担任了抗日联军第 1 军第 5 团团长，不幸在 1939 年的一次反“讨伐”战斗中英勇牺牲。

抗日民族英雄赵尚志

陈　雷*

赵尚志是东北抗日联军的著名将领，抗日民族英雄，是忠诚的共产主义战士，是坚定的爱国主义者。他为中华民族的生存、解放，英勇顽强地与敌人奋斗了一生，直到最后一息。

一、创建珠河反日游击队

珠河中心县委根据省委的指示，以赵尚志从孙朝阳队伍带出的6人为基础又挑选6名优秀青年，于1933年10月10日在珠河县三股流召开群众大会，宣布成立“珠河东北反日游击队”，赵尚志被任命为队长。

为了动员群众抗日，壮大游击队力量，赵尚志率领刚刚建立的这支人民抗日武装，机智勇敢地战斗，一举缴获了珠河县境内东西五甲、二道河子、张家湾等几处伪警察所的武装；召开群众大会，清算汉奸走狗的罪行，审判处决了罪大恶极的亲日走狗王福山。接着，又在火烧沟打退了日本“讨伐”队的袭击，击毙大队长以下日军20余名。

---

* 作者时为东北抗日联军第6军政治部组织科科长、宣传科科长，游击队队长。

年底，游击队又把活动区域扩大到邻近的宾县。在当地群众的支持下，解除了七区伪自卫团刘林祥部的武装，获机枪1挺，长短枪13支，马13匹，子弹数千发。在不到3个月时间里，游击队迭获胜利，队伍发展到70余人，在珠河一带站稳了脚跟。

珠河游击队引起了日伪统治者的不安，视之为“北满治安的最大祸患”，赵尚志的名字也随着游击队的胜利而传遍哈东。日伪统治者为了分化抗日部队，消灭游击队，提出了“专打游击队，不打义勇军”的口号，并登报悬赏1万元通缉赵尚志。

二、联合抗日武装

珠河一带有各种名目的抗日义勇军几十支，但各自为战，力量分散，艰难而有效地与日伪军作战。为了联合这些队伍共同抗日，赵尚志于1934年春提出联合抗日的三项条件，即“不投降，不卖国，反日到底；没收敌伪财产充当抗日军费；保护群众利益，武装群众共同抗日，允许群众反日自由”。

1934年2月，赵尚志率队来到珠河中东铁路北活动，经过艰苦细致的说服和反复协商，许多反日队伍接受了三项条件。2月末，召开了有“爱民”“青林”“北来”“铁军”“七省”“友好”等义勇军和山林队的20多名首领参加的会议，通过了以三项条件为基础共同抗日的“通令”，并成立了东北反日联合军司令部，一致推举赵尚志为联合军司令。从此，珠河反日游击队周围团结了大批义勇军队伍，壮大了珠河一带的抗日阵营。

1934年6月28日，赵尚志和中共珠河中心县委决定以珠河反日游击队为核心，联合一部分义勇军组成“东北反日游击队哈东支队”。29日，哈东支队正式组成，赵尚志被任命为支队司令。支队下辖3个总队，9个大队，共约450余人。队伍改编以后，为更广泛地开展游击活动，赵尚志率第1总队和一些义勇军部队在宾县、五常一带活动；另两个总队则由支队政委和3总队政委韩光率领，分别活动于珠河县中东铁路南部地区。

赵尚志在战斗中身先士卒，运筹有方。1934年中秋节前夕，赵尚志组织了攻打五常堡的联合作战。五常堡是哈尔滨南部拉滨铁路线上的一个重要城镇，该镇四面有围子，设有炮楼，驻扎日伪军 500 多名。赵尚志以游击队为主力，并以他能言善辩的口才，说服和联合其他义勇军共 600 余兵力担任主攻，地方青年义勇军则在哈尔滨至五常堡的公路两侧埋伏打援。攻城这天，赵尚志率游击队一马当先，首先从北门攻入城内，并迅速占领了三座炮台，在游击队的带领下，义勇军队伍也纷纷冲进城内。激烈的巷战进行了 4 个小时，日军守备队渐渐不支，乘夜突围逃跑。这次战斗，游击队缴获了步枪 90 余支，还有大批子弹以及布匹、胶鞋、面粉等物资。游击队进城以后，散发了大批抗日传单，处决了民愤极大的恶霸、汉奸。然后，赵尚志即率队迅速撤退转移，顺利地渡过了牤牛河。当敌人援兵赶来时，我军主力部队早已无影无踪，而这支敌人援兵却被地方青年义勇军拦截伏击，被打得丢盔卸甲，狼狈不堪。哈东支队在赵尚志的率领下乘胜前进，又连续攻下了八家子、康家炉、梨树沟、方城岗等敌人据点，影响不断扩大。

三、建立抗日游击根据地

游击队创建之后，赵尚志首先在珠河的铁路南建立根据地。路南的三股流一带是游击队的发源地，不仅建立了各种群众组织，而且设立了兵工厂、被服厂、医院、印刷厂等等。游击队每打大胜仗，根据地群众都要为他们召开群众大会进行庆祝。每遇这种场合，赵尚志和其他游击队领导干部，都必定抓住机会向群众做宣传工作。游击队遵守群众纪律，每到驻地，帮助群众挑水、扫地、干农活。当地群众则主动为游击队烧水做饭，缝洗衣衫，青年义勇军和儿童团为游击队站岗放哨，传送情况，军民亲如一家人。在短短的一年多时间里，哈东根据地扩展为东西 200 多里，南北 350 多里的大片山区，包括珠河、宾县、延寿、方正、阿城、五常、双城等 7 县，人口 10 余万。根据地内建立了党组织，以及反日会、交通站、妇女会、儿童团等群众反日组织。1934 年 7 月，根据中共中央 1933 年“一·二六指示信”的精神，成立了具有抗日政权性质的“珠河县农民委员会”，吴景才被选为县农委会会长。农民委员会担负组织生产、拥军支前、组织武装、侦察敌情、锄奸、通讯交通等任务。在农民委员会的领导下，地方武装也建立起来，组建了 5000 人的自卫队和 1000 余人的青年义勇军。这些半脱产的武装队伍，战时配合主力作战，平时保卫地方和从事生产。

赵尚志在根据地内实行了没收汉奸卖国贼的土地和财产分给农民的政策。在税收方面，规定新开荒地免税，熟地则根据每户拥有的土地，征收低额的累进税，即 5 垧以下的农户每垧年收 5 角，5 至 20 垧者每垧收 1 元，20 垧以上者每垧收 2 元。这一政策规定，实际上就使得贫雇农免缴农业税。由于实行了一系列有利于生产和群众生活的政策，根据地人民生活改善，人民群众自豪地把根据地称为“红地盘”。

日伪统治者对这块“红地盘”极为仇视，必欲消灭而后快。1934 年冬，日寇以驻哈尔滨的日军守备队为主力，调集伪第四军管区所属的褚旅、邓团、王团以及警察大队等 3000 多人，包围哈东游击区。他们在游击区周围的大小城镇和交通要道上的乡村，分别增设驻扎点，采取分段包围的手段，企图“各个击破”。为了粉碎敌人的进攻，赵尚志将游击队一部分留在根据地牵制敌人，自己则亲率主力骑兵部队，越过威虎岭北上，直插方正、延寿，威胁敌人侧背。并借机休整队伍，待敌被拖得疲惫不堪、进退两难时，赵尚志于 1934 年 11 月，率精兵挥师南下，返回根据地打击敌人。

一天夜间，部队行至排鬼山附近时，被驻扎在肖田地的日军望月部队和伪军邓团 800 多人包围。激烈的战斗从早晨一直进行到傍晚，游击队在赵尚志的指挥下，打退了敌人的数次进攻。赵尚志左腕被流弹打伤，他仍然坚持指挥战斗。他命令数名勇士带着 30 余匹战马在暮色之中从日军和伪军接合部的火力薄弱地段强行突围，主力则在原地隐蔽不动。当勇士们带着战马强行突围时，敌人误以为是大部队的行动，便集中火力射击并发起追击。这时，赵尚志指挥主力从敌背后发起突然攻击，敌人阵营立时大乱，我军主力乘机突出包围圈，安全转移。这次战斗共消灭日伪军 110 多人。

四、建立抗联第 3 军

1935 年 1 月 8 日，在中共满洲省委和珠河中心县委的领导下，以哈东支队为基础，吸收根据地一部分青年义勇军的骨干，正式建立了东北人民革命军第 3 军，赵尚志被任命为军长。1936 年 9 月改编为东北抗日联军第 3 军，赵尚志担任军长。

东北人民革命军第 3 军建立不久，敌人开始了春季“讨伐”。2 月，赵尚志率司令部直属的少年连，胜利地攻占了五常县境内的方城岗，然后回军北上，在宾县二区，缴了三道街、包家岗等处的大排队，获枪 30 余支。接着又直指宾县七区，缴获财神庙亲日大排队的 50 多支枪。然后，他又率队东进延寿县，烧毁靰鞡草沟和一区姜家崴子附近的两处警察所。随后，在距延寿县城仅 8 里路的地方，渡过蚂蜒河，深入到敌人力量比较雄厚的马鞍山、金坑等地活动，使延寿县日伪当局大为震惊。

这时，在土龙山农民暴动后建立起来的东北民众军司令谢文东和自卫军支队长李华堂，在依兰、勃力地区遭到敌人“讨伐”，损失严重，转到延寿、方正地区活动。应谢文东和李华堂的邀请，赵尚志前往方正县大罗勒密与谢、李会晤。经过协商，谢、李接受了游击队关于联合抗日的三项条件。于是，在赵尚志的推动下，以第 3 军为基础，联合谢文东、李华堂等部，成立了东北反日联合军总指挥部，赵尚志被各部推举为联合军总指挥。这年他才 27 岁。1935 年 3 月 9 日，赵尚志指挥联合军 500 多人，攻打了哈东重镇方正县城。方正城内共有日伪守军 200 多人。联合军于夜间完成包围，凌晨分四路发起攻击。进攻队伍攻进伪警察署，缴获全部伪警枪械，烧毁日本参事官住宅，完成任务后，顺利撤出战斗。

1935 年 5 月，赵尚志率第 3 军司令部和第 1 团以及部分联合军队伍，东征牡丹江沿岸地区。联合军攻克了半截街、新开道，收缴了老五团、楼山等警察局所的武器。敌人发现联合军东进之后，立即派兵前堵后追，依、勃地区的敌人也纷纷出动。由于敌人对牡丹江沿岸地区控制严密，大部队不宜久留，赵尚志留第 1 团在这一带开辟工作，司令部带其余部队返回珠河。

1935年夏，日伪当局调动了驻哈日军和滨绥铁路沿线日军守备队3000多人，以及第四军管区所属伪军和警察大队，向哈东游击区大举进攻。与此同时，以各县日系参事官和伪县长为头目的“治安工作班”也配合军事“讨伐”。敌人在游击区施行惨无人道的“三光政策”，游击区和根据地被摧毁殆尽。在危急的关头，中共珠河中心县委执委会于9月10日召开会议，决定珠河游击队主力部队冲破敌人的围攻，转移到松花江下游地区活动，并在反“讨伐”斗争中扩大。

赵尚志根据县执委会的决议精神，吸收了根据地地方武装青年义勇军中的骨干，将第3军原有的3个团扩编为6个团。10月间，赵尚志率部远征，到达方正县大罗勒密山区，与先期到达的3军1团部队会合。11月，赵尚志率部到达勃利山区。

1936年1月初，赵尚志率3军主力到达汤原县境，与汤原游击总队会合，扩大和巩固了汤原根据地，并帮助汤原中心县委完成了将汤原游击总队改编为抗联第6军的任务。与此同时，3军党委和汤原中心县委还共同研究了召开抗日联军领导人联席会议和成立抗联总司令部的问题，并向省委做了请示。1936年1月28日，赵尚志与北满抗联领导人李延禄、夏云杰、张寿篯、冯治纲以及谢文东、李华堂召开会议，成立了东北民众反日联合军总司令部（后改称北满抗日联军总司令部），赵尚志被公推为总司令。这个司令部对于北满抗日联军部队统一军事行动，统筹给养，统一调配干部等方面起了重要的作用。

为进一步扩大松花江以北的游击区，赵尚志于1936年3、4月间率3军司令部直属队和第5、6团向木兰、东兴（今属木兰）、庆城（今为庆安）、铁力、海伦等地远征。4月初，远征部队首攻舒乐河镇，歼灭全部守敌，俘日军30多人、伪军80余人，缴枪300余支。之后，赵尚志率队继续西进，在八浪河谷又歼灭伪军一个连和一支伪警察队。1936年初夏，远征部队顺利到达木兰县蒙古山一带。3军在松花江北岸的广大地区点燃了抗日烽火。

由于赵尚志卓越的指挥才能和细致的组织工作，3军本身一年来取得了一系列重大胜利，队伍得到迅速发展，在原有6个团的基础上扩编为7个师，人数达6000余，其中基干队伍1500多人。以汤旺河为中心的游击根据地也得到了巩固，成为抗联第3军、第6军的立足点。

五、率队西征

抗联3军在松花江下游的一系列胜利战斗，使日伪当局十分震惊。他们千方百计，企图将抗联第3、6军围歼于汤原根据地。为了粉碎敌人的阴谋，1936年9月中旬，中共北满临时省委决定，抗联3军跳出敌人的包围圈，开辟小兴安岭和黑嫩平原新游击区。赵尚志又挑起了指挥主力部队西北远征的重任。经过认真准备，赵尚志率司令部直属队及第1、5师部分队伍共500余人，从汤原县岭西出发开始西征。同年12月到达铁力，与先期到达的先遣队，李熙山所率第1师另一部队伍会合。之后，赵尚志留一部分队伍在铁力继续活动，自己率直属队和其余部队继续西进。途中，在海伦县冰趟子，赵尚志指挥打了一个漂亮的伏击战。歼灭日伪军300余人，其中包括7名日军指挥官。经过两个多月的艰苦斗争，赵尚志率部于1937年春，返回汤原根据地。

在西征以来半年多的连续征战中，赵尚志率领部队英勇拼杀，从松花江下游到黑龙江沿岸，从三江平原到小兴安岭的密林，纵横数千里，大小百余战，攻克城镇20余座，毙俘日伪军1000余人，缴获了大量武器和其他军用物资，打破了敌人的部署，粉碎了敌人围歼我抗联部队的阴谋，保卫了汤原游击根据地，并为以后开展小兴安岭和黑嫩平原的游击战争积累了经验。

六、重返东北抗日战场

1938年1月，北满临时省委决定派赵尚志为省委代表赴苏。

1941年秋，他带一个5人小分队回东北活动。他深情而又坚定地对周围的同志说："我死也要死在东北的战场上。"

赵尚志返回东北活动的消息很快就被日伪特务机关所侦得。当他们得到赵尚志到达鹤立、汤原的情报后，立即增派驻鹤立的警察大队，严密注视赵尚志的动向。1942 年元旦期间，在驻鹤立日军部队长林大佐的指挥下，精心制订了诱捕赵尚志的计划，特务刘德山化装成收山货的“老客”，骗取了赵尚志的信任。

2 月 12 日晨，由于刘德山的预谋，引诱赵尚志带队伍去袭击梧桐河警察分驻所。当队伍到达离该分驻所 2 公里处时，已进入敌人的埋伏圈。刘德山乘人不备，突然从背后向赵尚志开枪，赵尚志腹部中弹，但他忍着剧痛，回手开枪打死了刘德山。但埋伏的伪警已闻声赶来，赵尚志因流血过多昏迷而被俘。

敌人把赵尚志拉到梧桐河分驻所进行审讯。在生命最后时刻，他宁死不屈，同敌人进行了顽强斗争。他痛斥伪警察说：“你们不也是中国人吗？”说完闭口不语，狠狠地瞪着审讯他的敌人。他忍受着巨大的痛苦，始终未发出一声呻吟。赵尚志为民族解放的伟大事业英勇地牺牲了。

长城抗战

长城抗战概述

黄绍竑*

张学良下野

1933年年初，日本帝国主义为了完成建立伪满洲国的侵略计划，开始向热河进攻。1月1日，日本军进攻山海关，何柱国部队予以还击，是为长城抗战的开始。

日军进攻热河的计划是：一、由绥中沿北宁铁路向山海关正面进攻；二、由朝阳、凌源、平泉之线进攻；三、由开鲁向赤峰进攻；四、由林西向多伦进攻；五、四各路皆会师承德，然后再分兵进攻长城各口。

张学良既放弃了东三省，犹冀保留热河、河北，苟延残喘，静候南京国民党中央同日本交涉。山海关的炮声响了，他知道再不抵抗，连热河、河北都保不住，就让驻在长城以内的东北军开始进入热河布防。那时他名义上是北平军事委员会分会（以下简称“北平军分会”）的代理委员长（委员长仍是蒋介石），可以指挥华北各省军队。但华北军队如阎锡山集团、冯玉祥集团，在1930年内战的时候，都是由于他帮助蒋介石而致失败的，他怕阎、

---

* 作者时任国民政府内政部部长，军事委员会北平分会参谋团参谋长。

冯宿怨未消，不听指挥，不肯协助。单独东北军抗战是无把握的，他唯一的办法还是求援于蒋介石。

蒋介石却想利用这个机会，诱使两广参加“剿共”。这年 1 月 21 日，他叫我同训练副监徐景唐赴广州，同陈济棠、李宗仁等商量，要两广出兵江西帮助“围剿”，他好抽调中央军北上抗日。在此稍前的时候，陈济棠驻沪代表杨德昭曾经谈过，如果中央决心抗日，则广东愿意负江西“剿共”的责任。蒋介石就抓住这个机会，使两广军队到江西参加“剿共”。不料陈济棠揭破了他的阴谋。我和徐景唐到了广州，陈召开军事会议，所有两广的高级将领及高级党政人员都参加。他们表面上不肯说不出兵，而是用要求军费和要求械弹来拒绝。陈次日邀我单独到他家里谈话，他说：“季宽，我们是十几年共过患难的老朋友，我们要讲真心话。老蒋要我出兵江西，是不是想利用共产党把我们的军队钳着，好抽出他的军队来搞我们呀？我想一定是的，他的抗战是假的。你看是不是啰？”我笑而不答，也就是表示同意他的看法。他断然表示不肯调兵到江西。我回到南京把这种情形向蒋介石报告了。蒋就以此为借口，仅调尚未参加“剿共”的中央军黄杰的第二师、关麟征的第二十五师、刘戡的第八十三师北上，敷衍张学良。其实未参加“剿共”的中央军还多，如胡宗南的第一师，驻在河南闲着没事。

2 月下旬的某日，蒋介石召见了我，要我去当北平军分会参谋团参谋长。我说：“我与汉卿（张学良号）未曾见过面、处过事，而且军事也非我所长，恐怕将来要误事。还请委座（指蒋）另行考虑吧。”其实我心里对参加抗战是愿意的，但我以内政部部长的地位去当张学良的参谋长，心里总有些不愿意。蒋明白我的意思，他说：“北平军分会仍然是我的名义，你就是我的参谋长；而且敬之（何应钦号）同去，他以后要在那里主持，你不但要在军事上帮帮敬之的忙，尤其在政治上要帮帮他。”我知道他已决心要张学良下野，由何应钦来代替；我和何应钦还算合得来，就答应了。

接着财政部部长宋子文、军政部部长何应钦、外交部部长罗文干、内政部部长黄绍竑、参谋部次长杨杰、军政部厅长王伦、参谋部厅长熊斌，还有宋子文的朋友银行家胡六（胡筠庄）的老婆胡六嫂，一行人浩浩荡荡专车北上。表面上看，好似南京国民党中央很重视长城抗战，全力支持张学良，其实内心却各有各的想法。宋子文表面上似乎是作财政上的支援，其实是用来对张学良说私话，并为他出国作布置；此外还走一些英美外交路线，不久就回去了。何应钦表面上似乎是作军政上的支援，其实是要取张学良而代之。罗文干则是要与北平各国外交团打交道，看看风色，为一面抵抗、一面交涉的外交方针摸摸底；不久也回去了，由次长刘崇杰代替。我虽然是参谋长，但主要是供以后各方面政治上的奔走，因为蒋认为我还有些“肆应”之才，可以做“安内”的工作。专车到了徐州，不敢经天津到达北平，恐怕天津的日本兵知道了出来为难。其实日本人对这些人去北平，是欢迎的。专车由徐州转陇海路经郑州，再转平汉路北段到北平西站下车。大约是2月28日的早晨，张学良并没有到站迎接，因为他还在黑甜乡里起不来，于是派人招待。我同何应钦住在中南海的居仁堂，宋子文另有他的秘密住所。

当日下午两点多钟，我同何应钦去阜成门内原清朝顺承郡王府（现为全国政协机关办公地）拜访张学良，听取前方的情况。他骨瘦如柴，病容满面，精神颓丧。他把热河及山海关方面的情况告诉我们，那时听他的口气，对战局好像还有把握。座谈久了，他就要到里面去打吗啡针。这是我第一次和这位“少帅”见面的情形。我们每日下午都得到那里商谈，我心里想：这样的情况怎能长久相处下去。闲了没事，也和一些北平上层人士接触，都为这位“少帅”的精神体力和指挥威望担忧，恐怕要误了国家大事。

日军于2月21日向热河进攻，先后占领了开鲁、凌南以东各地，继续向赤峰、建平、凌源等地进攻。热河主席汤玉麟闻赤峰、建平、凌源等地失守消息，即在承德做撤退准备：先把所有的汽车装载他私人的财产，向古北口撤退，因而影响了前方的士气。号称险要的平泉以北承德以东的黄土梁子主要阵地也自动放弃不守。日军占领黄土梁子后，即分兵两路：以一部南向平泉攻喜峰口，以主力西向承德攻古北口。日军于3月3日占领承德，汤玉麟已于早一日退逃滦平。张学良闻讯大为震惊，当即下令通缉汤玉麟。张学良那时对我们曾作出要亲率王以哲等军去恢复热河、与侵华日军拼到底的豪语，但迫于舆论，不得不向南京政府引咎辞职。

驻在南昌专心致力进行“围剿”红军的蒋介石，知道热河失守，张学良引咎辞职，即于3月6日乘飞机到汉口，改乘火车到石家庄，宋子文也同来。何应钦和我接到电报后，就先到石家庄去迎候，同行的还有山西阎锡山的代表徐永昌。蒋介石在车上召见了我们，听我们把情况报告之后，问我们对于张学良辞职的意见。蒋介石在南京早已决定要何应钦来取张学良而代之的，现在为什么还要问呢？因为对于东北军的底子还没有摸清楚，还有些顾虑。我们说：第一，如果还让张学良干下去，不但全国舆论不满，而且北方军队如山西阎锡山的军队、西北军宋哲元的部队，以及商震、孙殿英等部队都会不服。我们以后就指望这些军队继续抗战，中央军是不能多调出来的。第二，张学良虽有亲率未曾作战的东北军去收复热河与日军拼到底的表示，但以他的精神体力是做不到的；而且拼下去也不会有好结果。第三，即使准张学良辞职下野，东北军也不会有什么顾虑。蒋介石根据我们的报告，就决心准张学良辞职下野，由何应钦来接替。

张学良知道蒋介石来石家庄，也打电报去，想和何应钦等一同去石家庄迎候。但蒋介石还没有得到何应钦和我的报告，主意没有打定之前，不便就与他见面，就复电说：“前方军事吃紧，调度需人，不必就来，有必要时再约地见面。”蒋介石同我们见面商量的次日，就约张学良到保定见面。张学良先到车站迎候，蒋介石后到，在蒋介石的专车上见面，仅有宋子文一人在座。何应钦和我在另一专车上，没有参加，怎样谈的，我们都不知道。他们会谈仅仅个把钟头，张学良就很颓丧地辞了出来。蒋介石走后，我们和张学良乘各自的专车回北平。次日[①]张学良就发出辞职下野的通电。不日离开北平到上海去了。

何应钦的作战部署

何应钦继张学良任北平军分会代理委员长，负华北军事的责任；我当了参谋长，都在居仁堂办公。参谋团设在府右街南口右侧的大楼，除由南京带

① 据查，张学良通电下野是在3月11日。

来几个高参——侯成、陶钧、徐祖诒、徐佛观等外，其余都是东北军的原班人马。何委东北军参谋长鲍文樾为军分会办公厅主任。原任张学良参谋处处长的金元铮（前清贵胄，陆军小学、保定军校三期毕业）是满族人，恐怕他靠不住，就加设了一个作战处，由徐祖诒任处长，也在居仁堂办公。何应钦和我秉承南京政府一面抵抗、一面交涉的既定国策，倚靠两千多年来秦始皇遗留下来的万里长城作为防御的唯一工事，想守住长城各口——独石口、古北口、喜峰口、冷口，阻止日军进入关内。独石口方面的防务调傅作义部队担任，傅作义本人进驻张家口；古北口方面把溃下来的东北军王以哲等部撤下整理，而由南方调来的中央军徐庭瑶的第十七军（辖第二师黄杰、第二十五师关麟征、第八十三师刘戡）担任；喜峰口方面的防务以宋哲元的第二十九军担任；冷口方面的防务以商震所部第三十二军担任。由长城撤下来的东北军整理后，调北宁线天津以东及冷口以东担任防御，同时令孙殿英部坚守多伦以东地区，作敌后的威胁，使日军不能不有一些后顾。这是完全防御性的到处挨打的作战计划，根本谈不到进攻和收复热河、收复失地。

日本关东军既占领了黄土梁子，即分兵一部（大约 1 个旅团）南下占领平泉，向喜峰口进攻。东北军万福麟所部直溃口内，日军先头于 3 月 9 日占领喜峰口。调往该方面增防的原西北军第二十九军宋哲元所部主力方到达遵化，先头冯治安师黄昏后到达喜峰口。冯部乘敌人不备进行逆袭，黑夜里不用火器射击，而用大刀砍杀，用刺刀混战，杀死杀伤敌人不少，也有所虏获，把喜峰口夺回。这是长城抗战唯一的胜利。捷报传来，振奋全国的人心；大刀队的威名几乎把现代的精良火器都掩盖了。日军遭此意外的挫折，重新部署进攻，一时形成对峙的状态。

日军主力（约 1 个师团以上）占领承德后，即向古北口进攻。东北军王以哲部节节败退，企图固守古北口，等待徐庭瑶部的增援。徐庭瑶军先头关麟征第二十五师，于 3 月 9 日夜到达古北口城，而王以哲部已被日军击败，急于退走，11 日就把古北口关口丢了。关麟征亲率所部增援，企图夺回古北口，不幸中弹受伤，不能达到目的，乃据守南天门阵地。黄杰的第二师到达增防后，该方面也成了对峙的状态。刘戡的第八十三师也调到该方面，由参谋次长杨杰任总指挥。

这时我们觉得榆关方面防守石门寨的何柱国军过于突出，不能不顾到冷口万一被敌人突破，敌人就可以占领迁安下滦州；喜峰口万一被敌人突破，则敌人可以占领丰润下唐山，截断榆关方面何柱国的归路。为了缩短战线，把何柱国军调驻滦河西岸，破坏滦河铁桥，依靠滦河作为防御。同时增强冷口方面的防御兵力。我们于3月20日给何柱国下了撤退的命令，平津日本报纸次晨就清清楚楚地刊登了出来。这当然是由于汉奸或电报密码泄露出来的，可见我们一切的作战计划敌人是清清楚楚的。国内报纸则攻击这次的撤退是受日本的要求。因此何应钦不得不向记者声明："我军此次对于滦东的军事调动完全是为了战略上的关系，绝无政治上的关系。"

孙殿英所部有三万余人，在3月以前即进达赤峰、围场地带，支援那方面的东北义勇军。日军进攻热河，同时以骑兵一个旅团附飞机坦克向孙部进攻，孙部溃退多伦以东地区。何应钦原要孙固守多伦以东的山岳地带，以减轻日军对长城进攻的压力。但孙经不起日军的压迫，于4月下旬放弃多伦，继续向沽源溃退。孙部军纪极坏，沿途骚扰不堪，外间并有谣言，说孙已接受伪满的委任，并没有与日军接触，就向后撤退。何应钦大为惊疑，因而对他的军饷、给养扣而不发，他的驻平办事处处长找我诉说经过，我想这样总不是办法，于是自告奋勇，到沽源、多伦前方去视察以明真相，好作处理。我乘火车到张家口，会同傅作义坐汽车向沽源前进，路经张北县与傅部的将领们见面。在沽源以北的平地脑保（蒙语泉水的意思）碰到了孙殿英。他向我叙述经过说："多伦在地图上虽是个大地方，但人烟稀少，给养困难，而且四面都是荒漠平沙。虽有些山，但是与南边的山完全两样，寸草不生，山势平延，很难阻止敌人坦克车的冲击和飞机的轰炸。即使没有敌人到来，我这三万多人也不能久驻那里，既没有兵站补给，又没有积储，一切都要就地想办法，所以军纪太坏，事实就是这样，我是承认的。至于说我不见敌人就溃退，请部长你去看看，我那些伤兵是哪里来的呢？又有人造谣说我受了'满洲国'的委任，部长你知道，全国都知道，我孙殿英挖了小溥仪的祖坟，即使我去投他，他肯容我吗？岂不是把我这麻子脑袋往刀上送？我孙殿英虽然是土匪出身，混了几十年，也还知道一些民族大义，即使至愚也知道自己与小溥仪有不共戴天的仇恨。那些造谣的人无非是想栽我，请部长转报何部长，并且妥为处理。我一定服从命令，绝无二心。”我心里想他后面这段话，倒是实情，他所以不投伪满的关键就在这里。于是我答应即发欠款40万元和面粉4万袋，并指定他在沽源、独石口、镇岭口一带向东面北面布防，好抽出傅作义部队作为机动使用。

在这期间，北平的古物正在南运。古物在北平的有两部分：一是属故宫博物院的，一是属于内政部古物陈列所的。当本年1月山海关失陷时，南京政府行政院决议设立中央古物保管委员会，并以榆关陷落平津危险，决将古物南运保存。北平各团体反对政府迁移古物，1月23日，北平各界组织保护古物协会，通电反对南运，谓政府须全力守北平，若虑古物资敌，则华北数千万方里数千万人民应先保护，不应只顾古物等语。这个义正词严的通电，南京政府不加理睬和反省，仍然用军警保护运出，直到4月间尚未运完。我到北平的时候，内政部押运人员向我请示，那时我正忙于军事，就说：“整个河北和北平正处在危险状态，守护之不暇，还有工夫顾那些东西吗？你尽量地运，运出多少算多少吧。”有一天，我到古物陈列所去看看，那位所长问我：“部长要不要一两件东西？”我听了很惊异地说：“所里陈列的古物，可以任由长官来要的吗？可以由你送人的吗？”他听见我的话有责备的意思，就转口说：“并不是所里已经陈列的东西，那都是顶好的编了号的。库里还有许多次等的东西，没有编号，没有登账的，拿一两件也不要紧。”其实这个弊病已经是公开的秘密了，在那些所谓“古物保管专家”的手里，即使已经编号登记的珍品，他们也可以用假的换了出来。后来故宫盗宝案的发生，不就是这样的吗？可惜我那时候对字画古董不感兴趣，不然的话，尽可以大大捞他一把。

居仁堂军事会议

大约是3月23日或24日，前方比较平静，蒋介石曾秘密来到北平。当时虽说是秘密，后来报纸也知道了。蒋来北平是听取各方的报告并作指示，在居仁堂开了一个军事会议，各方面的高级将领都出席作了报告。古北口方面总指挥杨杰在席上大谈其后退配备的战略，他要把南天门阵地（古北口以南的阵地）向后撤退到密云县以东地区，引敌人深入，而在两侧配备两个军同时出击，一举就可以歼灭敌人的主力，长城战事就可以转移为攻势，不致坐着挨打。他并且报告前方敌人不断增加，战事如何激烈，要求增援。何应钦素与杨杰不睦，素来都把杨杰叫做杨大炮，听了很不高兴，就说："前方没有什么激烈战事吧！"杨杰说："我刚才由前方回来，难道还不清楚？"何应钦就叫："王厅长（伦）你立刻打电话去问问徐军长（庭瑶）前方的情形怎样？"王伦打电话问徐庭瑶，回话说前方很平静。弄得杨杰当场下不了台，满面通红，一言不发。不久杨杰的总指挥也撤销了，由徐庭瑶代理。杨杰从此就反对蒋介石。不过日军增加确是事实，正在部署尚未攻击，原来是第八师团，后又增加了第六师团 1 个旅和 1 个骑兵旅团，是由多伦方面转移过来的。

蒋介石作了最后指示，肯定地说，要以现有兵力竭力抵抗，不能希望再增加援军。会后随往西山碧云寺拜谒孙中山衣冠冢，并同何应钦、杨永泰和我在香山饭店吃了一顿不饱的晚饭，他就经保定转回南昌去了。蒋还交下一些问题，留杨永泰在北平与各方商量处理。当晚我即邀杨永泰到北平著名交际花杨惜惜家里去玩，顺便同各方的代表商量处理问题。到的有东北军方面的于学忠、万福麟、鲍文樾，山西方面的徐永昌，宋哲元，驻平代表萧振瀛。杨惜惜是以前平汉铁路局会计科王科长的小老婆，王某贪污了十几万元，死后这些钱都归了杨惜惜。她有自己的漂亮汽车，华丽的公馆（缎库胡同五号）。那里有酒、有色、有财，经常有些"要人"出入。我们这些人在那里真是乌烟瘴气，蒋介石交下来的所谓军国要事，就是在那里商量处理的。

长城战事日益紧迫，北平也不能不有些军事布置。我们调了一些部队布置城防，主要是东城和北城。驻军在驻守地区，入夜是戒严的。在东城区苏州胡同一带素来是外侨尤其日侨活动的地方，他们不守驻军的戒严令东窜西窜。驻军哨兵要他们站住加以盘问，也是很平常的事。日本武官酒井隆也受到了哨兵的盘问。次日酒井隆就带了两个全副武装的日本步兵要到居仁堂见何应钦当面抗议。新华门守门的宪兵要武装的日兵停在门外，请酒井隆单独进去。酒井不答应，大闹起来。宪兵请示，何应钦也只好让他带着武装士兵到居仁堂。会见的时候，两个武装日本兵就站在跟前。何应钦抗议他这种无礼貌的举动，他的回答是因为在北平他的生命没有保障，因此不能不带同武装进行自卫。何应钦问他缘故，酒井就说昨天晚上被哨兵盘问，并诳言哨兵要他跪下，拿大刀想杀他；因此他要带武装保护前来抗议。还说他与何应钦是旧相识，是同学，才来当面抗议，否则就会自由行动起来了。何应钦除一面向他解释道歉之外，还下令驻城部队以后对外国人要客气、要礼貌。

尽管长城战事如何紧张，何应钦和我还摆出好整以暇的姿态。有时去玩玩高尔夫球，有时去打打猎。有一天，他同我去游颐和园，那时泮水初解，浮冰绿水之间，有上百成千的野天鹅浮游。我们问管园的可不可以打，他说从来没人打过，所以它们才年年敢到这里来快乐地游玩，一过春天，它们就飞去，一到冬天，它们又回来，是颐和园的天然美景。也就是说虽然没有禁令，可是从来没有人打过，以免破坏这天然的美景。他说话的用意，无非是想阻止我们去打。但我们猎兴大发，莫说没有禁令，就是有，我们一个是军政部部长代理北平军分会委员长，一个是内政部部长兼北平军分会参谋长，莫说是要打几只野天鹅来玩玩，就是要打三贝子花园里（即现在的动物园）养的老虎和狮子又有谁敢来阻止呢？于是我们居然开枪打了。后来听说天鹅从此就不来了。“始作俑者其无后乎！”

冯玉祥这时在张家口开始酝酿组织抗日同盟军。我同冯是 1927 年四一二事变后在徐州第一次见的面。九一八事变后，他一度到南京，又见了一次面。3 月 28 日我以私人名义，同高参陶钧到张家口去访问他，并看看情形。他请我吃一顿粗劣的晚饭，席间他说明了他抗日的宗旨，并力诋张学良、蒋介石的不抵抗主义的误国卖国。我心里想：现在长城不是正在抗战吗？何必另立旗帜？但我又想到抗战人人有责，多一方面的号召，壮壮声势总是有益的。那时他还是一个光杆儿，让他搞去吧，横竖搞不出什么名堂。因此我没有同他辩论什么，也没有劝他到南京去，我就回北平向何应钦汇报。但何却对冯十分重视，他说："冯这个家伙野心很大，抗战不过是用来掩护的名词，以后如何发展，如何收拾，很成问题。"长城战事正在吃紧，只好暂时不管。

4月下旬，方振武的部队响应冯玉祥的号召，由山西介休县开到了河北邯郸。北平军分会要他在邯郸候命，不拨火车给他北上，他就步行到了定县。我与方振武以前也有一面之交，何应钦要我去定县，同方商量，改编后参加抗日，拟改编为两个旅，以鲍刚、张人杰为旅长。他不同意，继续步行北上，到达徐水、满城附近。后方军队这样自由行动，何应钦大起恐慌，于是借口统一军令，饬将所有在察哈尔及河北两省的抗日救国军及义勇军等名目一律取消，其有人马充足的部队准改编为正规军参加抗战。这个命令的用意是想破坏冯玉祥抗日同盟军的计划，但不发生什么作用。方振武、鲍刚等的部队仍继续徒步向张家口集中从事抗日，精神是令人钦佩的。

我军的抵抗和撤退

北宁线方面自何柱国军退守滦河西岸，日军即进占抚宁、昌黎、卢龙等地，与我军隔河对峙。喜峰口方面因宋哲元的第二十九军防御相当坚固，敌人避免正面攻击的牺牲，找到冷口方面的弱点。那里原是东北军缪澂流师担任，后来商震部的黄光华师增加上去，虽然努力抵抗，但经不起日军的攻击，冷口遂告失陷。日军占领冷口后，分兵占领滦河上游的迁安，威胁滦河西岸阵地的侧背，主力则绕到喜峰口的后面，向防守喜峰口的第二十九军形成前后夹击的姿态。因此防守喜峰口的宋哲元军不能不撤退。北平军分会乃令何柱国、王以哲、万福麟等军撤至宁河、宝坻之线，宋哲元军撤至三河、平谷以东地区。敌人继续前进，先后占领遵化、玉田、丰润，向我军压迫。我为了布置津东防御去天津走了一趟。我在天津还去拜访了亲日分子张志潭

（已由南京任为北平政务整理委员会委员）。我在言语之中表示要他顾全大局，听候中央处置，不可单独行动。他表示这个仗打不下去了，首先军队纪律太坏，人心恐慌，甚至有些人宁愿欢迎日军到来。他的话可说是代表了他自己，也代表了某些人。我在天津想与前方联络，但联络不上。因为那条线（即宁河宝坻之线）并不是预先构筑好的阵地，而是临时征些民工挖了一些土壕，更未架设通信网。前方情形十分混乱，眼见那线也守不住。我转回北平把情形报告何应钦。

古北口方面是敌人进攻的主力。自古北口失守，我军就坚守南天门。南天门地形险要，不能使用很大的兵力。日军以全力进攻，战事很剧烈，进展甚慢。徐庭瑶的 3 个师，起初是关麟征第二十五师在第一线，被打得残了，黄杰的第二师顶上去，换下第二十五师，第二师又被打得残了，刘戡的第八十三师又顶上去，换下第二师。由南天门而石匣镇而密云，节节抵抗，节节撤退，就是这样挨了两个多月，是长城抗战作战时间最长、战事最剧烈的地方。3 月间，因喜峰口第二十九军大刀队一次的胜利，上海妇女界组织妇女慰劳队到喜峰口慰劳第二十九军，古北口方面则没有去。我对她们的代表王孝英、沈慧莲说，古北口方面的战事比喜峰口方面激烈得多，她们都不相信。可见当时报纸把大刀队捧得天那样高，把对日抗战最激烈的部队都忘了。东北军方面更没有人理睬。

徐庭瑶军退到密云附近，既无险要的地形，部队又已残破，不能作有效的抵抗。北平军分会事先把傅作义的部队调到昌平附近向怀柔、顺义出击，但经日军的攻击，作战不利，退守顺义、怀柔以北山地。日军进至顺义附近，距北平仅五十多里。而京东方面的日军既占领三河进迫通州，宝坻日军进迫香河，对北平形成三面包围的态势。这是 5 月 24 日的情形。当日军迫近顺义的时候，日军飞机 9 架飞过北平上空，飞得很低。机上的太阳敌徽及驾驶员的面目都看得清楚。那时既没有防空警报，也没有防空洞设备。我和何应钦听到了飞机声，才跑出居仁堂到假山下去躲避。我们的高射炮队也咯咯放了几响。但敌机并未投弹就飞回去了。事后，英、美外交人员深不以我们的高射炮的射击为然。他们说："日机不是来轰炸的，向他们射击，就会引起他们的轰炸或扫射。"

但敌机不轰炸、不扫射，只有天晓得，也许他们外交人员事先知道吧。

这期间，德国总顾问费而采，也在北平参加我们作战计划的制定。他是第一次世界大战德国总参谋长鲁登道夫的作战处长。他每天都到居仁堂听听情报，看看地图，或同我们谈谈。但我觉得他只有一般的战略见解，尤其对中国部队的情形根本就不清楚。东北军自滦西撤到宁河、三河之线，又被敌人突破。他问我，那方面既不是敌人的主力，东北军的番号又那样多，为什么守不住？这个很容易答复的问题，弄得我很难答复，只好耸耸肩膀。5月24日，上午他仍然到居仁堂，见办公室的作战计划地图都揭下来了，就大惊失色。我们把情况告诉了他，请他回南京以保安全，随后就调回国去了。蒋介石后来又聘请德国鼎鼎大名的塞克特将军当总顾问，他在德国当了很久的国防部部长，是凡尔赛条约后第二德国陆军的保育者。我曾参加他与蒋介石的座谈，蒋介石问他对日国防的意见。他说："最危险的是这条扬子江，必须沿江建设要塞，并沿江构筑游动炮兵阵地，沿江布置游动炮兵。否则一旦开战，日本舰队就可直捣汉口，把中国分为两下。"我觉得他的意见也很平常，难道这种平常道理我们也不懂得，要请教外国顾问吗？不过在蒋介石统治的时候，德国顾问是很吃香的。

订立城下之盟

南京政府抱定一面抵抗一面交涉的方针，除了军事抵抗之外，交涉的活动也是积极的。外交部部长罗文干、财政部部长宋子文2月底来北平就是做这个活动的。罗、宋回南京后，又派外交部次长刘崇杰来继续进行。他们希望通过英国驻华大使蓝浦森、美国驻华大使詹森，由英、美出面调停，把上海停战协定重演。但英、美在华北的利益关系并不大，不似上海那样积极，蓝浦森只是向日方要求维持《辛丑条约》，秦皇岛附近不发生战事。

南京政府不但在外交方面对英、美进行活动，做交涉的准备，同时也在内政方面调整华北的人事，为以后的妥协做准备。蒋介石曾要我兼任北平市市长，我没有同意；又叫我征求地质学家丁文江的意见，要他当北平市市长应付日本人，丁文江也不同意。5 月 3 日[①]南京行政院设立驻北平政务整理委员会，以黄郛、黄绍竑、李煜瀛、张继、韩复榘、于学忠、徐永昌、宋哲元、王伯群、王揖唐、王树翰、傅作义、周作民、恩克巴图、蒋梦麟、张志潭、王克敏、张伯苓、刘哲、张厉生、汤尔和、丁文江、鲁荡平为委员，并指定黄郛为委员长。从这个委员会名单来看，包括有代表国民党中央和华北地方各方面的人物，也就是想用这个委员会作为第一步"华北特殊化"，与日本进行直接交涉。黄郛是亲日派的头子，用他来当委员长，很显然是对日本表示妥协。黄郛被任命后，并不即时就职，而是在上海和北平与日本人秘密接洽，等待时机的到来。

军事上，到了 5 月 24 日，日军迫近顺义、通州、香河，北平成了三面被包围的形势，日机复在上空飞翔。前方的部队正在溃退，无法收容整理；后方又肯定没有增援的部队，即使蒋介石肯调援兵，也是远水救不了近火。北平只有刘多荃东北军的几个团和蒋孝先的中央宪兵第三团。白天我到城内各地去看看城防的布置，到晚上 8 点多钟才回到居仁堂，看见办公室里已经不像往日的样子，我的铺盖也已经捆好了。我问何应钦怎么一回事，他说："前方情形你是知道的，军分会现在决定撤到长辛店以南，打算 11 点钟上火车，火车已经预备好，在西便门外跑马场小车站上车。你回来得正好，我们等你做最后的商量。"在那里有黄郛、张群、李择一、王伦，连我一共六个人。我问撤退有没有请示得到蒋的许可，何说："时机太紧急，来不及请示。"我说："北平呢？"何说："交给徐庭瑶防守，他的司令部设在西便门外的白云观。"我说："敌人已占领顺义以南地区，还来得及由前方调回来布防吗？"何说："这就很难说了，只好尽力地做去。"

黄郛自被任命为行政院北平政务整理委员长之后，就在上海、北平与日方进行秘密接洽，他什么时候到北平我不知道，这次何应钦邀他来参加会议，自然有作用。黄郛说："由驻北平日本武官方面得到的消息，如果中国方面肯派军使向关东军要求停战，便可停止对北平的进攻，用外交的方式结

① 据查，系 5 月 4 日。

束此次战事，并希望在夜里两点钟给他们答复。否则关东军即向北平进攻。”黄郛、李择一自不必说，张群的意见是同黄、李一致的，但他不说话。王伦则主张守北平，并且要立刻调炮兵到天安门、中华门，向东交民巷轰击，先肃清城内的日本驻军，不管他日本人也好，美国人也好，英国人也好，一概把他轰完，横竖也不过丢了一个北平；使英、美旁观者吃一些亏，然后他们对日本有所责难，谁叫他们同日本人住在一起呢？他这些激愤的话，大家都不赞成。何应钦没有主意，仍然想撤退。我说：“调兵增援肯定不可能，前方部队正在溃退，未必就能调来北平，从容布防，而我得到消息，已经有人从事伪组织，运动某些部队参加。如果我们军分会一撤退，伪组织可能就立刻出现，敌人就利用伪组织作为对手与它签订协定，作为这次战事的收场；将关东军撤回关外，并不占领平、津，而平、津已成为一个特殊化的第二‘满洲国’。这样河北就非我国所有了，损失岂不是更大？因此我主张一面布置北平的城防，一面派军使去商量停战，万一停战不可能，然后把北平交由徐军长。我们那时候仍有从容退出的时间，现在又何必这样急呢？”大家都以我的说法为然，但何应钦仍以未曾得到蒋介石的指示为顾虑，因为事情太重大了。那时北平和牯岭长途电话还不通，打电报去请示万万来不及。我说：“委员长要我们来主持这方面的事，我们要为他负一些责任。古人说将在外君命有所不受，况且现在是君命来不及的时候呀，我们应该把责任负起来吧。如果以后委员长不同意，我们愿共同受国家法律的处分就是了。”我说完这番话，张群支持我的意见，何应钦才决定派军使去与关东军商量停战，由黄郛、李择一去答复北平日本武官。王伦见这样决定，遂愤愤地上楼睡去了。后来王伦在中南海骑马，堕马触树，脑破身死。他在那时算是北平军分会参谋人员中主张抗日最激烈的分子。

5 月 24 晚上的秘密会议开到一点钟以后，才决定派军使到顺义关东军第八师团司令部与西义一师团长商量暂时停战办法，其实就是战败了作城下之盟。派什么人当军使呢？这是一个忍辱负重的差使，既要有相当的官阶，又要有相当的仪表，最主要的还要会讲日本话。于是选派军分会作战处处长徐祖诒（燕谋）去充这个角色。他是日本陆军大学毕业，精通日语，相貌魁伟的少将，是很适合上述要求的。他当初不肯去，恐怕到那里受凌辱及以后还要受全国人民的责难，经我们多方的劝勉才答应了。他同北平日本使馆武官于25日上午5点钟乘汽车由东直门出城，抵达顺义某一个村子关东军第八师团司令部，同师团长西义一商量停战办法。路程不过50多里，个把钟头就到了。我们就好像热锅上的蚂蚁一样，静待他的回音。我们的行李已经捆好，不再打开，我只好到北京饭店去休息。早晨我又回到居仁堂，当我跨出饭店大门的时候，听到后面一个人很惊讶地说："他们为什么还不走呀？"由他的口气里可以想到当时北平某些人已知道我们已经准备坐火车要走了。他那句话到底是希望我们留在北平，还是希望我们早些离开北平呢？只有他自己才知道了。

大约12点钟的时候，徐祖诒回来了，他报告了与日军交涉的经过。他说：在顺义某个村关东军第八师团司令部里作了接待军使仪式，并签订请求停战的"觉书"后，西义一师团长就提出了暂时停战的办法，内容概要是：一、华军撤至延庆、昌平、高丽营、顺义以北、通州、香河、宝坻、林亭、芦台以南一带，以表示华军停战的决心，请日军不再前进；二、于5日内日方（指关东军）派遣代表与华方军事当局（指军分会）讨论停战条款；三、正式谈判地点须在日军占领地内。这个结果的下一步文章就更多了，首先是派谁当正式谈判代表，他的地位要比徐祖诒高一些，又要懂得日本话。我们再三商量，决定派参谋部厅长熊斌充当，另加上一个军分会总参谋的名义。熊斌也是日本陆军大学毕业生，过去同日本人有过一些往来。熊斌当时也不愿意充当首席代表，经我们勉励他做马关条约的李鸿章，何应钦并许了交换条件才答应的。其次是要派人到庐山向蒋介石作报告，因电报是不能弄得很详细，于是推我于25日下午4时专车回南京转庐山（当时报载黄绍竑28日回南京是错误的）。

我在25日午后6点多钟到了天津，在河北省政府主席于学忠处匆匆吃了一顿晚饭，我把前方情形及临时停战的办法告诉了他。他自然是同意的。随即专车南下，事先约好山东省主席韩复榘在济南车站见面，半夜里车到了济南，韩复榘已经候在那里；我们在车上谈了20多分钟，无非是把情形告诉他，他更是赞成停战。济南以后一直都没有停过车，那条路上就是我那个专车行走，其他的车都停了。第二日 3 点多钟到达浦口，走了 22 个钟头，据说是那时候津浦路最快的火车了。本想即乘飞机到南昌，但时候已经晚了。27 日上午 9 时乘军用飞机到南昌，在行营参谋长贺国光家里吃了一顿午饭，随即乘火车于下午 3 点多钟到了牯岭。事先蒋介石已经把汪精卫、孙科等南京要人召集到庐山来，在庐山饭店那里等候我的到来。我把以前长城各方面的战况和前天晚上（即 5 月 24 日晚上）军分会所作的决定作了详细的报告，最后我并代表何应钦面请越权专擅的处分。早在我的意料之内，因为我们是本着中央一面抵抗、一面交涉的方针处理的，他们完全同意，没有一句责备的话。蒋介石说："好！好！你们处理得对。以后的问题我另有电报给敬之（何应钦号）。季宽先生你很累了，你去休息休息吧。"至此我的千斤重担算是放下来了，索性住在庐山休息一些时候。《塘沽协定》于 31 日在塘沽签字，怎样情形我不知道。长城抗战就此结束了。

榆关[①]的浴血抗战

何柱国[*]

1933年元旦早上，我在北平得知榆关情势紧张，断定战事即将爆发，乃奉命立即赶回榆关前线。我记得当时是乘坐一个专为我而开的火车头赶回去的。临行我没有想到怎样安排家庭，却突然想起一个侄子需要照顾，于是仓促间开了一张两千元的支票，留给他备用。我上车后，因战事早已料定，而作战计划也早已决定，并早已向官兵们作了布置，所以并没觉得紧张忙乱，倒是想起了一年多来忍气吞声和无可奈何的为难情景，终于等到今天，除打仗以外，再无其他事情牵挂，顿时如释重负，满身轻松，不觉又哼出两句成语："慷慨赴死易，从容就义难。"到了秦皇岛，前方战火已甚猛烈，我除了下令坚决抵抗之外，一切皆照预定计划进行。主要是坚定不移地把主力布置在北戴河至界岭口一线，不过石河也有所准备，而榆关方面则尽可能实行阻击。战事从1日夜半开始，激战至3日下午2时，榆关终于失陷。

当时的战争经过是这样：

日方兵力，除榆关所驻部队及伪警之外，又由绥中增援步兵三千余名，

---

① 临榆县城设在山海关城内，故山海关又称榆关。

* 作者时任东北步兵独立第九旅旅长兼临永警备司令。

野炮、野战重炮四十余门，飞机八架，铁甲车三列，坦克二十余辆，兵舰两艘。战斗开始，日军即用炮兵火力及铁甲车、兵舰重炮同时向我山海关城南门城楼、鼓楼、东南角楼等处以猛烈炮火攻击，并由飞机向我阵地及城内各处轰击。敌还以石河桥配备之部队，牵制我第六二二团西关兵力，二里店、吴家岭之敌牵制我军北水关角山寺之兵力。

我军第六二六团兵力，以第一营守南门，第三营守东门，其余少数兵力随团长在西门应援。石河县我守军兵力 2257 名，第二营在孟家店及角山寺等地，策应守城部队，约计 1346 名。

自 1 日下午 10 点 50 分起，敌军屡次进攻，均被我军击退，枪声昼夜不止。我派铁甲车驰往石河西岸掩护工人，修理被炸铁桥。自己骑马奔驰各地，布置军事，指挥作战。3 日午前 10 时，敌军以海陆空三军的火力向我南关及南门主攻。我方城内实际只有两营兵力，猛烈还击，战况激烈，燃烧爆炸，硝烟连天，南北城楼以及商民住宅，炸毁尽净，我方人马伤亡过半，南门城及东南城角，西南水门一带，战斗尤为激烈。正午，南门及东南城角，均为敌人攀登占领。我预备队自西门向南门增援反击。第十一连又自东门向东南城角逆袭，遂将敌击退。午后 2 时，敌复增加强大兵力，再度总攻我东南城角，卒被轰成巨大突破口，敌坦克及步兵跟踪挺进，我军屡堵屡仆，北门至东门立即陷于无险可守状态。是时，我方营长安德馨以下，二连连长刘窦宸、三连连长关景泉、四连连长王宏元、五连连长谢镇藩等人，尽皆战死，其余官兵也伤亡殆尽。团长石世安振臂一呼，率预备队与敌坦克作殊死巷战。一连连长赵璧连也负重伤，排长以下官兵又伤亡过半。四门均破，只有十几人在团长率领下，由北水门退出，榆关终于失陷。

在这短促的战役中，我九旅以不足一团的兵力（实际只有两个营），事先受《辛丑条约》之限，不能预筑防御工事，与日本海陆空密切配合的强大敌人拼搏，竟毙敌 400 余人，安德馨营全营官兵覆没在血泊之中。人民群众死伤在一千几百人以上，未能逃出的妇女学生，几乎全部被日军屠杀，逃亡百姓则何止五六千人。房舍被焚，财物损失，不计其数，殊堪浩叹也！

榆关失陷后，全国各报刊均有评论，谴责中央的不抵抗政策，仅择北平《新北平报》“老百姓谈话栏”六点谈话如下：一、中央知道榆关失陷吗？……中央政府至今对于整个抗日大计，仍在那里犹疑不决，还用那一套旧文章，电日内瓦令我代表报告国联。华北是华北，中央是中央，仿佛抗日的分工，分不到中央肩上似的，忍心害理，看华北的大地，一块一块像东三省那样的丢掉。报告国联，一年零三个月了；去年日本攻击锦州，各国使馆均派员视察，至今效果如何？明知不行，还要绕这个弯，不是欺骗国民是什么？（1月5日老百姓谈话栏）二、华北是张学良的吗？……今身执中央政柄的，于榆关失后五六日，仍游家乡，居处上海，对于榆关的失守，热河的轰炸，华北的危急，除仍用外交部向国联发宣言，及国府对华北的将领发长电的老调外，仿佛榆关是何柱国的榆关，热河是汤玉麟的热河，华北是张学良的华北，中央政府均政策久久不决，俨若继房的家长，专说官话，并无真实援助，这又怎么讲？（1月7日老百姓谈话栏）三、张学良已下决心，中央能不抵抗吗？……近日榆关失守，华北危急……我们以为中央到此时也应该发了急，温温良心，领导全国，与暴日拼一下！不料……丧心病狂，出言荒谬，竟至如此。（1月9日老百姓谈话栏）四、慰劳何柱国。……连日榆关何柱国部坚守山河，沉着应战……老百姓深信何柱国部队必能勠力杀敌，尽忠报国，功绩不在十九路军与第五军之下。因何柱国于去夏在北平，曾送一照片给上海爱国男子吴迈，吴向何曰：“设若日本将来在榆关起衅，你怎么办？”何即提笔书于相片之背曰：“国破为何不尽忠？”吴曰：“要兑现呀！”何答曰：“定兑现！”今果到尽忠之时，何柱国居然实践前言……（1月12日老百姓谈话栏）五、国不保饭碗焉能保！……山海关为中国东北门户，第一天险，亦即中华民族生命最后的决斗地，日本注意了一年有余，若是中央早有点办法，何至于让何柱国孤军独挡日本整个之师？现在全国民众的喉咙均喊破了，不见中央的空军及海军，来帮点忙！（1月17日老百姓谈话栏）六、中国海军、空军哪里去了？……前天在前线上，何柱国亲自对老百姓说：“榆关之失，是日本生生用坦克车冲进南门，而当时安得馨一营，活活以肉体去拼命，试想以血肉之躯当无畏的炮车，哪能不牺牲如此之多？”昨天石门寨方面，我军又组织敢死队，决与日军抵抗到底，前方士气

如此之盛，宁可毁灭个人躯肉，捍卫国家，可歌可泣，只此证明中华民族精神不死……（1月18日老百姓谈话栏）

自临榆县城激战之后，日军主力未向我主阵地进攻，外围战斗不断进行，至1月10日，日军向我九门口、石门寨方向进攻，激战到12日晚，九门口失守。21日石门寨失守。榆关战役对我来说，还仅仅是前哨战。敌人不但没有能进攻我们的主力阵地，而且也没有能越过城西石河之线。只是给敌人这样一个教训：如果他没有强大的兵力，想突破我的阵地，实不可能得逞。因此，日军又由落合出面，托英国军舰舰长向我驻秦皇岛第六二五团团长田泽民说："山海关之事，日本政府责怪落合处理不善，以致引起战争，希望双方各派代表协商解决办法。"我深知这是敌人的缓兵之计，遂断然拒绝，决心与敌人拼搏到底。

我记得在2月23日，我的军司令部在海阳镇督战时，我曾给所属全体将士下了一道训令，原文如下：

查自榆关失陷，华北濒危，本军按预定计划，节节布防，以再筑长城之精神，期巩固平津之门户。吾人即立于国防之第一线，复作收复失地之最前锋。外有国联五十余国之援助，内有四万万同胞之物质后盾，不但东北军之全体荣誉，系于本军，而中华民族之生存出路，亦全视本军之成绩，谓为幸运，诚千载难逢之好机会。谓为责重，诚有史以来之巨任。月余以来，我各级官长及士兵，以不良之装备，缺乏之器材，于朔风冻地中，日夜继续其艰难之作业，足见精神奋发，亦足见觉悟其责任之重大，与职务之光荣矣。本军长深为嘉慰，唯尚有鳃鳃为虑者数端，特为亲爱战友一言之。

一、毋震骇于敌人之物质威力，……哀兵必胜，兵法所著；得道多助，古有明证。去春第十九路军挫敌于淞沪，或向蔡廷锴曰："何以敢打？"蔡答曰："要打。"又向翁照垣将军曰："吴淞炮台何以能守？"翁答曰："要守。"此外毫无有把握之理由。所谓"要打""要守"者，决心拼命是也。是精神威力可以克胜物质威力之证也。昔东北军之物质，为全国之冠，而不能统一华北者，乃物质丰富，而无拼命之决心以运用之，徒以资敌耳。今日阀甘冒全世界之大不韪，违反其国民之心理，欲驱其含怨之兵，以征服吾国，终必失败毋庸置疑矣。

二、制胜之要诀——装备较劣之军队，对优势之强敌应利用工事作韧强之抵抗，而最后以白刃决胜之。敌优于我者，为飞机大炮、坦克车，然此等利器，均不能占我阵地，而决定我战局者，仍有待于步兵之前进。故当敌飞机大炮轰炸之际，我可利用坚固之掩护工事，沉着监视，待敌军接近百米以内，即飞机大炮无效之时，此时彼我之兵器相等，我步兵即可发挥威力，以斜射侧射之火力，加以局部之出击，将敌歼之，对敌坦克车通过之地点，则以宽二米乃至五米之外壕，或地雷封锁之，其山坡不能通过之处，留作出击地区，其步兵容易隐蔽接近之处，则以铁丝网封锁之。步兵火网前缘有四百米距离，即为满足。

总之，第一要能挨打，第二配置要散，第三用兵要活。故第一要掩蔽坚固，第二处处要有射击设备，第三要多设交通壕，各级干部应捉住当前好机，即自动局部出击，则敌之物质威力固无所用也（应熟读淞沪对日作战之经验）。

三、精神须坚忍，战斗须韧强。东北军以往战役，多因火力优势重攻击而忽略防御工事，我同胞之性格，亦利于攻击，遂致有长此工作，可以沮丧士气之说，抑知此次之形势恰与往时相反，吾人正应学晋军之忍耐，与西北军之毅力，乃可以摧破强敌也。再就装备言之，自十七年改编以来，团以下之火器与敌相等（第十九路军之装备训练，远不如我军，而其成绩已可观），而十九年前新典范令之颁布，亦已采用欧战后适合韧强作战之新筑垒方式及战斗方式，特种部队未训练成熟，致团以下之配备，多未能适应发挥其轻重火器之效力，宜速按典范令修正为纵深横广据点式之配备，并抽暇演习之。以免一点被敌突破，遂致全线瓦解，是为主要。

其他关于构筑工事之要领及缺点，已汇集各参谋视察所得者，及本军长所亲见者，即发如另纸，立速熟记，将各官所担任之工事，一一比照以修正之，庶期杀敌之精神，获有最尽善之杀敌方法以发挥之，则渤海湾头，长城之下，我忠勇将士所流之一滴血，亦有崇高之代价，以照耀千古也。此令。

本军口号：

以最后一滴血，为民族争生存！
以最后一滴血，为国家争独立！
以最后一滴血，为个人争人格！

总之，榆关失陷，对于我这个守将来说，是责无旁贷的。“天下第一关”这个天险，沦于敌手，我固引为终身遗恨。当时我的任务是保卫平津，拒敌于滦河以东之线。所以在临榆失陷之后，我没有进行反攻，只是指挥外围零星战争，按预订计划，严阵以待，准备与敌人作殊死拼搏，以保卫平津。事出意外，敌人侵占榆关之后，没有以主力继续前进，而是试探性地向九门口及石门寨打了两个小型战役，遭到一定的伤亡之后，改道由热河一路进关，而放弃了由山海关一路进关的战略，以其主力直趋热河，很快地侵占了冷口、喜峰口和古北口。并且长驱直入造成了进逼通州、唐山，威胁平津，这种局势的造成，显然是狡猾的敌人预知我已有充分准备，如从山海关一路而进，必然遭到我军痛击，绝不可能轻而易举地长驱直入，所以改道进攻热河也。

古北口抗战纪要

杜聿明　郑洞国　覃异之*

一、“中央军”的调动

1933年1月，日军侵占山海关、九门口以后，2月分兵三路进攻热河。国民党政府的不抵抗政策，遭到全国人民反对，南京工人通电抗日，平津等地工人、学生电请对日宣战。蒋介石在全国舆论的压迫下，不得不调一部分中央军北上抗日。驻在徐州蚌埠一带的第二十五师（属十七军建制）奉命于2月26日开始输送，限3月5日以前在通县集中完毕。驻潼关、洛阳一带之第二师奉命于2月28日集中洛阳开始输送，限3月8日以前到达通县待命。在湖北花园孝感一带的第八十三师，于2月下旬集中汉口，3月上旬开洛阳（据说是为了对日军保密，故在洛阳绕道），3月20日前后到达北平附近，3月25日集中密云。独立炮兵第四团、炮兵第七团、骑兵第一旅、重迫击炮第一营及其他直属部队等，均在3月下旬至4月上旬间，先后开到密云。以上各部队均归第十七军军长徐庭瑶指挥（战争末期第八十八师的一个旅曾开

* 作者杜聿明时任第十七军第二十五师第七十三旅旅长、代理师长；郑洞国时任该军第二师第四旅旅长；覃异之时任该军第二十五师第七十五旅第一四九团团长。

至北平待命）。

当时北上抗日部队在全国人民要求抗战呼声的鼓舞下，同仇敌忾，情绪很高，人人摩拳擦掌，准备效命疆场。就是一向热心“剿共”的徐庭瑶，本来奉命到江西上饶担任赣东北清剿指挥的任务（该军第四师正在上饶一带“剿共”），也请求北上抗日，可见要求抗日已成全国人心之所向。由于国民党部队平日训练都以“剿共”为目的，所以对抗日所需要的对空和对战车以及近代的筑城作业等的训练，根本不加注重。甚至二十五师2月25日由徐州出发，3月份的伙食费还没有领到；该师临时在地方上借了10万元，部队才能开动。当时北平，尤其古北口一带，仍然是冰天雪地，而二十五师到达时，尚是赤足草鞋；至于大衣等防寒服装，则更谈不到了。当时北平各界所组织的抗日后援会，尤其朱庆澜先生等所领导的后援会，竭尽全力为二十五师捐送皮大衣等防寒装备，该师官兵对人民支援抗战的热忱非常感动。更荒唐的是第二师的轻机关枪还在仓库里，未发到士兵的手上。据说第二师师长黄杰怕损失了，不好补充。各部队的工作器具很缺乏，尤其在长城一带的山地，多半是岩石坚土，工具消耗又大。幸赖朱庆澜、车向忱等所领导的抗日后援会及时捐赠，全军官兵受到极大鼓舞。后勤部队卡车很少，勉强可供运输弹药之用，粮秣运输全靠骆驼和牛车，一日行程不及80里。为了防空，行动都在下午5时以后，至翌日6时前，必须在树林中隐匿。由石匣往返北平一次，需六七日，给养时有中断之虞。

二、二十五师接防古北口前后

二十五师接到动员北上命令后，师长关麟征先遣七十三旅旅长杜聿明乘快车赴北平，向军事委员会北平分会（以下简称“军分会”）代委员长张学良请示机宜，并了解日军进犯的情况。

杜聿明大概是3月1日到北平，住前门外李铁拐斜街中国饭店。在上午10时前后，打电话给军分会，要求见张学良，军分会交际处说张今天不会客。再打电话到顺承郡王府，张的左右也说张今天不会客；经杜一再说明是奉蒋委员长之命来的（其实是杜假借的），张的左右才答应“向少帅请示后答复”。直到下午 2 时，尚未接到通知。杜有些着急，再用电话询问。张的左右说：“少帅今天开会，恐怕不会客。”杜无可奈何，只好等着；直到第二天才得到通知，约杜午后 4 时在顺承王府会见。

张学良见杜时，对二十五师的编制、装备、训练及日常事务生活等情况，问得非常详尽；但对于日军侵占热河，东北军抗战的情况，以及我军抗战计划、战略战术与经验教训等则毫无指示。杜聿明为急于了解这些情况，就问张：“热河的情况如何？”张答当天尚未得到电报，但说日军并不多。杜又问我军现在何处作战？张说在承德附近。再问：对二十五师计划如何使用？张说先到通县休息休息再说。最后杜问对日作战应注意些什么？张说日军飞机很厉害，要注意防空，详细情形将来同王以哲军长研究研究。张又对杜说：“东北军打得很好，日军吃了很大的亏，中央军来更有办法。”但什么办法，张并未对杜说出，即连喊副官倒茶，似乎怕杜追问下去，难以答复。杜见此情况，即行辞去。杜当时的印象是：张学良对小事（日常事务）聪明，对大事（对抗日战事）糊涂。

以后杜为了解情况，曾到军分会去，见各处人员表面镇静，实际极为慌乱。参谋处的主要负责人，办公时间都不在，据说是料理私事去了（实际上准备逃走），仅有些看守办公桌的小参谋，一问三不知。就这样，杜在北平好几天，未得到热河敌我双方的真实情况。据说就是张学良本人也不十分了解。

3 月 5 日，二十五师在通县集中完毕，这时第十七军军部尚在蚌埠，该师归军分会直接指挥。6 日奉张学良战字第 5015 号命令，着该师即进驻密云待命。7 日该师正向密云前进间（密云距通县 140 华里），中途奉张学良急电，大意是敌已侵入平泉、承德，其先头似达滦平；第一〇七师在青石梁、曹路口、巴克什营构筑工事；第一一二师在古北口加紧构筑坚固阵地，阻止敌人等语。8 日午后 6 时该师全部到达密云县城，晚间各部队正在就寝中，于午后 10 时奉到张学良齐戌电：“据报敌人今晨向我古北口外阵地开始攻击，刻正对战中。着第二十五师迅速向古北口前进，与在古北口之王以哲军长极力联系。”该师奉令后，即于夜11时出发，于9日午前8时到达石匣镇。为避免日军飞机轰炸，休息至午后8时，继续向古北口前进。此时部队暂归七十五旅旅长张耀明指挥。师长关麟征和七十三旅旅长杜聿明乘汽车先到古北口与王以哲联络，了解情况，以便决定作战部署。

关、杜二人的汽车从石匣镇北开数里，即见东北军车马人员，狼狈不堪地向南奔驰，步骑炮兵及行李辎重毫无行军序列，道路为之阻塞。车行如牛，深夜12时前后始到古北口。当时一〇七师正由热河撤退下来，古北口街道，人喊马嘶，杂乱异常。这时王以哲和一一二师师长张廷枢正在王的司令部，大声争吵。张说：“你的队伍能走，我的队伍就不能走，是什么道理？”王说：“没有命令你就不能走。”张说：“听谁的命令？你能走，我也能走。”他们双方站在门口的卫兵都怒目相对，好像真要厮杀的样子。关、杜到后，争吵犹未停止。据王以哲说，有诸兵种联合之敌，兵力未详，已逼近长城，刻正与我占领长城一带阵地的一一二师对战中。但关、杜二人当时未闻有枪炮声，似乎当日长城沿线并无战斗。事实上也是在翌日（10日）午后3时敌人才开始向古北口攻击。但此时王以哲要二十五师接替长城一带一一二师的阵地，关麟征则要一一二师在第一线担任防守，第二十五师在古北口南城占领第二线阵地；并说：“如果一一二师阵地被突破，二十五师一个反攻就把敌人打回去，恢复阵地。”显然关是说大话耍滑头，企图利用别人掩护自己。关并请王以哲坐镇古北口指挥。王则既不同意让二十五师占领第二线阵地，又不欲在古北口指挥，而想急于交防撤退。双方争执，相持不下。在争执间，关曾问杜的意见，杜认为东北军士无斗志，王、张二人意见不合，既不可能强留，即留亦不能力战。从地形上看，长城居高临下，易守难攻，得之则占先制之利，可以瞰制敌人；失之则处于不利的态势（因古北口南城地形低于长城，是历史上战役中驻军后方所在，形成一个小市镇，北关大，城内小，军事上的价值不及市外的长城）。如我们坚持占领第二线阵地，第一一二师将弃长城而撤退，反不如以二十五师接防古北口将军楼第一线阵地，让第一一二师占领古北口以西、河西镇以北长城及八道楼子之阵地，使双方阵地正面缩短，互有依托；而第一一二师不担任正面，尚可能多留几天。因之向关建议，可以照王以哲的意见，接替古北口长城一一二师防务，但一一二师必须担任河西镇及八道楼子防务，与二十五师协同作战。当时关以杜未支持他的意见，内心非常不满，他坚决不同意接替长城第一线阵地，仍与王相争不已。直争到10日午前4时前后，王见二十五师先头部队已到达古北口，遂令一一二师守长城第一线，令第二十五师占领古北口南城东西两侧高地，并向两侧高地延伸，布置第二道防线。王下令后，即匆匆退去，第一一二师亦同时退出古北口，仅留一团步兵在长城第一线阵地。

10日上午6时，二十五师七十三旅已占领古北口南城东西两侧高地及龙儿峪阵地（即第一一二师右翼之第一线阵地），并加紧构筑防御工事。该旅的一四五团在右地区，一四六团（欠一营）在左地区，并以一四五团的一营在右翼第一线占领龙儿峪阵地。一四六团的一营为旅预备队。七十五旅集结于黄道甸附近，师部及直属部队位置于古北口之关帝庙。

三、战斗经过概要

古北口之战

3月10日早7时30分，七十三旅甫部署完毕，敌机一架即来古北口上空盘旋侦察，约1小时后投弹而去。上午9时敌机5架又来盘旋轰炸，以后每小时一队敌机，往返轮流轰炸，竟日未稍停止，我军既无对空作战的有效武器，又无对空作战的经验。古北口长城一带高地都是坚硬的岩石秃山，构筑工事及掩蔽部极为不易，在潮河支流上游有少数树木，亦为敌人投弹目标。因此，在敌机低空轮番轰炸之下，我军未战之前已有相当的伤亡。这可能是日军侵略我东北以来惯用的战法，企图以飞机轰炸吓退我军。日军见我军被轰炸后屹然未动，遂于午后3时以炮兵掩护步兵向我二十五师最右翼龙儿峪阵地及一一二师右翼将军楼阵地开始攻击。敌人攻击正面虽广，但并未实行强攻，很显然，这种攻击是威力搜索的性质，作明日实行总攻击的准备。根据当时的情况判断，敌人可能从我最右翼的龙儿峪阵地进攻，企图突破我军一翼后，沿潮河支流大道包围古北口守军之后路。关麟征和杜聿明决定即将七十三旅一四五团的主力，增加到龙儿峪方面，左翼与一一二师的将军楼连接，右翼延伸至龙儿峪以东500米高地之线；并调七十五旅（欠一五〇团）集结于古北口东关相机策应。另派七十五旅一四九团的一营，于通司马台大道警戒我军的侧背。午后6时敌以威力侦察的目的已达，退回原线。我军乘夜间调整作战部署，准备迎接明日的激战。

11日拂晓，敌即开始总攻，以飞机及炮火掩护其主力向我龙儿峪及将军楼阵地攻击；至10时许，将军楼我一一二师阵地被敌突破。当时守古北口正面的一一二师部队，既不支援将军楼的战斗，亦不固守古北口正面，仅于河西镇留步兵一团收容该师退却；古北口守军亦自动撤退。敌人占领古北口关口后，即乘胜以主力向我二十五师右翼龙儿峪阵地包围攻击。我守该地的一四五团，受敌两翼包围，伤亡惨重；而占领将军楼之敌又以猛烈的步炮火力封锁潮河支流上的交通，该团与旅部的交通电活，均被截断。同时古北口南城的战斗亦很激烈。当时关麟征决定要杜聿明指挥古北口南城正面的战斗，他亲率特务连赴右翼前线、指挥七十五旅主力，拟恢复将军楼阵地以支援右翼一四五团的战斗。出古北口东关不远，即与敌人的战斗前哨发生遭遇。关麟征亲率一四九团拟强占潮河支流北岸（干沟）高地，走到山腰，即遭敌人的潜伏侦探狙击，双方短兵相接，关虽首先被手榴弹击伤，仍继续指挥一四九团与敌搏斗，双方相继增援，战斗极为惨烈。我军终于将敌人击退，占领高地，并与一四五团取得联系。是役一四九团团长王润波阵亡。据关麟征说，在他身旁的士兵由于不会使用手榴弹，未拉引线即行掷出，结果并不爆炸，否则他是不会受伤的。他认为这是一次惨痛教训，所以后来他要求二十五师士兵，每人都要投几个手榴弹才算及格。

关麟征受伤后，即调七十三旅旅长杜聿明为副师长代理师长职务。一四六团团长梁恺调为七十三旅旅长，继续作战。午后6时许，河西镇一一二师的一团又擅自撤退，二十五师即派七十五旅的一五〇团推进至河西镇占领阵地，以巩固我军左翼。同时以骑兵连由北甸子经汤河向敌后迂回，以威胁敌之左侧背。激战竟日，二十五师仍保持原阵地。

11 日晚，杜聿明与七十五旅旅长张耀明，综合研究当时情况，认为敌我兵力悬殊，二十五师除在河西镇之一五〇团伤亡较小外，其余均伤亡惨重。目前第一线又与敌人胶着，欲抽调兵力缩短战线，势不可能；倘明日敌增兵从我任何一翼迂回，或我某一阵地被突破时，均无兵力以挽回战局。为迟滞敌人前进、以待我后续部队到达计，决心以仅有的两连预备队及师部特务连，即晚在古北口以南高地及南天门一带占领预备阵地，在不得已时掩护师主力逐次转移到预备阵地，与敌作持久战斗。

12 日拂晓，敌增加重炮及飞机向我全面攻击，主力指向一四五团，同时以一大部兵力向我右翼延伸包围，战况较前两日更为激烈。官兵虽死伤相继，仍与敌顽抗，连续击退敌人 3 次攻击。在 12 时前后，仅有的电话总机及无线电报机均被敌机炸毁，前后方失去联络，消息不通，后援不继，前方部队各自为战；同时向我右翼包围之敌有增无已。午后 2 时，敌已迂回到古北口东关附近，驻在关帝庙的司令部已被敌机关枪封锁，又无预备队以应付迂回之敌。此时，杜聿明与张耀明仓促离开司令部，到古北口南高地的预备阵地指挥。预备阵地与各部队间的电话亦被炸毁，阵地已被敌人截为两段。午后 3 时左右，杜聿明在指挥所看到第一线部队，自右翼起且战且退，已逐渐崩溃；由古北口东关，沿潮河支流谷道中，渐有官兵溃散下来。不久，两旅阵地（除一五〇团河西镇阵地外）完全崩溃，沿潮河支流溃退的大部队，成为敌人瞰射轰炸的有利目标，因而伤亡更为惨重。七十三旅旅长梁恺负伤，各部队长对自己部队都失了掌握，未能按照预定计划转移阵地。仅有少数部队在古北口以南高地及其西南的南天门占领阵地，河西镇的一五〇团仍在原阵地，与敌隔河对战。

在这里有一件事是值得补述的：一四五团派出的一个军士哨因远离主力，未及撤退，大部队崩溃后，该军士哨仍在继续抵抗，先后毙伤日士兵百余名。后来日军用大炮飞机联合轰击，始将该哨歼灭。日军对这军士哨的英勇精神非常敬佩，曾把 7 个尸首埋葬起来，并题“支那七勇士之墓”。

12 日午后 6 时左右，杜聿明转移到南天门时，看到溃退下来的部队混乱异常。此时南天门阵地上，除师特务连及少数部队占领阵地外，其余部队都失去掌握，甚至有少数零散官兵，一直向石匣、密云逃走。不久张、梁两旅长先后到南天门，才派出参谋传令，分头收容各旅官兵，逐渐占领阵地，与敌对峙。入夜杜聿明为了缩短防线继续抵抗，乃重新调整部署，令七十五旅的一五〇团由河西镇撤退至南天门以左高地占领阵地，南天门以左地区归七十五旅守备，南天门以右地区归七十三旅守备；师指挥所设于南天门。

12 日晚，第十七军军长徐庭瑶已到达密云，徐与杜通电话后，决定命令第二师星夜向南天门急进，接替二十五师防务。13 日上午 5 时前后，第二师郑洞国旅（第四旅）已到南天门，未及休息即接替阵地；第二十五师交防后，撤回密云整补。

二十五师是 1933 年 1 月 1 日由第四师的独立旅扩编而成，2 月下旬即匆匆北上抗日。该师除迫击炮外，山、野炮全无。是役仅以 4 个步兵团独挡优势之敌（满洲派遣军西义一第八师团全部及骑兵第三旅团）；既无坚固阵地可凭，友军又不协力抗战；加以官兵训练很差，虽有抗日爱国的热忱，而无对日作战的经验与技术，以故伤亡极重。计激战 3 昼夜。全师伤亡 4000 余人。但敌自侵入热河以来，又一次遇到顽强抵抗的中国军队，敌军伤亡不下 2000 人，不得不承认这一战役为“激战中之激战”。自 3 月 13 日至 4 月 20 日，将近 40 天中，敌人未敢轻于冒进；一方面固然在玩弄外交阴谋，另一方面对于下一战役不能不集中更大兵力，做更周密的进攻准备。

南天门之战

古北口之战以后，日军为了进一步对蒋介石施加压力、以达其逐步控制华北的阴谋，决定首先集中兵力击破蒋介石的中央军；自 4 月 15 日起，即将滦东兵力逐渐向古北口方面转移。除西义一第八师团外，有坂本政右门第六师团主力，中村第三十三旅团（混成旅团，内有满蒙伪军及满韩联合军约 6000 人）并附有强大的空军、炮兵、坦克等部队。

我军鉴于古北口之战的经验，充分利用作战期间，加强阵地的构筑，并修筑阵地内的交通，以利炮兵的活动。南天门阵地，右自潮河岸的黄土梁起，左至长城上的八道楼子止；正面宽约 10 里的中段以四二一高地为据点。

阵地编成系以抵抗巢为核心的纵深配备；并于南天门阵地后方，构筑 6 道预备阵地。

在双方对峙期间，各师自发地派遣别动队，迂回敌后袭击敌人。如 4 月 5 日第二师别动队在色树沟以短枪手榴弹狙击，毙敌骑兵第八联队军官一员、士兵数十名并炸毁敌汽车数辆。又八十三师由魏巍（不久升为团长）率领的别动队，袭击古北口北关，给敌后方部队以沉重打击。4 月 11 日同时在敌左右翼与敌之游动部队激战。我别动队曾将偏桥通承德的汽车道破坏，敌方接济为之断绝者多次。当时日文报纸曾说我军在运用苦鲁巴金战术。这种情况为何应钦知道后，曾责备各师长说："你们这样干，会惹起敌军进攻的，你们不出长城口去打他们，他们是不会大举进攻的。"徐庭瑶也认为敌人大举进攻南天门，是各师别动队在敌后活动所引起的，他在战斗报告中就这样写："此为战事剧烈之一大原因也。"

南天门之战，可以分为两个阶段：

第一阶段：4 月 21 日至 28 日。

在战斗开始之前，4 月 16 日敌机轰炸第二师师部驻地石匣镇，18 日又轰炸十七军军部驻地密云县城。20 日夜敌军派一个大队的兵力由古北口一个姓李的汉奸（原任保长）带路偷袭南天门左翼制高点八道楼子（该处有 8 座碉楼故名）。这 8 座碉楼建在很险要的山上，是南天门阵地左翼支撑点，原命令第二师派一营兵力防守。而第二师师长黄杰却认为日本兵穿皮靴，无论如何是爬不上这几座碉楼的，他决定只派一个连防守。这些官兵也以为地势险要，放松了警戒。据说日军爬进碉楼时，还有许多士兵在赌博呢。一夜之间，这 8 座碉楼全部被敌占领。担任守备的是第二师第六旅第十一团。当时黄杰大为震惊，据说他将八道楼子失守的情况向徐庭瑶报告时，徐在电话中严责黄杰说："你们怎样失守，你们就负责任怎样收复。"有人开玩笑说："因赌博失守，难道也要用赌博来收复吗？"黄杰严令第六旅旅长罗奇，反攻无效，又派第四旅旅长郑洞国率第八团并指挥第六旅的第十一团继续反攻。因为敌人居高临下，仰攻徒遭伤亡。决定于 22 日夜间把阵地变换到田庄小桃园之线。23 日早 7 时起，敌人利用八道楼子瞰射之利，以陆空军联合向南天门阵地的中央据点四二一高地猛烈攻击，进攻4次，均被击退。24日早6时起敌继续攻击，尤以午后的战况最为激烈，守该地的第十一团伤亡颇大；旋派第七团前往增援，卒将敌击退。25日敌继续以炮火向该地射击，终日未止。第二师苦战5昼夜，伤亡甚大，疲劳不堪。于25日夜间，由八十三师刘戡部接替南天门阵地的防守任务。26日拂晓，八十三师接防甫毕，敌复集中炮火向四二一高地猛攻，防御工事全被击毁；继以步兵猛扑，经该师四九七团顽强抵抗，激战至下午，因伤亡过大，终于放弃了这一重要据点。28日晨5时敌集中火力向我南天门附近的三七二高地及四二五高地射击，其步兵分三纵队向我猛冲，同时以坦克车掩护骑兵向我左右翼威胁。八十三师四九七团及补充团的一营，与敌激战竟日，营长三员均负重伤，阵地工事完全被敌毁坏。因此于是晚变换阵地，占领南天门以南600公尺的预备阵地。8昼夜的血战，敌人伤亡之大，为九一八以来所少有。而战线仍胶着在南天门附近，殊出敌预期之外。当时何应钦曾当面告诉各师长，在南天门至少要打两星期，才能维持政府在国际上的“面子”。

第二阶段：5月10日至14日。

4月29日以后，敌虽停止大规模进攻，每日仍以炮火向我阵地零星射击，时常以小部队向我袭击。

5月10日敌步兵500余人，在炮火掩护下，向我车头峪阵地进攻，被八十三师四九三团击退。11日午夜1时，敌三十一、三十二两步兵联队约5000人，向我稻黄店涌泉庄及其以南高地，用密集队形夜袭，战斗非常激烈。八十三师的四九三团及补充团损失极大。晨5时，敌坦克车6辆冲至上店子，威胁我军侧背。7时敌机8架在我阵地上空往复轰炸，协同敌步炮兵攻击，形成混战状态。8时敌炮70余门协同步骑联合兵2000余人，攻我左翼笔架山阵地，四九四团竭力抵御，激战至午，团长魏巍受重伤，中校团附汪兴稼阵亡，士兵伤达2/3。由于该师伤亡巨大，全线崩溃，不得已撤至后方5里的预备阵地，复以第二师接替八十三师的战斗任务。

八十三师师长刘戡以该师一昼夜间遭到惨重损失，被迫撤离阵地，感到非常悲愤，曾企图拔手枪自杀，被参谋处长符昭骞、作战科长吴宗泰二人抢夺了手枪，这次自杀没有实现。

11 日午后，敌乘第二师郑洞国旅占领阵地未完毕之际，复向我磨石山、大小新开岭、香水峪一带阵地大举进攻，并以坦克 10 余辆，冲至白水洞附近，截击我后方的交通。继又增加兵力，乘夜猛攻我小新开岭左翼四〇五高地。12 日敌复增加兵力，全线进攻；第二师各团伤亡惨重，遂撤至后方 7 里的新阵地。此时二十五师覃异之团（一四九团）尚在西北岭及下会之线与敌激战，支持至 13 日始撤至后方 6 里的新阵地。

12 日下午 3 时，敌攻占我大小新开岭一带阵地后，乘胜向石匣镇攻击：第二师在摇亭南香峪之线与敌激战。傍晚，敌坦克 10 余辆冲至南茶蓬我炮兵阵地，炮兵第四团第九连军官全部伤亡，炮 4 门被毁。同时我在潮河西岸的炮兵被敌重炮轰击，毁炮 3 门。由于我炮兵受严重损害，火力间断，敌之战车更加活跃，激战至 13 日午，全线崩溃。徐庭瑶令守潮河右岸的第二十五师，抽出一个旅向左翼延伸，占领后方 8 里之新阵地，掩护第二师撤至黄岗峪不老屯之线。13 日午后 1 时第二十五师七十三旅向左翼移动（此时该师七十五旅仍在城子村小槽村原阵地与敌激战），七十三旅一四六团未及占领阵地，即遭到优势之敌攻击。此时敌战车已越过石匣镇 3 里许，冲至我南山口附近阵地。午后 4 时敌炮兵向石匣镇集中射击，掩护其步兵前进，石匣遂陷敌手。第一四六团在南山口与向南追击之敌激战，死伤甚大，夜间 12 时退守后方 6 里之新阵地。14 日拂晓，敌步骑炮联合约 2000 余人在空军掩护下向我潮河右岸阵地攻击，其战车 20 余辆由潮河滩上突进，与我二十五师激战 3 小时，敌向石匣方向退去。同时黄岗峪不老屯之线亦发现敌之小部队进行扰乱。连日以来，十七军各师死伤又达 4000 余人；如不补充，实不能再作有力之抵抗。随即奉令以二十六军于 14 日夜进入九松山预备阵地。十七军除二十五师一部担任石铁峪五座楼之线警戒任务外，余调密云整理补充。15 日各师开始移动，17 日复奉命调回怀柔、顺义之线。八十三师奉命担任北平城防。

二十九军在喜峰口的抗战

何基沣[*]

1933年的春天，二十九军在喜峰口抗击日军。这是从九一八开始，日军在蒋介石不抵抗政策的纵容下，唾手吞并东北进占热河以后，意外地在中国北部所遇到的有力的还击。我参与了这一战役，担任二十九军前方指挥所的工作，亲历其事。现在把此役经过情况，概述如下。①

1933年1月3日，日军占领山海关，热河吃紧，平、津震动，华北当局急调二十九军移防平东。于是宋哲元以华北军第三军团总指挥的名义，指挥所部由山西开驻通州、三河、蓟县、玉田一带；总指挥部初设通州，继移蓟县，后来设在遵化。由于国民党政府始终坚持不抵抗政策，华北当局对抵御日军的整个部署，丝毫没有准备，而只是千方百计向日本谋求妥协。因此二十九军在1月20日部队陆续到达平东的时候，竟没有继续奉到准备作战的指示。2月25日，日军开始进攻热河，守军不战而退，不到一个星期，日军就以百余轻骑占领了承德。这时华北当局手忙脚乱，命令二十九军，以一部分兵力出冷口御敌。宋哲元奉令后，命我率骑兵两营到冷口执行警戒掩

---

* 作者时任第二十九军第三十七师第一一一旅副旅长。

① 本文有几处经过张维藩、戈定远两先生的补充，他们都曾参加喜峰口战役。

护任务。另命王长海团开到建昌营，以为策应。

3 月 4 日，我们到了建昌营，即遇沈克所率领的一〇六师，遭到日机追击轰炸，从冷口向南溃退，枪炮辎重，遗弃遍地，凌乱不堪。我们就在冷口布防，扼守要隘，并帮助沈克收容溃兵。到了 6 日，二十九军奉令防守冷口迤西至马兰峪止，长达 300 余里的长城各口，其中包括董家口、喜峰口、罗文峪诸要隘，而将冷口交由商震的部队接防，于是我们就离开建昌营。7 日我到了三屯营（三屯营在喜峰口南 60 里），二十九军在这里设有前方指挥所，师长张自忠、冯治安也已经到了这里。第二天下午，奉令接喜峰口的防务。喜峰口在遵化东北 110 里，距离热河的平泉 190 里，这里原由万福麟部驻扎，万部在热河的凌源、平泉遭到溃败，乃退保宽城、喜峰口一带阵地，士气沮丧，不堪再战，遂商由二十九军接防。我在 9 日下午和副师长刘自珍到达喜峰口，口里口外驻有万部一个旅，我们和他们约好，我们的队伍在天黑以前，一定可以到达一部分，等我们的部队到了阵地，他们就撤至口内休整。我和刘自珍视察了阵地，决定把先头部队一个团放在口外约 20 里的孟子岭，来确保喜峰口的安全。4 点钟左右，我们刚从山上下来，前方炮声大作，从望远镜里看到万部纷纷由孟子岭方面退下，旋接报告，敌人服部、铃木两个旅团的步骑炮联合部队，中杂伪军一部跟踪南下，铁甲车十余辆开到孟子岭附近，万部抵挡不住，望风而逃。傍晚，敌人占领口上高地，居高临下，控制了口门。这时，我三十七师特务营赶到，立即投入战斗，敌人炮火猛烈，该营又在洼地，营长王宝良率部争夺高地，中弹阵亡。王长海团随即到达，天已昏黑，双方在山上山下混战。夜间，我军由喜峰口的两侧，夺取高地，才把敌人压住，稳定了口上的战局。我将战况反映给在三屯营的冯治安，冯叫我立即到喜峰口南约 20 里的滦阳城指挥。我到滦阳城，已过午夜，宋哲元由蓟县总指挥部来电话，询悉前方战况后，指示说："一定要坚守喜峰口，我已经调赵登禹、王治邦、佟泽光 3 个旅去增援，他们离你处约有百里左右，跑步前往，预计天明以前，可以赶到"等语。

10 日一早，赵、王、佟三旅先后到达滦阳城。此时，喜峰口我军一部分部队向后退下，赵登禹立即带队上去，将敌人堵住，赵的腿部受了弹伤。

王、佟两旅分向左右两翼增援，战至上午11时，东面王旅告急，西面刘景山团告急，陆续派队援应，转危为安。10日一整天，在喜峰口附近激战，几处高地，得而复失，失而复得，来回拉锯，杀声震天。我军士兵，多数都不愿携带步枪，因为背着步枪上下山地，行动不便，他们只愿多带手榴弹，提着大刀，便于杀敌。由于两军的士兵白刃相接，距离很近，因而日军的飞机、大炮，无法使用。11日拂晓，敌人发动进攻，企图抢夺我军占领的山头，我军沉着应战，潜伏不动，待敌进至相距百米以内，突然出击，以手榴弹大刀冲杀，敌不得逞，遂以飞机大炮，轮番轰击。这两天多的战斗，双方的死伤都很重。晚间，我与三屯营张、冯两师长通电话，大家都感到如此拼杀下去，敌人器械精良，对我甚为不利，应当运用我军的特点，利用夜战、近战，出其不意，予以袭击。遂请得宋哲元的批准，决定采取迂回夜袭的战术，把第二线正面交给王治邦旅固守，抽下赵、佟两旅分两路包抄敌人。一路由赵登禹（赵在10日攻击敌人时，腿上被炮弹片擦伤，这时自告奋勇，裹伤出发）率领董升堂团及王长海团，从左翼出潘家口。绕至敌右侧背，攻击喜峰口西侧高山之敌，一路由佟泽光率领李九思团及仝瑾莹团，从右翼经铁门关出董家口，绕攻敌左侧背，攻击喜峰口东侧高山之敌；王治邦旅俟赵、佟两路袭击得手，即行出击。部署既定，夜半，两路分头出发。赵旅出潘家口，距目的地较近，拂晓前即到达敌特种兵宿营地区。这一带地方和喜峰口内外，在8日这一天都下过雪、到处还结着冰，官兵深夜在冰雪中急行军，情绪非常高涨。董团到达三家子、小喜峰口，王团到达狼洞子及白台子敌炮兵阵地。敌人万万没有想到我军竟敢雪夜袭击“皇军”，他们正在高卧，不及还击，多数被我军砍杀。夺获敌人的大炮、坦克车，无法携回，都予以炸毁（只携回炮镜和轻武器等），辎重粮秣悉予焚毁。此时，驻在老婆山的敌人看见火光冲天，知道有变，驰来应援，敌我两军，遂相混战，适佟亦已到达，将敌击退，仍由原路而回。此役毙敌甚众，击死敌指挥官1人。我军伤亡也很重，官长阵亡者计团附胡重鲁，营长苏东元，连长2人；受伤者团附1人，营长2人，连长7人。敌既受创，12日喜峰口沉寂了一个上午、下午敌机4架到喜峰口、撒河桥等处轰炸，投弹20余枚，我军略有伤亡。

董家口方面在 12 日晨，有敌来犯，经我军击退。这一带的战事，从 9 日下午开始，经过 7 昼夜的激烈战斗，我军坚守阵地，未被突破；此后，两军对峙，不时有些接触，战事重心，由喜峰口移到罗文峪方面去了。

罗文峪在遵化北 18 里，东北距喜峰口 110 里，其地适当喜峰口与古北口之间的长城凹入处，倘被敌占，则喜峰口的左后方受到威胁，势必无法站脚，不战自退。因此，我方在这方面驻有刘汝明师担任防务，并与原驻口外的东北军李福和的骑兵第五旅一部取得联系，互为策应。不料当日军由热河向罗文峪挺进的时候，李部骑兵望风而逃，擅自向西撤退，也不通报我军。幸而当地民众激于爱国热忱，连夜向罗文峪我军报告日军南犯的消息。与此同时，我军在罗文峪口外，抓获一名佐官级的敌探，在他身上搜出文件，知道敌人从朝阳、平泉、滦平一带，抽调第三十一联队、第八联队协同一部分伪军，经由兴隆县东北 60 里的莺手营进犯罗文峪。我军得悉情况，严阵以待。16 日拂晓，敌人先头部队沿半壁山向罗文峪进攻，企图夺取三岔口高地；我军祁光远团跑步绕出黄崖口，予以截击，经激战后，敌始退去。第二天，敌大举向罗文峪、山渣口、沙宝峪进攻，炮火猛烈，并有飞机助战。我军诱敌迫近，突出阵地，猛掷手榴弹，肉搏冲锋，反复冲杀。战斗竟日，阵地得失数次，我方复调李金田旅增援。傍晚，敌向莺手营方向退去。此役敌伤亡甚重，有少佐指挥官一员被我军击毙。18 日晨，敌步骑炮混合部队约一个联队之众，猛攻罗文峪、山渣口、沙波岗。刘汝明师长亲率手枪队督战，以机枪手榴弹抵御，待敌接近，挥刀砍杀，活捉其骑兵大尉一人，余众仓皇退去。至午刻，敌复向山渣口进攻，步兵在猛烈的炮火掩护下，向我阵地两侧挺进。我军李金田旅长率李曾志团，祁光远团长率王合春营，先后驰至增援，战至天黑，将敌击退；敌损失甚巨，我李曾志团长受伤，王合春营长阵亡。是夜，我军派李金田旅长率兵一团由沙宝峪口绕攻敌侧背，连越 7 个山头，摸至敌的机枪阵地；相距约四五十米时，被敌觉察，向我军猛烈射击。适祁光远团由左翼绕攻敌后，亦已到达，合力攻入敌阵。此时，正面我军见敌后业已打响，急令全线出击，前后夹攻。战至天明，敌全部撤退，罗文峪北 10 里以内，已无敌踪。

罗文峪战后，敌人又从喜峰口西边进攻了几次，均未得逞。4 月初，敌从喜峰口东面绕过滦河，经由南北团汀，到达撒河桥以东距三屯营约 10 里之外，经我军迎击，敌始退去。此后，二十九军在防区里筑成坚固的阵地带，敌从任何地点进攻，都须付出较大伤亡的代价，而二十九军自作战以来也有很大伤亡，计全军官兵伤亡共达 5000 余人，因而战事逐渐形成胶着状态。4 月 11 日，敌人从商震所部第三十二军防守的冷口攻入，接着迁安又告失陷，二十九军在喜峰口腹背受敌，不得不转移阵地，随即奉令撤至通州以东沿运河布防。在撤退的一个夜间，蒋介石驻北平的代理人何应钦以电话向二十九军参谋长张维藩询问前方情况。张答："我军已经按照命令，到达指定地点，严阵以待。唯右翼防地的商震部队，联络不上，现在我军右翼距通州约 20 余里的地方发现敌人。"何闻讯大惊，以为敌兵迫近，北平危急，立命备车南逃；旋悉战争形势没有继续恶化下去，始罢。不久，蒋介石政府与日本签订了《塘沽协定》，震动一时的长城抗战，就此结束。

察哈尔抗日同盟军

抗日同盟军的酝酿和成立

吴成方*

1930年8月间，胡鄂公委托中共北平特别支部书记张祝唐找到我，让我谈了以往的工作情况。他们认为，我在地方上开展斗争有一些经验，并且做出了一定的成绩。于是由胡鄂公介绍，我在北平见到了陈赓同志。陈赓是由中央派到北方来开辟特科工作的，他当时邀我到天津去做他的助手。

不久，我即到了天津，住在租界内某旅馆。陈赓同志到旅馆找到我，向我布置了任务，并谈了很长时间。他向我介绍了过去秘密工作的经验和教训。他谈到大革命时期广州和武汉做过重点，成了全国的政治中心。到了30年代初，由于日军侵华日趋深入，使平津逐渐成为政治中心。平津及华北其他各地聚集的各方面杂牌军很多，国民党南京政府派来的特务也多，为敌效劳的汉奸也多。然而，与这些反动势力进行斗争的工人、农民、青年学生、知识分子、市民以及爱国军人也多，我们的斗争方针就是针锋相对。陈赓交给我一份用毛笔写的四十条工作任务，我看了四十条任务，简单归纳为四个方面的工作:（一）特殊军事活动;（二）特殊政治活动（统战性质的）;（三）保卫组织;（四）情报工作。当时，王明已经取得了中央领导地

* 作者时任中共特委华北政治保卫局负责人。

位，“左”倾路线已经在实际工作中得到了具体运用和发展。王明一伙没有认识到中国阶级关系有了明显的重大变化，而把同国民党反动统治有矛盾并在积极活动要打倒南京政府的中间派，断定为所谓“中国革命的最危险的敌人”，主张“打倒一切”。白区工作在这种错误路线的领导下，遭受了严重损失。我当时虽然还没有什么理论认识水平，但在实际工作中对这套方针有看法，因此便对陈赓同志说：“现在我们有的同志来参加党组织的会议，坐人力车都要从很远地方下来。原因是怕被其他同志看见汇报后，被开除出党。我们要与敌人打交道，什么方式都可能采取。按照现在这个路线，我无法工作。”陈赓同志说：“你只要把工作搞起来，可以根据具体情况办事，不要执行打倒一切的政策。”后来，我才知道这一重要的指导思想是周恩来同志向陈赓口授的。当时，陈赓同志并不是直截了当讲现在中央路线如何如何“左”，只是十分策略地在具体工作方针上提出正确意见。在当时的条件下能够提出这一点，是很高明和很有深谋远虑的。这就使我们开展工作有了头绪，特别是为以后与冯玉祥打交道、共同组织抗日同盟军，提供了指导思想的基础。周恩来同志和陈赓同志在我们党和中华民族遭受危难的时候，为顾全大局，以无产阶级革命家的胸怀，采取了很明智的斗争策略，这是从革命的总利益着眼的，也是在具体行动上对王明“左”倾路线的抵制。我当时如果在思想上不明确这个问题，工作无论如何是干不成的，当然也就谈不上参与酝酿组织抗日同盟军了。

不久，陈赓同志离开天津回上海去了。天津虽属大城市，但由于特务和叛徒的活动十分猖狂，尽管有租界，我们要打开活动局面仍然十分困难。于是，我便回到北平。

在我最初的工作关系里，先要提到的是张祝唐。这个人在 1928 年到 1930 年间当过北平特别支部的书记。支部机关设在他家，地址是北平西单官房胡同 9 号。据我所知当时的特别党员有胡鄂公、毛俊可、许兴凯等，另外还有一个朝鲜人叫张寿山。后来，张祝唐本人失去了组织关系，由于各种原因这个特别支部也就不存在了。张祝唐的住宅是前后院，在其前院住着他的一位朋友，叫赵彦卿。此人是冯玉祥派到北平来的外交代表，曾经在西北军里做过冯玉祥的交际处长。1930 年，冯玉祥、阎锡山同蒋介石的内战失败，西北军土崩瓦解，冯玉祥大势已去。最后，只有少量人马跟随冯玉祥到了山西汾阳。冯本人在此隐居，但不甘寂寞，便给赵彦卿一些经费，让赵在北平搜集各方面的情况，为他找出路。张祝唐这时便委托赵彦卿为我们搞一些情报，主要是各派政治势力反蒋的情况。赵彦卿很忠于冯玉祥，他在外面搞一个时期，就要回到汾阳给冯玉祥汇报。他把我们让他搞情报的事情向冯玉祥讲了。冯玉祥当时听了对赵说："共产党现在是不要我的，我现在也没什么事情可做，但可以为共产党做一点情报工作。你尽可以与共产党方面联系，我也可以供给你情报。"于是，赵彦卿很快便为我提供了很多情报，其中包括一些冯玉祥与其他反蒋政治势力以及与蒋介石的来往信件和密码。中央得知了这些情况，认为我们两三个月就搞了这些重要的情报，很有成绩。

在此期间，我通过许多渠道，在各行各业、各色人物中物色可以为我们工作的人员，其中包括先后动员并起用了肖明、张金刃、张存实、吴化之等一批在当时失去了组织关系的北平地下党员。他们当中有许多失去组织关系是因为对六届四中全会王明上台有意见，参加了"紧急会议筹备处"的活动，有的则是被敌人逮捕后又释放了。在工作中，我为他们当中的一些人恢复了党的组织关系。

赵彦卿同我们联系一段之后，不久便表现得有些消极。原因是：他曾邀我去见冯玉祥当面谈谈，我说："好呀！但是得先看一看冯先生的表现。"这样一来，赵彦卿就不高兴了。他认为，你姓吴的就这么大架子，冯玉祥这么一个资格，你还要看什么表现？后来，他又返回汾阳，把这件事对冯玉祥讲了。冯玉祥听罢反而说："我过去不好，是需要有点儿表现才行。"经冯这样表态，赵彦卿又积极起来了，对我们的态度又变得客气了。1931 年 10 月，冯玉祥表示要送给我们党一些经费。我对赵彦卿讲，这笔经费我不收，如果冯执意要给我们，请他到上海亲自送交党中央负责人。我当时认为，在经费上是不能靠冯的，否则我们的工作就干不好了。这些小关节也必须注意。这样，冯玉祥到了上海，我们党收下了他赠予的钱，派胡鄂公会见了他。冯知道胡鄂公在北洋军阀时期任过教育次长，认为胡是个政客，不像是我党水平较高的干部，因此，不大满意。回到山西以后，他通过赵彦卿要求见我，由于冯玉祥这一时期与我们的交往很主动，于是，我便派肖明同志去山西与冯玉祥晤谈。

肖明临行之前，我们一起商量了与冯玉祥会谈的要点：（一）根据九一八以后的形势，我们主张用抗日的旗帜，号召全国人民、各党各派联合起来，一致抗日，收复失地，只提打倒日本帝国主义及其走狗，不提打倒英美等帝国主义和蒋介石以及其他军阀。这也是 1931 年秋后到 1933 年组织抗日同盟军的纲领。从此以后，冯玉祥在公开发表谈话和在一些书面文件中体现了这一精神。（二）冯玉祥自中原大战之后，已属在野失意的军人，过去的威信在逐步消失。当时，我们还没有普遍使用统战这个词，实际上做冯的思想工作，就是在搞统战。我们要向冯玉祥指出，现在你已经没有威信，也没有明确主张了，你只有在共产党帮助下做抗日工作，才会在政治上有方向、有出路。共产党在人民大众中是有威信的，你与共产党有一致的抗日主张，就能逐步树立威信，人民就会认为你是真革命。（三）冯玉祥找我们是在创造条件搞军事活动的，不仅仅只做一点情报传递工作。既然要搞军事活动，那就要批评他 1927 年的错误，要让他承认北伐战争时同蒋介石搞妥协，与共产党分裂是叛离革命。既然他主动找我们，就要指出他这一点。当然，谈这个问题时，要照顾冯的面子，最好只由肖明和冯玉祥两人谈，别人均不要在场。我与肖明谈妥会谈要点后，即约见赵彦卿，让他陪肖明去见冯玉祥。我对赵说："我们共产党主张以诚相见。肖先生这次去山西，请冯先生既不要设酒宴，也不要搞白菜豆腐（意即不要装模作样）。"

肖明与冯玉祥经过坦率交谈，冯的思想豁然开朗，情绪很激动，承认 1927 年背离共产党是错误的。他解释说，当时他认为国民党内部不团结致使宁汉分裂，他与蒋介石搞在一起，促使宁汉合流，结果等于拆了国共合作的武汉政府的台。他声泪俱下地表示："北伐的结果我们自己打起来了，我没听共产党的话是不对的。把苏联专家和中共党员都送出国民军，想起来是很痛心！"他希望今后能在共产党的帮助下做些工作。后来的事实证明，这是冯玉祥思想发展的转折。抗日同盟军成立之后，前委一些人按照王明路线的调子反对冯玉祥，把他看做是“最危险的敌人”。冯玉祥自己也感觉到，在共产党人中有人对他是有成见的。然而，他即使在 1933 年 8 月下野了，也没有再像 1927 年那样，对我们采取不利行动。如果当时换个别人，也许会与我们翻脸的，因为他会认为客观上你在内部拆了他的台。

肖明、冯玉祥会晤后，冯玉祥在政治上有了主张，行动就有了明确方针，他可以在原来的老部下中进行抗日动员活动了。1932 年初春，冯玉祥旧部山东省主席韩复榘，二十九军军长宋哲元、陇海铁路东段邳县驻军师长张华堂等拥护冯玉祥抗日。当时韩复榘有 15 万军队。韩本人给外界的印象一塌糊涂，却对冯玉祥很客气，还派了部队保护冯。冯认为做韩复榘的工作，不能派别人去，只有自己亲自去才行。为此冯玉祥便转移到泰山读书，研究社会科学，以高薪聘李达等任教。而他的真实目的是想拉韩复榘，但表面上借读书之名以掩护。这一时期，冯玉祥把他的儿子冯洪国以及老部下吉鸿昌、张华堂、陈天秩和冯的警卫员王华峰等介绍给我们，由我们直接联系。我们派了蔡子微到张华堂的部队里做政治工作，派吉鸿昌去河南发动旧部投诚鄂豫皖红军。我们没有直接派人去泰山找冯玉祥联系，联系工作主要靠赵彦卿，有时也用冯洪国。后来，冯玉祥又派了他的内弟李连山与我们联系。

1932 年夏末，宋哲元被任命为察哈尔省政府主席。根据日本侵华的形势和华北特别是平津张垣长城一线聚集了许多杂牌军的具体情况，我们与冯玉祥商量，准备以察哈尔张家口为我们组织抗日的根据地。于是，冯玉祥在 10 月从泰山转移到张家口，住在被称为爱吾庐的冯氏小图书馆，表面上仍然是在读书，实际上是在党的帮助下做抗日的组织发动工作。他根据我们的意见，提出一致抗日的主张，并派出了一些亲信，四处联络抗日力量，争取各界支持。起初，取得了阎锡山和一些东北军的默契。阎锡山表示必要时可以派部队列察共同抗日；马占山领导的东北抗日义勇军和方振武的抗日救国军都表示投效，冯玉祥的许多旧部更是纷至沓来。

冯玉祥到张家口不久，就向我们正式提出要求，派干部一起和他筹划组织抗日同盟军。当时，先期派到张垣的干部有张存实，武止戈、许权中等，他们主要是做军事工作。此后，又派了张慕陶等人去做政治工作。张慕陶原来的名字叫张金刃，因为他是河北紧急会议筹备处的头目，等于是罗章龙在平津的代理人，曾被以反党右派小集团的理由开除出党。因此，我对他说："你这个名字最好不要用了。"他便改为张慕陶这个名字。他换个名字也好，以免到冯玉祥那里后，被人晓得有共产党去活动了。我当时知道包括肖明同志在内一些派到冯玉祥那里做抗日统战工作的同志，有许多人由于反对王明路线曾经失去了党的关系。尽管他们失去党的关系的情况各有不同，但大都是"残酷斗争、无情打击"的"左倾"错误路线造成的。我觉得这些人干工作还是可以的，所以才用他们。如果当了叛徒，那就不能用了。我当时不去扯"筹备处"问题的是非，对肖明有认识，他反正不会是反革命。张慕陶被捕过又释放了，究竟怎么回事，我撇开了。我们要组织抗日，他与冯玉祥有旧识，工作上有能力，我们就用了他。

我们在抗日同盟军酝酿发动时期，与冯玉祥在用人打交道上是诚恳的、正大光明的。因此，冯玉祥一开始就委任许权中和宣侠父二同志为师长，并为他们编了队伍。他因为 1925 年至 1926 年国民军时期结识过宣侠父同志，对他非常信任，许多重要的军事会议都让宣侠父和张慕陶参加。但是，我们与冯玉祥也有过误会。冯玉祥的一个亲信，大概是王华峰，冯曾经也派他和我们取得过联系，此人是个共产党员。冯玉祥到张家口以后，王华峰与他一起住在小图书馆院内。有一天晚上，王华峰为了向一个曾经给冯管过军需的旧部魏宗晋逼取一笔钱，矛盾激化，把对方打死了。次日，很快就破了案。冯玉祥审问王华峰，问这究竟为什么？王华峰不讲。于是，徐维烈（徐谦的侄子）便对王华峰说："你是党里的同志，我也是党里的同志。事情既然这样了，你对党有什么交代就告诉我吧。"王华峰这才讲出真情：我是想为党弄一些经费，我对不起党。党没有让我做这件事，我没有请示，闯了这个祸。后来，徐维烈把这个口供告诉了冯玉祥。冯玉祥知道了这不是我们党搞的事情，与我们的关系就更好一点了。我们与冯玉祥在政治上绝不打哈哈，搞儿戏。

到了 1933 年 3 月，抗日同盟军的发起准备工作已有了一些眉目。张家口有宋哲元二十九军的一个团，还有陆续赶到张家口的各杂牌队伍，如由冯庸（北平冯庸大学校长）联系的东北流窜成股部队，马占山领导的东北义勇军，以及内蒙地区的帮会头子黄守中（我们在此前曾与他建立了联系）领导的队伍和察哈尔地方上的民团武装等等，还有许多已建立联系、尚未到达的部队。我们与冯玉祥商议，决定由他出任抗日军的总司令，并且在察哈尔组织新的抗日政府。这样，如果抗日同盟军的旗帜一经公开，事情就搞大了。我们事实上所做的工作，已经超出了陈赓同志交给我的工作任务范围。同时，一旦旗帜公开，我们尚须派大量的干部才行。这件事情已经发展到十分重要的地步，靠一般密写信汇报是来不及的。基于以上情况，我必须到上海，向党中央有关部门直接请示汇报。3 月上旬，我到了上海，向中央有关负责人发出了请示报告并在秘密交通点等候指示。然而一个月过去了，仍得不到答复，使我十分焦急，我只好于 4 月初返回北平。

事已至此，不接着干下去也不行了，苦心经营了一年半的抗日组军工作总不能使其半途夭折。张家口方面的情况日益逼人，抗日军行将崛起，需要我们党派大量的干部去开展各条战线的工作。而我们这方面，一没有很多干部能成批派去，二还有许多其他重要工作要做。在这种困难情况下，我不得不与地方党发生联系了，向他们介绍这一事情的经过，并请中共河北省委、平津地方党组织选派干部投入工作。为此，我同河北地方党组织的代表、全总华北办事处的饶漱石进行了联系，我便把我们一年多来与冯玉祥的联系情况以及组织抗日同盟军的计划和盘托出，向他做了介绍。我郑重向他提出，请中共河北省委考虑派得力干部到张家口去。当时，饶漱石向我表示，要为我们派个被称为“游击专家”的同志去专做军事工作，我表示同意。但是，他没有向我详细介绍这个人的情况。

我是 4 月 4 日回到北平的。张慕陶很快由张家口赶到北平向我谈了张家口方面的情况，并且带来了由他起草的抗日同盟军纲领。按照我们最初与冯玉祥讲的一致抗日的意思，拟定不公开共产党的旗帜，不提关于南京政府如何反动，地方军阀如何不好的话。这个纲领无论有几条，但是一条最基本的宗旨是：“打倒日本帝国主义及其一切走狗。”

5月中下旬，方振武率领的抗日救国军和冯玉祥在汾阳的军校师生陆续到达张家口、宣化。5月26日，抗日同盟军总部召开大会宣布抗日同盟军正式成立，冯玉祥任总司令。同时宣布成立了察哈尔省的新政府，由佟麟阁（时为二十九军副军长）任察省政府主席。

不久，由饶漱石介绍给我的游击专家按照约定的方式和我见面了。我向他介绍了我们酝酿和组织抗日同盟军的经过和具体工作意见，包括工作方针和各方面的工作关系都向他详细地做了介绍，他当时都表示赞同。于是，我让肖明关照他到张家口具体接头的事情。我当时没有想到此人便是柯庆施。他向我说了一个化名，自我介绍说是当新闻记者的。事过之后，曾经与饶漱石一起在北方工作过的赵克昂同志才告诉我，此人是柯庆施。柯庆施（在张家口化名为张大鼻子）一到张家口，便着手组织了党的前线委员会。最初，张慕陶他们被派到张家口时，没有命名什么组织名义。所谓特委是他们为了工作上的方便而那样叫的。柯庆施陆续通过河北地方党组织调到张家口很多干部，其中有做工运、青年团、学校、抗日御侮救亡会等群众工作的，也有搞军队工作的，大多数是青年学生。柯庆施初步熟悉了张家口的斗争情况以后，在王明“左倾”关门主义的影响下，便采取了同我们原来那一套截然不同的做法，开始打倒一切。他和一些持相同意见的人认为冯玉祥、吉鸿昌、佟麟阁、方振武这些著名的爱国将领都不是真心抗日，甚至也把他们视为最危险的敌人，疏远了抗日同盟军中的非党军事干部。对于外围关系如晋军和东北军也不予理睬了。在党内，则对原来与冯玉祥一起工作的或属于我们派去的干部采取排斥态度，或调离工作或撤销职务，甚至开除党籍。在工人、学生、士兵中发动了罢工、罢课、罢操的运动，公开反对冯玉祥。依然按照王明等人的调子说，日本侵占东北和华北是以此为跳板进攻苏联，要紧急动员起来武装保卫苏联。

我得知了柯庆施在张家口的这些做法，意识到饶漱石和柯庆施对我搞了鬼。最初，他们佯装完全同意我讲的意见，在张家口的各方面关系，他们都承认。我当时还实心实意地表示说：“你（指柯）去了以后，如果有困难在当地解决不了，还可以找我，我想办法帮助你。”我当时请求河北省委派干部以及向柯庆施介绍情况并不是移交工作，而是让他（指柯）以及更多的河北地方干部一起参加工作。结果，柯庆施到张家口以后就搞夺权，成立前委，上级党组织河北省委批准了前委。这样，在客观上就形成了我们移交了工作。我想饶漱石如果不是骗人，他为什么会向我胡吹一通“游击专家”呢？冯玉祥正在踌躇满志地组军抗日，以待东山再起，忽然朋友们换了态度，把他当做了敌人，他当然不会同意更不会理解这种做法的。但是，他接受了历史的教训，没有（当然也不可能）再走反共的道路。他在军事和政治上依然任用着我们一部分干部。这样，我们一些同志，按照柯庆施的意见去进行工作，实际上有困难，便不听他的，又到北平来找我商量。于是，柯庆施他们便放出空气说，我这里搞了“第二党”。形势愈来愈复杂，柯庆施等人不希望我们继续再按照原计划工作下去，而我们又不宜也不可能投入大批力量参与领导抗日同盟军斗争。事已至此，我不能争这个领导权了，只好撤出来。但是，在张家口的早期派去的同志由于工作关系和其他各种原因是不能一下子撤出的，他们只得接受柯庆施前委的领导。

我们起初与冯玉祥商定的不提打倒南京政府和其他军阀，而只提打倒日本帝国主义及其一切走狗。这样，一些地方杂牌军人甚至军阀一看没提他们，就不会与我们为敌，我们甚至可以逐步争取他们来抗日。抗日同盟军在成立时，对外界公布机构，几乎都是冯玉祥的旧班底。局外人根本看不出红色。这样做可以先麻痹日本和蒋介石，使他们不摸我们的底细。如果照这样先搞下去，壮大了抗日队伍，也壮大了我们领导的武装力量，是能够做出更大的成绩来的。刚刚造成了一个局面，我们便自己把自己公开了，又贴标语，又搞游行示威，又搞罢工集会，普遍宣传一些党内的“左”倾口号。国民党特务很快把这些情况报告蒋介石、汪精卫南京政府。蒋、汪公开指责冯玉祥的“罪状”之一就是联共赤化，并且着手布置在军事上围攻察哈尔。这样由于前后两个阶段、两条方针，已经改变了我们与冯玉祥起初商定的抗日纲领，使得我们党领导的张垣抗日和冯玉祥再度出山抗日同样遇到了日益明显的困难。

抗日同盟军成立以后，6月下旬开始北进收复察东失地。这一军事行动是由抗日同盟军总司令部研究决定，冯玉祥下命令执行的，而不是由前委做的决定。但是，前委派干部做了配合行动，共产党员吉鸿昌担任了北路军前敌总指挥。抗日同盟军一举收复了康保、宝昌、沽源三县；经五昼夜血战，于7月12日收复了塞外名城——多伦。这一仗是日军入关后吃的第一个败仗。国内外报纸一宣传，共产国际很快也知道了。苏联方面也知道这里面有共产党的活动，但不是中央直接搞的。因为王明等人能随时与共产国际联系，这些活动内容不是王明吹的那套东西。于是，共产国际马上又让我党中央尽力支持抗日同盟军，并且在军事上应如何行动还提出了一个意见。9月份我奉调到上海工作。在上海中央的同志跟我谈的时候说，让我赶到察哈尔去。可是，这已经为时晚矣！冯玉祥已经宣布下野。宋哲元按照北平军分会的“少编大遣”方案赶到察哈尔收编、遣散抗日同盟军。对于坚持抗日的队伍，宋哲元秉承蒋介石的旨意则进行追击、围剿。由前委领导的部分武装力量和吉鸿昌、方振武领导的部分队伍从坝上已经开入了所谓“中立区”，准备进攻北平，但被蒋、日、伪军夹击而遭到失败。共产国际晓得了部分情况不让乱搞，但是到了这个地步，我也没有扭转局面的办法，最终没有再到北方来。

冯玉祥这次出山，重新登上政治和军事舞台，是在我们党的领导下号召抗日才起家成势的。1933年8月中旬，他被迫宣布下野，离开张家口，重上泰山过“读书”生活，与前次不同，是不得已而为之。虽然在张垣抗日中，冯玉祥与共产党相处得有光明也有阴影，不是十分顺心，但是在后来的年月里，他确实实践了他曾向肖明讲过的愿在中国共产党的指导下进行工作这个诺言。他与共产党一起在民族危机的关头，发起组织抗日同盟军，受到了全国人民的欢迎，也曾经得到毛泽东、周恩来等我党领导人的赞扬。抗日同盟军最终虽然于北平郊区昌平、顺义地区遭受日、伪、蒋的夹击而失败，但是，其从酝酿到成立以及所取得的鼓舞人心的战果，不仅在当时产生了巨大反响，而且对后来我党领导下的陕北武装斗争、北方抗日战争和对原西北军系统的爱国军人的统战工作，都具有深刻的影响。

（刘涓迅整理）

抗日同盟军成立前后
我党与冯玉祥先生的联系

陈天秩*

一、冯玉祥与我党的重新接触

1930年阎冯反蒋（中原大战）失败后，冯玉祥先生和其家属、随员等隐居在山西汾阳城西峪道河村，过着失意的苦闷生活。此时，常由邓鑑山陪同冯先生，并给他讲述四书五经，以解忧闷。冯先生思想极度彷徨，茫茫然找不到出路。

1931年4月，被冯先生派到北平与各反蒋派系联系的赵彦卿（在冯部做过多年的牧师）来到峪道河，向冯报告说，他在北平与中共在北方的负责人员建立了联系，负责人被称为“吴老头”，即吴成方同志。这位吴先生让他向冯转达，共产党中央没有忘记冯玉祥这位老朋友。冯玉祥听了赵彦卿的报告后，喜形于色，从精神抑郁中振奋起来，对赵说：“我也愿与共产党合作，请你回北平同吴先生谈谈，欢迎他来峪道河晤面。”

过了大约半个月，赵彦卿陪同吴先生的代表肖明来到太原，住在柳巷晋

---

* 作者时任抗日同盟军第二军第五师副师长。

谷香饭店。当时，我正在冯玉祥的太原办事处，办事处由丁树本主管。赵彦卿到办事处对我说："你在莫斯科中山大学的同学肖明和我同来山西，现在住在晋谷香饭店，他很想和你见面。"我便同赵到晋谷香饭店见到分别多年的留俄同学肖明（1926 年冬，莫斯科中山大学的党组织派邓小平、肖明去冯部工作时，我曾给他们写过介绍信）。在这次和肖明、赵彦卿的交谈中，我了解到肖明是中共派来专门与冯联系抗日反蒋问题的。第二天早晨，我向丁树本要了部小汽车，同赵彦卿到峪道河去见冯玉祥。冯很快接见了我们。赵彦卿介绍说："肖明先生是中共派来会淡的负责人。"我接着说："肖明是在莫斯科中山大学与我关系很好的同学。五原誓师后，我曾写信给先生介绍他到咱们部队工作。"冯先生当即对肖明同志说："既是共过事的老朋友，我很高兴，欢迎你，请你不客气地给予指教。"肖明同志说："党派我来，是为了共同合作，致力于抗日和反蒋。我们共产党是历史唯物主义者，不计较过去那些不愉快的事情。但是，我们希望冯先生认识到当年在徐州同蒋介石一同反共的错误，从中吸取教训。只有在思想认识上取得一致，才谈得上今后的合作。请冯先生认真考虑一下，你能不能在抗日救国的前提下，和我们保持一致的政治主张，共同合作。"冯先生听了肖明同志不咎既往的坦率表示，很高兴，连连首肯，并陪同肖明同志一起吃了便饭。

肖明同志稍事休息后，冯玉祥便约他一起到峪道河大树林里散步。他们边散步边交谈，冯对肖说："由于自己政治水平低，对蒋介石的反动本质认识不够。1927 年在蒋介石的引诱下，到徐州参加了反共会议，做了亲痛仇快的事情，把我最钦佩、对我帮助很大的好朋友刘伯坚等人送走，确是半生以来最大的错误。共产党虽然宽宏大量，不咎既往，还愿和我交朋友，共同抗日反蒋，但我自己正如肖先生所说，不能不认识自己的错误。"当时，冯、肖二人边走边谈。我和赵彦卿及当时为冯写日记的传令员李景合（中共秘密党员，现名李平一，全国政协委员，河南政协常委）奉冯先生之命，在稍远的后边跟着。李景合当时不便做记录，只得待冯先生事后口述整理补写。

肖明同志在峪道河住了一天，与冯先生交换了对时局的看法和对各种政治势力的分析，约定今后由赵彦卿作为冯玉祥的代表进行联系。这次会谈对冯的思想触动很深。他深深感到，当自己面临多年亲自培养提拔的将领相继背叛脱离的艰难处境之际，共产党又来给他雪里送炭，指明了出路。他的思想起了很大的变化。在共产党的影响下，冯玉祥打消了几个月来的苦闷，鼓起了抗日救国的斗志，重新确立并逐渐加深了同共产党合作的思想。

在赵彦卿陪肖明返回北平后的第二天中午，冯玉祥、李德全夫人、邓鑑山和我共进午饭时，冯深有感慨地说："徐州会议走入歧途，我是一念之差。"李德全接着说："什么一念之差，主要是政治认识不明。"邓鑑山因为不知道肖明来和冯谈的事，便附和说："你们二位又在辩论，我觉得说的都对。"当时，我认为冯先生与李夫人的话是说给我听的，因为他们知道我是肖明的同学，要我设法转告肖明。从中可以看出，冯先生确实承认了参加徐州会议的错误。

1931 年 5 月间，阎锡山派一个团从交城向汾阳开拔，声称："团长是汾阳人，要驻防汾阳。"冯玉祥知道这是阎锡山要他离开汾阳的阴谋，命我带他的手枪营指挥汾阳军官学校学员进行布防，准备阻击阎部。同时，冯先生电请宋哲元派车接他到宋的防地晋南绛州。我派张公干（当时军官学校分队长，中共秘密党员，曾任新乡军分区司令员）去阎团说明我们已有布置，再前进就要接火，希望他们退回交城。于是这个团就退回去了。

宋哲元派汽车接冯先生到绛州后，冯了解到宋哲元已知汾阳军官学校有共产党的活动，宣称要"除三害"，并已暗杀了孙厚禄。所谓"三害"，即指我、孙厚禄和季振同（季是后来宁都起义的领导人之一）。因此，冯先生立即派其传令员丁敬海（军官学校学生）给我送来一千元现洋，要我到北平和赵彦卿一起，经常同肖明保持联系，并和反蒋的国民党改组派郭春涛、邓飞黄及华北与冯有关系的部队加强联系，进行反蒋活动。

我到北平后，每周总有一两次在赵彦卿家（新街口西边，原冯部将领田凯的住宅）和肖明交换北方反蒋运动的情况。吴成方有时也到赵家共同分析研究。这一时期，冯玉祥常派交通员张金瑞（后改名张韬，共产党员，1925 年随冯去苏联时，曾在基也夫军校学习，抗日同盟军时任团长，在从独石口南下时牺牲）来北平了解联系的情况。

冯玉祥与中共重建关系后，在他影响所及的范围内，做了很多工作。他的旧部吉鸿昌派代表燕鸿甲，季振同（时在江西孙连仲部当师长）派代表胡景陶，来向他报告部队与红军作战时官兵情绪低落的情况。冯听后，要燕、胡转告吉、季等人，西北军官兵对共产党只能作朋友对待，不能当成敌人。

二、蒋介石、汪精卫对冯玉祥的拉拢

1931 年九一八事变后，全国人民要求抗日，坚决反对蒋介石的不抵抗政策。肖明同志向我们提出要赵彦卿去山西绛州，请冯玉祥在这民族危机的时刻站出来，用他的威望号召全国军民起来抗日救国，并说明共产党对他抗日救国的活动是全力支持的。赵到山西绛州将上述情况告冯，从而进一步坚定了冯先生与共产党合作抗日的信心。

1931 年 10 月间，南京政府孔祥熙给冯打来电报，声称：国事严重，请来京共商大计。冯玉祥知道这是蒋介石利用孔祥熙和他的私人关系（冯在张家口任西北边防督办时，孔曾是冯的参议，关系密切）。冯复孔电说，“九一八的祸首就是蒋介石，蒋要向大家认罪下野，然后可以商议。不然，我是不同蒋谈话的。”两天后，冯先生又接到蒋介石的电报，说：“一切事情都是我做错了，请大家到南京来，赶紧商议救国大计，只要完全准备好了，我一定下野。”冯先生接到两次电报后，就准备去南京同蒋介石面对面地商谈。并要赵彦卿先回北平将此情况转告肖明，而后随他去南京。同时还派他的随员赵亦云先到北平来，要我和赵在西便门车站等候上他的专车（赵的爱人和我同住在邱祖胡同 15 号）。冯前往南京途中，在沿途各大车站及浦口轮渡上对欢迎他的人说：“我是为了共赴国难、挽救国家危亡才到南京来的。”他又在南京国民党的扩大会议上，郑重地说：“我们要抗日，要收复失地，谁要阻止抗日，谁就是卖国贼！在这国难当头的时候，要团结各党派，动员全国人民，抗击日本帝国主义的侵略。”他同蒋介石谈到抗日的行动时，蒋总是一味应付，不作肯定的答复。蒋还要汪精卫和冯谈，希望冯留在南京商讨抗日计划。冯先生经过和汪多次交谈后，认识到蒋、汪表面上说是要抗战，暗地里却与日本侵略者勾勾搭搭，实际上是合谋阻止抗日。这时，上海各救亡团体和知名人士纷纷邀请冯到上海作抗日演讲。于是，冯先生不顾左右人员考虑安全的劝告，毅然赴沪。在上海，每天都有学生、工人及社会团体请他去做抗日救国的讲演。他大讲国难当头，只有全国人民团结抗日，才能挽救国家危亡，谁反对抗日谁就是卖国贼。在上海，他曾请和他深交多年的老牧师浦化人（时为共产党员）出面联系，和共产党中央进行接触。当时王明派胡鄂公和冯会谈，胡向冯提出了当时做不到的一些要求，于是不欢而散（据苏进同志回忆，宁都起义后，刘伯坚对他们说，当时中央与冯接触的人要他立即举起红旗，才能谈合作。这是不切实际的）。冯回南京后不久，发生了日军进犯上海的一·二八事变，蔡廷锴领导的十九路军反击日本侵略者的斗争受到全国人民的大力支持。这时冯要蒋介石派兵增援十九路军，蒋当面表示可以，但无实际行动，却积极准备迁都洛阳。1932 年 3 月初，蒋介石为了欺骗舆论，缓和矛盾，邀请全国各界知名人士在洛阳召开了所谓“国难会议”。冯玉祥就利用这个讲台，慷慨激昂地发表了：“停止内战，全国各党各派联合抗日”的重要演说，批驳了蒋、汪的“抗日三天亡国论”的不抵抗政策。这证明冯先生受到共产党的影响后，讲出了与共产党在九一八事变后相一致的政治主张。这次洛阳会议由于蒋、汪的操纵，冯先生的抗日主张受到冷遇。汪精卫还用尽各种方法对冯进行拉拢，许冯以行政院副院长兼内政部长之职。冯先生认清了汪、蒋联合采取对日不抵抗政策的反动本质，便拒绝了汪的要求，不辞而别，仍回到泰山隐居读书，以待时局的发展。

三、冯玉祥继续与我党联系，商谈抗日、反蒋

冯玉祥在泰山，表面是隐居读书，实际上并没有停止团结各方抗日的活动，特别是加紧了与共产党的联系。他一上泰山，便派随他到南京、上海、洛阳的赵彦卿立刻回北平同吴成方和肖明同志联系，商谈抗日和反蒋的行动。我因韩复榘的通缉，没有随冯到泰山，而是回到了开封家里。冯到泰山

后，便派张金瑞同志送来二百元给我。要我立即回北平会同赵彦卿与肖明取得联系。到北平后，我们仍是经常在赵家碰头，研究华北杂牌军队以及学校和社团反对蒋介石不抵抗政策的各种动态。冯经常派交通员张金瑞来北平了解情况。有一次张金瑞谈到汾阳军官学校曾与中共山西地方党组织联系，暴动未遂，军校负责人把共产党员、学校分队长张公干、郭永照、王继贤等送走的情况，并说冯很关心汾阳军校。我们同肖明分析，汾阳军官学校的队长和学生大多是爱国、抗日、反蒋的力量。建议肖明考虑派两位有经验的共产党员去学校活动。肖明同吴成方研究后，决定从北平派共产党员王沛南（陕西人，曾任西安市政协常委）、赵梅生（山西人，抗战时在延安病故）二人到汾阳军校去，由我负责接送。当时，我曾写介绍信给汾阳军校的大队长贾振中（后改名贾子毅，共产党员，1974 年病故）和大队长周茂兰（后改名周树一，共产党员，在山西园林处离休），由贾、周负责将王、赵二同志介绍给学校教育长尹心田。王、赵去后，汾阳军校遂任命王沛南、赵梅生为政治教官。从此，王沛南、赵梅生等同志利用教学之便，有计划地进行政治教育和思想工作，使汾阳军校在党的领导下，为抗日同盟军培养了一批骨干力量，也为共产党在抗日战争中锻炼了一批军事领导干部。据张金瑞说，他曾经向冯玉祥说过这件事，冯听了很高兴，对张说："肖明先生派去的党员定是有经验的，不会出乱子的。"冯先生这时候很希望在自己的部属中有中共同志帮助工作。

由于蒋介石不抵抗主义的纵容，日本侵略者在侵占东三省后，继续向热河及山海关逼近，造成平津危急，激起了东北军及华北杂牌部队官兵抗日、反蒋情绪。同时，共产党领导爱国学生及群众团体广泛地开展了坚决抗日、反对不抵抗主义的运动。

7 月间，肖明到赵彦卿家和我分析了以上的情况，要赵去泰山向冯玉祥报告当时的形势，请冯抓住良好时机，实现他的团结抗日救国的主张，共产党愿尽全力支持。冯听了赵彦卿报告后很兴奋，要赵回北平转告肖明，一定按峪道河会谈的精神，在共产党的帮助下，积极与各方面进行联系。此后，冯先生派邓哲熙、秦德纯去见宋哲元，说："冯想去张家口旧地重游，在原来的图书馆隐居读书。”宋哲元常对自己将领标榜说，他是最忠于冯的（因为宋的三个师长刘汝明、张自忠、冯治安都是冯过去的亲信，这样讲也是为了笼络部属）。此时宋乘机对邓、秦表示，欢迎冯先生来张家口。9 月间，冯先生派张金瑞来北平，把这一情况告知我和赵彦卿，并要赵随张去泰山。赵到泰山，冯先生和他交谈后，让赵彦卿回北平转告肖明说，宋哲元请他去张家口住，不久即可成行，并要赵转告吴成方、肖明，请共产党协助他共同进行抗日的组织活动。

四、组建抗日同盟军和收复察东四县

1932 年 10 月 9 日，冯玉祥乘韩复榘为他准备的专车，秘密经天津、北平到达张家口，受到宋哲元、冯治安、刘汝明、张自忠、秦德纯等人的欢迎。冯在张家口仍住在 1925 年他住过的爱吾庐小图书馆（位于土尔沟）。11 月间，肖明让我和赵彦卿去张家口见冯，转达共产党对他的致意，希望他努力动员能影响的力量，共同抗日。我和赵彦卿到后，住在张垣诚洁旅馆，每天到图书馆与冯先生密谈。同时和冯先生身边的传令员、共产党员周茂繁、王华岑、张公干、李景合（平一）谈冯和各方接触的情况。我们住了三天，冯先生要我回北平，请肖明到张家口来，当面商谈抗日行动计划。我们回到北平后，把冯的希望转告肖明，肖便于 1933 年 1 月底派张慕陶去张家口同冯会谈合作计划。

我们把这些情况告诉当时同情共产党的徐维烈（徐谦的侄子，深受冯的信任），他陪同张慕陶到张家口，协助张、冯会谈。他们到张后，冯把张慕陶安排在他住的图书馆西屋，每天和他密商大计。张慕陶除徐维烈外，不与其他人员接触。在张慕陶去张家口的第三天，肖明要我去张家口，了解冯、张商谈的情况及冯左右人员的动态，从旁协助张慕陶进行工作。我到张后仍住诚洁旅馆，冯身边的传令队员周茂繁等和手枪连长冯文华（共产党员，是我介绍给冯的）常找我谈。冯先生对张慕陶很尊重，认为张有才干，有革命斗争的经验。我听张说商谈进行得很好，正在拟订行动计划。冯先生当时不愿意我和张慕陶经常接触，怕引起他左右的人的注意，仍要我暂回北平和肖明联系，并到与冯玉祥有关系的杂牌部队进行联络活动。

冯先生和张慕陶拟定的抗日行动计划正在顺利准备的时候，3月间，发生了冯的传令员王华峰（共产党员，开封军校学生）暗杀冯的旧军需处长魏宗晋事件，引起了冯左右人员，特别是冯的管财务的丁树本（魏的部下）领头反对共产党的活动。这时张慕陶也被列为怀疑对象。冯先生让徐维烈负责对这案件进行审理。经查明这纯系王华峰个人的行动，并未受党组织的指示。徐向冯报告审理结果后，冯认为共产党是一贯反对暗杀的，才解除了对张慕陶的怀疑，继续同张商谈。同时，为了使他的旧部下不致怀疑他身边还有共产党员活动，忍痛把他一贯最信任的传令员张公干、李平一、郭永照（都是共产党员）暂时送走。经共产党前委派遣，张公干、李平一到了东北军一一〇师张廷枢部，郭永照到了东北军骑兵师黄显声部，作争取东北军的工作。

在王华峰事件刚刚平息后，宣侠父带领王黎昌（新中国成立后在西安工作）等四五人由南京来见冯。此事又引起他左右旧部的怀疑，认为宣是蒋介石派来搞情报的（当时宣是南京军委会少将参议，又是蒋的浙江同乡，黄埔军校第一期学生）。冯对宣侠父有较深的了解，也知道他是一贯不受蒋介石收买利诱的早期共产党员。宣侠父到张家口见冯玉祥时，把蒋介石阴谋破坏抗日的诡计，向冯作了详细介绍。冯玉祥向他的左右为宣侠父作了解释，并强调说：“我是最了解宣侠父的，也最相信他是抗日爱国的好朋友。”当时徐维烈、张允荣、吉鸿昌等也在他们的老同事间为宣作解释，从而解除了一些人的疑虑。在抗日同盟军开始宣布成立时，宣侠父除任军事委员会委员外，又被任命为由冯亲信的教导团扩建而成的基干第五师师长。同时还组建了第十八师，任命许权中（中共党员）为师长。冯玉祥当时是力排众议，坚决与共产党合作抗日的。

这时共产党在张家口组织了以柯庆施为首的前委，张慕陶是前委成员之一。张和冯先生仍住在图书馆，共同计划组织抗日同盟军的主力部队，并积极研究派人去争取有关系的军队。包括马占山抗日义勇军、孙殿英部、东北军等。联络工作有的以共产党的关系去进行，有的是以冯先生的关系去进行，有的是以双层关系去进行。例如，我去商都和马占山旧部邰斌山联系时，就以冯的代表和邰斌山的儿子邰中复（共产党员）联系的。我到孙殿英那里也是以冯的代表资格去的。共产党也介绍了对孙殿英有影响、共产党的同情者、知名人士李锡九到孙部进行联络工作。同时，共产党员罗念冰也在孙部协助开展工作。

5月初，冯玉祥把汾阳军校的人员调到了张家口。该校主要骨干都是冯很信任的部下，如教育长尹心田，大队长贾振中、周茂兰及许多中队长、分队长等。冯当时知道军校教官、学员对他和共产党合作抗日是拥护的，但他却不知道这些基本骨干都是共产党员。该校到张垣后，编为抗日同盟军的第二师，是冯的基本力量，也是中共领导的主要武装力量。除二师的三个团长尹心田、贾振中、周茂兰都是共产党员外，营、连、排长也大都是共产党员。

未编入二师的汾阳军校干部和各地投奔张垣的爱国学生组编为教导团，由在冯身边工作多年的张金瑞任团长。后该团扩编为第五师，宣侠父任师长、我为副师长、张韬（张金瑞）为第一团长、张公干为营长。未编入二师、五师的学员支援了以许权中为师长的十八师。这些抗日同盟军主力的编成，都是经过冯玉祥和张慕陶共同研究决定的，说明冯同共产党是密切合作的。同时，从各个渠道联系成熟的马占山东北义勇军旧部邓文、邰斌山、李忠义、富春等相继率部来张，也愿在冯先生领导下继续抗日。朱子桥组织的东北义勇军后援会将募集的十万元巨款送到张家口作抗日经费。

1933年5月26日，察哈尔民众抗日同盟军成立，公推冯玉祥为总司令。当日，冯即向全国通电就职。通电是由张慕陶、徐维烈起草，经冯和军委会讨论决定的。军委会的常委十一人中有张慕陶、宣侠父、吉鸿昌等共产党员。

6月，军委会研究了敌情，决定了收复察东失地的军事计划。由冯玉祥任命英勇善战的吉鸿昌将军为北路前敌总指挥，调动主力部队第二师、第五师各一部和李忠义的骑兵十六军，于6月下旬向察北、察东进击。共产党的前委成员武止戈、抗日同盟军军委会成员宣侠父等随军行动，组织军队政工人员进行战地宣传，鼓舞士兵英勇作战，发动群众支援部队。抗日同盟军前线部队士气高昂，英勇作战，一举收复宝昌、康保、沽源三县，日伪军狼狈逃窜。接着，又经过几昼夜浴血奋战，收复了沦陷七十余天的察北重镇多伦。消息传来，中外震惊，国内爱国人士、海外爱国侨胞，纷纷来电祝贺。全国各地抗日爱国知识青年踊跃来张家口参加抗日救国队伍。为安置这些人，冯先生和共产党人研究决定，成立了抗日同盟军干部学校，派张克侠（共产党员，冯的连襟）为副校长。派汾阳军校优秀学生韩庄、赵力钧等（都是共产党员）为队长，对来张抗日的知识青年进行军事训练。学员经过短期训练后，有的被派到部队做政治工作，余下的七十多名（大多数是共产党员）改为吉鸿昌领导的教导队，由我兼任队长，韩庄为副队长，随第五师行动，做战地的宣传鼓动工作。

五、在蒋介石的封锁、包围、逼迫下，抗日同盟军解体

抗日同盟军在短短时间内，连续收复多伦等察东四县，有力地驳斥了蒋介石、汪精卫“抗日必败”的谬论。蒋介石恼羞成怒，惊恐万分，就对冯玉祥造谣污蔑，胡说什么“抗日同盟军收复察东四县，那里并无日军”。污蔑冯在张家口宣传共产，实行“赤化”。甚至攻击共产党利用冯玉祥进行割据。如此恶毒的攻击和威胁，未能动摇冯先生抗日救国的决心。于是蒋介石、何应钦一面收买和冯曾有旧关系的杂牌部队庞炳勋、冯钦哉等部做进攻张家口的前锋，收买分化抗日同盟军内部邓文等东北义勇军叛变，充当攻察内应。一面调集他的嫡系部队关麟征、徐廷瑶、黄杰各部包围察哈尔。并由何应钦出面勾结日本驻华武官柴山，让日军平贺旅团、茂木旅团联合伪军张海鹏部向察省进攻。由于当时中国共产党正是在以王明为代表的第三次“左”倾路线的统治下，其危害也严重影响到张垣和抗日同盟军内部。中共个别人员在“左”倾方针的指导下，改变了与冯玉祥合作抗日的初衷，提出了一些不利于内部团结的口号，并公开反对冯玉祥的所谓“里红外不红”的西瓜政策，

把不同意见激化为不易调解的矛盾冲突，使冯玉祥内心感到十分苦恼和疑惑。加上察省财政十分困难，而国民党南京政府又派十六个整师包围了察哈尔。察省与内地交通、经济联系阻隔，抗日同盟军的军费开支无法筹措，处境堪忧。

在这种错综复杂的情况下，冯玉祥召集抗日同盟军军政领导人员开会，研究分析了蒋介石与日伪军相勾结的包围形势。为了避免内战的爆发，冯表示个人愿意隐退，把主力部队第二师、第五师、第十八师及仍愿继续抗日的东北义勇军交给吉鸿昌统率，到察东去继续进行抗日。冯本人于8月14日离开张垣又回泰山去了。就这样，一支英勇善战、抗日有功的抗日同盟军被蒋介石扼杀了。

冯玉祥先生在抗日同盟军时期，与中国共产党合作抗日，尽管道路曲折，因为他吸取了大革命时期徐州会议反对共产党而酿成大错的教训，从思想上与中共保持合作关系是坚定的。

（刘涓迅整理）

察哈尔民众抗日同盟军

高树勋　张允荣　邓哲熙*

抗日同盟军酝酿时期

冯玉祥进行抗日准备活动一开始，就引起了蒋介石严重的注意。他企图用劝导和诱骗的方法，使冯离开察省，屡次派人访冯，促其南下，且不惜许以要职，冀冯就范，以达到阻止抗战的目的。

1932年12月上旬，日军调集大部兵力，准备大举进犯热河。与此同时，又向山海关守军发动攻击，在占领山海关、九门口之后，即分兵3路向热河进犯。冯玉祥愤日本内侵日亟，乃决心组织抗日武装，相机发动抗日战争。为了争取各方的支援，于1933年1月7日分电两广胡汉民、陈济棠、邹鲁、李济深、李宗仁、白崇禧和在上海的国民党中委程潜、李烈钧等人说："华北危急，只有以全力与暴日作殊死战。军需至急，盼分头发起捐募，以应急需。"随后，又请徐谦往访胡汉民、李济深，说明冯不顾蒋介石的压制，决心依靠各方支援，特别是西南方面的支援，以便发动旧部和民众武装实行抗

---

* 作者高树勋时任抗日同盟军第二挺进军司令；张允荣时任抗日同盟军总司令部财政处处长；邓哲熙时任抗日同盟军总司令部军法处处长。

战。蒋介石闻冯积极准备抗战，乃以国民党中央执行委员会名义电请冯去南京，冯复电拒却说："榆关已失，热河告急，外交折冲，早陷绝境，此诚全国奋起抗战之时。"并提出当前急务 12 条，作为最后的呼吁。蒋介石见冯谢绝入京，又派王法勤、黄少谷赴张家口访冯，敦促晋京，并以监察院院长、黄河水利委员会委员长等职相许。但冯早已识破这个"调虎离山"的诡计，向王、黄表示："蒋介石如决心抗日，当然可以合作，根本谈不到做官的问题。"并说："谁要是亲日妥协，谁就是我的敌人，决无合作之可能。"

3 月，日军陷热河，长城各口告急。这时，华北军队不下十数万人，而且多数将领主战，二十九军宋哲元部在喜峰口、罗文峪重创日军，其他各部亦有不同程度的抵抗，全国人心为之大振。但是，在蒋介石"有言抗战者，杀无赦"的密令下，以丧权辱国的《塘沽协定》结束了长城抗战。

这时，张学良已引咎辞职，由何应钦代行北平军分会委员长职务。蒋介石曾派黄少谷持亲笔函再度赴张家口晤冯，促其即往南京。冯谓："华北局势更紧，不但本人不应南下，蒋及中央要员皆应北上，现敌已深入。非坐谈抗日之时，只有大家上前线一拼。"越数日，蒋又派李烈钧访冯，冯表示：亟欲上火线与倭寇一拼，一切名义，概不愿任。蒋由北平到保定时，汪精卫电请冯至保定与蒋一谈，冯拒不往。不久，汪精卫又派王懋功访冯。冯表示：如蒋、汪能北来抗日，愿与一晤，本人无去南京必要。数日后，国民党中央又电促冯氏南下，电文中有"迭电奉邀，未见命驾，同人日切翘盼，兹特再行电请，希即入京，共策大计"之语。冯得电对左右表示：宁为抗战而死，也不愿离开此地。

负北方军事责任的何应钦，对于由热河撤退到察省的军队，毫无善后的准备。因此，察北、张北和张家口等地立即陷于惊慌混乱之中。首先是由东北和热河退下来的部队，如李忠义、邓文的义勇军，黄守中的热河抗日救国军，冯占海、刘震东、富春、姚景川和马冠军等的抗日部队，以及其他不甘投敌的零散部队，总计不下 10 万余人，他们都辗转撤入察境。但是，何应钦认为这些部队形同土匪，不予收容，任其自生自灭，使他们陷于无衣无食的窘境。他们在此彷徨无主的情况下，都投奔了主张抗日的冯玉祥。其次是，察省本为瘠苦省份，骤然增加由前方撤下的大批军队、流亡机关和逃难人民，军队给养的补给，人民生活必需品的供应，立即出现了严重的紧张情况，地方秩序受到了很大影响。这时，第二十九军军长兼察省主席宋哲元，因指挥长城抗战，尚驻冀东。代理主席仵庸，对此非常局势，束手无策，他曾电北平当局请示办法，不得要领，遂以去平当面请示为名，一去不返。几名省府委员亦悄悄离开张家口，省政陷于停顿状态，而地方也感到军民交困。更严重的是，《塘沽协定》虽已签订，但对于日本来说，并不能发生丝毫约束力，当日军将热河全部占领之后，紧接着就以伪军为前驱，由热西进，窥我察省。所有这一切，就给驻在张家口的冯玉祥提出了一个必须回答的问题：是袖手旁观，还是投袂而起？他毫不犹豫地选择了后者。当时冯对大家表示："热河沦陷，察省眼看不保，我既然驻在这里，决不能等着当俘虏，更不能当逃兵，我们必须立即拿起枪来，实行抗战。当然，困难是很多的，蒋介石一定要反对我，掣我的肘，拆我的台，甚至还会给我加上一个罪名。再就是我们现在还是赤手空拳，一没有军队，二没有粮饷，察省地方又很苦，这都是困难。可是也有有利的条件，只要我们树立起抗日的大旗，广大有爱国思想的人民和军队，都会支持我们，援助我们，特别是退到察省的如此众多的抗日队伍正在没有出路的时候，只要和他们联合起来共同抗日，就是一支不小的力量。至于其他方面的困难，就在于我们多想办法，总是可以克服的。"大家都同意他的看法。于是冯即采取积极措施，组织武装力量，准备实行抗战。

前面说过，冯在山西汾阳曾办一军官学校，冯离开汾阳后，交由宋哲元改编为二十九军教导团，以支应遴为团长。至是，冯即电调该团开至张家口，以该团学员为基干，扩编成师，拨归佟麟阁指挥，是为冯的基本部队。方振武部原驻晋南襄城，还在冯初到张家口的时候，就派人前往联系，因当时方振武及其部下鲍刚、张人杰另有打算，企图在河北省境内，谋一立足之地，未即北来。其后，因受何应钦的压迫，终于走上了抗战的道路。在极端困难的情况下，步行北上，于抗日同盟军组成后亦到达张家口（鲍刚部未来）。从东北、热河退到察省的抗日部队联络成熟的，计有：李忠义、邓文、黄守中、姚景川、富春、宋敬诚、汲汉东、马冠军等部，另有蒙古自卫军德穆楚克栋鲁普、卓特巴扎普和富龄阿等部，共约4万余人，均愿服从冯的指挥。察哈尔地方武装4000余人，都积极要求保家卫国，经张砺生加以编组，称察哈尔自卫军，亦表示愿与冯合作。唯有驻在察东赤城、龙关一带的孙殿英，因别有企图，尚未表示明确的态度。孙与冯有一定的历史渊源。于是冯派张允荣为代表与孙晤商联合抗拒日军的步骤和办法。不料为何应钦所侦知，急派刘健群、戴笠等前往拉孙，并以察省主席为饵，诱使孙殿英以武力威胁冯玉祥离开察省。孙殿英在这种情况下，徘徊歧路，踌躇不决。他既不敢打冯，又不愿与冯合作，始终对冯敷衍搪塞。此外，冯占海在张家口时，本已表示与冯采取一致行动，后以张作相的关系（张是他的舅父），中途转向何应钦方面。

冯在联系友军的同时，并着手基本队伍的筹划。这时，冯的旧部吉鸿昌、孙良诚、高树勋、张凌云等已先后到达张家口，他们都把自己的财产拿来充作军费和购买枪支，经过短期的准备工作，吉鸿昌收编了退到察省而无人统辖的义勇军数部，加以整顿编制并予以服装械弹的补充，同时装备了志愿抗日的民众武装数部，计有周义宣、徐荣华、宣侠父、李廷振、王英等部。高树勋召集的计有：宋敬久、马金良等部。孙良诚召集的计有：雷中田、李海山、刘振玉等部。张凌云召集的计有：乜玉岭、胡云山等部。共计1.5万余人。

冯玉祥积极准备抗日的活动，引起了全国各方面的注意，广东、广西、福建等省当局先后电冯表示积极支持；上海、天津、北平等大城市及各地抗日救亡团体亦纷纷电冯，促请早日出山抗日，以慰民望。冯在各方属望、义不容辞的情况下，于5月9日在《大公报》上公开答复各民众团体，重申他抗日救亡的志愿和决心。

抗日同盟军行动时期

5月24日，盘踞多伦的日伪军发动南侵，沽源守军因无人负责指挥，纷纷后撤，敌即进占沽源，察省形势，益行危急。张家口军民各界及各军驻张代表，都认为时机迫切，奋起抗战，刻不容缓。经各界代表集议，立即组成了察哈尔省民众御侮救亡大会，经大会决议，组织民众抗日同盟军，公推冯玉祥为总司令，领导实行民众武装抗日斗争。26日，冯发出通电，宣告就职。这时，察省代理主席佟庸避居北平置身事外，冯玉祥为了加强战时体制，乃派原警务处处长佟麟阁暂代主席，以吉鸿昌代警务处处长兼张家口警备司令，张允荣代财政厅厅长。由于冯玉祥一贯主张抗战，在人民群众中有了威望，一旦举起抗日同盟军的旗帜，不仅察省人心为之大振，在全国范围内也引起了广泛的重视，很多人民团体、社会名流、省市当局以及高级将领纷纷致电冯玉祥，表示支持和祝贺。但同时也遭到了蒋介石集团的多方攻击和破坏。蒋介石因对冯屡次劝阻无效，乃进一步发动宣传攻势，给冯加上了“宣传赤化”的罪名，并且诬冯非真心抗日，乃系假借抗日之名以夺取宋哲元的地盘。同时对宋施加压力，使他逼冯离开察省。甚至对曾经以捐款接济冯氏的朱庆澜（时朱负责辽吉黑三省义勇军后援会工作，曾拨给冯抗日经费10万元）诬以贪污之罪，并要他立即前往南京，办理交代，使其对冯无法再予接济。

冯玉祥在各方面的属望和鼓舞之下，不顾蒋介石集团的百般阻挠，开始了整顿队伍的工作。这时参加抗日同盟的军队和民众武装，共达8万余人，其中除少数基本部队以外，有的是久经转战东北三省和热河，已感师老兵疲；有的是由晋南长途跋涉，尚未休整；有的是由察省地方招集的民众武装，未经训练。情况相当复杂。当时一些反对抗战的人们，把抗日同盟军说成是乌合之众。但是冯玉祥对于这8万多所谓“乌合之众”，首先进行了抗日救亡的宣传鼓动工作，他每日轮流召集部队讲演，以教育士兵，并以“民众武装起来”为口号，以加强民众抗日意志。同时，又经过调整编制，补充服装，筹发给养，安抚伤病，军容士气乃大为改观；在短时间内，便把这支队伍变成了朝气蓬勃的有生力量。

这时，热河伪满军司令官张海鹏偕同日军官多人到察东沽源县属之平定堡，召集伪军头目崔兴武计议分两路进犯：一路由多伦西犯宝昌、康保，而后南趋张北；一路由沽源南侵独石口、赤城，以威胁张家口侧背。6月1日，敌机开始轰炸独石口，4日，伪军张海鹏、崔兴武部陷宝昌，8日，陷康保，张北告急，张垣震动。冯玉祥一面派李忠义、乜玉岭、张砺生等部驰往张北布防，一面以张凌云为赤城龙关警备司令，率步兵一旅驰往独石口，并以方振武所属张人杰部为策应。何应钦闻讯，先后数度派人劝冯取消抗日同盟军名义，停止抗日军事行动，并说，万勿以抗日再招来第二个《塘沽协定》，均遭到冯的严词驳斥。何见计不得逞，乃一面电山西阎锡山商议对付冯的办法，阎即委孙楚为晋绥边防司令，设司令部于大同，并令原驻察省境内的晋军赵承绶、李服膺两部退集大同一带，表示不与冯合作。何又一面派庞炳勋为察省"剿匪"总司令，向平绥路开动。与此同时，还对冯施加所谓舆论的压力。国民党南京市党部发表通电，骂冯"冒名抗日，勾结汉奸，割据地盘，捕杀党员，宣传共产，实行赤化"；要求国民党中央开除冯的党籍，下令讨伐。阎锡山亦表示，如冯果有背叛"中央"举动，必须讨伐时，晋军绝对服从命令，负弩前驱。最无耻的是，假借东北四省、华北各省市及北宁、平绥两路局12个国民党党部的名义发出通电，劝冯"放下屠刀，立地成佛"；并电国民党留粤中央委员，请他们对冯"责以大义，以弭巨患"。冯便把这些电报作为对军队的宣传材料，更加激起了将士们的义愤。北平军分会的宣传机器还制造种种谣言，对冯诋毁诬蔑，无所不用其极，他们把这次日军的进犯，说成是由于冯的抗战所引起，为日本的侵略制造借口。冯对于这种颠倒是非的造谣，除邀请新闻记者赴张参观以明真相外，并用通电给予有力的驳斥。同时，又请刘治洲到天津访晤河北省主席于学忠，李炘去济南访晤山东省主席韩复榘，李兴中去广州访晤西南政委会的负责当局，分别说明了抗日行动，请他们予以支援。

冯为了加强同盟军的军政设施和加强同盟军的内部团结，在6月15日召开了同盟军第一次军民代表大会。出席代表61人，主席团为冯玉祥、王化三、张砺生、武纯仁、张慕陶、张允荣、方振武、吉鸿昌、邓文9人，秘书长为陶新畬。会期5天，对同盟军的军事、政治、经济等各方面均作出了纲领性的决议案。这些决议案的要点是：抗日同盟军为革命军民的联合战线，旨在外抗暴日，内除国贼，主张武力收复失地，对日绝交。反对任何妥协；联合世界反对帝国主义势力；共同奋斗，完成中国之独立自由；肃清汉奸国贼，实现民众政权；取消苛捐杂税，改善工农、贫民、士兵生活；释放爱国政治犯，保障民众集会、结社、言论、出版、武装之自由；凡有志抗日救国的军民团体，均得加入同盟军。大会并通过决议，组织抗日同盟军军事委员会，为代表大会闭会期间的最高权力机关，处理军区内军事、政治、财政、外交等事宜。第一届军事委员会委员35人，候补委员29人，推冯玉祥、方振武、吉鸿昌、张允荣、邓文、佟麟阁、张人杰、邱山宁、宣侠父、张慕陶、孙良诚11人组成常务委员会，主席冯玉祥兼总司令。在这次会议之后，军中的革命青年立即根据纲领，展开了军队政治工作和民众运动，对于组织民众武装、协助军队运输和救护伤员以及筹措给养等等，起了很大的作用。

大会闭幕后，冯对军事又作了新的部署：任吉鸿昌为北路前敌总指挥，邓文为左副总指挥，李忠义为右副总指挥，率领大军克日北进。为了统一指挥，特派方振武为北路前敌总司令，所部进出张北，相机进击，地方武装，均配合活动。22日，察省自卫军第一支队王德重部首先克复了康保，伪军崔兴武部东退。23日，邓文、吉鸿昌、张凌云等部及察省自卫军之一部直趋宝昌，李忠义部直趋沽源。7月1日，在两地外围一度激战，宝昌方面的伪军张海鹏、崔兴武等部即向多伦溃退，我军收复宝昌。伪军刘桂棠部原踞沽源，至是反正，加入抗日同盟军。由于抗日同盟军声势浩大，许多被迫胁从的伪军也都相率来归。康保、沽源收复后，即以大部兵力向多伦前进。

正在各部乘胜前进的时刻，何应钦看到抗日同盟军的胜利，将对人民发生很大的影响，而不利于他们屈辱投降的政策，于是又千方百计地对冯施加威胁和利诱，除一面鼓动庞炳勋对张家口进行军事压迫外，一面对冯的代表孟宪章表示，希望冯：（1）即日结束军事；（2）通电取消抗日同盟军名义；（3）宋哲元返察；（4）请冯就全国林垦督办职。冯为了缓和对他的压迫，以争取抗战的时间，电复孟宪章说：抗日军已在多伦附近发生激战，收复多伦指日可期，北平方面所提4项办法，如多伦攻下，一切不成问题。

多伦是察省的商业重镇，当地人称之为小上海。日军把它看作是攻掠察、绥的战略据点，日军茂木骑兵第四旅团2000余人及炮兵部队设防固守，以伪军索华岑部为外围；集结在丰宁属之黄旗一带，日军西义一第八师团驻丰宁，以为策应。在这一线构筑了坚固的防御工事，但周围地形平坦开阔，是一个利于进攻，不利于防守的四战之地。因此，冯决定乘胜收复多伦，为进一步向热河进攻开辟道路。

7月4日，张凌云部在七里河孤子山驱逐敌人前哨，吉鸿昌、邓文、李忠义等部均进抵榆树沟一带。5日，接刘桂棠报告：据夏军长（可能是夏子明，确否待查）由承德脱险归来说：蒋介石与日方取得默契，由日方出兵夹击同盟军，索华岑部接到日军命令，即将有所举动，围场、大阁一带均有日军开到。吉等得此情报，立即召开会议，一致认为必须迅速进攻多伦，以收先发制人之效。乃以张凌云部任左翼，李忠义部在中央，刘桂棠部苏师任右翼，吉、邓两部为总预备队，7日下总攻击令。为了避免敌人飞机大炮的火力，决于当日夜间开始进攻，经过彻夜激战，至8日拂晓，攻克敌人战壕两道。天明之后，敌因获得大炮支援，战斗益趋激烈，吉、邓、李3人均亲临前线指挥，激战至下午6时，迫敌退入城内，9日拂晓前，继续进攻，敌城外大部分据点被我军占领。夜间，吉鸿昌指挥敢死队几度爬城突袭，阻于敌人猛烈火力，未获成功，伤亡200余人。10日拂晓，又开始猛攻，因日机轰炸，伤亡甚众，乃在原地休整。12日晨1时，再次总攻，吉鸿昌袒臂冲锋，士气益振，连克数垒，直逼城下。在总攻的前一天，吉派一副官带战士数十人化装成伪军，潜入城内，迨城外我军接近城垣时，即高呼“同盟军进城了”，并四处开枪，造成城内秩序的混乱，日伪军闻变大惊，开始向城外溃窜，同盟军乃由南、西、北三门冲入城内，巷战约3小对，日伪残部由东门逃走。沦陷72天的多伦，经5昼夜的苦战，终被抗日同盟军收复。在收复宝昌、康保和多伦3县的战役中，共击毙日伪军千余名，同盟军亦伤亡1600余名。

当同盟军进攻多伦之时，汪精卫电冯说，在察抗战，是走不通的一条死路，劝其早日赴京，徐图救国根本之计。冯复电说：“我决心抗日，本来就是找死，但是死在抗日旗帜之下，良心是平安的。”迨同盟军收复多伦后，汪便造谣诬蔑，说："多伦已告收复，唯非取之于日本军队之手，乃取之于伪军之手，此等傀儡，何足一击。"又说："多伦方面本无日军驻守，仅有伪国收编原来热军崔兴武之残部李守信部，约2000余人，所以一经接洽，一部分便服从收编了，一部分便站不住脚了。而吉鸿昌等部便进驻多伦了。"汪精卫这种贬低抗日同盟军战绩和为日军张目的荒谬无耻的言论，立即遭到各方的驳斥和谴责。与此相反，收复多伦的消息传出后，全国民众救国联合会、上海各团体救国联合会、义勇军后援会、天津民众救国联合会、上海教育界联合会及学生联合会、西南各省人民对外协会、北平各界抗日联合会、华北青年抗日同盟以及其他省、市的人民团体，都纷纷来电祝贺。

在抗日同盟军收复多伦之后，东北的爱国军人和青年金典戎等多人纷至张垣投效。于是集议成立东北民众抗日大同盟，借以广泛吸收爱国人士。为了准备收复热河和东北三省，并扩大抗日战争的影响，又于7月下旬在张家口成立收复东北四省计划委员会，内分4个局：秘书局主任余心清，政治局主任温晋城，军事局主任阮玄武，经济局主任张允荣，抗日同盟军高级人员均为该会委员。

抗日同盟军的结束

南京国民党中央闻冯收复多伦，特召开中政会议，汪精卫等十数人出席，商讨对付冯玉祥的办法。从7月9日起，除令庞炳勋、冯钦哉等部进驻沙城、怀来之外，又陆续增派王以哲、徐庭瑶等部进驻平绥路线，前队达于下花园，令傅作义部由绥远沿平绥路向察省开动。冯玉祥以"中央"既对他采取军事行动，为了正当防卫，不得不采用一面抵抗敌伪，一面阻止"中央军"入察的对策。遂调吉鸿昌、方振武等部回驻张北、宣化，由多伦迄独石口之线则交刘桂棠防守。又调孙良诚部进驻于宣化之辛庄子，与何应钦所派入察部队之前锋，相距不过十三四里，双方对峙，战事很有一触即发的可能。18日，"中央军"铁甲车突然开过下花园，冯部即将辛庄子铁桥拆毁，以阻铁甲车前进。北平当局认为冯玉祥此举已表明"反抗中央"的态度，

“中央”不得不对冯采取武力解决。在这以前，何应钦本已下令庞炳勋、关麟征、冯钦哉各部在怀来、延庆集中完毕后，即以庞为总指挥分 3 路进攻张家口。但是，这里还有一个必须解决的问题，即孙殿英部自从赤城、龙头移驻沙城后，即横隔于两军之间。这个投机取巧的孙殿英，一方面对冯表示为抗日同盟军看守大门，一方面又向何应钦讨价还价。何应钦为了使孙迅速离开沙城，除了许以青海西区屯垦督办和开拔费 10 万元以外，又增加了开拔费 40 万元，孙殿英始率部离开沙城向西北开去。

正在蒋介石的军队向张家口节节进逼的时候，北平日使馆武官柴山，特为抗日同盟军收复多伦一事走访何应钦，他说：“日方认为此事有违《塘沽停战协定》，请予注意。”日使馆并声明《塘沽停战协定》曾将多伦列入华军不得越过之界限内。但是，北平当局对此毫无根据的胡说并不予以驳斥。接着，日军平贺旅团及茂木旅团联合伪军张海鹏部共 2 万余人，齐向察边出动，企图夺回多伦、沽源等地。

日使馆提出上述声明的同时，日本向冯玉祥也提出了让出多伦的要求。冯接到日本“觉书”，立即向他们提出让出热河的反要求。接着，日方又限冯于 3 日内对让出多伦的要求作出答复，否则将采取断然的军事行动。冯一面以严正的立场予以驳斥，一面下令对日军严加戒备（一直到冯玉祥离开察省的那一天，日军迄未能将多伦夺去）。

冯玉祥这时的处境，是既要抵挡日军的进攻，又要对付“中央军”的压迫，深感情势危急，难以应付。乃通电全国及西南当局，说明因抗战而获罪于“中央”，请各方主持正义。这个呼吁，立即得到各方面的反应。西南政委会电请北方各省当局和各将领，请他们仗义执言，并劝庞炳勋、关麟征、冯钦哉等“应以国家为前提，以民意为向背；不应为个人所利用，为乱命所操持”。李济深、陈铭枢致电南京国民党政府五院院长，请他们“饬令停止入察之师，勿轻启兄弟阋墙之祸，为外人所笑”。胡汉民、陈济棠、白崇禧等并以强硬的态度致电南京国民党中央及国民党政府，请其“速停入察之师，若仍一意冥顽，抑内媚外，决取断然处置”。蒋介石集团鉴于各方舆论和西南实力派的坚决态度，未敢立即言战，于是何应钦又派马伯援赴张，冯当即表示3点:（1）抗日目的，始终不变;（2）欲求和平，平方须将入察部队开回;（3）取消抗日同盟军名义，须俟察省各军善后有办法以后。28日，蒋介石、汪精卫在庐山会议上又决定致冯俭（28日）电，提出最后通牒式的4项意见:（1）勿擅立各种军政名义;（2）勿妨害“中央”边防计划;（3）勿滥收散军土匪;（4）勿引用“共匪头目，煽扬赤祸”。并说事关察省存亡与全国安危，万不能因循迁就。冯得电愤极，乃于30日发表通电，中有“吾人抗日，诚为有罪，而克复多伦，则尤罪在不赦……祥屡次宣言，一则抗日到底，一则枪口决不对内，如中央严禁抗日，抗日即无异于反抗政府，则不但军事可以收束，即科我以应得之罪，亦所甘心”之语。蒋介石集团虽然对冯施加了种种压力，但冯仍不为所动。

当蒋、汪发出俭电的同时，已完成了军事部署，准备向张家口进攻的兵力计有16个师、两队战斗机和8列钢甲车。正当统率三军的庞炳勋自告奋勇跃跃欲试的时候，忽然遭到了当头一棒。首先是激怒了宋哲元和他的将领，某日，宋授意冯治安和秦德纯去当面问庞，他们对庞说:“听说大哥要打冯先生，是吗?”这个老奸巨猾的庞炳勋一看情形不对，赶快以解释的口吻说:“这怎么能够。不错，是有人叫我打冯先生，可是请二位老弟想一想，他是我多年的老长官，我怎么能够打他呢?”冯治安为了表明二十九军的态度，便直截了当地说:“我们也不相信你会打冯先生，如果真的要打，那么，我们就要对不起大哥了!”庞又赶快说:“不能!不能!绝对不能!”庞嘴里虽然这样说，但他仍在做着察省主席的迷梦，接着便到前方，进行作战的准备，先派人到张家口见冯，希望通过和平的方法把主席的职位拿到手。冯给庞写了一封复信，大意是:外间有些谣传，但我却不置信。兄如来察，欢迎与我共同抗日。庞炳勋碰了冯的钉子，便召集他的将领会议，宣布了“中央”决定以武力解决察事的意旨，旅长陈春荣当场提出异议说:“冯是抗日的，先不必说别的，就是在人格上也不能打他。”庞恼羞成怒，立即指为违抗命令，将陈扣押。因而引起了其他将领的纷纷议论，有的还秘密派人与冯联系，表示脱离庞炳勋随冯抗战。北平当局得此消息，深恐发生意外，乃急将庞部后调，改调第八十七师王敬久部前往接防。何应钦对冯，一方面，从外部进行军事压迫，另一方面，又从抗日同盟军内部进行收买瓦解。对张人杰、李忠义和邓文等都进行了种种的勾引工作，这些消息传开之后，造成了抗日同盟军内部思想上的混乱与动摇。邓文的将领檀自新、吴松林等，曾为邓文与何应钦的勾结一事向冯玉祥告密，冯以不了解他们内部的情况，初上来还以为是他们与邓不和，故对檀、吴二人未作具体表示。不料在7月30日这天，竟然发生邓文被人暗杀之事，更加引起了人们的惶惑不安。

到了8月初，抗日同盟军在日军和"中央军"的大包围中，军事封锁益加严密，包围大军节节进逼，而抗日同盟军内部又发生了动摇，加以外无实力响应，内有财政困难，冯本人处在这个危疑震荡、困难重重的形势下，对抗战到底的主张已失去信心。某日，抗日同盟军召开军政领导人会议，出席30余人，冯派张允荣代表出席，意在听取大家意见，当时群情激愤，多数主张坚决执行同盟军"外抗暴日，内除国贼"的行动纲领，继续奋斗，立即通电讨蒋。其中以方振武、张慕陶、宣侠父等主张最力。但亦有少数人鉴于形势不利，不愿牺牲实力。众说纷纭，莫衷一是。会议进行至深夜，迄未提出全体一致同意的办法，最后商定请示冯总司令后再作决定。次日，冯另行召集了有十余人参加的会议，冯在会上表示：如引起内战，将使日本坐收渔人之利，希望宋哲元早日回察，抗日同盟军的名义虽不存在，但可借宋的掩护，使这一部分抗日力量得到保存。冯既如此表示，主张讨蒋的方振武等自亦不便坚持他们的意见，而全国广大爱国人民所属望的抗日同盟军，就在这次会议上结束了他的使命。

关于宋哲元回察的问题，还在多伦收复不久的时候，冯就表示了态度。那时，蒋介石集团曾诬冯为非真心抗日，乃是意在夺取宋哲元的地盘。冯为了表明心迹，曾于答复邓哲熙、李炘等的电报中说："兄（冯自称）志在抗日收复失地，枪口始终向外，现多伦已复，保察志愿已遂，此后但求收复东北四省，如南京有整个计划，兄自当尽力赞助。明轩（即宋哲元）弟如有接防可能，只要二十九军开过沙城，兄即交出政权"等语。在冯以为宋如回察，即可缓冲蒋介石集团对他的军事压迫，并可借宋的掩护继续进行活动。但是，蒋介石集团并不这样愚蠢，如果在冯玉祥继续留在察省的情况下使宋哲元回察，这将无异为虎添翼。于是北平军分会就发表了宋哲元与庞炳勋同时入察的命令，借以监视宋的行动。一方面摆出命宋回察的姿态，一方面却给宋提出了逼冯离开察省的难题。宋哲元虽然不愿意放弃察省地盘，但又感于情况复杂，对劝冯离察没有把握，因而托病去西山休养。何应钦见宋表示消极，乃又转过头来令庞炳勋执行武力解决的计划。不料庞内部发生变化，何的这一步骤又遭到阻碍。正在这个时候，冯的态度又进一步地软化下来。在他给邓哲熙、秦德纯的电报中说："国难严重，不忍自相残杀，愿收束军事，盼转知前途来接察政。"邓接电后，于 8 月 2 日在天津各报发表了谈话，大意是："余同李炘往来平津，始终本冯先生意旨奔走和平，冯先生一再诚意表示志在抗日，不在对内，蒋、汪俭电 4 项，以假定口气希望冯不要如此，冯一非赤化，二不割据，谈不到接受与否。冯前昨均有电来，绝对主张和平。重点在希望宋主席回察，本人进退不成问题。政府则望冯先取消名义，如何方妥，诚不易言。个人以为政令不便中断，事实上以宋主席先行回察为宜。余等正在与各方共策进行，政府方面托熊哲明（即熊斌）先生代陈，当局屡次表示和平，和平当非无望。"8 月 3 日，北平军分会亦在各报发表消息，说军分会、政委会早已明令宋哲元回察，此间当局始终主张宋哲元回察，云云。4 日，又在报上补发了一道命令："着宋哲元驰赴沙城，接收察政，处理一切善后事宜。"5 日，冯发出歌电，略谓："自即日起，完全收缩军事，政权归之政府，复土交诸国人，并请政府即令原任察省主席宋哲元克日回察，接收一切，办理善后。"歌电发出的第二天，何应钦便发表了如下的谈话："察事已初步解决，冯既无发号施令之名义，此后不足虑。唯共产党在察活动颇力，将成隐患"云云。宋哲元于 6 日偕同邓哲熙、李炘、秦德纯等抵沙城，邓、李先到张家口见冯报告各方情况，并劝冯离张。冯于 6 日发出通告说："顷宋主席抵察，即日起将军政事宜交宋接收。"冯的通告发出后，蒋介石、汪精卫便给冯电促其克期离察入京，共商大计。而宋哲元也希望冯离开察省，善后问题才好着手处理。同时，经邓哲熙、李炘等与韩复榘联系，韩表示欢迎冯仍去山东。冯本来希望在宋哲元的掩护下留在察省，以便等待时机，进行活动。但是，从各方面的情形看来，他已经没有继续留察的可能。虽然他已清楚地看到，一旦离开察省，就完全失去了活动的凭借。因此，对这一去留问题，总是踌躇不决，初意不愿赴鲁。余心清建议北去内蒙，到万不得已时，还可投往苏联。冯也未采纳。嗣经邓哲熙、秦德纯等力劝，一直挨到 11 日晚间才决定离开张家口，仍回泰山。宋哲元于 12 日到张，冯于 14 日离张。濒行的前一日晚间，冯召集抗日同盟军将领及高级人员 20 余人话别，倡议组织抗日救国同盟会，志愿参加者，歃血为盟，向国耻地图（用红颜色在地图上标出被日军侵占的东北四省，上写“还我河山”四字）宣誓，作为分手后各自努力奋斗的共同目标。

冯的留察计划既不获实现，乃在迫不得已的情况下采取了保存实力的最后办法，派张允荣为骑兵第二军长，责成他借着宋哲元的掩护以收容冯的基本部队，并且与抗日同盟军其他部队取得联系。支应遴部原为收容的主要对象，但该部的军校派如贾振中等，不愿留在察省，而要西去投奔陕北苏区，因中途遭受阎锡山部的截击，无法通过，且损失甚巨，不得已，折回察省，仍由张允荣收容。吉鸿昌、方振武因坚持抗日反蒋主张，偕同张慕陶、宣侠父等人率部东下，行至小汤山一带，因何应钦早与日军洽妥联合攻击的办法，经商震、庞炳勋、关麟征等部和日军的夹击，并有日机跟踪轰炸，死伤惨重，吉鸿昌等逃出，部队被消灭。抗日同盟军其余各部，有的由二十九军收编，有的自谋出路，震动一时的察哈尔民众抗日同盟军，至此遂完全解体。

（戈定远、王式九、吴锡祺、软墨林整理）

张家口抗日同盟军事变的前前后后

李华生*

一、东北四省沦陷，冀东失守，《塘沽协定》签字，华北形势危急

长期以来，日本侵略我国，处心积虑，非亡我不止。1927年（日本昭和四年），日本首相田中义一召集内阁有关满蒙官员的东方幕僚会议，讨论制定了侵略我国的凶恶计划，上奏天皇，即历史上臭名昭著的《田中奏折》。在这个奏折中，田中总结了1894年（甲午年）中日战争后占领朝鲜、台湾的经验，提出了征服满蒙，征服中国全土，征服世界的三步骤。经过充分准备之后，日本认为侵略我国时机已经成熟。1931年7月日本在吉林制造了“万宝山惨案”，8月日本伪造中村大尉“失踪”事件及南满铁路“柳条沟桥被炸”事件等，又于同年9月18日夜突然攻占沈阳火药库、北大营，发动了侵略我国的九一八事变，于19日晨占领了沈阳。全国最大的沈阳兵工厂、制炮厂及二百余架飞机和大量军事装备俱落入敌手。19日日本占领长春以南包括长春在内的本溪、辽阳、鞍山、海城、营口、盖平、安东等十八个重要城市和地区。20日日本占领熊岳城打通了至旅大一线。21日日本占领

* 作者时任党团中央驻北方代表孔原的代表。

吉长路、吉敦路全线。22日至25日占领四洮路、洮南郑家屯及通辽。在国民党蒋介石的不抵抗命令下，为时仅及一周日本便占领了辽宁、吉林两省。很快日本于11月占领黑龙江省齐齐哈尔等地区，12月占领锦州。数十万东北军全部退入关内，东北遂告沦陷。1932年3月日本利用溥仪建立了“满洲国”。

为加速侵占华北步伐，日本于1933年1月3日占领山海关，2月25日分三路进攻热河。该省主席汤玉麟在日军未到达之前率部以240辆汽车满载金银财宝及鸦片南逃。日本以180名骑兵于3月4日占领承德。热河全省八天之内被占，然后并入“满洲国”。接着日本乘胜进攻长城沿线，中国驻守长城各口部队，商震、冯治安、王以哲等部奋起抗战。这就是1933年3月至5月的长城抗战。3月11日至17日，由于中国军队奋战，使日本服部旅团遭受沉重打击。长城抗战无论从军事上、政治上来讲，都是具有重大意义的。它是东北四省沦陷后，中国军队在华北第一次反对国民党蒋介石不抵抗命令而自动奋起抗击日寇的战争，它是张家口抗日同盟军事变的前奏。当时国民党在华北平津一线驻军有三十多个师，不下数十万人。蒋介石决心卖国，不但不予任何支援，反而亲赴河北命其嫡系部队黄杰、关麟征等部监视和钳制长城各口的抗战部队，又一次下令禁止中国军队进行抵抗，并重申：“侈言抗日者杀无赦”，极力为日本进攻扫清道路。使长城各口苦战的部队陷于孤立无援之地，惨遭失败。日本于3月20日集结重兵猛攻冷口，4月11日建昌营失守，迁安被陷。喜峰口后撤，临榆、抚宁、昌黎及滦东各县失陷。4月29日古北口、南天门撤出，日本渡滦河而西，占领丰润、玉田、三河，卒于同年5月12日占领离北平四十里之通县。平津暴露于敌进攻直接威胁之前，华北垂危。

国民党蒋介石派了一向主张“中日亲善”的亲日派政学系政客黄郛北上与日本谈判，经英国驻华公使兰浦生出面调停，中日双方代表在密云会谈，于5月31日在塘沽签订了屈辱的卖国协定。中国方面是何应钦主持的北平军分会总参议熊斌及钱宗泽、殷汝耕、雷寿荣等，日本方面是关东军副参谋长冈村宁次及喜多诚一等。条约规定主要内容如下：

1. 中国军队撤退至延庆、昌平、高丽营、顺义、通县、香河、宝坻、林亭镇、宁河、芦台所连之线以西、以南地区。尔后不得越该线前进，并不得有任何挑衅扰乱之行为。

2. 日军为确悉第一项之实行情形，可随时用飞机及其他方法视察，中国方面对之应加保护并予以各种便利。

3. 日军如确认中国军队撤至上述规定之线时，即不再越该线追击，且自动退归于长城之线。

4. 长城以南，第一项所示之线以北及以东地区内之治安维持由中国警察机关任之，但此项警察机关，不可用刺激日本感情之武力团体。

除此之外，尚有口头密约和谅解，未予公布。根据以上协定条文，国民党蒋介石事实上承认了日本占领东北四省合法。

中国军队不得对日有“任何挑衅扰乱之行为”，就是要中国军队对进攻的日军采取恭顺态度，承认日军在中国领空领土内有权以军用飞机和其他方法监视中国军队之行动自由，中国不但不能反对，且应加保护和给予方便。所谓“确认”中国军队撤出该区之后，日军才“不再越线追击”，予日军为越线追击中国军队随时进攻华北之借口。而拟定“日本军队自动退归长城之线”，无异承认该线定为中日之分界线。所谓“长城之线”其含义又极为含糊，从山海关至甘肃嘉峪关长达万里无不属“长城之线”，从而又予日军援引协定进驻长城以北察哈尔、内蒙广袤地域之合法权益。此外规定冀东地区中国军队不能进入，事实上已将该区划为特区，并对该区“不可用刺激日本感情之武力团体”充任维持治安之警察，解除了任何自卫武装，为以后“中日亲善”“冀东自治”及建立殷汝耕汉奸“冀东自治政府”奠定了基础。接着，黄郛被任命为国民党行政院华北政务整理委员会委员长。一系列事件接踵而来，华北形势日趋危急，这就是张家口事变前夕面临的华北危急形势。

二、张家口事变前夕，华北抗日运动掀起了新的高潮

东北沦陷后，日本到处横行，成千上万的人民惨遭杀戮，抢劫，凌辱，

家庭破碎，妻离子散，颠沛流离，饥寒交迫，无法生存。悲惨的亡国奴命运降临到每个人的头上，激发了东北人民无比仇恨，使人们不得不拿起武器抗击日寇。东北大军退入关内之后，数十万抗日义勇军转战辽、吉、黑各地，予凶残的日寇以无情的打击。其中我党领导的以杨靖宇将军为首的东北抗日联军在东满、北满的磐石、延边、汪清、珠河、密山、汤原、虎林、饶河等地英勇抗日，坚持十四年苦战，一直到东北解放，写下了中国革命史上光辉灿烂的一页。在这一高潮的直接推动之下，使平津及华北各地在党领导下的抗日运动如火如荼地开展起来。

九一八后不到十天，北平的北京大学、北平大学、民国大学、中国大学、朝阳大学、中法大学、辅仁大学、燕京大学、清华大学、师范大学等二十多所大学，平大附中、师大附中、一二三四五中等数十所中学，及天津北洋大学、南开大学、法商学院、师范学院、南开中学等大中学校数十万学生，纷纷组织抗日会、救国会、报国团，很快由各校组成北平及天津学生抗日联合会、中小学救国联合会、东北抗敌后援会、东北义勇军后援会，发出抗日通电，分赴各地进行宣传，组织义勇军，自动进行武装集训。当时随着东北大军退入关内的东北各地的上层人士、东北军家属、东北各省难民及东北各地数万学生集结平津一带，与东北留平津的学生很快的共同组织起来，并派代表在河北、山西、察哈尔、山东、河南等省及平汉、平绥、津浦沿线城市进行联络、宣传，很快建立了东北人民抗日救济会、难民救济总会、互济会、自救会等组织，控诉日本在东北各地屠杀、抢劫、奸淫的残暴罪行，要求国民党政府出兵抗日，要求全国人民支援抗日义勇军及救济东北同胞。在这一时期中不少教授、名流、学者等上层爱国人士也都加入了抗日运动。北平财政部印刷厂以及公用、市政、邮务等工人，天津各纱厂、电车、电话工人，张家口的平绥铁路及市政工人，举行抗日集会及示威游行，抵制日货。在张家口愤怒的示威职工数百人砸毁了宣传“中日亲善”的日本马戏团的牌子，撕碎了日本国旗，要求立即封闭日本驻张领事馆，驱逐日本领事出境。在北平由二百多个团体发起召开了有二十多万人参加的空前盛大的太和门抗日救国市民大会，会议通过了《告全国民众书》，提出“立即组织民众，反对日本”“停止内战，一致对外”“对日经济绝交”“抵制日货”“组织义勇军”“救济东北流亡同胞”等决议。天津的青年学生在九一八后不久，纷纷起来进行抗日救国工作，法商学院全体师生组织了学生军，加紧军事训练，发出了投笔从戎、为国捐躯的号召，成立了消费合作社，抵制日货，宣传爱国，提倡国货。全市成立了各界救国联合会。保定河北大学、第二师范、育德、同仁、六中等校学生都组织起来积极下乡宣传。天津工商界还组织了对日绝交委员会，查封私运之日货交由商会保管，听候处理。北平也组织了工业联合会，响应工人学生市民抗日运动。1931 年 12 月 16 日，井陉煤矿工人举行罢工斗争，并通过了组织抗日义勇军的决议。1932 年 1 月 28 日，开滦四万工人举行五矿同盟罢工，反对英国资本家，要求发年关“花红”，声援东北抗日义勇军及上海抗战的十九路军。

各地抗日运动的开展，大大地推动了平津学生抗日运动。1931 年 11 月 30 日，北京大学在党的领导下发难组织南下请愿团。参加第一批南下的学生代表二百三十多人，于 12 月 1 日出发，赴前门车站，站长阻止南下，不让学生上车。代表们举行了卧轨斗争，经过数小时坚持之后，争取了铁路工人的同情，最后站长只得答应了学生代表的要求，让学生代表乘车赴南京。接着北平、天津、太原、开封、西安、山东、青岛、徐州、武汉、南昌、福州、广州、上海、杭州、苏州、无锡等地的学生也先后参加了这一请愿运动，十余万学生冲破了国民党政府各地军警的封锁及镇压，愤怒地冲向国民党中央政府所在地南京。“南下请愿运动”变成了反对国民党中央政府卖国投降的“南下示威运动”。12 月 17 日，三万学生包围了国民党中央党部、行政院，砸烂了国民党中央党部、行政院、外交部和《中央日报》社的牌子，遭到国民党南京警备司令部、宪兵司令部及数万军队、警察的逮捕、拘押、毒打及残酷的镇压，在珍珠桥对学生队伍开枪大屠杀，死伤学生数百人。因此，引起了全国人民无比的愤慨。北平学生为支援南下示威运动捣毁了国民党北平市党部。国民党动员了数万军队，分批将南下示威的学生押回北平、天津、河北、山东、河南等地。“南下示威运动”乃是北方出现的第一次抗日高潮。这一高潮最显著的特点就是由两大激流——即由在东北以数十万抗击日寇的义勇军为代表的英勇战斗和在北方以平津学生抗日运动为代表坚决斗争汇合而成。它严重地打击了日寇进攻及国民党蒋介石卖国投降，直接支援了 1932 年 1 月 28 日以后的十九路军的上海抗日战争，迫使日本不得不停止对上海的进攻，蒋介石于 1931 年 12 月下野出洋，前往日本。如果说南下示威，标志着北方抗日运动新高潮，1933 年春长城抗战，则是张家口事变前夕抗日高潮的继续发展。

继 1932 年南下示威之后，抗日运动普及到河北中小县城，由学生运动逐步深入到广大农村。为支援南下示威，在保定河北大学、第二师范、育德、同仁、六中等校先后举行了罢课游行；正定七中、井陉、晋县学生开展抗日救国工作；在永年、邢台、大名、清丰、南乐、磁县、巨鹿等县中心小学学生都掀起了抗日宣传、游行示威、抵制日货等运动。大批组织下乡宣传队、远征队向广大农村农民进行宣传。保定同仁中学全校学生组织了南下宣传纵队，下分七个大队分赴定县、石家庄、正定、新乐、沙河两岸进行宣传。在这一运动深入发展中，1932 年 2 月爆发了保定第二师范全校学生坚持反对国民党镇压救国运动的斗争。国民党当地政府于 6 月 22 日令数百军警严密包围、封锁学校，7 月 6 日全副武装的军警冲入校内开始残暴的屠杀。当场击毙贾良图等八人，重伤陈锡周等四人，逮捕三十八名，造成了骇人听闻的保定二师惨案。

在北方推动之下，出现了全国抗日高潮。中国工农红军粉碎了蒋介石对中央苏区的第三次“围剿”，鄂豫皖红军也打垮了安徽陈调元、湖北何成浚、河南刘峙的进攻。1931 年 11 月 7 日在江西瑞金召开了第一次中华全国苏维埃代表大会（即工农兵劳动人民代表大会），正式建立了中国人民革命政府——中华苏维埃中央政府，号召全国人民起来抗日，反对国民党蒋介石卖国投降。国民党内部各部队出现了新的分化，许多部队反对蒋介石卖国投降，同情抗日，不愿打内战。1931 年 12 月 14 日由赵博生同志率领的西北军二十六路军在江西宁都举行了光荣起义，参加红军。1932 年十九路军抗击日寇的上海战争后，提出组织联合成立“国防政府”主张。我党中央在 1932 年上海抗战期间，曾向国民党各派系军队再次发出通电，要求立即停止进攻我苏区红军，签订共同抗日协定。

在全国革命形势高涨之下，北方党于1932年6月下旬在上海召开了北方会议。参加会议的有东北、河北、河南、山东、山西、陕西等省代表。会议通过了《北方革命危机的增长与北方党的任务的决议》《关于北方各省职工运动中几个主要任务的决议》和《关于开展游击战争与创造北方苏区的决议》。会议着重讨论了反“北方落后论”，为迎接北方革命高潮重新部署了东北、华北、西北地区的工作。在东北扩大东北抗日联军，加强东北义勇军中的工作，坚持开展东北抗日游击战争，创建东满海龙、磐石、桦甸、抚松及北满虎林、饶河抗日根据地。在华北开展以平津及中小城镇学生抗日运动为基础，号召华北人民与士兵联合起来，抗击日寇武装保卫华北、保卫察哈尔。提出了反对国民党卖国投降，出卖东北、华北，反对第四次“围剿”，打倒日本帝国主义，收复东北失地，争取民众抗日爱国言论、出版、集会、结社自由。通过找各种关系和派遣学生到厂矿企业当工人，发展建立党和工会组织，开展在工人中抗日救国工作，组织、发动改善生活待遇斗争，武装工人，实行军训，开展武装反对日本进攻的斗争。在农村通过中小城镇小学教员开辟农民工作，领导组织农民斗争，提出废除苛捐杂税，要求减租减息，开展以工人、农民为基础的广泛抗日救国运动。利用招兵，派学生、工人和农民当兵，去开辟士兵中的抗日工作，提出改善士兵待遇、废止打骂等口号，联合民众开展华北抗日战争。在西北以陕甘边区为根据地，开展陕甘和陕北游击战争，组建红26军等。中央派了许多干部到东北、华北、西北去进行工作，加强满洲、北方、陕西等省党团领导。1932年底至1933年初，孔原、饶漱石等同志前来北方工作，孔原同志任党中央驻北方代表，饶漱石同志任全总华北办事处主任。

在党的北方会议之后，当时河北省党的组织为抗击日寇进攻华北，反对国民党蒋介石卖国投降，从1932年夏至张家口事变即发动了大小十多次武装暴动。其中有名的有1932年8月23至30日在保属高阳、蠡县的暴动，9月在京东的迁安农民暴动，1932年1月在直南王维纲等同志领导的小车社斗争后进行的磁县暴动，1932年6月至1933年3月在直中灵寿、正定、新乐、行唐、藁城等县暴动，灵寿“红星暴动”及曲阳、阜平、行唐联合县委领导的曲阳水泉暴动等等。这些暴动由于当时客观条件不具备，或主观政治上的错误（包括路线错误在内），或力量薄弱，或缺乏经验，致使暴动都不免流于失败。其中还不包括若干次士兵起义及开滦煤矿工人的武装斗争在内，但无论怎样，河北党及英雄的河北人民在第二次国内革命战争时期的伟大战斗业绩，及其作出的不可估量的英勇牺牲是永放光芒的。它是党的工作中心转移到农村，进行武装群众，开展北方抗日战争，迈出决定意义的一步。

三、张家口抗日同盟军的兴起

早在第一次国内革命战争时期，1924 年 1 月国共合作，党的统一战线工作在北方逐渐开展，李大钊同志就开始了系统的争取冯玉祥的工作，冯玉祥也就开始转向革命。1924 年 10 月，正当奉直战争紧急关头，发生冯倒戈反曹锟、吴佩孚直系军阀，在北京举行了政变，将所部改称为国民军。从而，占领京、津、冀、豫和内蒙等地，导致曹锟被縶，吴佩孚逃亡武汉。在国民军统治下，北方革命运动出现了新发展，特别在 1925 年五卅惨案之后，京、津、京绥与张家口工人运动，河北、内蒙及河南农民运动进展很快。冯玉祥本人及西北军受到人民革命的影响，也进一步倾向于革命。

1926 年 3 月，日舰驶入大沽口，炮击国民军，国民军还击日舰，日本联合英、美等八国驻我国公使向中国提出严重抗议。3 月 18 日北京各界数千人集合天安门前示威反日，段祺瑞下令开枪，打死群众四五十人，重伤二百余人，演成三一八惨案。不久奉直军阀联合进攻国民军，国民军退守南口入张家口、内蒙一带。这是反革命对冯玉祥的一次“教育”，使冯本人更决心参加革命，前往联合苏联。1926 年 7 月北伐开始后，9 月 15 日冯玉祥由苏联返国，聘请了苏联顾问，并要求党派干部到他的部队进行政治工作。那时邓小平为首的一些干部在冯玉祥那里工作，其中有张振亚（河北蠡县人，在苏联学骑兵的，曾任冯玉祥的顾问）、刘伯坚（四川人，曾任冯的政治部主任）、肖明等同志。在他们帮助之下，于是年 9 月 17 日在五原举行了宣誓仪式（即国民军五原誓师），冯玉祥就任国民军联军总司令职，通电响应北伐军北伐，率领西北军入陕，于 1926 年底、1927 年初统一了陕西全省。在西安创办了国民大学，开展革命启蒙教育及革命文化运动，从而大大地推动了西北建党工作的开展。西北的革命运动，特别是陕西关中地区从此逐渐在学生、工人、农民中亦有了大的发展，学生会、工会、农民协会、农民自卫队等群众组织相继建立起来，成千上万的学生和工农群众卷入到大革命历史时期中来，为陕甘播下了土地革命的火种。

1927 年大革命失败后，冯玉祥动摇，党的代表相继撤出了冯部，但党的基础组织并未遭受破坏，党的工作仍未中断。而在绥远内蒙一带，自 1928 年党的第六次全国代表大会后，中央派了王若飞、曾涌泉等同志在那里开展工作，云泽（即乌兰夫）、吉合等蒙古同志也早在内蒙建立了人民革命党的组织和开展了艰苦的革命工作。北方党在平绥线的怀来、宣化、张家口、怀安、大同、蔚县等地亦建立了一些党和群众组织，特别是在几个师范学校、中小学校中发展了一些党员，建立了一些支部。这些都是张家口事变前党在内蒙的工作和基础。

在这里，还必须一提的是，自 1927 年大革命失败后到张家口事变前这一段时间之内冯玉祥的处境及其政治态度。冯玉祥本人长期彷徨动摇于革命与反革命之间，曾几次反蒋，如 1929 年 3 月参加桂系李宗仁、白崇禧反蒋之战，1930 年 2 月到 12 月与阎锡山联合反蒋进行中原大战，但均以失败而告终。反之，冯如投靠蒋，亦不为蒋所容，冯深知蒋对他和西北军乃一贯采取排斥、打击、分化、收买、消灭的政策，防不胜防。致使冯在恨蒋怕蒋之余，不得不长期对蒋应付，采取无可如何，若即若离，不前不后的态度。总之，这一时期中，冯脱离共产党领导，深感政治上非常苦闷而没有出路。九一八后全国人民奋起抗日反蒋，冯的这种态度有所改变，即从动摇中又逐步倾向于革命。

1933 年 4 月、5 月，日寇相继占领长城各口、冀东各县及通县之后，乘机派遣东北伪军张海鹏部进占了察北沽源、宝昌、康保等县，平津及华北形势危急，国民党蒋介石继续实行其卖国投降政策，再次下令禁止中国军队进行任何抵抗，与日本签订了《塘沽协定》。以何应钦坐镇北平，主持军分会，直接指挥驻防平津一带的蒋介石的嫡系部队黄杰、关麟征及蒋孝先的宪兵第三团，监视西北军、东北军及东北义勇军各部，防止抗日战争爆发。与此同时并对平津学生为代表的华北抗日救国运动进行血腥的镇压，逮捕屠杀中共党员及上层民主爱国人士。实行“文化围剿”，取缔封闭作家联盟、社会科学家联盟、文学研究会、美术家协会、社会科学研究会、民主保障同盟、革命救济会及各种抗日群众组织，搜查、禁止发行抗日书报刊物《北方红旗》《抗日救国报》，严禁抗日救国集会结社示威游行，进一步激起人民的愤怒。

特别是在 1933 年 1 月 17 日，我党领导下的中华苏维埃中央政府及中国工农红军总司令部再次发出宣言，声明在停止进攻我苏区红军、保证人民民主权利和武装民众三个条件下，愿和全国各部队订立停战协定，联合抗日。在国民党各军队中得到积极的反应，尤其对处于平津、华北前线的西北军、东北军影响最大。如前所述，那时党在西北军中的工作，主要是开展抗日反蒋活动。冯玉祥及其领导下的西北军将领与我党均有上层联系，通过党的军委系统特别派往那里的同志，在上层关系掩护下作了许多工作。其中许多有名的共产党员如韩麟符（1924 年国共合作，在国民党第一次全国代表大会上当选为 17 个中央候补执行委员之一的中共党员）、宣侠父、席传忠等人。

在这一形势之下，经过党的长期工作，于是爆发了张家口事变。由冯玉祥、吉鸿昌、方振武等西北军将领率领的西北军，于 1933 年 5 月 26 日在张家口正式发布通电，宣布成立了华北民众抗日同盟军总司令部，由冯玉祥任同盟军总司令，发表抗日同盟军成立的宗旨及其主张。吉鸿昌任张家口及平绥路警备司令部司令，张慕陶任政治部主任，宣侠父任参谋长，席传忠为教导团长。改组了察哈尔省政府及警察局，下令逮捕了汉奸卖国贼和国民党蒋介石“蓝衣社”特务分子。通令察哈尔境内实行戒严。积极部署察北及对热河的抗日军事行动。在各界御侮救亡会筹委会领导组织下，召集了察哈尔省和张家口市各届人民两千多人参加群众大会，并举行了示威游行。成立了察哈尔省及张家口、平绥线御侮救亡会，出版了《抗日前线》《民众日报》和《老百姓报》等革命报纸。发布了保护抗日运动，保护人民民主权利，废除苛捐杂税，释放政治犯等法令。

根据当时形势的发展，为加强党对热察前线及抗日同盟军工作的领导，成立了前线委员会，中央决定柯庆施同志任前线委员会书记。前线委员会成立后，统一了党政军领导，全面部署了工作。党内党外进行传达，进一步深入发动群众，使学生、工人、农民中的抗日救国工作普遍的开展起来。随着在张家口市分别召开了学生、工人、农民、士兵及各界爱国人士的代表大会、代表会议、积极分子会议，建立组织。全市就有十九个团体参加了御侮救亡联合会。6 月 4 日，在察哈尔省御侮救亡筹委会领导下，召开了第二次民众大会，到会学、工、农、兵、商等群众五千多人。会议通过了“武装保卫察哈尔”“反对南京蒋介石政府对日密约”“反对《塘沽协定》”“武装民众”“召开察哈尔省各团体联席会正式建立察哈尔省御侮救亡联合会”，改善工人、农民、士兵生活等提案和通电。会后举行了游行示威，群情振奋，高呼口号:“组织民众，武装民众！”“开展华北察哈尔武装民众的民族革命战争！”“反对国民党蒋介石出卖华北内蒙！”“打倒日本帝国主义！”“收复东北四省失地！”捣毁了国民党察哈尔省党部。

张家口市的工人群众表现了中华民族的英雄气概，在平绥铁路工人带动之下，全市电灯、电话、汽车、洋车、面粉、皮毛、铁木、理发、服务等行业工会普遍组织起来。6 月 8 日平绥铁路工人召集了一千一百多人的群众大会，提出了平绥工人的经济政治要求，封闭了国民党平绥铁路特别党部与察哈尔区分部，解散了国民党控制、操纵下由少数工头包办的黄色工会，驱逐了该工会的要员。建立了平绥铁路工人自己的工会及 120 名武装起来的工人纠察队。这些工人纠察队都以大刀、铁棍等武装起来，进行军训、执勤，守护平绥铁路及其所属企业仓库，防止坏人扰乱破坏。与此同时，开展了与资方的斗争，提出要求取消大礼拜，取消工头包饭制，增加工资，追还国民党党部及其控制、操纵下的平绥铁路工会强行扣除工人工资的所谓“爱国捐”“飞机捐”等，并与全市各行业工会组织共同开展保卫后方、维持治安、慰劳募捐、支援前线等抗日活动和工作。

在北方党的领导下，以吉鸿昌等同志为代表的中共党员们以伟大的革命胆略、无比的英雄气概，奋不顾身地积极从事艰苦卓绝的工作，使抗日同盟军兴起，大大推动了冀察热的工农革命运动的发展。同时也由于工农革命运动的发展和党在西北军、山西军、东北军、东北义勇军等的上层工作及下层士兵工作，又促进了抗日同盟军的发展。同盟军成立不久，又召开了抗日同盟军各部队代表参加的军事联席会、协商会，讨论筹建革命军事委员会。上述一些部队派了代表前来参加会议，协商抗日军政方针、救国大计及行动纲领，并确定召开冀察热民众御侮救亡代表大会，建立新的人民政府及施政纲要等工作。经过分派代表联络、争取等大量工作，抗日同盟军由几千人发展至十万余人，二三十个部队。接着于6月11日正式召开了冀察热民众御侮救亡代表大会，通过了华北民众御侮救亡的行动纲领及军事、政治、财政、文教和组织等具体实施纲要。正式选举冯玉祥、吉鸿昌、方振武等25人组成革命军事委员会，冯玉祥为委员长，吉鸿昌为副委员长。在革命军事委员会统一指挥下，抗日同盟军于6月20日分兵三路进击侵犯察北的日伪部队。至7月12日先后收复了张北、康保、宝昌、沽源、商都、多伦等县，军威大振。当时平绥铁路工人为支援北进部队而组织的交通团，积极进行了各种工作。处于抗日前线的多伦一带农民组织了五千多人的武装自卫队，投入战斗和参加战勤工作，内蒙古人民也组织了骑兵连队前来支援作战，表现都很出色。在抗日同盟军收复康保、宝昌、沽源三县以后，察哈尔坝上、南部及平绥沿线各县，如张北、沽源、宝昌、万全、宣化、蔚县、阳原、怀安等县经过党的组织和党员的工作，或公开经张家口、察哈尔省御侮救亡会派人前往组织联络，先后开展了支援前线运粮、募捐、慰劳，组织自卫队、义勇军等武装组织，进行武装集训等工作。张家口市及察哈尔各地抗日救亡运动进入了一个新的发展阶段。

察北收复了几县的胜利消息传出，河北及全国民心大奋。由于各地，首先是平津党、团、工会及各革命团体的工作配合，支援察北抗日同盟军的运动很快的开展起来，形成高潮。北平、天津党、团、工会派了数百名干部到张家口及平绥沿线工作。平津各界抗日联合会、河北省革命互济会、华北青年抗日同盟会、上海各界抗日联合会、海员工会、邮电工会、学生联合会、妇女协会和福建、广东、湖北、山东及西南各省的抗日救国团体都进行了一些物质和精神方面的支援。

7月下旬，在张家口由冀察热民众御侮救亡会代表大会发起建立了收复东北四省计划委员会，制定出收复失地的战略计划，决定了开辟前线及建立后方发动群众的组织工作。其大要为：

（一）开展热河敌占区工作，以便深入敌区建立基础，广泛的组织群众，开展游击战争。

（二）为配合这一战略部署，决定积极开展蒙古民族中的工作，发展、扩大当时党组织起来的蒙古人民武装——骑兵部队，发展、建立内蒙古在昭乌达盟、乌兰察布盟、伊克昭盟等地内蒙古人民革命党。

（三）采取实际步骤，在以下三个地区，即沿平绥铁路张家口至绥远，绥远附近托克托、土默特、萨拉齐、后套地区以及包头以西五原、临河地区，大力开展汉族农民、手工业者及扛活、卖工、做零活的季节工、临时工，包括天主堂、各垦区的地主堂号、商号经营的大围子，农田区居民点的贫雇农、佃农中的工作。建立各种形式的农会、手工业工会、贫民会等群众组织，领导发动群众斗争。并积极发展党员，建立党的组织。

8月1日在张家口举行了有平津各界代表参加的华北各界民众救亡大会，到会二百多人。通过决议，派代表到上海、广州、福建、河南、陕西、湖北等地进行联络。

察哈尔抗日反蒋运动的发展，引起了蒋介石集团极大恐慌。蒋介石于1933年夏召集了国民党中央政府的政务会议，斥责张家口抗日同盟军“妨害中央统一政令，破坏国策”，申令讨伐。接着由何应钦在北平的军分会召开了紧急军事会议，部署讨伐的军事行动。组织蒋介石嫡系部队为核心包括一些地方部队在内进行讨伐。任命庞炳勋为察哈尔北部剿匪总司令，由平北房山、涿县、察南蔚县、阳原、山西天镇、阳高、大同、绥远、集宁一带进行对张家口大包围。切断交通线，实行全面封锁。到7月20日进攻张家口部队达11个整师约12万人。7月底又增到16个师，并配备铁甲车和航空部队（在怀来、大同、绥远建了飞机场）。另一方面则采取分化收买孙殿英、宋哲元、傅作义及东北军、东北义勇军等部队。派人暗中与冯玉祥洽谈、威逼，卒致使冯于 8 月初宣布下野。

四、撤出张家口，转战察北至平北，抗日同盟军失败的情形

为讨论冯玉祥下野后出现的不利政治局势及下一步继续坚持军事行动计划，包括全面部署等问题，中共前线委于 8 月 8 日召集了紧急会议。会议决定：

（一）把抗日同盟军中党领导下的基本队伍第 5 师、第 16 师、第 18 师教导队及党政军领导机关，包括后勤在内撤至张北，继续坚持。

（二）张家口作最后撤出的准备和应急计划。凡一切已公开暴露的人，分别派往华北各地各部队中去工作，进行紧急疏散。妥善安置转入地下长期坚持工作的党的秘密组织、人员和其他紧急措施等。

（三）与此同时派人（包括当时在云泽同志领导下的蒙古骑兵队）前往坝上进行向东向西寻找党的工作关系，着手进行军事行动的路线侦察部署，以便切实考虑部队行动方向计划。

（四）为反对蒋介石的疯狂进攻，提出“以革命战争来回答国民党蒋介石的进攻”“察哈尔人民武装起来保卫抗日根据地张家口”“支援前线粉碎敌人包围！”等口号，并与进攻的部队展开了坚决的战斗，派出工作队到前线部队和群众中进行反围攻的组织动员工作。

在战斗极端不利形势下撤出了张家口，虽然抗日同盟军遭受到严重的损失，但撤退到张北的部队，在吉鸿昌同志指挥之下有第 5 师、第 16 师、第 18 师教导团，仍有 2500 人左右。到张北后，张北民众举行了察北各界欢迎抗日同盟军的群众大会，发言的代表在大会上强烈的谴责国民党蒋介石卖国投降，一致表决心要和抗日同盟军在察北开展抗日民众的抗日战争，保卫察哈尔，为收复东北失地战斗到底。参加大会的士兵异常激愤，当场把国民党青天白日帽徽扯下，踏在脚底下，要与国民党反动集团决裂。

接着中共前线委员会在张北二泉子召开了扩大会议。在这次会议上彻底

批判了张慕陶散布的“联日反蒋”的反革命托派的主张，进一步统一了党的思想，坚持抗日反蒋路线。同时通过这次会议决定改组了革命军事委员会，推选吉鸿昌同志为抗日同盟军总指挥，负责察北作战军事指挥事宜。

关于部队前进方向问题，前线委员会扩大会议有三种不同的意见：一种主张向东而南，沿长城绕平北、怀柔、密云，前往三河、蓟县、遵化、兴隆，在平东以燕山山脉一带为依托，开展抗日游击战争，那里的有利条件是地处抗日前线阵地，人口稠密，党有一定的基础，较易发动群众进行抗日武装斗争；且以燕山山脉为依托，便于我抗日同盟军建立长期坚持的根据地。但不利的则是该地地近华北重镇北平，敌人统治力量强大，兵力集中于华北交通枢纽几条干线上，我军行动易受敌围攻。且平东地区又为“非武装地区”，处于日本和国民党蒋介石夹击之中。一种主张沿长城而南，经赤城、延庆越平绥路，绕涿鹿、蔚县抵涞源、易县，进入河北西部保属地区太行山地带，发动群众建立根据地，与保属直中农民运动汇合，开展游击战争。该区在河北西部太行山腹地，人口较为密集，党的组织有较好基础，地形十分有利。不利方面则是平保敌人兵力集中，要打破敌人进攻，争取立足，亦须作艰苦战斗。另一方面考虑处境虽然易遭敌堵击，但较平东处于日本和国民党蒋介石两面夹击中为好。另一种主张则是向西，沿阴山山脉以南，经大青山绕绥远包头至五原、临河一带建立根据地，发动内蒙古民族革命运动，与陕甘红26军相呼应。有利的条件是可以相机打通国际路线，但不利的则是坝上同属蒙古地区，人烟稀少，气候和自然条件很坏，大部队行军、宿营、补给等十分困难。且该区落后，党的工作及基础薄弱，不利于生存。以上三种意见，经过分析研究讨论，认为第二种意见到河北西部前往太行山区属上策，第一种意见为中策，第三种意见为下策。因此，决定实现中策，力争上策，避免下策。总之目的在于保存力量，争取时间，度过困难，进入河北，创造条件，发展革命。

部队在向独石口进军途中，遭受国民党大军的堵截，与日寇合围进攻及飞机轰炸，连续进行数次大的战斗和若干小的战斗。由于多种原因，作战行军无法休整。坝上人烟稀少，宿营地没有，伤员无法安置，往往行军一整天找不着一家居民，只得露营。粮食给养及柴禾十分困难，人民以牛马粪当柴做饭取暖。特别严重的是坝上入秋以后天气骤转严寒，部队战士仍穿单衣，因此，饥寒交迫，立即影响士气。部队减员及逃亡甚为严重，及至到达赤城、龙关时，部队仅余二千余人。敌在宣化、怀来、南口一线进行堵击，平绥线无法越过，经延庆、永宁、长陵绕昌平抵北平小汤山。击溃敌一个团，占领了小汤山。在延庆主力往东南行动时，为掩护主力钳制敌人，曾派出一部至康庄、青龙桥附近活动。直至9月末（即农历八月十五中秋节后）至顺义附近潮白河时陷入宋哲元部袋形阵地，被俘遣散。不久在康庄青龙桥附近的余部，也将枪埋藏起来化装遣散。后来抗战爆发后，我八路军宋时轮、邓华支队挺进平北时，延庆、涿鹿群众为响应抗日组织武装在一些村中将埋藏枪支取出。

至此，抗日同盟军全部英勇斗争，遂告结束。

五、抗日同盟军失败后，处理善后，重新部署北方工作

何应钦任闽粤赣总司令，以何成浚、王均、刘峙为前敌总指挥，向鄂豫皖闽粤赣湘大举进攻。我鄂豫皖红四方面军实行战略转移至川陕，创建了广阔的苏区。我中央红军歼蒋介石嫡系五十二师、五十九师二、三万人，缴枪四万余支，并俘虏了陈明、陈时骥师长及几个旅长，取得了反四次“围剿”的胜利。1933年4月后，国民党蒋介石便着手准备第五次“围剿”。在这一时期中，日寇对华北开展了疯狂进攻，在1933年1月占领了榆关，3月占领了热河，4月长城各口及冀东失守，平津危急。蒋介石进一步卖国投降，于1933年3月北上，与何应钦等举行秘密会议，并在保定设立“行营”，重申禁止抗日，发布“侈言抗日者杀勿赦”的政令，调动他的嫡系部队及宪兵第三团来河北镇压抗日运动。1933年5月31日又与日本签订了卖国的《塘沽协定》，为“中日合作”“中日提携”扫清道路。除此之外，对五次“围剿”进行了空前规模的经济、政治、军事的动员工作。在经济上为筹措战费，不顾人民死活横征暴敛。自1927年以来在国民党统治区每年挣扎在死

亡线上的灾民、难民达数百万人。最大的如1929年豫陕甘的空前大旱灾，赤地千里，灾民达三千四百万人。1931年夏，江淮河汉大水灾，江河决口受灾面积达十余省，灾民数千万，为六十年来所没有。国民党政府不但未予救济，相反到处增加名目繁多的苛捐杂税，搜刮民财，实行法币政策，贩卖白银，增加货币及公债发行额（仅各种公债包括救灾公债在内，从1927年至1933年共发行十一亿四千万元），大举外债，向美国进行所谓“棉麦借款”五千万美元，向日本借款二亿日元。在政治上加速实行法西斯化，乃是这一时期极重要的特点。蒋介石派其亲信往意大利考察法西斯党，往德国考察纳粹组织，学习特务工作。1929年由二陈（陈立夫、陈果夫）设立的CC团；1932年由贺衷寒、康泽、戴笠等人组织蓝衣社（复兴社）等特务组织；强化宪兵，以谷正伦为司令，将宪兵扩大成四个团，由张镇、黄珍吾、蒋孝先、吉辛简分任团长。厉行“一党专政、领袖独裁”，以蒋介石为领袖，宣扬“领袖高于一切”“一切服从领袖”，蒋介石自任国民党政治委员会委员长、军事委员会委员长，成为国民党党政军的独裁者，并令各省主席统由军人兼任，统一政令军令，推行其法西斯专政。在军事上聘请了德国法西斯将军赛克特为首的军事顾问团，制订新的“围剿”作战方案和军事行动计划。在庐山设立军官训练团，重新训练其军队骨干，全国各地大批招募新兵，组建新的部队及兵种，购买飞机大炮及现代装备，装备其嫡系部队。调动了百万大军和二百架作战飞机，在我南方各省苏区周围，构筑层层包围苏区的碉堡群网和纵深工事。在“七分政治、三分军事”新的作战方针下，普遍在各省设立地方保安团队，武装地主富农，执行保甲制度，加紧对水陆交通道路巡防和反复清查，实施连坐法，强化其农村反动统治。在苏区周围实行军事、政治、经济封锁。采取步步为营，稳扎稳打，从四面收缩，实行堵进清迫全面“围剿”。特别部署重兵四十万对我中央苏区，分四路前进：北路顾祝同，南路陈济棠，东路蒋鼎文，西路何键，于1933年10月开始了全线进攻。

为了配合第五次“围剿”，国民党蒋介石在全国各大中城市，加强军警宪法西斯专政，对学校、工厂、机关、法团、公共场所，布置特务暗探，进行盯梢、追踪、暗杀、逮捕、搜查反日战士、进步人士和共产党员。血腥镇压抗日爱国运动，实行“文化围剿”，封闭、查抄抗日书店，禁止抗日书刊发行。其中最大事件为1932年秋上海反帝大同盟遭受破坏，一百多人被捕，1933年夏一百五十多人被杀。全国大中学联、左联、社联、社研等群众团体遭受破坏，千余人被捕。5月潘梓年、丁玲等作家相继被捕，6月中国民权保障同盟副会长、学者杨杏佛遭国民党特务暗杀，11月上海艺华影片公司被特务捣毁。

我于1933年9月上旬抵北平与河北团省委接上了关系之后，通过河北团省委，很快到天津找到团中央驻北方特派员，找到党中央驻北方代表孔原同志，并和他们取得了联系。我于10月返平，在北京饭店与柯庆施同志见了面，传达了党中央对张家口抗日同盟军总的指示精神及行动方针。但那时已然来不及了，由于张家口撤出后，形势急转直下，柯庆施同志尚未返回张北，而前线撤退干部已大量返平。

当时北平形势十分恶劣，在北平军分会主任何应钦直接指挥下，宪兵第三团、公安局侦缉队与市党部特务组密切结合，实行宵禁戒严，疯狂镇压抗日运动和进行文化“围剿”，在北平各大中学、公寓、会馆、旅店、商场、茶楼、酒肆、公园、文化娱乐场所、交通要道、公共集散地满布军警宪及叛徒特务暗探，进行监视、搜查、盯梢、追捕共产党员及反帝反日同盟、革命互济会、学生会、左联、社联等组织成员。在河北省委及北平市委遭受严重破坏之后，北平陷入极度的恐怖之中，党的工作是很困难的。

这时面临的任务，乃是尽快地处理前线撤退来平的干部，防止组织遭受破坏，党员被捕。

根据指示，那时采取了以下的措施：

（一）对于来北平的同志进行有组织地分散隐蔽，减少停留时间空间，迅速由平疏散，派往各地进行工作。

（二）对在北平停留期间的同志，禁止他们作一切不必要的社会活动及交往；不让他们自由上街和进出公共场所。

（三）由前委或省军委派往国民党各部队的干部凡不需经过北平的就直

接前往，对需要经过北平的尽可能不在北平停留，其关系由省军委特科负责单独联系。

（四）对已暴露不宜留在北平的干部，根据工作新的部署有组织地派往北方各省；或利用干部自己的多种社会关系，有目的地分别返家，投靠亲友，寻找关系，开辟、建立、开展工作，并由北平党进行联系。

（五）一部分需要留在北平而又有条件能留平的干部，则充实北平党团工作。留平的干部尽可能利用亲友、同乡、同宗、同学等关系进行分散隐蔽。

（六）留在北平而在城区又无法掩护的干部，则分配到平郊附近各县农村，加强门头沟、长辛店工矿区及三河、顺义、密云等地的工作。

（七）对于实在无法派出而又不能在北平留住的干部则自行到国民党部队当兵，到工厂、学校、商号谋职业进行掩护，并与留平同志进行联系。

（八）减少党的文件，改进携带、传递文件的方法，警惕敌人盯梢和追踪，在敌追捕中设法迷惑敌人，摆脱敌人，注意住地周围条件及安全，发现住地有问题即行转移。

（九）提高警惕，严格分开公开工作与秘密工作，改进公开工作与秘密工作的联系，严禁非组织发生联系，斩断一切横的关系，改进联系方式方法，实行单线联系，分别接头。

（十）改进警报系统及警报方式，建立第二套和较长期的联系接头制度，以便失掉关系后通过规定联系地点、口令进行接头。

如此等等。在 1933 年 10 月至 12 月，我在北平作为党团中央驻北方代表的代表，负责处理抗日同盟军从前线回平的干部及善后工作，我是采取上述措施安排的。

六、创建绥远抗日根据地

张家口事变一发生，党中央就指令北方党紧紧抓住有利的形势在内蒙创立抗日根据地。我到北方巡视，党中央再次重申创建大西北根据地计划，要我传达给前委。如前所述，我于 10 月在北京饭店见到柯庆施同志传达了党中央指示的精神。那时正值冯玉祥下野离职约二个月，政治形势变化很大很快，由于我们撤出了张家口前往张北，不久即转战察北，面临敌人的大举进攻，正处于极端不利的情势之下，正常的交通联系已告中断。前方的情况不明，从前方来人传说不一。因此，只能就柯庆施同志所了解的一两个月前的情况作分析的根据。情况十分不妙，创建内蒙根据地主客观条件十分困难。我抗日同盟军基本队伍，主要是吉鸿昌同志指挥下的第五师、第十六师、第十八师及教导队。转战察北后虽然尚有两千五百多人，但如何保存这支力量乃是一个重大问题。显然察北是不能作久留的。它的东、北面临日本及汉奸张海鹏部进攻的矛头之下；南、东有庞炳勋、宋哲元部及万福麟东北军；而西面则是傅作义山西部队等，处在这些部队进逼包抄之中。为摆脱腹背受敌的困境，只有从察北实行战略转移。但往哪里转移，才能度过困难，保存这支力量，又怎样才能立定脚跟创建根据地呢？这些都是问题。察北地处坝上，而坝上条件困难和政治上落后都是尽人皆知的，地处荒原，人烟稀疏，有时数百里找不到一个居民点，交通主要靠骑马，步兵行动转移不便，无法取得必要的补充和给养。气候条件恶劣，年平均气温是华北低温地带，接近蒙古和西伯利亚寒带，常年需穿棉衣皮衣。天气变化无常，即使夏天也常变天下雪下冰雹。除平绥路西侧及少数蒙汉杂处地带有汉人外，大都为蒙古民族游牧生活地区，长期以来蒙汉不和，党的工作基础很差，政治上落后等等都是不利的。另一方面对于敌情方面分析，首先日本占领东北四省之后，目前集中力量对东北抗日联军的讨伐和对东北义勇军残余势力之扫荡，其目的在于巩固其东北占领区；同时分派相当部分力量于冀东一线，直接威胁平津，估计近期不会大举进攻绥远，仅利用少数汉奸部队进行小规模行动。目前对我抗日同盟军威胁最大的乃是绥远、察哈尔一带国民党部队，在平北怀来、宣化、怀安沿平绥线西向包头不外庞炳勋、宋哲元、傅作义、孙殿英等部。他们的政治态度是不赞成蒋介石的不抵抗日本和卖国投降政策，但也不愿违抗国民党“中央政令”进行抗日。他们对国民党蒋介石中央进攻抗日同盟军我基本部队的“军令”“政令”，表面不得不服从，但在蒋介石打击、威胁、利诱、拉拢、收买之下，分化动摇很严重：既想投靠又怕为蒋所消灭。而投靠蒋介石的情况也并不一致，有甘心跟蒋或一时投机之别。在进攻抗日同盟军基本部队的态度上，他们有比较坚决、表面应付或保持中立的数种情况。他们相互之间的关系，都各怀鬼胎，各有想法；相互猜忌，相互提防；基本上则都倾向于为保存自己的势力，并等待形势发展。因此，只要我们善于利用这些条件，我们在察哈尔、绥远是可以将力量保存下来，争取立足的，但必须看到工作条件确实是极端艰苦的。这就是那时对形势的分析。

根据以上情况讨论之后商定：

第一，柯庆施兼程返回察北前线，召开前委紧急会议讨论部队行动方向，有三条路争取立足点可供选择，即：1. 往西急行军沿大青山南段往五原临河一带，打通外蒙国际路线，取得援助，建立根据地，当然这条路困难是很大的。绥远一带敌情严重，且长途行军，通过草原牧区，部队仍穿单衣，装备及给养不易取得。2. 向东经独石口进关，绕平北赴冀东，开展抗日游击战争。这条路也是极其不容易实现的，穿过中日接触前沿，处于日本和国民党夹击的形势之下，而察北、热察边条件也并不比西去好。3. 向南经怀安、阳原、蔚县，前往保属山区，与河北农村农民运动配合，发动游击战争建立根据地。这条路主要是必须通过察冀晋国民党部队几道大的防线，极易陷入重重包围之中。总之，条条路都是严重困难的，究竟如何行动，则应根据敌情相机行事。

第二，立即派人寻找蒙古骑兵队，找云泽（即乌兰夫）、吉合等同志的关系，在西三盟部署工作，支援配合我抗日同盟军。

第三，派人到后套托克托、土默特，包头、达拉特、东胜及五原临河三个地区开辟工作。当时包头及其以西五原临河一带驻军为孙殿英部四十一军。孙在冯玉祥下野离职后，与抗日同盟军脱离关系，但一些同志仍在该部工作，该部有两个团及一个教导团掌握在党的领导之下，由军委直接领导，党团工作基础较为雄厚。利用四十一军名义掩护，也便于开展上述地区工作。在张家口撤出前，前委就对于沿平绥线，包括张家口市部署了地下工作；对已暴露无法掩护的党员，则调往他处工作。

为了加强绥远工作，决定成立绥远特委，在1933年9月之后，我们派了刘仁同志（当时他叫王崇义，在张家口市工会工作）前往任党的特委书记，鲁贲同志（陕北共青团特委书记）作团的特委书记。鲁贲同志的爱人安建平同志（现任中央纪委委员及在中央民政部工作）共同前往包头工作。派鲁贲夫妇前往包头一带开辟工作的目的主要为的是好向陕北方向发展与陕甘红二十六军呼应，与陕北游击战争配合，创建大西北革命根据地。

第四，同时亦设法在敌后热河开辟党在赤峰、凌源一带工作，我们派了王逸伦同志（现内蒙古人大常委会主任）任工委书记，回热河建立工委，要王逸伦同志注意向长城内外发展与冀东工作配合。

刘仁同志与王逸伦同志一直坚持到1935年夏，他们后来与北方局失掉了关系，经外蒙去了莫斯科。

第五，在河北部署了加强沿太行山北岳保属直中一带，北平郊区、三河中心县委准备发动农民斗争，开展抗日游击战争，迎接配合张家口转战察热冀的抗日同盟军部队。

绥远特委建立后，在特委领导下，绥远工作逐步开展起来。五原临河一带有许多卖工扛活打短的苦工和串乡走户擀毡、补锅的手工工人及小商小贩，有许多都加入了青帮和理门（不抽烟、不喝酒）等组织，党派人打入了他们当中进行工作。在陕坝、狼山、巴浪淖、乌兰淖、三盛公等地，在意大利、比利时天主教堂神甫管理的大庄园、大围子，他们都有武装护园和监牢；此外还有一些大地主，大商号经营的堂号、庄园、围子，在这些庄园、围子里贫佃农、雇农中建立了一些党的组织。在包头东，鲁贲同志到石拐沟煤矿区开辟了一些煤矿工人的工作。在后套托克托、萨拉齐，大地主兼土匪王英的堂号中也建立了一些工作。1934年并逐步与当时在那里活动的云泽、吉合等同志在内蒙古工作取得了联系。

1933年10月底张家口抗日同盟军失败不久，11月20日李济深、陈铭枢、蒋光鼐、蔡廷锴发动了福建事变。在福州召开了中国人民临时代表大会，11月22日成立了“中国人民革命政府”，以李济深为主席，在革命政府下设政治、军事、财政、文化、外交五个委员会。将十九路军扩充为五个军，颁布了人民革命纲领十八条，发表了《保障人民民主权利的宣言》，并正式派代表到瑞金与我中华苏维埃中央政府签订了《抗日反蒋同盟协定》。这是 1933 年继张家口抗日同盟军事变后又一次震动全国的抗日反蒋的大事变。事变爆发后，北方党已感到抗日同盟军于 10 月底已告失败，无法与福建配合。但考虑到孙殿英部内我党尚有两个团及教导团的力量，是否能发动一次起义。直到 1934 年春节前后孙部被傅作义部进攻，沿后套向宁夏转移时，中央驻北方代表特派阎红彦同志由天津兼程前往，准备将孙部两千多人拉出来开往陕北，争取与红 26 军汇合，发动陕北游击战争。但在阎尚未抵达该部之前，1934 年春节前后孙部在磴口附近为马鸿逵、马鸿宾部击溃，其事未果。

至此，绥远、内蒙古建立抗日根据地即告一段落。

抗日民族统一战线

八一宣言与抗日民族统一战线的建立、提出

吴玉章*

我的真姓名是吴永珊，号玉章，字树人。1935 年至 1936 年在法国时用岳平洋、平洋、岳镇东、镇东、震东、Joseph（约瑟夫）等假姓名。在苏联用 Буренин（布列宁）等名字。在中国入党时用的姓名是吴玉章。在苏联入党时用的姓名是 Н·（尼可拉）、И·（伊里奇）、Буренин（布列宁）。现在用的姓名是吴玉章。出席共产国际第七次代表大会时，用的名字是王荣。

1932 年我和林老（林伯渠）等已由联共预备党员转为正式党员。这年夏，我和林老接到王明从莫斯科的来信，要我们到莫斯科去。当时我们很想回国参加革命实际工作。6 月林老到莫斯科去了，我因《中国新文字的新文法》还没有完成，并且要开拉丁化第二次代表大会，所以迟了一年，到 1933 年 6 月我才到莫斯科。到莫斯科后，我本想同林老一样马上动身回国，可是我党驻国际的代表团要我担任东方大学中国部主任工作，因此 9 月我又到东方大学工作。自从 1931 年冬，王明同志到了莫斯科，在国际作了“反立三路线”及中国红军苏维埃发展的报告以后，中国代表极为国际所重视，改变了从前在国际被人轻视的局面。1933 年 6 月康生又到了莫斯科。这时，

---

* 作者时任苏联东方大学中国部主任。本文节选自 1943 年 5 月在延安写的自传。

中国英勇红军已打破了蒋介石四次“围剿”，所以每次国际会议上中国代表的报告发言，都极为一般人所欢迎，中国在国际的地位增高了。当 1933 年希特勒未上台以前，德国共产党是除联共外，世界上最大最有力量的党，1932 年 11 月国会选举时，共产党人获得六百万票。而在东方，则有拥有红军数十万，有几个大的苏维埃区域的中国共产党。当时我们认为德国和中国的共产党是共产主义发展在苏联外的东、西两个铁锤。一个是代表资本主义国家的革命运动，一个是代表殖民地半殖民地的革命运动。可是革命也教会了反革命。反革命知道旧的方法不能统治下去了，于是就拼命向法西斯的道路前进，改变了斗争的方法。这时各国反革命的法西斯抬头，而革命的统一战线也就出现。当德国共产党壮大的时期，法国基本上与德国是世仇，所以反对共产党，也反对苏联。到了德国法西斯这个反共急先锋上台后，法国着急了，不能不联合苏联来制压德国，因此也不能不改变反共的态度。1934 年 2 月法国共产党联合社会党、激进党反对法西斯暴动的胜利，就开辟了统一战线的先声。5 月激进党素主亲苏的领袖赫里欧来苏联参观，法苏协约成立了，法国共产党也壮大了。

中国自日寇九一八进攻到华北事变以来，中日矛盾成为主要矛盾，国内矛盾降到次要与服从地位，国际关系和国内阶级关系都发生了变化。这就要求党把九一八后提出的，在三个条件下与国民党中愿意同我们合作抗日的部分订立抗日协定的政策，提高到建立全民的抗日民族统一战线的政策。1935 年 6 月初，我们在莫斯科听到《何梅协定》及平津日寇封闭国民党、屠杀爱国人民等等使人难忍的消息，便急电在南俄休养的王明同志回来，共同商量对策。在党中央和国际指导下，由王明同志起草了一个《为抗日救国告全体同胞书》，经过大家热烈讨论，作为党中央及中国苏维埃政府宣言，这就是八一宣言。当时，国际七次代表大会开会，会中，这宣言在国际、国内都起了很大的作用。我当时是非常兴奋的，觉得中国革命又开了一个新局面。其时，方振武秘密到了莫斯科，要见我们同志。代表团以正在国际大会期间，不便见客，派我去同他一谈，并把八一宣言给他看，他很高兴地到美国去宣传了。在国际七大会上，王明、康生、周和森（高自主）、李光（滕代远）和我都发了言。说到党的新的统一战线政策，红军英勇斗争和长征伟绩及苏维埃运动的发展等等时，常常引起欢呼，各国代表团高呼口号，国际间友爱团结，使人无限感动，无限兴奋。大会结束后，代表团要扩大巴黎出版的《救国报》，并且要在巴黎办一个印刷厂，以加紧宣传统一战线政策，就派我秘密到巴黎去做这工作。

10 月我从列宁格勒秘密动身，经过许多曲折，11 月初到了巴黎。同巴黎同志接上头后，正拟开展工作，忽然法政府命令停止此报，我就和法国同志商量如何起诉复刊。法国同志说：这不是法律问题，是政治问题。我们法国虽然言论自由，但遇外国政府抗议也往往无理地封禁外国报馆。这次是由阁议停刊，显然是为应付外交关系，起诉是无办法的。但有一办法，改一个名字继续再出，政府是不会干涉的。我们正是为了宣传抗日民族统一战线，要利用这报纸，而且纸版是由莫斯科打好航空寄来的。这时统一战线正在开展，各地要求这个报纸心急，特别是世界各地的华侨纷纷来函订报，无暇起诉，也不能停止一期以引起各地疑惧。因此我就电商代表团，得到同意，改为《救国时报》。在中文只添一“时”字，而在法文则同样的意思另用几个字，急急把苏京寄来的纸版改一个报头，居然按期于一二·九纪念日出版了。此报出版后，大受欢迎。我们用了许多方法寄回中国。由于党的新的统一战线政策，适合时势的要求，因而这报也起了很大的作用。我在莫斯科时，陈云同志为我写信介绍我向上海商务书馆买汉字铜模。我去信后，到 1936 年 3 月铜模才运到巴黎，于是巴黎的印刷所也成立了。

同年一月，我在巴黎召开了一个中国旅欧共产党员代表会。到会的有英、德、比、荷及法国各重要地方的代表共十余人。我作了关于抗日民族统一战线和党的新政策的报告；会议讨论了组织各国华侨抗日救国会和筹备抗联等计划，大家非常高兴，生气勃勃。多年散漫沉闷的在各国的同志，有了党的新政策，有了联合，并有了代表团的领导，气象为之一新。大家觉得从前与国际中国代表团来往通信不易，难于得到代表团的指示，以致工作不能开展，因而向代表团提议成立一个“中国代表团驻欧办事处”以领导各国中国党员的工作。因为各国共产党对于中国情形不熟悉，对于华侨不能了解，而且有些还轻视，因此各国的中国党员，可以说毫无指示可遵循，因此也就毫无工作成绩，所以很希望有一个统一领导机关。但因这样会违反国际的组织原则，代表团未许可。当时闻胡汉民来法，住尼斯海边休养，特派儿子震寰持函往见，约其见面一谈统一战线政策。渠见信后不敢作答，知其已无朝气，行将就木矣。

3月间，世界学生联合会特为援助我国学生救国运动在伦敦开大会。我因不久前召开国际青年代表大会时，我们的代表数人因为要扩大统一战线，把国民党比较左倾和我们接近的王海镜推为主席团成员之一，但他反而不要我们的同志在大会上讲话，我们同志也忍受了。这次在伦敦的大会，再不能蹈此覆辙。所以，我就写信与德国支书，力说我们一方面要顾到统一战线，一方面要保持党的独立性、斗争性，断不可因为统一战线而把自己的手足束缚起来。并要他们到伦敦后找侯雨民好好筹商办法等等。这时因为时间已迫，稍慢即无济于事，我们又没有约秘密通信方法，前此好多次信都没有失误过，以为不要紧，便粗心大胆地用钢笔写了一个指示信，急急挂号寄去。谁知，旧的负责同志王炳南刚交代工作与刘光德同志，他搬了家，我信到后两天，他才到旧房东处去取，见信已拆开。在我们的代表正出席大会时，国民党特务由德国用“民族先锋社”名义把影印的我这封信分散会场，说这个大会是共产党所召集、所操纵的，并由德国用留德中国学生会名义致电大会，反对我代表出席。幸而柯乐满驳斥了他们，大会没有被他们破坏，并由大会筹备会回一封信反驳他们。大会代表返巴黎，说到大会情形，并把影印的信给我看，果然是我用平洋假名所写的，使我赫然一惊。大约是中国大使馆秘密偷去了这信，影印后又交还房东。以后各处都发现我这封信，且有印得很大的，张学良在西安也接到。可见，驻德大使程天放专门做侦探我党工作。随着德国当局就逮捕了刘光德同志及许德瑗等反帝同情分子五人。这是程天放串通法西斯干的。我们发动了各团体向德国抗议，并要求使馆向德国抗议、保人。自然，程是不会做的。不久，许等释出，而刘则被驱出境。代表团得此消息后，急电我返莫斯科，恐我也会受危险。因我到法国是非法居住，没有居留证，是经不得检查的。当初到巴黎时，报馆被封，同志们都不要我到报馆去，但每天我总要设法去一次，我常于咖啡馆中约同志谈话或开会，有些时候风声很紧，使同志们异常担心。我一到巴黎即由法国同志送到一同情分子的旅馆中，约住有十个月之久，毫无一点破绽，固然是由于主人的掩护（他儿子是党员），但主要的还是我小心谨慎，举动大方，能保持秘密（店主人很喜欢我，1937年我再到巴黎去看他时，告以中国统一战线完成，抗战胜利有望，他一家都异常欢喜）。1936年3月陈铭枢、胡愈之等到巴黎，我与畅谈统一战线，并办理到莫斯科手续。当时代表团已派吴克坚同志来代替我的工作，要我马上动身返苏，因我要成立印刷所和牙齿补好后才起程。

7月，回到莫斯科，到赵毅敏同志主持的东方大学乡下分校任教员。当时需要一本用马克思观点和斯大林的新方法来写的历史，于是我就着手编中国历史，并在校中教授，印成了自史前时期到明朝一部讲义。写得不十分完全，自己也感觉不满意，还需修改。研究中国历史的意义一段，曾登于《解放》五十二期。国际教育处又要我写一简短的中国历史大纲，也写成了。在这一时期中，学生的情绪很好。每期墙报，我为他们用简短的警语配着动人的报头图画，常常使人异常感动。

双十二事变的消息传来，蒋与许多要人被捕，尤使全体兴奋。遂闻恩来同志到西安和平解决，将蒋释放，感到我党中央政策的正确，气度的伟大。使全球震惊，使国民党顽固分子哭笑不得，使同情我党的人眉飞色舞，全国舆论与人心莫不为之折服。以此知我们的统一战线将要达到成功的时期。尽管国民党对我党致国民党三中全会书犹装腔作势地作出可笑的决议，而宋庆龄、何香凝、冯玉祥、李石曾等恢复总理三大政策的提议，已表现国民党内大多数人是赞成国共合作，停止内战，一致抗日的。随后，我党代表到庐山参加会议与蒋磋商条件。七七事变发生，全国抗战开始，红军改为八路军，开赴前线。在全国各战线溃败中，八路军首先在平型关打了一个大胜仗，稳定了全国人心，提高了全国抗战的勇气，打破了日寇不可抵抗的谎言。当时全国振奋，国际同情，中国的国际地位骤然提高。苏联自不必说，在精神上、物质上都给中国以很大的帮助，就是欧美各国也一致欢迎、赞助中国抗战，比诸同情亚比西尼亚和西班牙的抗战，有过之而无不及。尤其各国反战反法西斯的团体及爱好和平的人民，莫不拥护中国的抗战。而中国人民也深知要抵抗日寇法西斯军阀强盗，非有国际上大大的帮助不可。许多人希望苏联出兵帮助中国抗日。当时，我代表团深知苏联政策，要有英、法、美各大国多多帮助中国，苏联才好更多的帮助，不然反会引起误会。因此，国际和中国代表团想派一些人到欧美各国去做宣传工作。最初拟派王稼祥同志去领导，后因王同志别有任务，就决定派我到西欧去做国际宣传工作。国际又派法国同志京尼维帮助我，并号召各国支部及各国劳动人民帮助中国抗战。当时蒋介石的代表张冲到了莫斯科，与我代表团有所接洽。王明同志介绍我与张秘密相见，并要他打电与蒋：是否同意派我到西欧去做宣传工作。蒋回电赞同。张就在使馆为我办护照。当然并有蒋要派孙夫人宋庆龄等赴欧美作国际宣传的消息。

我于 1937 年十月革命节前一日同震寰从莫斯科起程，11 月 12 日到了巴黎。到后即会同饶漱石、陆璀、吴克坚、卢竞如，共六人分任工作。我听说李石曾在巴黎，马上打电话给他，他高兴极了，说明天就要去比京，约我立刻去谈话。他说，他已经决定几天内就要赴莫斯科，要我同他去，一面做翻译，一面为我介绍去见苏联要人。并说，现在国内和平妥协空气很高，望苏联马上出兵帮助才能稳定抗战的局势。还说，华盛顿九国公约会正在比京召开很重要，他就要去，约我同去。我说：我刚到，不便回去，且回去也须得到代表团的许可，恐难办到。他一定要我去电询问代表团，我答应了，并约同赴比京。当时南京危急，陶德曼代表希特勒出面劝我屈服，亲日分子正在策动和议。比京会议中国代表有顾维钧、钱泰、胡世泽等。顾是反对妥协的，钱、胡都是我在巴黎时的同学。我同李到比京，力说抗战必得胜利，万不可中途妥协，请他们联合各驻外使节电南京蒋反对和议。胡世泽秘密对我说，孔祥熙初本主战，现亦主和，恐难挽救。我说：决定政策在蒋，你们可助他一臂之力。我虽不知他们曾否电蒋，但李告诉我，他得蒋电不愿妥协。果然，国民政府迁渝，蒋有 17 日的强硬宣言，局势为之稳定。我得代表团电，嘱婉谢李的盛意，但不能同他赴莫。李随即到苏京，据说见了伏罗希洛夫。他对李说，苏联帮助中国不成问题，最重要的是要推动英美更多地帮助中国，只要英美帮助一分，苏联就可以帮助十分。李回来对我谈很满意，并说我们应加紧做英美的宣传工作。后来孙科到莫斯科之后再到巴黎，同我也是如此说。陈公博到意大利暗谋和议，到巴黎时我去见他，力言不可言和。我在巴黎作许多公开讲演。在国际援助西班牙的大会上，在 12 月 22 日法国“中国人民之友社”所召集的援助中国抗战大会上，特别是在12月 11 日，由世界反战反法西斯委员会特为我招待法国新闻记者席上，我作了较详细的报告。后来把这个演稿加以相当补充和修改，印成英、法文的小册子，题为《中国能战胜日本》，在 1938 年 2 月伦敦世界反侵略大会上散发。我是由世界反侵略中国分会电派为代表出席这个大会的。我同饶漱石、震寰到伦敦，会同陶行知、李石曾、王礼锡等出席大会。我当时作了一篇《中国抗日战争的新阶段》，饶用赵建生名义出了《为自由和平而战的中国工人阶级》的小册子。当时我们屡次向顾维钧及南京当局建议要扩大国际宣传工作，并拟具一些计划书，他们总是推托，不和我们合作。使馆有一专门作国际宣传的杨光望，他花了十万法郎要巴黎最老、最反动的《巴黎时报》为他出一小册子，上面印些北京天坛、前门等照片，和蒋介石、林森等相片，使人看了不但无兴趣，而且要作呕。因为这些官僚，只知宫殿及政界人物，根本不懂得现在世界是怎样一回事，所说的话无不外行。我们所言所行都是与时代潮流适合，很受人欢迎。只可惜我们得不到一分钱的帮助，只是在工人、商人、学生中募集一点钱来出报纸刊物。幸而有《救国时报》作我们的喉舌，还有巴黎《人道报》和同情我们的报纸及《中国人民之友》等等为我们鼓吹，也收到不小的效果。但和西班牙抗战的国际宣传相比，则相差太远了。我 2 月到伦敦时，曾同陶行知、饶漱石、震寰到马克思墓前去致敬，并将其碑文抄下来，这使我非常庆幸。我的国际宣传工作已告一段落，即将回国共赴国难。

从洛川会谈到延安会谈

戴镜元*

洛川会谈前的形势

西安事变前，蒋介石在日本帝国主义加紧向我国进行侵略，全国人民抗日救亡运动日益高涨的形势下，仍然顽固地坚持其“攘外必先安内”的政策。1935年秋，逼令张学良、杨虎城率东北军和十七路军打头阵，进攻红军。

1935年9月到11月下旬，红军在陕北消灭东北军三个师：即10月1日，红15军团在劳山消灭一一〇师，击毙师长何立中；10月22日，又在甘泉东南榆林桥消灭了一〇七师的六一九团团部和四个营，生俘团长高福源；中央红军到达陕北后和15军团会师，11月21日，在鄜县西南直罗镇消灭一〇九师，在黑水寺又消灭一〇六师一个团。这样，就彻底粉碎了敌人对陕甘革命根据地的第三次“围剿”，整个军事形势发生了重大变化。在政治上，党中央政治局在1935年12月召开瓦窑堡会议，决定建立抗日民族统一战线。瓦窑堡会议结束后，毛主席在党的活动分子会议上作了《论反对日本帝国主

---

* 作者当时负责中共代表团机要工作。

义的策略》的报告，系统地阐明了党的抗日民族统一战线政策，对于促进形势的发展，具有重大意义。

东北军六一九团团长高福源被俘后，根据中央优待俘虏的政策，给他治伤，生活上倍加照顾，政治上经常给他讲红军北上抗日，打回东北去，收复失地，停止内战，一致抗日的道理。彭德怀同志和程子华同志等先后做过高福源的政治思想工作。在红军政治思想工作影响下，高福源主动请求放他回去，宣传红军抗日救国的主张，说服东北军，包括张学良在内和红军联合抗日。他首先向红军保卫局（中央联络局）局长李克农谈了这个想法，李克农同志把高福源的想法和请求报告了毛主席和周副主席，毛、周都同意。周副主席还指示：要高福源多住几天，多看看，多听听，回去之后，多讲讲红军联合一切抗日力量，停止内战，共同抗日的主张。

1936 年 1 月初，高福源回到东北军，通过他的同学佟铁肩（时任六十七军参谋处处长）转达，才与王以哲见了面。以后又见到张学良，面报了这几个月在苏区听到的、见到的情况，并表示完全赞同红军抗日救国的主张。张、王也表示同意他的看法，要他赶快回瓦窑堡，请红军派一位正式代表前来会谈。

1 月 16 日，高回到瓦窑堡，向李克农汇报后，李又带他去见毛主席和周副主席。

中央决定派李克农为代表去会见张学良、王以哲。

我原在中央军委机关工作，临时抽出来随李克农同志一起去洛川。大约在 2 月 10 日左右，李克农同志和我去见了周副主席。周副主席说：根据目前政治形势和军事情况，这次去和东北军张学良会谈停止内战，联合抗日的问题，会谈成功的可能性很大，但也要考虑到有一定困难和一定的危险，要作两方面的精神准备，不管出现什么情况，力争谈成，一定要谈和。要努力做好团结工作，团结一切可以团结的力量。会谈要按照中央政治局瓦窑堡会议的决议来谈。同时还指示可以根据具体情况，先商谈局部合作抗日和经济通商问题；这次去，任务很重，重大问题要及时电报请示中央。

周副主席还指示：克农同志是正式代表，是总的负责人，镜元同志负责机要工作，并指定了通讯联络的工具，研究了携带隐蔽的方法。当时，我们的心情都很激动，精神振奋，深感任务艰巨，决心竭尽全力，克服一切困难，不怕任何危险，坚决完成中央给予我们的艰巨任务。

我们出发前两天，党中央又以毛主席和彭德怀司令员的名义，致电张学良、王以哲：我方代表李克农等四人于2月21日由瓦窑堡启程，25日可抵洛川，望妥为接待，并保证安全……

洛川会谈

2月21日，我们从瓦窑堡出发。李克农同志是正式代表，身穿中山装；我负责机要工作，着学生装；钱之光同志是苏维埃政府国民经济部贸易总局的局长，他负责采购物资和药品，当时戴礼帽穿长衫；还有一位警卫员，是中华苏维埃中央政府机关总支书记，他负责保卫工作，穿便服；高福源带路，他是农民打扮，头包白毛巾。我们全都骑马，另外还有几位护送人员和马夫同志，也都是农民打扮。

我们去洛川会谈，当时是完全秘密的，整个会谈都是党中央和毛主席直接领导，恩来同志亲自部署指示的。毛主席于1936年1月，周副主席于2月，先后离开瓦窑堡东征去了。我们会谈的情况、请示报告都直接以密电发往东征前线山西石楼。

25日当天下着鹅毛大雪，路滑雪深，行走困难。中午到达富县，在城外山下一个小村休息。高福源先进城联络后，山上守城部队东北军一个团长立即出来迎接我们进城，另外由一位师长出面宴请我们。中午饭后，护送我们的同志和马夫等牵着马回瓦窑堡去了。我们骑东北军骑兵用的马，一色纯白，由东北军护送，当天下午5时左右到了洛川。

王以哲的六十七军军部在洛川，王和他的参谋长赵镇藩热情地接待我们，安排我们住在离军部很近的一座独院里，这是一座四进的深院，我们住在最里院。当天晚上，电告中央："李等四人已安抵洛川。"我们没有带电台，电报是由东北军六十七军的电台发往山西石楼的。

同时，王以哲亦于当晚电报张学良，汇报我们到达洛川的情况。张学良回了一个电报，说他因事要去南京，一下子回不来，要王以哲、赵镇藩先同我们商谈六十七军和红军之间的局部合作问题，其余重大问题等他回来再谈。

这样洛川会谈即分为前后两个阶段，前一段从2月26日开始到28日，经过两三天的会谈达成口头协定如下：

一、为巩固红军与六十七军共同抗日，确定互不侵犯，各守原防之原则（包括六十七军在陕甘边区及关中地区之防地）。

二、红军同意恢复六十七军在鄜县、甘泉、延安之线的公路运输及经济通商。

三、延安、甘泉两城现驻六十七军部队所需粮秣、柴草、蔬菜等物，可向当地苏区群众购买。红军为便利延安、甘泉友军起见，可转告并发动苏区群众运粮、柴等物进城出售，以恢复正常通商关系。

四、红军同意在甘泉被围半年之久的东北军两个营换防。

五、恢复通商：红军采办货物前往洛川、富县等地，六十七军有保护之责；六十七军入苏区办货，红军有保护之责。为临时保密起见，红军去白区办货，东北军入苏区办货，均须穿便衣出入。

当时东北军在连损三个师之后，在陕北只困守延安、鄜县、甘泉几个孤城，一出城就挨打，粮秣、柴草等十分困难，在甘泉的部队半年没有换防，穿得破破烂烂，根本没有多大战斗力。

2月28日上午8时，我们将会谈情况电报中央，当晚11时中央回电同意会谈结果和协定。当时双方还商定3月5日将协定下达部队，开始实行。

在谈判期间，王以哲曾派人掩护我们的采购员两次到西安采购物资，并收集了北平、天津、南京、上海、西安等各大城市的报纸。他们还送给我们河北、山西、绥远、察哈尔四省的军用地图。

此外，红军在东征中打了许多胜仗，中央经常电告我们，我们也把电报内容稍加修改后告诉王以哲并转告张学良。例如：我军2月20日20时开始，胜利渡过黄河。21日占领三交镇，歼守敌一个营。22日占领留誉镇，歼敌一个营，同时占领石楼，歼敌一个营。26日在关上村歼敌独立第二旅一个团。3月初，我军越过吕梁山，进至兑九峪，逼近同蒲线，并迫使原先进占陕北根据地“围剿”红军的晋军四个旅全部撤退回援。于是，我军军威大振，政治影响增大，我们越打胜仗，会谈就越顺利，他们越热情地接待我们。当我们到达洛川第二天（2月26日）早上，王以哲来看望我们，互相寒暄后，王以哲说，在日常生活、接待方面有不周到的地方，请随时转告副官长和参谋处处长。其实在整个会谈期间，对我们招待得非常周到殷勤，生活供应也十分丰盛。当时经常陪我们的是两名副官，参谋处处长佟铁肩和副官长宋学礼也常来。每天晚饭后还经常在一起下围棋，对围棋我只略知皮毛，不过以下棋为名，便于继续交换意见，互相了解，增进友谊而已。记得有一天佟铁肩对我说：三民主义主张世界大同，共产党讲共产主义不也是世界大同吗？我当即回答说：三民主义和共产主义不完全一样，孙中山的新三民主义，联俄、联共、扶助农工的三大政策是好的，可是他不承认有阶级，不主张阶级斗争，只认为中国有大贫小贫之分。共产党认为中国有阶级，有地主、资产阶级，有工人和贫雇农阶级，我们要消灭阶级，消灭剥削制度。不消灭阶级，不消灭剥削制度，怎么能达到世界大同，实现共产主义？对此，佟、宋二人表示赞同。

3月初的一个晚上，我正同佟铁肩在外屋下棋，听见里屋一个副官正向宋学礼报告说：军部特务营长今天下午向他报告，特务营一个连长在大街上遇见一个士兵没有向他敬礼，就打了士兵，他认为这个士兵看不起长官。被打的士兵却说，他当时正向另一位营长敬礼，来不及同时向连长敬礼。他事后还对旁人说，如再遭责打，就跑到山北边（红区）去，那边长官和气，不打骂士兵。宋学礼听后说：要转告特务营的官佐，今后对士兵要讲明道理，不要动辄就打骂。我听了他们这一段简短的谈话，联想到我军在劳山、榆林桥、直罗镇等战役中，俘虏了数千名东北军官兵，经我们优待和思想教育后，愿留下的，参加红军，愿回原部队的，每人发给三元路费，释放归队。这些被俘又释放回去的东北军官兵，几乎都成为我们的义务宣传员，致使东北军上下思想发生了变化，他们认识到红军是抗日的，东北军应该联合红军共同打日本，打回东北去。因此，两军前线逐渐由敌对变成友邻。我深切体会到遵义会议后，中央路线、方针和政策的正确性，它已经和正在显示出巨大威力。

3 月 3 日，张学良由南京回到西安。4 日，他自己驾飞机，飞到洛川，一下飞机就到住地看望我们。他是化了装的，身着银灰色长袍，外套黑绒马褂，戴礼帽墨镜，手提文明棍，颇似富商模样。他来到我们住地大院，有王以哲陪同，虽是第一次见面，但大家都很亲切，不感拘束。

会谈开始前，王以哲、赵镇藩把同我们前一阶段商谈情况和红军与六十七军合作抗日的口头局部协议内容，向张作了汇报，张表示完全同意。吃过午饭，下午 3 点开始谈判，这是洛川会谈的第二阶段。张学良首先说，他完全同意关于红军同六十七军的口头协议。并说：我这次来是趸销而不是零售。李克农同志笑着说：张将军解甲从商了吧！会谈气氛十分融洽，风趣盎然。接着张学良提出以下几个问题：

一、为什么共产党的抗日民族统一战线不包括蒋介石？

二、要抗日如何抗法？共产党对国防问题的看法如何？

三、共产党为什么不去宁夏，反而东渡黄河去山西？他认为宁夏靠近绥远前线，又接近苏联，担心东征会吃阎锡山的亏。

四、红军和东北军如何派出代表去苏联，请苏援助中国抗日？

李克农同志根据中央瓦窑堡会议精神和党的政策做了以下说明：

一、蒋介石坚持其“攘外必先安内”的政策，专打内战，不抗日。九一八事变以来，蒋介石把东北三省送给了日本，华北也岌岌可危，内战从未停止，还残酷镇压全国人民的抗日救亡运动，所以我们不能把蒋介石列入抗日民族统一战线之内。如果蒋介石放弃反共、反人民和不抗日的反动政策，我们是可以考虑的。

二、抗日主要依靠全国人民的力量，同时也要争取国际援助。战争的胜负不决定于武器，而决定于人。发动全国人民一致对敌，这个力量是巨大的，是不可战胜的。另外，抗战是长期的持久的，不可能速胜，投降论和速胜论都是错误的。中国地广人众，有利于长期作战，最后胜利是我们的。

三、红军东征是出于政治上的考虑，为了推动全国抗日民族统一战线的形成，到山西、河北政治影响大，到宁夏对全国影响小，我们对东征胜利是有把握的。东渡黄河去山西，还可以适当解决我军军需和兵源问题。后来事实证明：东征作战两个半月，除歼敌近2万人外，还扩大红军8000人，筹款四十多万元。

会谈的气氛是坦率、融洽、诚恳的。在第一个问题上，张学良和李克农有时争得面红耳赤，在其他几个问题上，张完全同意李克农的看法。

会谈达成几项口头协议：

一、为了进一步商谈抗日救国大计，张学良提出：中共派一位全权代表，最好在毛泽东、周恩来中推出一位，与张再次商谈。地点在肤施（延安），时间由中共决定。

二、红军代表经新疆去苏联，由张学良负责和盛世才交涉通道问题。

三、中共派一位联络代表常驻西安，由张学良给予适当名义作掩护。

3月5日凌晨5时，会谈结束。我们立即将会谈结果电告中央，并请示下一步行动。3月6日上午，中央复电嘉勉，并完全同意会谈结果和口头协谈，要我们到山西石楼汇报。

洛川会谈，我们贯彻了中央指示，取得一定成果，不仅对于当时我军东征和巩固陕北根据地有利，而且对于以后的延安会谈打下了基础。也有利于推动全国抗日民族统一战线的建立，实现国共第二次合作。

由洛川到石楼，返回瓦窑堡

3月7日，李克农同志和我，以及一位警卫员，离开洛川，北上经延长、清涧的河口（无定河入黄河口）过黄河，3月16日到达石楼（钱之光同志已去西安采购物资和药品）。我们见到了毛主席、周副主席以及张闻天、彭德怀等同志。李克农同志汇报了洛川会谈的详细经过和张学良的种种要求。3月27日，党中央在石楼附近召开会议，认为张学良的态度是诚恳的，同他进一步会谈，对建立抗日民族统一战线是非常重要的。中央会议决定由周恩来副主席为全权代表，偕李克农同志去延安同张学良继续进行谈判。

会后，3月28日，周恩来副主席、博古、邓发、李克农等同志和我，还有电台机要人员以及一个警卫排，离开石楼回瓦窑堡。在返回瓦窑堡途中，博古、邓发、克农同志和我每天晚上同住一个窑洞，睡在一个炕上。因为住宿的村子小，周副主席也和我们挤在一个窑洞的火炕上。同住、同吃、同走路，大家格外亲切。

我们在行军走路或在窑洞吃饭时，经常一起唱革命歌曲《三大纪律八项注意》，讲长征故事，或说这次东征胜利和未来的抗日战争，边走边说，边吃边说，非常兴奋。4月初的一天，大家又都挤在一个窑洞里，愉快地畅谈起来。邓发同志首先说，这次东征取得很大胜利，意义重大。周副主席接着说，东征胜利不仅在军事上消灭了敌人六七个团，一万六千多人，迫使进占陕北苏区的晋军四个旅全部撤退回援，有利于陕北革命根据地的巩固与发展；更重要的是在政治上扩大了我们的影响，推动了华北和全国的抗日高潮的到来；其次对洛川会谈也起了作用。克农同志也说，这次东征胜利，对于洛川会谈顺利进行有很大帮助。

4月5日，我们回到瓦窑堡。本来约定4月初到延安会谈，因张学良患喉疾未愈，才推迟到4月8日。

延安会谈

4月7日，周恩来同志和李克农同志带着电台和警卫部队，从瓦窑堡出发去延安与张学良会谈，我也随行。

4月6日，毛泽东、彭德怀致电张学良，主要内容是：我方代表周恩来偕李克农于8日赴肤施，与张学良先生会商抗日救国大计。7日启程，8日下午6时前到达肤施城东北20里之川口，以待张学良先生派人到川口来引导入城。并请张学良先生妥为布置入城后之安全。

关于双方会商之问题，我方拟定为：

全国军队不分红白，停止一切内战，一致抗日救国；

为抵抗日帝侵略，全国红军集中河北；

组织国防政府、抗日联军具体步骤及其政纲；

责我双方订立互不侵犯及经济通商初步协定；

联合苏联及先派代表赴莫斯科；

双方需要商谈的其他问题。

我们从瓦窑堡出发时，天就阴着，8 日到达川口附近，先是大雪，后下大雨。电台和东北军联系不上，中央的电台（在石楼）和东北军联系上了。9 日，晴空万里。上午，张学良随带王以哲、刘鼎由洛川飞到延安。下午张学良派专人到川口来接。这时周恩来同志和李克农同志均换上便衣，周穿黑色中山装。周、李随来人进城会谈，我们在川口等着。飞机场由我们的警卫部队控制着，在会谈结束前，任何飞机不得起飞。

会谈地点是在城内一座教堂里（这个教堂在抗战时期被日本飞机炸毁）。当时，周恩来同志和张学良先生就在教堂的一个套间里作了恳切的竟夜长谈。

会谈开始，张学良首先把他对国家前途的看法坦率地说出来，请教周恩来同志。他说他对国民党不抱什么希望了，中国只有两条路可走，一条是共产党的道路，一条是法西斯道路。两年前他从意大利回国，曾相信法西斯可以救中国，现在开始有了怀疑，想听听周恩来先生的意见。

周恩来同志说：法西斯主义是资本主义发展到帝国主义最后阶段的最反动的产物，是独裁、是专制，在中国是绝对行不通的，中国只能走中国共产党指引的道路。中国要抗日必须首先改变蒋介石的“攘外必先安内”的反动政策。要抗日还必须实行民主，要发动全国广大人民。全国人民群众的力量是无比巨大的，依靠全国人民的力量，才能获得抗日的最后胜利。

张学良又问，假如我们能够联合抗日，应如何对待蒋介石？他认为蒋介石是现在中国实际统治者，中国现有的主要地方都是他统治着，全国主要军事力量被他掌握，其他如财政、金融和外交大权也都掌握在他手中。张学良说，根据他回国两年来的观察，蒋介石还有抗日的可能。此外，张学良对于要抗日必须首先改变蒋介石的“攘外必先安内”的错误政策，表示完全同意。他说目前最主要的问题是设法把蒋介石的政策扭转过来，并说他现在不能反蒋，如果蒋介石投降日本，他一定离开他另作打算。他派人去新疆联络盛世才，就是为打通西北，为自成抗日局面作准备。他主张他在里面劝，共产党在外面逼，内外夹攻，一定能把蒋介石的错误政策扭转过来。张学良还提出，东北军部队亟须进行抗日教育，切望红军给予帮助。同时，他对东北军缺乏抗日干部，深感焦虑。

周恩来同志说：在改变蒋介石“攘外必先安内”的反动政策的斗争中，对逼蒋抗日或联蒋抗日问题，是可以考虑的，是有道理的，这是一个重要方针政策问题，他个人不能决定，愿意把张学良先生的意见带回去，提请党中央郑重考虑，再作最后答复。周恩来同志还说：缺乏抗日干部，可以采取举办训练团的办法，在培训中选拔，这对张学良启发很大。后来他和杨虎城将军共同举办了王曲军官训练团，以抗日为目的，训练了东北军和十七路军的连长以上团长以下的军官。恩来同志还表示同意红军帮助东北军部队进行抗日教育。1936年8月，叶剑英同志受党中央的委派，作为红军代表常驻西安，协助张、杨改造部队，进行抗日教育。周恩来同志对张提出的其他问题，也一一做了具体答复。张学良对周恩来同志精辟的论述、科学的分析、高度的政治修养和政治家的风度，十分敬佩。

此外还达成口头协议如下：

一、我方赴莫斯科的代表由新疆去苏联，东北军的代表由欧洲去苏联。后中央派邓发同志去苏联。

二、双方一致同意：停止内战，联合抗日。

三、张学良没有公开表示抗日之前，不能不接受蒋介石的命令，进占苏区，六十七军准备进驻延安以北。1936年6月，我方主动让出瓦窑堡，即是恪守延安会谈之一例。

四、双方互派常驻代表。

五、张学良认为红军主力去山西恐难立足，出河北为时太早，最好出绥远靠外蒙。如红军坚决东进，他可以通知东北军万福麟部不加阻挠。

六、互相通商。采办普通货物，由共方设店自购，军用品由东北军代购，子弹可由东北军供给。

张学良对会谈表示满意，先拿出二万银元，说是他私人的钱，用以支持红军抗日。会谈后，他又送给我们二十万元法币。

会谈至10日晨4时结束。这是一次成功的会谈，对张学良走上联共抗日的道路起了决定性的作用，对我党抗日民族统一战线的建立和扩大做出了重大贡献。这次会谈成功是周恩来同志对抗日民族统一战线工作的重大杰出贡献。在会谈中，他是高度的原则性与高度的灵活性相结合的典范，使张学良心悦诚服，敬佩不已。

4月10日，周恩来同志和李克农、刘鼎同志一起回到川口。当天下雨，在川口住了一天一夜，立即就给中央和毛主席、张闻天、彭德怀等同志发了一个电报，简要地报告会谈的顺利经过。11日，又发了个长电，较详细地汇报了会谈内容和情况。电报是周恩来同志亲自起草的，及时发往山西石楼。

4月12日，我们由川口动身，很快回到瓦窑堡。从上海到西安的刘鼎同志，由张学良带到延安，这次随我们一起回到瓦窑堡。后来，他作为我方联络代表常驻西安。到瓦窑堡后，我们各回原单位工作。

从洛川会谈到延安会谈、西安事变爆发及其和平解决、逼蒋抗日、实现国共两党第二次合作，直至全国抗战开始，这一系列政治的、军事的斗争实践证明了党中央、毛主席关于建立广泛的抗日民族统一战线这一科学论断和党的统一战线政策的完全正确。

参加瓦窑堡会议后开展东北军工作

朱理治*

中央一到陕北，即决定撤销陕甘晋省委，成立陕甘省委和陕北省委，并要我担任陕甘省委书记，李富春同志任副书记兼组织部长、萧劲光同志任军事部长，蔡畅大姐任妇女部长。中央的这一安排是为了照顾原有干部，如从资格、能力说，富春同志要比我强得多，但他不仅没有不满之色，相反与我同心协力，使我很受感动。我曾提出我和富春同志的职务对调一下，但中央没有同意。

省委首先抓的工作是为部队筹粮和进行土改，给陕甘边贫苦农民分配土地，并在此基础上发展党组织和扩大红军。用了没多长时间，党员发展了3000人，还组建了红29军。

中央到陕北之初，我在陕甘边的套洞塬见到了毛主席，向他要遵义会议的决议看了。我对他说：我拥护遵义会议决议，我认为当时中央不只军事路线错了，整个政治路线都是错的。接着，我举了在白区的经历加以说明。毛主席说：此事中央没有作过结论，不能谈。他这种严格的纪律性、组织性，给了我极为深刻的印象。

---

* 作者时任陕甘省委书记。

12 月，我又参加了政治局在瓦窑堡召开的会议，亲自听了毛主席所作的关于建立民族统一战线、批评那种认为民族资产阶级不可能和中国工人农民联合抗日的错误观点的报告，受到了很大的启发和教育。1936 年 2 月，毛主席率主力红军东征，富春同志调赴前方，29 军也随主力走，陕甘边只留下两个连的部队。当时，整个边区人口只有 6 万，而包围边区的东北军也有 6 万，我便按照瓦窑堡会议的精神，与省委其他同志一道，集中力量开展与东北军的统一战线工作。我们首先做省委所在地当面的东北军一〇七师的上层工作，与他们的师长联络。我还给他们的师参谋长写了一封信，那人也姓朱，我说：我们都是朱洪武的后人，不能同室操戈，让外族灭亡中国。其次，我们动员两个连的士兵与他们的士兵进行联欢，替他们购买给养，使双方和平相处，感情日益加深。蒋介石逼东北军向红军进攻，我们就约好唱双簧，假打一下，应付蒋介石。毛主席在东征前曾找我去汇报工作，听了我的汇报，他表示放心。在东征中，他在党的刊物上看到我写的与东北军建立统一战线工作经验的文章，又给我写信，给以鼓励。东征结束后，中央组织了东北军工作委员会，周总理、叶剑英、李克农、边章五、伍修权和我参加，周任书记，我任秘书长，专作东北军工作。8 月，中央决定派我去西安，任中央驻东北军特派员，至此，结束了在陕北的工作。

1936 年 8 月上旬，恩来同志找我谈话，说中央决定叶剑英、彭雪枫和我去西安，做东北军工作，叶、彭搞上层统战，我作为中央特派员，领导西安的东北军工作委员会；并告我，东北军中有个党的工作委员会，书记是刘澜波。我原先不知道西安还有个东工委，这个关系好像是由北方局新给中央的。

我和刘向三、王林等六七人到东北军驻防的延安城里的交通站，准备通过那里去西安，到后发现交通站有被敌人破坏的危险性，我便出城回到中央东工委所在地，打电报给周恩来。恩来同志回电说，交通站安全没问题，要我仍去交通站，我即和刘向三、王林等一起搭车通过延安到了西安。

到西安后，刘鼎领我到张学良卫队营长孙铭九的家中住下。此时，叶剑英和彭雪枫已先住在那里了。我住下后，刘鼎即告我，刘澜波和宋黎已被国民党宪兵第三团逮捕了。但过了不久，听说张学良派部队硬把他们要了出来。又隔了七八天，我经过党内交通介绍见了刘澜波。

当时因为环境很坏，去后一个多月我只能每星期和刘澜波单独联系一次。听刘澜波说，东工委除他外，委员还有孙达生、苗勃然、宋黎。刘澜波在东北军里没有公开职务，他的生活经费和活动名义是利用他的堂兄刘多荃师长，我和他接头谈话的地点也多在刘多荃的家里。宋黎原是东北大学学生，一二·九运动的积极分子，到西安后住在张公馆，张学良利用他和青年救亡界联系。

从 10 月 20 日到 11 月 20 日，我和东工委刘澜波、宋黎、苗勃然在郊外开过几次会（孙达生这时好像已派到苏区去了）。会议内容主要是由我根据中央的文件作时事政策的报告，同时，讨论东工委的工作。

这时，张学良等人酝酿组织同志会，作为东北军团结其内部抗日防蒋的核心组织。当时，我同意刘澜波、宋黎参加同志会以便推行党的抗日民族统一战线和迫蒋抗日政策，决定这事时，曾和叶剑英等同志商议过，也写过报告给周恩来。

张学良为了改造东北军，在北平招了一批青年学生，办起了一个学兵队，共有 400 人，孙铭九是队长，刘鼎帮助筹划并教课。刘提出要我到学兵队教政治经济学或社会发展史。我去讲了 3 小时。以后因为备课花时间，没有再去教。

11 月，蒋介石下令将其嫡系 7 个师开进潼关，逼张学良打红军。叶剑英、彭雪枫和张学良谈判后回到延安，我托他带了封信给毛主席和党中央，提出如不能发生突然事变，看来要停止内战是不可能的，并说我想留在西安，再做些工作。我仍住在孙铭九家，直到双十二事变后恩来同志来西安，我才搬走。

当时正值绥远抗战，刘澜波去河北黄显声部队了，我在西安几乎每天和宋黎在公园里接头，布置西安的救亡运动。因为他是西安救亡总会和学生救国会的负责人之一，有些活动能力，能在运动中起一定作用。

11 月下旬到双十二事变的 20 天，西安几乎每天都有学生游行示威。我们还发动了学兵队去张公馆向张学良请愿，说他们来是为了抗日，现在绥远已打起来了，可东北军仍在打内战，他们要到绥远抗战去了。张学良诅咒发誓地说，我如不抗战，你们可以枪毙我。不久，蒋介石到了陕西临潼，大批游行学生在1936年12月9日向临潼进发，向蒋介石请愿。走到灞桥，张学良赶到，向学生们发誓说，我一个星期内一定答复你们抗日的要求，要学生不要去临潼。隔了3天即发生双十二事变，蒋介石被扣。

双十二事变后，以恩来同志为首的中央代表团来西安。到后3天，恩来同志到孙铭九家和我谈话。我向他汇报了这段工作情况，他指示我仍做中央特派员，领导东工委，东工委书记仍叫刘澜波担任，并要我参加陕西省委，还指示我搬出孙铭九家，在外面另设立机关。代表团里分工博古与我联系。

在西安事变中，蒋介石在西安的特务系统受到打击，特务头子宪兵第三团团长蒋孝先被打死，城里完全由张学良、杨虎城的武装控制着，因此，环境比较好，东工委也设立了机关。我在机关里开过几次会，讨论代表团交下的任务。这时，陕西省委机关也设立了，书记是贾拓夫，委员有欧阳钦、张德生，我参加了几次省委会议。恩来同志在西安时介绍北方特科邹大鹏和我谈话，邹将他系统下的工作人员袁晓轩介绍给我，要我分配工作，我叫他参加了东工委。后见他没有政治头脑，介绍给红军总部另行分配了工作。

1937年1月底，我患肺炎发高烧，住西安省立医院。隔了几天发生了双十二事变，王以哲被杀，东北军内部混乱，中央代表团回延安。他们回延安前，博古来医院看我，给了我一些经费，说他们已告诉东工委，负责在我高烧退后护送我出城。

2月10日左右，东工委搞了一辆大汽车，由袁晓轩陪同我去乾县，东北军团长（地下党员）贾陶带了几辆摩托车护送我出的西安城，高锦明搭了我的汽车也到了乾县。到后一两天，又转到三原县云阳镇红军总部所在地养病，以后又搬到了耀县。3月底，刘澜波、宋黎、高锦明、项乃光到我处商议东北军东调安徽后的工作。鉴于刘澜波、宋黎的身份都是公开的，所以决定由项乃光、高锦明负责东工委并随军东下。刘、宋提出要去北平组织东北救亡团体，我同意了。

4 月中，我由三原县去西安，在西安七贤庄办事处见了恩来同志，把东工委的改组及对今后的工作布置向他作了详细汇报。4 月底，我回延安参加党的苏区代表会议和白区代表会议。会议期间，我写了一个《东北军工作经验总结》，由中央秘书处印成了小册子。

一二·九运动

在一二·九运动中学会革命

黄　华*

一、华北垂危，要求抗日

1931年，我原在锦州交通大学预科学习，因为九一八事变，日本帝国主义占领沈阳，我随着学校入关，来到北平。我的同学绝大多数都是东北人，背井离乡，身受漂泊流浪的痛苦，要求收复东北，反对不抵抗主义，打回老家去的心情非常强烈。我的爱国思想也和他们一样。我在家乡读初中时，参加过反对济南惨案的活动，看过《狂人日记》和党的一些传单。我1928年在河南读高中时，已从当时出版的刊物如《语丝》《奔流》《莽原》上零星地接触了进步思想。1929年到锦州交大预科学习，那时东北一般学生一方面不满日本窥伺东北，滋长着爱国主义思想；一方面又受东北当局利用中东路事件煽起反苏反共宣传的毒害，敌视苏联和共产主义的情绪随之弥漫。我躲开人们的注意，读了自己带去的梅林著的《马克思传》中译本，使我从反帝爱国思想开始要求了解马克思主义和社会主义思想，要求深入认识中国社会。所以我到北平之后，即常常到书摊上去寻找进步书籍，看过李达

* 作者时为燕京大学经济学系学生，燕大学生会执行委员会主席。

的《唯物辩证法》，日本河上肇的《政治经济学》，鲁迅抨击国民党的杂文和其他一些进步杂志，使我初步了解社会发展的规律和阶级斗争的意义，痛恨国民党的投降卖国政策，向往社会主义，向往苏联。

1932 年即是九一八事变后一年的秋天，我考入燕京大学经济学系，在这个学系的小图书馆中，有英文本斯大林著的《列宁主义问题》和《列宁主义基础》，这是当时很不容易见到的书籍，我详细阅读了，并把其中要点译成中文，拿给东北大学里我熟识的朋友们看。这些老朋友就是宋黎、张希尧、张金辉以及进步教师车向忱。还有和我同时考入燕京大学的东北籍同学张兆麟。我们这些人思想接近，往来密切，不但在一起讨论思想进步的书，更多的还是讨论当时的政治形势，从国际谈到国内。我刚在燕大读了一个学期，1933 年 1 月日本继侵占东北之后又复沿着北宁铁路西进，占领山海关，接着又占领热河突破长城上各个口子，华北门户大开，日军随时可以拿下平津，关内人心惶惶，在优美安静校园中读书的燕京大学学生也受到震动。燕大大多数同学都是爱国的，但是习惯于埋头读死书和过着醉生梦死生活麻木不仁的也不少，同学们组织了全校学生抗日会，我积极参加工作，要求政府抗日，也希望在校内掀起抗日热潮，使同学们对于日本入侵华北产生紧迫感。

我曾经利用比较自由的燕京印刷所帮张希尧翻印过关于游击战术的小册子。

燕大抗日会领导全校学生举行过一次抗日军事演习，我利用自己和东北大学朋友的关系，得到东北大学军训教官的应允，从该校借来一批武器。当时北平有城墙，各个城门都有检查哨，不允许携带武器出入。那一天我借了学校开班车用的大轿车开到东北大学，从仓库取出一批轻机枪、步枪、手榴弹放在车座椅底下，开出西直门，警察问明是燕大校车，便放行了。演习时在西校门前挖了壕沟，在学校的水塔上放信号，燃放鞭炮，真刀真枪给人带来真情实感，激发了同学们的抗日热情。燕大同学中抗日热情一直很高，历年的爱国救亡运动曾经起了积极作用，对于后来的一二·九运动多少有些影响。

为了自己将来和日寇战斗作准备，张希尧还教我制作手榴弹，那是用一个香烟罐子装上炸药和碎玻璃等物，拿到圆明园一个荒凉无人的土堆上试放，向远处投掷过去，发出很大的爆炸响声。附近的警察如果知道我们试验炸弹，当然要干涉，那时他不知道我们干什么，光说“声音怪响的”。

1933 年我和张兆麟、刘克夷、叶德光等十余同学在校内组织了一个小型抗日团体刻苦团，提倡生活刻苦、锻炼身体，准备日后参加东北义勇军打游击。这个点子是从东北大学抗日救国会来的，他们有类似的组织。燕大刻苦团平时不进城不看电影，早晨起来做体操，穿蓝布大褂吃最粗糙低廉的饭食，在生活上抱着卧薪尝胆的精神，并且学习进步思想理论，这对于我后来参加革命是一种探索，也是一番锻炼。

二、一二·九运动爆发之前

毛泽东同志对于一二·九运动有过很高的评价，他说：“一二·九运动有着重大的历史意义，一二·九运动是伟大抗日战争的准备，这和五四运动是第一次大革命的准备一样，一二·九运动推动了七七抗战，准备了七七抗战。”

一二·九运动的爆发，也有思想准备和组织准备的过程。

北平学生运动能够发展成为全国性的运动，并且能够健康地持久地发展下去，有主观和客观两方面的原因：首先是东北沦陷、华北五省自治、平津危在旦夕的政治形势，激起了有光荣传统的北方学生的抗日救国热潮。第二是党的八一宣言，中央红军北上抗日胜利到达陕北，北平地下党和党员以及党领导下的进步组织在学生中进行活动，像酵母一样，从思想上组织上促成了北平学生运动从半自发的状态走上有组织、有目标、有纲领的抗日救国行动。第三，北平学生运动来势迅猛，这是由于党在全国的工作、党和爱国人士一直长期进行了宣传组织工作，不但在北平，在全国各大学和爱国人士中，也迅速开展了抗日救国的斗争。第四，学生运动能够持久的发展下去，直到抗日战争大批学生加入八路军和新四军，加入敌后的抗日武装斗争，这是由于党中央派遣刘少奇同志到了北方，在天津主持北方局的工作，他及时地指出学生运动中出现的过“左”倾向和过激行动，提出一些很重要的策略，包括统一战线思想，包括争取宋哲元部队抗日的思想，这样就使北平学生运动能够争取到许多校长教授的同情，也得到宋哲元的谅解，因而才能巩固持久地坚持下去，巩固和扩大学运中骨干力量，组织了民先队，展开了多种多样的活动，直到七七抗战开始，大批学生和各界青年，冒着生命危险冲破国民党的重重封锁，奔赴延安，接受革命政治军事教育，追随中国共产党投身艰巨的斗争。这是过去学生运动所没有过的局面。总的说来，北平的学生运动由于有了党的思想领导、组织领导和正确的统战政策指导，才得以发动、发展和坚持下来，对全国学生运动和救亡运动起了推动作用。

当时积极参加一二·九运动的北平几个大学之一——燕京大学学生，也有一个思想准备和组织准备的过程。

燕京大学虽为美国教会在中国创办的贵族化的大学，但是大多数同学都是爱国的。当冀察即将自治，华北人民即将成为亡国奴的时候，在优美校园里面读书的学生们也是思想动荡，满怀激愤。多年以来，这个学校里一直有思想进步的学生在活动，1926 年北洋军阀在三一八惨案中屠杀了前辈同学魏士毅烈士，他的坟墓和纪念碑一直长留在校园西南角。历年因为政治问题而被国民党逮捕的非止一人，我就遇到一个高年级的贾学诗同学，在他毕业离校之前把他自己所藏的进步书籍赠送给我，其中有苏联人米夫所著的《中国工人运动》，这是当时被国民党当局视为非常危险的书。

在 1935 年秋季开学后，有人寄给我一封信，拆开来是巴黎《救国时报》所印发的中国共产党的八一宣言。东北大学里的共产党员张希尧曾表示愿意介绍我参加共产党，我说为了便于工作希望在燕京入党，要求他把我的情形转送给燕京大学的党支部，由于当时燕大的党支部还没有成立，所以直到 1936 年初我才参加共产党。

我们一些左派的学生在 1935 年 5 月才被全校学生选举为燕大学生会的负责人，我们有了合法的学生会负责人的地位乃能做许多事情。当时张兆麟被选举为燕大学生会代表大会主席，龚普生为副主席，陈絜为文书。我被选为燕大学生会执行委员会主席，执行委员有陈翰伯、龚澎等。我们当了学生会职员以后，首先认真做好几件有利于学生生活福利的事情，得到校内多数同学的拥护，我们有了群众基础。

在一二・九运动爆发以前，燕大学生会主要做了三方面的事情：

（一）和北平的进步学生发生联系，利用燕园的特殊地位，做了一些聚集进步力量的工作。

我们当了学生会的职员以后，我常和清华的蒋南翔、姚依林、杨述、杨学诚、吴承明来往，也和城内女一中的郭明秋，北大的韩天石来往，他们有的见识卓越，有的已经是秘密的党团员，对我有许多启迪。我们一起去拜访城内几位有名的教授，请他们参加华北各界抗日救国会。1935 年夏秋之间，张申府、刘清扬、邢西萍（徐冰）等在燕大开会筹备华北各界抗日救国会，我也参加了。由于燕京大学是美国人办的学校，国民党军警不敢公然闯入，我们便利用这个特殊环境进行活动。经人介绍从河北省来了两位农民代表，怕他们外出暴露身份，我把他俩安置在燕大二食堂楼下学生会办公室对面的客房中，每天从食堂端饭给他们吃。经过几次讨论，觉得时机还不成熟，同志们遂主张暂缓成立华北各界抗日救国会，先酝酿成立全市性学联，我便请两个农民代表先回家去，让他们等候消息。

1935 年秋季，黄河决口，山东、河南遭受大水灾，国民党政府对于无数饥寒交迫的灾民不加救济，这些灾民拖儿带女在北平街头行乞，非常悲惨，各校学生便募捐赈济。后来在中共地下党的领导下成立了“黄河水灾赈济会”。燕大学生会也成立了一个“黄河水灾燕大赈济分会”，发动全校师生大张旗鼓进行了许多工作。这个“黄河水灾赈济会”串联了一大批被国民党搞垮了学生组织的学校。这就是后来北平学联的基本力量。11 月上旬，燕大学生自治会为了建立北平市学生联合会，在第二食堂接待室召开了一次各校代表谈话会，决定推燕大、女一中、艺文三校作“北平市学生联合会”的发起人，再经几度磋商，终于在 11 月 18 日在城内开成了第一次代表大会。

（二）利用燕大学生会的刊物，进行抗日救国宣传。

投降卖国的国民党政府于 1935 年 5 月与日本订立《何梅协定》之后，进一步奴颜婢膝向日本讨好，更疯狂地压迫人民，不许人民说话。1935 年 6

月国民党政府颁布《敦睦邦交令》，公然宣布“凡以文字、图画或演说为反日宣传者，均处以妨害邦交罪”。不久，查封《新生》周刊，逮捕杜重远，绝对不许人民谈抗日，使得全国报刊上消失了“抗日”字样。燕大学生会偏偏不信这一套，偏偏要大谈抗日，有时直接点名指斥蒋介石投降卖国政策。自从1935年秋季开学以来，燕大学生会公开出版的《燕大周刊》上，每一期都有抗日的文字，接着还来了一个《抗日问题专号》，揭露《何梅协定》，揭露“广田三原则”，揭露日本正在酝酿占领平津的密谋，揭露国民党政府认贼作父的丑恶居心。我们的文章水平不一，有些还是比较幼稚的，但在那个时候那种形势之下，我们敢于突破黑暗，喊出当时全国人民希望喊出来的声音，在国民党的围墙上捅开了一个窟窿。此外，我们还藐视国民党的白色恐怖，出了一个《法西斯问题专号》，登了11篇文章，从法西斯的理论到他们现在怎么在中国为非作歹，作了淋漓尽致的揭发和批判。这也是国民党统治下，多年来人们不能公开谈论的。这些突破都是一二·九运动的前哨战。燕大学生会这种旗帜鲜明的态度，把广大同学中有爱国思想和进步思想的同学都团结到学生会的周围来了。使得学生会在学校里享有很高的威信。这些积极分子组织成为“时事讨论会”“华北问题研究会”，自然形成了骨干力量，后来运动一爆发，许多事情都有人做了。

（三）两个《宣言》是一二·九运动的前奏。

从五四运动到第一次大革命，学生团体叫做学生会。曾经积极参加中国的革命活动，建立过卓越的功勋。国民党取得政权之后，害怕学生们反对他们的反动统治，用法令规定学生团体为“学生自治会”，只能“自治”学生自己生活上一些小事情，不许越出学校干预政治。1935年秋季燕大的学生会，尽管是按法定手续选举出来的，但是我们上台之后，迫切感到我们有挽救华北垂危局势的任务和反对国民党政府不给人民集会、结社、言论、出版自由的任务，学生会主席张兆麟特别在《燕大周刊》上发表一篇文章，叫做:《学生运动——燕大学生会的使命》。明确地提出我们要掀起一次新的学生运动，特别强调在北平许多学校的学生会被特务和军警摧毁之后，燕大学生会应当负起责任。

1935 年秋季学生会召开过几次七八百人参加的全体学生大会，一次比一次热烈地讨论当前的政治形势，批驳所谓“攘外必先安内”的谬论，直接指名斥责蒋介石丧权辱国、媚日投降的罪行。为了反对国民党当局随意逮捕学生。为了反对国民党当局不给人民言论自由和集会结社自由，有人在 10 月 22 日这一次全体学生大会上提出动议：我们要以燕京大学全体学生的名义，打电报给南京正在召开的国民党第四届中央委员会第六次全体会议，吁请政府，请其尊重约法精神，开放言论、结社、集会自由，禁止非法逮捕学生。这个议案初提出来时引起不同意见的同学的激烈争论，但是几个进步的同学在会场发表热情洋溢的演说，最后得到绝大多数同学的热烈赞成，表决时，全场一致举手通过，授权学生自治会草拟电文，全场鼓掌很长的时间。这个向六中全会发出的电报，就是由高名凯同学起草的《平津十校学生自治会为抗日救国争取自由宣言》。它把国民党政府对于青年学生的残暴，作了无情的揭发。它说：“奠都以来，青年之遭杀戮者，报纸记载至三十万人之多，而失踪监禁者更不可胜计。杀之不快，更施以活埋；禁之不足，复加以毒刑。地狱现形，人间何世？九一八事变，三日失地万里，吾民岂不知失责者谁，特以外患当前，不愿与政府歧趋。然政府则利用此种心理，借口划一国策，熬煎逼迫，无所不至。昔可以‘赤化’为口实，今复可以‘妨碍邦交’为罪名，而吾民则举动均有犯罪之机会矣。杀身之祸，人人不敢必免，吾民何辜，而至于斯！”这么直率地讲出中国青年心里要讲的话，这么强有力地抨击国民党当局，燕大同学公然站出来向国民党当局挑战，都是过去少见的。

我们觉得光用一个学校学生自治会的名义发出去，力单势孤；我们相信别的学校中的同学们一定和我们有相同的感觉，一定也会赞成这个宣言，找更多的学校来署名，影响会更大一些。我们首先找已经被进步同学掌握的清华大学学生自治会、北平女一中学生自治会和法商学院学生自治会署名，又找几个尚在筹建中的学生自治会署名，并且派人到天津找了几个学校署名；一共征集了平津十个学校学生会共同署名，力量不小了，我们就把这个宣言送到燕京印刷所印成传单，连夜装在很多很多的信封中寄往全国各大学、各著名的中学、各报馆、杂志，付印这一天是 11 月 1 日，正是一二·九运动的一个多月以前，也是北平学联正式成立的十七天之前，这么一个尖锐的宣言打破了黑暗沉闷的局面，它是一二·九运动爆发之前的一颗信号弹。

北平的政治形势日趋恶劣，日本人导演的汉奸们要求“防共自治”的游行竟然出现在北平街头，冀察政务委员会即将成立的消息越传越逼真，燕大学生又开全校学生大会，发出第二次宣言，严厉批判了蒋介石新近发表的“安内攘外”的旧调，尖锐指出：“强敌已入腹心，偷息绝不可得”，“今日而欲求生路，唯有动员全国抵抗之一途”，通电最后提出要求：“（一）誓死反对‘防共自治’，请政府立即下令讨伐叛逆殷汝耕；（二）请政府宣布对敌外交政策；（三）请政府动员全国对敌抵抗；（四）请政府切实解放人民言论、结社、集会之自由。”这个宣言邀集了清华大学等十四个学校学生自治会共同署名，在 12 月 6 日印发出去，这正是一二·九游行的前三天，这是一二·九运动之前的另一颗信号弹。

三、一二·九运动的高潮

记得在北平学联成立之后不久，即有采取行动来表现我们对于当前政治态度的设想，并且也向这方面去做。斯诺送来宋庆龄给燕京同学一封信，明确地提出要采取行动，又是一个很大的促进。

到了 12 月初，听说“冀察政务委员会”要成立了，学联开过几次会议，把联合北平各大中学学生举行游行的意见确定了。12 月 7 日我在城内开会。12 月 8 日清华、中国大学、东北大学、女一中、平大、师大、师大女附中、民国大学、志成中学、汇文中学等校代表都来到燕京开会，由女一中郭明秋主持，讨论如何向何应钦请愿，布置了口号、策略和请愿的六条纲领，对于游行的时间地点、路线都作了部署，会后，各校代表回校分头动员。

12 月 9 日天色尚未大亮，燕大男女宿舍都梆声齐鸣，催促起床，在刺骨冷风中，女同学们先于男同学来到南操场集合。全体到齐后，共编成六个队，每队九十人，每大队又分三中队，每中队三十人，下面又分三小队，每小队十人，都有队长负责指挥。另外还有纠察队和骑自行车的交通队，组织严密。按照原定计划，取道小路，避免警察注意。哪知出门不久，即遇警察前来阻止，我们就由一部分同学采取包围形式，和他们交涉，另外的同学即乘机闯过，继续前进。后来我们又一再受到警察的阻止，都用这种办法对付，获得很大效验。

我们从田间走到公路上以后，警察坚持不让通过，于是我们散开，分头前进。为了不使警察传递消息，男同学抱住警察，女同学拖住警察的自行车，许多平时斯斯文文的同学在“打倒日本帝国主义”“反对华北自治”的口号声中，勇气增长了若干倍。

我们的队伍走了十几里，来到了离西直门不远的高粱桥，这里把守的警察很多，设置了三道防线。人多势大，态度也比较蛮横，我们仍然用前述的办法，一些人和他们交涉，另外的人实行偷渡。这里的警察急了，动起武来，撕毁我们的校旗和队旗，殴打我们的同学，我们的同学被迫自卫还击，发生了一次小冲突，几个警察死拉活拖，硬把张兆麟同学拖进西直门外大街路口上他们的区署。

西直门外的区署，平时为非作歹，欺压老百姓，就是凭着他们手中有几十条枪，今天的学生不在乎那个，团结起来发生了力量，那几十条枪就显得渺小了，我们跟着冲进区署硬把张兆麟抢了出来，警察也没有办法。

我们的队伍到达西直门外，西直门已经关闭起来了。我们只好站在城外。此时清华同学的大队沿平绥铁路线来了，大家鼓掌欢迎；北平大学农学院和其他学校的同学来了，大家又鼓掌欢迎，学生愈集愈多，不下两千人。我们不能站立久候，只能把城外的空地当作会场，开起群众大会来。此时有很多想进城进不去的过路人和很多看热闹的市民，由外围逐渐靠近，和学生打成一片，后继而来者越来越多。

这个自然形成的群众大会，是从张兆麟拿起喇叭筒站到城门外一小土墩上讲话开始的，他控诉日本兵在东北的暴行，他指责国民党政府的不抵抗，他反对成立冀察政务委员会，他领着大家呼口号。在张兆麟讲话之后，各校许多同学相继登上这个小土墩讲话，其中尤以清华大学女同学陆璀讲得最好，最使听众感动，在大家的心中留下深刻的印象。她讲话的那张照片，还被邹韬奋选作《大众生活》杂志的封面。后来又有别的同学讲话，西直门外的群众大会一直开到下午。

在交通断绝，和城内电话不通的情形下，我们非常焦急。因为事前商定到中南海居仁堂去见何应钦，当面向他递交请愿书并当众愤怒斥责国民党投降卖国的政策，是派燕大学生代表担任的。我们一直没法进城，没法去完成这个任务，我感到不安。但是相信别的学校同学同样可以做这件工作，还能做得更好，我又放心了。到下午 3 点钟，何应钦的代表北京市社会局局长雷季尚在城内由门缝中向外对各校代表们谈话说："各位要求各点，已转达何部长，全盘接受，请同学赶快回校……"当时各校同学饥寒交迫，疲惫不堪，听见雷季尚的话，不能相信，姑妄听之，总比没有答复为好。于是学生高呼口号，分别整队返校。回校后，我们在《一二·九特刊》上写道："我们这次请愿，是一个民族解放运动的开始，而不是一个终结。这仅是一个小火花，但是这小小火花，将会燃起全国民众革命的烈火。"

一二·一六大示威那一天，我们接受了一二·九没有进得了西直门的教训，除了仍以大队叩西直门（实际上是破西便门铁路门入城），另外燕京清华各以三十个同学头一天进城埋伏，一定要和城里的同学们一齐参加新的战斗。根据学生会决定，由我和三十多个同学连夜进城，有的住在同学家，有的住在灯市口燕大校友会。我带了宣传品住在灯市口校友会里，人多床少，工友们热情地帮助铺了草席，多数人打地铺过夜。第二天一早就到了预定集合地——西直门内北沟沿。到了 9 点，在东北大学宿舍排成队伍，燕京 30 人在前，清华 30 人居中，后面是数百人的东北大学的大队。这个队伍一面游行示威，一边发动沿路的学生来参加我们的队伍，队伍不断扩大。当我们顺北沟沿向南进入路边平民中学时，因为这个学校是红漆大门旧式房屋，一进一进很深，我到了最后一进的课室找学生出来参加游行，出来迟了一些，一出校门便被警察捉住，押送到北平市公安局，这是我的第一次被捕。

后来我被关在公安局里一个小院子里的一间孤零零的平房里，屋子里有个大炕，陆续被抓关在这里的有六七个同学，其中有清华大学的王永兴，还有一个姓刘的记者，已记不起他的名字了，门口有一个老警察抱着步枪坐在凳子上，态度有些随随便便。我见窗上玻璃凝聚了水蒸气，就在那上面用拉丁化新文字写了“打倒日本帝国主义”等标语。这次我被关在这里只有一个星期，没受审讯，便被燕京大学校长陆志韦、清华大学校长梅贻琦和其他几个大学校长联合保释出来。

我被释放回学校后没几天，便在 1936 年 1 月 4 日，参加了南下扩大宣传活动。平津学生联合会一共组织了四个宣传团，第一团由北平东城各校同学组成，第二团由西城、南城各校同学组成，第三团由西郊和别处同学组成，第四团由天津同学组成。1 月 4 日上午，我随着燕京同学的队伍来到蓝靛厂，这是远郊区一个可以撇开军警阻挠的集合地点，实际上还是来了不少便衣军警在监视我们。当时清华 50 名同学编成第三团第一大队，燕大同学 49 人（其中包括贝满女中、华光女中同学 3 人）编为第二大队，辅仁、中法、朝阳和市一中等校同学五十多人编为第三大队。因城内同学须绕路出城，陆续来到，我们不能久候，只好拿出队旗，举行宣誓，先走了一步，走到田庄才和辅仁、中法、朝阳等校同学汇合。在蓝靛厂出发前我见陆璀同志身体太弱，还在发烧，硬把她劝回去了，斯诺和他夫人尼姆·威尔斯以及好几个外国记者都按事前的约定来到蓝靛厂拍照、采访兼送行，美国米高梅公司还有人来拍了电影。

我们这次南下宣传，首先是把抗日救亡的宣传从城市扩大到乡村，发动广大群众，开始走和工农结合的道路。同时也是在学生群众当中训练一支思想进步，认识清楚，能经得起考验的骨干队伍。我们既然要挺身而出担负起天下兴亡，当抗日救国的先锋，甚至愿意献出自己的热血和生命，最寒冷的天气和最凌厉的风沙正是锻炼我们意志的机会。

我们离开蓝靛厂之后，向北平以南的方向步行前进，第一晚住宿在宛平县即卢沟桥，第二晚住宿在琉璃河，第三晚住宿在涿县码头镇……我们扩大宣传团每到一个集镇人多之处即张贴标语，演讲，唱歌，演短剧，召开群众大会，或派遣小分队深入村落，使得沉睡的农村觉醒过来。在行军途中，同学们且行且谈，根据一二·九以来的感受，敞开思想，议论天下大事，议论统治当局的媚外思想根源，议论农村的凋敝和农民受剥削的残酷，议论自己过去对于中国社会的实际情况了解得太少，大家很快地在思想上发生了很大变化。

作为扩大宣传团之一员，我积极干着宣传工作，因为我担任扩大宣传第三团团长，我还要考虑扩大宣传团的行程路线以及和北平学联南下扩大宣传指挥部的联络问题。1 月 7 日，我们扩大宣传团自琉璃河起身，午前到达码头镇，适逢码头镇大集，人很多，我们就在码头镇演戏，开群众大会，我个人则乘此时机骑自行车到礼贤镇找扩大宣传第二团，向扩大宣传总指挥宋黎汇报工作，讨论下一步怎么办，从宋黎那里得知四个宣传团将在固安县会合，我即匆匆赶回码头镇。

1 月 8 日，四个扩大宣传团由不同方向来到固安县，胜利会师。固安县长怎样欢迎我们呢？他紧闭城门，在城门上架设机关枪，说扩大宣传团的同学们是“土匪”，不让进城，我们 3 天不走，他的城门也紧闭了 3 日。各团同学只有分住在四门之外的大车店里。1 月 9 日上午，四个扩大宣传团的同学们集合在一起开全体大会，由各团团长报告他们的工作经过，讨论下一步的行动纲领，并由中国大学的董毓华同学代表扩大宣传指挥部作了总结报告。这一天晚上我们又开了一个扩大宣传第三团的全团大会，因为找不到一间房屋可以容纳第三团三个大队一百多人，我们只好站在旅店的院子里面开，这时是阴历腊月十五左右，一轮圆圆的明月挂在寒冷的夜空，特别明亮。

全团大会开过之后，另外学校的同学们都去休息了；倒是在第二大队即燕京同学里面发生争执，辩论很激烈，我只好又召开第二大队的全体会议，继续讨论。第四小队的同学们对于扩大宣传团印发的宣传材料有意见，他们不赞成《时事打牙牌》小调中的“苏联本是共产国，自由平等新生活”“五年计划真伟大”等语，他们说“我们是出来宣传抗日救国的，你们把老百姓召集起来听这些不相干的东西，有什么必要呢？我们喊‘拥护政府抗日’的口号，你们有些人为什么用‘拥护抗日政府’的呼声把它压下去呢？”此外，第四小队的同学们还对于《打回老家去》剧本中某些台词不赞成。他们这种意见，一提出来，立刻引起另外三个小队同学的驳斥，于是展开了一场激烈的争辩，谁也不能说服谁。深夜散会之后，第四小队的同学们直截了当地告诉我，他们不干了，他们要退出扩大宣传团，回学校去了。当晚我反复劝解，没有解开他们的疙瘩。

第二天天不亮，第四小队的同学们就把自己的小铺盖卷打好了，要自行离队了。我拉住他们不放说："我们学校同学向来是团结的，纪律是最好的，不同意见可以慢慢商量，不要说走就走。"他们不答应，非走不可，我只好帮他们扛点东西，陪送他们走了十里。我在路上说希望回校以后，我们仍然在一起团结战斗。

一二・九运动是一场来势迅猛推动抗日的政治运动，也是一场非常深刻的思想革命运动，两者有着密切的关系。如果不批判国民党"攘外必先安内"的基本政策，就讲不清国民党军队见了日本兵就后退的原因，如果不透露共产党八一宣言的精神，不谈论共产党，就看不到"停止内战，共同对敌"全民抗战的光明前途。抗日和团结进步是联系在一起的，大时代必然带来人们生活和思想的巨大变化。许多进步同学受压抑已久，今天能够结成一个队伍喊出自己心里的声音，很自然地要歌颂共产党和苏联；在沿途交谈和同声歌唱之中影响了很多中立的同学，促其转变，壮大了左派的力量，这正是扩大宣传一大成绩。也应当看到另有一些同学，他们自幼生活饱暖，一直受了国民党统治思想的蒙蔽，对于共产党非常陌生，对于进步同学热烈赞颂共产党感到不习惯，对一些新口号新观念骤然之间接受不了，性急的左派同学操之过急，对他们缺乏耐心的等待和帮助，扣上落后甚至反动的帽子，就无异于"为渊驱鱼，为丛驱雀"。第四小队的同学们返校之后受到在校同学的欢迎与慰劳，请他们报告扩大宣传的经过，他们看到校内有些同学在做近郊的抗日救国宣传，他们又去参加那一工作。后来南下扩大宣传团被军警逼迫返校，成立中华民族解放先锋队，把第四小队的同学视为老战友，第四小队的同学很多跑来参加，在以后的救亡运动中，他们有的参加了共产党，有的参加了八路军，大多数表现得都不错。

1961 年出版的一本有关一二・九运动的书上说："燕京大学就有少数学

生在大会上提出不同意歌唱共产党和苏联……这是一场两条道路的斗争”；1980年出版的一本有关一二·九运动的书上说：“燕京大学就有少数学生在大会上提出不同意歌唱共产党和苏联……黄华在会上反复对他们进行了教育和必要的批评”。这些说法都与事实有出入，我只能和同窗学友们商量，谈不到“教育”。对于统一战线之中的朋友，固然需要求同存异，可以批评，但是也不必对于某些人思想转变以前的曲折抓住不放，一直作为文章中的反面事例，失去对待抗日战友的风度。一二·九运动是一次青年运动，发动千千万万的学生产生巨大的力量，才把共产党的政策和影响扩散开来，如果光记着一些先进分子是一贯正确的，那也不是一二·九的精神。

扩大宣传最紧张的一幕是高碑店之一夜。我们扩大宣传第三团于1月13日行至高碑店，在进行了一天的分组宣传回来之后，看到我们借住的小学校已被县公安局警察和北平来的便衣队包围，持枪的便衣队进来对我们进行搜查，抢去我们的旗帜和宣传品。到农村宣传的各小分队相继回来，都被便衣队拒绝入门，有的被他们扣留到别处去了。此时有自称冀察政务委员会的委员和新城县县长进来说，要解散我们的扩大宣传团。我们原已听到谣传说扩大宣传第二团昨日被军警强迫解散，他们正在用各个击破的办法来打击我们，我们在乡村中没有很多群众看见，现在旗帜和宣传品都没有了，不便工作，如果受到伤害反而不好，不如暂时返校，就和这些委员和县长达成协议，我们自动返回北平，只要把扣留的同学放回来并且道歉。被扣的同学回来后，我们即自动排队前往车站。到了火车站发现当晚没有北上的车次，我们又冷又饿，只好在车站旁边的小饭铺内吃一点东西。

第二大队燕京同学进了一个只有前后两间房的饭铺，里面原有两个士兵在吃饭，我告诉他们北平侦缉队会来捣乱，劝他们尽快离开这个是非之地，他们便匆匆地走了。同学们正在喝水，便衣队又来了，要我们解散，不许同学们仍然聚集在一起。我们说我们宣传团已经分散了，只剩下三十来人在这里吃饭，还不允许吗？外面的便衣队仍然大声叫唤，要我们出来。我们不出来。他们拿着棍子往里面打。我们拿起板凳拆下桌腿当武器来自卫，乒乓打了几个回合。因为饭店很小，只有一门一窗，战斗展不开来，外面的便衣队便放火烧这小饭铺纸糊的窗户和茅草屋顶。屋顶烧着之后，浓烟滚滚，形势很紧急，同学们泼水救火，房子没有烧坏，同学们倒被水把衣服泼湿了，狼狈不堪。

第二天天一亮，我们第三团三个大队的同学们又聚集在一起了。我用英语和大家说话：“我们虽然暂时回去，但我们的宣传团决不解散，我们要永远为中国的民族解放而奋斗。”同学们鼓掌赞成。过了一会儿火车来了，我们都上火车返回北平。我和蒋南翔商定，我们这个宣传团继续存在，改为“中国青年救亡先锋团”，在燕京大学里召开了一次两校参加过扩大宣传活动的同学的会议，又闻城内扩大宣传第一团、第二团的同学也和我们一样，要把扩大宣传团永远保存下去，他们也召开了会议。我们就把“中国青年救亡先锋团”和他们的组织合并在一起，命名为“中华民族解放先锋队”，2 月 1 日在师范大学举行第一次代表大会，这样，“民先”就正式诞生了。

四、抬棺游行和《牢狱之花》

南下扩大宣传回来以后，学生运动进入一个艰难困苦的低潮时期。2 月中旬，南京国民党政府眼看全国各地学生受一二·九运动的影响，抗日爱国斗争正以燎原之势扩大，气急败坏地颁布了一个杀气腾腾的《维护治安紧急治罪法》，规定军警可以枪杀抗日群众，接着又发布取缔北平市学联的命令。在这种形势之下，北平当局开始了镇压活动，对各校抗日学生进行了大逮捕。相继在东北大学、中国大学、清华大学和另外一些学校逮捕二百多个同学，整个 2 月份都在恐怖的气氛中度过。在那种阴云密布的日子里，为了防止万一特务们进校搜查，一些特别暴露的同学夜间不睡在自己宿舍里，我把自己保管的许多宣传品交给了同屋的新西兰籍的研究生詹姆斯·贝特兰代为收藏。贝特兰来自牛津大学，他在那里参加了社会主义俱乐部，还曾把马尔罗关于中国大革命的一部小说《人的命运》送给我读。因此我是信任他的，他也欣然接受了我的委托。抗战开始后 1937 年 10 月他以记者身份访问延安，向毛主席进行采访，毛主席发表了《和英国记者贝特兰的谈话》（见《毛泽东选集》第二卷第 344 页至 356 页），后来他还到山西前线八路军中作过采访工作，写出许多出色的报道。

面对白色恐怖，我们始终没有放松救亡活动。2 月 1 日在北平师大召开“民先”第一次代表大会，正式成立中华民族解放先锋队。燕京大学民先队的同志们，按照民先代表大会所通过的“斗争纲领”“工作纲要”，于 2 月 7 日——中国工人运动史上空前的节日，京汉铁路二七大罢工纪念日，组织了一个 24 人的宣传队前往南口铁路工厂，向工人们进行抗日宣传，继续做一个月以前南下扩大宣传所没有做完的工作。

同学们来到厂外，受到门警的阻挡。他们指着“工厂重地，闲人免进”的牌子，不许学生入内。同学们只好站在厂外等待工厂放工。后来工人出厂，同学们上去宣传，竟遭到便衣军警的疯狂殴打，抓去 4 个学生，夺去陈翰伯手中的照相机三脚架，猛击陈翰伯的后脑勺，血流满地。后来军警提出条件：如果其余同学们同意离开南口，不再在工厂门口宣传，可以释放捉去的 4 个同学。全队同学为了 4 个战友的安全，只好怏怏地返回学校。

北平学联拟定了一个《非常时期教育方案》，加强各校校内的工作，举办各种座谈会、讨论会，团结更多的同学。到了三八妇女节，我们假借燕园内的适楼小礼堂，举行了上千人参加的三八纪念会，北平市妇女救国会代表曹国智等讲话，会后在燕园内举行小型的游行活动。我根据培培尔《妇女与社会主义》一书对妇女受压迫的社会根源和阶级根源的分析，针对当前华北垂危下的中国妇女问题，写了纪念文章刊登在《燕大周刊》上。

3 月 18 日，北平学联组织各校同学到圆明园荒凉的三一八烈士墓前，举行三一八烈士遇难十周年的纪念会，纪念 1926 年被北洋军阀段祺瑞执行政府开枪屠杀的 46 个北京学生。到会的有清华、燕京、师大、法商学院、工学院、农学院等校同学两千人。举行仪式后，通过了几项决议，包括打电报给南京政府要求收回维护治安紧急治罪法令和收回取缔平津学联法令；通电庆祝全国学联在上海成立；扩大追悼北平河北高中同学郭清的死难。这一天军警沿途戒备，护送大家到公墓，但是没有出面阻止。

从 1936 年 1 月起，共产党领导北平学联的党团书记是姚依林，成员为郭明秋、孙敬文、黄敬、王其梅。在二·二九清华大逮捕时，姚依林被同学们从军警手中抢回来，目标太大，后来组织调他到天津工作去了。黄敬专做党的工作，郭明秋也和林枫到天津去了。在这个沉闷的时期，我继任学联党团书记。党团成员有北大的韩天石、东北大学的王庸等同志。每次学联开执委会和各校代表会议，各校的积极分子们都憋了一口气，激昂慷慨，情绪急躁，要求发动反击大逮捕的行动，冲破黑云压城城欲摧的低沉气氛。我劝大家忍耐一点，不要硬拼，但是说不服这些同学，有的人甚至埋怨学联软弱不能代表广大同学。

河北省立高中（现改为北京第十七中学）18岁的学生郭清因为被捕受刑挨打，病重垂危，公安局拒绝送医院治疗，到了快断气的时候才送出来，于3月9日惨死。在验尸的时候遍身紫红，嘴里和耳朵里都充满了血，眼睛大睁着，头发竖立，肚子抽回去了。郭清的同班同学看见这种情景大哭而回，验尸时所摄的照片很快就在各校同学中流传开来，引起同学们深切悲痛。该校高二丙班同学想开一个小型的追悼会，约请各班派代表参加。该校的训育主任来了，斥责学生，说郭清因闹学潮而死亡，是咎由自取，他对学校和社会没有丰功伟绩，不值得追悼。学联开会的时候，大家都忍耐不住了，认为现在各校学生都希望有反对当局镇压的行动，不但积极分子有此要求，一般学生也有此要求，只要一号召，一定有很多人跟上来。我最初的思想是既要团结同学反对白色恐怖，又要避免同学们受损失，处于矛盾状态，主张慎重一点，力图说服这些同学，不要急躁，但是结果没有说服他们，反而被他们说服了，向市委请示以后决定开追悼会。

3月31日上午9时，在沙滩北大三院礼堂开郭清追悼会，到会一千多人，多数是各校的民先队员和积极分子。本来会场上只简单地悬挂了郭清的画像和郭清同学追悼大会的横幅，台前放了几个花圈，东北大学王庸同志是一个活动力很强的冲小伙子，他为了增加会场上沉痛的气氛，自己花钱从棺材店里租来了一口空棺材，放在主席台上。开会后首先是公祭，向郭清遗像鞠躬致哀，继由燕大同学王永祺（现名王明远。西郊区委嘱咐他不要参加追悼会，但是他不愿考虑自己的安危，也来参加追悼会了。）代表学联致悼词。

接着由几个同学登台讲话，言词都很悲愤激昂，控诉国民党当局的迫害，要求爱国自由。有的讲着讲着竟哭起来。我记得事前内部说过，各校主要领导同志不应参加这次行动，以便保存力量。但到会场一看，我很熟悉的几个大学的核心骨干都来参加了，心中一方面为这些同志的坚强斗志感到鼓舞，一方面又顾虑这次行动受到打击，会使北平学运受到重大的损失，心情沉重不安。正当追悼会在礼堂里进行的时候，国民党军警已经持枪荷弹，把北大三院团团围住，禁止出入。与此同时，北大校长蒋梦麟以开除学籍威胁韩天石等北大学生会负责人，强迫韩天石等解散追悼会，停止北大学生会活动。韩天石等自然拒绝蒋梦麟的无理要求，会场上同学们见此情形，群情沸腾，愤怒难于遏制，有人一提议抬棺游行，立刻得到全场同学的热烈响应。在北大三院和孔德中学之间原有一门相通，后来此门用砖垒死了，这时同学们推倒这一堵墙，便由孔德中学走到街上，游行起来。许多同学抢着拿追悼郭清同学的大字横幅，抢着拿花圈、抬棺材，唱着《五月的鲜花》等悲愤的歌曲。

堵在北大三院门外的军警没有想到我们从孔德中学出来，来不及阻挡，我们便取道沙滩走上北池子大街，向南游行过来。这次和一二·一六游行不同，一二·一六是有周密布置，事先画好游行示威路线图的，记得一二·一六我被捕之后，首先就是设法毁去自己身上携带的路线图。这一次是临时组织的队伍，队伍不长，从队前可以看到队尾。当我们来到南池子的时候，前面有军警阻拦，并有穿皮革大衣的警察骑着摩托车向我们撞来。因为队伍前面是燕京、清华和城里几个大学组成的主力队伍，尚能和他们抵挡一阵，尾部相当一部分是中学生，没有遇到过这样的场面，被军警一冲便乱了，后面一乱，前面的队伍也就被冲散了，花圈被抢走了、棺材被抢走了，他们逢人就乱打乱捉。

我只好闪入路边一个小胡同。这个胡同是个死胡同，走进去了就出不来，也有警察。我退出来走到一个茶馆前面警察追上来便拳打脚踢把我抓住了，把我手腕上戴的手表玻璃蒙子打碎了。这一天我穿的是灰布大褂，不是学生装束。警察问我："你是干什么的？是学生闹事的吗？"我说："不是，我是表坏了，表蒙子破了我去修理表的。"警察不管那些，把我拉进派出所，我就这样被捕了。燕大同学柯家龙穿了黄皮夹克在前面抬棺材，目标特别显著，挨了打，也被捉进派出所。这一天抬棺游行被捕的有五十多人，抓到内六区派出所的有二十多个。燕京同学被捕的有王永祺、柯家龙、麦佳曾、余萝燕、王令娴、肖庆瑄和我共 7 人，其中有 4 个女同学。事后思考：这一次抬棺游行学联党团在决策上是有错误的。当时同学们激于义愤，希望有一次行动是可以理解的，既然各校积极分子坚持要反击当局的镇压，未能说服，便取得市委同意开追悼会，是否游行，开始没明确决定，继见警察包围北大三院，觉得冲出去比被围捕会有利些，便临时拟定了游行路线和队伍序列。我这个北平学联的负责人没有经验，不知道在形势与条件不利的时候应暂时避免与敌人硬拼，以致遭受挫折和损失，我是有责任的。刘少奇同志于 1936 年 4 月到天津主持北方局，是他在遵义会议以后再度做白区工作，第一件事就是在党刊上对于三·三一抬棺游行进行了批评。我党的白区工作长期以来搞得很左，损失严重，少奇同志久已想要纠正这种倾向。这次他来到北方局，首先碰到我们抬棺游行，他说，三·三一的错误，是“一千零一次”的错误，作为一个例子来教育大家，使北平学生运动走上了一条健康发展的道路，也使我们党的白区工作从此走上了一条健康发展的道路。对我说来，更是一次十分深刻的教育。当时我入党时间不长，对于斗争的策略，对于领导群众的艺术，都知道得很少，经过这一次挫折的教育，才大有提高。

当时我被捉进派出所，他们问我姓名，我讲的是真姓名，是燕京大学的学生，为的是使外面的同志知道，好营救。羁押在派出所到了夜晚，两个人铐在一副手铐上，被装上大汽车，押解到北新桥炮局子陆军监狱。

到了监狱，每人都带上四斤多重的脚镣，并且用铁钉把脚镣钉死，然后分别被带进号子（牢房）里。当晚一一唤出过堂，由一个姓郭的军法官审问。我仍然重复在派出所所讲的话，我是因为手表坏了，表蒙子破了，去修表被抓进来的。法官也没有多问，叫被捕同学把身上的零钱、手表、眼镜交出来。我把玻璃蒙子碎了的表交出来了，号子里边土地潮湿，十多人睡一个通铺，铺着苇席，第一夜没被子，同学们背靠着背睡，保持一点温暖。狱卒对我们睡觉也有一项规定，即是每个人都必须头朝外以便他半夜用手电筒来点数。

第二天我们细一看，这间号子不过才十平方米，门的上部开个长方窗口，透过铁栏杆可以看到对面号子里的难友。和房门相对的方向有个小窗口，也全是铁栏杆，我住在这里就算尝到“铁窗滋味”了。每天上午监狱里给我们3个冷窝窝头，下午每人5个黑馒头，早晚都有一碗黑菜汤。每天两次“放风”（或称“放茅”）的机会，一出来就有监狱里什么官儿——一个大个子山东军官训话，嗓门不小，没有什么内容，然后带着我们跑步。最后才是片刻自由活动时间，让我们上厕所，在院子里走走，呼吸点新鲜空气。我们趁机和另外号子里的人讲几句话，传递狱中秘密的小报。

我在大号子里住了几天，奉命搬入一间小牢房。小牢房的特点是只有3个人，共睡一张大木床。我高兴的是小牢房中有一难友是张申府先生。我和他在1935年夏筹备召开华北各界救国会时已经相识。张先生原是清华大学教授，讲授《逻辑学》《西洋哲学史》，在一二·九运动中同情学生并且有贡献，在二·二九军警包围清华园时被捕的，现在能够朝夕相处，谈得很投机。张申府的夫人刘清扬也关在这所监狱中，与两个女同学就关在斜对面的另一个小牢房内。有人告诉我，关在小牢房内的都是情节较重的，我也没在意，大号子里的同学却为此担心。

这时，监狱分派被关押的王其梅（原名王时杰，民国大学学生，新中国成立后曾任中共西藏自治区工委书记）做狱内勤务工作，如扫地、送饭等。他有这么一个任务，有机会在各个号子之间走动，就常给别人带东西。他带给我一个铅笔头，后来又带给我一些白纸。我听说从前监狱里面出过刊物，传递消息，鼓励难友们和困难做斗争的决心。现在我们为什么不能呢？我就坐在地上，把被褥掀开，把床板当桌子写起来，一听见门外有人声，我就立刻用被子把它盖上。

我用铅笔在白纸上写整齐的仿宋体字，自编自誊狱中的秘密小报《牢狱之花》——这是沿用德国一本小说的名字，作为我们编的秘密小报的刊头。除掉刊头外，在一张纸的两面都密密麻麻写了不少东西。监狱向来规定，被关押的人不许看报，外边报纸是不准进监狱的。因为有两三次燕京同学给我送毛毯、送用品的时候，是用一张北平出版的英文报纸包来的。狱卒不懂得外文，报纸没有被扣留，从中知道了许多外面的新闻，包括抗日运动消息和学运动态，我就将摘要写在小报上，从一间牢房传至另一间牢房。

张申府讲唯物辩证法，向难友们讲困难的前面就是光明，鼓励难友们树立斗争的信心。张申府讲得很长，我只能节录其中精彩的一部分。除学术专栏之外还有监狱里边的通讯，例如有人传来消息：某号子里边的窝头有剩余，谁要？简单活泼，充满着友爱，也解决实际问题。文艺栏有过精彩的作品，下面一首诗便是狱中一位同学写的，《牢狱之花》登出后，难友们互相传诵，很受鼓舞。之后又为《燕大周刊》公开发表，得以完整地保存下来。这首诗的原文抄录于下，遗憾的是我回忆不起作者的名字了。

野性的呼唤

我企望那殷红的血迹，
那血迹是为战斗而洒的。
我渴慕那野性的呼唤，
那呼唤是为了四亿五千万啊！
我看见那辽远的信号了，
我听见那粗壮的咆哮了，
虽然镣铐锁住两脚，
心还是奔驰的啊！

这一首诗深刻地反映了一二·九时代北方青年的心情。这个《牢狱之花》只办了几期，我就和另外一些同学一起，第一批于 4 月 13 日被释放出来。当时我只晓得是由学校保释出来的，到了多年以后在延安同王世英同志谈起，才知道他当时秘密在北平作地方军政当局上层工作，那回我们那么快就出狱，实际上是我们党暗中派人向宋哲元做了许多工作呢。

我出了陆军监狱后，顺路走到一个绰号“小老虎”的积极分子的家中访问，不遇。我又在路上碰见镜湖中学学生孙敬文同志（原化工部部长），那时他当学联的“总交通”，怕有人盯梢，彼此不敢打招呼，只是交换了一下眼色，没有交谈。接着我又走到盔甲厂十三号埃德加·斯诺家中，谈了陆军监狱的情况。这时已是夜晚，没有回燕京的班车，听斯诺说，燕大美国教授夏仁德在外国人去的国际俱乐部里，我和夏仁德教授一家人很熟，还借用过他的客厅由林枫同志给燕大和清华的几位党员上过党课，我决定找夏仁德教授，打算搭他的车子回校。斯诺不放心，还陪着我去俱乐部。车子是从燕大南校门进去的，听见西校门正有许多同学在等着迎接我，我立刻跑到西校门，和同学们热烈拥抱，叙述了狱中的情况。斯诺和夏仁德都是同情和支持北平学生抗日运动的可以信赖的美国朋友，他们都曾为当时的学生运动做过许多工作，并且直到去世前一直为中美人民友谊而努力。夏仁德教授在临终的病榻上还口授了一封信托人写下寄给我。写到这里，我只能以诚挚和尊敬的心纪念他们。

从此以后由陈翰伯继任北平学联的党团书记，我的党的关系转到燕大党支部，在校内做一个普通党员和民先队员。我就抓紧时间读了一些书，特别是仔细阅读了刘少奇同志《肃清关门主义与冒险主义》《论北平学生纪念郭清烈士的行动》等文件，对于过去一年的工作和思想作了一番回顾。这时候，外国报刊和天津大公报范长江的通讯已报道了中央红军长征到了陕北，我想手无寸铁的学生如果不和群众斗争、不和武装斗争结合起来，作用是有限的，我很自然萌生到陕北去的想法，想去参加红军。恰巧此时斯诺告诉我，黄敬已替他做了安排，他可以进入陕北苏区去参观访问，他虽然会说一些中国话，还不怎么行，问我愿不愿意陪同他去采访，帮助他做翻译工作，我立即答应下来。当时我已临近毕业，但是那张毕业文凭对我已经无所谓了。我向黄敬同志说了去陕北的决心，为了保密起见，请他转告市委。我随后借了点钱便乘平汉铁路的车到郑州过夜转陇海路去了西安。在西安同斯诺相会，然后经过中央派在东北军中负责联络的刘鼎、刘向三等同志的安排，斯诺先行出发，十来天后我化装作东北军士兵，搭乘东北军运货卡车，一路行行止止，终于进入陕北苏区，在保安和斯诺会合。我怀着激动的心情观看着红军和苏区的一切，我和王林同志一起看望了毛主席和周副主席。随即投入了斯诺的紧张的采访活动。保安采访告一段落，毛主席要斯诺去甘肃前线红一方面军主力部队参观采访，行前嘱我以北平学生代表身份，向红军指战员报告白区群众救亡运动迅猛发展的情况，我尽力做了。斯诺结束了甘肃前线的采访匆匆回保安，辗转回北平，好尽早报道给全世界另一个振奋人心的情景。我期待三大红军主力会师西北，受到红军和苏区斗争的强烈吸引，决心争取留下来参加工作，接受新的教育和锻炼，这个愿望居然实现了。

回忆一二·九运动的火热年代

邓力群*

走出了书斋

一二·九运动时，我 20 岁，正在北平私立汇文中学（校址在崇文门内船板胡同，新中国成立后改名为北京市第二十六中）高三理科甲班读书，当时的名字叫邓声喈。汇文当时有学生约七八百人，其中有 300 来人是住校生，其余都是走读生。我是住校生，住在西楼的三层楼上。记得那时西楼是栋四层楼的楼房，“文革”前我去看时，不知为何成了两层楼的楼房了。一二·九当天，汇文中学有个别同学参加了游行，但没有组成一支游行队伍。我在事前一点消息也不知道。

大约在第二天上午，燕京大学的三四个学生到汇文来了。我们高三理科的学生正在地下室听张老师讲物理，就听学校的大钟“当当当、当当当”地响得很厉害，同时有人喊：“到体育馆开会！到体育馆开会！”于是各班同学就涌到体育馆去了。在体育馆，燕京大学的同学站在凳子上向大家发表演说：昨天 12

* 作者时任中华民族解放先锋队汇文分队长，北平学生联合会执行委员，民先总队东城区队长等职。

月 9 日，北大、清华和燕京大学的学生，还有其他大中学校的学生，已经上街游行，抗议日本帝国主义侵略的暴行，受到警察的迫害和镇压，希望得到同学们的支援。现在燕大和参加游行的学校已经罢课了，希望爱国的同学们参加到罢课的行列里来！他们每个人讲了几分钟，慷慨陈词，痛哭流涕。会场的情绪非常激昂。汇文有同学提出："我们也参加爱国运动，从今天起罢课。"同学们当即一致作出罢课的决议。大会通过表决，成立非常时期学生会，领导本校爱国救亡运动。被提名为非常时期学生会委员的，有高三文科的李长楫，有我，还有柯德声、曹正之等 3 个同学，一共 5 个人。为什么把我选为非常时期学生会委员呢？这是因为，一方面我的年级高，在高三理科甲班，功课也不错，受到老师和同学的重视；另一方面，从 1933 年以后，在我周围团结了若干进步的同学，形成一个没有名称、自愿参加、阅读革命书刊的小组。其中有钟国元、白树荣、罗邦英，另外还有几个人，我们常在一起议论国家大事。因此，在大会上，钟国元一提名，我就被大家选为汇文中学非常时期学生会的委员了。大会以后，我们非常时期学生会 5 个委员在一起开了个会，讨论分工和以后的工作，大家又推我为会长，李长楫为副会长。

汇文中学成立非常时期学生会以后，首先要组织自己的纠察队，维持罢课期间的秩序，防止国民党特务钻进学校搞破坏，防止他们侦察爱国积极分子的活动和逮捕学生，镇压学生运动。大家选举边燮朴（现名李文，任水电部办公厅主任）当纠察队长。他喜欢武术，周围有一批爱练武术的同学。纠察队基本上就由他们这些同学组成。他们的任务除把守大门外，也搞些交通联络等活动。

汇文大多数同学是走读生。罢课以后，走读生很少来校了。住校生住在西楼和北楼两个宿舍，大家天天聚在一起议论国事，书也读不下去了，情绪很热烈。

上大街游行

汇文从一二·九的第二天——12 月 10 日起罢课。过了一两天，由清华、北大、燕京各校参加学生运动的骨干组成的北平学联，就跟汇文非常时期学生会取得了联系，并秘密通知我们：为了抗议国民党当局逮捕和镇压学生，汇文要准备参加第二次大游行。我们按照这一通知，在学校进行了宣传鼓动工作。又过了一两天，学联正式通知说，定于12月16日举行第二次大规模游行。我们学生会的几个负责人和积极分子，分头做了组织发动和其他准备工作。

12月16日早饭后，在汇文二楼靠东边大教室开动员会，300多同学参加了。首先由我做动员报告，宣布学联通知的游行时间和目的，鼓动汇文同学一起担负起爱国救亡的责任，然后请大家讨论是否参加游行。我热泪盈眶地讲了约半小时。话音刚落，几个积极分子立即响应说："一定参加，我们到会的同学都参加。"洪朝生同学（现为中国科学院学部委员）是讲话人之一。几个人都讲得慷慨激昂、义愤填膺。会场上群情振奋，一致同意参加这次游行。会后大家聚集到楼下整队。整队的时候，北风呼啸，寒气逼人，但我们一个个热血沸腾，决心用自己的血肉之躯去挽救祖国的危亡。我们非常时期学生会的几个负责人，我、李长楫、柯德声、曹正之等排在队伍的最前头，4个人一排，臂挽着臂，高呼着口号，出校门由南沿城墙往西走。队伍走到慕贞女中墙外，大门紧闭。我们喊了一阵，希望他们罢课，也冲出校门和我们一道参加游行。但没有回响。我们继续前进，一路上高呼"打倒日本帝国主义！""打倒汉奸卖国贼！""反对成立冀察政务委员会！"等口号。压抑了很长时间的爱国热情，终于在街上爆发了。我们这支300来人的队伍，像一股铁流，奔腾向前。我们深深感到：团结就是力量。这不但使同学们热情奔放，热泪直流，而且引起了路上的市民、行人、商人的注目和同情。这一路上，还没有受到宪警的干涉。游行队伍预定在和平门外师范大学会合。我们的队伍出崇文门，经磁器口往西，过珠市口，往西再往北，到和平门大街路口上，被警察、宪兵及保安队100多人挡住了，不许过去。同学们异口同声地喊道："我们爱国，我们要抗日！""希望你们也抗日！""中国人不打中国人！"

警察没有动手。宪兵大部分是东北人，持中立态度，也没有动手。最坏的是保安队。他们身背步枪，手拿大刀，全副武装。队伍想冲过去，他们不让冲。相持了一段时间之后，我们一声呐喊："冲！"保安队就拔出大刀，用刀背砍手无寸铁的爱国学生。警察一看保安队动手，也跟着用皮带抽打我们，这一来就把我们的队伍打散了。保安队是宋哲元的部队，平常在街上看不见他们，有事才出来。他们没开枪。可能他们内部有命令，只用刀背砍。那时是冬天，我们穿着棉衣，但刀背砍也很痛。有的同学受了些轻伤。那天没有抓我们的人。队伍被打散了，一部分汇文同学就跑到了师大对面的师大男附中。

师大男附中本来关着大门，还在上课。我们一下子冲进去 100 多学生，师大男附中的同学们纷纷说："人家为了救国上街游行，都挨打受伤了，我们还有心思上课？"他们的课上不下去了。师大男附中的同学和汇文的同学一同到操场上开了个大会。我在会上讲了话。当时在师大男附中女生班念初中的王光美同志新中国成立后和我说，她还记得那天在操场上讲话的情景。

去学联开会

一两天后，学联秘密通知我，让汇文派人参加学联的会议，交流一二・一六游行情况，总结这次游行的经验教训。一天晚上天黑的时候，我到达燕京大学，有人引我去一个楼顶上不太高的阁楼。那里没有桌子，没有椅子，到会的人就坐在地板上。一个学校挨着一个学校，汇报那天游行队伍的组织、游行经过、受到镇压的情况等等，并总结这次示威游行成功的地方是什么，经验教训是什么。当时我提了一条意见，说只通知我们游行，没告诉路线，也没讲清楚最后到哪里汇合，上街以后又没人和我们联系等等。我讲这几句话的意思，就是说游行的人很多，但没有很好地组织，以致各校学生的力量没有能够更大规模地汇合起来，发挥更大的作用。当时学联接受了这条意见。

主持会的是女一中的郭明秋（后来她成为林枫同志的爱人）。她的身份是学联主席。开会的时候，她常常回过头去跟后面的人商量，再向大家讲。

后来才知道，在后边出主意的就是姚依林同志。当时还有黄敬，还有中国大学的董毓华。董后来在抗日战争中病逝。在这次会上，大家相互认识了。最后，郭明秋让大家回去把现有的力量组织好，巩固下来，然后继续做好宣传鼓动工作，争取更多的同学、更多的人参加到抗日救亡运动中来。

南下宣传团

1936 年 1 月初，学联通知，要求各校在罢课的同学中组织一部分人参加平津学生南下扩大宣传团，一部分人继续留在学校进行救亡活动。为什么要组织南下扩大宣传团呢？这是因为，知识分子单枪匹马地搞救亡运动是不够的，还必须把爱国救亡运动深入一步，推进到工农中去，和工农结合起来，这样才能使革命的队伍无比地壮大和发展。南下扩大宣传，就是革命知识青年深入华北农村，宣传抗日，发动群众，实行学生和农民的结合。汇文的同学经过动员，报名参加南下宣传团的有5人。这5个人中有我、钟国元、侯晓澜，另外两个同学的名字我忘记了。李长楫留在学校做救亡工作。名单报上去以后，学联让我们尽量向学校要点经费，除去自己吃，还要准备点宣传费。在这件事情上，应该说，汇文校长高凤山及学校主管经费的人还算开明，从学生会会费中支了 100 多元，让我们打了一个借条。这笔钱，给每个人买了一顶风帽，其余的大部分都捐赠给南下扩大宣传团团部了。

1 月初的一天，学联通知我们 5 个人去农业大学（现在的钓鱼台附近）集合，时间在黄昏。后来我们知道，南下扩大宣传团共分 4 个团，有 500 来名成员，他们大都是一二·九运动中的骨干和积极分子。但当时我们只知道北平有两个团（实际上有 3 个团），汇文几个同学编在第二团一个分队。这个分队有镜湖中学、汇文中学，还有女二中，一共十几个人。天黑了以后，我们就从农大出发，连夜行军，第一站到了一个地方，地名忘记了。后来继续前进，就到了永定河南岸的固安县。一、二团在这里会合了。本来想进城去。县长和县警察局得知学生来了的消息，把四门紧闭，不让进去。两个团只得在西城门外一个大车店里住下。一路上，我们忍冻受饿，十分疲倦，真想马上美美地睡它一天。但是，我们克服了疲倦和困意，一到这里就召开了一个群众大会，讲了宣传团的目的是什么，口号是什么，我们是办什么事的，等等。讲毕，擅长唱歌的同学就站在板凳上，挥手打拍子，教大家齐唱救亡歌曲：

工农兵学商，
一齐来救亡，
拿起我们的铁锤刀枪，
走出工厂田庄课堂，
到前线去吧！
走向民族解放的战场。

记得在这个会上，曾经发生过一起争论。学联提出，要打倒日本帝国主义；有人出来反对，提出要打倒一切帝国主义，理由是中国受许多帝国主义侵略，不止一个日本。于是就展开了讨论。会上参加讨论的同学，虽然水平有高有低，但大家感受最深的是日本帝国主义的侵略，而且又迫在眉睫，所以绝大多数爱国青年赞成前一个口号，反对后一个口号。后来才知道，主张打倒一切帝国主义，是受了托派的影响。

天津的南下扩大宣传团，也在固安跟北平的 3 个团会合了。我们在固安住了好几天。接着，四个宣传团改组为三个团，并决定 3 个团分为三路南下。我们这一路从固安出发往新城走。走到一个庄子，住在这庄子的小学校里。这时，北平保安队的两部大汽车，装着便衣警察，追赶上来，把这个团包围在小学校了。时间是在 1 月中旬某一天的下午 5 点左右。保安队命令学生集合起来，一个一个搜身，进行检查。搜出小刀、宣传品等全部没收。他们不让队伍再往前走，说第二天一早，要由他们押送回北平。大家非常气愤。保安队只守住学校大门，后边有个小门，没人看守，被团的领导、中国大学的董毓华和东北大学的同学发现了。半夜十一二点，我们悄悄地从后门出来，一个也没有被他们抓住。我们接着就向任丘行军。深更半夜，路又不熟，深一脚浅一脚，队伍就不整齐了。但是走到任丘，汇文几个人并没有走散。

参加民先队

一路行军、做工作，是对每一个青年学生的考验。团里有的人早已入党，就找党外的几个同学谈话。他们一个是孙敬文（新中国成立后曾任化工部长），一个是徐化一，前者是镜湖中学的，后者是成城中学的。他们在路上除去和我谈，还和钟国元谈，也和别人谈。谈话的主要内容就是加入组织。我直接提出，要求加入共产党或共青团。徐化一他们经过研究，让我们先参加民族武装自卫会。

汇文中学这 5 个人走到高碑店，有两个就害怕了，边哭边说，老是走，走到哪儿去？也找不到家了……这两个同学从高碑店回校了。

我和钟国元等 3 个人在去任丘的路上，又和孙敬文、徐化一、王雁秋（他是成城中学的，新中国成立后曾任供销合作总社副主任）等人走散了。到了任丘，找不到孙、徐等人了。我们汇文这几个人刚刚参加民族武装自卫会，找不到介绍人了，很着急。估计他们可能回北平了，我们就从任丘回到北平。回来以后才知道，他们没去任丘，而直接到了保定，其他人也陆续到了保定。一、二两个团在保定又重新汇合。在保定会师的会上，确定组织一个民族解放先锋队，以南下扩大宣传团的这批进步青年为骨干。会后，一致同意不往前走了，都回北平了。当时北平市委和北方局领导的意见，是让学联扩大自己的力量。

我们汇文几个同学回到北平不几天，徐化一等人就来找我们说："怎么找不到你们了？"我们说："我们就是回来找你们啊！"他们告诉我们：保定那个会上确定以南下扩大宣传团的成员为骨干，作为第一批民先队员，汇文几个参加南下扩大宣传团的成员，都可加入民先队，组成汇文民先分队。我们参加了民先队，我被选为分队长。开始发展了一两个民先队员，后来民先队员增加到十几个人。白树荣（现名白光弢，国务院参事室副主任）、罗邦英、余焕塘、钟国元、郭鸿志、李超（原名吕潮，曾任冶金部副部长）、小侯等都加入了民先队。汇文的民先队员最多时达到20来人。

学联的活动

学联本来以燕京大学为据点，进行活动。到了1月底2月初，学校还没开学，宋哲元在北平几个大学进行大逮捕，学联在燕京大学活动很是困难，就把办公的地点移到了汇文中学。这是因为汇文有进步学生和民先组织，组织比较严密，还有纠察队，比较安全。汇文又是教会学校，有美国人的背景，国民党在这里活动有顾虑，怕外国人说话。学联开始是在汇文西楼的地下室里面办公。姚依林每天来，黄敬隔一两天来一次。他们起草宣言、通知等，就由汇文同学帮助刻蜡版、印刷，然后由“交通”送出去。他们经常和其他学校的同学见面，进行秘密活动。搞了一段时间，姚依林和黄敬的工作调动了，又由黄华来主持学联的工作。黄华原名王汝梅，是燕京大学的学生。这中间发生了一个小小的曲折：有一天，姚依林他们在地下室活动时，来了一个不明身份的人，鬼鬼祟祟地在那里东张西望。估计可能被警察发现了，于是及时转移到了汇文的东楼地下室，又活动了一段时间。这时，姚已调去天津，黄敬也不做群众工作，专门去做党的工作了。这样，学联的工作就全落到了黄华的肩上。

汇文这时成为学联执委之一，由我代表参加。当时学联执委有燕京、清华、华北大学等。黄华主持学联工作时，正遇上宋哲元开始逮捕各校学生，汇文也慢慢引起了当局的注意。以后黄华主持学联开会，接头地点就不固定在汇文，而是打游击，一会儿在燕京，一会儿在华北大学，一会儿又在别的学校，没有一定的地点了。

我这时一方面在学联执委会工作，一方面做民先的工作，两方面都管着。这时北平市委指示：罢课不能无限期延续下去，这样会脱离学生，脱离家庭，孤立自己，要宣布停止罢课，复课。汇文复课后，就正式选举学生会，非常时期学生会已经完成了它的历史使命。重新选举学生会，还是把我选进学生会，当了会长。李长楫也被选进了学生会。

郭清追悼会

到了1936年2—3月，国民党当局公然下令解散学联，而且到处抓人，制造白色恐怖。进步分子不愿忍受，一定要反抗。黄华一接手学联的工作，就遇到这样一种局面：一方面是国民党的镇压、破坏；另一方面是我们这样一些初出茅庐的同志，热情很高，要同反动派拼，不愿忍受。每次开会我们就吵，要求游行。恰巧不久，1936年3月9日，被抓的十七中学生郭清惨死在国民党监狱里了。这件事在进步青年学生中引起极大愤怒，也引起了急躁情绪，要求反抗的呼声越来越高。黄华比我大两岁，特别市委彭真同志他们，有经验，认为不能硬冲，不能冒失。每次开会，黄都想要说服我们：工作要踏实点、忍耐点，力量再大点，不要硬拼。但每次都说服不了我们。一开会，我们几个人都怒火中烧，慷慨激昂大讲一通。我是一个，华北大学也有一个，当然另外还有一些人，但是以我和华北大学那个人最积极。郭清的事一出来，更忍不住了。我们实际上是把进步分子的情绪说成是群众的情绪，认为不但我们要反抗，一般学生都要反抗，只要一命令、一号召，一定有很多人跟上来。争了好多次，最后黄华被我们说服了，但是说要问问上面。后来上面也同意举行郭清追悼会和游行。

1936年3月31日在北大三院举行了郭清的追悼会。有几位教授也参加了，并且讲了话。汇文的民先队员，全市一千多民先队员和积极分子都到会了，但是一般群众参加的没有多少。追悼会上有人临时动议抬棺游行。大家都赞成，很容易就通过了。在北大三院东门，警察架着机关枪。我们从后边一个小门冲出去，一下子就到了南池子。往前走，有大批警察堵着，后边的警察也赶上来追，把这一千多人围得死死的，一下子抓了42个人。黄华同志被抓去了，汇文的罗邦英，参加这次活动的张申府教授，也都被抓去了。

后来，听说少奇同志来到北平，批评这次抬棺游行是冒险行为，是“左”倾盲动。由于这次盲动，一千多民先队员和积极分子几乎全部暴露，我们的工作受到了不应有的损失。这次事件对我是一次很深刻的教训，从这以后，我比较有耐心了，工作也比以前踏实了。

入团并转党

到2月底，我在汇文待不下去了。我住在西楼宿舍，四个人一屋。有一天，同屋同学告诉我：忽然来了一个人打听你，看样子不像是你的亲戚朋友，也不是一般学生的打扮。他们劝我换个地方。我就从汇文宿舍搬出来，到西城一个公寓，和徐化一住在一起。

我当民先分队长时间不长，东城区各分队组织民先区队部，总队部指定让我去当区队长。汇文的分队长由白树荣接替。我同徐化一住在一起时，进一步向徐提出加入共产党和共青团的要求。不久，经过上面的批准，在1936年2—3月间，我参加了共青团。我还从汇文民先队员中介绍白树荣、罗邦英、余焕塘、李超、钟国元等入团。开始我是汇文团支部的书记。我走了以后，由白树荣任书记。那时汇文共青团员多的时候有十几个人。1936年4月间，东城区委批准我由团转党，成为共产党员了。当时东城区委书记王大彤同志，还让我当了东城区委的干事，负责在民先队各分队物色一批人参加共青团，组织基层团支部。在革命和反革命的剧烈搏斗中，我的思想觉悟和组织能力有了提高。1936年8月，我考入北京大学法学院经济系。当时法学院院长是周炳琳，经济系主任是赵迺搏。但是，我作为一个党员，党交给我的任务是我最重要的任务，我已经没有多少时间可以安静地坐下来读书了。1937年4月，党组织同意我离开古都北平，去革命圣地延安学习，开始了崭新的生活。

一二·九运动回忆片断

雷洁琼*

我在1931年9月到燕京大学任教，不久，九一八事变发生，日本帝国主义开始向东北大举进攻。由于国民党蒋介石对日本侵略者采取不抵抗的卖国投降政策，东北三省——祖国一百多万平方公里的大好河山被断送了。日本侵略者步步进逼。整个华北又陷于国亡无日的危机中。祖国危急！正是在这样的形势下，划时代的一二·九运动爆发了！

1935年，北平教育界和文化界人士联合起来，组织了华北各界抗日救国会，展开抗日救国活动，参加的有马叙伦、许德珩、杨秀峰、黄松龄、徐冰、齐燕铭、涂长望、严景耀等进步人士。当时，我和严景耀同在燕大社会学系任教（这时我们还未结婚），由于教学工作关系，我们接触频繁。他经常向我宣讲抗日救亡，反对法西斯主义的道理。他的进步思想对我启发很大，影响极深。当时他和燕大进步同学也有着密切的联系。在一二·九运动前夕，进步同学将游行示威的决定告诉他。景耀又及时转告了我。

12月9日这一天，古城严寒，北风呼号。黎明，燕大校园沸腾起来了。爱国青年500余人的游行队伍，浩浩荡荡出发了。我出于朴素的爱国之情和

---

* 作者时任教于燕京大学社会学系。

对日本侵华的义愤，毅然参加了游行。反动当局早已得知学生要请愿游行的消息。我们的队伍刚走出校门不远，便遇到前来阻拦的大批警察。我们向领队的警察晓以大义，高呼："中国人不打中国人！"一路上广大爱国青年学生，以勇敢、团结、战斗的精神，冲破了沿途反动军警的阻挠，到达西直门。这时城门已经关闭，城墙上布满了荷枪实弹的军警。学生代表和军警几经交涉，均未成功。爱国的青年激愤了，他们含着热泪高喊："中国人的城门，已不许中国人进了！"并立即在城门前召开群众大会。"打倒日本帝国主义！""中国人民团结起来！""日本帝国主义滚出中国去！"愤怒的口号声响彻云霄。学生们在严寒朔风中坚持宣传达数小时之久。约在上午11时半，我见学生们滴水未进，便匆匆返回学校，通知学校当局给学生们送饭。我和燕大美籍进步教授夏仁德乘坐学校大卡车，把馒头等食物送到西直门，分给学生们吃。有些学生却气得不想吃。我们还劝说一些身体不好的同学乘车返校，但绝大多数同学不肯上车。坚持至傍晚时分，参加游行的各校同学始愤愤返校。大家认为我们的队伍虽未能进城，但也伸张了抗日的正气。大家表示："一定要以声势更大的示威行动，来回答反动统治者。"

经过一二·九的英勇斗争，爱国学生的斗志更坚强了。各校纷纷成立了抗日救国会等组织，开展抗日救亡工作。12月16日是宋哲元"冀察政务委员会"粉墨登场的日子，北平各大中学校爱国学生又举行了第二次声势浩大的示威游行。这次燕大、清华吸取了一二·九游行示威被阻在城外的教训，分别派先遣队伍在15日晚就进了城。社会学系爱国青年王龙宝（倪冰）、赵志萱、靳淑娟和新闻学系龚维航（龚澎），以豪迈的气概报名参加了"敢死队"。"敢死队"将走在游行队伍的最前列，准备首当其冲地抵抗反动当局的一切阻挠和迫害。由燕大、清华等校组成的城外大队，于12月16日黎明出发了，我也参加了这次游行队伍。大队先奔向西直门，城门仍紧闭着。队伍转向阜成门，又被阻拦于城外。队伍再奔西便门南面过火车的铁门，但仍遭阻拦。这时二千余名学生怒火中烧，下定决心，用自己的血肉躯体冲破铁门，千百双臂膀紧紧地挽在一起，组成一股钢铁般的巨大力量。在"一、二、三、冲呀"的呼喊声中，千百人一齐向铁门冲去。铁门被撞开了一道缝隙。这时城墙上的军警慌乱了，他们向学生扔石头，并向空中鸣枪威胁。学生们不畏强暴，用石块进行反击，铁门终于被撞开了。在一片欢呼声中，学生们蜂拥而进。国民党反动派对示威游行的爱国学生进行了血腥的镇压，不少人在他们的大刀、水龙、皮鞭下受伤、被捕。一二·一六全市爱国学生的示威游行，千百万群众的英勇斗争，有力地打击了反动派的卖国投降活动，迫使他们不得不宣布“冀察政务委员会”延期成立。

一二·九、一二·一六游行以后，为了把已经发展起来的学生运动引向深入，党及时指出：青年学生必须到工农群众中去，走与工农相结合的道路。平津学联立即响应党的号召，组成了平津学生南下扩大宣传团。燕大学生编为第三团第二大队，有 50 余人自愿报名参加。大队长原为王汝梅（黄华），不久，王调指挥部，改由陈翰伯担任。1936 年 1 月正值天寒地冻，南下扩大宣传团出发了。

南下宣传团出发后，燕京大学教务长陆志韦召集赵紫宸、刘廷芳、洪煨莲等教授在燕东园开了一整天会。当时学校谣传清华大学发现一纸条，上面写着“共产党将在固安暴动”。学校当局担心学生的安全，会议决定一方面通知学生家长，一方面由学校派人通知南下学生队伍。当晚学校当局派我和英籍教授毕文以及注册课韩景濂 3 人前往寻找学生队伍，并指示我们：要把这个消息通知学生，至于学生是否返校，由他们自己决定。

当晚我们冒雪起程，乘平汉铁路慢车南下。每到一站我们都下车探询学生队伍是否来到此地。到琉璃河时，有人告知我们有学生队伍到这里，住在一所小学里。这时已是深夜两三点钟。我们在车站附近的小店住了一夜，次日早晨我们找到这个小学校，在这里住的正好是燕大的学生队伍。我们对王汝梅说明了来意，他激动地说：“学校当局是否想解散我们的队伍？”我们说明了学校当局的意见。大家都表示不返校。只有一个姓魏的女同学因脚受伤，随我们回了北平。

一二·九、一二·一六后，白色恐怖日益加剧，许多爱国学生被捕入狱。1936 年 3 月 9 日河北第十七中学学生郭清惨死在狱中。这位坚强的 18 岁青年受到多次严刑拷打，但是反动派没有从他口中问出一个字。他临死时说：“我是中国人，我要救中国！”

郭清惨死狱中的消息传出后，激起北平学生极大的义愤。他们要求学联立即采取紧急行动，回答国民党反动派的残酷镇压。学联决定于 3 月 31 日在北大三院举行追悼大会，会后抬棺游行。事后有同学告诉我们，游行队伍行至长安街时，反动军警便拦住去路，向队伍横冲直撞，队伍被打乱了，许多人被捕。学生队伍被军警追赶到帅府园附近时，燕大男生均跳墙逃脱，女生则多被捕。被捕学生被关押在陆军监狱，其中有社会学系学生麦佳曾。后来有一女学生在狱中患病，陆军监狱通知了学校，燕大女生部指派我和校医纳丁前往探望。同学们在狱中仍坚持斗争，他们高唱救亡歌曲，互相鼓舞斗志。我们把那个患病的女生保释出来。以后经过学联多方营救，其他被捕同学也陆续出狱了。

三·三一游行后，白色恐怖更加厉害，抗日救国活动难以开展。华北各界抗日救国会在城内无法找到开会的地方，经景耀的安排，几次借燕大进步外籍教授夏仁德家中集会。1936 年暑假期间，北平国民党当局施展各种手法迫使各校进步教授离校。北大校长动员马叙伦去南方休息，给他一年假期。燕大社会学系一教授（当时为国民党编《人物》杂志）多次劝景耀早日离开北平，他说：“你在燕大已无前途。”景耀被迫离北平去上海。清华大学教授涂长望也被排挤离去。但北平文教界仍坚持抗日救国活动。1936 年 10 月文教界发表了《平津文化界对时局的宣言》，宣传抗日救亡，反对华北沦为第二个“满洲国”，在宣言上签名的有 104 人。这个宣言对当时抗日救亡运动的开展产生极大的影响。

1937 年卢沟桥事变后，燕大以及全国各地的进步青年大批涌向解放区。他们在党的领导下走与工农群众相结合、与革命武装相结合的道路。一二·九运动为我国学生运动史谱写了光辉的篇章。

（叶度整理）

女二中学生在如火如荼的斗争中

聂元素*

（一）

1935 年 12 月 8 日是星期日，我到弟弟那儿玩，听说 9 日全市各校同学将有一次大规模抗日爱国活动。这个消息黄素心也从校外得知了。于是，我们女二中在北平大中学生联合会的代表黄素心、杨锐先和我，立即商量决定，发动全校同学参加这次行动。

9 日清晨，我们趁各班聚会进行国民党“纪念周”日的机会，发动全校同学到学校大礼堂去听黄素心、杨锐先和各班积极分子的讲演。同学们越听越激愤。“打倒日本帝国主义！”“誓死不作亡国奴！”同学们一边喊口号，一边往外冲。我们随即将队伍整好，四人一排，由高三同学刘宗华带队，拉到了前院广场。这时学校被反动警察包围了。大门紧锁，军警内外把守，连外校住宿的走读生也不放走一个。事先说好来接我们的中国大学的游行队伍，直到中午也不见来。同学们被校当局押回教室去听校长训话。大家一腔怒火，更加痛恨宋哲元和学校当局。

---

* 作者时为北平大中学生联合会代表。

游行的口号声由远而近，又由近到远，我实在忍无可忍，就在校长训话时，偷偷溜出教室，从后院操场的假山旁，越过二丈高的围墙，跳到西铁匠胡同，然后一拐就到了手帕胡同。大街上，都是全副武装的警察。我只好横过大街，进入绒线胡同，再往东走，出了六部口，就是西长安街。在这儿我追上了大学生的游行队伍。队伍前面打着东北大学等校的旗子。队伍里女同学不太多，我就夹在男大学生的行列中。我个子小，一夜未合眼，又两顿未吃饭，一点力气也没有。当时，有两个男同学架着我走，其中一个叫杨润清。

我们在新华门前高呼口号。后来有两个大学生代表讲话，要求宋哲元出来答复问题。宋未露面。又有两个同学演讲，并带头呼口号："宋哲元出来！"这时一队全副武装的警察冲上来了，同时还来了摩托车队。前边警察开始用军棍打人了，我们的队伍边喊"打倒卖国贼！""誓死保卫华北！""反对华北自治！"边向天安门走去。途中我们和从南池子走来的以北大同学为首的队伍相遇，合在一起，声势更加壮大，情绪更为高涨。前面扛旗的同学，又与警察冲突了，警察不但用军棍、枪托打学生，而且还拿起水龙向我们的队伍猛烈喷射。男同学们英勇地上去夺水龙。在这场争夺战中，同学们的衣服冻结成"冰甲"，走都走不动，女同学的长头发冻成了"冰棍"，一条条挂在眼前。在王府井大街南口我们的队伍被打散了，后来我们又在前门集合起来。当我们的队伍在前门再次冲锋时，警察终于鸣枪了。随着枪声，警察、摩托车队又向同学们凶猛扑来，军棍、枪托、大刀挥舞了约半个小时。我们的队伍被冲乱，不少同学跑进马路两旁的商号、铺子里。我也在这阵混乱中，钻进路西一个烧饼铺。店掌柜的老太太马上把我引进后院她的住房里，给我端来了一碗滚热的豆浆和两个芝麻烧饼，强让我吃了，并替我包扎了被打破流血的手，又出去观察两次，才放我走。

后来，我直接到了北平文总负责人刘砚三那里，并在他那里遇见了我弟弟和艾思昔，他俩都是北平念一中学的学生。他们也是参加游行在前门被打散的。第二天，我见到杨锐先，才知道她们都未能参加昨天的游行。我校学生也都未能出校游行。

(二)

11日，我和杨锐先、黄素心、毛德贞等分头去找学联，黄素心去找黄诚、吴承明等同学；我去找朱子真等领导人。老朱淡淡地对我说，游行准备不足，缺乏经验，“失败是成功之母”，一笑了之。后来我才知道，当时他对游行之事不太赞成。

一二·九游行示威后，我们都想非再来一次不可。北平学联研究决定16日再来一次规模更大的游行示威，并发动市民工商各界群众，在天桥开万人大会，还要通电全国。听了这个决定，我们都高兴极了。游行的前几天，我们就召集学校的同学们做好迎接示威游行的准备工作。我们除准备宣传品、小旗子、大旗、布旗外，连监视学校当局及反动走狗的同学都指定了，还把剪电话线（以防学校当局通过电话向政府搬兵来镇压）的任务分配给高三同学孔真去做。

(三)

一二·一六这一天，未到早8点，我们便自己撞了钟，同学们提前集合在大礼堂里，又是由黄素心同学首先登台讲话，她讲到今天我们要整队游行示威，反对国民党卖国贼出卖华北！话未讲完，“大炮手”高三同学刘宗华跳上讲台，发表了激动人心的演讲。许多中间同学都被感动了，低年级的小同学更感动得痛哭流涕！全体同学几乎都被动员起来了。同学们手挽着手、肩并着肩，四人一排，整装待发。这时女二中校长阮淑贞的丈夫（国民党复兴社头子，群众叫他老法，即法西斯分子）突然亲自出马，和学校反动当局一起带着荷枪实弹的警察，闯到礼堂。我们众人用力顶着礼堂大门不让他们进来。后来警察从窗户跳进来，挥舞警棍，将同学们赶出去，同学们和警察厮打了半天，一直打到前院大门口内。连训育主任夏联芳也被打伤了一条胳膊。大门死死地关着，并上了大铁锁。这时，杨锐先、我和毛德贞暗地商量：要分头出去！我们逐个溜到操场，登上假山越墙而跑，绕过围墙，从南边小胡同到了石驸马大街（即北平师范大学文学院那条街）东口，加入了宣武门内的游行队伍。我们想出宣武门去参加天桥的北平市各界抗日救国万人大会。跑到宣武门内时，愤怒的爱国群众将街道挤得水泄不通。警察、宪兵、摩托车队正气势汹汹，准备镇压示威的爱国学生。这时城里的群众要出去，城外的同学要返校，大家都要求开城门。为了打开城门，清华大学一女生从城门底下钻了过去。军警见有机可寻，便挥舞起大刀、钢枪，向赤手空拳的爱国群众冲杀过来。许多男女青年被打倒在地。我从人堆里、人身上跳过，跑进了马路西边的一个胡同里，这时，我也昏倒在地。

当我醒来时，发现我已经躺在协和医院的手术室里，我这才知道自己受了重伤。后来，我听到来协和医院看我的王子德同学讲，我是在头发胡同东口受伤的。后来天天有许多大、中学校的同学和学联的同志到医院来看我。黄敬同志也来看过我。仅几天时间，从上海、南京、济南、开封等全国各地来的慰问信、慰问电，就堆满了一床。上海、天津等地的进步学生、教师代表还来慰问过我，董毓华、黄诚、王子德等同学差不多每天轮流来看我。我在这里一个人住了半个多月，实在感到寂寞，我按捺不住急切出去的心情，天天要求出院。大夫们都不让我出院，我急得直哭。后来王子德和董毓华碰巧一块儿来看我，我又向他们要求出院。他俩没办法了，就说："要不你去和毛德贞、翁燕娟一块养病吧。"我答应了，第二天我就转到北平医学院附属医院，同毛德贞、翁燕娟、刘宝华等同学会面了。

在往北医转院时，我没有一件衣服穿。我的大衣和旗袍、外罩都被宋哲元的大刀队砍破了，学联开血衣展览会时统统给拿走了。我只好穿着医院的病人衣服转院了。医院和大夫对爱国运动都很支持，不仅不收住院费、医疗费，还送给我被子和衣服。1979年我在首都医院看病时，一个大夫拿着我的病历老看，我等得不耐烦了，请他快看病。他笑了，说："我在看您一二·九时受伤的病历。"他给我念了一段："……在反日侵华游行时，一位中国的北平的女学生被中国军警用刀砍伤，脑受重伤，晕倒在地……"这些都是外国大夫用英文写的。

（四）

1936 年 4 月，国民党当局向爱国学生进行疯狂反扑。他们不但在清华等大学里逮捕爱国学生，而且在全市各中学大肆逮捕爱国学生。我们女二中被捕的有黄素心、王芹和我。

开始我们被关在北平市公安局女监房。我们住的监房，据说还是什么“优待室”，可是炕上没有被子，连一根草也不给铺。4 月的天气乍暖还寒，我们穿得都很单薄，所受的罪便可想而知了。

入狱不久，敌人就提审了我们。他们恶狠狠地问：“你们还爱国不爱国了？”回答很干脆：“我们就要爱国！你们想治罪就治罪吧！”爱国不犯哪条罪！他们又抓不到别的什么证据，没法子治我们的罪，就把黄素心定为“共党嫌疑分子”，把我定为“活动分子”。我故意气他们，说：“什么叫活动分子？不活动不就死了！”

王芹是王之相的侄女，王老先生是法律界的名人，没过多久，他就把王芹保出去了。

后来我和黄素心被转押到铁狮子胡同绥靖公署军法处的女监。女附中的杨锡钧同学也被捕和我们关在一起。在狱中，我们相互鼓励、慰勉、帮助。监狱生活使大家变得更加坚强。不久，杨家来人把杨锡钧保了出去。又只剩下我和黄素心了。我们就想法子和敌人斗。我教黄素心假装得了盲肠炎，以争取保外就医。她按我说的法子装肚子疼。这样一来，目的还真达到了。黄素心出狱后，我家来人看望我。我悄悄告诉她们：“敌人没掌握什么真凭实据，赶快活动，保我出去。”为了掩护地下工作，我曾认过一个干娘，她是旧军阀龙雨生的姨太太。龙和宋哲元是拜把兄弟。我家里人就去求她，她马上给宋打电话，把宋骂了一通，让他立即放人。很快，我也被龙老太太保了出来。从那以后，我就离开了女二中。党组织即分配我去搞秘密工作。

回忆一二·九天津学生运动片断

于瑞英*

1935年我在天津河北女师读书，当时日本侵略者继侵占东三省后，又向华北节节进犯。国难当头，我们这些热血青年非常悲愤和苦闷。长夜漫漫何时旦，中华还能得救吗？希望在哪里？

12月9日，北平学生发动了游行示威，北平当局出动军警镇压，学生死伤惨重。火山爆发了，中华民族没有死，学生们的血是不会白流的！接着，天津学生在12月18日也举行了游行示威。在游行中，口号声此伏彼起，“反对华北自治！”“反对内战，一致抗日！”“支持北平学生的爱国行动！”“打倒日本帝国主义！”吼声雄壮有力，喊出了压抑在我们胸中的悲愤。这次游行，吹响了战斗的号角，把我们这一代青年学生引向了革命的道路。

为了扩大一二·九运动的影响，继续深入群众进行抗日救亡宣传，天津学联曾组织同学们到农村去办“义教”和慰问二十九军。这些活动我都参加了，有些情景至今还印在脑海中，现回忆如下：

---

* 作者时系河北省立女子师范学院学生。

一、姜井“义教”的回忆

1935年，我的父亲死了。当时我家人口较多，哥哥患有肺结核，还有三个弟弟，一个妹妹。母亲拉扯着这么多的孩子，生活更加困难了。暑假快到了，我想在假期中找个家馆教书，挣点钱补助家用。而市学联却号召学生在假期中深入到工农中办“义教”，宣传抗日主张，组织救亡团体。是教家馆，还是参加“义教”呢？我反复琢磨起来。在此国家垂亡关头，作为一个爱国青年怎能不全力以赴参加救亡活动呢！国亡家亦不保。最后我决定放弃家庭利益去参加“义教”。可是又怎么对母亲讲呢？一个姑娘家，一夜不回家都成了大事，何况整个暑假都要在外边住呢！母亲肯定是不同意的。没有办法，只有对母亲说谎，说是住在学校里补习功课，母亲就同意了。

市学联通知我到位于津西20多里的姜井办“义教”。我是在城市长大的，农村是什么样子，农民如何生活，如何种地，我一概不知，只知道农村很苦，但这我不怕。7月初我和同伴们先后都到达了目的地。在姜井办“义教”的一共5个人。3个男同学：汇文中学的马毓臻、张文展，觉民中学杨希林；两个女同学：中西女中杨若余和我。我们以前彼此都不认识，短短几天的共同生活，就把我们联在一个小集体中了。我们推选马做校长，杨希林负责采买和生活，杨若余担任会计（因为她父亲在同事中捐了25元钱，作为我们的生活费）。

进村以后，农民们都用好奇和友善的目光打量着我们。后来，有的孩子帮着我们收拾住处、教室，有的大娘大嫂借给我们生活用具。我们办学的校址就在村里的小学校，决定办两个班，白天为孩子们补习文化课，晚上为成年人讲课。我们一边进行紧张的开课准备工作，一边在村里张贴标语，挨家挨户做动员工作。经过三天的筹备，大致就绪，但我们又担心学生是否能来呢。开学的那天，吃过早饭，孩子们陆续地来了，共有20多人。开始上课了，我们宣布课程主要是唱歌，讲故事，并结合识字。这个小学校还有一架风琴，我们也利用起来了。我们教了《五月的鲜花》等救亡歌曲，讲了《最后的一课》等故事。上过学的孩子觉得这个学校比以前上的学校吸引人，没有上过学的孩子也很感兴趣。虽然他们不能完全领会讲的全部内容，但他们懂得了要抗日，不当亡国奴。学生慢慢地多起来了，40 多个座位都坐满了，后面还有站着的。晚上给成年人讲课，我们抓住他们接触的事情，宣传抗日。例如，我们讲鬼子低价买我们的棉花，高价卖给我们布匹，还走私不交税，这就是喝我们的血，吃我们的肉，而宋哲元却把日本特务土肥原推荐的已入日本籍的陈觉生任命为北宁路的局长，以保护日货的走私。我们还讲了海河浮尸和天津“便衣队”暴乱事件等。老大爷们听了，都气愤地说：小日本太欺负我们了。

20 多天过去了，我们的宣传工作顺利地开展起来了，抗日思想在群众中广泛生根开花。我们和农民们的关系也比较亲近了，特别是有几个较大的孩子和青年，已经成为抗日宣传工作的骨干力量。

我们生活在农民中间，思想也在变化着。我们两个女同学住在牲口棚旁边喂牲口人住的小土屋里，牲口的臊味薰得头疼，而且老鼠到处窜，蚊子嗡嗡飞，跳蚤满炕蹦，咬得我们身上大包套小包，甚至发炎溃烂。开始，我们一夜一夜地睡不着觉，后来因为白天晚上讲课太累了，虽然咬得厉害，但我们一躺下就睡着了。我们喝的水是从与做豆纸池子相连的水泡子里打来的，水色发绿而且有味，喝起来就要吐，不过慢慢地也习惯了。吃的是棒子面贴饽饽，不是煳就是生，菜也只有腌黄瓜。有一次杨若余病了，发烧到 40 度，村子里没有卖药的，也没有诊所。我们劝她回天津，她坚决不肯。坚持了二、三天，病仍不好。村子里有一个同情抗日的绅士，把她接到青砖大瓦房的家中，睡在挂帐子的铜床上，请了中医看病吃药，病情才好转。生活虽然是这样艰苦，而我们却觉得非常有意义，感到十分愉快。

过去我只有民族意识，要抗日救国，反对蒋介石打内战，而对劳苦大众的苦难生活，则没有亲身的体验。这次到了农村，亲眼看到了农民生活在水深火热之中，深深感到只打倒日本帝国主义还不够，一定要推翻这个黑暗的社会制度，在思想觉悟上有了新的飞跃。在晚上乘凉时，杨希林经常和我讲起红军打土豪分田地，农民翻身得解放以及红军长征到陕北的事，启发我的觉悟。有一天他问我愿意参加共产党吗？当时我很不安和紧张，一时没有表示肯定态度，主要是我过多地考虑家庭生活困苦的问题，共产党我是拥护的，但我在师范学校再有一年就毕业了，可以挣钱养家了。一天晚上，杨又和我谈起来。他说，我们都顾小家，那我们国家还能得救吗？中国人民还能得解放吗？是啊，我不能被家庭拖住，于是我就同意入党了。从此，我觉得自己长大了，肩上的担子重了，目光也远大了，我想到了中国的未来……在这次“义教”工作中，我们在农村传播了抗日救亡的种子，也在斗争中改造了自己。我来时还是一个幼稚的青年，回去时已经成长为一名共产主义战士了。

二、慰问二十九军

1936年冬，天津学联组织各校学生去慰问二十九军。我们这个小分队一共20多人去杨村二十九军驻地。到达目的地以后向驻军说明我们的来意，然后就有人把我们分头领到营房，一片真挚而热情的掌声，把我们和士兵的心连在一起了。营房是一间30平方米左右的屋子，两边靠墙搭的板铺住一个排，约有30多人，被子叠得还比较整齐。一个同学宣读了慰问信，主要内容是：二十九军英勇抗战，在古北口、喜峰口大显威风，又收复了百灵庙，挥动大刀，杀得敌人胆战心惊。你们又在丰台事件中教训了敌人，叫敌人知道中国人不是好欺负的。你们的热血生命创造的伟大业绩向全世界宣布：中华民族是有骨气的，中华民族一定能胜利！希望士兵兄弟们发挥过去英勇杀敌精神，坚持抗战到底。我们学生誓做你们的后盾，让我们携起手来，为打倒日本帝国主义而斗争！

宣读慰问信后组织座谈。开始时沉闷了几分钟，我们担心是否他们不愿说呢，忽然一声“报告”，一个30多岁的敦厚憨直的士兵开腔了。他的发言实际上是愤怒地控诉：“我活了这么大，已经打了七八年的仗了，今天打这个，明天打那个，打来打去到头来也不知是为了什么。我们当兵的不管打胜了还是打败了都是苦恼，因为打死的都是自己的同胞。后来冯先生（冯玉祥）把我们调到察北抗日，不几天就收复了大片土地，真痛快呀！弟兄们都拼死地往前冲。正在我们乘胜前进时，中央下命令不叫我们打了，真把人的肺都气炸了。东北沦亡，华北又垂危，我们当兵的不能保家卫国，百姓养活我们这些人干什么！”又一个像有点文化的青年士兵说：“把我们调到北平，大家都以为打日本呢，个个精神抖擞，摩拳擦掌，只等一声令下大干一场。可是我们高级长官训话老是那一套‘你们要镇静呀’‘我们决不做无谓的牺牲呀’‘打日本自有上边的决策呀’等等，弟兄们的心被他们训得凉了大半截，但总还是盼着接到出发的命令。谁知一天下午，叫特务队和手枪连都换上便衣进北京城去了，想也想不到叫我们专打学生，我们怎能忍心，怎能下毒手打学生呢！”又有一个老兵站起来说：“我是东北人，我一家老小都在关外，不知他们现在还活着吗？什么时候能打败日本和他们团聚啊！”说着就大哭起来，营房里一片悲愤的气氛。有的擦泪，有的抽泣，有的皱着眉头长叹气，有的瞪着眼睛紧握拳。这时，有一个同学领着大家唱起《打回老家去》。座谈会结束，我们和大家告别了。排长跟着我们，小声说：“他们要下命令把我们往南撤，他妈的到那时我就不干了，回家拉一支抗日队伍和鬼子拼！”我们紧紧地握住他的手，虽然没有言语表达，但从相互的目光中反映出来我们是心心相印的。离开村子时，我们听到营房中传来的歌声，如惊雷振荡着黑暗的中国，如洪水冲决着千年的溃堤。我们每个人都看到，中华民族的希望就在工人、农民、士兵的身上。

绥远抗战

绥远抗战始末

孙兰峰　董其武*

绥远抗战发生于1936年，它包括两个组成部分，按发生的时间顺序，一是红格尔图战役，当时习惯上也称为绥东抗战；二是百灵庙战役，其尾声是收复大庙子。那时，傅作义先生和我们都是40岁左右的人。我们只有一个朴素的爱国思想，就是中国决不能忍受外国的欺侮、侵略，作为军人，更有守土卫国的责任。我们的口号是："宁为战死鬼，不做亡国奴。"

现将我们亲身参加绥远抗战的经历整理如下。

红格尔图战役

（一）日伪军侵犯绥东计划与我军部署

1936年11月5日，日本侵略者在嘉卜寺召开侵绥军事会议。会议由日

---

* 作者孙兰峰时任第三十五军第七十三师第二一一旅旅长，董其武时任第七十三师第二一八旅旅长。

本关东军派遣的特务机关长田中隆吉主持，参加人员有：蒙奸德穆楚克栋鲁普，蒙奸李守信，匪首王英以及卓古海、张海鹏等。共开 3 天，于 11 月 7 日闭幕。会议决定以王英、李守信两部为主力进犯绥远。王部由商都进犯陶林红格尔图，兵站及后援部队设商都及嘉卜寺；李部由张北以西之南壕堑、大青沟，直犯兴和，兵站及后援部队设张北。得手后，再以李守信率伪蒙古军第一军由兴和出动，以德穆楚克栋鲁普的伪蒙第二军由绥北土木尔台出动，以穆克登宝伪蒙古骑兵第七师由百灵庙出动，分路进犯归绥。会后关东军派出飞机多架集结于张北及商都机场，每天飞到我绥东及武川一带，进行侦察活动。敌伪总兵力号称 4 万。

傅主席侦得上述情况后，决心奋起抗击侵略者。他对各界人士发表谈话，大意如下：蒙奸德穆楚克栋鲁普和李守信，匪首王英等，既已决心背叛祖国，甘心出卖国家民族，认贼作父，在日本帝国主义者的指挥下，妄图进犯我绥蒙边疆，我们自应不计任何牺牲，坚决进行反击。我们一定要坚毅、沉着地积极做好一切准备，为完成抗战救国的艰巨任务而奋斗。

1936 年 11 月 8 日晚，傅主席在总部会议室召开营长以上军官秘密军事会议，商讨抗战对策。确定绥东红格尔图方面的作战，由第二一八旅旅长董其武负责，进击绥北之敌的任务，由第二一一旅旅长孙兰峰负责①。傅主席指示说：绥远为西北数省的门户，保卫绥远，就是保卫西北，关系非常重大。大家的精神很好，但只凭血气之勇，还不能战胜敌人，必须讲求策略和很好地运用战术，才能克敌制胜。要出奇兵，必须行动迅速，严守秘密。战士们要配备开道用的工具，扫除路上的积雪，要携带防空用的白布，利用雪地伪装，使敌机不能发现我军。傅主席最后要求大家激励全体官兵，全力以赴，只能打胜，不能打败。

---

① 据其他材料所记，红格尔图作战时前线总指挥为彭毓斌，董其武为副总指挥，百灵庙作战时前线总指挥为孙长胜，孙兰峰为副总指挥。

（二）保卫红格尔图之战

11 月 12 日，日本侵略者命令王英为前敌总指挥，率领石玉山、杨守诚两个骑兵旅及金甲三步兵旅和炮兵两个连等部，向我红格尔图进犯。日军指挥官和王英司令部设在土城子村。日军飞机 3 架轰炸我红格尔图守军阵地，掩护伪军进攻。

红格尔图是一个不大的村镇，但具有重要军事价值，是由察哈尔省西部商都县进入绥远的必经之路。防守红格尔图的我军，又有第二一八旅第四三六团第三营一个步兵连，骑兵团第二团两个骑兵连，另有当地自卫队百余名、由第四三六团团附张著负责指挥。13 日夜，敌伪先头部队同我守军发生前哨战斗，被我军击退。14 日上午 8 时，日伪军千余名，在日飞机大炮掩护下，向我军猛烈进犯。我守军奋勇抵抗，战至下午 5 时，将敌击退。15 日晨 6 时，日特务机关长田中隆吉亲自指挥李守信的伪骑兵第二师尹宝山部，王英的石玉山、杨守诚两骑兵旅及金甲三步兵旅共五千余兵力，在野炮、装甲车、飞机掩护下，向我红格尔图守军阵地轮番轰炸，猛烈攻击，先后冲锋达 7 次之多，战至午后 6 时，又被我军击退。是日我守军英勇抗击，军民戮力同心，战斗情绪极为高涨。父老兄弟帮助守军修工事，抬伤兵，运子弹，送水送饭，激励士气。15 日晚，我骑兵第二团团长张培勋亲率骑兵两连，星夜驰往增援，守军士气更为昂扬。16、17、18 日，日伪军连续猛攻，均未得逞。我军阵地坚固，官兵抱着誓与阵地共存亡之决心，个个英勇奋发，越战越强，不时跳出战壕，同敌拼杀。敌军死者遗尸遍地，生者狼狈逃窜。

（三）夜袭敌军指挥部

当战斗激烈进行时，傅主席亲往集宁前线指挥了解战况，令董其武亲率所部，出敌不意，抄袭敌穴。为保守秘密，董其武采取迅雷不及掩耳般地快速运兵，密令汽车队开赴卓资山、集宁两地待命，同时令第二一八旅李作栋团，第二一一旅孙兰峰部驻旗下营的王雷震团，第六十八师李服膺部的李钟颐团，赵承绥部骑兵第一师彭毓斌部的周团，炮兵第二十五团的杨茂材营，分别由卓资山、集宁两地，星夜乘汽车秘密开往红格尔图西之丹岱沟一带集结，并限于11月18日夜12时前到达。当夜12时，董其武在十二苏木（红格尔图南）召开部队长秘密会议，下达攻击作战命令：令王雷震、李作栋两步兵团，各配属炮兵一连，由董亲自指挥，于19日晨2时，分别向红格尔图东北之打拉村、土城子（王英和日指挥官田中隆吉驻地）、七股地、二台子一带之日伪军进行包围袭击；令骑兵周团秘密迂回于打拉村、土城子以东地区，截击溃退和增援之敌，并担任追击任务；其余为预备队随指挥部前进。各部队长立即传达部署，按时开始行动。向打拉村、土城子等地之敌猛烈突击。敌以事出不意，仓促应战。激战至拂晓，敌不支，狼狈向西北方向溃退，从土城子冲出7辆汽车，拼死仓皇东遁。事后得知，日军指挥官田中隆吉及匪首王英均在车中，可惜未能截住。

当我援军勇猛冲击打拉村、土城子之敌时，我红格尔图守军也乘势出击，给敌以沉痛打击。至19日上午7时，敌全线溃退。我步骑兵追至察境的统领地，即停止追击。

红格尔图战役自11月13日开始至19日结束，战斗7昼夜，打退了日伪军的进攻，摧毁了田中隆吉和王英指挥部，缴获甚多。王英连自己乘坐的马车也未及带走。在大捷后召开的庆祝大会上，汪精卫、阎锡山即乘坐王英的马车检阅部队。王英部电台台长、雇员均为日本人，被我军俘虏，彼等随身所带日关东军使用的电台联络表和电报密码本，均为我军抄获，为尔后我军侦知敌情起了很大作用。我方官兵及民众，也有相当伤亡。此次战役中，正黄旗总管兼绥东四旗剿匪司令达密楞苏龙，亲率蒙古民众大力协助，并担任向导等，对战役胜利出力不少，证明蒙古同胞爱国不甘后人，抗战行动也很坚决。

红格尔图战役胜利结束后，傅主席为加强该地的防务及防止日伪军向百灵庙大批增援，特令董其武派李钟颐步兵团接替红格尔图及其附近地区防务，另派骑兵两连驻防土木尔台，以为必要时调用，余均返原防地，待命行动。

田中隆吉和德穆楚克栋鲁普对于他们在红格尔图的失败大为恐慌，深恐我军乘胜攻其老巢，遂召集李守信、王英诸逆及日方在伪军部队中的指导官[①]十数人在商都开紧急会议。一面加强商都、化德等地防务；一面由各地调遣部队，妄图再犯。王英令其副司令张万庆指挥安华亭、王子修等部，于 11 月 20 日向我兴和县进犯[②]，被我兴和县长孟文仲指挥驻该县之部队和地方团队击退。11 月 21 日，日飞机 3 架，飞我红格尔图守军上空投弹、扫射，被我军用步枪击中其中一架的油箱，在飞返商都附近时焚毁。红格尔图战役的成功，大大鼓舞了我军民的士气，为尔后收复百灵庙的作战打下胜利的基础，可以说红格尔图战役的胜利，是百灵庙战役的先声。

百灵庙战役

（一）战役前的敌我态势

百灵庙是绥远省乌兰察布盟草原上的一个有名的大庙，在绥远省会归绥城西北约 340 余华里，地势险要，建筑宏伟，四周群山环绕，两旁各有小河一条（一为女儿河，一为百灵河），南通归绥、包头，东连察哈尔，西达宁夏，西北沿草地可抵新疆，北与外蒙接壤。百里之内，都是一片起伏不平的旷野草原地带，人烟稀少，无水可吃，唯独这个庙上有水，所以这里便成为绥远北部的宗教、经济与交通中心。庙内经常有喇嘛五六百人，庙东是商业区。蒙奸德穆楚克栋鲁普投靠日本侵略军后，即企图以百灵庙为其在绥远北部的根据地。

红格尔图战役后，日伪深恐我军捣毁其伪政权，除派王英部金宪章、石玉山两旅进占大庙（百灵庙东约 200 余华里），增强百灵庙外围防御力量外，并令伪蒙军第七师穆克登宝部，沿百灵庙山顶、山腰、山脚构筑坚强防御工

---

① 名义为“指导官”，实际指挥军事。

② 查其他资料，王英匪军 11 月 19 日进犯兴和。

事，积极备战。日本侵略者还特派关东军某要员（名字失记）来嘉卜寺，召集田中隆吉、德穆楚克栋鲁普、李守信、王英等开重要军事会议，给伪军打气，并决定再增派日本军官200余人，补充各伪军部队任指导官。另外，还拟抽调伪满及日军一部，由赤峰开往多伦、商都、百灵庙等地，待机进犯绥东、绥北。

傅主席得知上述情况后，即在总部召开各部队长秘密军事会议，指出日伪军似有在近日由百灵庙向我绥北发动进犯之企图。我军应在敌未发动进犯前，机智快速，先发制人，出敌不意，以远距离奔袭战术，将百灵庙收复，以毁其巢穴，破坏其狂妄计划，保卫我边防国土。到会者一致同意这一决定，大家认为，要达到出奇制胜，就要想方设法在300多华里的进军中，保守秘密，不使敌人发觉，需在零下20多度的寒冷天气里，不使士兵冻伤，还要克服一尺多深积雪的阻碍，这就必须发挥官兵的智慧、才能和坚毅精神。最后，傅主席口头命令如下：（一）令第二一一旅旅长孙兰峰为前敌总指挥，指挥所部张成义、刘景新两步兵团，第七十师刘效曾步兵团，孙长胜师一个骑兵团，附山炮兵一营，苏鲁通小炮一队，汽车和装甲车各一队，以快速果敢之行动，收复百灵庙。（二）各部队限于11月23日下午6时前秘密集结于百灵庙东南50华里附近的二分子、公胡同一带，尔后听从前敌总指挥孙兰峰之命令行动。（三）各部队情况及时报告。会议结束后，各部队长分返原地，秘密向指定地点集结待命。

为了迷惑日军特务机关长羽山喜郎，不使其发觉我军行动，傅主席令驻小教场的孙兰峰旅，每天早上到归绥以东30余华里的白塔一带，进行野外演习，天黑后又返回驻地，一连演习数日，使日军特务机关及一般人均认为部队出动是例行野外演习，不生其他猜疑。

为了摸清敌情，除由爱国商贩将日伪军的一些情况及时供给我军外，我方还特派情报参谋人员化装成商贩亲至百灵庙，将该地的地形及敌之工事构筑、兵力配备以及我军的行动路线、集结地点、攻击准备位置、攻击方向、目标和其他有关作战事项等，均在现地作了详细侦察。

11月23日，各部队到达指定地点集结。孙兰峰即召集连长以上军官，说明敌方兵力配备、工事构筑等情况后，对我军行动作如下部署:（一）第二一一旅（欠第四二二团）附山炮一营、苏鲁通小炮大队、汽车队和装甲车队为主攻部队，其所属第四一九团（张成义部）为左梯队，从百灵庙南面攻击，直取该庙；第四二一团（刘景新部，欠第一营）为右梯队，从百灵庙东面攻击，并抽派一部先期至该庙东北通滂江之大道上，选择有利地形，伏击敌人，断敌归路。（二）刘效曾步兵团为佯攻部队，由百灵庙以西地区，先行向敌袭击，将敌之注意力吸引到该团方面，使主力部队容易攻击，并与左梯队密切联系。（三）骑兵团绕出于百灵庙东北地区，与步兵右梯队协同由庙北面攻击。占领北山，控制敌飞机场，并追击败退之敌。（四）步兵第四二一团第一营（韩天春营）为预备队，位置于百灵庙南山东南大道以左高地附近。（五）各部队均须在 23 日夜 12 时，到达攻击准备位置，向敌开始攻击，并互相密切联系。

（二）我军收复百灵庙

11 月 23 日由黄昏到深夜，在以二分子、公胡同一带直到百灵庙的条条大路上，全体官兵斗志昂扬，情绪高涨，虽然天气在零下 20 多度，积雪没膝，行进特别吃力，但各部队均于当夜 12 时，到达攻击准备位置，24 日零时开始攻击。由于我军行动极为秘密，日伪军事前毫未察知。百灵庙及其周围山上山下虽有坚固工事，但无日伪军防守，及至我军将敌警戒哨兵捕获，听见我军枪声大震时，日伪军始从梦中惊醒。伪军在日军指导官的威迫下，慌乱进入阵地，进行抵抗。

半小时后，孙兰峰得知我军在各个方面均已打响，刘效曾团战斗非常激烈，已将敌之注意力吸引到该团方面，遂命令张成义团即向敌发起总攻。张成义团长亲率全团官兵向敌猛烈攻击。正当我军向敌后纵深突击时，日特务机关长胜岛角芳（此人化装成喇嘛，潜伏内蒙各地，专作地图测绘及特务工作 20 多年。因其精通蒙语，始终未被发现。1937 年春季返回日本东京。曾在东京市日比谷公园大会堂中，向日人作过一次化装蒙古喇嘛在内蒙潜伏活动 20 多年的情况报告）拔出战刀亲自指挥督战，集中全部火力，拼死阻止我军突击，并向女儿山阵地增加轻重机枪10余挺，以炽盛火力，阻我前进。激战达三四小时，敌凭工事火力顽强抵抗，我军进展较慢。这时，离天明只有两小时，如在拂晓前不能结束战斗，天明后，敌人援军赶到，再加飞机轰炸、扫射，收复百灵庙的任务，恐难完成。孙兰峰感到情况紧张，遂决定全力以赴，坚决在拂晓以前，全歼敌军，收复百灵庙。即令山炮营推进至百灵庙南山大道以东高地附近占领阵地，集中猛烈炮火，向女儿山之敌行摧毁射击，掩护我装甲车队及步兵攻击前进。而后延伸射程向庙内固守之敌猛烈射击，支援我步兵向庙内攻击，并令预备队第四二一团第一营也投入战斗，以加强攻击力量。

我军在步、炮、装甲车各兵种密切协同下，向敌发起拂晓总攻。山炮12门同时发射，苏鲁通小炮8门，用破甲弹向女儿山敌之轻重机枪掩体行直接瞄准射击，掩护装甲车及步兵攻击，短时间内，敌阵地为我猛烈炮火摧毁。我装甲车及步兵，由东南山公路向敌猛烈冲击，不意正进行中，最前面的装甲车驾驶兵被敌弹击中身亡，第二辆装甲车被敌用手榴弹炸毁，驾驶兵受伤，这个受伤的驾驶员，冒弹爬进第一辆装甲车，开足马力向敌猛冲。继而我汽车6辆满载步兵也由最大的土山口冲入。敌不支纷向庙内败退，我军跟踪冲入庙内。这时刘效曾团和其他部队也向庙内之敌包围过来。张成义团长又选拔奋勇队杨天柱连突破庙前缺口，将前院后院割为数段。我骑兵团攻占北山，控制了敌之飞机场，将敌军后路切断。敌遂惊慌失措，无心再守。恰于此时，伪蒙军一排官兵20余人，在战场起义，掉转枪口向日本指挥官射击。日特务机关长胜岛角芳和伪蒙军师长穆克登宝，见我军已攻入庙内，援军又一时增援不来，顽抗下去，势必为我军俘虏，乃急乘汽车数辆，由日本指挥官用机枪射击掩护，朝着东北方向夺路逃窜。

孙兰峰接到报告，谓有汽车数辆从庙内冲出，直奔东北方向急驰而去，判断可能是胜岛角芳和穆克登宝逃走，遂令第四二一团第三营第七连乘汽车5辆，带小炮两门，向逃敌跟踪追击。但因道路不熟，汽车开得太快，最前边的汽车不慎陷入山涧沟渠，摔伤士兵数十名，后边的4辆被阻隔，以致未能追上逃敌，任其豕奔而去。胜岛角芳和穆克登宝逃窜后，伪军即全线崩溃，纷纷向我军投降。激战至24日上午8时，我军全歼日伪军，收复了百灵庙。

孙兰峰进入庙内，一面令部队清扫战场，一面向傅主席报捷。接着派第四二一团刘景新部景彦清营附山炮一连，重机枪一连驻庙防守，其余部队均撤至二分子、公胡同原集结地附近休整。是役共毙敌300余人，内中有日人尸体20余具，伤敌600余人，俘敌400余人，缴获步兵炮3门，迫击炮6门，步枪600余支，无线电机3台，汽油500余桶，弹药一大库房，白面20000余袋，以及其他军用轻重器材及日伪重要文件、军用地图、战马等。我军伤亡300余人。对此役的俘虏，经电请傅主席同意每人发给白面一袋，银洋5元，释放回去。

（三）日伪军反攻百灵庙被击溃

日本侵略者对百灵庙的失败犹不甘心，除连日用飞机向我绥东集宁及绥北百灵庙一带滥施轰炸、扫射及侦察外，并积极准备反攻。12月2日晚，胜岛角芳和王英的副司令雷中田率领日伪军4000余名，乘汽车百余辆由锡拉木楞庙（即大庙）向百灵庙急进，拟于12月3日拂晓向我百灵庙反攻（汽车将日伪军送到离百灵庙适当距离时，即将日伪军放下，空车返回）。

我防守百灵庙的景彦清营长得知上述情况后，急电傅主席和孙兰峰旅长，力陈百灵庙不可久守，建议将庙焚毁，把部队撤回原防。傅主席接电后，极为震怒，除对景彦清严加申斥外，并令孙兰峰即率所部前往坚守。孙兰峰到庙后，将部队依地形及工事配备完毕，亲到各部队阵地视察，并告以务要远派战斗小组，加强警戒，防敌夜袭。时天将午夜，朔风劲吹，继而乌云密集，空中大雪纷飞，顿时山河尽着银装。孙兰峰认为这正是敌人偷袭的好机会，遂不时用电话与前方警戒部队联系。突接报告说：警戒哨兵在距庙2000多公尺的西山坡附近发现似乎是一大群羊向东蠕动。孙听后感到：羊在夏天，还能吃露水草，此时大雪遍野，地冻天寒，寸草不见，天刚蒙蒙亮，哪能放牧？肯定是敌人伪装。马上命令各部队，即刻进入阵地，准备战斗。这时，前方又有电话打来说：伪装之敌，已与我哨兵发生接触。孙即命令警戒部队阻止敌人前进；同时又令韩天春营的奋勇队张振基连，将皮衣翻穿，也扮成羊群，绕到敌后，占领西山东南以左高地，居高临下，予敌以前后夹击；并令山炮营集中炮火射击伪装羊群之敌，掩护张连攻击。这时庙东南及西北之敌，也以炽盛火力，向我守军阵地发起攻击。三方面均发生战斗。从敌之攻击情况，判定敌之主力仍在正面方向，孙兰峰即令各部队分头迎击当面之敌，并令韩天春营长即率该营强袭敌之侧后，给予致命打击。战斗从黎明至上午9时，激战达3个多小时。敌方虽有日军指导官充当其各级指挥人员，督战非常严厉，但由于下级官兵不肯为日军卖命，战斗遂越打越消沉。我军乘机全线出击，敌不支纷纷溃逃，战斗即告结束。是役打死打伤日伪军500余名，俘敌200余人，并将其副司令雷中田当场击毙。战斗结束后，孙兰峰恐敌再来反攻，遂一面向傅主席告捷，一面命令各部队加强防务，严行戒备。对被俘的伪军人员，仍按上次规定，每人发给白面一袋，银洋5元，释放回去。

（四）我军乘胜收复大庙

日伪军两次战役失败后，王英部大部分官兵，深感跟着匪首王英投靠日本帝国主义当汉奸，出卖国家民族，遭到国人的唾弃，毫无出路。加以我方又公布了投诚赏格，故多数都想脱离日伪组织，回到祖国怀抱，并与我方秘密联系，接洽投诚。金宪章、石玉山两旅，乘我军击退日伪反攻之机，于12月8、9两日，先将在该部的日军指导官小滨大佐等30余人，全部处死，复将大庙的伪蒙骑兵第七师穆克登宝残部悉数解决，并将该部的枪械、弹药以及一切军用品全部缴获，率步骑兵全部开往指定地点集结，于10日正式通电反正。该两旅共步、骑兵10个团，反正后，即开往绥北乌兰花一带，整顿改编。

这时，傅主席决意乘胜收复大庙，彻底肃清大青山以北日伪残部，因而令孙长胜骑兵旅经乌兰花向大庙逼近，12月9日，金宪章、石玉山两部反正后，傅主席即下令围攻大庙，残余日伪部队如惊弓之鸟，稍一接触，即向草地败溃。我军除派骑兵一部跟踪追击外，遂于当日上午10时，收复了日伪进犯百灵庙的根据地大庙。首次开驻大庙的我军为李思温步兵团。至此，百灵庙战役全部结束。

12 月 17 日，匪首王英部所属安华亭、王子修两旅长也率部反正，开至兴和县榆树乡一带集结待命。

举国欢腾庆胜利

收复百灵庙的消息于 11 月 24 日中午传到全国各地，各报纸纷纷刊发号外。人心振奋，万众欢腾。各地群众发起了援绥抗日运动。国内外各地向傅主席和前方抗日将士祝贺与慰问的电信，如雪片飞来。上海、天津、北平、西安、武汉以及全国其他各大城市的人民团体代表，携带慰问品和捐款，相继于途。爱国人士和进步青年还组成团体，来绥做战地服务工作。中共中央在贺电中说：傅作义将军发起的绥远抗战，是中国人民抗日的先声。蒋介石也发来贺电说：百灵庙之收复，实为我民族复兴之起点。

全国各地先后来绥慰劳者有：上海市慰问总会黄炎培等；上海市商会、上海市地方协会、中国红十字总会共同组成的绥远抗敌慰劳救护队；北平市民战地服务团，清华大学绥远抗战前线服务团，北京大学抗战后援会，北平师范大学、北平大学工学院等的代表朱自清教授等；西安各界抗日援绥大会代表团，旅陕东北民众慰劳绥远抗战代表团；两广代表团等等。晋、绥两省在日本的留学生杜勤书、靳书科、赵厉士等在日本留学生中发起捐款慰劳绥远抗日将士；绥远在德国的留学生秦丰川向在德国的中国留学生作绥远抗战的报告。太原女子师范看护队 20 余人，穿着士兵皮大衣，吃着士兵饭食，为伤兵服务；上海市著名电影表演艺术家陈波儿，来绥演出《放下你的鞭子》；著名音乐家吕骥写了一首《三十五军军歌》，亲自到部队教唱，并向各地军民教唱《义勇军进行曲》；著名作家谢冰心为一些战斗英雄写了小传；上海联华电影公司导演，山西太原西北电影制片厂导演石记圃，特来绥远战地拍摄纪录影片。特别值得提出的是中国共产党派来了包括南汉宸同志的代表团，携带锦旗和致前方将士的慰问信等，来绥慰问。

全国各地以及国外的华侨和留学生的慰问电报、信件及捐款、物品甚多。据估计收到的慰劳物资和现款合计约在百万元以上。仅津、沪两地《大公报》代收的捐款，截至1936年年底即达23万元之多，并在报上公布了各捐款人的姓名。这些捐款和慰问品，除特别提出一部分抚恤抗日阵亡将士家属及分发各参战部队官兵及负伤官兵外，还购买了200多辆载重汽车，分发各部队使用，并编了一个汽车兵团，以便于尔后作战。

对于全国各界的祝贺慰问，傅主席曾多次发表鸣谢声明与启事，略云：近来国人对作义同情援助，个人愧不敢当。我身为边疆大吏，守土乃我之天职；而躬冒炮火，侧身锋刃，则前线士卒较作义尤为苦劳。盖自国家多事以来，各地袍泽情愫隐忧，爱国之殷，谋国之忠，均十倍于作义。抗敌乃军人天职，忝首虚名，益增惭愧。全国慰劳之情，真挚热烈，尤其是学生青年不吃饭、不升火，并有愿至前线为国牺牲者，更为可爱可敬。由此肯定国家必能复兴，民族必能自救，其理由不仅是军人敢于牺牲，敢于打仗，而是全国人心不死。换言之，我人民虽可屠杀，而救国心理则任何人不能改变，凭此一片诚心，即能战胜一切侵略者。此次绥远抗战，迭蒙海内外爱国人士热情援助，既予物资补充，复荷精神鼓励，可钦可敬。但慰劳意义，非仅限于今日作战官兵，要在激励将来无穷斗志；爱国热忱，要在唤醒将来全民奋起。目前大多数民众对爱国已有深切认识，确为国运一大转机。所谓目前抗战守土，窃恐不足表明复兴。今之全国慰劳情绪，却表示整个民族精神，复兴之基，即在于此。换言之，纵使前线战士，肯流血牺牲，未必使谋我者即知敛迹。唯全国民众整个发挥团结精神与力量，始足使对方另作估价，知所顾忌。

（靳书科整理）

血战百灵庙

刘效曾*

1931年九一八事变后，日本帝国主义侵占我国东北，得寸进尺，一面策动“华北自治”，一面策动内蒙古王公脱离中国。1936年8月和11月，日本关东军指使伪蒙军侵扰绥远、察哈尔各地，被我军粉碎。随后，我军乘胜一举攻克百灵庙，在国内国外引起强烈反响。我当年率领一个团的兵力，亲身参与此役，现就记忆所及追述于下：

收复百灵庙

1936年11月22日清早，固阳李参谋来电话说：“告诉你个好消息，田旅长已经向傅主席为你团请准了600件大衣，正在车运途中。”

我随即召集全团连长以上官佐开会，宣布指挥部的命令，研究如何行动。因为百灵庙地形图太简单，我们就在村内找了几个向导，分配到各营，下午开始向目的地开进。正在行进途中，发现正东有敌机两架飞来，此时正是下午5点，太阳距入山只有一竿多高。我立即命令部队停止前进，向两侧

---

* 作者时任晋绥军第七十师补充第一团团长。

散开。敌机在我们上空盘旋约半小时，就向北飞去了，我顺着它飞的方向看去，见有骑兵奔驰，猜想这一定是担任袭击敌人飞机场的骑兵第五团正在前进。

夜 11 点钟，我部来到百灵庙东山口，我命令前卫队伍，就地警戒，掩护主力前进。第一营在左，第三营在右，第二营在后，呈倒“品”字形向前搜索。这时南面传来急剧的机关枪声，我判断：敌我双方已在那里展开激战。一看表，正是 12 点钟。我传令：装上刺刀，急速前进，决不要轻易开枪，以便接近敌人，一鼓而聚歼之。

次日（23 日）[1] 凌晨两点，远处有红色黄色绿色的信号弹不断出现，说不准是敌人放的，还是我们自己放的，也不知是何用意。我便带领几个兵士往前察看。忽见西北方一片火光，我想，也许是我军骑兵团已经攻占飞机场，便命令各营急速前进。这时天刚有点亮，右前方高山上的敌人先以步枪连续向我射击，接着就是重机枪的连发。子弹从我们头上吱吱飞过。我跑到重机枪跟前，问道：“你们能看见敌人吗？”班长说：“只能看见敌人射击的火光，没法瞄准，不能射击。”为了吸引这方面的敌人，我就说：“你用水平射击压制高山上的敌人火力，马上射击！”他们打了几梭子子弹，敌人的机枪就转向我机枪阵地射击。我又命令山炮发射，打了四五炮，都没有命中，我又命令第八连马连长带领两个排，绕过山口由南边爬上高山袭击敌人后侧。

天刚蒙蒙亮，远远望去，只见东边有个像塔顶模样的尖子露出来，我断定就是百灵庙的所在，便命令发炮射击。山炮排李排长测了测距离，说 4000 尺，我让他上 5000 尺打了五六炮。李排长说没法观察弹着点。我说我们的目的已达到了，不必再打炮。果然，敌人的火力逐渐减少，山头上的敌人有的已向后跑。我判断敌人开始撤退，便吩咐姚团附照料队伍全面向前推进，自己则带领几名卫士和传令兵轻装前进。

约莫在沟内向前走了二里多地，在一个拐弯处看见路南有个岔沟，旁边

① 总攻百灵庙是 11 月 24 日零时，当日上午攻克百灵庙。

一块小平地上有几个蒙古包，已被烧成灰烬，还冒着烟。我想，这大概就是那幅草图上所画的敌人营房，被我们前边部队烧了的。再往前走了 3 里多地，就看见了百灵庙。到了里山口，看得更清楚。一个小盆地内，靠西北有一片庙宇，有许多旗杆，还有两根很高的无线电天线杆。第二营营长张宏正在山口内对着几十名俘虏说话。俘虏都穿着大半身白茬皮袄，有极少数穿着带灰布面的皮大衣，头上戴的全是长毛皮帽。旁边乱放着几堆步枪，南边有一群马，都是好几个马缰绳绑在一起，周围有士兵看管着。一个士兵见了我，很快跑来行个礼说："第五连和第六连一部在天明时都已进了庙。"

这时东方太阳刚露出头，东南方我军主力方面还有重机枪声音，庙内有零星的步枪声。到了山口北面，等了一会儿，第一营营长刘德奎由山上下来说："第一连已经由山上下来，进到庙的北面，全营只有几个受伤的，俘虏还不清楚。"我说："把伤兵赶快送到团部。还要布置警戒，防备敌人反攻。"他又上了山。我这才缓了一口气，感到全身棉衣都汗湿透了。从包头出发时，我就穿着大马靴，翻了几座山，走了十几里路，脚上有点儿不舒服。我想坐下歇一会儿，也想到庙内看看，遂留人在外边等姚团附及后续部队，让他们在这山边集结休息。

我到了庙的南面，第六连张排长跑到我跟前说："我们排负责看管这个庙内的东西，并担任对庙东的警戒。"他还指着距我们不远的一辆载重汽车说："这是我们截下敌人的。这个庙内物资特别多。"他领我进入庙内。这座庙很大，南边有几间庙房，房的北面空地上就是那两根很高的天线杆。南房设有无线电台，像是 500 瓦的。张排长说："这个院和周围共有敌人 5 部无线电台，数这个台最大。看样子机器都还完整。"向北去又上了个不很高的台阶，院中间有个大过庭，两边满满地堆放着汽油箱，中间只能通过行人，正北面是庙宇，东西两边是长长的廊房，都堆放着白面袋。我们由东边廊房进去转了一圈，屋内除了住人和办公的地方，放的都是汽油箱和子弹箱。北房里有年久失修的神像，也放着子弹箱，有的箱子被打开，整排的步枪子弹扔在地上。两边耳房都是住人的。

院外东北高地上的烟火仍很大，据说那里是德王蒙古包式的会议厅。就是德王召开伪“蒙疆自治委员会扩大会议”的地方。这个院像是敌人兵站仓库。我无心再到其他地方察看，便很快走了出来。只见有些士兵在庙内乱转，我叫张排长在庙门前设卫兵，不许士兵们随便进来，并要防止着火。

23 日上午 9 时，5 架敌机在庙的四周盘旋，在我团警戒阵地上扔了几个炸弹。因敌机飞得很低，可以清楚地看见，两个翅膀上涂着日本国徽。部队都隐蔽在山坡或山沟内，没有伤亡。

下午 3 点多钟，我们的两位指挥已到庙东南口内一处小房，我赶快跑去报告我团战斗经过情况。孙旅长说他们部队牺牲很大，眼里好像还流着泪，不过屋内很暗，我看不清。孙师长安慰他说：“作战，部队牺牲是常事。打了胜仗，付出点代价也值得，战士们的血没有白流，不要过于悲痛了。”大家沉默了一会儿，我就问：“部队今后怎么办？”这时有人进来给送电报，孙师长和孙旅长看完电报，停了一会儿，孙旅长说：“你团仍回乌克忽洞待命。为了避免敌机袭击，下午 5 时以后再开始行动。”我又问：“我们俘获敌人几十个人、几十匹马、100 多支枪怎样办？”他说：“都交到二分子旅部。”

保卫战经过

在乌克忽洞驻了四五天，我很着急，要是没有情况就应令我回原防，要是有情况就应让我到百灵庙。那样给养有办法，还可熟悉熟悉地形。为什么放在这个小村内不动？第六天，刘景新团长来电说：“情况紧张，希望你能随时支援。”我回电说：“只要你那儿需要，我可以随时出援。”第七天早晨，他来电要求我在晚 9 时以前全团到达百灵庙。我就立刻下令，率队前往，按时到达。见面后，他很高兴地说：“几天来，我身上好像压了几百斤重的担子，你团一来，我轻快了许多。”我问他情况怎样，他说：“敌人将有行动。详细情形，等孙旅长一会儿来到再说。请你们先在汉人街住下。”

晚 10 点来钟，孙兰峰旅长乘汽车到了。他说：“目前情况虽然还不十分清楚，但敌人一定会有行动。山炮营和中央（指蒋介石）配给绥远的高射炮连一个排（两门高射炮）都已来了。”接着又对我说：“你团今晚先休息，明天咱们侦察地形后再决定布置。”

次日，大约是12月1日早晨，我到了旅部随着孙旅长，还有刘景新团长、炮兵营营长李春园和旅部的参谋，到庙的周围山上，查看了一上午。到了下午，孙旅长指定由庙东南通归绥大道口（路口包括在内）到庙东北山口，整半个圈，由我团布防。刘景新原防不动。我回到团部立刻领上全团连长以上军官又到所分的防区内详细侦察地形，随即构筑必要的防御设施。

12月2日早4点多钟，我朦胧中听见砰砰两声枪响，接着又听见正南方一阵轻机关枪的连发声。这时天色尚黑，周围看不见什么。我便往南走，忽然看见西南山坡上隐隐约约地像一群白绵羊由下向上蠕动。我脑子里很快想到：上次俘虏的敌人都是穿的白茬皮袄，这一定是敌人。

这时其他方面还没有枪声，发现的敌人并不在我的防区，但我的心情紧张得比打冲锋还厉害。因为一方面不知道在我防区的敌人有多少，主力由哪里来；另一方面，如果刘团防守的庙区被敌攻破，我团将无法支撑。这里四面荒野，退也没个退处。

我很快跑回团部，先向旅部打电话，报告了我所见的情况。然后我又打电话问正南第二连连长李居阳的情况。他说：“刚才的枪声是我连的哨兵听见阵地前面有动静才打的，现在还看不清目标，所以没有再打。”我说：“你现在就命令你连的那两架重机关枪向山下射击。”因为这样一来，可以扰乱向西南山坡前进的敌人，同时可以告诉我们全军，敌人已来攻击了。

过了一会儿，天色已亮，但还看不远。很快地，第一营正面都开了火，第三连方面最激烈，情况很紧。敌机两架由东南方飞来，到处扔炸弹，在第三连阵地上扔得最多，不过地面上的敌人并没发动攻击。我便趁机调整炮位，派奋勇队出击。

奋勇队很快抓回一个俘虏，送到我这里。这人个子不算高，有30来岁，身体很健壮，满脸黑胡茬，穿着深灰色挂面的皮军衣，灯芯绒古铜色裤子，短腰的棕色马靴，一看就知道不是士兵。我问他姓名、所在部队等情况，他说他是金宪章师士官队的学员，全队共有600多人，这次全队来到，担任袭击百灵庙西角主要山头的任务。我又问他：“你们是由哪里调来的？还有哪些部队？有多少日本人？有些什么武器？”他说：“我们是由张北调来的，坐汽车坐了两三天，部队都是代号，我闹不清。听说，金师长全师都来了。有日本顾问，没有见日本兵。”

一直打到下午，我军固守阵地，敌人伤亡很大，无力再攻，开始撤退。我向旅部报告了情况。旅长立即组织骑兵追击。我追击队由南边大道口冲出去不远，敌机两架迎面而来，乱扔炸弹，阻止我骑兵队伍追击。旅部又派出两部卡车，满载步兵，一并出击，也被敌机所阻。这样，敌人便在飞机的掩护下逃脱了。

我军攻占百灵庙，又打退敌人的反扑，这一胜利在国内外引起强烈反响。各地各界纷纷派来慰问团，还有国外华侨代表，几乎每天都有，有时一天就有好几批。他们都是由归绥乘汽车来的，傅作义主席也曾率领慰问团来过。每次慰问团来，都带来慰问品，并恳切地鼓励我们说：“你们的胜利就是全国人民的胜利，你们这里缺少什么，需要什么？我们后方全力支援你们。”文艺团体还在空场上演街头剧。我记得电影明星陈波儿也来此演过《放下你的鞭子》。这些慰问，给了我们很大鼓舞，部队士气十分高涨。

伪政权建立

日本侵略者和汉奸在东北的阴谋活动

王子衡*

我从1919年起，同日本众议院议员永田善三郎（九一八事变时任日本海军省政务次官）在大连办了一份中文报纸——《关东报》，并任总编辑。九一八事变以前，我还兼任辽宁省政府咨议。因此，我同日本军政各界人物和东北方面的臧式毅、于冲汉、袁金铠等亲日分子皆有联系。事变以后，辽宁出现了"奉天地方维持委员会"的汉奸政权，我当时任这个伪组织的秘书，后来又在伪满洲国历任国务院秘书、黑河省省长、滨江省省长等职。下面所写的，都是我在九一八事变前后作为一个汉奸集团成员所亲身参与以及亲见亲闻的一些事实。文中关于于冲汉、袁金铠的言论和行动，除了大部分是我所耳闻目睹的以外，还有些是于冲汉之子于静远和他的管事陶某对我讲的。关于臧式毅的材料，主要是1948年我与他同被拘禁在苏联收容所时他对我亲口所说。

---

* 作者时任汉奸政权"奉天地方维持委员会"秘书、伪满洲国国务院秘书、黑河省省长、滨江省省长等职。

日军发动事变后三个方案

日军侵占了沈阳、长春、吉林各大城市，建立了地方的伪政权，组织了伪军警，但是沈阳的伪地方维持委员会，既不合乎日军的要求，也无实际作用，除在满铁沿线上的六七个县外，对于其余全辽宁四十余县完全无力控制，加上东北边防司令长官公署和辽宁省政府在9月底后都已移到锦州，并调辽西一带东北军队四五万人据大凌河南岸抵抗日军前进，使日军不能渡河。日军采取以中国人打中国人的手段，把豢养多年的流氓汉奸凌印清拿出来，委为东北自卫军总司令，占据盘山县一带，召集胡匪天下好（盖中华）、老北风（张海天）、项青山、单庭秀等五万多人，由日军供给枪械子弹，打起青天白日旗，以“救国救民，保卫地方，实行自治”为号召，但不久即为东北军黄显声部所消灭，凌印清被枪决。

但是日军心殊不甘，声称为凌印清报仇，又利用张学良的叔伯兄弟张学成（素与张学良不睦，具有野心）。关东军司令官本庄繁把张学成找到沈阳旅馆（关东军司令部所在）利诱他说：“日本进军东北，原无侵占东北领土之意，本想促进令兄张学良的觉悟，脱离蒋介石的牢笼，速归东北，实行中日亲善、共存共荣，以便共同保卫满蒙，防御赤化势力的侵入。不想令兄张学良执迷不悟，反友为仇，因此请你出来，共同协力剿灭辽西的东北残军，恢复东北秩序。我保证你做一个东北军政两方面的大首领。请你想想，大好机会不要错过。”张学成是个利欲熏心、不知国家民族为何物的家伙，当即向本庄繁表示愿作犬马。本庄繁就委他为东北自卫军总司令，供给枪械子弹，在黑山一带招收胡匪四万多人，打起红蓝白黑满地黄的旗帜，宣布独立自治，打击东北军。不料还不到20天的光景，就被东北军打散，张学成也被枪决于黑山县。

据当时南满铁路公司顾问、日本陆军中将高柳保太郎说，日本关东军发动九一八事变侵占东北的善后方案原有三个。第一个是估计张学良失去了老家，即丧失了政治上的根据地，等于丧家之犬。他为恢复实力，可能改变排日的态度，自动地投降日本，承认和履行所谓二十一条件，和日本合作，实行中日亲善，开发满蒙资源，共同防御共同的敌人（指苏联）。第二个是，如果张学良不肯归来投降日本，日本就从现在东北的中国人物中选一个堪作东北代表的人物，支持他实行东北独立自治，组织一个实行中日亲善的政权。第三个是，如果找不到这样的人物，就把在天津的溥仪弄来作傀儡，组织伪政权，从历史关系来说也讲得下去，尤其上校参谋土肥原贤二竭力赞成这个方案。高柳保太郎又说，无论哪个方案，都必须把整个满蒙完全侵占后才能实现；现在辽吉两省大部分虽已侵占，黑龙江省还没拿下，辽西一带也有问题，必须军事政治两方面双管齐下，才能较快地达到侵略的目的。

于、臧、袁密议建立伪国

关东军因为张学良、张作相、万福麟都不能回来，现有的张景惠、臧式毅、熙洽又都不是能够代表统一东北的人物，而东北则需要一个统一的政权，因此1932年1月中旬，本庄繁于沈阳旅馆特召于冲汉会谈。本庄说："现在辽吉两省秩序基本上已经恢复，马占山已经投降，黑龙江省的治安也没有多大问题。只是各省分立，政治无法推行，经济不易恢复，人心不好安定。需要建立一个统一政权，对于政治、经济、文化等政策才能顺利进行。你看怎样？"于冲汉早已明白本庄的意图，便说："阁下的意见很对。东北地方长此分立，不仅对于中国人的生活无法改善，贵国援助中国开发满蒙的大计划也无法实现。必须成立一个新政权，才能完成这个使命。"本庄说："是那样的。那么，就请你研究一下新政权的名称、性质和内容，下次见面请你告诉我。再是新政权的出现以前，需要有一种民意的表示，才合乎要求，我看你的奉天地方自治指导部正好作这一运动的先导者，请你筹划一下详细办法，回头我告诉他们（指自治指导部的日人）办好了。"

于冲汉回家后，先把本庄的话告诉其子于静远（指导部顾问）。于静远说："我留学瑞士，知道瑞士是个复合民族的国家，人民说的是德国、法国、意大利三种语言，风俗习惯各有不同，没有军队，只有少数警察维持秩序，人民安居乐业，倒很幸福。我们东北现有四五个民族，性质有些像瑞士，如果建立一个像瑞士那样的国家倒也不错。”于冲汉又请袁金铠、臧式毅到他家，对他们传达本庄繁的意见。袁金铠说：“这样说来，是要建立一个新国家，可得好好研究研究，不能马马虎虎的。我看尽可能让些权利给日本。经济尽管合作，政治可要独立。我们自己干自己的，不能让日本人乱参与。”臧式毅说：“实行东北联省自治，采用委员会制度，共同推出几个人来各负专责，再举一个总其大成的人来，也是一个办法。”于说：“二位的意见虽好，只是恐怕行不通。我们自己干自己的，不让日本人参与，这是办不到的想法。至于推举一个人总其大成的说法，将推举谁呢？谁是最有力的候补者呢？我们之中哪一位是合乎要求的人物呢？据说，溥仪已到旅顺，你们听到这个消息没有？”袁、臧二人都愕然良久。袁说：“汉卿（张学良别号）既不能回来，我们之中又没有一个适当的人物，宣统皇帝回主东北，于情于理也说得下去。”（袁原是个保皇党，曾充任清史馆馆长。）于说：“无论联省自治也好，民主共和也好，像日本那样的君主立宪也好，只要能巩固东北的治安，人民得以安居乐业，就是好政治。至于首领人物，我们选不出来，也没有成见，让关东军给想想。就这样答复本庄吧。”臧式毅被放出后，自己认为可能是将来东北首领人物的候补者，现闻溥仪已到旅顺，当然是将来的东北首领，他眼看大势已去，很不愉快，便说：“好吧，怎样办都可以。”袁的心中却很高兴，认为自己忠实于清朝，很得溥仪赏识，他当皇帝，则国务总理一席可能落在自己的头上，因说：“那使得。”实际上，于、臧、袁三人都有做伪总理的野心。1月底，于冲汉就把他们的意见告诉了本庄繁。

建立伪国运动的酝酿

1932年2月上旬，关东军中校参谋石原莞尔在沈阳八千代（日本饭馆）设宴招待当时在沈阳的曾留学日本以及在东北的日本各专门学校和大学出身的中国人。日军方面出席的，还有少校参谋和知清、上尉参谋金田四郎等。中国人方面除于冲汉、臧式毅、丁鉴修、赵欣伯等未出席外，其余阮振铎、徐绍卿、王庆璋、曹承宗、王子衡、王秉铎、曲秉善、王席珍、洪公余、张汉仁、王士香、庞奉书等五十余人（多半是在辽宁省政府、地方维持委员会、自治指导部各方面服务的汉奸）都出席了。首先由石原莞尔代表致辞，大意谓："今天本庄司令官因为有事不能前来，派我代为招待，请诸位谈谈。我想诸位都是留学日本或日本在东北创办的专门大学读过书的有为青年，对于日本历史可能知道一些。日本在明治维新以前，和现在的中国一样，是个遭受欧美强国侵略压迫的国家。明治维新以后，才一跃而为世界的强国，不但日本人享到文明国家的幸福，即东亚首先是中国在经济文化上也受到日本很好的影响。如果没有日本这一强国的存在，中国早已被瓜分了。但是中国不但不感谢日本，还排斥日本。尤其张学良受到日本的支持保护，才有今日，反而采取远交近攻的中国传统方法，亲近欧美，压制日本，直至今日还没有反省的表示，令人愤慨。回想满蒙地方是日本的生命线，我们流了无数的鲜血，才换来今日的地位，保持今天的繁荣。你们都是有为之士，张学良既不回来，你们应当和日本青年合作，积极起来吸取明治维新时日本青年的精神，进行一个建设新国家运动，促进中日亲善的实现，才能谈到中日共存共荣，进而保障东亚的安全。尽力于这样一个划时代的事业，我想是很有意义的。"

徐绍卿代表大家致辞，略谓："石原参谋所讲的，实在是披肝沥胆的话，我们深受感动。我们都在日本学校念过书，知道日本为何这样富强，同时也知道中国为何这样贫弱的道理。东北是我们的家乡，张学良只顾骄奢淫逸，不爱惜故土，但是我们爱惜它。贵军仗义，除暴安良，我们很感激。援助人民建立新政权，这是当务之急，是人人希望的事情。我们基于善邻友好、互助共存的精神，愿尽绵薄，促进新局面早日见诸事实。"

此后，这些人就向各方面散布空气，宣传为了发展经济，安定民生，必须树立一个新政权。同时，于冲汉也将本庄繁叫他制造一个民意运动的话，告诉了于静远和自治指导部的日本顾问等。因此，这些人即以自治指导部为中心，开始伪造民意的活动，如制作传单标语和各种旗帜、筹备召开省市县各界代表大会等，终日奔走，忙碌不休。

七头会议

2月16日，张景惠（东北特别区行政长官）奉行本庄繁的命令，利用“东北政务会议”（张学良时代的组织）的名义，召集沈阳臧式毅、吉林熙洽、黑龙江马占山和于冲汉、袁金铠、赵欣伯等，在沈阳大和旅馆举行所谓东北政务会议（外传四头会议，实际是七头会议），出席者除上述7个汉奸头目外，日军方面为司令官本庄繁、参谋长三宅光治、参谋板垣征四郎、土肥原贤二、石原莞尔和驹井德三等。会议开始时，本庄繁高踞上座，其余诸人分左右围坐。张景惠说：“本会基于本庄司令官的意旨，以东北政务会议的名义，请诸位到此商议一下。日前东北各省分立，终非常局，需要有一个统一组织才好。究竟用何形式，请大家研究一下。”臧式毅说：“现在南京政府和张汉卿既都放弃东北不管，我看就组织一个东北联省自治政府，推行一切政治如何？”大家还没有如何表示，赵欣伯便抢着说：“我这里倒有一个方案，也是本庄司令官所同意的。”说着就把那个方案拿出念道：“东北地方脱离南京政府的统治，另组织一个新满蒙国家，名叫满洲国，暂设执政府、参议府、国务院、立法院、监察院。国务院下分设总务厅、民政部、军政部、财政部、外交部、司法部、文教部、实业部、交通部。执政一席，拟请清朝宣统皇帝担任。国务总理由执政推荐任用，各部长除由现任各省首长兼任外，其余各院部长另由别人专任。首都原拟在沈阳或者哈尔滨，但是沈阳偏南，哈尔滨又偏北，都不相宜。长春位于东北的中心，最为适当，并且便于建设，因此首都拟设在长春，改名为新京。大家以为如何？”大家沉默了一下，于冲汉才说：“我想此案已经过本庄司令官考虑再三，很完善，没有什么研究的必要吧？”张景惠说：“我们就照这方案赶快开始筹备吧。”熙洽说：“宣统皇帝回主满洲，名正言顺，可以不称执政，即登上皇帝宝座，亦有何不可。”本庄说：“满洲国是新国家，不是清朝的继续。溥仪皇帝就任执政，是新国家的元首，不是清朝宣统的继续。溥仪皇帝将来如何登极，这是另一个问题，现在还不能研究。”熙洽不语，他心中以为：总理一席既取决于溥仪，我是皇族，当然有望。袁金铠也以为自己是保皇党，曾任清史馆馆长，很为溥仪皇帝赏识，也有总理的希望。臧式毅本来认为关东军释放他，就是为了让他收拾东北的政局，无论如何变动，东北首领位置是非他莫属的，可是现在听说主座和总理两席人选已定，很觉失望，因而无精打采地说："既这样，就没有什么可说的。我们就推叙五（张景惠别号）为东北政务会议委员长，负责筹备一切吧。"本庄说："诸位阁下如果没有什么异议，就请签字决定吧。"张景惠、臧式毅、熙洽都签了字。马占山说："黑龙江省现在情况还复杂，我想回省同大家说一下后再签字，比较妥当。"本庄明知马占山还有反复的意思，如果马上逼他签字，恐怕这个会议流产，惹起麻烦，好在别人都签字，他一个人不签，也没有多大关系，便说："马阁下回省商量一下再签字，也可以。大家既推张阁下（张景惠）负责筹备，我很赞成，就那样办吧。但是本月底必须筹备妥善，越快越好。"袁金铠推荐辽宁省政府秘书长金毓黻担任伪建国宣言的起草人。臧式毅说："他还年轻，不大相宜。"熙洽说："叫荣叔章（荣孟枚别号，当时是吉林省政府的秘书长）① 干吧。"大家又说："叫叙五的秘书长宋文林和荣叔章共同负责起草吧。"大家都无异议。这一出卖祖国、建立伪国的会议，就此闭幕。

伪造民意，举行促进建立伪国运动代表大会

本庄繁指挥七大汉奸举行建立伪国会议成功以后，为了欺骗世界，制造民意，把建立伪国说成是出于东北人民的要求，便催促于冲汉快搞一个民众运动，召开民众代表大会，以促进伪国的建立。这个运动由留日出身的汉奸和满铁公司的日本社员（主要是青年联盟和雄峰会的成员）以奉天地方自治指导部作中心，筹备多日，早已妥善。2 月 20 日，在自治指导部大礼堂召集辽宁省各县长带领的各法团代表、满铁沿线各组织单位代表和

① 据王前订正，荣叔章和荣孟枚是两个人。荣孟枚名叔右，孟枚是他的别号。伪建国宣言是荣孟枚起草的。

沈阳城各法团代表共一千多人，举行“促进建国运动大会”。首先由奉天地方自治指导部长于冲汉致辞（于冲汉有病，坐在台上由秘书王子衡代读），大意说：

“慨自辛亥革命，清室退位，民国成立，[①]20年以来，中国兵连祸结，迄无宁日。北洋旧军阀混乱火并，恶斗不已。南方新军阀又复穷兵黩武，方兴未艾。胡匪称王，流氓称霸，横征暴敛，奸淫掠夺，未有甚于今日者。以致政治废弛，经济凋敝，民生困穷。我东北人民朴质，土地肥沃，素称富饶之区，地上地下宝藏无穷，一切资源不仅应有尽有，并且他地所未有者我东北却一一具有。似此大好河山，欧美侵略者垂涎于前，赤色威胁者觊觎于后。张作霖统治十余年，敲骨吸髓，榨尽人民的膏血。张学良子承父业，变本加厉，勾结流氓政权于南京，骄奢淫逸于北平，举其罪恶，擢发难数。又复以远交近攻、以夷制夷的手段拜倒于西方，竟至背信弃义，反友为仇，不惜开罪于邻国，不幸事件经常发生，侨居东北的友人，感到人人自危。此世人之所愤，群情所不容也。善邻日本，本诸悲天悯人的意志，兴起吊民伐罪的义师，今日恶军阀铲除净尽，旧势力不复留存，建设新邦，化地狱为天堂，安居乐业，拯斯民于水火，此吾人之所志，想亦天下所乐闻也。我等不敏，生居东北，爱护桑梓，不敢后人，本乎天下兴亡匹夫有责的大义，召开此会，愿听舆情的呼吁，出任艰巨，端赖众擎以共举。凡我邦人君子，盍兴乎来。”

各方面的代表听后，争先发言（事前准备好的），表示拥护建立新国，并由大会作出决议书，向东北政务会议请愿，促进新国早日实现。散会后，一千多人敲锣打鼓，游行示威，大街小巷贴满了标语传单，如“打倒张家父子的家天下”“铲除两张（张学良、张作相）、一万（万福麟）的恶势力”“建设安居乐业的天堂”“欢迎吊民伐罪的日本王师”“实现中日亲善共存共荣的理想政治”等。这样乌烟瘴气地闹了3个多小时，才在人民群众的嘲骂声里解散。

---

① 历史顺序是民国成立在前，清室退位在后。

溥仪就任伪执政

2 月下旬，关东军政治部长驹井德三、满铁参事松木侠等在关东军参谋石原莞尔的指挥下，已将伪满洲国政府的临时组织法草拟完毕。各府、院、部单位的日本负责人员，已于 3 月 1 日前受到内部任命，前往长春筹备，安排人事，准备庆祝伪国建立典礼等事。

2 月下旬，张景惠奉行本庄繁的指示，率领辽宁臧式毅、吉林熙洽和赵欣伯等到旅顺见溥仪，请他出来执掌伪满洲国政权。溥仪欣然允诺。此时张景惠等已知道伪国务总理的人选决定为郑孝胥，大家都为之愕然。同时又知道参议府议长为张景惠，立法院长赵欣伯，监察院长于冲汉，参议府参议袁金铠，臧式毅兼任民政部长，熙洽兼任财政部长，马占山兼任军政部长，郑孝胥兼任文教部长，冯涵清为司法部长，丁鉴修为交通部长，张燕卿为实业部长，谢介石为外交部长[①]。他们都在 3 月 1 日前后到长春准备一切。3 月 8 日，张景惠又率领所谓辽吉黑三省的军政各界代表 50 余人把溥仪从旅顺迎到长春。9 日，溥仪正式宣布就任伪满洲国执政，公布伪政府组织法，任命伪国务总理以下各府院部省的官吏，伪满洲国正式成立。

① 《我的前半生》称各部最高行政长官为总长。

溥仪怎样成为“笼中天子”

李国雄*

野心勃勃的静园寓公

溥仪在天津时期已经感到了组织军队、武装实现复辟的必要性，但作为日本租界内的寓公，他除了联络军阀，再不可能采取任何实际行动。为了宣泄心中的郁闷，溥仪找到一种“纸上谈兵”的方式。从“张园”到“静园”，他一直在几张八开大白纸上布阵，委派高低指挥官、调动敌对双方的将领，他常把这种纸上的军事行动做得很认真，例如指令某军向某军进攻，乃用两色笔分别标明攻方的进攻能力、战术，以及守方的防御兵力、阵地方向等。双方胜负当然都由溥仪决定。过一两天，溥仪还让再把布过阵的纸找出来，使战斗继续进行，如某方增加兵力多少团，某方变换战术怎样，于是胜方又转胜为败，而败方则转危为安。纵然局势大起大落、瞬息万变，溥仪照旧躺在床上，在床头小桌边，在一盏台灯下，勾勾抹抹。因为溥仪布过阵的白纸并不信手丢掉，所以我相信在有关档案中还能找到它们，证明当年的溥仪力虽不足，心则有余。

---

* 作者时为溥仪的亲信随侍。

1931 年国际国内的政治形势进一步复杂化，溥仪的复辟思想也更加突出，遂常常派出人员四处打探消息，窥测方向，以求一逞。九一八事变前后溥仪接连派出 3 批人员，一批在天津市内活动，一批派到日本国内，还有一批前往东北。据我所知上东北的有两人，一人专门了解关东军及日方其他部门的消息，另一人则以联络东北遗老为目标，此即佟济煦。他到沈阳面见袁金铠和熙洽等人以后，万分激动地返回天津，向溥仪报告说："时机已至，切莫迟疑，东北乃我大清龙兴之地，数十万臣民正翘首以待，盼皇上幸临！"他说着，双手捧起用手帕包着的一块土进呈溥仪，"这是奴才从东北带来的一块宝土，皇上得到这块土，预兆将得到整个满洲的领土！"

这个动人的"献土"故事，是在伪满初年溥仪亲口讲给他的几位侄子们听时，我因值班正当其侧才把来龙去脉全听明白了。溥仪还很动情地说："佟济煦跪在地上向我递土时满脸淌泪，堪为壮士之举。我接过土来，用鼻子闻闻，实有一股祖居龙兴圣地的芳香……"溥仪把这块土视为珍宝，又从天津带回东北。记得有一次溥仪让我找东西，从某箱笼中翻腾出一个黄布小包，打开来看，里面有个约 10 公分见方的土块。我因好奇便故作不知地问溥仪："这块土是干什么用的？"溥仪说："这就是佟济煦从奉天给我带到天津的那块土呀！"

赛车后厢的秘密

那天晚饭前后，溥仪向我布置了一个神秘的任务：晚 8 时整，把赛车发动起来，同时打开后厢盖子，不准提前，也不准错后。

"谁开车呢？"我多嘴问了一句。

"甭管！有人开。"溥仪面孔严肃。

溥仪所说的赛车，正是我经手"打价"花 1.5 万元买进的那辆敞篷车。该车前部司机篷内只有一排座，除司机再坐一人。后部从外形看是平的，其实是两扇盖子，打开来，再利用车前的两根立柱，顿时可以支起一个帆布篷子来，里边还有一排活动椅，可坐两人，像一部小客车。关上盖子就什么都没有了，盖子底下顶多能有 1 米长、1 米宽、0.6 米高的一块空地方。

溥仪连司机篷都不肯坐，让我打开后厢盖子的意思，显然不是要支起帆布篷，或许是要钻到后厢盖子底下去吧？

晚 8 时整，我准时发动了车子，打开了盖子，然后待在一边，心里还琢磨：究竟让谁开车呢？

忽然，一条人影在车库前闪了一下，迅速向赛车走来。

“谁？”我发问。

“我——佟功永！”

“你来干什么？”

“开车！”

“谁让的？”

“不是说老爷子今晚要走吗？”

我知道这是安排好的，溥仪对我也不细说，不便多问了。可心里不太服气：佟功永并不是司机，是静园一名护军，有时抓车玩玩，摆弄几回，论开车技术还不如我呢。

正寻思着，溥仪由楼内快步走出，祁继忠紧跟在后边。我迎上去告诉溥仪说车准备好了，溥仪“嗯”了一声，迅速钻入后厢空内。不料，祁继忠也三步两步地窜了上去，连一个人也难放的地方怎么挤得下两人？何况都是大高个！我想，万岁爷窝在后厢底下的滋味只有他自己才明白吧！只见祁把后盖放下后，屁股紧顶盖门，忽闪忽闪地摆不平。事情紧急，我也顾不了太多，跳上去一使劲儿把盖子按严了。佟功永遂把车子由正门开了出去，“白帽”看了看，只有司机一人，他哪里会想到“私货”藏在后厢盖子底下！

我没有立即返回楼里去，继续待在车库旁观察动静，我意识到这是个很重要的日子。过了约 15 分钟，赛车开回来了，我帮佟功永入库关门，收拾完毕。

“车开到哪儿啦？”我问。

“我也不知道！”佟回答说，“只告诉我行车路线，出门后还有别的车领着，最后进一家旅馆大门。我心慌意乱，汽车剐在大门上，差点儿把旅馆的门给剐掉了！”

我心里好笑：不知溥仪搞什么名堂。不找正经司机，硬是要挑像佟功永这样半通不通的人开车，出点儿事故岂不毁了！

不过，我当时还不可能想到：这个晚上，对溥仪个人、对中国近现代史，竟是那样重要！一部赛车把溥仪送进罪恶的深渊。长期以来，为了掩饰自己，溥仪蓄意把塞在赛车后厢说成是被日本人“劫持”的证据。后来，经过改造的溥仪自己纠正了这种说法。作为历史的见证人，我也能证明溥仪不是被劫持的，虽然他曾经受到板垣征四郎和土肥原贤二的诱骗与逼迫，但是，藏在赛车后厢的秘密却是他自己策划、自己实行的。

次日上午，婉容的太监来传，我在通往婉容房间的走廊里，见她坐在一把椅子上。

“什么事呀，老爷子？”

“你看，皇上也走了，王爷也不来了，把我放在这儿谁管呀？”婉容说着说着抹开眼泪了。

“老爷子有什么事尽管吩咐奴才，奴才给老爷子干。”

“那好！园子里的事你先担待着，我今后有事也要找你。”婉容还是一边说一边抹眼泪。

溥仪走后，不但载沣王爷不再来，“行在”的管家人——总务处任事胡嗣瑗也不知所终。受皇后面托，我只好临时充当静园主事人的角色。园子里有日常事务，错综复杂的往来关系，还有警卫问题、下人的吃喝问题、司房款项收支等，静园是个乱摊子。

婉容离津与川岛芳子

我“受命”主事后碰到的第一个问题就是还要不要给溥仪传膳？溥仪已走，当然无须再吃饭；但如停止传膳，溥仪离津的消息就会立即公布于世。怎么办呢？当时二嬷在，她也是溥仪最信任的人，我就找她商量，决定照常传膳，将膳食放在二嬷房里，由她把各样菜都扒拉扒拉，像溥仪吃过的样子，以掩人耳目，直到报上公开登出溥仪到达东北的消息，才不演传膳戏了。

溥仪走后第10天，给我写来一封亲笔信，是胡嗣瑗带来的，但没有直接交给我，经别人辗转传递。原信不复存在，但内容我几乎可以一字不漏地背出：

李国雄：我走到哪儿你知道吗？我由天津到OO，又由OO到OOO。

这信实在令人费解，既不知道他到了何处，更不知道他想告诉我什么。但确是他亲笔，毫无疑问。这封信的谜底是我到旅顺以后才揭开的：溥仪写信时正住在汤岗子对翠阁旅馆，他要告诉我的是已由天津到营口，又由营口到汤岗子。然而日本人不许他披露行止，只好写“圈儿”信了。

此后，溥仪又通过日本驻屯军司令部翻译官吉田忠太郎，多次向我传达指示，让我干这样、做那样。

又过了些日子，静园总务处任事胡嗣瑗拿着一封信，先找着庶务处任事佟济煦，两人又一起来找我，对我说：“这是皇上的亲笔信，你把它交给皇后，并通报一声，现有两人已经到园，要面谒皇后。”我想问问来者何人？是男是女？姓甚名谁？答称“不许过问”。继而又说：“皇后一见这信就明白了。”我很觉得奇怪，毕竟自己是奴才身份，碰上这种口气，虽说临时主事也不敢坚持什么。

其实，要谒见皇后的人正站在主楼前的台阶上。与此同时，也有人禀告皇后了。随后，就见一位头戴礼帽、西装革履的青年由一日本人陪同，上楼直奔婉容房间。谈话约有20分钟，客人走了，他们说些什么我一点儿都不知道。半小时后，婉容的太监来传，叫我去见皇后。

“老爷子传奴才有事吗？”

“十四格格来了，就是那个穿西服的。”十四格格即肃亲王第十四女爱新觉罗·显玗，又名金璧辉，因过继给川岛浪速为养女，在日本长大，遂改名川岛芳子。她就是当年名声显赫的“男装丽人”，这个穿西服、戴礼帽的人出现在我面前时，我半点儿都没有怀疑他竟不是男的。婉容接着说，“十四格格捎话来，皇上让我去呢！今儿晚上就走。这事儿还要保密，皇上怎么走的我也怎么走。你把车准备好，到时候开到吉田翻译官家，别的不用管。”

“什么时候走？”

“晚上 8 点整。”

踏上险途

这回我成了静园内名副其实的“老大”了，内心有一种不可名状的愉快感。

“静园”仍由溥仪遥控，吉田忠太郎是中间传话人。按传话内容：我照料园中日常事务。

婉容离津后 20 余日，吉田又携溥仪亲笔信来园找我，溥仪在信中命我携崔庆云和 3 名护军，以及伺候婉容的刘妈、张妈，共 7 人，速往大连。

溥仪和婉容先后离津，我又要离开天津了。我们身份迥殊，却踏上了同一条险途。

当即确定了行期。吉田还给我开了一张日本驻屯军兵营的证明信，并说：“从天津到塘沽，其间发生问题，把这封信交给塘沽日本驻屯军兵营即可，自然有人出面保护你们。在塘沽上船后即行作废，你务必收存好，不要叫别人看见。”我便小心翼翼装进衣袋。

我们一行 7 人上午离津，乘火车于下午 4 时许抵塘沽，随即登上日本商轮某某丸号。因吉田先有洽商，登车上船都顺当。

夜 11 时，汽笛长鸣，载着我们的日本商船，愈来愈快地驶向黑暗之中。

几十个小时的海上生活过去了，这条日船就要停靠大连码头时，船长忽然装起糊涂来，他来到第 18 号舱门口，向我们扫了两眼。

“你们，什么人的干活？”

“到大连看看朋友。”

这位前来“履行职责”的船长，居然连个表面上的样子也装不像。他还进舱打开两只箱子的箱盖，马上就关上了。其实，他早从吉田那里了解了我们几人的身份，也清楚地知道我们要去找谁。

临行时吉田曾告诉我，在大连下船即会有人接应。现在果然见到了来接应的人，原来是罗振玉之子罗福葆。我们刚登上码头，便被他迎进准备好的汽车，一直开到墨缘堂。这是罗家售卖古书、文具的店铺，那时已成为和溥仪有关系的人来来往往的歇脚站，在那里我们见到了罗振玉。几个小时以后，罗又雇了一辆汽车，载着我们奔驰在通往旅顺的大道上。我长舒一口气，似乎就要卸去肩上的担子了。

从旅顺到长春

1932 年 3 月 2 日，溥仪传我。

“又要搬家，你现在开始准备。”这件精心安排的事对我来说却是突然的。

“搬到哪儿？”

“长春！”

溥仪向我简要地布置了任务：由我率领护军和茶膳房人员并携带溥仪急用的东西先行赴长，以便为溥仪的到达打前站。

“皇上几时启跸？”

“还不一定。”

大概还要保密，我不再问，当即动手把溥仪现用的衣物收拾起来，装满了几只皮箱，向溥仪报告后他同意，幸好没有笨重物件，路上也轻便些。

第二天一早，我带着霍殿阁、霍庆云等五六名护军及御茶膳房人员数人，由一名日本宪兵引路，在旅顺火车站登上一节铁闷罐车，携带的皮箱及其他物件，由车站搬运人员给装到这节车上。铁门刚刚关严，火车便轰隆轰隆地驶离了旅顺。

闷了一个多钟头，到达大连车站，这才允许我们进入客车车厢。我四外一扫，车厢内几乎满员，但都不像一般旅客，又并非清一色军人，这究竟是一列什么车，我始终没搞清楚，也不敢乱打听，坐着走就是了。经十五六个钟头的行程，抵达长春。其时，日本人已经改称长春为“新京”了。

一辆拉货汽车把我们几人，连同皮箱及其他物件，一起运到位于五马路口的原吉长道尹衙门内。这里就是伪执政府的临时所在地，因正处在中国地面与日本租界的交叉地带，是繁华的闹市区。

不知道溥仪几时到达，而他一到就要吃饭，所以我不敢怠慢，立即安排御茶膳房人员把工作条件准备好，同时安顿几名护军和伺候婉容的老妈子各自住下。我就和护军们住在一室。

这个伪满洲国真是在匆忙之中建起来的，连作为“中央机关”的“执政府”还是破破烂烂的，正在装修粉饰之中。我们中国人的住处没有床而是地铺，垫上草、铺上毯子，席地而卧。心中颇觉不平，便特意到日本宪兵的住处去看看，日本人不是地铺，而是铁床，条件好多啦。我又细看看，还有区别：我们中国人铺的是棉线毯，而他们日本人铺的是纯毛毯。我立刻就来气了：这样的小事上还分得如此清楚，太过分了！一气之下，我随便拽了一条毛毯就走，又把我那条线毯扔了过去。过后还听日本宪兵那边嚷嚷，问谁把他的毯子给换了？全屋都是毛的，偏偏出了一条线的，岂能发现不了？我也不言语，让他找去好了！

这里一切就绪，我又打听到溥仪住的房间——院里靠南端的两间，想去看看布置好没有。到了那里举目四望，真不怎么样：天棚低矮、房间狭窄，当时正在装修，我看见有几个人还往墙上贴缎子呢！这时，进来两名西装革履的人，大约是某报的记者吧，他们手托照相机，要给房间照相。这时，也不知从哪里得来了勇气，我跳过去加以干涉，不准他们拍照。我想，既然是溥仪要住的房间，我有权力管！把这样破烂不堪的模样弄到社会上去，有损于皇上的圣威。这时，他们中间有一个人以标准的北京口音搭话劝我：“你又何必管这些事！他们都是奉命而来，官差！官差！得罪了他们也没有好处呀！”我还以为此人必是与溥仪有关的，遂放下那边的事与他攀谈起来。原来他父亲是中国人，母亲是日本人，生在北京东四牌楼附近，从小说北京话，所以说得好，与溥仪并无干系。

这样忙忙乱乱地过了一两天，因为责任在身，是来为溥仪打前站的，生怕在哪件事上出了漏洞，于是，夜阑人静之际我又一件一件地想过一遍。觉得只有一件事情有欠缺！我们从旅顺出来时，往闷罐车上装了许多筐苹果、桔子和其他水果，后来我们进入客车车厢，没留人在闷罐车看守，等到长春打开闷罐车门一查，水果筐丢了一半。据说让行李车上的人给偷吃了，他们要尝尝给皇上准备的水果是否会有特殊口味，谁又能奈何呢？其实光吃是吃不了太多的，有人不但敢吃还敢偷拿皇上的“圣果”，这也可以说是当时的一件奇闻了。

溥仪就任伪执政前后

1932 年 3 月 8 日下午 4 时许，溥仪携婉容还有他的几个妹妹，来到我们已经待了几天的地方——伪执政府临时驻地。

那天晚上溥仪太忙了，人来人往不断。我本想靠前说说这几天的情况，竟找不到谈话机会。

不知什么原因，那天晚上溥仪并没有睡在给他预备好的两间居室内，而是住在典礼大厅东边的一套房间里。记得那是 3 个房间，溥仪在东间，婉容及二格格、三格格在西间，中间屋里立着 3 面很大的穿衣镜，次日早晨我过去伺候，见二格格和三格格在地下跪坐于自己脚上面对穿衣镜梳头呢！

这天上午，溥仪在典礼大厅举行伪执政就任仪式，现在说说我所看到的情景。

进入大厅时，走在最前面的是侍从武官，第二个人就是溥仪，他身穿后襟长、前襟短的那种西洋大礼服，头戴黑色礼帽。跟在溥仪身后的人中，离他最近的就是祁继忠，他作为贴身随侍参加了典礼全过程。人们进入大厅后，关了门，仪式开始。这时我在大厅外巡视，不时地听见里面一阵嚷嚷、一阵鼓掌，时间不算太长，大厅的各门都打开了，参加仪式的中国人、日本人一起涌出，我看见郑孝胥、罗振玉等老臣都在里边。人们顺走廊往西拐，出门是一个小院，军乐队的人在那里列队等待。这时有个人从队列中走出，来到一根临时安装的旗杆之下，随着演奏伪满国歌的乐点，把伪满五色旗升上旗杆之顶。后来我才听说，升旗者原来就是曾任奉天市长、颇有声名的赵欣伯。升旗时，站在队列之前的溥仪脱帽敬礼，老臣们也冲着旗杆三鞠躬。至升旗毕，宣告礼成，参加典礼的人们又照纪念相去了。

溥仪在吉长道尹衙门改装的执政府待了20多天，这期间门禁是很严格的，凭佩戴在身上的出入证通行。出入证长约4公分、宽1.5公分，有两种颜色：高级官员戴黄色的，低级官员戴白色的。不知怎么，给我也发了个黄色的，或许是执政的面子吧！有几次我从执政府那道圆门出来进去，岗哨一见我戴的黄色出入证，便十分严肃地喊出一声口令“举枪”，用以表示对“高级官员”的尊敬，这场面让我感到不好意思，以后没有要紧事再不出去了。

终于又下来一道命令，执政府从吉长道尹衙门搬迁到当时被人们称作“盐仓”的地方去。所谓盐仓，就是吉黑榷运署，有几栋小楼，在当时的长春算好房子。这次搬迁，内务方面由祁继忠负责，我的印象不怎么深刻了。

到新的地方，有了明确的职责分工，我专门侍候溥仪在缉熙楼内的生活起居，也只能在缉熙楼的范围内活动。溥仪每天上午9点多钟过勤民楼那边办公，起初还认真，往后“办公”时间愈来愈短，有时干脆不再过去。

缉熙楼是一栋二层戴帽的小楼，正门朝南、后门朝北，溥仪上勤民楼去都是出后门，越过中和门，直冲勤民楼的前门。

从正门进缉熙楼，对面便是楼梯，溥仪搬进去就住在二楼西侧靠南边的两个房间里。室内设备颇简单：寝宫内除了床、两开门大衣柜，带几层抽屉的衣箱和一个类似今天的酒柜的家具外别无他物；会客厅里也只有书橱、花盆台子、双人及单人沙发、小圆桌等家具。桌上铺的不过是线织桌布，上面摆一套烟具。二楼西侧顶头是溥仪洗脸用的小屋，后来改为理发室。小屋南边是佛堂，溥仪常在这里接见近臣，佛堂旁边有卫生间。二层东侧归婉容使用，对我们来说是不可逾越的。

“笼中天子”

溥仪那时的生活实在很枯燥，虽然每天照例上勤民楼“办公”，鬼才知道到底有何公事可办，不到中午12点就“退朝”了，在缉熙楼休息时，与婉容、二格格、三格格一块儿说说话，娱乐一会儿。

有一天，溥仪心血来潮，说要出宫转转，遂命祁继忠备车，携婉容和二格格、三格格去逛大同公园（今儿童公园），奏事官吴天培也跟着去了。不料，像安装了特制机关，这边刚到公园，那边日本宪兵、警察、特务一起出动，成群结队的汽车一批批从四面八方向公园包抄过来。最先赶上溥仪汽车的宪兵头目，恭恭敬敬地向“执政”行礼报告道：“此地不安全，请执政回府里。”溥仪感到势头不对，无心贪恋公园景色，急命司机返程。此事并没有就此完结，又从日本关东军司令部方面传过话来，说执政的安全要紧，不能想上哪儿就上哪儿，要出门也得告诉一声，以便保护。话是这样讲，反正不许溥仪随便行动就是了。

溥仪有散步习惯，既然不许出宫，只好在大墙内遛遛。起初还好，散步时带上几名随侍就行。到后来，只要溥仪走出中和门一步，跟在他屁股后面的人就会愈来愈多，什么侍卫官、侍从武官、日本宪兵……跟了一大帮。溥仪很反感，却又无计可施。我亲耳听他说过：“在院子里走走还拉着大队人马，这太没有意思了。”其实，这正表明日本人对溥仪的监督和限制愈来愈紧。

平日，溥仪散步并不局限于缉熙楼前前后后，时常越出中和门往北，上护军住的院子里去转。不久即有人告诉他，护军那个院子也不保险，最好不过去。接着，又出了这样一件事：有次溥仪在缉熙楼小院里散步，陷入了思考之中。刚走到大墙旁边，忽然由墙外飞入一块砖头来。因为四外都有岗哨，一般人不可能接近，所以出现这种情况令人生疑。紧跟在溥仪身后的祁继忠和吴天培都害怕了，说是“闹鬼”“狐仙显圣”，护卫溥仪赶快离开了这里；现在看来，这事与溥仪离津前的“炸弹事件”也大同小异。试想：谁能知道溥仪正在这里散步？谁又敢向“执政府”的院子里抛砖头呢？出这种事的时候又恰恰都有祁继忠在场也是怪事。从此，溥仪散步的范围更小了，因为还必须远离大墙。

溥仪并不傻，他当然知道是谁严格限制了他的行动自由。他不满，也只能忍受，因为理由是堂而皇之的，一切都是为了提供“保护”。出于同一考虑，关东军还派出若干日本宪兵常驻勤民楼旁厢房内，监视往来人员，包括溥仪的亲属和近臣。为了能在面子上过得去，这些负有特殊使命的宪兵，不着军装，而改穿一种特制的制服。这些不易识别的人都经过了特殊训练，溥仪的一举一动全在他们的眼神之中。

（王庆祥整理）

日寇统治伪蒙的策略

李守信*

日本帝国主义统治伪蒙，完全是采取了他们奴役榨压朝鲜、台湾人民所取得的经验，并抄袭了中国历代王朝、北洋军阀及国民党反动派笼络怀柔边疆少数民族所使用过的手段。随着国际局势和侵华战局的变化，针对伪蒙内部的各种矛盾，运用恩威并用，软硬兼施，把蒙奸和汉奸全玩弄在掌心，使蒙、汉人民不敢起来反抗。伪蒙政权这个历史怪胎，从 1936 年 5 月 10 日在嘉卜寺正式诞生，到 1945 年 8 月 14 日随着日本投降在张家口土崩瓦解，一共存在了 9 年零 3 个多月。在此期间，经过两度改组，头绪相当纷乱，特别是由伪“蒙古军政府”改组为伪“蒙古联盟自治政府”，由草原迁移进城市以后，内幕更为错综复杂。为了便于近代史研究者了解伪蒙历史，还是首先介绍日寇怎样统治伪蒙。兹就我任伪“蒙古军”总司令兼伪“蒙古联合自治政府”副主席的经历和见闻，举出事例说明此种真实情况。

* 作者时任伪蒙古军总司令。

一

九一八事变后，德王（德穆楚克栋鲁普）在其姨父补英达赖的策划下，公开跑到南京，补则密赴大连，和蒋介石与日本“关东军”同时进行政治勾搭。在双方都想争取他的情况下，他身价提高了。加之西藏的班禅喇嘛，在这前后替他由东向西联络内蒙各盟旗的王公，他便有了统一蒙古、想当“蒙古皇帝”的野心。1936年，他跟蒋介石表面决裂，在嘉卜寺（今化德县）成立伪“蒙古军政府”时，即以成吉思汗诞生的那年作为纪元。当时日本帝国主义想利用德王的伪政府和我的伪军，由察北进犯绥东，所以日本关东军司令部曾默许帮助他建立一个相同于伪满那样的国家。德王和溥仪不同，他不敢搬用君主立宪的帝制形式，而是让乌盟盟长云端旺楚克（云王）、锡盟盟长索特那木拉布坦（索王）和伊盟盟长沙克都尔扎布（沙王）充伪政府的正副主席，他任总裁兼伪“蒙古军”总司令，实际掌握军政大权。

日寇公开成立伪满洲国，对于蒙古是“分而治之”，绝不许德王把蒙古统一起来。九一八事变初期，他们为了利用东蒙，曾组织过伪“蒙古自治军”，但到1932年3月伪满成立以后，即把东四省境内的盟旗划入伪满，以兴安岭这个山脉命名而不以民族命名，分成“兴安”东西南北4个省，“蒙古自治军”也改称为伪满的“兴安军”。德王因此在我进驻多伦时，他跑到伪“兴安”西省，和伪“兴安军”总司令巴特玛拉布坦（扎赉特旗王爷）等好多人，瞒过日本“关东军”举行过一次民族团结的“歃血同盟”。1937年七七事变爆发不久，我跟傅作义、门炳岳和刘汝明的军队，在商都和张北作战期间，由于嘉卜寺被袭，德王没敢到察北前线而逃往多伦，巴特玛拉布坦为了践盟，从伪满前来多伦，对他加以保护，东条英机的军队攻陷张家口，他才被陶克陶坐上飞机找回，到张北重新跟我合在一起。

张家口于1937年8月27日沦陷，大同于9月中旬，归绥和包头于10月14日及16日相继沦陷，从此日寇将平绥路西段打通。德王和我率领伪“蒙古军”等于一枪未放，跟在日本军队的后边，由察北进入归绥和包头。长城内外至外蒙边境一带，既是日本人打出来的天下，当然日本人要进行统治，决不肯叫外人去做主子。所以在伪“蒙古军”由察北向西出动期间，日本占领军和特务机关并没有和德王商量，就在宣化、大同两地区成立伪政权，9 月 4 日扶植张家口的商务会会长于品卿为主席，成立了伪“察南自治政府”；10 月 15 日又扶植大同的前清拔贡夏恭为主席，成立了“晋北自治政府”。10 月 27 日，才将锡林郭勒盟、察哈尔部、乌兰察布盟大部与土默特旗这个范围，在归绥令德王成立了一个伪“蒙古联盟自治政府”。德王于九一八事变以后，标榜内蒙古自治是名，而图谋内蒙古独立是实。但日寇却把伪蒙视为和“察南”“晋北”以及汉奸殷汝耕的“冀东”相同的政权，由梦想的国家降为特殊地区，使他大失所望，其他蒙奸也大感不快。

伪蒙在“军政府”时代，受“关东军”操纵；改组为“联盟自治政府”后，在张家口一地就出现了 3 个上级衙门。先是日本的张家口特务机关和“驻蒙军”军部；接着是“蒙古联盟自治政府”成立不到一个月而组织起来的“蒙疆联合委员会”；此外在张家口日本侨民居留地，还有一个受东京直接“嘱托”、现役少将级军官为首脑的管理及监督伪蒙政权的机构。1939 年 9 月 1 日，日本虽然在“蒙疆联合委员会”的基础上，把“蒙古联盟”“察南”、“晋北”3 个伪政权合并为“蒙疆联合自治政府”，“蒙疆联合委员会”随着取消，但具体统治它们的是日本“驻蒙军”军部和特务机关。这种状况一直到日本投降前没有变动，只是名称上改换了几次。特务机关先改称为日本兴亚院驻蒙疆联络部，以后又改称为日本驻张家口公使馆。归绥的日本特务机关始终挂着牌子。在 1939 年 9 月 1 日前，它就管理“蒙古联盟自治政府”和“蒙古军”总司令部。移到张家口之后，“蒙古军”总司令部仍留在归绥，从小仓特务机关长开始，便兼了伪“蒙古军”总司令部的最高顾问，当然兼管设立在归绥的“巴彦塔拉盟”盟公署。

伪蒙在“军政府”时期，伪正、副主席和总裁之下，只有军事、民政、财政和交通、外交、实业等署；改组为“联盟启治政府”后，有了政务院和参议府。在政务院总裁之下，设立了总务、财务和保安三部，并将伪政府所在地的归绥，按蒙古语音改称“厚和豪特”，且定为“首府”。这就是德王硬要把他的伪政权铺排成一个国家的样子。“联合自治政府”迁到张家口后，在纪年和“首府”之外，又挂出了“黄（代表汉族）、蓝（代表蒙族）、白（代表回族）、赤（代表日本大和民族）”的四色“国旗”；同时在政务院和参议府之外，添了最高法院与最高检察署。政务院下面除了原先的总务、财务和保安三部，又增加了民政、司法和交通三部，以及牧业总局、榷运清查总署、税务监督署、兴蒙委员会、回教委员会和兴蒙学院等附属机关，并且把“察南”和“晋北”两个伪府，改组为属于“蒙疆联合自治政府”的两个政厅；1943年，将这两个“政厅”改为“宣化省”与“大同省”。于是伪蒙政权最后形成了一个辖有五盟两省四市和面积50万平方公里与人口550万的“国家”局面。

日寇虽然允许德王的上述那样折腾，但是对于伪蒙并不按国家来看待，除了把伪蒙简称为“蒙疆”，在伪府政务院之下却不许设立外交部；日本兴亚院蒙疆联络部，后来改称为公使馆，而没有改称大使馆；伪蒙驻东京、长春和北平的执行外交联络的人员，也称为驻日代表部代表，驻满代表部代表和驻平办事处处长。德王两次访日时，日本天皇裕仁并没把他看成一个国家的元首，像对溥仪那样接待。德王访满的时候，溥仪也未亲往郊迎，只是赐以便宴，而未举行国宴。最给蒙古民族丢人的，是德王见了溥仪，还行了三跪九叩首的跪拜礼。我因伪“蒙古军”总司令部一直设在归绥，到张家口是暂来暂往，不知汪逆精卫访问德王，和褚民谊与苏体仁代表伪南京“国民政府”与伪北平政权访问伪蒙时，德王如何招待，但伪满驻伪蒙的代表李宜顺，和伪蒙驻日代表部特克希布彦（王宗洛），在张家口官场的宴会上，都被恭称是“大使”，这不过是为了听来舒服，叫着过瘾罢了。

从日寇不承认伪蒙是国家来观察，证明日本帝国主义“协助蒙古民族复兴”，完全是骗人的谎话。假借蒙古的旗号，做他们的政治招牌；利用蒙古败类，当作他们的侵略工具；搜刮蒙古人民的物资，充作他们的战争资源，才是日寇的真正目的。德王起初对此还不甘屈服。1937年11月张家口成立起“蒙疆联合委员会”，日寇曾叫他担任这个机构名义上的最高负责人——委员长，他坚不就职，以示抗拒，推诿到1939年4月，才答应担任了这个傀儡。头一次访问日本是在“联盟自治政府”时代，他以为伪蒙不能建国，是日本兴亚院驻蒙疆联络部和“驻蒙军”军部捣的鬼，不是日本政府的本意，他主要是为告“御状”而到东京的。不料“蒙疆联合委员会”的最高顾问金井章二，警告给德王担任翻译的伪府财政部长吉尔嘎朗（即德古来）不准对新闻记者说出“建国”两个字眼，否则要砍吉尔嘎朗的脑袋。德王见了天皇裕仁和陆相板垣征四郎，提到“建国”问题，都叫他回去和驻蒙的联络部与军部研究。结果碰了一鼻子灰，很扫兴地从东京回到归绥。1939年9月，改组为“联合自治政府”时，先是德王叫东蒙的几个知识分子舞文弄墨，反对“蒙疆”的“疆”字。援古证今，想把伪蒙变成日本体系里边的一个邦，在那个“邦”字上大做文章，但均没有得到东京的批准。以后他便赖在归绥不走，不去接“蒙疆联合自治政府”主席的新印。日本“驻蒙军”曾派政治参谋大桥熊雄，两次从张家口前来劝驾，并命令我在归绥就近“逼宫”。我虽没有逼他，但“驻蒙军”给他来了一个申斥性的电报，表示他如果不去就职，便要另选旁人，他还是乖乖地到了张家口。

尽管德王以元首自居，吴鹤龄也摆着国务总理的架子，在1940年汪精卫“还都”以前，日寇为了敷衍汪逆，指定华北的王克敏、华中的梁鸿志和“蒙疆”德王，出席板垣操纵下的“青岛会议”，显出日本人要把伪蒙变成汪精卫领导下的“蒙政会”。德王恐怕降低身份，叫我以伪蒙疆政府副主席的资格前去出席。最可笑的是1943年年初，日寇在进兵广西以前，唯恐华北的伪军在后方捣乱，冈村宁次（日寇侵华指挥官）以召开联防会议为名，把我和汉奸庞炳勋、张岚峰、孙殿英、吴化文等伪军头脑，都召集在北平软禁了半个多月。在接到“驻蒙军”转来冈村的通知时，德王还曾去电问明允许我坐首席以后，才叫我前去参加。汪精卫于1940年3月20日在南京召开伪中央政治会议时，德王受日寇指使，不得不派伪察哈尔盟盟长卓特巴扎布（卓世海）和伪察南政厅长官陈玉铭，充当该会委员，他和我及吴鹤龄的名字，虽然没有和汉奸陈公博、周佛海、王克敏、梁鸿志等并列在一起，可是伪蒙疆政府和伪北平政权与伪维新政府，都被人们视为汪伪国民政府的一个组成部分。所以说伪蒙是日本的孙子辈，没有取得和伪满、汪伪政权同等地位，顶多是等于伪“华北政务委员会”那样的傀儡政权。

二

“蒙古联盟自治政府”成立时，松井任归绥的日本特务机关长，伪府的政务最高顾问宇山兵士和军事最高顾问高场损藏，均受松井直接指挥。其时张家口的日本特务机关长为酒井隆中将，而领导“联盟”“察南”和“晋北”三个伪政权的“蒙疆联合委员会”，又是金井章二为最高顾问。同时在我的伪“蒙古军”总司令部顾问部里边，还有一个次于最高顾问高场的，并且很跋扈的盘井顾问。因为这几个主要统治伪蒙的日本人名字里边，都有一个“井”字，加之自从进城以后，日本人对我们的态度完全改变，不禁使伪蒙群魔产生了“我们掉在井里”的感慨。

在察北的时候，由于他们一方面想利用我们，一方面又怕我们不可靠，所以表面上对我们相当客气，并且处处迎合迁就；可是到了归绥以后，本来是日本出兵打下的地方，而我们却坐享其成，众人自知理屈，不由得低声下气起来。另外，国民党的军队在日军进攻之下，都是节节败退，到了 1938 年春，连上海和南京也相继放弃，不少人对抗战前途感到悲观。日本人虽然嘴上没说，但是眉目间却表现出“你们占了便宜，还不感恩图报”以及“你们想跑就跑吧，看你们往哪里跑”的那种神气，于是大小顾问都板起主人的面孔。他们咄咄逼人的气焰，使伪蒙群魔初次尝到做蒙奸和汉奸的苦头。

“我们掉在井里”的悲叹，和 1942 年我跟德王访问伪满时，听到那里的几个大臣对我发出的“我们被装在坛子里边”的哀鸣一样，都足以说明日寇对蒙奸和汉奸特别压制，并跟着“国统区”特别是“解放区”的人隔离，所以如同掉在井里和装在坛子里边一样，不知抗战的真实情况。关于压制方面，日寇统治伪蒙主要是由张家口的“驻蒙军”军部发号施令，“驻蒙军”相当于伪满的“关东军”。当 1937 年 8 月东条英机攻占张家口以后，就在张家口成立。它不仅指挥“蒙疆”境内的日军和伪军，还可操纵“蒙古军政府”政治参谋，对“蒙疆”的三个伪政府实行军事管制。从张家口沦陷到张家口解放，“驻蒙军”司令官更换了莲沼、冈都、柑柏、崎田、神协和根本博等好几个人，但其政治参谋很少调动，先是竹下义晴少将，以后一直是大桥熊雄大佐。竹下虽然脱离了“驻蒙军”军部，但晋级为中将，继酒井隆之后，升为日本兴亚院驻蒙疆联络部长官。竹下义晴和大桥熊雄都是日本的“中国通”（竹下曾任过“关东军”的参谋和山海关与上海的特务机关长；大桥熊雄未来伪蒙以前，在哈尔滨的日本领事馆工作多年）。这两个人对蒙奸的印象很不好，公开和“察南政厅”的汉奸们说：“蒙古已被汉人同化得快亡了。”并说：“蒙古人的反心很大，不如你们和晋北亲日。”所以“驻蒙军”军部，老是打发他们向德王施加压力。

日寇的“驻蒙军”军部，是我的“蒙古军”总司令部的顶头上司，经费和师长以上的人事，全由“驻蒙军”军部关发和决定。“蒙古军”每年的经费预算，听说为800万“蒙疆银行”的钞票，伪蒙政府按“国防开支”费交给“驻蒙军”军部，军部转发给我的顾问部掌握。除了每月给我发2000元薪俸（内中扣去津贴，最高顾问400元和参谋长400元，我实落1200元），每年给我两万元“机密费”外，我只是专刻了一个图章，交给日本人随便盖用，其他情形我从不过问。我的军需处长崔景岚，也仅知管发总司令部和各师的数字，此外他更不敢打听。所以归绥的许多“株式会社”和“料理店”（卖小吃喝的商店）里的日本人，也向“蒙古军”总司令部拿钱，顾问们请客宴会的酒资和其他费用如嫖妓的“床头金”，亦由伪蒙政府压榨蒙汉人民的血汗来开销。我的官兵过着稍高于国民党部队的生活。至于重要人事更动，在没有发表以前，军部还叫我的最高顾问征询我的意见，这不过是走一走过场而已，非到剪除我的羽翼时，我老是唯唯诺诺地表示服从。

由于日寇对伪蒙统治非常严密，无关“蒙古军”的事，我因避嫌疑而忌讳打听，所以不知道“驻蒙军”军部和“兴亚院驻蒙疆联络部”究竟是谁隶属于谁。兴亚院的联络长官，最早是酒井隆中将，以后是竹下义晴中将，最后是岩崎氏男少将。酒井隆初任张家口特务机关长，特务机关改组为兴亚院联络部后，即任联络长官。到了岩崎氏男任长官时，又改称为日本驻张家口公使馆，所以兴亚院联络部和张家口公使馆，都是特务机关的化身，能指挥动历任“蒙疆联合委员会”和“蒙古联合自治政府”的最高顾问金井章二。这个机关不仅管理伪蒙的军政事务，也进行有关甘宁青新回民的特务工作。设立在包头的、由蒋辉若领导的“西北保商督办公署”，就是听命于兴亚院联络部和张家口公使馆的一个特务组织。我因薪俸不够应付伪蒙的政治环境，到达归绥后，又像我在热河赤峰和开鲁驻防时一样，利用职权贩运起大烟土和私货。我是经王英的表弟郭胜三介绍，认识了北平“中央金店”的经理高雅杰，由他给我做生意。此人由包制军衣发家致富，和“东北军”与“西北军”系统的将领都有联络，曾给宋哲元在北平办过小型兵工厂，与马鸿逵交情莫逆，马称他为“高二皇上”，以后和马汉三（华北的军统特务头子）也搭上关系，成了军统特务。抗战初期，高在全国各地共有11处买卖，西安、银川和甘肃的玉门均有分号和支店。他因周转不灵，曾向酒井隆借钱，酒井隆给金井章二下了一个条子，从“蒙疆银行”贷给他40万元巨款，作为让他跟马鸿逵“拉线”的交换条件。

张家口的特务机关由兴亚院联络部改为公使馆，归绥的特务机关始终没有取消。七七事变前，归绥的日本特务机关长为羽山喜郎，日本占领以后的第一任特务机关长是松井，第二任是桑原，第三任是小仓。“蒙古军”的最高顾问，到了归绥后，第一任是高场，第二任是三毛一，第三任便由小仓兼任。小仓从伪“蒙疆联合自治政府”在张家口成立，便成了归绥的最高统治者。他在这一期间，还把白凤翔的“热河先遣军”收编为“东亚同盟军”。因为德王不买他的账，我们第一次访日时，板垣送了我两匹洋马，应许给德王发500支日造“三八式”步枪，装备德王的卫队，枪支由东京发到归绥，他霸住不给，到底也没把德王的卫队用日式武器装备起来，一直是使用着我在多伦时给凑的旧枪。归绥的日本特务机关，把日、蒙、汉籍特务，分布在各个角落搜集情报，并根据特务们调查了解到的线索，派直属的“日本宪兵队”扣捕抗日反蒙的爱国人士与青年学生。中共地下组织领导的“绥蒙各界联合抗日救国会”，就是被归绥特务机关破获的。“蒙古军”总司令部也有一个由三五十人组成的“蒙古军宪兵队”。这个宪兵队不是我的特务组织，而是“日本宪兵队”的帮凶。日本宪兵班长，可以指挥“蒙古军”的中校宪兵队长。我在归绥驻防时，由师长陈景春以子弹向天主堂的中国神甫白祥换到一部法国短波无线电收音机，可以收听重庆“中央社”，延安“新华社”和莫斯科放送的华语广播，以及哈尔滨的地下电台“劳动人民声音”。结果被归绥特务机关知道，日本宪兵还不好意思到我杨家巷的家中查看，却指使蒙古宪兵，于黑夜间闯进我的卧室，我大发雷霆，把他们骂走。“蒙古军”的宪兵队长席子纯，为此好几个月躲着不敢见我。后来他托人向我央告，说是日本宪兵队叫他派人执行这一任务，我只好干生气。

我在伪蒙时期，实际处在日本特务的监视网里。我的汽车司机，是一个假装朝鲜人的日本人。他和我的翻译郝贵堂与贴身伺候我的勤务兵唐成良，都是特务机关介绍来的。唐成良是热河隆化县的一个乡下孩子，伺候过松室孝良，跟松室学会日本话，由小仓派到我跟前当差。后来郝贵堂和唐成良都被我收买为亲信。小仓为了能进一步探听到我内宅的动态，又打发来一个名叫哲户的日本老头子当我的家奴和院公，跟我的卫士们在门房中吃饭睡觉。我的家中经常有十几个卫士守卫，“蒙古军”的宪兵，所以能够闯进我的卧室，便是哲户从大门外领到里边的。德王也是如此，他在张家口下堡的公馆中，不知是“驻蒙军”军部，还是“兴亚院蒙疆联络部”，也给打发去一个名叫山内的日本老头子。此人装聋作哑，据说能懂得蒙古语言，想叫德王对他不加提防。至于我和德王到了外边，旅馆附近密布日本宪兵“保护”，出门乘坐日本司机驾驶的专车，所以只敢跟商人公开来往，其他人都是想法子秘密接触。

三

德王在嘉卜寺“蒙古军政府”时期，担任伪府的总裁，并兼“蒙古军”总司令和第二军的军长，同时让吴鹤龄和乌古廷郎舅二人，担任伪政府的议长与伪军的参谋长，对这些不仅我不同意，日本人更怕他军政大权全揽，把伪蒙整个抓了起来。所以进入归绥后，在改组为“蒙古联盟自治政府”时，即叫德王专门负责政治，由副主席兼任政务院长，把总司令让给我担任，同时给了吴鹤龄一个参议府的议长。德王对于我任“蒙古军”总司令，心里很不痛快，听说他为此向张家口特务机关长酒井隆提出质问。酒井反问他为什么在傅作义、门炳岳和刘汝明收复察北期间临阵脱逃，由嘉卜寺跑到多伦呢？这样一问，德王没有话说，但是让我担任伪总司令，他却怀恨在心。1938年冬天，日寇把宝贵廷于1936年夏天从热河征来的六千多蒙古兵都遣送回伪满；1940年3月，在傅作义军进行“五原战役”以后，又把我的嫡系三个汉族师，从“蒙古军”拨出改为三个警备队。他不知这是削弱整个伪蒙的力量，以为是剪除我的羽翼，因而他不表示态度。我由于孤掌难鸣，只好让日寇将我的筋完全抽去。结果“蒙古军”成了一个空壳。

德王和我貌合神离。两个人不能和衷共济，就使日寇更便于分化利用。德王对汉人和接受了汉族文化影响的蒙古人，都存有成见和偏见。他原先想跟汉人隔离，在草原上建立一个纯粹蒙古人的封建独立王国；进入归绥后，也不欢迎汉奸参加伪蒙政权。无奈日本人正如当年蒙古人征服欧亚大陆那样，把伪满的汉奸按“色目人”使用。由于“蒙古联盟自治政府”，比“蒙古军政府”组织扩大，伪蒙疆联合委员会的最高顾问金井章二，想把“满系”汉奸调来担任伪府的重要职务。“察南政厅”长官陈玉铭，就是由伪满调来的一个任过次长的汉奸。德王为了拆倒我“蒙古军”的梁柱，先是叫我的第一师师长刘继广兼任伪包头市的市长，刘因担任文职被迫把兵权交出。我让炮兵大队长丁其昌去带领我最精锐的第一师。在二次改组为“蒙古联盟自治政府”时，德王把刘继广升为最高检察厅长，将我的第二师师长尹宝山聘为政务院的委员，又把丁其昌调为治安部部长。金井章二不知底细，曾提出“军人搞不了政治”，德王说：“他们很有功劳，可以慢慢学习”，用此抵制“满系”汉奸插入。德王还拿官爵收买我的部下。从此在伪府里边，也像在伪军中那样，分成亲日、亲德和亲李三个派系，互不团结。特别是丁其昌出任了伪治安部部长，把我的三个汉族师变成了警备队，就更名正言顺，我只好“哑巴喝黄连”苦在心里，即使能说出话，也是有口难辩。在遣散热河蒙古兵时，日本人说是由西边的五个盟来给补充，可是“驻蒙军”军部紧接着给各盟成立了一个防卫师，由盟长兼任师长，受各盟的特务机关指挥，盟长兼了师长后，就不像以前那样听话，德王向锡盟要兵时，伪锡盟盟长松津旺楚克，便以“如果你非征不可，我就把喇嘛给你送来”的语言顶撞。最后德王和我，一个成了空头主席，一个成了光杆司令，都失去一声喊到底的权力。

伪蒙政府实质上是一个替日本帝国主义压榨、征敛的机关。八年以来，给“驻蒙军”军部提供了无数的战略物资。详细数字，日本人对外保密，中国人谁也摸不清楚。各种物资大都是由日本的“株式会社”先和伪蒙政府订立经济协定，然后直接和各县的县长，特别是各旗的王公再立合同，进行低价收购或不等价交换。例如日本进兵印度支那以后，士兵染上南方的瘴气死的很多；驻在大同的厚宫师团开到广西，也因瘴气，死了一千多人。他们研究结果，认为马肉是大热的东西，可以防御瘴气侵袭。于是在张北县建立了一个近代化的屠宰场，把成群的马赶到里边，出来全成了马肉罐头。这种战略物资，就是由日本直接向各旗的扎萨克或总管收购，几乎把锡盟和察哈尔部的马匹搜罗殆尽，伪蒙政府却从中捞不到任何油水。王公旗官从此对日本人失去了好感，认为张家口的伪政府成了架在他们头上的枷锁，以致产生了以松津旺楚克为代表的王公和吴鹤龄之间的重大矛盾。日本人向满洲移民不久，还计划向乌珠穆沁一带移民，以防备苏联和外蒙。为此企图在草原上购买牧场或农场，甚至还想叫王公把职爵卖掉，由日本人主宰一切，把王公制度彻底推翻，将蒙古地区变成名副其实的殖民地。这些都是瞒过德王，由特务机关和王公偷偷勾搭进行的。后来由于日本人在太平洋战场上失利，才作罢论。

德王心目中的蒙古独立王国，是要把东蒙、西蒙和青海、新疆蒙古都包括在内，可是日本人只许他向西发展，不让他跟锡盟和察哈尔以东的王公发生联系。德王手下的东蒙人，如陶克陶、金永昌和吉尔嘎朗之流，都是“关东军”多年的“嘱托”特务，并且都是在百灵庙“蒙政会”和嘉卜寺“蒙古军政府”时参加或派过来的。“蒙古军”的几个东蒙师长如包海明和瑙门达赖等，也都是日本士官学校毕业的学生。从归绥到张家口，东蒙参加伪蒙政府军队的，大都是热河卓索图盟喀喇沁和东土默特旗的人。他们是因吴鹤龄、乌古廷和我的关系而来的。吴鹤龄曾任南京蒙藏委员会委员、乌古廷出身于东北讲武堂，他们全是自动投靠德王，故德王对他们比对陶克陶等较为信任、倚重。于是他们把亲信故旧从喀喇沁旗弄来，加入伪蒙军政机关，形成一股很大的中层势力。1944年年底与1945年初夏，日本人所以把吴、乌郎舅两人先后撤换，就是怕他们在伪蒙兴风作浪。东蒙除了卓盟的喀喇沁旗而外，以哲盟科尔沁各旗的文化较高。那里的知识分子，多被日本人收罗到伪满的"兴安省"和"兴安军"。德王和我访问伪满时，东蒙的蒙奸受日本特务监视，不敢跟我们亲近。日本人领我们到王爷庙（今乌兰浩特）参观，在一次蒙古人的联欢会上，我因伪蒙的中层和基层，遍布日本人培养出的"满系"汉奸，特别是翻译和警官，他们尽干坏事，而察绥老乡分不出热河和辽宁口音，对我的伪军官兵也仇视到极点。我在会上提出要求东蒙派人支援西蒙，巴特玛拉布坦等首脑，对着日本人都不敢吭声，不表示可否，恐怕说出来惹祸。

日本人除了隔离东蒙和西蒙，并且隔离德王和我以及我跟我的官兵。尽管德王和我同床异梦，但日本人怕我们合到一起。1939年9月，伪蒙政府二次改组，因吴鹤龄被弄到东京，让我兼任参议府议长；"晋北"的夏恭死后，又叫我兼任了副主席，可是"蒙古军"的总司令部，直至日本投降，并没有跟着伪府由归绥迁到张家口。这样一个在东，一个在西，便不能表演双簧。因为德王在小事上常"跌死皮"（耍赖），到了紧要关头便不像我敢耍光棍，日本人知道我在必要时肯挺身出来维护德王，怕将我们弄到一起，不容易随便摆布。此外，日本人怕我跟官兵接近，经常阻止我到前方打仗。1940年春天，派出"蒙古军"的三个蒙古师，到五原协助王英建立伪"绥西政权"，就是叫乌古廷去指挥。队伍开过去以后，才让我前去视察，看防务布置得如何，并给士兵们讲话打气。在3月20日傅作义反攻五原那天，以欢送三毛一最高顾问转勤为名，突然派飞机从五原把我接回归绥，其目的也是为了隔绝我和我的部队联系。不过，这也好，否则，那次我也要像王英和乌古廷一样，几乎被傅作义活捉。

1945年春天，日方看到德国的侵略军，被苏联击退，盟军开辟了第二战场；太平洋战场，也是美军占了上风，知道他们的好景已经不长，一怕“蒙古军”和我藕断丝连的三个警备队，驻在绥远边境惹事；二怕放在归绥很“不方便”，这才把我调到张家口，加以软禁。所以日本投降后，我把伪军的主力扔到归绥，受傅作义收编，我个人没本钱了，不得不接受蒋介石的委任，到关外重新召集胡匪，投入反革命的内战旋涡。

四

当汉奸一定会身败名裂，要在历史上遗臭万年。如果没有一点油水可沾和一些权势可图，谁也不肯干这种傻事。日本是一个帝国主义国家，为了达到“以华治华”的政治目的，很会拿着中国人民的血汗，收买和雇佣替他们充当侵略和统治老百姓的凶恶爪牙，所以有时显得比中国的封建军阀大方。如伪蒙的军政官员，薪俸都比伺候军阀时为高；以后物资受了统制，亦能得到足以养家糊口的配给用品；还可放任收受贿赂和敲诈勒索。伪蒙境内曾经流行过“宁嫁警察，不嫁土客”（鸦片烟商或人贩子）的民谣。汉奸们贪婪嚣张到了极点，才用严刑惩处，以平民愤，使老百姓产生“日本人好，汉奸们不好”的错觉。特别是伪蒙境内广种鸦片，向全国各地倾销，造成经济上的表面繁荣，城市金融十分活跃，“蒙疆银行”的伪钞比华北的伪钞值钱。同时让所有的投敌官员都染上毒品嗜好，因烟瘾作祟，不能到解放区或“国统区”过抗战的艰苦生活。在日寇投降前的一两年，他们的人也开始腐化起来，经济统制露出不少空隙，于是走私盛行，只要胆子大和朋友多，弄钱相当容易。除了劳动人民叫苦连天，青年学生和正人君子都不满现状，凡是担任伪职的人，多利用职权做起投机生意，把伪蒙视为“冒险家的乐园”，过着暴发户的荒淫腐化生活。一时北平许多胡同里边，新用油漆刷的街门，差不多都是伪蒙县长、局长和烟土贩子们买下的新居。这是日寇侵占内蒙期间，羁縻蒙奸、汉奸的情况，也是蒙奸、汉奸依附敌寇后，不愿再行反正的原因之一。

日寇对于德王和我，一方面固然压制封锁，腐蚀离间，一方面也进行笼络和怀柔，随时给我们些糖吃，灌很甜很稠的米汤。德王和我，是日本人花了很长时间与一定本钱制造出来的两个招牌，非到万不得已的时候，不肯轻易扔弃不用。德王“蒙古联盟自治政府”的最高顾问宇山兵士和“蒙疆联合自治政府”的最高顾问金井章二手段高超，为了抓牢德王这个招牌，表面上虚伪地“尊敬”他，应付他，好像德王就是“蒙疆政府”的主人一样，而德王也乘机撒娇要赖地常跟日本主子耍态度、闹脾气。金井章二走后的大桥忠一，曾向伪宣化省长刘继广的日本参事官说：“我是德主席的顾问，蒙疆的家由他来当，我们只是从旁协助，你对刘省长也要这样。”德王听见，更飘飘然了。张家口的“兴亚院驻蒙疆联络部”和归绥的特务机关，也给我面子。前述高雅杰向“蒙疆银行”贷了40万巨款，就是托我跟酒井隆洽谈成功的。后来高并没有替他们联络马鸿逵，因为“蒙疆”伪钞贬值，他把10万元囤积物资甩出，才偿还了这笔债务。我的最高顾问兼归绥特务机关长小仓对我，也和金井、高桥对待德王一样，也似乎彬彬有礼，就连人事更调和队伍调动，事前还让我签字。

九一八事变前，日本人想通过班禅拉拢德王，曾托汉奸张海鹏在洮南给过班禅5000支步枪，让班禅给德王收买内蒙及青海的王公；德王还在西苏尼特旗，给班禅修了一座很讲究的行馆，格局和“金銮殿”一样。据说德王准备统一内蒙后，要在那里“登基”做蒙古皇帝。日本人虽然把伪蒙视为自治区域，并没有允许他建立国家，但在归绥组成“蒙古联盟自治政府”以后，张家口的“蒙疆联合委员会”最高顾问金井章二，允许到条件成熟之后，要给蒙古建国，为此还派陶克陶跑到冀东和汉奸殷汝耕进行谈判，缔结过将秦皇岛作为未来“蒙古国”出海港口的秘密协定，表示要从“察南”的延庆修一条直达港口的公路。德王对此很感兴趣，送过殷逆汝耕马400匹。日本人给德王许的愿很大，不只是怂恿他坐内蒙的小朝廷，还给他布置过做内外蒙的大皇帝。我们第一次访日时，先在张家口集合，我到了下堡德王的公馆，看到由外蒙逃来的迪鲁瓦活佛喇嘛，蹲到德的会客室里一直不走，似有要事和德商量。第二天迪鲁瓦悄悄向我透露：因为外蒙的哲布尊丹巴活佛死后无人承继，日本人想叫德王的三儿子顶替。拨了15万元活动经费，先给了迪鲁瓦 7 万元，叫他由北平的英国公使馆汇给西藏的达赖喇嘛，并叫他亲自前去拉萨活动。达赖承认以后，再续汇那 8 万元。迪鲁瓦征得德王同意之后，即去北平汇款，并搭海轮由印度转赴西藏。迪鲁瓦从此一去不返，不知下落如何。日本人在“蒙古联盟自治政府”成立以后，除了让总务部的日籍参议中岛万藏教德王学习天皇怎样迈八字步，并给德王做过一套天皇和溥仪那样的“龙衣”。德王把此套衣服很珍贵地保存于西苏尼特旗王府，日本投降时，被苏联军队抄走带到乌兰巴托。给德王做“龙衣”的同时，小仓特务机关长在归绥叫来一个日本裁缝，也给我做了一身日本陆军大臣那样的礼服，让我对外严守秘密。可能给吴鹤龄也做了内阁首相的“蟒袍”。所有这些，不外是叫我们死心塌地地认贼作父，为“大东亚共荣圈”卖力。

日寇在伪蒙除了以种植鸦片敛钱，并且允许各地成立“俱乐部”，收取巨额赌税，使人们都沉沦在赌场里，不关心政治。伪蒙赌税的收入比皮毛税收入还多。我从他们内部得到一个数字比例，说是某一年全“蒙疆”收了 24 亿元皮毛税，而“俱乐部”的赌税却收入了三十多亿元，这还不算“俱乐部”养活着好多大吃大喝的地痞流氓。在我的伪军中，一直包庇着二三百贼性不改的蒙古“马鞑子”（蒙古土匪）和热河汉族的胡匪。他们平时不下连队，在街面上狂嫖滥赌。这些人都由我的胡宝山团长率领，他们没了钱花，什么乱子都敢闯，我对他们很伤脑筋。胡宝山从察北进犯绥远时，路过武川的三眼井教堂，一下子就抢了外国神甫 30 万元款子，到了归绥没几天，便挥霍殆尽。于是日本特务机关根据调查研究，索性让“蒙古军”附属的散兵游勇，经营了各地的“俱乐部”。以后伪蒙的好多“俱乐部”，无形中成了替我安置“闲员”的处所。归绥的“俱乐部”，起初由胡宝山包办，我恐怕他在这个大城市中给我滋事惹祸，叫日本人调他到宝昌县包了那里的“俱乐部”。归绥的“俱乐部”便由我的结拜朋友，曾给汤玉麟当过副官长和旅长的李芳亭包了起来。日本人也不是白养活这些“闲员”。他们为了在华北解放区实行“三光政策”，曾把胡宝山的一个名叫宝中山的连长从“俱乐部”中调出，纠合了二三百蒙汉“浪人”（流氓），开到山东协助日军作战，全被当地的八路军解决，一个也没有回来。

日寇对德王还有一个“碗大汤宽”的事例，就是德王在百灵庙成立“蒙政会”时，蒋介石给他送来一部 75 瓦的电台，由一个姓彭的台长经管。不知是日本人为了表示对德王特别信任，还是想利用这部电台诱降蒋介石，竟然允许德王将此台设在西苏尼特，继续和蒋介石通报。1940 年，德王通过“军统”华北区长马汉三，跟蒋介石联络的另一部电台，在归绥被日本宪兵队查获。前“关东军”政治参谋田中隆吉（那时任太原特务机关长）便以“大电台我都允许，小电台算个什么”，替德王在“驻蒙军”司令官冈部跟前做了圆场，这是日寇故示宽大。因为日寇既然不能把德王一脚踢开，就不如捉住把柄也不处理，这样就可使德王更加驯服。这是日本人的权术，使你感到对不起人家，自己就把自己管束得谨言慎行，不敢节外生枝。

在马汉三的电台未暴露以前，德王常跟日本人要“硬骨头”。例如有一年，归绥特务机关把“蒙古联盟自治政府”电台的报务员陈寿山与葛孟库从新城扣往旧城日本宪兵队传讯，深夜还没有放回。德在伪府大嚷特闹，说：“为什么不通过我，随便捕人？得马上给我放回来。”最高顾问宇山兵士说：“现在关了城门。明天再放。”德说：“城门是日本人关住的，日本人咋叫不开？我现在就要下旧城向宪兵队要人，看谁敢阻拦我这个主席！”日本人没有办法，当夜就把陈、葛两人放回。自从马汉三的电台被破获以后，德王便没了此种勇气，连我也被堵住了嘴，在有关这些事上，无法向日本人求情。所以当我的两个卸职师长尹宝山和陈景春因抗日反蒙嫌疑被扣，我只好给特务花钱，买通日本人把他们保出。而包头商务会会长董五三等和归绥 120 多个教员被扣以后，商界和文化界都想托我营救，我也想借此交朋友和收买人心，但爱莫能助，听任日寇把他们杀害。

日本在投降以前，就做了把他们的军队和侨民安全撤出大陆的准备。在伪蒙方面，是把德王的智囊吴鹤龄和我的军师乌古廷先后撤职，最后将我由归绥调到张家口加以软禁。为了把德王和我稳住，还使了不少的花招。在调我到张家口以前，即将“蒙古军”编为警备队的三个汉人师归还建制，并且说是要把伪蒙的警察编为 12 个师或 16 个旅，都叫我去指挥。为此日本人领上我和德王，参观过他们设在张家口的一个小型兵工厂，表示以此为基础，给“蒙古军”扩建为大型兵工厂。恐怕缓不济急，除了由沈阳兵工厂给拨付武器，伪府的最高顾问大桥忠一还给了我 11 万两烟土，叫我到包头先换成皮毛药材，然后再从上海的一家兵工厂换取枪械。我因消息灵通，知道希特勒已经完蛋，日本就要投降，这些都是他们的圈套。德王却信以为实，所以在抗战胜利前夕，始终未和我商量过应该怎样应付未来的时局。直到日本天皇接受《波茨坦宣言》的消息传来，两个人都束手无策，只好跟着日本集中起来的两万五千多军民，坐上平绥路的闷葫芦车，灰溜溜地滚出张家口。

侵华日军七三一部队

“满洲第七三一部队”罪恶史

［日］神原秀夫　田村良雄等*

七三一部队的形成

“关东军防疫给水部”的邮政信箱队号是“满洲第七三一部队”，这是根据天皇命令设立的细菌部队。它盘踞在哈尔滨市东南20公里当时叫平房的一个小镇。

1927年以后，日本统治者侵华野心越发暴露。他们要实现这种野心，但人力、武力、财力都不够；特别是工业资源、工业原料都先天不足，工业生产力和技术水平，离满足疯狂的要求还远得很。为解决这种矛盾，他们竟不择手段，置国际公法、人道主义原则于不顾，使用细菌作为侵略屠杀的手段。因为细菌既不同于钢铁、稀有金属，也用不着汽油，是一种廉价的武器。

日本统治者培植出一批能满足帝国主义侵略需要的“科学家”。当时在军医学校任“军阵防疫学”教官的石井四郎军医少佐，就是这种“科学家”的代表。他生于日本千叶县山武郡千代田村加茂的地主家庭，以陆军派遣学

---

* 作者神原秀夫时为日本七三一部队支队长，田村良雄时为该部队细菌生产班队员。

生的资格在京都大学医学部毕业，当了军医。他是一个性情执拗，富于机诈，野心十足而无半点良心的人。他曾对军医学校学生叫嚣过：“跟我一道干的有没有？能为我死的有没有？”以此来搜罗给自己当爪牙的部下。更依靠他的岳父京大总长（京都大学校长）荒木寅三郎（专门研究生化学）为靠山，选拔“京大派”中的“能手”参加犯罪的研究。

1931年9月18日，日本军队开始侵略中国东北，转眼之间，东北沦陷。石井便利用宪兵警察逮捕中国的爱国人士当作实验的“材料”，以研究细菌战的方法，这是吃人魔王石井最得意的一手。

他要求庞大的经费，在东北设立大规模的秘密研究所，制造细菌武器，以供肆行侵略之用。石井的要求，立即得到允许。因此，在曾经洋溢着春耕秋收愉快歌声的背荫河畔（五常县三岔口）肥沃的土地上，农民被逐出了家园，流离失所。就在这里出现了实现细菌战阴谋的秘密部队。这是七三一部队的前身，所谓“加茂部队”（1933年建）。

石井化名车乡少佐，当了部队长。他的心腹部下有川岛清军医少佐、太田澄军医大尉（化名伊达大尉）、碇常重军医大尉、早川清军医中尉、江口丰洁军医中尉、增田义穗药剂中尉（航空员，石井四郎的女婿）等。此外，还纠合二木、石光、笠原、八木泽、田中技师之类的科学家。石井利用自己同乡的关系，找来自己的家属、亲友和佃户充当雇佣人员，如石井猛男（化名为细谷嘱托，石井四郎的胞兄）在当时专管焚烧因供实验而牺牲的烈士尸体。他们一齐为侵略中国的罪恶计划服务。当时部队有百名左右的人员。在背荫河，有络绎不绝的蓝色小汽车，利用暗夜，把抗日救国人士运到加茂部队里的秘密监狱。

中国人民在优秀的领导者、抗日联军第十一路军军长杨靖宇将军的指挥下，进行了不屈不挠的斗争。其中有几位抗日救国勇士利用1934年夏季某日的暴雨，打倒看守，逃出了虎口，平安地回到杨靖宇将军那里。

自从这事发生以后，石井因害怕泄露秘密和遭到中国人民的攻击，立即准备迁移。诈称背荫河部队失火，其实是自己放的火。在哈尔滨市郊南岗庙，哈尔滨陆军医院以南，修建数栋房屋，作为医院的一部分，继续进行罪恶活动。这个所谓的“医院南栋”，实质上就是在平房镇大兴土木，正式迁移的一个开端。

1934年，他们制造了细菌武器最重要的工具，大量生产培养罐。更以夺取松风滤水机制造公司的特许专卖权为基础，造出了细菌战必不可少的“卫生滤水机”。不久，又和部下胜矢技师设计了放毒工作中的必需器材——“毒性测量机”。

1937年7月7日，日本军国主义者侵入中国的关内。这时，日本军部的法西斯分子越发感到侵略中苏两国必须以细菌武器为有力武器的必要。于是，石井就强占以平房车站以北约4公里正黄旗屯为中心的2平方公里的耕地为建造兵营的工地，把正黄旗村的180户、800人撵到西方去住。在关东军军需部的指导下，奴役几千名中国劳动人民，大规模地修建了“细菌制造厂”。

外围工程在1937年完成，1938年进入内部工程的阶段。石井为防止部队秘密外泄，特使他的同乡亲戚土木建筑业者铃木茂包办一切，所用的五百多名服务人员，也是从故乡千叶县招募而来的。以活人作实验的“第七栋”、“第八栋”包括有大约120间独身监房，还有特殊试验室（冻伤研究室和供研究航空卫生用的减压试验室）、实验室、尸体解剖室、标本室以及种种杀人设备，“第三栋”、“第五栋”是培育细菌室，“第四栋”、“第六栋”是细菌孵化室。以上工程及设备陆续建成。

1938年6月到1939年3月，全部迁到平房来。在所谓“南栋”（哈尔滨南岗）那里，只留下部队的“第三部”和“诊疗部”的基干，即检查病源、测验毒性、检查水质的各班和细菌制造班，滤过管制造班以及诊疗传染病的部分。

在平房的这个部队，是拥有生产霍乱、伤寒等肠内细菌各500公斤、鼠疫菌250公斤、炭疽菌200公斤能力的皮带传送式生产设备和包含监狱的杀人实验所和研究初步细菌战争的机关以及研究细菌的使用方法的机关等等的综合组织体。

以该部队为中心，方圆8公里半径的范围以内，划为特别地区。以

“国境地带取缔法”和“军机保护法”为护符，从该处通往外部的各街道，即在双城街道、拉林街道、平房街道、阿城街道等各街道上，经常有伪警和宪兵严密监视。在这片土地内的23个村，1.2万农民都变成了七三一部队的奴隶。有440个贫、雇农被撵出村庄，集体关在该队北方附近的“劳工村”，在该队附近的“自养农场”内受奴役。对于其他的农民，则是每天强制出200名劳工和80辆大车以供差役。农民在打骂之下替他们耕种和从事土木工程以及搬运等繁重劳动，生活异常悲惨。七三一部队的“血清马”（供采取血清的马）吃燕麦，农民则以吃橡子来苟延残喘，小孩子不断饿死。有个青年因上山拾柴遇到宪兵，说他无许可证，致被打成半死，精神错乱。

1939年5月，日本帝国主义因侵犯哈桑湖边界，挑起哈桑湖事件。原想进窥苏联领土，不料遭到英勇还击，打了败仗。当时的关东军司令官植田谦吉曾派司令部第一课的参谋（竹田东宫）借查看的名义来到七三一部队，协商怎样进行细菌战以挽救战局。

石井就派碇中佐率领“碇部队”开往哈桑湖前线，将约有22.5公斤的伤寒、霍乱、副伤寒、赤痢菌撒布到哈尔哈河及其他水源、土地上。当时虽然在日本侵略军中早作出预防的处置，尚且发生大量病人，至于在苏联、蒙古人民共和国的军队里，在附近的居民中，有多少人受害，这是不难想象的事情。这次散播细菌，是七三一部队初次大规模的活动。在人类历史上，前所未有的、大规模的、不讲人道的细菌战争，就是这样开始出现的。可以说，七三一部队是以哈桑湖军事挑衅为转折点，从研究细菌战的准备阶段，进入了实行的阶段。在1944年，石井四郎因从事细菌战争的研究工作，得到日本陆军的最高技术有功奖。

七三一部队的人员，也在1939年到1940年之间骤然增加，哈桑湖事件以前，人数约500名。石井为防止秘密泄露，一向藉军医学校的师生关系、亲戚关系和封建隶属关系来维持部队内的团结，掩盖罪恶活动，自从哈桑湖事件发生之后，更招募所谓“青年队”，组成了“子弟兵”，加强他的独裁力量（例如曾招募千叶县不满18岁的青年约70名）。此外，更致力于从复员军人以及私人关系中寻求所谓可靠的人。到 1942 年，部队人员已达二千余名。

另一方面，在 1938 年以后，更把七三一部队的基干人员，置于中国关内各地的沦陷区内。如设立华北防疫给水部、华中防疫给水部、华南防疫给水部等。东北地区是由 1940 年起，在牡丹江、林口、孙吴、海拉尔共设立四个支部。1941 年，又把大连卫生研究所从“南满洲铁道株式会社”手中，兼并到七三一部队的管辖下。于是在中国各地，组成了一张细菌战的网，到 1940 年 7 月，遂对中国大陆开始了细菌战。

七三一部队的罪行

（一）为细菌战而生产的细菌

能供细菌战争用的细菌主要应具备的条件，是能够大量生产，毒性强大，对外界影响抵抗力大和能秘密使用难找罪证。为满足这些条件，经研究，首先设计出能供大量生产的“石井式培养罐”。迁到平房后，设立了皮带传送式的生产细菌的工厂，细菌产量越发增加了。生产工厂中的三栋厂房，是在哈桑湖事件前夕完成的。五栋是在 1940 年 7 月向中国关内进行大规模细菌战的前夕完成的，都属于第四部。三栋的细菌最高产量，一天约 30 公斤。为使细菌的毒性增大，还把细菌液注射到人和动物的身体中。

七三一部队从 1939 年哈桑湖事件到 1942 年之间，所生产的都是供细菌战争之用的。主要是对中国大陆散布。其数量见下面表格：

年　月	生产菌种	生产量	备　考
1939 年 7—8 月	伤寒、霍乱、副伤寒、赤痢	22.5 公斤	
1940 年 5 月	伤寒	20 公斤	
1940 年 7—11 月	伤寒、副伤寒、霍乱、炭疽、鼠疫	270 公斤	
1941 年 1—2 月	鼠疫、炭疽	9 公斤	干燥细菌

年　月	生产菌种	生产量	备　考
1941 年 5 月	鼠疫、炭疽	9 公斤	干燥细菌
1941 年 7—9 月	伤寒、霍乱、副伤寒、赤痢	70 公斤	
1941 年 9—11 月	鼠疫	70 公斤	
1941 年 12 月	鼠疫	5 公斤	
1942 年 4 月	鼠疫、炭疽	24 公斤	
1942 年 6—7 月	炭疽	140 公斤	
共　计	639.5 公斤		

散布方法：从培养基上将大量培植的肠内细菌（即霍乱、伤寒、副伤寒、赤痢）刮下，加肉汁和丙三醇各少许，制成菌液，放入飞机的“降雨器”内，由空中散布。鼠疫菌、炭疽菌为干燥细菌，能污染空气，使人得肺鼠疫和肺炭疽病。干燥细菌是将培养的细菌，用“干冰”（雪状碳酸）凝冻使之干燥的，归第四部第二课军医少佐三谷幸雄负责。炭疽菌、鼻疽菌和瓦斯坏疽菌因对外界环境条件变化有强大抵抗力，所以用它制造细菌弹。带鼠疫菌蚤则不用加工即可用飞机散布或用鼠疫弹散布。鼠疫菌蚤由田中技术中佐为首的田中班负责大量生产。

关于实施的具体地点、时间以及给中国人民带来的损害详情，无确实可靠的材料，我们所知道的，仅有以下的事项：

1940 年夏，在浙江省宁波曾空投过鼠疫菌；1941 年 12 月，石井四郎曾在湖南省常德亲自投下过鼠疫弹；1942 年曾用伤寒菌祸害过华中地区。总之，曾多次散播传染病菌杀害过很多无辜的善良人民。

（2）以活人供实验

七三一部队的杀人研究家，曾把人叫做“木材”又叫做“猴子”，把人当作研究细菌武器的实验动物加以杀害。这些牺牲者都是抱着“国家兴亡匹夫有责”的壮志，为了中华民族的解放与自由，不惜作决死斗争的爱国英雄，或是为反抗日本侵略者，曾作英勇斗争的苏联爱国志士。在那可怕的屠杀场中的 120 间水泥独身房间里，6 个解剖室里，14 个实验室里，4 个特种试验室里，4 个标本室里，一千多名英勇的志士，都抱着无法形容的愤恨，一个个地死去。

石井四郎从背荫河时代，就开始利用炭疽菌的剧毒、炭疽菌芽孢的强大抵抗力，特别是利用它的耐热性，制造了细菌炮弹和细菌炸弹。在这些实验中，夺去不知多少爱国烈士的生命。在军医大尉碇常重的指导下，研究使用细菌武器的方法以及直接进行细菌战争的部分，叫第二部，航空班和安达实验场都归其管辖。航空班在平房设有飞机库，经常拥有五六架轻重轰炸机，驾驶人员都是军医或药剂军官。在安达野外实验场也设有机场，附近一带是人烟稀少的广漠草原。在那里以活人实验各种细菌和使用各种细菌作战的方法。以 1944 年冬的一事为例：某一天，把五六名戴着手铐脚镣的爱国人士从卡车上拖下来，倒背双手，绑在 20 公尺距离的木桩上，飞机从低空飞行中将炭疽弹投向目标，借炸裂使吸入微沫而感染肺炭疽，或由于炸弹破片使感染皮肤炭疽，然后在部队的实验室里，诊查得病情况，最后则是在各种"治疗"之下进行残酷杀害，尸体则在解剖室供病理解剖。

石井特别重视传染力最强的鼠疫，曾三令五申对此作种种研究。1942 年，为检定疫苗的抵抗力和实验鼠疫菌的毒性，第四部第一课课长铃木启之军医少佐曾和宇野澄技师、田村良雄雇员把关在"特别班"——秘密监狱的中国人 5 名，注射鼠疫的各种疫苗，尔后便在"测验免疫能"的名目下，采取大量血液，最后注射鼠疫菌使之感染，结果使两人丧了命。1943 年 2 月，铃木、宇野、田村为检定鼠疫的毒性，又用鼠疫苗杀害了中国的抗日救国烈士。

1944 年秋，因生产鼠疫细菌武器，在第一部高桥班（高桥正彦军医少佐）内，有 4 名做"鼠疫毒化蚤"工作的技术员，感染了鼠疫。（"毒化"就是把含有猛毒的鼠疫菌注射进老鼠体内，再把这只老鼠喂跳蚤吃，以培育在唾液腺内潜有鼠疫菌的毒蚤）石井怕部下死于鼠疫，会影响全体队员的"士气"，下令必须彻底医救。高桥少佐在诊疗部长永山太郎军医大佐的指导下，大量制造鼠疫的免疫血清。即把鼠疫菌注射进中国人的身体使之感染，然后把全身血液取光使之丧命。用这样的方法制出大量免疫血清，来医治受传染的队员。为救一个杀人魔鬼的性命，至少需有 4 个爱国烈士丢掉宝贵的生命。

瓦斯坏疽菌被认为是有利的细菌武器。瓦斯坏疽是在炮弹破片创伤等败血性创伤中多见的一种创伤传染病。第二部二木班（中佐待遇技师二木）专门干这方面工作。在实验负伤后因泥沙污染对伤处的影响以及在其他的种种实验中，曾用中国人做实验教材，横加残害。

关东军一向志在侵略苏联，对预防冻伤异常重视，曾命七三一部队作这种研究，由第一部杏村班（中佐待遇技师杏村寿人）负责进行。杏村在有低温设备的特殊实验室里，凝冻爱国人士的身体，造成人工冻伤，以研究冻伤后生理上的变化以及预防和医治的方法。例如在 1944 年冬，将狱中刚刚分娩后的苏联妇女作为实验冻伤的材料，致烂掉她的手指，并命画家将伤指的变化过程绘成图样。为实验航空生理，在设有“减压装置实验筒”的特殊实验室中，以爱国人士供实验，研究在气压降低、氧素分压降低和气温降低时对人体的影响。在研究生物体的代谢方面，也曾残害过不少爱国人士。

此外，七三一部队为测定细菌毒性，为利用生物体加强毒性，为实验感染流行性出血热（由第一部笠原班担任。笠原为中佐待遇技师，在北里研究所肄业，微子专家），或为实验毒物，即在实验毒物致死量的比较方面，也杀害过不少中国的爱国人士。

就在这些爱国志士的痛苦挣扎中，日本侵略者逐步造出细菌武器，更把它投到中国大陆上屠杀更多的中国人。

该部队也曾对于危害农作物的病毒、病菌和害虫（由第一部八木泽班担任。班长为八木泽技师少佐，北海道大学农业部肄业）等做了研究。1945年，石井四郎命七三一部队航空班，用航空摄影拍照四川省内的水田分布状况，对抗日区粮仓——四川的水稻散布细菌，阴谋陷中国人民于饥饿之中。

以上所记，只是七三一部队滔天罪行中的一鳞半爪而已。

（3）七三一部队的末期和瓦解情况

1942 年，因石井四郎在会计检查中发生问题，不得不将其撤换，改由伪满洲医科大学细菌学教授陆军军医少将北野政次继任。这个大学教授，不但继承石井的罪恶遗产，而且变本加厉。

北野从任大学教授时起，即以对“孙吴热”——流行性出血热研究闻名。到了七三一部队，颇重视笠原技师领导的微（滤）子研究班。于是就在以中、苏两国的爱国人士为实验材料的残酷屠杀中，发展了用微（滤）子残害人类的实地研究。他对于生在西伯利亚森林里的一种壁虱——可传播微滤性西伯利亚森林壁虱脑炎——异常注意，命狩野翻译官、小川翻译员翻译与此有关的文件。1944 年夏以后，更使秦中尉等 6 人组织翻译班，专门搜集苏联方面的医学情报。

1944 年夏，他供给牡丹江、孙吴、海拉尔、林口各支部各数十吨生产细菌的材料。例如林口支部即领到大型高压蒸气灭菌锅 5 口，“配浦顿”（胃阮酶分析的蛋白质，易在水中溶解，有通过动物质膜的性能）压缩干肉、琼胶、食盐等约 60 吨。支部经常保存、培养着各种细菌，根据测定毒性的结果，选出强壮的菌体，以备一旦有事之秋，多少都能生产出来。从 60 吨的材料中，可以生产出 500 公斤的细菌。如果以支部为据点，用飞机把这些细菌散布在苏联远东地区的交通要道、兵站基地、重工业区、主要港湾、航空基地和高级司令部所在的地方，那么以霍乱菌、伤寒菌为例，有 500 公斤，便可以使约 17 万平方公里的地区，也就是能使相当于全东北三分之一以上的地区发生霍乱、伤寒的大流行。同时，更为保证日本军队能在传染地区内行动，把各支部分别配属于各方面军，命名为“防疫给水部队”。例如林口支部即有汽车（包括滤水车两辆，消毒车两辆）59 辆，配属于驻“东安”的关东军第五军司令部。如第五军侵入苏联领土，该支部即从事防疫和给水的工作。

北野也经常注意苏联的国内形势和军用地志，准备进行细菌活动的阴谋。如将部队中“有功劳”的人，使之摇身变为伪满洲国外交部的“传书使”，分春秋两次送入苏联。1944 年秋，使田中技术中佐，1945 年春，使田部军医中佐进入苏联。到了 1944 年，北野仍然在准备着以侵略苏联为主要目的的细菌战争。

1945 年 3 月，日本军国主义不但在太平洋战争中得不到任何便宜，还出现了种种走向崩溃的迹象。硫磺岛已落于美军之手，冲绳岛也遍燃烽火，侵略者发出了“本土决战”的歇斯底里的叫嚣。

2 月初，苏联红军开始从远东向“苏满国境”集中。在日本侵略者看来，失去冲绳，是被砍断了手脚；苏军进攻东北，则如同头顶上被钉上五寸铁钉一般。日本侵略者在日暮途穷中，仍抱有一线希望的仅有细菌武器。石井四郎于是重又回到七三一部队的旧巢。

4 月初，他一到任就意在言外地非难北野前部队长说：“在我离开的两年间，这个部队变成研究所了。从今以后，即使一分钟也不许浪费在无用的研究和脱离生产的工作上！”于是他拼命把全力用在专门生产鼠疫菌方面。

他在部队长室，在总务部长太田大佐、课长田部中佐的参列之下，召集孙吴、林口、海拉尔、牡丹江的各支部长，传达命令：“根据大本营指示，部队至 8 月底要生产鼠疫菌蚤一至二吨！”各支部按照这一计划，为把供蚤繁殖之用的鼠类如数送交总部，除竭尽全力捕鼠外，还下令加强饲育、繁殖白鼠。在总部，极力扩充了田中技术中佐所领导的鼠饲育班和鼠疫蚤饲育班，动员全体人员捕鼠、饲鼠。第一班的研究员，从来仅是对各种细菌作基础上的研究，现也把它归并到以第一部杏村寿人为中心的营养研究班里去。这是根据关东军作战计划，企图将军队撤到通化山区，仍继续生产细菌武器的一种政策反映。

七三一部队及其支部并不只限于捕鼠和繁殖白鼠，还令关东军的后方医院和物资仓库都饲育白鼠。也曾企图从伪“兴安南省”强制购买野生栗鼠代替老鼠。例如林口支部长榊原少佐即大肆宣传各种“鼠害”，从支部员到“开拓农民”皆被动员搜捕。送到七三一部队的鼠类，4 月为 1000 只，5 月 1 万只，6 月 8000 只，7 月 7000 只，共达 2.6 万只之多。6 月以后，各支部也都进行“饲蚤教育”，并各分得一公斤蚤开始饲育。6 月初，将部队中老幼家属约 200 名送还日本，以图减轻部队行动之累。同时，将一部分部队人员和设备，也后撤到北朝鲜的江界，7月虽在总部的田中班里，收集到数万只鼠，但从侵略者的罪恶阴谋的需要量来说，仍是远远不够。

石井四郎和关东军司令部的第四课参谋原宁中佐，第一课参谋宫田协商“要伪满洲国每月搜交20万只老鼠”。7月中旬，派调查课长石光熏，课员秦中尉赴沈阳、长春、哈尔滨三大城市，物色生产鼠疫菌蚤的工厂。该月下旬，更使在关东军嘱托的名义下，派到司令部归原参谋调遣。还打算通过伪满洲国的警务总局，动员所有伪警，强迫每月从沈阳地区捕10万只，长春5万只，哈尔滨5万只老鼠，送到上述地区的生产工厂，尽全力生产鼠疫菌蚤，谎称是为制造预防斑疹伤寒的疫苗。

回想从19世纪末到20世纪初在中国东北发生的鼠疫，从海拉尔沿着中东铁路，犹如猛火一般蔓延到直隶（河北省）和山东省，夺去了百万人的生命。现在则是想把月产一到两吨的蚤，即由2500万到5000万只以上的鼠疫蚤，用飞机向城市或密集部队等主要目标撒布下去。假使这种蚤直接或间接粘附人身体的可能性为10%，那么，百万只蚤可使10万人口的城市因鼠疫而毁灭掉。曾经一度粘附人身的跳蚤，还会移到别人身上进行传染；附在地上鼠类身上的蚤，也会引起鼠疫，由此再传播到人类，通过各种媒介加速蔓延下去。人得了肺鼠疫，在一二日之间，就能由吐血或败血病而死亡。当时曾认为鼠疫死亡率为80%，何况这些菌更是从鼠疫菌中选出的最含剧毒的菌体！

1945年8月9日，七三一部队尚笼罩在苍茫夜色之中，忽然天空被苏联红军的照明弹照得耀眼雪亮。红军的机械化部队就将到达哈尔滨。石井四郎除作部队的“善后”，即消灭一切罪证外，别无他法可想。首先令第一特别班长石井猛男将关在秘密监狱中的数十名爱国志士全部枪决。一个苏联妇女在狱中刚刚生出的婴儿也不例外。除把一切秘密文件、跳蚤、老鼠、细菌等烧毁之外，更命令工兵队将总部房舍——以监狱为中心，包括三层方形楼房的研究室、生产工厂在内，一齐炸毁。石井四郎尽早探知“8月11日日本无条件投降已属确实”的外国情报，发出“部队全部撤退”的命令，将近80辆的列车，开进队内的支线，装好二千余名队员和家属，于13日向南逃窜。石井和其家属则搭乘其女婿增田少佐所驾驶的飞机逃回日本。

临逃窜时，他们把一部分带有鼠疫菌的老鼠放出。在以七三一部队为中心，方圆 8 公里的所谓“特别地区”内立时发生了鼠疫，仅仅一星期中，就有 146 名善良的农民死于非命。

（溥杰译）

石井魔窟参观记

[日] 吉房虎雄*

1941年12月底，关东军宪兵队司令官原守中将带着从事防谍和“特移扱”① 工作的我（吉房虎雄中佐），到齐齐哈尔宪兵队巡视，归途来到石井部队。

人所皆知的石井部队，就是驻在哈尔滨市郊平房的“陆军防疫给水部七三一部队”，实际上是以活人做实验，准备进行细菌战的一个部队。往这个部队里送活人的，就是关东军宪兵司令部。它把由全东北各宪兵队逮捕的“间谍”“不轨人物”中，“不肯招认”和“事无凭证”的人，也就是无法送法院的人，用“特移扱”的名义送到石井部队这个活地狱加以残害。仅一年中，在宪兵队长申请、宪兵司令官的认可之下，就“移送”了三百多名爱国人士。

到哈尔滨住了一夜，第二天上午8时，原守和我便乘汽车离开名古屋饭店，驶过积雪的田野和土路来到石井部队驻地前方辟为机场的广场上。石井和副官们都在那里等候着。

---

* 作者时任关东军新京宪兵队长，后调往日本驻朝鲜军平壤宪兵队队长，升为宪兵大佐。

① “特移扱”指将活人“特别输送”到七三一部队做人体实验。

二人周旋一阵过后，石井便向飞机方向发令："开始轰炸演习。"只见东方三四百米处，一架飞机立即飞升，旋回着增加了高度。

石井望着上升的飞机说："驾驶和轰炸都是由军医来做的。"石井的面庞被防寒外套和帽子所遮，看不清轮廓，但他那八字胡却特别引人注意。他的脸发青而且水肿，说话有些哑嗓子。看他那撅起的下巴和大声说话的神气，决不像个医生的样子。

石井说明道："这是演习用的炸弹，最重要的是对它的炸裂声音进行调整。"原守总是似笑非笑地望着石井，稍稍点了点头。

"轰"的一声，炸弹在约500米附近的地方爆炸了。白色的烟雾在五六十米的地方飘荡着。炸裂声不太大。石井注视着冒烟的方向，带着不自然的声音说："啊！过高了。"

又"轰"的一声，第二颗炸弹在离上次稍远的地方，比方才稍低些爆炸了。因为天气寒冷，石井咧着僵硬的嘴唇，呲着使人看着难受的牙说道："这回不错，必须这种程度才行。"

原守仍旧是点着头，显出怕冷的样子，向飞机的方向看着。我对于爆炸声"高"还是"低"？怎样才算是"恰好"？又究竟根据什么来判断等问题，都有些莫名其妙，因为没有提问的机会，只好默默地听着。

飞机由七八百米高空转了一大弯，快速地对着我站着的地方冲下来，就像是大铁块一样，毫无声响地从天而降，我觉得飞机仿佛就要撞着自己，正在拔腿不及的瞬间，飞机的螺旋桨发出声音来，飞腾而起，向东方消逝。

"天太冷，请进屋谈吧。"石井一边向原守劝驾，一边迈步就走。很高的烟囱映入眼帘，更看到一栋两层楼房围在青砖高墙里面，两旁有纵横七八栋长形的房屋。既不像工场，又不像兵营，也不像监狱或医院，简直是使人莫名其妙的一座建筑。就在其中有四十多位爱国人士，为了正义在和日本帝国主义做斗争，以致都活生生地被感染上细菌，遭到血腥的屠杀。

原守问："细菌有多少种？"

石井回答说："因作战目的和目标的性质不同，细菌的种类也有所不同。例如鼠疫、霍乱、伤寒等等。"

我一边听一边在想着：不论怎样的大城市，都可能在大量细菌的空投下而归于毁灭。跟着两个人的脚步走着，进了大铁门，又向前走了约20米，就来到叫做办公室兼客厅的房间。石井请原守在屋中央的桌旁上首就座，他自己在一旁相陪。

"承您帮忙，这种研究才顺利地进行着。"

接着，石井对我俩这仅有的客人，大声说："说老实话，关于细菌战，我有这样的想法……"以此作为开场白，就继续地谈了下去："细菌战的第一个特点，是效力极大。因为炮击和轰炸，仅限在落弹、炸裂的周围一定范围内，有对人马杀伤和对物体的破坏力。细菌战则不仅限于直接攻击的一点，它可以从一点把效力圈无限扩大。再说炮击和轰炸的杀伤率并不大，即使负伤，还可恢复再参加战斗。细菌则是可以渗透人马的肉体组织，所以它的死亡率很高。即使不死，健康恢复也极慢，很难立即参加战斗。而且，并不限于人马之类的动物，也可使水稻、麦子等农作物枯死，还可以使水和其他食物不能供人使用。第二个特点是需要的经费少。"接着他又说明例如日本这样经济力不足、产铁量小的国家，采用这种战法最为相宜等等。

我犹如受到催眠术一样听入了神，在心中暗想：日本对于这样的细菌战，大约就和第一次世界大战中的毒瓦斯一样，将来日本作战以此进行急袭亦未可知，一定要好好协力去搞。

原守在静听着石井讲话，一边在纸烟上点火，一边问道："细菌战的效果，当用什么方法来确认？我认为同一般战术的结合极为重要。"我对此问题也很感兴趣，注视着他们二人的脸。原守和石井的面庞大小、容貌形象虽各不相同，但那青白的颜色和表现内心执拗的额上皱纹，尤其是那无法形容的冷酷无情的神气，却有共同之处。

石井把剩下的茶一口饮干，说道："细菌战效果的鉴定问题，在华北作战时，敌方的记者就作出了有系统的调查……"大意是说从直接攻击的一点，渐渐能把效力扩大的状态充分搞明。再和水流、道路方向以及物资移动状态互相加以判断，也是必要的。

原守又问："是啊，是不是意味着先用细菌攻击敌人，再做一般的攻击？”

石井说：“对把敌人赶到适合于细菌攻击的地方再进行一般攻击也是一个方法。一个美国人曾给我捎信说只有这件事，千万不要做！足见对此的恐怖。”

石井像是要抓住原守的心似地盯着他说：“给敌人以巨大的精神打击，是细菌战的第三个特点。对敌国内部加以广泛深入的攻击，对破坏作战意志，有政治上的极大效果。”

原守看了石井一眼，连连点着头说：“摧毁作战意志是极其重要的。”

石井领着原守走到右边门前说了一声：“为了预防危险……”就煞有介事地让他穿上橡胶外衣套、靴子，戴上手套、口罩等，在他的前引下走过一段宽 1.5 米、长约 15 米的木板走廊。石井在稍右前方的暗室门口，向内窥了一下说：“这是跳蚤，是搬运鼠疫菌的‘袖珍坦克’！”我看到无数的跳蚤，结成比手掌大有两倍的黑褐色大块在蠕动着。

石井拿过一个玻璃瓶子，半面斜映着阳光补充说：“这是为了赋予这些‘袖珍坦克’以面向黑暗的习性。请看，不是都向那边移动着吗！”我看那些跳蚤上上下下滚成一团蠕动着的形象，很像在大草原上缓缓移动着的羊群。

“骑兵说马是‘战友’，是‘活机器’，所以细菌战时才把跳蚤叫做‘袖珍坦克’。这样多的跳蚤，可以搬运几千万的鼠疫菌。石井部队拼命搜集的老鼠，大约每一只就能带几百万细菌，足见细菌战的威力之大……”我正在作种种无用的幻想，一边向里张望着，这时原守和石井已经迈步走了。走到走廊的中间，石井手指右边说：“在那里正用人感染鼠疫菌呢！”

从走廊的中段又通向右边，两旁有像拘留所那样的成排的小房子。屋里虽然看不清楚，但靠左边的第一间安有铁条，是一个约二平方米的屋子。里面有一个身穿浅蓝色工人服、年约 40 岁左右的人仰面躺卧。在微弱的光线下紧闭双眼，面色苍白，犹如死人一般。不知是被捆绑不能动弹，还是被灌了安眠药而在昏睡？总之，像是贮尸室内的死尸一样。我的心里想着，这就是准备细菌战的第一步啊！

走廊尽处即向右拐，走了没几步在那里有三个农民样的男子，都戴着脚镣，坐在地上把两手放到两膝上，穿着破烂的衣服，年龄好像有三十四五岁的样子。一个脸色青白，另外两个脸晒得黑黑的，全瘦成皮包骨，从眼里发出愤恨的光。

从廊道向左一拐，石井边走边指着左边高板墙小声说："在那里，放有'实验材料'。"猛觉得有一种特别的药味扑鼻而来，旋即走到右方解剖室的门口。有三个身穿白色工作服戴口罩的军医把头聚在一起，像在做着什么，他们看到石井，马上一齐行礼。里面究竟是怎样情形，固然不很清楚，只见是一间宽约三米的房间，地面是用水泥灌成的。也不知是水还是药湿淋淋的，军医都穿着橡胶靴子，在屋当中台子上，放着解剖过的身体，赤血犹新，清楚地露出一根根的肋骨。

石井说，这是解剖室，指着里面靠左的灶口说道："解剖过的尸体，用电热一烧即能完全烧尽，为免使尸臭残留，才特意把烟囱砌高的。"原守对向他敬礼的三个军医道了一声"辛苦"，便和石井并肩走出。

"担任解剖的军医，甚至有发狂的，精神一松弛就会受不住。"石井鄙夷地说。

"怯懦还做得了什么事！"原守表示非常同意附和着说。

"这个研究非常重要，一天解剖一个，一年就需要365件材料……"当我正在这样心里盘算时，已从廊道向左一拐，来到像是参考室模样的房间。板架上排列着用酒精泡着的种种人骨和被细菌弄枯的小麦、水稻之类。石井立即走近屋角他新发明的所谓"石井滤水器"那里，说明道："只需经过'滤过'的物理作用，任何污水即能彻底消毒，乃是野战中必不可少的东西……"

这个滤水器，就是为掩盖滔天罪行，称作"防疫给水部"的来由。在军、师团的"防疫给水部"的招牌下，被当作实验而牺牲的中国人尸体，接连不断地被运往日本。仅在昭和15年（1940年）一年之内，在日本兰浦担任卸船工作的东京宪兵队，就用过四艘大货轮以上的船只。

"想做的事情还多得很，就是'材料'不够，不能满足需要。例如在轰炸碉堡时，应该撤多远才保安全？诸如此类的事，都非经过实验不可。”这是石井在做暗示：需把“特移扱”多多送来！

原守也认为在今后的训练上非常重要，就答应下来了。

（溥杰译）

西北地区抗日力量联合

争取张学良联合抗日的经过

申伯纯*

张学良在苦闷中寻求出路

1936年10月下旬，张学良到南京去参加国民党四届六中全会和第五次全国代表大会。他这次到南京，心情有些黯淡。因为一个月以前一一〇师被红军消灭了，10天前一〇七师又受到重大损失，[1] 而蒋介石对他既没有什么安慰的表示，军政部长何应钦又不但不给丝毫补充，而且还要减发军费，取消一一〇师的番号。他既挨了红军的打，又受了"中央"的气，所以临来之前，心里就已经憋着老大的不高兴。及至他到了南京，飞机场上冷清清的，只有钱大钧一个人来迎接他，同从前他当陆海空军副总司令的时候，每到南京，总有何应钦、宋子文等一大群高级文武官员迎接他的那种声势烜赫的场面比较起来，真是不可同日而语，不能不使他有一种今昔异势的感觉。他把这种冷落场面和不久以前军事上的失利联系起来，心里更觉得非常难受。

11月下旬某日，张学良在南京又接到一〇九师全军覆没、牛元峰师长

---

* 作者时任第十七路军绥靖公署交际处处长，西安事变时是张学良、杨虎城的新闻发言人。

① 东北军一〇七师六一九团于1935年10月中旬在陕北甘泉县东南的榆林桥被红十五军团袭击，该团团部和所辖的4个营全部被歼，团长高福源被俘。

阵亡和一〇六师也受到损失的消息[1]，这更使他又气又急。气的是董英斌违背他的嘱咐，晏道刚擅自做主，致使部队轻率前进，惨遭覆灭；急的是时间不到3个月，便损失了将近3个师，照这样下去，不要一两年，东北军岂不就全部被消灭完了吗？他在盛怒之下，立即撤了董英斌的军长职务；晏道刚因为是蒋介石的人，不便给以处分，只好对他重重地申斥了一番。这时蒋介石、何应钦、陈诚这些人，都在忙着开五全大会，对于这件东北军存亡攸关的大事都不作理会，连情况都没有好好问一下；张学良向他们报告，他们也不耐烦听，好像与他们痛痒无关似的。这就使得张学良更加难堪了。

接着，北京大中学生为了反对日本帝国主义进一步侵略华北和华北政权特殊化，爆发了一二·九、一二·一六抗日示威大游行，掀起了全国人民抗日运动的新高潮。这种炽烈的斗争形势更刺激了亡省亡家、满怀悲愤的张学良。他想到因从事抗日活动而在上海坐牢的杜重远。

杜重远是辽宁人，九一八前当过张学良的秘书，也办过企业，同张学良的关系很好。九一八后，杜到上海一面办企业，一面从事抗日救亡运动，与邹韬奋、章乃器等相友好，充任《新生周刊》的总编辑，宣传抗日。1935年7月间，由于该刊登载《闲话皇帝》一文，被日本认为“侮辱天皇”，提出严重抗议。国民党政府为了镇压抗日运动，取媚日寇，将杜重远逮捕，判处一年零两个月的徒刑。杜在服刑期间，被保释移住上海虹桥疗养院，由法警监守。张学良想到杜重远一贯宣传抗日，在上海结识一些进步人士，在政治上一定会有一些好的意见。于是他在五全大会闭幕以后，就托故去到上海，设法秘密约会杜重远。

在那次会晤当中，张学良把他自1934年冬从意大利回国以后宣扬法西斯主义、拥护蒋介石做领袖、跟着蒋介石剿共、希望国家统一然后再抗日的这一套做法十分坦率地全部说了出来，然后说明他现在认识到共产党是打不了的，感到过去这一套做法走不通，请杜指点。

---

① 1935年11月下旬，东北军一〇六师、一〇九师、一二〇师向陕北苏区进犯，一〇九师被中央红军和陕北红军夹击于富县西南之直罗镇，全部被歼；一〇六师亦于黑水寺被歼一个团。

杜重远也以很诚恳直率的态度批评张学良过去这一套做法是完全错误的，同时向他提出西北大联合共同抗日的建议。这个建议大意是说，为了拯救东北 3000 万同胞，为了东北军的前途，为了张学良个人的荣誉，为今之计，必须下定决心改变过去的错误做法，走联合抗日的道路。他又特别指出，在东北军的主力集中陕甘两省的情况下，现在走联合抗日道路有三个有利条件：第一，中国共产党在不久以前发表了《八一宣言》，主张停止内战，一致抗日，组织国防政府和抗日联军，愿意同所有抗日力量建立联合阵线，共同抗日。中央红军现在到了陕北，可以联合起来，作为依靠。第二，陕西杨虎城是有抗日进步思想的，他的左右也有一些进步分子，可以合作。第三，新疆盛世才是东北人，他利用有利的地理形势，与苏联的关系搞得很好，这个力量也可以联合起来。杜说，如果把这些力量联合起来，形成一个“西北大联合”，合作抗日，是一个最有前途的局面。杜重远最后说，目前全国抗日运动高潮已经到来，蒋介石再不抗日，也会垮台的，东北军今后绝不能再跟着蒋介石走亡国之路，只有利用上述三个有利条件坚决走联合抗日的道路，才是正确的道路，才是活路。

当时张学良对于杜重远的建议表示同意，但是还有些顾虑。他觉得同杨虎城、盛世才联合抗日都好办，因为他同杨虽有些隔阂，但他知道杨是同情抗日的，而且与蒋也有矛盾；盛是东北人，与盛联合抗日更不成问题。只是对于共产党，他感到摸不着底，虽然想着同人家交朋友，谁知道人家要不要他这个朋友呢？

杜重远针对张学良的这种顾虑，着重向他说明：共产党是革命的政党，最忠实于自己的政治主张，在日本帝国主义要灭亡全中国、中国人民面临着亡国危险的情况下，共产党坚决主张同一切愿意抗日的力量团结起来，共同救亡图存，张今后只要能决心走抗日这一条路，共产党一定会同他联合，这是没有任何理由可以怀疑的。

杜重远为了坚定张学良的抗日信心，又详细地分析了当时国际国内的形势。他说明苏联是坚决反对帝国主义侵略的，是支持中国抗日的可靠力量。美英这两个帝国主义国家，同日本矛盾很大，他们因为不甘坐视日本帝国主义单独吞并全中国，也将会帮助中国抵制日本。只要我们能够制止蒋介石坚持打内战而不抗日的政策，把全国人民的力量充分发动起来，团结抗日，中国是有条件可以坚持抗战的，加上国际上的援助，抗战是有胜利的可能的。

张学良是一个有爱国思想而又秉性爽快的人，听了杜重远的这番谈话后，立刻表示完全接受杜的批评和同意杜所指出的联合抗日的道路。

张学良和共产党的联系

张学良在上海，除了会见了杜重远以外，还约见了从苏联回国的东北义勇军将领李杜。

李杜自从在东北抗日失败，退入苏联国境以后，就同共产党组织有了接触，回到上海以后仍然保持着联系，这一点张学良是知道的。所以他这次到上海特地同李杜会晤，向李杜郑重表示他愿意在西北与红军联合抗日，希望能够同共产党的负责人商谈这个问题。为此，他请李杜替他秘密介绍共产党的关系，并且表示如李能负责介绍，一切保密和安全问题他完全负责。李杜当面接受了张学良的这个请托，表示在找到关系以后，就设法通知他。

张学良在上海秘密会见了杜重远和李杜之后，到年底才回到西安。这个时候，联合抗日的道路到底能否走得通这个问题终日盘旋于张学良脑际。

当时张学良知道北平的一二·九学生运动是共产党领导的，也知道以他为校长的东北大学的学生是积极参加这次运动的重要力量。因此，他在未回西安之前，就打电报给东北大学，要学生会派学生代表到西安去见他。果然，东北大学学生救亡工作委员会就派了宋黎（中共地下党员）等3名同学当代表来到西安。张学良回到西安以后，马上召见宋黎谈话。宋黎向他报告了一二·九、一二·一六运动的详细经过和当前全国抗日运动发展的新形势，还向他诉说了东北人民在日本帝国主义统治下当亡国奴的种种惨状，讲得有条有理，激昂慷慨，声泪俱下。张学良听了大受感动，当即向宋黎表示，他现在坚决主张抗日，东北由他手中失掉，一定要从他手中收回。他和宋黎连续谈话之后，便把宋黎留在身边当秘书，打算经过进一步考察后，再寄以心腹。

1936 年 1 月中旬的一天晚上，张学良忽然接到王以哲由洛川防地打来的一个密电说："被红军俘去的高福源团长现被红军派回。据云有机密要事，要求向司令面陈。"张得到这个消息，第二天就亲自驾着波音座机飞到洛川。

高福源像许多其他东北军人一样，由于身受家乡沦亡之痛，民族意识和抗日要求本来就强烈，而且具有正义感。他被俘后，在这两三个月的生活中，亲眼看到红军官兵之间十分团结友爱，政治文化生活非常活跃，又听到了很多关于红军二万五千里长征的英雄事迹和抗日救国的道理，并且亲身受到红军对他的宽大待遇和亲切的照顾。这一系列的现实生活教育了他，使他的思想发生了剧烈的变化。王以哲听说红军派高福源回来，便立刻要参谋处处长佟道把他接到洛川来。高福源一到洛川，就立刻密电向张学良报告。第二天，张学良就亲自驾飞机飞到了洛川。

高向张学良说："现在共产党号召全国人民起来抗日，诚心诚意地要帮助我们东北军打回老家去，我们没有理由拒绝人家的好意。我们东北军再继续打内战就快要被消灭完了。"说到这里，高福源竟情不自禁地大哭起来。张学良对高说："我们坐下来好好地谈。"

之后，张学良、王以哲又和高福源一起谈了一整夜。最后张对高说："你谈得很好，你休息一两天就赶快回去，请红军方面派一位正式代表来，我们正式商谈一下。你今后可放心做这一工作。你此去如有危险，你的家属生活和子女教育都由我和王军长负责。"

高福源于 1 月 16 日回到陕北苏区，把这次回到东北军同张学良见面的经过向李克农作了报告。李克农还带他去见了毛主席和周恩来副主席，当面受到了奖励。毛主席当即决定派李克农为代表去会见张学良。

在李克农出发之前，党中央于 2 月 19 日，即李克农由陕北苏区出发的前两天，以毛主席和彭德怀司令员的名义将出发日期由电台直接通知了张学良和王以哲。

洛川访问

1936年2月21日，由高福源做向导，李克农等4人于2月25日到了洛川，先见到了王以哲，王的参谋长赵镇藩也出面接待。王以哲立即用密电向张学良报告。张复电说因事去了南京，不能马上回来。嘱王妥为招待，并可先商谈一些具体问题，重要问题留待他回来再说。

在张学良未回来以前，王以哲、赵镇藩与李克农商谈了关于红军与六十七军抗日合作的局部关系问题。

取得为巩固红军与六十七军一致抗日，确定了双方互不侵犯、各守原防的口头协定。

3月3日，张学良由南京乘飞机返西安，第二天即飞洛川会见李克农。他们在李克农等住的那座小院子里进行了一天一夜的会谈，张学良接待李克农很亲切，虽然是第一次会面，但主客之间都很随便，不感到有什么拘束。张学良谈笑风生，十分潇洒；李克农谈吐机智幽默，风趣盎然。尽管有时双方为了某一个问题争得面红耳赤，但是整个说来，会谈的气氛是轻松而和谐的。他们谈话的内容，除了完全同意关于红军与六十七军的局部口头协定外，主要是有关抗日的问题。

会谈结果归结为以下几个具体问题：

1. 为了进一步商谈抗日救国大计，商定中共方面再派出全权负责代表，最好能在毛、周等负责同志中推出一位，与张再作一次商谈，会谈地点定在肤施城（延安），时间由中共方面决定。

2. 红军与东北军派代表出国的路线问题，由张负责与新疆盛世才联系。

3. 商定中共方面派一位色彩不浓而又能负责的代表常驻西安，由张给以灰色名义掩护，以便与各方联络，推动关于成立国防政府和组织抗日联军的活动。

张、李会谈于3月5日结束后，李即日连电向党中央报告会谈内容并请示行动。6日得中央复电慰劳，同意谈判结果，并请李即日赴山西石楼前方晤谈（那时红军渡河东征，毛主席和中央其他负责同志等均在前方）。李克农在 3 月 7 日离开洛川，取道延安渡河，径赴晋西石楼向毛主席和中央其他负责同志报告会谈的详情。

刘鼎当代表

张学良把李克农送回陕北以后，刚回到西安，就接到上海李杜来电说，“寻找的朋友”已经找到了，张一看就明白是李杜替他找的共产党的关系已经找到了。他特地选派了一个亲信的高级参谋赵毅到上海去接。

赵毅到了上海，通过关系，找到了刘鼎，在 1936 年 3 月中旬，一同由上海到了西安。

刘鼎来到西安，住在张学良预先指定的一个机关内。多次与张交谈，根据张学良的提问，回答如下：（1）张学良掌握几十万大军的兵权，坐镇东北，有守土之责。但日军发动九一八事变时，当地守军不放一枪一弹进行抵抗，以致一夜之间，沈阳失守，数日之内，东北广大土地全部沦为敌有。因此，张学良不能不遭到全国人民的唾骂，共产党在这个问题上所抱的态度同全国人民一样，不能置身事外不表示意见。（2）中东路事件发生时，东北当局一方面首先挑衅，进攻苏联，一方面又容许日本帝国主义在东北大肆扩张势力。东北当局亲日反苏，事实非常明白，而苏联红军为了保卫国土，进行反击，完全是正当行为，张学良因此受到责备，也是合乎事实的。（3）东北军是蒋介石指挥下的一支“剿共”大军，先在豫鄂皖，继在西北，都很积极卖力气替蒋介石打内战，使红军与苏区遭受很大损失。最近，红军为了自卫，实行反击，因而使东北军受了一些挫折，同东北军给红军所造成的损失相比较，这能算打得“厉害”吗？红军有广大人民作后盾，久经考验、能征惯战，是一支不可战胜的革命武装，蒋介石百万大军也对它无可奈何，何况东北军。而且蒋介石驱使东北军上前线“剿共”，实际上是他的借刀杀人之计，企图用这种阴谋手段来消灭东北军。因此。东北军当前最“厉害”的敌人，是红军还是蒋介石，值得考虑。

刘鼎继续说，为今之计，东北军最好的出路是联合红军抗日，不仅可以一洗“不抵抗”“投降卖国”的罪名，而且还可以有效地摆脱蒋介石借刀杀人的阴谋，这是东北军为东北同胞和全国人民最所企望的明智之举。将来抗日胜利和全国解放以后，功勋载诸史册，垂之千古，东北军和张学良将首先占了一页。

刘鼎这一席话，打中了张学良思想的要害，使他不得不衷心佩服，感到十分高兴。

延安会谈时，张学良带着刘鼎一同参加了会谈。会谈以后，刘鼎随着周恩来一同到瓦窑堡住了几天，详细报告了与张学良相处的情况。中央决定按照互派代表的协议，派刘鼎到东北军当联络代表。刘鼎奉命后，经延安回洛川再见张学良，说明此来任务。张表示热烈的欢迎，约定此后刘以“东北抗日义勇军代表”的名义在东北军内部出现。从此刘鼎就成为张公馆的上宾了。

延安会谈

李克农等离开洛川，于 3 月 16 日赶到山西石楼去见毛主席和中央其他负责同志，向他们报告了此行的经过和张学良所提出的希望会见中央负责同志的要求。中央当时认定张学良的要求是有诚意的，此举对开展抗日民族统一战线工作十分重要，因此决定即日派周恩来为全权代表，偕同李克农一同去肤施（延安）会晤张学良。

周恩来、李克农带着电台和一个小部队由河东回到瓦窑堡，俟与张学良约定时间即赶赴延安。经往返电商，最后决定推迟到 4 月 8 日在延安会谈。周、李临行前，又由毛主席和彭德怀司令员于 4 月 6 日致电王以哲、张学良，通知周、李行期及联络地点，并提出了这次会商的几个问题，原电内容如下：

甲、敝方代表周恩来偕李克农于 8 日赴肤施，与张先生会商救国大计，定 7 日由瓦窑堡启程，8 日下午 6 时前到达肤施城东 20 里之川口，以待张先生派人至川口引导入城；关于入城以后之安全请张先生妥为布置。

乙、双方会商之问题，敝方拟为：

1. 停止一切内战，全国军队不分红白，一致抗日救国问题；

2. 全国红军集中河北抵御日帝迈进问题；

3. 组织国防政府、抗日联军具体步骤及其政纲问题；

4. 联合苏联及先派代表赴莫斯科问题；

5. 贵我双方订互不侵犯及经济通商初步协定问题。

丙、张先生有何提议，祈预告为盼。

周、李于约定时间到达延安东北 20 里之川口，适值雨雪交加，电台联络失时，直到 9 日上午张学良才自己驾着飞机，带着王以哲、刘鼎两人飞到延安。周、李经张学良派人前来联系后，于当日下午 8 时只带了几个随从进入了延安城，在城内一个教堂里与张学良见了面。

参加那次会谈的共有 5 人：周恩来、张学良、王以哲、李克农、刘鼎。

这是一次有历史意义的会见，双方都以恳切坦白的态度开诚相见。张学良在寒暄之后，首先就把他对于国家前途的看法很坦率地说了出来，向周恩来请教。他认为国民党已经是没有希望了，当前中国只有两条路可走，一条共产党的道路，一条法西斯的道路。他说，两年前他从意大利回国，曾经相信法西斯主义可以救中国，因而主张拥护蒋介石做领袖，实行法西斯主义，领导全国抗战。但是这条路究竟能否走得通，他现在开始有了怀疑，要求周恩来表示意见。周见张的态度这样坦率恳切，也就以诚恳明朗的态度对他所提的这个问题作了精辟的分析。周首先指出，法西斯主义是帝国主义的产物，主张个人独裁，压迫人民，摧残群众，它把资产阶级统治最后的一点表面上的民主都抛弃了，它是资本主义发展到最后阶段的一种最反动的主张。接着，周恩来又说，中国要抗日必须实行民主，以便发动广大群众的潜在力量，这种群众力量是伟大无比的，只有靠这种伟大无比的群众力量，中国抗日才有胜利的可能；如果看不到这种群众力量，就不会有真正的抗日信心，也绝不会取得最后的胜利。最后，他指出，德国和意大利是法西斯国家，他们都是同日本帝国主义一鼻孔出气的。因此，要抗日就不能仿效这两个国家讲法西斯，讲法西斯只有投降帝国主义，不能抗日。张听了周的这样明确的分析以后，就表示完全同意，并且说他近来也渐渐有这样的认识，今后将不再谈法西斯。至此，张学良又提出了“假如我们能够联合抗日，我们应该怎样对待蒋介石”这样一个问题。对于这个问题，周恩来首先说明共产党过去是主张抗日反蒋的，不过现在愿意重新考虑这个问题，随即表示他愿意听一听张学良的意见。张思索了一下，然后郑重地提出了他的看法和主张。首先，他认为蒋介石是现在中国实际的统治者，中国现有的主要地方都是他统治着，全国主要军事力量都被他掌握着，其他如财政、金融和外交关系等等也都由他一手包办。其次张又根据这两年同蒋的不断接触和多方观察，觉得蒋还是有抗日的可能和有抗日的决心的，蒋的错处只是在于必须先消灭共产党然后才抗日的所谓“攘外必先安内”的政策。因此，张认为目前最主要的问题，在设法把蒋这个错误政策扭转过来，真正实现停止内战，一致抗日。张说，他总觉得抗日不应该反蒋。同时，反蒋就使得抗日增加困难。我们正愁抗日力量不够，为什么反而把最大的力量抛开呢？最后，他主张现在应该采取种种方法，逼迫着蒋介石走上抗日的道路。他还说，他现在派人去新疆联络盛世才，就是为打通西北，形成抗日局面作准备。周恩来听了张学良这番话以后，对于他所提出来的逼蒋抗日或联蒋抗日的主张表示同意，但因为这是一个重要的方针政策问题，愿意把这个意见带回去，提请党中央郑重考虑以后，再作最后的决定。

张学良得到周恩来这样明朗、切实的表示，就好像一块石头落了地，几个月来思想上不能解决的问题一下解决了，顿时表现非常高兴，并说：“你们在外边逼，我在里边劝，我们对蒋介石来个内外夹攻，一定可以把他扭转过来。”

他们还继续谈到许多国际国内方面的其他问题，如日本对中国作战的战略问题，苏联援助中国抗日的问题，中国抗战如何进行准备的问题，中国红军各方面军的集中问题，等等。周对这些问题都发表了精辟的意见，使张极为心服。

除了以上几个重要问题的谈话外，这次会谈获得了以下的结果：

（一）关于组织国防政府和抗日联军的问题。张学良同意这是中国当时的唯一出路，对于《八一宣言》中的十大政纲则表示俟加以研究后再提出意见。

（二）关于红军的集中问题。张学良承诺赞助红军集中河北，四方面军出甘肃，东北军可以让路。至于二、四方面军北上路线问题，因须经过国民党中央军防区，须得到他们的同意，张愿任斡旋之责。

（三）东北军方面派赴苏联的代表，取道欧洲前往。中共方面的代表张负责保护，由新疆前往。

（四）关于停止内战的问题。张表示完全同意，并谓红军一旦与日军接触，则全国停战运动将更有力量。

（五）在张未公开表明抗日以前，不能不接受蒋令进占苏区。为此，张准备以王以哲军入肤施，沿路筑堡，双方交通仍旧。如此一个月以后，再看形势发展决定。

（六）关于通商问题。普通办货可由红军设店自购。军用品由张代办，子弹可由张供给。

（七）双方互派代表常驻。

（八）张认为红军去河北恐不利，在山西亦恐难立足，不如经营绥远较妥。但如红军决定出河北，他可通知万福麟部不加阻挠。

双方在诚恳愉快的气氛中作了竟夜的长谈。张学良以爽朗的态度和沸腾的热情向周恩来披露肺腑，掬诚求教。周恩来则以高度的政治修养、科学的分析才能以及富有感染力和说服力的言辞风度，使张学良心悦诚服，印象极为深刻。双方在这种融洽的气氛之中，对于重大问题既圆满地取得了一致的意见，同时在各个具体问题上也十分顺利地达成协议。因此，这次会谈不仅对于张学良走上联共抗日的道路具有决定意义的作用，同时对于党的抗日民族统一战线政策，也是一件极大的出于原来意料的收获。

双方一直谈到黎明，10 日晨 4 时才握手告别，珍重再会。及至周恩来、李克农等走出延安城时，漫长的黑夜已经过去，东方红日已冒上山头了。

争取东北军

马文瑞*

九一八事变后，东北沦陷，东北军将士背井离乡，被蒋介石调到西北来“围剿”红军。在遭到多次失败后，张学良认识到不能再与共产党为敌，应该全力去抗日，收复自己的家乡。鉴于这种情况，中央及时地成立了东北军工作委员会，开展对东北军的争取工作，并为做好这一工作给各地党组织发了指示。为了贯彻执行中央的指示，争取东北军联合抗日，陕北省委也相应地成立了安塞东北军工作委员会，由我任书记，主要负责做安塞、延安等东北军的工作。陕甘工委、陕甘宁省委也成立了相应的工作机构。当时中央制定了争取东北军的基本方针，指出做东北军的工作既不是要瓦解东北军，也不是要把东北军变为红军，而是争取东北军到抗日战线上来。我们在具体工作中严格执行了这一方针。工作的第一步就是争取停火。工作的方式，主要是宣传。可以在外围宣传，也可以去内部做工作。譬如边界地带的哨所可以去，东北军的团部、营部也可以去。通过做工作，在东北军内部秘密发展共产党员，以起巩固合作抗日的作用。为了使外围宣传卓有成效，我们在边界地带办起了新市场，恢复了红白区间的商贸活动，让东北军来收购柴草、菜

---

* 作者时任中共安塞东北军工作委员会书记。

蔬、肉品、粮食等，官兵都可以来，我们的人也常常到白区去采购东西。为了不引人注目，双方的采购人员都着便衣往来。

此后，双方的商贸活动日渐增多，我们就充分利用这种场合做宣传工作。我们曾经调来文工团，在市场上演戏宣传，并且散发各种宣传品进行有力的政治攻势。当时的宣传口号是："中国人不打中国人！""停止内战，一致抗日！""打回老家去！"由于东北军将士是在日本侵略者进犯和蒋介石采取不抵抗政策的情况下，被迫调防西北来对付红军的，家乡沦陷，妻离子散，使他们饱受切肤之痛，加之"围剿"红军本不是出自他们意愿的事情，所以经我们一宣传，东北军许多官兵很快就觉醒过来了。

当时，我们工委下设了两个市场，一个在安塞，一个在河庄坪。河庄坪市场办起不久被敌人破坏了，夜里把我们的人抓走杀害了。这是住在延安城里的国民党县长高锦尚干的。当时叶剑英同志也住在安塞，代表中央东北军工委领导此项工作。东北军中有个团附姓方，满口辽宁话，人称方团附。此人开始还表现不错，我们经过谈话培养让他入了党。后来有一次，这家伙在我们市场上把东北军的采购人员用军棍赶走了，暴露了反动本质。还发现他经常来市场上一户作风败坏的妇女家嫖娼，影响很坏。于是我向叶剑英同志汇报，叶剑英生气地说："这狗东西是法西斯！"我们就放弃了这个党员。这一时期，我们在下级军官中培养发展了几名党员，虽没成立党组织，但也对我们的争取工作起了积极作用。

除了积极开展外围宣传，我们还时常深入到东北军内部去做工作。一些东北军的哨所、驻地我都去过。我们同士兵交谈，宣传我党统一战线和联合抗日的主张，结果造成了两军虽然对峙，但一般情况下并不发生武装冲突的停火局面。随着宣传的深入，东北军的许多官兵很愿意与我们接触交谈，有的地方甚至召开了两军的战地联欢会。我也曾经进延安城做工作。当时延安城里驻着王以哲军一个团。我设法同其团长约好到延安城内的团部同他拉话，交朋友。我天擦黑进城，与团长见了面。他是中校，很热情。两人秉烛夜谈。我讲了停止内战、共同抗日的意义，讲了只要中国人团结一致，实行全面抗战路线，就一定能够打败日本帝国主义的道理，并希望东北军弟兄能早日打回老家去，拯救水深火热中的父老乡亲。团长对我讲的这些意思都能接受，他说：“停战、合作抗日我赞成，只是你们‘毛委员长’敬奉些外国人，我想不大通。”我想他指的自然是马、恩、列、斯了，便说：“我们共产党人信奉马列主义，是的，马克思、列宁他们是外国人，但外国人也有好人。马、列是外国人中的好人，他们的理论是科学的、是真理，对我们国家的民族解放事业能起到好的作用。”说到这里，我看他仍然不大信服，便又说：“你大概信奉三民主义吧，那你是孙中山的信徒了。其实孙中山先生的三民主义学说，起先也曾参考外国人的东西。早年的美国总统林肯就曾经提出‘民有、民治、民享’，孙中山先生的三民主义学说就是从林肯的‘三民’思想中受到启发的。可见信奉外国好的东西，并不是什么坏事情。”那位团长听得直点头。两人谈得很上劲儿，一直到延安城里的鸡叫，天快明了，我才不得不离开。团长派人把我一直护送到红区与白区的交界地带。王以哲的另一个团驻扎在甘泉城内，被我军包围了几个月，弹尽粮绝，求生无望，我军却在势在必得的情况下主动撤围。这件事在东北军中影响很大，使他们从中看到了红军联合抗战的诚意，有利于我们的争取工作。

在党中央的正确方针指引下，我们对东北军的争取工作取得了很大进展。在中国的西北地区，形成了一个局部的停战区，而且军民的抗日情绪极高，这对于以后西安事变的发生和抗日民族统一战线的形成，作了必要和重要的准备，起了积极的作用。

1936年冬季，我又被派往陕北东地区（延川、延长、宜川一带），去做杨虎城的西北军工作。在我去东地区以前，我党经与杨虎城的代表多次协商，已达成了一个口头协议，具体内容是互不侵犯、取消经济封锁和建立双方军事联络。当时还专门成立了陕北东地区西北军工作委员会。杨虎城有一个营驻宜川，营长名叫陈玉璧，是陕北人。我就写了一封信，派人去联络，做他的工作，这家伙没有回信。不久“双十二”事变发生，东北军、西北军全撤退了，我负责争取白军的工作也就从此结束。

西安事变爆发时，我正在延川一带的黄河岸边。当时红军准备二次东征。红军一、二、四方面军三大主力会师后，敌人大军压来，红军人马大增，供给有了问题，连吃饭都有困难。为了躲开敌人重兵，开辟新区，中央决定再度东征。于是派后方参谋长张云逸带一部电台来到延川做渡河准备。邵式平、戴季英和我也参加此项工作。刚过了两三天，张云逸同志兴奋地对我们说："发生了大事情，西安张学良、杨虎城把蒋介石抓起来了。"我们大家听了都很高兴。当时大家都讲，应该"公审蒋介石""枪毙蒋介石"。后来毛主席、党中央正确地分析了整个形势，为了形成全国的停止内战、联合抗日的统一战线局面，提出了和平解决西安事变的主张，并派出以周恩来为首的中共代表团赴西安，经过多方努力，促成了西安事变的和平解决。实践证明，毛主席、党中央的主张是很正确很英明的。西安事变发生后，南京方面出现了以何应钦为首的"讨伐"派，并调动大批军队准备进攻西安。日本政府也借机大肆活动，欲挑起更大的内战以便渔人得利。而南京政府中以宋子文、宋美龄为首的一派则主张和平解决此次事变。形势很明显，如果杀掉蒋介石，将会大打内战，这样只会有利于日本帝国主义的侵略进攻。而我们的目的是停止内战，一致抗日，这也是广大民众的愿望。历史证明，采取和平解决西安事变的主张和做法，既避免了一场更大的内战，也达到了"逼蒋抗日"的目的。

西安事变和平解决后，蒋介石接受了我党"停止内战，一致抗日"的主张，东北军、西北军驻防陕北的部队撤走了。但有些县城里还是国民党的天下。譬如宜川县国民党县政府就关押着我们一批同志，我派王秉章去交涉，才把我们的同志放了出来。记得有个县苏维埃主席姓赵，快被折磨死了，放出来时连路也不能走，但他没有屈服，一直在狱中坚持同敌人斗争，直到被营救出狱。

为毛泽东带信给孙蔚如的经过

孙作宾*

1933年，陕西省委遭敌破坏，省委书记杜衡叛变。为了保护大批地下党员和组织，继续领导陕西全省地下党的斗争，我和崔廷儒、余海丰、胡振家、昝玉祥组织了临时省委，恢复地下党组织，与敌人和叛徒进行斗争，但不久临时省委也遭敌人破坏。1934年，我又和崔廷儒、魏忠慎、苗建平、严克伦组织了西安市临时中心市委，代行省委领导全省斗争，结果又遭敌人破坏。1935年，我又和崔廷儒、高克林再次组织了临时省委，并深入各地恢复和健全组织，成立特工队，与敌人继续进行斗争。大约在1935年11月间，马豫章找到我说，杜斌丞说杨虎城要亲自见地下党负责人。我当即随马豫章见了杜斌丞先生，杜斌丞将杨虎城愿与共产党建立联系，与红军互不侵犯的态度告诉我后，又说："杨先生要亲自见你。"我向杜表示："待我们商量后再说。"随即我与临时省委的几个同志研究，大家认为省委连遭破坏，怕再暴露，决定不见。我将这个决定告诉了杜先生，并告诉他，我们将尽快派人去中央请示。随后，我与崔廷儒商量，让他去苏区向中央汇报。崔廷儒前往苏区，在途中（小关中）碰见了中央南下工作团的贾拓夫、鲁贲、张德生

* 作者时任中共陕西临时省委负责人。

等人，崔廷儒向他们说明了情况，中央南下工作团要求崔廷儒赶快返回西安工作，由他们向中央汇报杨虎城的情况，并由鲁贲给我们写了一封密信，由于密写技术问题，带回西安后，一点也看不清。我拿着这封看不清的信和当时中央印发的反蒋抗日指示信给杜先生看，并说我们把杨先生的态度已报告了中央，希望杜先生转告杨先生，多做工作。

1936 年夏末，由于西安市学运工作遭到敌特破坏，形势逼迫，站不住脚，我准备亲自到苏区向中央汇报陕西省委遭敌人连续破坏的情况，并听取中央的指示。走前，我告诉了杜斌丞，杜先生把我要去苏区的事报告了孙蔚如，孙当即让杜转告我，他要见我，他有话要对我说。杜先生找到我，说："杨先生找共产党，孙蔚如也找共产党，他们两个人都找共产党，这是好事。"我去见了孙蔚如，孙告诉我："三十八军愿同红军互不侵犯，建立联系，互助合作，共同抗日，你去苏区，希望你能给你们党中央、毛泽东捎个话。"我提出请孙蔚如给党中央、毛泽东写一封信，不然空口无凭。孙蔚如说："信不能写，我曾给张国焘写过信，结果张国焘在小报上透露了，蒋介石把我没整死！你是共产党员，你给你们的人汇报，他还能不相信吗？"所以孙没有写信。我到苏区保安后，先向组织部长李维汉汇报了陕西省委连遭敌人破坏，和我们两次建立临时省委及西安市临时中心市委的情况。又经李克农安排，我分别见到了毛泽东和周恩来同志。由于中央领导同志很忙，李克农一再叮咛，有关杨虎城、孙蔚如的政治态度向毛泽东汇报，有关军队里的情况向军委周恩来汇报，不能占用领导过多时间。我向毛泽东同志详细汇报了杨虎城、孙蔚如都愿意与我党建立联系，与红军互不侵犯，互给方便的政治态度。毛泽东称赞杨虎城、孙蔚如的态度，并表示同意建立联系，互不侵犯，互给方便的主张。毛泽东还向我询问了杨虎城、孙蔚如的私人财产等情况。而后，李克农交给我一封毛泽东写给孙蔚如的密信，李克农告诉我这是毛泽东让他代笔写给孙的，毛泽东签了名。李克农指示我将这封信面交给孙蔚如。接着，我向周恩来汇报了阎揆要团下面同志要兵变的事，周恩来听后询问我："阎揆要团怎么样？"我回答："阎揆要团下边的同志想搞兵暴，把这个团拉过来。"周当即制止说："不能拉！"并说："是把阎揆要团拉过来，多几条枪好呢？还是不拉，搭个桥好呢？我看还是搭个桥好。”周恩来又问：“阎揆要怎么样？”我说：“有个连长反映，阎揆要胆子小，部队里唱革命歌曲，办宣传墙报，阎揆要不叫搞，怕暴露。”周马上说：“阎揆要同志做得对，我们不能把白军当红军。这样搞，阎揆要的团长还当不当了呢？”我又汇报了：阎揆要团里党员不少，工作基础比较好。周恩来问我：“电台能掌握吗？”我回答：“电台在我们手里。”周说：“好，那马上给阎揆要团派个机要人员。”后来，就派刘克东同志去了。

大约1936年9月份，我携带毛泽东给孙蔚如的信来到陕西三原县（三十八军军部驻三原县），孙蔚如去了西安，我带上信怕出意外，就找到九十九团副官毛云鹏同志，把情况告诉了他，并将信交毛暂为保存，以备安全。毛云鹏看到头漆签封的信封正面写着“面陈：孙军长亲启”和“绝密”字样，十分小心地揣在怀里，并说：“你放心，这么大的事，我一定保管好”。这时，我又找见了三十八军参谋处中校参谋成子慎同志，把这件事告诉了他，并说孙蔚如从西安返回，希立即转告我！隔了两天，因孙蔚如未从西安返回三原，我从毛云鹏处取回毛泽东的信，亲自到西安红埠街孙蔚如公馆面交孙蔚如。

争取十七路军联合抗日的谈判经过

汪 锋[*]

1935年10月初，党中央和毛主席直接领导的中央红军主力，经过二万五千里长征终于到达了陕甘苏区根据地，当时蒋介石为了进攻红军和陕甘苏区，在西安成立了所谓“西北剿匪总司令部”，调动东北军、十七路军和一部分蒋的嫡系部队对陕甘苏区发动了第三次大“围剿”，以东北军为主力，由南向北疯狂进攻。中央红军一到陕甘苏区，就同十五军团一起，参加了反“围剿”的斗争。毛泽东直接领导了这次反“围剿”斗争。有名的直罗镇战役，便是在毛泽东亲临指挥下，取得胜利的。

中央红军到达陕北的伟大胜利，给面临亡国惨祸的中国人民带来了希望，给全国人民争取抗日与民主的群众运动以巨大鼓舞和有力推动，人民群众的爱国热情像烈火一样熊熊燃烧起来。我党的巨大影响，不仅在人民群众中深入人心，也影响了统治阶级的中上层；不但在统治阶级政界发生影响，对那些具有爱国思想的国民党军人也有很大的震动。特别是在西北地区，对于被蒋介石驱赶到陕甘前线进攻红军的东北军和十七路军，对于两军的统帅张学良将军与杨虎城将军，都产生了极其深刻的影响。这时候，我党中央分

* 作者时为红军赴十七路军谈判代表。

析了东北军、十七路军的处境和现状，认为争取两军共同抗日是完全可能的。从此，党对张、杨以及东北军、十七路军广大官兵开始了耐心细致的争取工作。

红二十五军到达陕北前，我曾长期负责十七路军地下党的工作。红二十五军到达陕北后，由于受王明“左”倾机会主义路线的影响，把刘志丹等一大批执行正确路线的同志抓了起来，造成陕北革命根据地的严重危机。中央红军到达陕北的时候，我们还被关押在瓦窑堡。直罗镇战役刚刚结束，党中央就派王首道把我释放出来。

11 月间的一天，贾拓夫通知我，要我赶到前总驻地——鄜县西边的套通塬东村谈工作。我由瓦窑堡星夜赶到前总，其时，直罗镇战役刚结束，全歼了东北军牛元峰的一〇九师，大量物资和俘虏需要处理，前方异常忙碌，前总政治部主任杨尚昆招呼我住下，告知我来这里是毛主席调的。工作将由毛主席当面指示。

在我到达前总的第二天晚上，毛主席约我谈话，我怀着极其兴奋的心情去见毛主席。毛主席住在一个群众住的土窑里。毛主席见到我先问了陕北许多同志的情况，然后谈到了将要分配我去做的工作。毛主席要我前往西安，代表红军同十七路军谈判，争取他们同红军互不进攻，联合抗日。

我向毛主席汇报了我所了解的杨虎城将军和十七路军的情况。我说，十七路军参加过北伐战争，受过大革命的洗礼。从大革命以来，有不少知名的共产党员如魏野畴等在这个部队中做过工作，还有不少党员至今在十七路军中做秘密工作，在杨虎城将军周围还有一些同情我党的进步朋友（如杜斌丞先生等），谈判成功的可能性是很大的。我长期在陕西省委的军事委员会工作，对这个部队的历史和人物情况比较熟悉，我愿意尽力做好这项工作。

在那几次谈话中，毛主席反复分析了全国的政治形势，阐述了我党的政策。毛主席说：由于日本帝国主义妄想独霸中国，变中国为它的殖民地，国内阶级关系发生了新的变化。当前，民族矛盾上升，国内阶级矛盾下降了。在此民族危亡关头，全国人民一致要求抗日，敌人阵营也会发生变化甚至分裂。在这种形势下，我党与民族资产阶级重新建立统一战线是完全可能的，也是必要的。我们不能实行那种狭隘的关门主义政策，我们的国内政策要作适当的调整：要改变消灭富农的政策；要团结一切爱国的开明绅士；要争取中产阶级和地方势力；要大量吸收知识分子。对军阀，我们要向前看，对他们过去反人民的坏事，不要耿耿于怀，更不要只看他们生活怎么腐化，只要现在有一点民族气节就好，要在抗日的旗帜下团结他们。我们要体谅他们的难处，打共产党是蒋介石胁迫让打的，不打，他们就完了。为了争取他们，在发生冲突的时候，我们甚至可以暂时让出一些地方。

接着，毛主席对东北军和十七路军的情况作了精辟的分析。毛主席说：东北军和十七路军都是地方势力，不是蒋介石的嫡系部队，是受蒋介石排斥打击的。蒋介石让他们打红军，达到两败俱伤的目的。由于蒋介石排斥和削弱杂牌军，他们与蒋介石之间的矛盾是不可调和的。东北军要求打回老家去的愿望很强烈。十七路军是典型的地方势力，他们要扩大实力，控制地盘，对抗“中央”，同“中央”胡宗南部的矛盾必然日益突出。杨虎城和中下级军官都有反蒋抗日思想。我们的方针是保存东北军、十七路军，在抗日的旗帜下争取张学良、杨虎城，壮大抗日力量。在他们不觉悟的时候，还是要打他们一下，直罗镇战役就是这样。但打不是目的，目的在于促使他们觉悟，使他们认识到“剿共”是没有出路的。毛主席说，目前政治形势对我们很有利。我们提出“西北大联合”，争取同张学良、杨虎城将军搞好关系，然后才有全国的大联合。

最后，毛主席谈到派我去西安的任务。毛主席说：谈判成功的可能性是大的，但也有一定的危险性。谈判一定不要决裂，要谈和。我表示，完全接受主席的指示。这次出去，当力争谈判成功，如果谈不好，有危险，也不惧怕。主席说，你说得很对，现在的时机是好的，我们连续打胜仗，他们一定很动摇，成功的可能性很大，但困难和危险是有的，我们把各方面都想到，有了思想准备，事情就好办了。主席还具体指示：对杨虎城部队要有个分析，多鼓励抗日士气，少谈以往的不愉快事情，多看进步的，少看落后的……

听了毛主席对形势的分析和对我党政策的深刻阐述，我感到耳目一新，豁然开朗，思想大解放。在王明路线统治时期，实行狭隘的关门主义策略，四处树敌，“为渊驱鱼，为丛驱雀”，把自己搞得很孤立，路子越走越窄，工作被动，损失很大。现在，毛主席来了，端正了党的政策和策略，革命道路开阔了，工作好开展了。我将信心百倍地去完成党中央、毛主席交给的艰巨任务。

同毛主席谈话结束后，我在前总住了几天，毛主席和周副主席又给我不少指示和办法。等毛主席写给杨虎城、杜斌丞、邓宝珊三人的亲笔信交给我以后，我就从前总出发，经过张村驿赶到关中特委所在地九头塬蓝衣村。

关中特委许多同志是我很久不见了的老战友，为了保密，没有一一见面，我只同有关同志积极地进行准备，找化装衣物、证件，研究选择外出路线。关中特委特从边境调了一些地方干部提供情况，参加研究。有的同志主张经赤水（苏区新建县，地在今旬邑县西部）出苏区，有的主张经正宁县由庆阳出苏区。这些主张都有缺点。后来，我同邠县（今彬县）北后区工作的地方干部赵洪谈话之后，决定从邠县与长武县之间出苏区。这个地区没有正规部队驻守，虽有民团，但晚上不敢出来骚扰。只是我路不熟，需要找个带路的同志。路线决定以后，便起身，当晚到达赵洪家中。由赵洪找到了一个在乡苏维埃政府工作的人为我带路。我们研究了边界情况，便和带路的向长武出发。天明前已出了苏区，到达泾河东岸。

离开关中苏区后，一口气走了大约 150 华里，虽然有些疲倦，但却是一帆风顺的。在距长武县 25 华里的地方，碰到了两个便衣特务，对我进行了仔细的盘问和搜查，缝在我的皮衣里边的毛主席写给杨虎城等先生的信，也被搜了出来。幸好这两人是“土特务”，当看到信是写给绥靖公署主任的，便有些瞠目结舌，不知如何发落。我就装出一副国民党大官的神气，大声问他们是谁派出来的，并吓唬他们说：你们这样乱搞，杨主任知道了，对你们和你们的上司都是不利的。这两个家伙更慌了，说他们是长武县政府派出来的。我知道长武县县长是党伯弧，乃十七路军中的老人，是忠于杨虎城的。这样，我比较放心了，对两个便衣说：我是十七路军的高级特情人员，是杨先生派到苏区边界做工作的，现在回西安去报告工作，同你们的党县长也是老朋友。他们相信了，请我们到附近村子休息、吃饭，并把被他们搜出的信件还给我。

当时我考虑，把这些信秘密地从长武带到西安，是很不容易的。同时，这两个便衣也难免不走漏消息，但估计党伯弧还不至于破坏我们的事，因为这件事暴露出去，对于十七路军是很不利的。于是，我决定设法和党伯弧见面，争取他的同情，以免泄露秘密，顺利到达西安。长武县的城门是由“中央军”守卫的，这一关如何通过，就是一个问题。为了避开进城的检查，我给党伯弧写了封信，诈说奉杨先生之命，有要事商量，要他到城外相会。此信由一个便衣先送去。大约下午6时，我们到达长武县北门外，党伯弧果然在路边等我。党命令便衣离开以后，我对党从实说明了来意，简略地讲了红军主力到达西北后的形势，蒋介石不信任并削弱十七路军的事实和杨先生同我们已有多次来往，此事关系国家大局，也关系到十七路军的前途，要他加以协助。我谈完以后，党伯弧表现犹豫。我说，党先生如果能照顾国家利益和十七路军的利益，请即设法送我去见杨先生，否则就可以把我另作处理，请选择。党伯弧听我这样一说，当即表示他并非势利小人，只是如何才能平安地送我到达西安，甚是为难。党所顾虑的是两个便衣知道了，不好保密，长武到西安300多里，万一出了岔头，不好办。我告诉党可以按我告诉便衣的说法，对付便衣。至于护送方法，可以选择可靠人员用押解的办法，保证安全，万一出了事，也可以避免连累他。他同意了，便同我一块进城。第二天清早，党伯弧选派他的亲信——保安队队长带了4个兵，用大卡车“押送”我往西安，汽车一直开到西安新城绥靖公署。杨虎城见到了毛主席的信以后，让十七路军军法处处长张依中接待我。此人曾参加过革命，渭华暴动时，我们曾经认识，后来，他消极了，但还认识我，表现得特别亲热。他们把我安置在西华门军法处看守所住。张依中向所长吴怀仁介绍，我系十七路军的特情人员，是被红军俘虏后逃回来的，需要审查以后才能复职。看守所长是一个年近六旬的老狱吏，习惯于逢迎，他看到我同他的长官平出平入，便尽量向我献殷勤，安置我住在一个较好的房间里，每天单独开饭，极表关怀。我名义上虽然是“犯人”，实际上却是比较自由的，可以到张依中、吴怀仁的办公室里去闲谈，了解情况。谈话中，张依中一再表明他之所以脱离革命，只是同某些人有不同意见，没有做过坏事，如有需要他的地方，他一定尽量帮忙。一次，谈起渭华暴动，张说他对刘景桂（刘志丹）印象极深，详细问了刘的情况。

大约一周后的一天晚上，张依中说，杨先生约我谈话，并开来一辆小车，送我到新城。杨虎城在新城大楼门口等候，接我入西客厅谈话，没有别人参加。首先由我代表毛主席向杨先生问好，说明了来意，谈了形势和红军联合抗日的主张。没有等我说完，杨先生就提出了三个问题。

第一个问题：十七路军许多人认为红军不讲信用。他说：我部孙蔚如驻防汉中一度和红四方面军有过来往，但是红四方面军无故地攻击汉中地区，我部许多人至今还有不满情绪。

第二个问题：十七路军警备旅旅长张汉民是共产党员，中央（指国民党）一再指责我，陈立夫对我也亲自谈过。我认为张有魄力、能干，没有理他们的指责。但是红二十五军徐海东部在柞水九间房设伏袭击，并把张汉民杀害了，这是我们很不满的。

第三个问题：你们红军主力北上抗日，主张联合一切抗日部队，这个主张很好，但是如何帮助东北军和十七路军呢？

我对这些问题做了详细的回答，我说，贵部孙蔚如同我红四方面军有来往，我们是知道的。贵部派的张含辉，到过通、南巴苏区，我红四方面军，保证了安全，取得了谅解，因而贵我两军在两年中，没有大的摩擦，孙部得以安驻汉中，兵员有了很大的发展，说明红四方面军是信守了协议的。后来中央军第一师胡宗南部，依靠天水地区，积极向南扩展，势力伸张到四川西部，不仅我军侧面受到威胁，同时孙部也受到威胁，而孙部对胡宗南部不加抗拒，任其发展。特别是当中央红军到达川西时，胡部已伸入到嘉陵江西岸一带，阻碍红四方面军和中央红军会师。红四方面军为了顺利地同中央红军在川西会师，必须安全地渡过嘉陵江，要安全渡江，必须设法调离沿江驻守的胡宗南军队。所以才决定采取声东击西的办法，明攻汉中，威胁天水（胡军后方），调动胡军返回天水，胡部果然以为我军攻打汉中、天水，撤回了川西部队，集中天水，防我进攻，给了我红四方面军回师西进的良好机会，安全地暗渡嘉陵江，完成了和中央红军会师的任务。这种军事行动，说清楚了，先生是会谅解的。杨先生知道，汉中是个盆地，红四方面军如果决心消灭孙部，就可以依靠川北苏区，三路出击，东路依万源、城口进攻镇巴、西乡；中路依通、南、巴翻越巴山进攻南郑；西路依广元进攻宁强、沔县，东、南、西合围南郑，汉中地区腹背受攻，不是更容易得手吗？何必单从西路一线进攻呢？这点也正充分说明了我军攻击汉中地区，只是调动胡军之手段，并不是以歼灭孙部为目的的。

红军二十五军，从鄂豫皖苏区突围后，长期行动，得不到补充和休整，有困难。该部到达陕豫边地区后，是准备休整的，可是贵部柳彦彪旅天天尾追，逼得红二十五军不得不自卫，山阳一战该旅溃败，而贵部警备旅张汉民部又接踵而至，并且张部尾随比柳旅更为接近。红二十五军误认该部要再寻机攻击，遂于柞水之九间房接火战斗。在战斗中，张旅长被俘，由于红二十五军自从突围后，和上级失掉联络，不了解张汉民的情况，所以误杀了他。这首先是我们共产党人的沉痛损失，因为张汉民确是我党党员，现在我党中央已追认张汉民为革命烈士。这个事件，对于十七路军来说，当然也是一个沉痛的损失，但却可以用来作为同国民党进行斗争的有力材料，以张汉民同志被杀来反击国民党的指责，说明十七路军并没有什么共产党，打掉蒋介石削弱十七路军的借口。

至于红军的态度，我党在《八一宣言》中，有明确说明，毛主席给杨先生也写了信，想必杨先生是清楚的，今后贵我双方如果不相互攻击，就会互不伤亡，这对十七路军之发展壮大和对抗日救国事业都是极为有利的。我们认为西北军和东北军都是要求抗日的，这些军队的扩大，就是抗日救国力量之发展，也就是反动卖国势力的削弱，所以我们只有互助成长，防止损失，这就是我们对十七路军和东北军的明确态度。

杨虎城先生在谈话中多次暗示十七路军上下官兵都是齐心的，能够听他的话。但对谈判的具体内容没有表示明确态度。从语气和神态看来，他对联合抗日，互不进攻是赞成的，对这次谈话也是满意的。杨先生最后对我说，他今后不能多和我谈，指定王菊人（时任杨的机要秘书）和张依中继续同我接谈。并说如果事情完了，有一位老朋友要我带往苏区。

我们进入苏区走不到二里路，就被一支武装包围了。他们是当地的游击队，看我们穿着长袍，戴着礼帽，不由分说，硬要捆我们到队部去，我们怎样解释也不听，队员们叫我们“反对派”（陕北苏区群众把国民党叫反对派）。到了队部，见到队长，他笑着说：“我的政委，几乎把你当反对派了。”队长姓杜，是红军二十六军的班长，他是认得我的。休息吃饭以后，由杜队长派人送我们去关中特委所在地蓝衣村。

西安事变

我党和平解决西安事变的前前后后

郭洪涛*

60年前，我国西北古城西安爆发了一起震惊中外的大事件，这就是张学良、杨虎城二位国民党爱国将领发动的西安事变。我个人当时在我党中央部门工作，目睹了中央怎样解决这一事件的经过。60年过去了，抚今追昔，深感那次事变中党中央确定的和平解决方针是何等的正确和富有远见。

1935年10月，党中央率领中央红军来到陕北根据地时，我是陕甘晋省委副书记。11月3日，中央在下寺湾召开的政治局会议上，我汇报了陕北苏区的情况，接着党中央就决定让我担任陕北省委书记。西安事变前两个多月，我从省委所在地安塞谭家营村赶到保安（今志丹县，当时中央的所在地）参加中央讨论民主共和国口号的那次会议之后，中央又调我担任中央组织部副部长（部长秦邦宪），将我留在保安。西安事变爆发时，我正好住在张闻天同志隔壁的一间窑洞里。

西安事变虽然是张、杨独立发动的一个突发事件，事先我们党并不知道，然而它的发生却不仅与当时整个民族危机形势有关，而且也与我党进入陕北后制定的民族统一战线策略，以及对东北军和西北军所做的大量的工作

---

* 作者时任中共陕北省委书记。

有关。那时，扩大抗日联合战线是我党的重点工作，党中央成立了白军工作部，由周恩来同志领导。由于陕北根据地周围大多是东北军，对白军的工作也是以东北军为主。

早在 1935 年 10 月，榆林桥战斗中，东北军有一个叫高福源的团长在战斗中负伤，被我军俘虏。当天晚上，程子华同志把他找来，一边让卫生员给他包扎伤口，一边问他今后打算怎么办？我和崔田民在旁听着。高说，东北军是抗日的，打红军是被逼的，要求将他放回去做抗日工作。程子华说，不能放你。高说，既不同意放，那就把我杀了吧。程子华说，也不能杀，我们有个红军干部学校，让你到那里去教书，为抗日培养军事人员，怎么样？高听了喜出望外地说："我是日本士官学校的毕业生，一定能教好，不辜负你们的期望。"于是由我给红军干校校长写了介绍信，介绍高到瓦窑堡红军干部学校去任教。我到中央之后，将这件事向张闻天、周恩来同志作了汇报，他们听了非常重视。周恩来同志遂决定派高福源利用其特殊身份，回去做王以哲、张学良的工作。后来这位高团长的确在最初我们同东北军沟通联系上起了一定的作用。

在周恩来同志的直接领导下，我们党在 1936 年上半年对东北军做了大量工作，包括上层同他们订立停战协定，周恩来亲自同张学良举行会谈，直接派出常驻东北军的代表等等；在下层，包括给他们送"打回老家去"的宣传品，甚至在某些地区举行红军与东北军战地联欢等等。所有这些使得我们党与东北军和西北军的关系进入了一个新的阶段。

1936 年秋冬之交，摆在东北军、西北军面前的形势是：群众的抗日救亡运动正在进一步推向高潮，然而蒋介石仍在顽固地坚持其"攘外必先安内"的反动政策，调兵遣将要大举"围剿"红军。红军二、四方面军北上抗日，与红一方面军在甘南的会师，使得广大东北军和西北军将士看到了红军力量的壮大和抗日的决心。同时他们也越来越看清了蒋介石的阴谋伎俩，这就是既利用东北军和西北军"剿共"来消灭红军，又借"剿共"为名来削弱和控制东北军、西北军。正是在这种形势下，张、杨二将军为了促使蒋介石改变其"攘外必先安内"的反动政策，在劝谏无效的情况下在西安发动了兵谏，于1936年12月12日一举扣留了正在西安的蒋介石。

事变发生后，张、杨立即电告我党中央，征求我党对此事的处理意见。这个突如其来的消息轰动了整个志丹城，上上下下沉浸在一派兴奋之中，干部、群众奔走相告，议论纷纷。有的说蒋介石杀了我们多少人，今天遭到如此下场，完全是咎由自取；有的说蒋介石阻挠抗日，这一下扫除了障碍，抗日有了希望。对于如何处理蒋介石，成了当时最热门的话题。一般干部群众中基本上是两种意见：一种是建议张学良立即把蒋介石公审处决；另一种则主张把他押到苏区来看管，然后再作处置。由于大家对蒋"剿共"罪行的愤怒，当时还没有听到有人主张释放他。

在这个突如其来的事变面前最为繁忙紧张的还是中央的领导同志。12日得到消息的当天，毛泽东、周恩来、秦邦宪就几次来到张闻天住的窑洞紧急商谈对策，中央同西安方面的来往电报接连不断。

记得就在事变发生的第二天的上午，中央为商讨事变问题召开了一次政治局常委扩大会议，我有幸列席了这次会议。这次会议也是在张闻天所住的窑洞里召开的，会议的范围不大，出席会议的也就十来个人，其中目前在世的大概就是列席会议的冯文彬同志和我了。

记得这次会议的主持人是张闻天同志。会上，毛泽东同志首先发言，他肯定这次事变是革命的，认为张学良、杨虎城的行动有积极意义，应该表示支持。我们的口号是召开救国大会，其他口号都是附属在这一口号下。接着周恩来同志发言，他提出在巩固西北三方联合的同时，要推动、争取国民党的黄埔系、CC派、元老派和欧美派积极抗日，他还提出不要与南京政府对立。张闻天也在会上发言，他除了同周恩来一样，主张"不采取与南京政府对立的方针"外，还提出："尽量争取南京政府正统，联合非蒋系队伍"，并且强调："我们的方针，把局部的抗日统一战线转到全国性的统一战线。"关于如何处置蒋介石的问题，虽然在事变之前我党已有明确的"逼蒋抗日"方针，但是在蒋已被张、杨扣留的情况下如何对待，当时是两种意见，有的同志认为应该除蒋；有的同志则不同意除蒋，认为蒋虽被扣，但他还是代表国民党正统，如果把蒋介石除掉，不利于联合国民党抗日。当时张闻天同志就是持这种意见，后来事变的发展，证明这个意见是正确的。唯独张国焘提出，不但要公开审蒋，而且要打倒南京政府。

由于事变发生突然，对外界的反应知道不多，会上谁也拿不出完全成熟的意见，因此会议在方针问题上没有能做出明确的决策。毛泽东同志最后说：我们处在一个历史转变的新阶段。在这个阶段，前面摆着许多条道路，同时也有很多困难。他着重强调要把抗日援绥的旗帜举得更明显，在军事上采取防御的方针，并指出不把反蒋和抗日并列。

我的发言只是从组织工作的角度讲了一点意见，认为西安事变打开了抗日的新局面，因此党在白区的工作很重要，建议党校多招收些适宜做白区工作的同志加以培训，以便派出去加强白区工作，推动抗日救亡运动。

这次会后中央应张、杨的要求，立即派周恩来同志去西安。周恩来 17 日抵达西安后，与张、杨二将军举行多次商谈。同时国民党内部亲日派和英美派的态度也日趋明朗：亲日派竭力鼓动讨伐西安，英美派则愿意为保蒋作出妥协，端纳、宋子文、宋美龄先后飞赴西安。周恩来同志将这些形势的变化不断用电报报告中央，并提出自己的分析意见。这些对于中央最终作出正确决策起了重大的作用。

12 月 19 日，党中央召开了一次政治局扩大会议，与 13 日的会议相比，这次会前中央对外界的反应及动向比较清楚，认识也已经完全统一。事实上从各方面的情况来看，对蒋介石的处置问题成为能否正确解决西安事变的关键。毛泽东同志在会上全面地分析了西安事变发生以来的形势和前途，并在大家发言的基础上作出了和平解决西安事变的结论。张闻天同志在这次会上也有一个发言，他着重讲了在当前民族矛盾急剧上升的情况下不能反蒋的道理，他特别指出把蒋介石交人民公审的口号是不妥的。张闻天同志在这个问题上的观点前后一致，是很不简单的。

我也有幸列席了这次会议，深受启发和教育。这次会议通过了《中华苏维埃中央政府及中共中央对西安事变通电》和《中共中央关于西安事变及我们任务的指示》两个重要文件。前一个文件是我党公开表示和平解决事变主张的一个正式文件，后一个文件则是向广大干部和党员解释为什么采取和平解决的一个党内指示。事实表明，我党的这一方针推动了事变最终和平解决，而事变的和平解决则成了扭转整个时局的枢纽。

关于这次事变，共产国际是有指示的，不过指示到达得比较晚，和平解决的决定实际是我党独立自主作出的，其结果却同晚来的共产国际指示基本一致。我清楚地记得，19日会议后隔了一天，我到张闻天同志那里请示工作的时候，他拿出一份刚收到的国际电报给我看，其中明确指示用和平方式解决这一冲突。他对我说，我们一定要争取和平解决这一事变。接着开了干部会，毛泽东作报告，向大家指出，对蒋介石的处理有上、中、下三策："杀"是下策，"不杀不放"是中策，"放"是上策，中央决定的方针是"放"，这是联蒋抗日的上策。

应当指出的是，我党在争取和平解决事变过程中，在军事上是同时做好了打的准备的。事变发生不久，我党就和张学良、杨虎城达成协议，成立抗日援绥联军，并统一了军事部署，东北军和十七路军迅速向西安集中，而把延安、甘泉、富县让给红军驻防，以便对付南京政府亲日派的进攻。

西安事变和平解决后，中央决定将中央机关从保安迁到延安。先后委派江华同志为延安警备司令员，李坚贞同志为延安工作组组长。我也是作为先遣人员和李坚贞同志率领的工作组在中央到达延安之前一道进入延安的。我到后给中央机关看好了房子。1937年1月13日，毛泽东、张闻天等中央领导随中央机关一起进驻延安城。为此延安群众举行了盛大的欢迎会。大会是我主持的，毛泽东在大会上发表了重要讲话，大意是说中央红军到陕北是为了抗日，希望大家要处处想着抗日，事事想着抗日。当时会场上群众的情绪非常激昂。口号声、欢呼声此起彼落，充分体现了广大人民群众对我们党、对我党中央的崇敬和爱戴。我党中央自1935年10月到达陕北、1937年1月进驻延安，1948年3月离开陕北，中央在陕北14个年头（13年零4个月），在这里推动了全国抗日统一战线的建立，领导了整个抗日战争，中国人民在中国共产党的领导下揭开了历史上新的一页。

十七路军在西安事变中

王菊人*

西安事变前后，我在十七路军总指挥部任杨虎城将军的机要秘书。

张学良到西安后，任西北“剿总”副总司令兼代总司令职权。杨虎城任西安绥靖公署主任兼十七路军总指挥，军事上归张节制。两人来往很频繁。在礼遇上杨很尊重张，但在很长时期内，双方是官样酬对，内心话都不肯说。

一次，杨约王以哲（东北军第六十七军军长）吃便饭，饭后谈了很久。王以哲谈到东北军入关、失去东北三省后的苦处，谈到他的一些部下妻离子散家破人亡的惨况时，潸然泪下。事后，杨即派定专人同王以哲来往。王就派他的秘书孙大胜同十七路军联系。孙在沟通王同十七路军的关系方面做了不少工作，在政治上对王也做了不少的工作。

此时，蒋的特务极力散布张、杨不和的谣言，在双方之间制造矛盾，不是说东北军要解决十七路军，便是说十七路军要驱逐东北军，并指使双方部队里一些复兴社分子从内部来挑拨东北军和十七路军的关系，企图使之关系恶化甚至火并。当时情况是：东北军随军眷属不少，经常为了争住房而打

* 作者时任杨虎城机要秘书。

架争吵；双方少数中下级军官和士兵为了看戏占座甚至在街上争路，也经常打架争吵，有时几乎演变到互相开枪的地步。双方少数部队之间因驻地靠得近，有时也互相警戒。日子久了，还引起了双方一些中上层军官的疑忌。十七路军中有些军官，就怀疑东北军对十七路军将有不利的行动，并常向杨报告。这时，杨和张都觉得这样下去很不好。张把他的朋友高崇民叫到西安，介绍同杨认识。以后，杨和张有些不便明谈的事，高崇民就从中做了沟通工作。这样，上层的关系有些打通了，但下层打架争吵的事还是劝不止，禁不住。杨对张说："咱们握手言欢，底下（指下层官兵）动手打架，长此下去，不是好事。"张随即叫总司令部下了个严整军纪的通令，吵嘴打架虽然还时有发生，但比以前稍好了一些。

杨和张的关系逐渐密切了，但又怕招来蒋对他们的怀疑。二人便商量了一个"暗通明不通，上合作下不合作"的办法。就是说，暗里往来，明里少往来，上层合作，下层可以让他们闹些事。以掩护双方的密切关系，麻痹蒋方特务，避免蒋的怀疑。

这时杨、张之间对于抗日问题可以深谈了，对于反蒋、联共的事，彼此还在互相试探，都不敢吐露真情。其实，杨和张都分别和红军建立了联系，但都不明说。

在东北军被红军击败的劳山战斗以前，杨看了"西北剿总"的命令，便去见张，劝他慎重，不要进攻，张不表赞同，杨回来说："他（指张）是不碰钉子不会回头的吧，还是少年气盛，等碰回来再说。"

劳山、榆林桥、直罗镇战役以后，张在见杨时很少再谈"剿共"了。在1936年下半年的一天，杨回来说："我同张先生今天谈得很痛快。张突然问我，怎样才能达到我们的目的（指抗日）呢？我说，先要停止内战。张说，他同蒋谈过好几次停止内战的事，蒋的态度很坚决。我说，软说不行就硬干。张沉思了一下说这个办法好。张又问我们对红军怎么办。我说，反蒋抗日，红军和我们的主张是一致的。张点了点头。"看来。张、杨对于停止内战，推翻蒋的"安内攘外"政策是下了决心了，但对蒋怎么硬干，怎么软干？在什么情况下软干，在什么情况下硬干，当时还没有定出个办法来。

但杨和张的关系已达到相当密切的程度，除联共的事还很少谈到外，其他都可以深谈了。

张、杨两军中有关人士秘密地在一起商量了好几次。怎么硬干呢？有人主张：等外省军人反蒋，我们便起而响应，出兵占领河南，解决在甘肃的中央军（指胡宗南和关麟征的部队），造成割据局面，叫蒋奈何我们不得。那时，我们可以联合红军共同抗日。又有人主张：等旁人发动不可靠，我们应该先去联络华北和两广，我们干，叫他们响应援助，不然蒋的重兵开进陕西，我们想动也动不了，那样会失算。有人不赞成以上两个办法，他们说：蒋的军力在全国占优势，单纯的军事反蒋会被蒋各个击破，只有在政治主张上得到全国支持时，再辅以军事行动才比较妥当。至于软干，大家都没有信心，认为对蒋用劝说的办法绝对无效，反而会打草惊蛇，那更不好。大家都主张硬干。有人还说：软干是要活的，硬干是要死的（意思是把蒋打死）。最终也没定出个办法。

1936年6月初，两广事变发生了。这时候，日本帝国主义者向华北步步紧逼，所谓“华北特殊化”已渐成事实。中国共产党领导的抗日救亡运动到处蓬勃展开。驻在陕、甘的东北军和十七路军中大部分官兵爱国抗日的情绪有所提高，厌恶内战的情绪已很普遍，对蒋介石“攘外必先安内”的反动国策感到很大不满。杨派秘书蒲子政去太原见阎锡山，到北平和济南见宋哲元、韩复榘，征询如果日本用武力进攻华北，他们将采取什么行动。他们都说：自己的兵力单薄，抵抗是要抵抗的，但要看“中央”（蒋介石政府）如何处理。当时，杨和张曾分析过华北的形势，认为如果日本进攻华北，阎可能投降日本，韩、宋将虚晃一枪便退却，日本将不战而占领华北和山西。那时，进攻西北便迫在眉睫了。蒋介石对日本是不抵抗的，借内战以消灭异己又是必然的。因此，内战不止，自身难保，抗日无望。

两广事变发生前，从广西常驻西安的代表刘仲容的谈话中知道两广要联合反蒋，但具体行动弄不清楚。杨派崔孟博去天津找南汉宸，叫他打听两广的情况，并从侧面探询阎、韩、宋等，如果两广发生反蒋行动，他们将采取什么态度。崔孟博从天津带回的情况是：两广发动军事倒蒋将要见诸事实；

韩、宋反蒋是真实的，抗日是不可靠的；西安方面能与两广联合反蒋，制止蒋的武力统一，先把内战停止，这是团结抗日的前提。

两广事变发生时，陈济棠、李宗仁、白崇禧都有密电致张、杨，要求西安方面出兵援助。同时，他们驻西安的代表（广东代表的姓名记不清了，广西代表为刘仲容）也积极地探询西安方面的态度。

杨拿着两广的密电和两广代表带来的陈和李、白给他的信去见张，张说："这事我早有些听闻，并派人去见过阎和韩、宋。阎自居为我的父执，说了好些打气话，表示支持我。韩、宋的反蒋态度是明显的，也愿意同我们合作援助两广。"张把两广给他的密电和信交杨看（内容与致杨的电、信大体相同），杨也把他了解到的华北情况和自己的看法告诉了张。当日未作任何决定，约定次日再商量。

次日晚，在西安金家巷张的住宅中，张、杨商定了下列办法：

（一）张、杨分别电蒋介石，要求停止内战，团结抗日。电报的主要内容是：日寇进逼，国亡无日，举全国之力以抗敌，尚感力弱，若内战不止，更是手足自戕，长敌气焰，要求和平解决两广事件，反对对两广用兵。要求和平统一，共商抗日大计。为了避免蒋对他二人有合谋的疑忌，张、杨致蒋的电报，在文句上有所不同。

（二）如蒋对两广罢兵，西安方面便提出停止一切内战和召开救国会议（当时想参照孙中山先生召开国民会议的办法）解决国是的主张，通电全国各军事长官、各省府、各法团征询意见。

（三）如蒋对两广继续用兵，西安方面即出兵援助两广，其军事部署的计划为：东北军编为第一集团军，以王以哲为军团长，下辖两个军，由郑州向汉口推进，担任主攻。东北军的五十一军留在甘肃担任警备后方的任务，对青海马步青、宁夏马鸿逵方面严密警戒。十七路军编为第二集团军，以孙蔚如为军团长，辖十七师和陕西警备第一旅、第二旅，由商南出南阳经襄樊向汉口挺进。十七路军的四十二师担任韩城、朝邑、大荔及豫西一带的河防，向山西方面施行警戒，确保西安以及陕县、郑州段陇海线的铁路交通。淳化至耀县、耀县以东至韩城以北，商请红军接防。

办法定了，杨便暗中部署十七路军，准备行动。

同年7月上旬，蒋介石为对付两广，召开国民党五届二中全会。张当时是国民党中央监委，接到蒋叫他参加会议的电报后，来找杨商量，说他想去看看形势，不等会完就回来。并说："我自己驾飞机来往，毫不误事。"杨说："军事变化大，你还是不去好。"张说："我告诉王军长，我未回时，军队归你指挥。你们看时机，随时行动好了。"不料两广军事开始便不利，两广屡电催西安方面应援。因张留沪未回，恐怕一有军事行动张即被扣，迟迟未动。两广军事急转直下，广东空军受蒋贿买，叛陈投蒋，接着，余汉谋亦于7月14日叛陈，[①]广东大势已去，只剩下广西如何自保的问题。张回西安时，两广事变已近尾声。因此，想利用这个机会达到停止内战的愿望只好暂时放置了。

1936年5月前后，东北军和十七路军分别对所部官兵进行了抗日教育。东北军和十七路军在西安城南王曲镇成立了长安军官训练团，团长为张学良，副团长杨虎城，训练对象为团长以下连长以上的东北军和十七路军的现任军官。课程分军事、政治两门，以宣传抗日为主。东北军还成立了学兵队，在西安东城门楼内秘密进行抗日教育。这些学兵大都是北平的进步学生，因遭蒋迫害逃到西安的。东北军还秘密成立了抗日同志会。十七路军很早就成立了步兵训练班，轮训班长以上连长以下的军官和士兵。

1936年12月7日，张学良约杨虎城到他的官邸，商量停止内战的办法。张说：我们再劝蒋一次，他再不听，"先礼后兵"，那我们对得起他。并约好次日上午张先去见蒋，杨后再去。

杨回到十七路军总部和人们商量，杨说，蒋是个死不回头的人，哪能劝得过来。张和蒋的交情，虽然可以深说，但他和蒋走的路是相反的，蒋决不会听的。我虽同意了张去劝说蒋，但据我看，凭嘴说服蒋不打内战，去抗日，是不可能的事。他同蒋说翻了不好，万一叫蒋看出马脚，很快地走了，又该怎么办。当时张对我说："看不出蒋有提防我们的迹象。蒋很骄傲，他

---

① 据台湾《民国大事日志》载：1936年7月9日，余汉谋在南京致电广东将领，表示服从中央。

以为我们只会服从他，或许蒋认为我们既去劝说他，便不会有其他的举动。”我不好过于阻挡，便答应试一下再看。

8日上午，张去临潼华清池见蒋，10时过，回到西安。张告诉杨：“我劝说失败了。蒋还拍桌子和我吵了一阵，你可再走一趟。”据杨说，蒋对张发了脾气，争辩很久，两人弄得面红耳赤。

杨去见蒋以前，很斟酌自己应持的态度和措辞，总以不引起蒋的不满或怀疑为原则，因为他已预料到，劝蒋停止内战是无望的。

杨于这一天上午11时左右去华清池，他对蒋说：看国内形势，不抗日，国家是没有出路的，人心是趋向于抗日的，对红军的事，可以商量办，宜用政治方法解决，不宜再对红军用兵。表面上蒋当时的态度很平和，但措辞是骄傲而严厉的。蒋对杨说：“我有把握消灭共产党，我决心用兵，红军现在已经成为到处流窜的乌合之众。他们必须听从政府的命令，缴出武器，遣散红军。我已叫邵主席（邵力子）拟传单，准备派飞机到陕北散发，如果共产党还要顽抗，我们将以数十倍的兵力，对付这些残余之众，消灭他们有绝对把握。现在我们东西南三面合围，北边我已令马少云（马鸿逵，当时的宁夏省政府主席，十五路军总指挥）派骑兵截击，一举可以把红军打到长城以北沙漠一带，在那里红军无法生存，只有瓦解投降一条路。这次用兵，要不了多长时间，即可全部解决。十七路军如果兵力不足，担任进攻的战线可以缩短一些。如果有不主张剿共而主张抗日的军官，你放手撤换，我都批准。”蒋还对杨说：“你是本党老同志，要知道，我们和共产党是势不两立的。消灭了共产党，我会抗日的。”杨看蒋的态度无法挽回，再谈下去，恐怕造成僵局，就回西安了。

当时西安谣传甚多，蒋军万耀煌十三师要经咸阳向西安推进；蒋有命令，叫樊崧甫军的董钊二十八师迅速进驻临潼；蒋命张驻洛川，杨驻韩城督战。这些谣传，都意味着威逼张、杨离开西安去和红军作战。

另一主要情况是：西安各阶层，特别是青年学生，反对内战要求抗日的运动日益蓬勃发展。十七路军前线官兵，和杨关系一般的，寄信到杨的家中（寄到十七路军总部，要经过收发、拆看等手续，易于泄露，所以直寄杨的家中，请杨直接拆看），和杨交情久的或寄信，或找杨密谈，纷纷向杨表示自己反对内战，主张抗日的意见。有的信上说："我愿意死在抗日战场上，不愿死在内战战场上。"有的写道："打死一个日本人，祖宗有光，打死一个中国人，死了无面目见先人。"他们要求杨率领他们上抗日战场。这时，共产党驻十七路军的代表张文彬和救国会的负责人，也采用不同方式，分别进行争取各界人士的工作，加紧进行反对内战、一致抗日的宣传鼓动和组织活动。因而，社会上各阶层人士，都普遍地发出了停止内战、一致抗日的呼声。

这时，华北的宋哲元，山东的韩复榘通过朋友间接地向杨探询：日本在华北将有新的策动，他们的势力甚孤，处境甚危，果若蒋倾全力"剿共"的时候，日本在华北向他们进攻，杨将采取什么态度。

杨鉴于上述种种情况，从华清池见蒋回来后，立即去见张，商量怎样立即行动，不能再失时机（指上次对两广事变的失机），不能失去人心（指适应全国人民一致要求停止内战团结抗日的要求）。他们表示，为了抗日救国，牺牲这两个团体（东北军和十七路军）也值得。张当时说：我们为了国家，对蒋也仁至义尽了，现在只有干的一条路（指扣蒋）。他们这次商谈，还是没有定下行动的日期。

12 月 9 日那几天的形势很紧张。蒋介石准备在陕召开西北"剿共"会议，蒋系的高级将领，除何应钦、刘峙、顾祝同等人外，其余如陈诚、蒋鼎文、卫立煌等均到了西安。蒋准备调其嫡系主力部队约 30 万人，陆续开入陕西，向红军大举进攻。蒋内定蒋鼎文为西北"剿共"军前敌总司令，卫立煌为晋陕绥宁四省边区总指挥，陈诚以军政部次长名义指挥绥东中央军各部队（此项部署，见于 12 月 12 日在临潼华清池蒋室内缴获的蒋致邵力子函中）。西北军民各阶层绝大部分人，对蒋介石压迫抗日力量，残酷进行内战，极力反对。尤以西安学生，反对最为激烈。中国共产党在西安的地下组织，通过救国会，准备在 9 日发动西安的大、中、小学生和热心救国的人士，纪念一二・九救亡运动一周年，举行大规模示威游行，并向西安军政当局和蒋介石请愿，要求停止内战，一致抗日。救国会的一位同志和十七路军联络，他估计，这天的示威游行会受到西安警察局（军统系统）和蒋嫡系宪兵第二团的阻拦，因而要求十七路军予以支援（因为当时担任西安城防和警备的部队是十七路军）。张、杨于8日得到这个要求支援的报告后，曾商量了一次。他们当时考虑：我们扣蒋是决定了的，如果这次群众运动引起蒋的注意，他搬到他的嫡系部队中去住，捕蒋计划会落空；其次，蒋系部队对群众开枪，我们又阻止不了，发生了血案也不好，因而建议救国会取消游行。当时还决定，如果救国会非举行游行不可，就由十七路军特务营沿途在两边紧贴游行队伍前进，将蒋系的宪兵和警察隔在外层，使他们无法进行破坏活动。8日下午，通过与救国会有联系的人向救国会的负责人之一谢华提出了停止游行活动的要求。因为捉蒋的问题不能说，谢华不明内情，曾愤慨地予以指责。并说："这个运动，已无法停止。"因此，张、杨便采取了暗中保护的办法。

蒋介石得到特务的报告，在恐慌之下，电话命令西北总部和西安绥靖公署和他的特务机关——宪兵第二团、省会公安局、西安军警联合督察处、国民党省党部，"学生来请愿时，格杀勿论"。（西安事变中，发现蒋当时给他的特务机关的密令中说：这次学生运动，系共产党"操纵指使"，着"查明拿办"。）看来，蒋在下一步要大肆逮捕，进一步镇压爱国运动。但消息传出后，群众并不畏缩，而是更加愤激。这次游行胜利结束后，9日傍晚，十七路军特务营营长宋文梅忽来绥署报告：他到东城门楼去看东北军卫队二营营长孙铭九，在城坡上碰见孙带"自来得"枪两支，说："我去临潼。"还看见城下几辆卡车，满载全副武装的士兵，准备出发。据他判断，孙是去扣蒋的。这个问题极为重大，发生得又紧迫，需要立即作出决定。可这时候，张、杨正在请蒋系高级将领在易俗社看戏，并都在那里作陪。便请杨回到新城十七路军总部，作了汇报。杨听了这情况后，马上决定配合东北军行动，按以前与张说好的十七路军的任务（在西安城内解除蒋系武装，占领特务机关，接收蒋系各级机关并扣押蒋系高级将领）作了部署。他为了不使蒋系方面的人看出破绽，下了命令后，又去易俗社陪蒋系高级将领看戏了。当夜的兵力部署是：十七路军陕西警备第二旅孔从洲部（共3个团）和炮兵营（归孔从洲指挥）担任西安城内的任务；特务营宋文梅部（4个连）作总预备队，卫士队两个连，包围易俗社担任扣押蒋系高级将领的任务，并担任新城至易俗社的警戒；十七师五十一旅旅长赵寿山驻新城担任临时指挥官。各部队于8时均开始出动，各街口均布双岗，只候蒋扣到后即开始行动。等到10时左右，孙铭九方面仍没有消息送来，杨从易俗社回总部问了情况，决定请陕西几位士绅再点几段戏，以延长蒋系将领看戏的时间，等待临潼方面的消息。他仍回到易俗社陪客看戏去了。过了11时，宋文梅去东城楼见了孙铭九回来报告说："我去看孙铭九，他的警卫说，营长已睡了，我大吃一惊，推门进去，孙已睡着。我把他叫醒，问他去临潼为了什么事？孙说，张副司令怕学生晚上又去请愿，遭蒋毒手，叫我去巡路，如果碰上有学生去请愿，叫我劝回来，我才巡路回来，睡了。我看他若无其事的样子，很生气。来不及再说什么，赶回来报告。"这时，杨还没有回来，大家相对愕然。好在当夜下命令时是以夜间军事演习为掩护，便不等向杨作请示报告，即时决定：迅速命令出动的部队，立即停止军事演习，限拂晓前完全归还建制，回原驻地。杨于深夜1时前回来，听过情况报告后，斥责办事人员太鲁莽，把大事当儿戏。10日拂晓，张已得到报告，要求负责这件事的人去面谈，张要求急切，连着来了两次电话。后来杨说："我去谈吧。"杨对张谈了9日晚间发生的事，并告诉张，看近日情况，学生、市民、东北军和十七路军的大部分中下级军官对蒋是愤恨的，他们的情绪很激动。扣蒋时间不能再迟了，万一我们对部队控制不了，发生骚动，那更危险。张也是一样的看法。他们便决定：12月10日准备好，11日晚行动。

对于扣蒋的计划，行动的时间、任务分配等事，于12月11日在玄风桥金家巷张的官邸商量了两次。在下午2时左右，确定了3件事：（一）决定于12日早6时在西安、临潼两处同时行动。（二）为了侦察蒋的行动，凡蒋与南京和西安方面的通话，必须通过张官邸的总机接线，注意蒋与各方面的通话内容和其他方面向蒋的电话报告，在我们行动时间以前，如果发现蒋有察觉，或有移动，或有特务和其他方面向蒋告密等情况，随时准备以两个加强连立即由西安驰往临潼扣押蒋，如果由西安方面派兵来不及，即命令驻临潼县内之刘多荃部，火速执行扣押的命令。（三）如情况无变化，12 日凌晨在临潼扣蒋的任务，交由十七路军派可靠军官和得力部队担任。当时张对杨说：他有几个作战有经验的老军官，只是在扣蒋的这件事上，他觉得没把握；青年军官可靠的有几个，但没有作战经验，所以请杨派人到临潼扣蒋。杨说："这事我有把握。"杨回到新城十七路军总部后，即作了一些必要的准备：（一）着特务营营长宋文梅立即组成一个加强连，每人配备手电筒一个，随时准备出动。派定大卡车 4 辆，随时准备载兵往临潼扣蒋。到了傍晚，杨恐怕宋文梅在指挥军队的经验上不如许权中，又把许接到新城，让他秘密住在电务科科长原政庭房中等候命令。（二）命令陕西警备第二旅孔从洲着所部（包括郑培元、沈玺亭、唐得楹 3 个团及归孔指挥的一个炮兵营）官兵，均不得擅离营房，准备内务检查（因为在行动以前，未明白告诉军官扣蒋的行动）。（三）又研究了一次原定的在西安的军事部署：1. 特务营宋文梅率兵一连，担任临潼扣蒋的任务，归许权中指挥；2. 特务营（缺一个连）由该营营附张希钦指挥，担任扣押住在西京招待所和花园饭店内的蒋系高级军政人员，并担任解除中央宪兵第二团（当时在西安的除担任陕省府警卫、临潼华清池蒋的警卫的以外，下余不足一个营的兵力）武装的任务；3. 警备第二旅孔从洲担任占领公安局、飞机场、中正门外火车站、西安军警联合督察处、保安处并解除各该处蒋系武装的任务；4. 教导营担任新城守护和解除别动队及蒋系部队各留守处，办事处官兵武装的任务；5. 炮兵营（归孔从洲指挥）担任占领省政府，解除驻在省政府宪兵团一连的任务；6. 卫士队白志钧部有两个队，以一个队准备担任住在新城大楼的蒋介石的中层警戒（当时计划，蒋被扣后，押在新城大楼东房杨的办公室内，警备部队分三层，室内、房屋上边和台阶下边的四周），以一个队担任新城临时指挥部（即新城内西边杨的住宅）的守护；7. 西北总部参谋长晏道刚，在陕西特务头目如陕西省公安局局长马志超、西安军警联合督察处处长江雄风、西北总部政治训练处处长曾扩情、陕西保安处处长张坤生、宪兵第二团团长杨镇亚以及专员张笃伦和省党部的特务等，务必设法扣押，其任务，临时分配；8. 准备以电话下达命令，着冯钦哉派精锐兵力，迅速由大荔经三河口袭击潼关，确实占领该地；

9. 准备以电报令陕北前线西路一带的第十七师、警备第一旅、警备第三旅及十七路总指挥部直属各部队，不分昼夜，轻装前进，分别集合于渭南、西安等地区，策应对潼关方面之防御作战，并令警备第三旅以隐秘行动，迅速占领咸阳，解除蒋军第十三师万耀煌部两个团之武装，巩固后方；10. 西安金家巷张学良官邸和城内东南区的保卫工作以及肃清该区内特务的任务，由张的卫队第二营担任；11. 东北军卫队第一营王玉瓒营长，除担任包围华清池与十七路军派往扣蒋的部队密切配合行动外，并担任扣押蒋的侍从室人员、解除其武装的任务；12. 驻临潼县城内第一〇五师担任占领临潼火车站，监视蒋的专车和解除车站方面蒋介石卫队之任务；13. 西安和临潼的统一行动时间为 1936 年 12 月 12 日上午 6 时。这时，军事行动、任务分配全确定下来了。

12 月 11 日这一天，杨去张处的次数较多。上述任务分配，张也赞成，决定由杨下口头命令。午后，张叫在临潼华清池担任外围警卫的东北军卫队第一营王玉瓒营长来西安，准备告诉他，叫他在十七路军扣蒋部队到达后，把该部队接应进去。张以此事先同杨商量，杨说：王营长固然是可靠的，但事先告诉王有泄露机密的危险，不可不防。王营长既来了，可以临时给他命令，让王营长随扣蒋部队一同回临潼。张也赞成这个慎重做法。杨回新城后，给宋文梅下了到华清池扣蒋的命令，并叮咛他说：你和许权中都对蒋介石有仇恨，这一回是为了国家大事，对他不应从个人仇恨出发，你必须给我弄回活的蒋介石，不要死的，如果打死了蒋介石即要你偿命，谁打死了他，都以军法从事。又说：尽可能避免开枪，要迅速扣押。还叮嘱宋要服从许权中的命令，先不要告诉许，等临出发时我亲自告诉他。这时已是傍晚的时候了。杨反复考虑，总感到这方面的部队安排不够妥当，双方军官平日都不相识，共同执行这个任务指挥上不方便，如果发生误会必致贻误大事，还是叫孙铭九去为好。杨又拿这办法同张商量。张说：孙铭九没经验，我加派几个得力人去。于是又变更了去临潼扣蒋的部队，其他仍照原定计划执行。

事先，是不是通知共产党呢？这事往返商量了好几次。第一次决定当晚通知，准备请毛主席派驻十七路军的代表张文彬以他们自己的通讯密码发报通知。决定这件事已到了下午6时左右，电文已拟就。为机密起见，准备请张文彬以他的名字或化名拍发。电报是发给毛主席、朱总司令的。后与张商量，觉得等电报到了中共那里，我们把蒋介石已扣起来了，事先不必冒此风险。这样，决定不发电报。

扣蒋的事情安排定了，张约定12月11日晚12时到新城与杨共同指挥军事。

11日晚10时左右，杨和孔从洲、宋文梅对过了表，杨在新城官邸东边客厅内等候张来。当时，对把蒋扣起来后一些事情的估计和安排都详细商量过。例如：（一）改组南京政府事，主张成立抗日联合政府（包括国民党、共产党及其他党派在内），行政院院长不主张蒋兼任，主张以宋子文为院长。改组方式，采取救国会议通过，而不能像过去由国民党一个党决定。对于救国会议的组成，拟照孙中山提出的国民会议之精神办理。（二）为打破蒋介石一手把持的局面，各省行政拟采用分权制，各省成立省救国会议，行使相当于议会的职权，产生省行政机构，推定人选。（三）西北成立军事联合指挥机构，暂负责党、政、军的统一领导，将来移归联合政府。（四）陕北行政人员，在红军区域内部，先撤销原来邵力子委派的亲蒋的县长以上的人员，更换为亲共至少是不反共的人员，职权暂时不变，俟人心安定后，除八十四师高桂滋、八十六师高双成防区外，其他地区概由共产党派人接充县长，但仍受陕西省政府的节制，对共产党和红军要以友党友军看待。（五）将来红军的指挥关系。（六）民众训练，由全国救国会、西北救国会、东北救国会办理，候共产党代表到西安后商定。（七）估计蒋介石被扣后，南京政府对西安方面必然采取经济封锁的办法，首先是军费停发。准备由中、中、交、农四行之陕西省分行提取现金，作为准备金，由陕西省银行发行纸币（自法币停止兑现后，陕四行存有一批硬币），以济军用。（八）东路交通断绝后，民生日用品的来源将断绝，准备与阎锡山商量，由华北采购，经山西运陕，阎利于税收，不会拒绝。（九）当时也想到冯钦哉会不会跟上来，本来想立即派车去大荔接他来西安（当晚11时由西安派车，12日中午一定能来西安），由于想到数小时后即下令给冯让他袭占潼关，旅长武士敏在南京，非冯亲自指挥不行，遂又作罢。

将夜12时，张学良还没有来。杨很着急，也有许多疑虑：张学良会不会向蒋出卖他？东北军内部会不会走漏消息？孙铭九能不能担任起把蒋扣起来的任务？张会不会又变卦？蒋是一个久于军事的极其狡猾的人，上次在临潼和张发生争执，以后又同他自己谈了话，蒋会不会起疑心，秘密逃向潼关？十七路军内部也有些特务，9日晚间的军事行动，会不会向蒋报告，使蒋事先逃脱？孙铭九等年轻军人，有反蒋激情，会不会忘记大局，把蒋打死等等。杨说：有几点要作准备：（一）蒋如果跑了，孙铭九扑空怎么办？（二）万一蒋被打死怎么办？（三）扣起来个活蒋介石，必然还得放个活蒋介石，既扣起又放，该怎么办？杨又说：我们为了抗日，先得停止内战，除扣他逼他，没有别的停止内战的办法。只要把蒋扣起来，他预定的一切军事部署都会落空，内战自然就停止了。不抗日，蒋介石没路走。我们除抗日外，也没路走。那时候，谁不抗日，百姓更会反对谁，举国一致抗日的局面自然会形成。杨谈到这里，心情极为乐观。杨又说：张汉卿突然举起抗日大旗，是很难见信于国人的。蒋被扣起来后，要立即作援绥行动，带上蒋介石一道援绥何尝不好。我们离帝国主义远，谁也给我们戴不上勾结帝国主义的帽子，顶多只能造谣说我们勾结苏联，真能勾结上苏联也是好事。杨又说：这回事情，政治上是成功的（指主张抗日），军事上可能失败（指十七路军这个部队），我们的抗日主张会得到全国人民的同情，只是在军事上，我们却处于蒋介石部队的东西钳制中，我们的部队一时集中不起来，一旦要打仗，对我们是不利的。蒋跑了，或者把蒋打死，立刻会有战事。他叫拿地图来，详细问了蒋系部队和东北军的位置。杨认真地思考了如果战事爆发应该做的军事部署，以防万一。同时，他看着地图，问了国内各地方实力派的兵力，分析了他们对蒋的真实态度，他说：如果蒋真要死了，国内各地方实力派都会起来的。那时。南京方面会自顾不暇，对我们就无兵可用了。后来杨想了想说：万一蒋死了，开始打一下免不了，头一仗一定要打胜。那时我们的士气是高涨的，对方的士气是低落的。又说：头一仗一定能打胜，也必须打胜，打胜才能稳定局面，促进南京内部和国内各方面的变化。可请李兴中参谋长准备 3 个方案，一是同东北军、红军联合作战的方案，一是同东北军联合作战的方案，一是我们单独应战的方案。3 个方案都要在咸阳、渭南阻击东西进犯之敌，以坚守西安为目的。主力放在东路，并以强有力之一部（最好由红军担任）进入商雒地区，以确保我右翼的安全。杨又慨然地说："我进陕西后，没有像在山东时那样训练军队，步兵训练班的政治训练也做得迟了。十七路军这个团体，已是将骄兵惰。一些中上级官佐，置地买房，娶小老婆，开商号，做生意，发财的发财，享乐的享乐，到了拼命的时候，谁跟上我来呢？也好，借此机会，整顿一番，抗日的来，不抗日的走，这个团体当初还不是几根破枪干成的吗？整顿一下，走新路，会成功的，即使失败，为了救国，把这个摊子摔个响亮，也值得。"这时候，杨谈得很兴奋，他的精神紧张而严肃。接着，问了东北军高射炮队的情形，叫早把位置安排妥当。又叫把十七路军的自造高射机枪（把重机枪架在三脚架上，可以转动仰射）分配在新城四周城墙上。他笑着说："那些有钱人，最害怕飞机炸弹。把他们也保护保护吧！"在这时，曾有人问："把蒋扣了，其他实力派不响应，怎么办？"杨说："实力派不响应，我们照样单独干。我们干的是百姓愿意干的事，百姓一定会响应我们，老百姓的力量比任何实力派的力量都大得多。"

夜晚 12 时，张学良和他的高级将领及亲信幕僚坐了几辆小轿车，到了新城杨的寓所。张见了杨，笑着说：把我们都交给你了，看你怎么办？孙蔚如在旁笑着说：我们向来是不出卖朋友的。这时十七路军的高级将领也陆续来了。杨将张请到西边客厅，将他在上半夜想到的 8 项事（如前所记，只将冯钦哉的事未提）告诉了张。张说：这些办法，都是对的。

张到新城后，杨即命令孔从洲、宋文梅秘密布置，准备行动。到了 12 日早 6 时，杨下令。孔从洲的司令部便放了信号弹。西安城内，和临潼华清池差不多在同一时间开始行动了。

天大亮了。刘多荃由临潼来电话报告说：华清池已完全占领，只是蒋介石还寻不见，他的被子尚温，估计跑不远，正在搜查中。张接了电话后，放下听筒不语。大家也相对愕然。

因为这次事件决定时间紧迫，布置不够周密，行动又很仓促，所以发生了漏洞。东北军扣蒋的部队对华清池周围的地形不清楚。张在事先带白凤翔、刘桂五去见了一次蒋介石，只是认清了蒋介石住的房子，旁的地形是不清楚的。蒋的住房，南窗甚大，可以开合，跳出窗子，向西是华清池的房屋，跑不出去，向南是陡山，上不去，只有向东沿房后山边的空地可以上山，下坡向东去。因为事先无法观察地形，包围圈不周密，漏掉了这个地方。所以当时估计：蒋可能向东跑上山，或者再向东跑向公路寻他专车上的武装，也可能由东南逃向山区。那时还担心蒋介石急急忙忙绊倒在石崖下被摔死。当时我们判断，蒋没有事先跑，而是临时逃走，按体力说他跑不动，按时间计算（距开枪时间不到 1 小时）他跑不远，按地形说他只能在骊山附近。张随即命令临潼部队，立即加派部队扩大包围范围，并以一部迅速截断临潼后山一切大小路，特别注意山沟、窑洞、岩间隙洞、山石四周、民房寺院，严密搜查，约 8 时左右，刘多荃来电话说，蒋介石已找到了。这时，大家拍手称快，张命令孙铭九等立即把蒋押送西安新城。

蒋介石被押送到新城时，从前门十七路军总部交际处门口下车，步行走向大楼。看上去，此时的蒋介石又冷又怕，走路也不稳。白凤翔去搀他，他还故作姿态不叫扶他；白一放手，他又左右摇摆走不动；后来还是两个人把他扶到新城大楼去的。

张、杨相继见蒋以后，蒋写了个条子，叫邵力子去谈。这时邵力子已被拘在新城。蒋见邵时，因为宋文梅奉令在旁监视，蒋以目向邵示意后，即向邵大讲总理（孙中山）蒙难时，他是如何“忠贞”地“保护”总理，“使免于难”等。邵力子当时只说了一句话：“我和委员长一样了。”蒋默然，邵即退出。

蒋介石被捕后，需要立即由《西北文化日报》（十七路军总指挥部机关报）出号外，通告市民；还应立即向全国发通电，说明事件真相和政治主张。这时，设计委员会（事变后成立的政治咨询机构）尚未成立，一些人便立即商量这件事。

（一）对这个事件应怎样称呼？有人主张叫一二·一二革命运动，有人主张叫双十二抗日革命运动，名称定不下来，号外、通电无法拟稿，时间又刻不容缓，后来研究用“兵谏”二字，大家觉得合适。所以在号外第一号中这样说：张副司令、杨主任暨西北各将领对蒋委员长实行兵谏。1. 为停止内战，已将委员长妥为保护，促其省悟；2. 已通电全国并要求政府立即召集救国会议；3. 已请南京政府释放一切政治犯；4. 此后国是完全决诸民意，容纳各党各派人才，共负救国责任。

（二）关于8项救国主张的商讨。在两广发动反蒋军事行动时，杨曾派他的秘书蒲子政去见韩复榘和宋哲元，当时经过商量提出了三方一致同意的6项主张：1. 改组南京政府，容纳各党各派共同负责救国；2. 停止一切内战；3. 释放一切政治犯，4. 开放民众爱国运动；5. 保障人民集会结社一切政治自由；6. 立即召开救国会议。准备在反对蒋介石武力进攻两广并赞同两广的抗日主张的通电中列入的。当时，因为张学良滞留上海，通电未及发出，两广事变已被蒋介石镇压下去了。这天早晨，十七路军方面便将这6条提出商量。大家对这6条无异议。后来觉得这是一次爱国运动，对于沈钧儒等人须积极营救，便作为第三条列了进去。对于后来公布的8项主张的第七条大家商量较多。因为估计到南京政府一定要给我们戴个“赤化”帽子，以此在国内各实力派中孤立东北军和十七路军；同时国内各实力派也必然注意到我们同共产党究竟是什么样的关系，所以就加了“确实遵行孙总理遗嘱”一条，以表明这是国民党范围内的事，以防止南京政府的造谣，也有利于争取国内各实力派的同情。在号外第二号中就提出了8项救国主张，在通电中也列入了它。

12月13日深夜，杨虎城曾约十七路军的几个人研究如何处理蒋介石的事。

杨先让大家说。有人主张立即杀蒋，理由是：蒋很顽固，他是不会改变反共政策的，要反共便无力抗日，因此不杀蒋便无法实现抗日；鉴于张学良过去和蒋的关系不错，不杀蒋，难免将来出毛病；不杀蒋，国内各实力派将采取骑墙态度，我们在政治上军事上都不利；杀蒋，共产党是高兴的，同我们的合作将更真诚；十七路军内部有的人庇护特务，暗送秋波，为自己亲蒋预留后步，冯钦哉的事已出现了，不杀蒋，难免第二个冯钦哉出来，杀了蒋，就断了这些两面派亲蒋的念头，可以巩固十七路军内部。立即杀蒋的办法是以蒋夺枪自杀对外宣布。有人认为杀了蒋无用，放蒋危险，南京政府如不照我们的主张改组，不明确表示抗日态度，中央军不开到抗日前线，我们就不放他，即使南京政府对我用兵，战事对我不利，我们走到哪里，便把蒋介石带到哪里，也要坚决达到上述目的。估计南京政府内部会有分化，打一下是可能的，持久打，他们打不下去。我们的士气比他们高，能打胜。蒋军即使打仗，也不过是个姿态。有人主张放蒋，但要有保证有条件才放。主要的是保证放弃“攘外必先安内”的政策，表示坚决抗日，并有确实的抗日部署，中央军要调到抗日的前方，绝对不许蒋介石个人专权，要照我们的办法成立联合的抗战政府，到了这个程度上再放他。至于如何实现上述条件，大家一时也定不下个什么方案。杨说：“扣个活蒋介石，还得放个活蒋介石，杀是不能杀的，放是一定要放的，只要我们提出的救国主张蒋能接受，并保证实现，中央军能退出潼关，我们便放他。”

蒋介石被押在新城大楼，开始他用“写遗嘱”（即写给宋美龄的信）和拒绝吃饭的姿态，试探张、杨对他的态度。张去见他，他仍旧摆出一副“老子”的架子，拍着案子叫。张严厉地对蒋说：“我们不要吵，等到民众大会上去讲理。”蒋听了，以为要在民众大会上去公审他，立即收起了吓人的架子，突然坐在椅子上一声不响了。蒋还时时用拉拢的手段，对看守他的军官、勤务兵买好、许愿。但这些看守人员都奉到严格命令，不许泄露外边任何情况。蒋由于摸不着头脑，对看守人员一举一动，房门的一开一合，都表现出疑惧，日夜不能入睡。

张、杨对这事曾经商量过，认为将来还得放他，不能使他身体吃亏，这一点要考虑到。为了给蒋安排一个安静的地方，13 日决定，将高桂滋在西安新建的住宅收拾好，让蒋介石住进去。当晚 12 时左右，派刘多荃、宋文梅等人办这事。

国民党秘密处决政治犯一般都在夜深人静时，蒋懂得这一点，所以他一见刘多荃、宋文梅等进来，宋又在武装带上挂着一支左轮手枪。以为要枪毙他。

当时刘多荃向蒋说："委员长身体怎样？张副司令、杨主任都时时关心。知道委员长休息不好，因为新城是个兵营，一天吹号、上操，很不安静。张副司令、杨主任觉得委员长住个安静地方好。高桂滋的公馆，地址幽静，设备比这里好，今晚想请委员长到那里住……"刘的话还没说完，蒋就大声地"哎呀"起来，他说："我兼行政院院长，西安绥署是行政院的直属机构，我死也死在这里，哪里也不去。就在这里枪毙吧！"接着，大家劝了一阵，蒋介石还是不去。宋文梅使了个眼色，大家便到大厅中去商谈办法，刘多荃见宋文梅腰间挂着明晃晃的左轮枪，说："把枪带在衣服底下吧。"正商议着，孙铭九奉张学良的命令来问搬家的事，腰带上也明带着一支左轮手枪，刘多荃便叫孙和宋都把手枪藏到衣下。几个人二次进到蒋的房间，刘、宋、孙再次向蒋说明，请他移居是为了使他有个安静的环境，决无他意。蒋还是不去，等了一会儿，4个人仍然没有办法，只好分途回去向张、杨报告。这时已是深夜2点了。

第二天，张、杨才陪着蒋介石搬了家。

早在12月10日晚，张、杨对于扣蒋的意见已完全一致，并已决定于12日拂晓立即行动。但对于扣蒋后的政治军事形势不能不作一次估计和安排。当晚，张亲自驾车来到杨的新城官邸，谈至深夜1时，张才离去。

当时的估计和安排是：

（一）广西李、白的支持是可靠的，刘湘也会积极响应，但远水不救近火：韩、宋曾经表示，愿以兵力支持，这是较为有力的；阎锡山是靠不住的，但不以兵力威胁河西和豫西是可信的。

（二）据当时得到的情报，蒋军正陆续向陕西开进，在豫西一带正在行进中的部队不到10万，且分散在郑州至潼关外一线，无立即集中对我方作战的可能。

（三）当时主要在于控制潼关这个隘口，确保潼关，才有时间从陕北及陕甘边界调集我们的兵力。当时估计：前线部队日夜行军，要集中到西潼路上，平均约5天左右。

（四）使用于迅速袭占潼关的部队，只有驻在大荔的四十二师冯钦哉部能够担任，此外无其他部队。

（五）商请中国共产党派红军一部进入商雒地区，以确保潼关右侧的安全，估计红军在 10 日左右可以到达商雒一线。这时蒋军在商雒无军队，红军到商雒的行军距离比蒋军短，行动比蒋军迅速，红军对商雒的地形熟，且有群众基础，当时希望红军担任的任务，主要在于策应潼关方面的防御。

（六）希望红军以一部兵力进出于西兰路甘肃境内，以监视蒋系胡宗南、关麟征等师的行动，使其不能向陕境进逼。

（七）对驻在咸阳的蒋军第十三师之一部，由十七路军警三旅采取迅速行动包围缴械。对于蒋军在汉中之王耀武旅，我军只在宝鸡一带布防，防止其北进，因其兵力不大，对我们威胁较小。

（八）在政治上我们可以获得人民和共产党的支持。在军事上我们可以确保潼关及以南商雒（今商洛）一线。同时，五十一军于学忠部要巩固西兰路的布防。北面是红军，是可靠的友军；汉中蒋系王耀武部一时尚无力进犯关中地区。

（九）驻洛阳的东北军炮兵旅及其他部队迅速破坏交通以迟滞蒋军西进的行动。

（十）预计蒋一旦被扣，南京政府必然采取军事行动，但我们有蒋介石在手中做人质，南京方面也必然不敢认真地向我们进攻。韩、宋如果陈兵于平汉、津浦两线，南京政府也必然不敢孤军深入。这些，对我们集结兵力进行防御是有利的。

（十一）这时的政治目的，在于打破蒋介石进行内战的局面，造成西北、华北、广西、四川分立形势，使南京政府对于西北方面没有武装进攻的可能，强迫蒋介石改变“攘外必先安内”的国策，召开有各个方面参加的救国会议（当时曾设想在西安召开），组织抗日联合政府。蒋介石必须声明放弃其反动国策，并确实保证东北军和十七路军的现有地位，才放蒋走。

这是 1936 年 12 月 10 日晚，张、杨交换意见的结果。

但是，事变一起，形势大变。

先是十七路军四十二师冯钦哉叛变，东北军的炮八旅旅长黄永安在洛阳叛变，致使潼关门户大开。蒋军樊崧甫军的董钊二十八师在华县击溃了东北军一个营随即进至赤水一带。接着蒋军迅速大量西进。冯钦哉叛变后，我军在渭河北岸、洛河西岸已无险可守，军事危急。

在外援上。阎锡山背弃诺言，只是不出兵攻我们罢了。韩、宋态度犹豫，按兵不动。李宗仁、刘湘积极响应，但无法以实力援助我们。

不久，在咸阳的蒋军十三师万耀煌部被陕警三旅解除武装，一小部逃入秦岭，驻甘肃的胡宗南等师尚无异动，汉中王耀武旅亦无向北进攻模样。红军迅速大兵南下，日夜行军，某部已进入商雒地区，有力地支援了我们。

我们的兵力弱于蒋军，但抗日反蒋的士气是高的，如桂永清装备优良的教导总队向我军进攻时，被我一击即溃，即其例证。

但这时外援无望，内部可虑之事尚多。在对何应钦、汪精卫等的阴谋活动进行初步了解后，觉得把蒋长此拘留，这个人质也会失去作用，使蒋回去，反而可以造成南京政府内部的矛盾，至少使汪、何等拿不到实权。自然放蒋回去，对我们也有不利的方面，但两害相权取其轻，放蒋之害还是较轻些。

中共代表团到西安。和平解决的主张提出后，放蒋、和平解决之议乃大定。但杨主张有条件、有保证的放蒋。即：（一）蒋介石之“安内攘外政策”必须改变，至少以谈话方式向全国公开表明（当时考虑由南京政府正式发表声明是办不到的）；（二）改组国民党政府为抗日联合政府，应有行动表现；（三）东北军、十七路军的驻地和政治地位不变；（四）红军问题，由以后组成的抗日联合政府解决。

以上各项，记得是在1936年12月20日，在杨的官邸，张、杨一起经过商量意见统一了的。

关于放蒋问题，张和杨还谈过几项。张说：蒋对他表示过几次，蒋是赞成我们的主张的，但他不在南京，没有人能作主张，这关系到国策的变更，得在中央全会通过才行，不过只要他提出来，不会通不过。蒋说：他对抗日是有准备的，只是准备工作还没有完成，不能不采取稳健的办法。张还说：

蒋屡次表示，他以人格作保证。看来他不至于欺骗我们。杨说：放他是一定的，你不要着急，看看下一步如何再说。杨问张，对红军如何安置。张说：蒋表示停止“剿共”，对红军的编制、经费以及防区等，叫我们同红军商量好，他可以批准。

12 月 25 日放蒋，是张突然决定的，事先没有得到杨的同意。只是在蒋临行前，张才打电话请杨去。杨到了那里的时候，蒋已出来要上车了。张只低声对杨说，现在就放他。杨不好当着蒋的面和张争执，只好一道去送蒋。不料到机场后，张突然交给杨一个手令，就是在他未回西安之前，东北军由于学忠统率，归杨指挥的命令。杨没有料到张会亲自送蒋走，但此时已无法阻止。蒋在机场对杨说了几句不打内战，数日之内叫张回来，西北的事情归张、杨负责等骗人的话。张上飞机送蒋走了。

杨回新城后，立即同几个人谈了机场的情形，大家都反对这种轻率、危险的做法。不过蒋、张已走了，只好商量下一步的办法。杨说：蒋的“人格”是不可靠的，万一张回不来该怎么办？这时大家思想很乱，只是对张回陕还未丧失信心。

不久，张又来信，叫放陈诚等人，还叫放被扣的中央飞机。有人主张不放走蒋系高级将领，让他们无形中成为人质，飞机也不放走。杨说：我们做到仁至义尽，张叫放就全放了吧！看他的意思，我们不放，会给他在南京造成困难。

我在西安事变中

卢广绩*

我到西北"剿匪"总部当处长

1936年5月，我去天水就任甘肃省第四区行政督察专员兼天水县县长的职务。8月下旬，张学良将军电约我去西安。到后，张面告我："我们内部（指总部的东北人员和东北军），近来新旧老少之间常闹意见分歧，互不团结，很不好，希你来后能做些团结工作。"张当时拟任我为总部第四处处长。

在我尚未到职之前，有一天，六十七军军长王以哲来访。谈话中，他对东北军内部情况有些忧虑，他感到张学良举棋不定，并有些偏听青年人的意见。他希望我最好不要来总部，搅在一起，做不了什么事，不如在天水，还可做点实际工作。王是我的老友，他这些话使我感到张将军谈到东北军内部的不团结是有原因的。

9月间，我到总部就任第四处处长。当时西北"剿匪"总部的机构是这样的：在副司令的领导下有参谋长和秘书长；以下为办公厅，并设有8个处。参谋长为晏道刚，秘书长为吴家象，办公厅主任为米春霖，副主任为洪钫；

---

* 作者时任国民党军事委员会西北"剿匪"总部第四处处长。

一处处长为徐方（管军事），二处处长为闵湘帆（管军需），三处处长为马效韩（管总务），四处处长为卢广绩（管行政）；此外粮秣处处长为张政枋，交通处处长为蒋斌，军法处处长为赵鸿翥，军医处处长为任作楫。除晏道刚、徐方和闵湘帆3人为蒋介石派来的人之外，其余均为张的旧部。另外，还有政训处处长曾扩情，名义虽隶属总部，但实为蒋嫡系。

当时，张学良为了在东北军内部培养具有抗日救国、复土还乡的坚定意志的新生力量，秘密成立了“抗日同志会”这一组织，吸收志同道合的人入会。我到西安不久，也参加了这个组织。这个组织没有制订什么章程，只是在入会时，须举行严肃的宣誓仪式。其誓词有4条，还记得的有：1. 坚定复土还乡的信心和决心；2. 中国人不打中国人；3. 坚决听从张副司令的命令……参加这个组织的人，多为军队中的团级干部。举行宣誓仪式时，张学良将军还亲临讲话。

蒋鼎文任西北“剿总”前敌总司令

我到西北“剿总”任职后，有一天看到《国内军政通报》上载：广西问题，因陈诚亲往桂林，同李宗仁、白崇禧会见，已确实得到和平解决。过去开往西南打桂系的国民党中央军，将不会再留在西南，势必调出。当天晚上，我因公见张，顺便问他：“西南问题和平解决，打桂系的中央军将调往何处？”我这一问，似乎引起了张的注意。他说：“我看蒋将把这部分军队调往四川，蒋对刘湘的痛恨，比对我们厉害。”然而事出张的意料之外，就在第二天，蒋发来电报，要调25个团的部队来西北。与此同时，又得知蒋介石另委派蒋鼎文为西北“剿总”前敌总司令，而且事前没有同张学良将军商量。蒋鼎文被委派为西北“剿总”前敌总司令，就是说，对以后西北的“剿共”任务，要由蒋介石直接指挥，而不经过原来的西北“剿匪”总部了。这是蒋介石对张学良和东北军不信任的具体表现。张自己已经感觉到了。张还感到蒋介石令东北军来打红军并非善意。虽然这样，张当时还是相信蒋介石是能够抗日的，并常对我们说：“尽管在蒋的幕僚中有亲日派，蒋仍然是抗日的。”

蒋介石在王曲讲话，阎锡山飞洛阳劝蒋

1936年10月22日，蒋介石来到西安，积极布置“反共”军事，并向张、杨宣布“剿共”计划。不久，蒋就在王曲军官训练团召集受训的东北军和十七路军军官讲话。张学良同杨虎城均出席。蒋主要说：“当前在我们身边的主要敌人是共产党，我们应该集中力量消灭他们；至于日本，是远在千里之外的敌人，我们将来要打。假如现在我们不集中力量打眼前的主要敌人，而大喊大叫要打几千里外的敌人，那是违反我的‘安内攘外’的政策，违反这个政策，就是反革命，反革命我就要打倒他。”蒋说这几句话时，声色俱厉，激动异常。听讲的东北军和十七路军的军官，对蒋表示极大的不满和愤慨。当天晚上，张学良即召集在王曲受训的主要领导人和队长讲话，加以安慰。张说：“大家要明白，蒋的讲话，主要是对我说的，不是对你们，希望你们要安下心来，要知道我们今天是孤臣孽子，谁叫我们把自己东北家乡丢掉了呢？我们应当有最大的忍耐和克制。”经过张的安抚，大家的情绪才安定下来。

10月底，蒋介石由西安返洛阳度50岁生日，张学良借为蒋祝寿的机会，特用自己的飞机把阎锡山从太原接来，一同前往洛阳去说服蒋，望他能改变“安内攘外”的政策，停止内战，枪口对外。阎锡山同蒋介石长谈以后向张说：“蒋固执己见，一意孤行，是说不通的。我回晋以后，部署我的军队做守土抗战准备。希你也做你自己的打算好了。”张大失所望地回到西安。不久，又给蒋写了一封长信，痛切陈词，中有“家仇国难集于一身，东北父老盼望国军收复失地，有若大旱之望云霓”等语。蒋对张的来信一字未复，不久又来西安。

事变当天的见闻

张和杨经过反复商议后，决定对蒋介石实行“兵谏”。

12月11日深夜12时左右，我们都先后来到新城大楼（西安绥靖公署所在地）。我问张，军事部署怎样安排。他说：“你不用管了，我自有安排。”

12 日早 4 时左右，即听到枪声，这是杨虎城的十七路军开始解决驻西安城内的中央警宪部队。约两小时左右，就完全把他们缴了械。早 6 时，临潼部队来电话报告，开始行动。张、杨和我们都极为紧张地在等候消息。早 7 时许，华清池完全被占领，但未发现蒋的踪迹，部队正搜索骊山，有人判断蒋可能乘小飞机逃走了，也有人说蒋可能自杀了。正在猜测之时，好消息传来了，蒋已被擒获。随即由白凤翔师长和孙铭九营长押送到西安，先安置在新城大楼。此时，张对杨说："稍候一下，我们得去见他。"杨笑着说："我不去。"张严肃地对杨说："我们原来是怎样商量的？不但要见他，说好了，我们还要把他送回南京去。"但杨终未去，只有张一人前往。

西京招待所是当时西安唯一的高等旅馆。国民党中央和各地来西安的要人都住在这里。在 12 日凌晨以后，杨的部队拘押了所有住在这里的中央大员，计有：陈诚、朱绍良、蒋百里、蒋鼎文、陈调元、卫立煌、万耀煌、陈继承等人。此外还有邵元冲因负重伤，不久死去。

陕西省政府主席邵力子的自由也暂时被限制。邵夫人傅学文负微伤。张、杨两人都深表遗憾，并由杨夫人谢葆真前去慰问。

张令我去慰问蒋百里。他仍住在西京招待所。我去看他时，他只穿一件小绸棉袄，坐在床上。我代表张致以慰问，并说：不久张就要亲来访晤。他无一点惊怕情绪，平静地同我谈论以后的抗日计划和准备工作。下午，我又遣人给他送去一件羊皮袍借以御寒。

张还令我去看唐淮源师长。他是国民党第三军的师长，第三军是云南部队，将领多是云南人，为北伐时朱培德的旧部。唐住西北旅社，当我见他时，他表现得战栗不安，疑我是去逮捕他。经过谈话后，他的神色逐渐安定，说他们第三军也同东北军一样遭受蒋的歧视。我引他去见张，张给以温语安慰，并允许第三军各部队可以靠近一些，同东北军驻防部队相互照顾。

中共代表团来到西安

事变后，张、杨两将军立即电请中共中央派全权代表来西安，共商救国大计。12月17日，以周恩来代表为首的中共代表团到达西安，住金家巷张学良公馆里东楼第三层，随即分别同张、杨进行了会谈。对于西安事变提出停止内战、一致抗日的要求，周恩来认为符合全国人民的意愿，表示支持；对于当时的形势和事变发展前途，周恩来做了精辟的分析，并阐明中共关于建立抗日民族统一战线的方针。张、杨同周接触后，都感到极为兴奋。

大约是19日早晨，我刚起床，王炳南（时任杨虎城的秘书）陪同周恩来代表来看我。我和周是髫龄同学，相别20多年，相见之下，欣慰非常。

有一天，陕西省银行经理李维城对我说，陕西银行界的一些负责人听到中共代表周恩来先生来到西安，他们想同周先生会面，问我能否通融。我在会见周时就提出这个要求，周说可以。我就安排了这次会见。会见后，银行界对周谈话的立论、卓见，都表示极其钦佩。我还介绍曾扩情去见过周恩来代表，周同他谈过一次话。

宋家兄妹来西安蒋介石和中央大员回南京

12月20日前后，宋子文、宋美龄和戴笠等人先后来西安。何应钦这一派想用武力解决事变的企图，正在逐渐消沉下去，时局渐趋明朗。这时，谈判的中心问题，就是如何接受张、杨所提出的8项要求，特别是“停止内战，一致抗日”的问题。二宋来到以后，情况急转直下。因此，就召开东北军和十七路军高级将领讨论送蒋回南京的问题。许多人对这一问题没有什么不同意见，唯对于我们发动西安事变时所提出的要求如何能保证实现，提出应该审慎考虑，不能草率从事，也不能操之过急。二宋急于要蒋回南京，唯恐拖延时日，中间有变。张个人也感到国内情况瞬息万变，日本从中策动，汪精卫急于回国，亲日派还很活跃，稍一失着，就会出现想象不到的局面。因此，张主张不能拖延，也表现焦急情绪。记得在决定送蒋回南京的前一天，张召集东北军高级将领开会，在会上他向大家说：“我为什么敢于冒天下之大不韪，把蒋介石扣留在西安，主要是为争取‘停止内战，一致抗日’。假如我们拖延不决，不把蒋尽快送回南京，中国将出现比今天更大的内乱，假如因我而造成国家内乱，那我张学良真是万世不赦的罪人，如果是这样，我一定自杀，以谢国人。”说这番话时，他的感情异常激动。因此，会场一片寂静，鸦雀无声，无人不被他真挚的感情所感动。

张学良的这番讲话，使大家对送蒋回南京都无异议，而对于保证条件也无更多争执。

宋子文、宋美龄除同张、杨几次交换意见外，并分别约集东北军和十七路军两方面一些高级将领会谈，提出许多保证条件。但蒋一回到南京，便成空话，致使局面日益恶化。记得在 12 月 25 日下午，张乘飞机亲送蒋回南京时，杨主任送到机场。据杨从机场回来对我们说：“蒋在机场对张和我说：‘我答应你们的事，一定照办。从今以后，停止剿共。如果我说了不算，就不配做你们的领袖。’”但其结果仍然是“食言而肥”。

张学良为表明他发动西安事变的坦率心迹，乃亲自送蒋回南京，以保持蒋的威望。但在行前并没有什么安排，对于他走后应该怎么办也没有交代，所以当杨虎城从机场回来告知我们说：“副司令已随蒋去南京了。”大家都感到愕然，惶惶不安，特别在东北军内部，更是如此。送蒋的飞机当天停留在洛阳。翌日晨，张从洛阳给杨虎城拍来电报，令杨在明天用飞机将扣留的中央军政大员送回南京。杨决定在当晚设宴欢送他们。就在这天下午，应德田约我往见杨，提出最好等张由洛阳或南京回西安后，再送他们这些人走。杨为此召开一次临时会议，在会上，应德田重述上面的意见，王以哲立即加以反驳，认为张既有电报来，就应该遵办。应说，张到洛阳后，就没有自由了，怎能证明这份电报是他发的？是否被迫，应该加以考虑。杨听了应的话，有所踌躇，但说，我已经下了请柬，约定今晚举行便宴欢送，变更似不太好。当时未作最后决定。我总觉得应的话有一定道理，而王以哲的话有些感情用事。后来，杨还是决定当晚举行送别宴会，第二天用飞机把这批“中央大员”一齐送走了。

关于西安事变的片段回忆

李木庵*

1935年华北危急，整个中国处于危亡之中，平津各校学生呼号救国，上海学生及各界爱国人士也纷纷起而作救国运动。在西安的共产党员谢兹山（谢华）、徐彬如、李木庵等于1936年1月组织中央西北特别支部，与当时军民商议筹设西北人民国防委员会。3月后，该支部组织西北抗日救国会，发表救国宣言，结合地方各界爱国人士，开展救国工作。5月举行上海爱国工人梅世钧的追悼大会，刊发宣言，群众游行示威。国民党捕去学生三四十人，秘密押送南京，即宣布失踪。经此打击，学生运动一度低落。此后由于国民党政府压迫加甚，中共西北特别支部的工作不得不转移目标，以军界为对象进行宣传与联络，支部党员多在杨虎城宪兵营部隐蔽工作。6月上海成立全国各界抗日救国联合会，西北抗日救国会也改名为“西北各界抗日救国联合会”，简称“西救”，与上海的全国总会取得联系，继续地下工作。7月，中华民族解放先锋队的北平代表团到西安，随后，北平的清华大学、燕京大学、东北大学、北平师范大学四校代表宋黎、敖明远等亦接踵而至，西救会派人接洽，取得工作上的联系。8月29日晚上，宋黎、马绍周等在西北旅

* 作者时为中共西北特别支部成员。

社被国民党便衣特务逮捕。他们被特务押经东大街时遇着杨虎城的宪兵营巡街马队，宋黎大声喊救，为巡街人马所拦截，宋以该便衣等无捕人公文指为绑票土匪，要求解至宪兵营部。到营部后，该特务等势焰甚张，声言此人不得放走。此时在营部负责的办事人都是共产党员，认识被捕同志是救国会人员，遂一面令知副官处，谓如来提人，即说时已夜半，办公时间已过，办事人均已散值，约以明日，作为延缓时间之计；同时又将被捕人宋黎引至内室商议办法。布置甫毕，特务多人果然手持公文来营部提人，副官处照原定计划予以推卸，特务们愤愤而离。宋黎直接用电话报告张学良，张学良即派团长孙铭九来营部，将宋带回去。不一时孙铭九又来营部，谓尚有马绍周等三人未归。其他三人已被特务捕入国民党党部的“肃反”委员会内，须立即派军队包围省党部，入内搜查，若迟至明日，则被用飞机解送南京，那就于事无补了。孙告诉了张学良这一情况，当晚张果派军队一团，围搜省党部，马绍周等正被受刑，幸获解救。翌晨，国民党陕西省党部指导员曾扩清乘机飞南京，向蒋介石泣诉，谓张学良与共产党勾结，围攻省党部，背叛中央；又谓东北军、西北军、红军三位一体，逆迹已著。但张学良围搜省党部后，也立即急电蒋介石，谓被捕的宋黎、马绍周等，均是总司令部的职员，如有不清事情，应通知总司令部办理，今不经此手续，随便由便衣侦探，不用公文，黑衣捕人，是不信任总司令部，势必使总司令部职权不能行使，被迫向省党部直接索还捕人，实为一时愤恿所致，推因事出仓促，未能事先呈报中央，不无躁急之失，请予处分等语。这就是1936年8月29日晚发生事件的终末，接韵目排列，这天是“艳”，因此被称为“艳晚事件”。此事件发生后，西救会即发布援救宋、马，并声讨特务蹂躏人权、执行日寇使命的宣言。宋黎遇救后即在西安成立了东北民众救亡会（简称“东救”），以旅陕东北同乡及东北军人为基础，张学良予以保护，取得公开权利。西救也有东救声援，工作不感孤立。当地军界学界以及在野名流，纷纷加入西救，形势愈加开展。西救援张学良保护东救之例，请求杨虎城予以保护，意在争取公开活动，曾格于时势，未能如愿，但与东救开联席会议时，杨虎城即派便衣手枪队数十人保护会场，因此群众救国浪潮日益高涨，国民党中央与东北军西北军的裂痕，也日益加深。九一八五周年纪念日，西救、东救发动群众举行大会，刊发宣言，呼吁停止内战，驳斥国民党的唯武器论，并游行示威。10 月 10 日，西救、东救亦组织群众大会，发表宣言，驳斥国民党当局“攘外必先安内”的错误行径，并游行示威。10 月下旬，发动学生八千余人在革命公园举行追悼鲁迅大会，国民党当局派武装警察来会场，强行制止，并禁止到会人入场。西救、东救支持学生坚决反抗，相持竟日，警察后示意开禁，学生获得胜利。自此，各中、小学扩大成立之救国会，并由中央西北特别支部领导各学校于 11 月 15 日正式成立学生联合会。同月下旬，西安反围纪念大会，西救亦发动群众热烈地参加。是时日寇已攻绥远东部，距陕北较近，形势紧张。西救、东救及学生联合会发动召开西安各界援绥大会，发布宣言，主张国共两党速停内战开赴绥远前线，援救绥远，共同御敌，民气激昂。南京蒋介石政府以张杨有通共嫌疑，又痛恨学生干涉国事，迁怒于张杨之纵容，早有撤换张杨之内定。于是蒋介石赴洛阳，商讨解决张杨兵权问题。张杨闻讯，亦即赶赴洛阳，携带群众要求停止内战、一致对外救国的意见，向蒋介石条陈，蒋介石大加呵责，谓“要我不打共产党，听共产党来打我吗？不先安内，怎能攘外呢？”并谓陕西学生干预国事，“学风已坏，以改于此，这简直不成话，你们不应该负责任吗？”并将张杨条陈掷之于地。同时张杨已得到自己被撤换的消息。张杨回西安后，至为抑郁，态度消极，谓“救国之心已尽，主权者即不采纳，我们自可告无罪于军民”。

不久，蒋介石来西安之确讯传来，西安局势顿觉紧张，因为知道蒋介石此来必是撤换张杨，内战将延长，中华民族的危机也将更严重。中共西北特支的党员闻此消息，急筹对策。支部中之在职军界者，首先提议，谓要挽救非常时局，不可不用非常举动，蒋介石如来西华即将他活捉，逼迫他下令将国民党围攻共产党的军队悉数调援绥远，停止内战，一致对外，在此，别无他法。首先赞成者，亦为军界中同志。西北特别支部慎重地进行考察，就事件的成败利害作分析；非常举动有利方面是，如果将蒋活捉成功，要扶他下令停止内战，他作为环境所迫，或有可能应允，即不然留蒋作质，南京方面的反对派弃不敢遽然以兵相临，置蒋于危而不顾，以此可以阻滞他的军队进攻，再以诚意来磋亦救国，抑或有转变到于事有利的希望。这是对非常举动方面的利害估计。再以相反的一方面，即不作非常举动方面的研究，则只有张杨二人听其撤换，代以反共的积极分子如陈诚、钱大钧之流，内战势必更加剧烈，徒为日寇侵略造机会，增加国家死亡之危险。这也就是说，执行非常举动之害与不执行非常举动之害是一样的。执行非常举动的方面，多有一利的希望。根据两利相权取其重，两害相权取其轻的原则，实有采取非常举动之必要。于是中共西北特别支部即向“东救”提议，“东救”问西北军有多少可靠的军队，告以孙蔚如一军，现在驻西安的警备旅二旅及宪兵营均是同情救国反对内战的武力。后由“东救”向张学良的亲信进言，传达于张，张无表示。未几，蒋介石果来陕，驻临潼，所携带的人员有陈诚、钱大钧等十余人。张杨亦已得此消息，准备交卸职务，形势非常紧张。“东救”又再次通过张学良的亲信，促张实行非常举动，责以大义，谓东北军西北军有数十万余，不可谓无救国实力，乃拘于服从长官的小节，以及个人的利害关系，而置国家民族的生存于不顾，将来之国史上，应首先负责的即为东北军、西北军之当局，天下后世孰能谅之！张仍不敢解决。时值12月9日，此为北平学生救亡运动即一二·九一周年纪念日，由西救东救发动群众举行纪念大会，向军政最高当局作停止内战，一致对外援绥救国的请愿，并即发“欢迎蒋委员长来西安领导抗日救国”的宣言和口号，谓蒋愿救国抗日，取决于今天的最后一瞬了，词甚愤慨。是日清晨，各界群众到会者两万余人，以学生为主干，结队前往“剿匪总司令部”请愿。张学良派参谋长答话，群众满意。先是国民党中央宪警事前探悉群众请愿之举，急派警备车去各校包围学生，阻止出校。学生奋不顾身，合力冲击，亦被包围。学生冲出时，中央宪警开枪打伤小学生一名，消息传来会场，群情愈为愤懑，继往国民党陕西省政府请愿。省政府邵力子派一秘书答话，不得要领，为群众所不满。相持数小时，邵不得已，要群众举代表入见。当举代表20人入署。邵见代表，谓：你们学生不好好读书，国家年耗巨额经费办学，聘教员，购办图书仪器，意在培植学生为国效用；在求学期中，学生只应求学，不应谈救国之事，何可干预国事，荒废学业，国家政事，自有政府负责办理，近来，学生动则开会游行，干预国政，实与国家兴办教育培养学生的本旨相悖。各代表气不可抑，报之以词，谓：读书不忘救国，救国不忘读书是中山先生的名言，现在日寇乘我国内战时机，侵占东北四省后，近便伸入华北，侵入与我们陕北接近的绥东，西北危在旦夕，华北若丢失，华中华南亦势必不保，全国人民沦为奴隶，读书的学生们就是读好了，做了博士、也是亡国博士，究有何用呢？各代表不满意邵的答话，一冲而出向群众报告。继至绥请公署请愿后，有人提议直接向蒋介石请愿，群众齐声赞同，列队而行。邵力子知道学生去临潼，必更增加蒋的责骂，极为恐慌，急用电话嘱杨虎城派队把守四城，紧闭城门不得放行。学生队伍到城门后，见城门已下锁，欲将城门打开。杨虎城派到守门的士兵，皆是同情救国者，不加阻拦。学生整队出发，城外国民党中央宪兵团横加制止，群众直冲铁路车站，欲乘车前进。站长与司机皆已走避一空，代表提议，步行往临潼，群众高呼赞成。大队行至十里铺，临潼蒋介石行营已得到消息。蒋介石派侍从室组长，乘汽车赶来阻止，谓蒋明天进城来答复，你们不要前往临潼，如果不听，到前面发生了事，我们不能负责。其实，在十里铺，蒋介石布置军队、马队已排满街上，高地架设机关枪，在前面的学生交通队已被扣留，形势至为紧张。正在相持的时候，张学良乘汽车赶至。请愿队伍停止途中，张说：“各位同胞，各位同学，你们的救国热忱我非常钦佩的，但是今天时已不早，路程尚远，而临潼又无餐宿之地，太辛苦了，不如请大家转行回去，把你们的请愿书交给我，由我代你们转向委员长陈述，比你们自己去还要快些。”群众说：“蒋委员长是全国党政军权最高统揽者，必须他亲自答复我们的请愿，方能相信。临潼虽无大队餐宿的地方，我们宁愿不吃饭，宁愿集体露立达旦，救国之事，还怕辛苦吗？”不同意张的提议，张见群众意见已决，难以挽回，又对群众说：“你们的救国志愿，我并不来阻挠，只是政府不满学生干预国事，你们此去必触动最高主权者之怒。我为爱护你们，不忍见你们去流血牺牲。”站在前列的东北大学生及女学生，听到要流血牺牲的话，首由东北大学生高呼，“我们愿意为救国而流血，愿为救国而牺牲，死在救国路上是光荣的！”放声大哭，女生相继号哭，由队头至尾，万余人都哭起来了。群众连哭带喊着，

“我们不愿做亡国奴，我们愿为国而死，我们前进吧！”一时哭声喊声震动山岳，道旁停观的行人都一起流泪。张学良随从的马弁也在拭泪。这时情绪的凄惨和哭声的悲壮，任何铁石心肠的人都不能不动于怀，因此，张学良也就抑制不了他的感情也掩面而泣。此情景不仅感动了张学良，而且激增了他的勇气，祛除了张的畏惧心理，继向群众说话，谓:“各位同胞、同学，我张学良不是不救国的，我的心情是和你们一样的，自从失去东北四省，全国人民无论男女老少，无不骂我张学良，我何当不敢打日本强盗呢？上级不许我打，这种隐痛是一时不能对人说的，我不是愿做亡国奴的人，我与日寇有杀父之仇，是不共戴天的，我的最后一滴血，是要流在抗日战场的，请你们大家相信我，你们的救国心愿，我不忍辜负，在一星期内，我准有满足你们心愿的事实答复你们，请你们今天暂行回去，我不骗欺你们。同学们，我是国家的军人，我不是蒋某人的走狗，如果逾期骗欺你们，我张学良愿意你们群众在任何地方把我处死。你们可能相信我吧！”群众见张学良如此恳挚的表示，遂应允张的要求，听候满意事实的到来，率队回城。时天已近黑，群众自晨6时至午后7时未进粒米，却都是精神焕发，毫无倦色，而且个个都像得了胜利似的。尤其是小学生及女学生队伍行列，秩序井然，自晨至晚无一人中途离队。大队入城时，他们脸颊上的救国热泪尚未尽干，在街道的电光掩映下，莹之发光，见者为之感叹不已。

张学良公开对群众发出诺言后，那是他准备事变的期间。初次计划以请蒋介石入城看有名的易俗社秦剧为名，即在剧场捉蒋，奈蒋不欲观剧，此计未行，遂改用就地围捕之法。好在他的队伍，因为担任蒋介石行营的警戒，早已布置在城外及临潼一带，约有数师之众。至11日午前8时，张学良始至绥靖公署与杨虎城就商，张谓“国势危机至此，我们的救国心愿，不为上峰所采纳，西北人民又是这样责备我们，卸责不了，你看怎么办好？”杨说:“副司令怎样办怎么好，我是跟副司令走一路的。”张说:“我们既然不能卸责，就不能不执行民众的意志，用非常举动，以武力迎接蒋委员长来西安，脱离南京方面亲日派的包围，来听我们的救国主张。”杨满口表示赞成。张说:“好！请你担任城内动作的责任，我担任城外和临潼方面动作的责任，明天黎明前一齐发动。”翌晨，天尚未明，城内枪声突作，居民都从睡梦中惊醒，不知何事。12日晨8时，见街上有汽车散发传单，始知擒蒋的非常事变。张杨发布对时局的八大主张，如停止内战，释放政治犯等，是其著者。是即双十二事变。

其　他

国际联盟处理日本帝国主义侵略中国事件的经过

吴秀峰[*]

1928 年，北洋军阀政府摇摇欲坠，国民党政府已在南京成立。国际联盟（以下简称国联）当局决定与北洋军阀政府断绝关系，与南京政府建立联系。因此，他们要求国际法庭法官王宠惠代找一个中国知识青年到国联秘书厅工作，便易与南京政府联系。当时，我已经先后在法国巴黎大学法学院博士班和巴黎外交学院毕业，正在用法文编写《孙中山先生之生平及其理论》一书。王宠惠于是推荐我到日内瓦国联工作。我于 1928 年年底到任，直到 1939 年 9 月欧战爆发，国联决定将其职员遣散。我在国联工作了近 11 年。1932 年，国联派李敦调查团来中国调查日本帝国主义侵华事件，我任调查团秘书长助理。现在把我所知道的国联处理日本帝国主义侵华事件的经过，回忆叙述于下。

---

* 作者时为国民政府派驻国际联盟秘书厅的工作人员。

一、九一八事变前中国与国联的关系

国联是根据第一次世界战争后凡尔赛条约而成立的。当时中国因为抗议凡尔赛和约将德国占领的胶州半岛移交日本而拒绝在凡尔赛条约上签字。所以，中国虽是国联创始国之一，中国代表顾维钧也曾参加国联宪章起草委员会的工作，但中国成为国联成员国是根据圣日耳曼（Saint German Treaty）对奥地利和约而不是根据凡尔赛对德和约。

从 1919 年至 1927 年间，中国与国联的关系极为平凡。有可记载的只是中国曾几次被选为国联理事会非常任理事；由于中国多年深受鸦片的毒害，所以成为国联禁烟委员会成员之一；又由于中国北洋军阀时代的财政混乱，应缴国联的会费，或延期不交，或交而不够，所以名誉很坏。

1927 年以后，中国与国联的关系变得密切起来。所以如此，是因为中国发生革命，北洋军阀政府被推翻，一度使帝国主义国家惶恐不安。到了 1928 年年底，蒋介石组成的亲西方的南京政府得到帝国主义国家的相继承认。1929 年，国联就派遣特使爱文诺（Avenol）正式访问南京政府，借以联络感情。这时我到国联秘书厅工作不久，也奉命随行。此行结果，打通了所谓国联和中国技术合作的道路。后来由国联卫生部长拉西曼（Rachman）负责促进双方合作的具体工作。拉西曼取得了宋子文的信任，使合作范围扩展到卫生、公路、水利、农业、行政、教育各方面。国联先后派来中国的专家为数不少。其时旧北洋军阀积欠国联的会费达到 700 万瑞士佛朗，国联秘书长宣称国联大会将此项欠款用于双方的技术合作。其实所谓“国联同中国技术合作”这个名词，不过是为了保存中国体面而用的外交语言罢了。这种合作从 1929 年开始，直至 1937 年日本占领南京时停止。

以上就是九一八事变前中国与国联的关系的概述。

二、国联理事会受理关于日本侵略中国的申诉

1931 年 9 月 18 日夜，日本关东军突然向中国东北发动进攻。这对国联

是一个打击，在它历史上是一个衰亡的关键。

日军进攻沈阳的消息于9月19日清晨传到国联秘书厅，国联情报部长立刻打电话告我，我也立刻转告那时南京政府派往日内瓦出席国联会议的代表施肇基和王家桢。施、王也收到南京政府训令，于9月21日，根据国联宪章第十一条向国联理事会控告日本侵略中国领土、破坏国联宪章（国联宪章第十一条主要内容是：当一个国联成员国和他国之间或他国与他国之间可能发生严重争端时，它有权要求国联理事会或国联大会开会讨论。当一个成员国感到有被他国侵略的危险或被侵略时，它有权要求理事会立即召开会议进行处理。）。中国代表要求理事会立即采取措施，制止日本对和平的威胁和形势的恶化。

蒋介石在九一八事变发生后，一方面密令张学良不许抵抗，另一方面发表所谓告全国人民书，说政府已将日本侵略东北事件提交国联要求处理，相信国联必能主持正义，制止日本侵略。

国联理事会为此于9月22日举行会议。施肇基报告理事会说：目前形势比较他提出申诉时更为恶化；战争已从沈阳扩展到其他城市，连较远的长春也遭到日军炮击。他要求理事会迅速采取相应行动，并声明中国政府准备接受国联为此作出的任何决议。

日本代表芳泽宣称：日军行动仅是一个局部事件，日本政府准备与南京政府直接交涉，谋求解决。他本人认为如果国联鲁莽从事介入其中，这会激起日本人民的愤怒，使问题更难解决。他最后说，由于尚未收到政府训令，不能正式表示其他意见。因此，他要求理事会暂时休会，等候日本政府训令。

日本代表此举，显然有意拖延时日。理事会无可奈何，只好接受芳泽的提议。它授权主席（Ascala Zamora，前西班牙共和国内阁总理）与中日代表保持接触，并将理事会讨论经过通知美国政府。

当时美国由于自己是凯洛格非战公约（Kellogg Pact）和1922年华盛顿九国条约的签字国，对于东北事变和国联的受理颇为注意；它表示在处理中日纠纷问题上愿与国联合作。但美国不是国联的成员，涉及具体行动，它又表现得非常暧昧。这时在日内瓦的各国代表认为救急办法是由国联派遣一个由各国驻华官员组成的调查团去沈阳调查事变真相和目前情况。中国代表马上正式提出这样的要求。日本代表立即表示反对。英国代表薛西尔（Lord Robert Gecil）认为如果得到美国同意派员参加，国联可以不顾日本的反对而决定照办。但美国国务卿史汀生（Stimson）认为这会激怒日本军人，使日本内阁对于军部更难控制，因而表示反对。史汀生还要求国联速使中日两国直接交涉。美国政府这种逃避具体责任的怯弱态度，等于鼓励日本采取强硬的态度。因为日本当时最顾虑的是美国与国联密切合作，这实际上等于英法美合作对付日本，而现在可以不必顾虑了。

3 天过后，芳泽向理事会报告他已收到日本政府训令，说日本在九一八夜的行动完全出于自卫，日本对于中国东北并无领土野心，已将大部分部队撤回到南满铁路的范围，并准备在日人生命财产安全得到保障时，再将其余部队撤回原驻地点。他最后说，日本政府希望与中国直接谈判，目前国联最好避免干涉。

施肇基答复说，中国方面对于保障日人生命财产的安全已经完全做到，日方毫无理由不立即撤兵。只有当日军完全撤退之后，中国才能与日本直接谈判，在此以前是不可能的。

熟悉日本当时情况的人都知道，若亲内阁不能控制军部，答应撤军是一句空话。但理事会的大国代表以为日本政府有此声明，最少对它本身来说是有诚意的。因此理事会于 9 月 30 日一致通过（包括中日代表在内）以下的决议。

这个决议重申日本声明在东北并无领土野心，日本准备在日人生命财产安全得到保障之后即将军队撤退。决议呼吁中日两方尽力避免形势的恶化。它并决定于两星期后复会。至于派遣调查团一事，由于日本反对遂作罢论。理事会希望各国政府训令各自的驻华武官或其他官员就地调查实际情况，并将调查所得转由各本国政府报告国联。

接着各国政府也曾训令驻华官员进行调查。但这些国家的政府不愿触怒日本，未将收到的调查所得情况转告国联。国联理事会关于中日问题的首次会议至此告一段落。

三、国联对中日问题的审议和美国的参与

前次理事会会议闭幕后，东北情况日益恶化，日军长期占领东北的野心更加显著。他们用尽一切办法收买或强迫东北地方中国官吏背叛祖国，并积极组织在日军控制下的地方伪行政机构。他们的目的在于完全消灭张学良地方政权。关东军司令本庄繁甚至宣布撤销对张学良地方政权的承认。这时张学良已将他的指挥部迁往锦州。10 月 8 日，日军飞机轰炸锦州，并投下传单勒令锦州居民背叛祖国，“否则会受严重的惩罚”。

在这时，日本政府的态度矛盾百出。它一方面发表声明说，关东军对锦州的行动，事先未得到政府许可，轰炸锦州是错误的；另一方面，在外交上，又对军部实行让步，通知国联说，撤军条件不只限于保障日人生命财产的安全，而且要中国于日军撤退之前承认若干基本原则。所谓基本原则，是指在日本军事压力下，中日两国举行无休止的直接交涉来拖延时日。日本政府且将中国人民的抵制日货与日军侵略中国联系起来，胡说抵制日货就是破坏凯洛格非战公约；因此日本为了自卫，有权采取一切报复行动。

由于日军轰炸锦州，国联理事会于 10 月 13 日在巴黎召开会议。适值理事会在职主席（西班牙外交部长）因事不能出国，继任主席轮到法国总理白里安（Briand）充当。白里安是当时欧洲有名的政治家，他就任理事会主席，一时对国联起了打气的作用。同时美国政府也宣布决定派遣代表参加国联理事会会议。10 月 5 日史汀生致书国联秘书长，要求国联尽其职责使中日纠纷得到解决，并答应给予国联一切襄助。白里安在听取中日两方代表意见以后，向理事会建议正式邀请美国派员参加理事会会议，理由是中日纠纷既与国联宪章有关，亦与美国签字的凯洛格公约有关，所以接受美国合作是既有理由也有效用的。

在理事会秘密会议中，日本代表芳泽以美国不是国联成员为理由，认为此举违背国联宪章，反对邀请美国派员参加会议。实际上，日本顾虑的

是美国与国联合作，从而会鼓励国联对日采取积极行动。从资本主义国家法律观点而言，芳泽的反对自非毫无根据。这是当时一个典型的外交斗争。如果局面不是如此严重，理事会或许会要求海牙国际法庭予以讨论和表示意见。因为除了美国是否有权参加国联会议的问题以外，另一个法律难题是，邀请一个非会员国家参加国联会议是属于手续问题（多数赞成便可通过），抑或属于本质问题（需要全体赞成，即包括日本在内，才能通过），也要由海牙国际法庭加以解释。可是当时日本对中国的军事侵略日益加剧，局势紧张不能拖延。除德国外，其他理事会成员都不愿让一个复杂烦琐的法律问题，耽误大事，既失美国的体面，又使中日纠纷拖延不决。理事会乃不顾日本的反对，把邀请美国派员参加作为手续问题进行表决。投票结果：13 票赞成，1 国（日本）反对，终得通过。美国代表基尔伯（Prentis Gilbert，美国驻日内瓦总领事）遂于 10 月 16 日参加理事会会议。一时世界舆论以为国联既得美国支持共同对付日本，又得法国总理白里安主持会议，一定会使日本进一步侵略中国有所顾忌了。因而国联代表们一时也表现了乐观情绪。

然而这种乐观情绪很快就消失了。原来美国外交最易受到国内两大政党政治斗争的影响，在传统上，华盛顿的外交政策是最不稳定的，它的诺言的价值是最低的。史汀生由于日本的强烈反对和国内孤立派的攻击，竟然指示基尔伯不得参加国联对日本采取具体行动的讨论。美国这种翻云覆雨的态度，顿使国联十分失望。

理事会根据日本前次诺言，要求它答应在一定时间之内把它占领东北的部队撤回原驻地点，并说明现在撤军的条件。这又遭到芳泽的拒绝。白里安于是在 10 月 24 日向理事会提出一个决议草案。这个草案重申 9 月 30 日决议原则，但增加两条，即：（一）要求日本马上开始撤兵，并于理事会下次开会以前，即三个星期之内撤毕；（二）在日军完成撤退时，中日两国应即开始直接交涉，以解决两国纠纷。但日本既无意撤兵，更不愿等待撤兵之后才开始交涉，芳泽对此草案叫嚣反对。

同时，大国领导集团，尤其是英法方面，故意制造一种新的法律理论，竟说根据国联宪章第十一条规定，理事会一切决议应得理事国家，包括当事国在内（事实上指日本）一致通过，才能发生效力。这种论调是违反宪章原来的精神和 1925 年国联调解保加利亚与希腊冲突的先例的。不过在外交史上对国际公法的解释，时常取决于强国实用主义，而不是取决于真理。因为当时资本主义强国绝对不愿由于中国受到侵略而去冒与日本作战的危险。它们只能在战争边缘后面徘徊，希望通过国联机构来调解中日的纠纷。当时，美国和英帝国正经历着严重的经济危机，法国也面对德国军国主义复兴的重大威胁；它们自顾不暇，哪能为中国火中取栗呢？

中小国家为了本身的利益，希望看到当日本侵略中国的时候，国联能够经得起考验，忠于自己的宪章，实行制裁日本。但这是脱离实际的。它们于失望愤恨之余，无可奈何，只有听任大国的摆布。

国联理事会于 11 月 16 日在巴黎法国外交部举行会议。其时日军在中国的侵略行动又已进了一步。日本若亲内阁已失去对军部控制的能力。日军在东北继续向北推进，占领黑龙江省会齐齐哈尔，准备完成对整个东北三省的占领。而且日军又在天津制造事件，与中国守军发生冲突。日本侵略中国的目标，显然已超越东北而扩展到长城以南。这使西方帝国主义国家在中国的“权益”直接受到威胁。尽管如此，英、法和美国仍不愿同日本发生直接冲突。

在这种情况下，如果根据法理，国联只能进一步应用宪章第十五条的明白规定，不需当事国家（主要是日本）同意，径可采取制止日本侵略中国的具体措施。这是中小国家所期望的。但是大国仍然认为这样过于冒险。甚至南京政府对此也不热心，原因是它恐怕在经济方面制裁日本，将会导致日军更大规模的进犯。中国与日本仍然保持着外交关系。当时西方人士看来，这是不正常的状态。

这时，日本代表芳泽先以个人名义向国联建议，派遣一个调查团去东北和中国其他地方，调查中日纠纷的背景和目前情况。日本此举的目的，显然在于拖延中日纠纷的解决。但国联本身早已显示懦弱无能，舍此自无其他更好的办法。另一方面，有些代表认为，有了一个重要的调查团去到中国，或可起着阻止日军进一步扩大侵略的作用。这种意见终于被多数代表所赞同，美国政府也表示拥护。

11 月 21 日，芳泽以日本政府名义，正式提议由国联派遣一个代表团到中国调查上述情况。施肇基发表声明说，除非日军完全撤退，否则中日纠纷不能解决。关于派遣调查团一事，他也同意。这个提议既为各方一致赞同，白里安和他的助手随即起草决议，尤其注重关于调查团任务的规定。由于芳泽讨价还价拖延时日，草案条文经过三周协商后才达成协议。这时日军侵略中国又有了进一步的发展。他们以保护日侨为名，积极准备占领锦州和山海关，并沿平沈铁路南下占据天津。由于中国的要求，国联主张将锦州划为中立区，并由各国驻华武官保证它的中立，借以阻止日军的前进。这个主张得到美国支持。日本政府就命令日军暂停西进。

12 月 10 日，理事会一致通过一个决议。这个决议的主要内容是派遣“国联远东调查团”（League of Nations Gommission of nquiry to the Far East），后来被简称为李敦调查团。根据决议条文，调查团的任务是研究中日纠纷背景，向国联提出报告，它无权干预两国的军事行动或建议两方直接交涉。条文也未具体说明调查团有义务或权力向国联提出解决两国纠纷的建议。这是避免在法律上强迫日本接受国联具有解决中日纠纷的权力。很明白，这是大国对日本有意作出的让步。这就使日本可以毫无顾忌地继续采取违背国联宪章和凯洛格非战公约的行动。芳泽甚至声明，日本有权随时采取措施，来“镇压土匪和其他扰乱秩序分子”，这就是说在军事上仍然任意自由行动。

决议通过之后，主席白里安发表声明说：任何国家不管它的理由如何充足，也无权违背宪章，使用非和平方法来解决它与别国之间的争端。当时白里安和其他一些代表以为有理由相信国联调查团到了中国能起着超过决议条文应起的作用。可是中小国家对于这个决议虽然勉强接受，但很不满意。尤其是拉丁美洲国家有鉴于美国时常干涉中美洲国家的内政，认为理事会不敢正式谴责日本违背宪章，就等于承认日本侵略中国领土的既成事实。他们的代表发表声明说，他们虽然接受决议，但不承认这个决议可以作为将来解决国际争端的一个典范。美国政府也声明支持理事会的决议，尤其是派遣调查团的部分。

国联理事会第二次会议审理中日纠纷的经过就是这样。

白里安在这次会议中，本来是扶病主持。他由于积劳和愤懑，于1932年1月12日辞去内阁总理职务，不久病重去世。他虽受到法国国家主义派、亲日派、反国联派和其他法西斯分子的不断攻击，但也获得各国代表的相当同情。

四、李敦调查团的委任和出发

到1932年1月，国联处理中日纠纷为时已三个月了。在这三个月中，日本不顾国联的干涉，对中国侵略不断推进。这使国联在世界人民面前大失威信；拥护它的人们感觉痛心，敌视它的人们感觉高兴。李敦调查团就是在这样的情况中组成的。

国联对李敦调查团的期望虽然很大，但调查团本身的行动非常迟慢。关于派遣调查团的决议是在1931年12月10日通过的；但它的团员的委任，直至1932年1月14日才完成。它的5名团员来自5个资本主义大国，即英国的李敦（The Earl of Lytton，前驻印度总督）、法国的格罗特尔（General Henri Glaudel，前驻越南法军司令）、美国的麦盖（General Frank Ross Mccoy，前驻菲律宾总督）、意大利的阿尔杜鲁万地（Gount Aldrovandi，外交官吏）、德国的舒尼（Dr. Heinarch Schee，前驻非洲总督）。这样的人选，令人感到帝国主义、殖民主义的气味。根据理事会决议，中国委派东山再起的顾维钧，日本政府委派驻土耳其大使吉田，为调查团陪查员。

关于调查团的工作人员，国联秘书长指派国联交通部长哈斯（Robert Hass，法国人）为调查团秘书长，另5个职员为秘书长助理，我是其中之一。法国和美国的团员也各有助理。还有6位来自美国、法国、荷兰和加拿大的人员，充当调查团的专门顾问。2月3日，调查团在日内瓦举行第一次会议，并推选李敦为团长。

南京政府对于调查团迟迟其行，尤其是对于团员们不愿取道西伯利亚铁路东行可以早些达到东北，而偏要绕道美国和日本，表示不满。因为正当调查团忙于组织的时候，远东形势又进一步恶化。1931 年 12 月中旬，被认为比较温和的日本民政党若亲内阁被迫下野，而让位于政友会的犬养毅（首相）和荒木贞夫（陆相）内阁。政友会领导集团与日本军人素有密切关系。他们对中国早已主张采取强硬政策。1932 年日本新内阁成立数周之后，日军就继续进占哈尔滨、锦州和山海关，以至张学良的地方政权被完全消灭。2 月底，日军不但在东北成立由他们控制下的“地方新政权”，而且强令三省傀儡省长在沈阳举行会议，宣布东北离开中国而独立。同时日军又在 1 月 28 日进攻上海，中国十九路军起而抵抗，爆发淞沪的激战。可是这时李敦调查团还在美国和日本途中。直到 3 月 14 日，调查团才到上海，4 月 20 日到东北。

五、上海战役和美国“不承认”政策

1932 年 1 月 7 日，美国政府突然向日本和中国发出通牒，宣布美国政府将不承认中日两国达成任何损害美国在中国权益的协议和任何由于违背凯洛格非战公约而带来的形势。这是后来被称为美国的“不承认”政策。在通牒未发出前，美国先将通牒内容通知英法政府，并要求英法采取同一行动。英国答复美国说，它已警告日本不得在中国东北封锁国际贸易，并已得到日本的应允；因此它无追随美国采取“不承认”政策的必要。法国政府对此采取缄默态度，不作答复。随后，由于日本海军在 1 月 28 日突然进攻上海，英法和其他国联成员国才表示赞成美国的“不承认”政策。但日本并不重视他们的空话，嘲笑地答复美国说，日本本来无意封锁东北的国际贸易。

淞沪战役改变了当时的形势。在此以前，资本主义大国的外交部官员、资产阶级的上层分子和在远东的侨民，对于日本侵略中国，不是漠不关心，就是幸灾乐祸。可是这时日本侵略的锋芒已达到长江流域，大大威胁西方帝国主义在华的“权益”，不能不使他们恐慌起来。这是淞沪战役的第一个结果。第二个结果是中国十九路军在淞沪的英勇抗战，使日军初次受到重大损失，使中国人民感到唯有抗战才能免于亡国，同时开始改变了世界人士轻视中国不敢抵抗的心理。这也是日本后来接受淞沪停战的根本原因。

国联理事会于1月25日举行第六十六次例会时，法国的新任内阁总理兼外交部长是法西斯派的赖伐尔（Pierre Laval），英国的新任外相是保守派的西门（Sir John Simon），两人都不是国联的同情者，都不出席这次会议。这使这次会议格外暗淡无光，难于行动。

这时忽然又积极起来的美国国务卿史汀生想用九国条约（1922年中、美、英、法、日、意、比、荷、葡九国在华盛顿缔结的所谓尊重中国领土完整的条约）来谴责日本。日本政府答称，中国目前状况之不正常实非缔约时候人们所能料及；因此九国条约对日本来说已经失效。英法资产阶级报纸反映本国外交部官员的意见，也公然表示同意日本的看法。英法对美国倡议消极的反应，使得史汀生垂头丧气，终于放弃了这个主张。

中国新任国联的首席代表颜惠庆这时所能做的只是利用国联论坛，向世界各国人民揭露日本侵略的暴行和中国的正义立场。日本派来的新任代表是傲慢刻薄的佐藤。他在国联竟说：“中国不是一个有组织的国家，国联成员和九国条约签字国不应把中国作为一个一般国家来对待。”

英国外长西门后来也到日内瓦出席国联会议。他向理事会的12个非当事国家的代表们建议并得到后者的接受，共同警告日本说：“一个国联成员国家的领土完整和政治独立，应得到其他成员国家的尊重；由于侵略而改变的形势，必须取得其他国家的承认。”在理论上，这可以说是响应美国的“不承认”政策，但也只是放一空炮而已。

六、国联大会处理上海战役的经过

1932年1月29日，中国政府申请国联应用宪章第十条、十一条和十五条（主要是后一条）[①] 来处理中日纠纷。

数日后，颜惠庆根据第十五条规定，要求理事会将中日争端移交国联大会处理。这个步骤的主要目的，是使国联能在当事国家不参加表决（即日本不能反对）条件之下作出决议。此外在第十五条规定之下，对理事会懦弱无能很不耐烦的中小国家也可以直接发表意见，推动国联勇敢前进。正因为如此，日本代表佐藤提出无理论据，胡说“中国不是一个有组织的国家，无权享受国联宪章的保护”，企图破坏中国的要求。但他失败了。理事会很快就接受中国的提议。国联秘书长杜吕蒙（Drummond）旋即根据第十五条规定，对中日纠纷背景进行调查，为大会裁决准备条件。他本来想将上海战争的调解工作交给行将出发的李敦调查团负责，但上海战争非常激烈，亟待解决，在时间上实非调查团所能兼顾。杜吕蒙乃商得有关国家同意，委任一个由这些国家驻上海领事组成的调查委员会负责调解，并指派当时已到上海的国联交通部长哈斯兼任委员会秘书长。这个委员会立即开始工作，并向国联提供有关上海战争的情报。由于前一节所述的原因，日军于 3 月 3 日停止战斗，中国军队也采取同一步骤。

国联特别大会于 3 月 2 日开幕。3 日，大会根据所得情报，决定要求上海中日两方举行会谈达成停战协议。后来通过英国驻华公使居间调停，中日两方于 3 月 24 日开始谈判，直到 5 月 5 日签订停战协定。

上海战争于 3 月 3 日停止后，国联大会就集中全力去处理中日纠纷的政治问题。在国联大会开幕一周前，美国国务卿史汀生发表他致参议员波拉（Senator Borah）关于中日纠纷的一封信，并将信的内容正式通知国联。这是一个谴责日本破坏凯洛格非战公约，重申“不承认”政策和要求国联大会

① 第十条的主要意义是：国联成员国家承担义务尊重其他成员国家领土完整、政治独立和帮助他们抵抗外来侵略。第十五条的重要意义是：当成员国家之间发生争论时，它们应将争论提交国际法庭、国联理事会或国联大会进行调解。在此以前，不得从事战争。当调解无效时，国联理事会，除当事国外，应用一致或多数表决手续，提出它自己对解决争论的意见。如果这项决议得到一致通过，成员国家不得对接受决议国家从事战争。如果决议只得多数通过，则其他成员国家有权采取它们认为适当的行动来保卫被侵略国家。理事会或当事国随时可以将争论提交国联大会处理。

采取一致行动的外交文件。各国代表在国联大会上按照这个精神相继发言谴责日本。在英国外长西门倡议下，大会通过一个决议，要求国联成员国家拒绝承认任何由于违背国联宪章和凯洛格公约而造成的形势、协议或条约。自此以后，国联成员国家和美国始终拒绝承认伪满，和这个决议是有密切关系的。

由于应用国联宪章第十五条，有了不需当事国家（尤其是日本）同意而采取行动的根据，国联大会在主席希曼斯（Hymans，比利时外交部长）支持下积极起来。人们一时以为理事会懦弱无能的时期已经过去，久盼国联遵守自己宪章的中小国家一致要求国联采取勇敢行动。

但是国联大会不想在这个时期立即裁决日本破坏宪章。因为根据第十五条的规定，首项任务是调查与调解。大会认为上海战争已经停止，当前最适当的做法是等候李敦调查团的报告。它对日本诽谤中国是个无组织国家、不能享受国联成员权利的谰言正式加以否定，重申国联宪章完全可以应用于中日纠纷。这时南京政府也不愿国联采取具体措施制裁日本，从而引起日本更大规模的进攻；只要求国联正式裁决日本破坏宪章，以为由此可以动员世界舆论迫使日本放弃侵略政策。

大会最后决定成立一个处理中日纠纷特别委员会。这个委员会的具体任务是：协助中日两国迅速达成上海停战协议和解决整个纠纷，并将理事会未了工作接管下去。特别委员会由理事会 12 个非当事国家和其他 6 个国家共 18 个国家的代表组成，他们推选希曼斯为主席。上海停战的谈判，由当时列强驻上海领事在英国战舰上协助进行，中日两方代表经过一个多月时间对有关细节的讨论，终于在 5 月 5 日签订停战协定。关于中日整个纠纷的解决，尚有待于李敦调查团报告书的完成。国联只有根据这个报告书的材料和建议，才能决定解决中日纠纷的办法并向双方提出建议。根据调查团的工作计划，报告书要等到 9 月下旬才能写好送到日内瓦。此后还须翻译和印刷，并交由派遣调查团的理事会去审查。因此，大会特别委员会要等到 11 月才能开始进一步的工作。

在 3 月至 11 月这个期间，日本军队从东北南满铁路出发，向东、西、北三面继续侵略。他们还在东北积极进行成立所谓独立的“满洲国”。3月上旬，伪满向全世界，包括国联在内，宣布它的“诞生”。此时抵达东京的李敦调查团，曾极力试图劝阻日本政府不要在调查团报告书作出以前造成东北独立的状态，但失败了。伪满成立之后，日本政府即派大使到长春和它订立所谓友好条约，并于9月15日正式承认伪满。可是全世界都知道，这个傀儡国家的权力全在日人手中，它是一个十足的由日本一手制造成的傀儡国。

七、李敦调查团的旅程和我的见闻

李敦调查团的欧洲成员于1932年2月3日离日内瓦取道美国转赴远东。美国成员则在纽约加入行列。调查团于2月29日到达东京，访问日本当局；3月14日到达上海。这时我和国联交通部长哈斯早已在沪，并奉国联秘书长命令参与调查团行列。调查团到沪后，即与由外国驻沪领事组成的沪战调查委员会取得联络，参观战场，了解情况。3月26日调查团赴南京，访问中国当局;4月1日至7日访问长江城市，重点放在武汉。4月7日回到南京，转由平浦路前往北平。4月9日至19日调查团留在北平，与张学良和日本关东军代表取得联络，并筹备出关。4月19日分两路赴沈阳：一路在秦皇岛转车，一路在秦皇岛乘船经大连前往。在东北调查的时间是从4月20日到6月4日，其间访问过长春、吉林、哈尔滨、旅顺、鞍山、抚顺、齐齐哈尔等地。6月5日，调查团回到北平，在北京饭店设立临时办事处，从事整理在东北获得的大量材料。在此时期，汪精卫、宋子文、罗文干分别从南京北来，与调查团举行会议。6月28日，调查团团员再赴东京，与日本当局交换意见。7月20日调查团团员回到北平时，临时办事处整理材料的工作已经基本完成，跟着就起草报告书。这个报告书终于在9月4日签字。至此，调查团的基本任务就算完成了。以上是李敦调查团的旅程。以下记述我个人的重要见闻的片段。

（一）参加调查团行列的人员可分五类：一是来自欧美的调查团团员和

他们的助手；二是国联秘书厅派来的职员（我是其中之一）；三是以顾维钧为首的中国代表团人员；四是以吉田为首的日本代表团人员；五是中外新闻记者。当从南京乘船赴武汉逆流而上时，曾在九江停留。

在船上的3天，欧美人员总是从上午9点至12点，下午2点至6点照常办公。团员们白天阅读文件，下午5点茶会漫谈，交换意见。

日本代表团人员极少，除团长之外有一陆军武官和一海军武官。3人每天用大部分时间坐在船头研究带来的长江地图。地图的详尽令人惊异，连房屋和树木都应有尽有。我估计每5个或10个平方公里即有一图。单是这些地图的制出，就可说明日本精心策划侵略中国是由来已久的了。

但中国代表团的人员，除极少数外，都在船上不分昼夜地大打麻将。有一次，我在船甲板上碰到中国代表团秘书长、前驻丹麦公使王广圻。我对他说："我们国家正处在存亡关头，如果我们仍不振作，就会亡国！日本人天天研究侵略中国的计划，我们代表团怎么可以日夜赌博，增加外人对我们国家的轻视呢？"翌日，王广圻告诉我说，他决定白天不再打牌。可是他们从此通宵赌博，白天睡觉。原来国民党取得政权后，自己培养的外交人才很少。九一八事变发生后，只好起用北洋政府的外交人员。顾维钧就是在这时又被起用的。顾被任为中国代表团团长后，跟他进来的旧日部属不少，其中包括有朱鹤祥、金问泗等。

（二）当调查团在北平筹备出关的时候，日本大特务头子土肥原极力制造恐怖气氛，说有人要像1928年炸死张作霖一样地炸毁我们出关的专车。这个消息传到上海后，中国代表团团员朱鹤祥的妻子写信给她在北平的丈夫，劝他不要随顾维钧出关。朱即向顾报告，并声明无论如何决不出关。顾对朱说，危险也可能有，但既然接受南京政府的任务，而且又已来到北平，怎能临阵退缩。朱说南京政府是国民党的政府，不是他们的政府；日本侵略东北是国民党惹来的灾难，与他们无关。最后，朱说如顾一定要他跟随出关，就请顾代向南京政府要求先将20万元以他的名义存入银行，以备万一牺牲时他的家人生活得到保障。顾未接受朱的要挟，朱就终于拒绝出关。

金问泗是顾的亲信之一，中国代表团的副秘书长。他的妻子也从上海来信说她“忧心忡忡，夜不能寐”，如果金要出关，她会忧郁而死。金以妻函示顾，顾也终于同意金不出关。秘书长王广圻也留在北平，什么原因就不知道了。

（三）在沈阳时，我们下榻大和饭店。在我的房间门口，经常有两个日本侦探不分昼夜地监视我的动静。白天我在室内工作时，每隔 2—3 小时，必有一个假扮服务员的日本侦探借故进来窥伺。当我和外边通电话时，我听见的机器声音，表明有人暗作记录。当我出门散步时，侦探必在我背后 10 米左右跟随，一刻不离。

有一晚，我和中国代表团的刘子楷（出关的秘书长）、肖继荣（副秘书长）同往城里一家餐馆吃饭。8 点半的时候，忽有一位华籍日方警察进来干涉。我们对他第一个反应是愤怒和蔑视。他对我们说：“我奉关东军司令部命令告诉你们：9 点以后必须离去，否则后果由你们负责！”他用背诵的方式把这句话连说 3 次。我们发现他满眶眼泪。我们只好离开，然而也不禁泪下如雨！

八、国联对李敦调查团报告书的讨论、决议和日本的退盟

国联理事会收到李敦调查团报告书后，即提交国联大会处理。报告书提出的解决中日纠纷的原则和办法对国联成员国家产生了一定的影响。由于报告中主张恢复中国在东北的主权，日本自然加以拒绝。日本政府采用拖延手法，要求给予时间准备答复。同时，它派遣一个新的代表到日内瓦大肆活动。这位代表是日本有名的诡辩家松冈洋右，他对中国一贯主张采取强硬政策。南京政府也另派顾维钧任国联代表。

松冈于 11 月 21 日在大会开始诡辩。他多方攻击中国的弱点，诽谤中国，并说中国有共产主义的危险。他以 1927 年英美战舰炮击南京为例，说日本今天的行动和过去英美在中国的行动在原则上毫无差别。关于“满洲国”问题，松冈否认报告书的论断，他为这个傀儡组织百般涂脂抹粉。

顾维钧对松冈的诡辩一一加以驳斥，他的重点就是报告书中关于日本破

坏宪章的行动和解决中日纠纷的原则和方法等。

由于松冈的拖延手法，大会讨论进行得非常缓慢。在 12 月 6 日至 8 日第一次讨论过程中，大国与中小国家之间的分歧也越来越显著。中小国家主张国联采取积极行动，并批评大国畏首畏尾，缺乏决心。这种谴责引起了英法国内统治人物的不满。他们埋怨中小国家大慷他人之慨，而不考虑到积极行动可能引起更大的战争；战争的破坏只会落到大国头上，等等。他们认为，中小国家缺乏实力，对于经济或军事制裁不能作出有效的贡献，因此没有发言的权利。大国这样盛气凌人的态度，更引起中小国家极大的反感。中小国家的代表说："我们所冒的风险并不小于有强大陆海空军的大国。"他们相继发言，要求国联采取积极行动制裁日本，并表示他们政府对于调查团报告书不但全部接受，而且认为它已证明日本破坏了国联宪章。

在这个时候，人们特别注意英法代表对于调查团报告书的发言。可是英法代表非常小心。英国外长西门对报告书指出中国弱点部分复述一番，但对于谴责日本部分却一字不提。法国外长保罗·彭古（Paul Boncour）极尽其咬文嚼字的能事，结论是：法国主张遵守"国联宪章，整个宪章，唯有宪章"。实际上，英法的政策是逃避责任，这就使日本称快，使中国和中小国家失望。而且继西门之后发言的是大不列颠帝国成员加拿大的外交部长，他甚至极力为日本的侵略罪行辩护。

大会讨论结束后，它的特别委员会用了两个月时间试图说服日本接受调查团报告书的建议，但遭到拒绝。最后，特别委员会直截了当地向日本提出问题说："你们是否同意在维持中国东北主权的基础上，在东北建立一个地方自治行政制度？"日本的回答是："维持满洲独立是保障远东和平的唯一办法。"至此，特别委员会就放弃调解工作，并开始为国联大会准备决议。决议草案全部采用调查团报告书关于导致九一八事变前夕的情况和九一八后日本占领东北成立"满洲国"和上海战争经过的材料。它指出国联理事会关于调解中日纠纷的建议遭到日本的拒绝。它并非无视中国方面的弱点，但认为九一八事变之后中国曾尽力之所能，克制自己。它指出日本所作所为是破坏国联宪章的。它主张根据调查团报告书提出的原则和方法来解决中日两国的纠纷；主要条件是维持中国在东北的主权，否认“满洲国”成立的合法性。它主张在行将成立的大会远东委员会协助之下，由中日两国直接交涉来解决它们的纠纷。决议草案最后要求国联成员在法律上和实际上一致拒绝承认“满洲国”和不做任何事情来妨碍大会决议的执行。

1933 年 2 月 23 日的国联大会，几乎一致地通过了这个决议草案。只有泰国放弃表决权利。日本自然反对，并声明拒绝大会的决议。中国代表投票赞成，并声明努力执行大会的决议。当大会通过决议的时候，松冈根据日本政府事先的训令，率领整个代表团戏剧性地退出会场。3 月 27 日，日本政府就正式通知退出国联。

国联大会通过这个决议后，史汀生随即发表声明代表美国完全接受国联的决议。接着美国民主党的罗斯福上台继任总统。他的国务卿赫尔（Gordel Hull）发表声明，继承史汀生既定政策，接受国联邀请，参加远东委员会工作。

国联同时邀请苏联参加远东委员会工作，但遭到拒绝。可是不久之后苏联就改变了对国联的政策。

国联的这个决议，是它自从接受处理中日纠纷以来较为积极的表现。可是大会的积极行动并未得到资本主义世界所谓舆论的重视。自此以后（至 1937 年中日大规模战争爆发时止），远东委员会即进入一个无事可为的阶段。其间 1933 年 2 月日军完全占领热河，4 月日军从长城南下威胁平津，5 月蒋介石政府与日本政府订立塘沽协定。在后来的 4 年中，蒋家政府仍然与日本保持外交关系。这是国际政治中一个反常的现象。

新任国联秘书长爱文诺深深感到对解决中日纠纷无能为力，他找我去谈话说：“当一个国家受到外国侵略时，首先要它自己起来抗战，然后才有希望得到他国的援助。如果它自己不去抗战，像你们的国家一样，而希望别人替你们火中取栗，这是史无前例的。所以中国今后必须自己起来抵抗日本的侵略，才是你们的唯一的出路。希望中国朋友们及早体会这个真理。”

爱文诺对我讲这番话时，我立刻感到他要我把他这个意见转达我国政府。因为作为一个国联秘书长，他不能在中国代表面前，劝中国进行战争。

但把我作为他的一个部下，就可对我直言不讳。谈话结束后，我马上告顾维钧。相信顾也会迅即报告蒋介石。但是这个意见有如石沉大海，毫无影响，这已为时间所证明了。

宋庆龄和国民伤兵医院

杨小佛*

去年岁尾，收到古绩民同志送来一·二八淞沪抗日战争期间，宋庆龄和先父杨杏佛与南洋广义童子军战地服务团，在国民伤兵医院门前的合影，这张照片是在交通大学教学楼前拍摄的。作为历史记录的照相，往往勾起人们对往事的回忆。

一·二八之役距今有50余年了，当时我是一个初中学生，但那次战事还是给我留下颇为深刻的印象。日军炮击宝山路商务印书馆东方图书馆引起大火燃烧，纸片飞扬上空历久不散，我在霞飞坊家中的晒台上看得清清楚楚。这次战争起得仓促，是日军多次挑衅后，十九路军将士激于义愤，起而抗击的结果。而国民党政府却抱定不抵抗主义，袖手旁观不予支持。于是伤兵的急救和治疗全赖租界内的几家医院腾出床位来解决。这样便产生了两个问题，一是租界与战区隔离，伤兵无法抵达医院；二是床位有限，难以大量容纳。

鉴于这种情况，宋庆龄、何香凝、杨杏佛等人及时发起设立国民伤兵医院。他们3人在九一八日军侵占东三省后过从甚密，对国民党政府对外投降对内镇压的反动政策极度不满，曾在报纸上公开谴责，并呼吁释放政治犯。

---

*　作者系杨杏佛的女儿。

国民伤兵医院所以取“国民”两字即表明它不是政府办的，是民众自筹资金兴办的伤兵医院。据悉申报馆史量才、地方维持会和广东企业家如先施、永安、新新三大公司的资方都曾大力支持，既出钱又出物。马荫良同志回忆，宋庆龄每去史量才家都是由我的父亲陪同前往。我想这是很自然的事，因我的外祖父赵竹君是史的老友，也是最初接办申报的合伙人之一。而父亲自1926年任上海陶尔斐斯路二十四号孙中山先生葬事筹备处总干事后，就成为宋的得力助手。

当时借国立交通大学一楼作国民伤兵医院的院址是经过考虑的。一为交通大学校长黎照寰是孙中山先生的好友，乐于出借校舍来支持宋庆龄的义举。一为交通大学的前门开在法租界，后门则在华界虹桥路。这样，伤兵可以从华界送进医院，医师、护士和设备器材以及各界人士捐献的慰劳品均能从租界进入医院。

宋庆龄不仅负责劝募伤兵医院的开办和经常费用，而且在她的影响下，上海红十字会等各大医院的著名内外科医师均自愿前来服务，其中包括布美、米勒、任廷桂、吴旭丹、富文寿等医师和许多我不熟悉的名医。宋庆龄和我的父亲经常到医院去处理事务，看望住院的三百多位伤兵。轻伤的治疗几天又上战场去杀敌，但不断有新的伤兵送来，所以三百多只床位是常满的。为了使这些来自广东、听不懂上海话的伤病员不感到寂寞，特地买了不少哥伦比亚牌的美制唱机和粤曲唱片如《小桃红》《祭鳄鱼文》等，让他们欣赏家乡乐曲。我曾经随着父亲去过几次，看到他们在听唱片和下棋，也看到他们进餐。伤兵医院是在极短时间内筹备起来的战地医院，由于宋庆龄对这项工作的重视和严格要求，也因为各界人士的积极支援，它给人的印象是整齐清洁，有条不紊，设备相当齐全，可谓简而不陋，实而不华。

随着日军在浏河登陆，战事急转直下，抗日部队撤离上海，国民伤兵医院经过几个月的救死扶伤，便完成其历史使命而结束。然而十九路军将士对伤兵们在这里受到的关心和治疗却常记心头，记得父亲与宋庆龄乘手摇车到真如指挥所慰问抗日官兵后，回来说十九路军将领很赞赏租界内医院接收和治疗伤兵的工作，对宋庆龄、何香凝等发起和主持国民伤兵医院尤表感激。

回忆救国会及其七人案件

沙千里*

1935年年底到1936年春，在主要以上层著名人士为首，以中国共产党的地下党员和进步人士为骨干的上海各方面的救国会和上海各界救国联合会先后成立，全国各地的救国组织也如雨后春笋般地建立起来。全国各界救国联合会（以下简称“救国会”）就是在这样的形势下成立的，它经历了救亡运动、抗日战争和解放战争的漫长艰苦岁月，在救亡运动阶段斗争最为激烈，7位领导人的被捕（即震惊中外的“七君子事件”），形成了斗争的高峰。

救国会的成立

1936年5月31日，全国各界救国联合会在上海举行了第一次代表大会。会议地址在上海博物院路中华基督教青年会全国协会。会场是一间不大的会议室，可容纳几十人。第一天到会的代表有50余人，代表全国18个省的

---

* 作者时任《救亡周刊》主编，系上海职业界救国会、上海各界救国联合会和全国各界救国联合会发起人之一。

60 多个救国团体。大会开始后，先推选出主席团 9 人主持会议，随后全体起立，向为中华民族的解放事业而英勇牺牲的烈士致敬。接着，筹备委员会代表报告开会宗旨及筹备经过，上海代表作时事报告，各地重要救国团体报告工作，计有 30 多个单位的代表发言。会上讨论了大会宣言①，并一致通过。会议一直开到深夜 11 点多。

第二天，十九路军的代表蒋光鼐、蔡廷锴赶到，并相继在会上发言，增加了抗日救亡的气氛，会上讨论并通过了《抗日救国初步政治纲领》《全国各界救国联合会成立大会工作检讨》《全国各界救国联合会章程》。这几个文件，主要是由章乃器起草的。

大会选出了执行委员和候补执行委员，并推定宋庆龄、何香凝、马相伯、沈钧儒、章乃器、陶行知、李公朴、王造时、沙千里、史良、孙晓村、曹孟君、何伟、张申府、刘清扬等 15 人为常务委员。沈钧儒分工负责组织工作，章乃器分工管宣传工作。会议一直继续到深夜才在热烈的情绪中结束。

救国会以《救亡情报》为自己的机关报，这是像现在的晚报那样大小的一张报纸，是不定期的，但有时每周出版一期。

大会以后，救国会派沈钧儒、章乃器作为代表，去上海市政府会见了国民党上海市市长吴铁城，向他说明救国会已在上海成立，并阐述了我们这个团体的目的、任务和纲领。当时我们之所以这样做，是为了力争公开活动，也是为了避免日本帝国主义从外交上进行无理的干涉。

大会通过的各项文件，阐明了成立救国会的目的，救国会的纲领、章程及其任务。这些文件均公开发表在《救亡情报》上，上海和外地的一些报刊也有所报道。救国会的组织是公开的，但它有许多活动则是秘密的，这是出于对日和对蒋斗争的需要，为了避免遭受不必要的损失。

① 有关救国会的各种文件，均见周天度编的《救国会》一书。

我们七人被捕入狱

1936 年 11 月 22 日深夜，上海市公安局派 8 个特务小组，分别到救国会负责人沈钧儒、邹韬奋、李公朴、史良、章乃器、王造时、陶行知与我的家里逮捕我们。除陶行知因出国参加教学会议未抓到外，我们 7 人同时被捕。当时我正在睡梦中，突然有人在外面大叫："我们是行里来的！开门！开门！"所谓"行里"，就是上海租界的巡捕房。我一听就完全明白了他们的来意，为了抗日救国，我早有被捕入狱的准备，于是我一面叫我母亲去开门，一面回到自己的房里去穿衣，上海市公安局的五六个穿黑衣的彪形大汉和一个身材高大的西探，一拥而进，其势汹汹，形如虎狼：进门后二话不说，有的拿手电四面照射，有的翻查我的房间。那个西探走到我面前，一再问我的姓名。我也一再反问他："为了什么事？我犯了什么罪？"他对我的问话不理，只是极力催促我穿好衣服，跟他们走。我心里十分清楚，除了救国会的事之外，是没有其他缘由的。根据当时的法律，对于非现行犯实行拘捕，必须出示拘票，否则被捕者可以拒捕。因此，我再三要他们拿出拘票来看，那些黑衣大汉茫然不知所答。可是那个西探却狡猾地推说："到捕房里去给你看。"我被迫跟他们走了。

我被带到租界捕房，捕房的西探问了我的口供：年龄、籍贯、文化程度、职业等等，他一一作了记录，最后加上一句"救国会的执行委员"，这就形成了"犯人的供单"。在这里，我借机会向逮捕我的国民党特务宣传：凡是中国人都应该共同救国，不应自相残杀。我还对他们讲，我相信他们也是有爱国心的，对于拘捕爱国分子也不是愿意的，"你们是执行命令，还可以原谅"。我讲完以后，有两个人被我的话打动了，立即表示："我们也没有法子。"随后，我被送回"写字间"，一个值班的华探逼我打了 10 个手指的指印，接着把我关进面积不过 3 尺光景的像鸟笼一样的六角铁笼，还加上铁锁。早上 7 点钟，值班的华捕给我戴上手铐。将近 9 点钟的时候，我被一个西捕、一个华捕、一个华探押上汽车送到了法院，法院是位于北浙江路俗称新衙门的江苏高等法院第二分院，简称"高二分院"。

“高二分院”第一庭对我和沈钧儒、李公朴、王造时进行了审讯。当我们走进法庭的时候，法庭上已挤满了旁听的人们，救国会和我们的亲友为我们请的辩护人，也已在律师席就座；法警捕探重重叠叠地站在法庭上，戒备森严，空气很为紧张。审判长入座之后，开口第一句话就说：“本案情节重大，禁止旁听。”旁听席上的人大为失望，只能被迫退出，一时气氛更加紧张起来。

法院开庭，首先审问沈、李、王3位。在原告席上，上海市公安局的代表是一个穿西装的青年。他显得很骄傲，好像以拘捕救国分子为荣的样子。他代表公安局控告，一会儿说3位有反动嫌疑，一会儿又说是鼓动工潮，说了半天也没有确定地说出我们究竟犯了什么罪，却要求把我们引渡到法院去。沈、李、王3位立即当庭驳斥了公安局代表的诬蔑之词，并对非法逮捕提出抗议，表示坚决反对公安局非法移送。接着，他们3人的9位律师轮流进行辩护，提出立即释放的要求。公安局拿不出证据，又无拘票，法院被迫裁定：责付律师保释，改期再讯。于是沈老和李、王3位退庭走出门外，候在门外的群众热烈地向他们鼓掌和欢呼。

我走到被告席上，上海市公安局的另一位代表，就是到我家里逮捕我的一个家伙，也用诬蔑沈老等3位的那一套胡说，对我乱加诬蔑，我逐一反驳，指出公安局代表的陈述全属虚构，毫无根据。这时，我的3位辩护律师起立，指出捕房拿不出犯罪事实，提不出证据，没有拘票，逮捕罪责不明的公民是违法的，法庭不应违法移送。最后，法院也被迫裁定：责付律师保释，并宣布11月25日再讯。

章乃器、邹韬奋、史良3位在高三法院经过斗争，也被裁定：无犯罪行为，不予起诉，先由律师保释。这样就使国民党反动派迫害我们的阴谋遭到挫折。

我从法院回到家里，虽然十分疲惫，极需要休息，但是时间紧迫，有许多事情要做，只得匆匆料理了一下紧急事务。

大约7点钟的时候，我接到一个电话，对我说，法院补发了拘票，今天夜里又要逮捕我们，让我赶快离开家里。他不把他的姓名告诉我，就把电话挂断了。我立刻去向沈老等几位报告消息，想同他们商量应付的办法，但是他们都不在家，没有见到。我家里人知道了都催促我赶快出去躲一下。10时左右，我决定到朋友家里暂过一宵。我走出门，刚踏上三轮车，就是昨天逮捕我的那几个彪形大汉，如猛兽一般冲到我面前，把我从车上拖了下来。这时，法租界的一个警士也走过来，不问情由，就要我到捕房里去。这样我就被绑架了。他们把我带到捕房，仍旧把我关在那个“铁鸟笼”里。

后来我才知道，给我打电话的人是史良的爱人陆殿东。当时，他在法租界捕房当翻译，看到拘票之后，立即用电话通知我们几个人，让我们赶快离开家，躲起来。史良因祖母有病，回老家探亲去了。李公朴当晚没有回家。所以，这天晚上他们两人没有被捕。我们5个人没有想到这么快又在一起受难了。

24日下午，“高二分院”开庭，对我们进行讯问。沈钧儒、王造时和我，都是从捕房移解到法院的。李公朴是开庭前一刻钟自己投到法院里来的。史良未到案，法院发出通缉令，贴在相当于现在的布告牌的捕房的揭示处牌上。她在一个晚上，曾化装到揭示处自由自在地看通缉令，没有被发现。后来，她向我们谈及这事时，以藐视的态度讥笑国民党特务的无能。她由于要把一些急待处理的事交代好，是在我们6人被押解到苏州一段时间后，到苏州江苏高等法院投案的。

这一天的审讯是公开的，不禁止旁听，但是警卫特别森严，中、西捕探和警察秘密地包围了法庭。

开庭后，沈老、李公朴、王造时3位仍是先受讯问。审判长宣布：由于他们3位居住在越界筑路区域，“高二分院”没有管辖权，撤销拘票，回复逮捕时原状。他们是租界捕房直接逮捕的，按照法律所谓回复逮捕时原状，就是恢复自由。但是，法院与公安局早已串通，他们3位就在法庭被公安局提解走了。

我因为是住在租界内，“高二分院”不能借口没有管辖权，把我直接交给公安局，公安局为了要把我提去，给我捏造了鼓动工潮、参加九一八纪念活动、殴打警察等种种罪名。我坚决地加以反驳、要公安局在法庭上提出具体事实和证据。公安局代表手足无措，瞠目不知所对。随后，他们又捏造了一个罪名：说我与一个所谓“火花读书会”[①]的“危害民国案”有关系。我说，我根本不知道这个“火花读书会”，要求把这个案子的判决书给我阅看。我看完后指出，判决书上从头至尾没有半个字与我有关系，请求法官说明理由。审判官面有难色，沉默了半晌，旁边的一个法官凑过去咕哝了一阵，审判官才编造出“理由”，说什么：详细案卷都不在这里，一时不能查出，但是工部局另有副本，可以对证，并宣布明日再行调查。这样，我又被押回租界捕房，在拘留所牢房内冰凉的水泥地上睡了一夜。

第二天，法庭开庭继续审理，他们仍旧把与火花读书会有关系、煽动工潮等罪名强加给我，我再次要求他们指出火花读书会会员的笔供中与我有关的记载，他们仍然指不出来。我据理力争，我的律师也与公安局的代表作了激烈的辩论，说公安局既不能提出被告犯罪事实，就不能移送，应该立即释放，但是，法院仍按他们早已预定的阴谋裁定：“被告沙千里移送上海市公安局”。

与此同时，章乃器、邹韬奋于11月27日晚，也从上海地方法院移送到上海市公安局。

我们几个人被捕后，救国会的同志一方面用各种方法营救我们，同时利用我们的被捕事件，进行宣传工作，用以推动抗日救亡运动。救国会对于国民党反动派企图秘密逮捕、军法关押等阴谋，向法院提出要求：一是力争公开，二是要司法审理。

为了力争公开，让广大人民都知道这次非法逮捕，救国会当天便采取了许多措施。一是胡子婴当晚找上海《立报》主编萨空了，请该报发表我们几位被捕的消息。24日，《立报》报道出来，立即轰动上海全市。二是救国会和我们几个人的亲属聘请律师，出庭辩护。上海许多有名的律师，激于义愤，都愿意为我们义务辩护。三是发表《全国各界救国联合会为七领袖无辜

---

① 当时由中共地下党员指导和领导的公开的群众性组织很多，如“蚂蚁社”“蜜蜂社”，各种读书会等。“火花读书会”即其中之一。

被捕告当局和全国国人书》，强烈地驳斥了国民党当局的诬蔑，动员全国人民进行营救，同时严正地表示：救国会抗敌救国的立场和坚决斗争的意志，是绝不会因7位领导人被捕而有丝毫改变的。

《立报》发表我们被捕的消息，很快由上海震动全国，不久就传播到海外，许多爱国报刊先后发表消息和评论，许多爱国人士发表谈话，质问国民党政府："被捕的救国会的爱国人士究竟犯了什么罪?!" 宋庆龄于26日发表声明说："余以全国救国联合会执行委员之一，鉴于全国救联七领袖被捕，特提出抗议，反对此等违法逮捕，反对以毫无根据的罪名横加于诸领袖。"北平文化教育界李达、许寿裳、许德珩等109人，于24日联名致电国民党政府，要求"即日完全开释，勿再拘传"。北平大学生救国联合会也作出决议，要求释放被捕救国会领袖，开放民众救国运动，并停课两日，抗议国民党政府的暴行。全国各地的救国团体先后发表声明，表示竭诚声援，愤怒抗议。这样国民党当局秘密逮捕的阴谋就被彻底粉碎。

国民党政府看到民情沸腾，无可奈何地把这件案件公开出来。上海市市长吴铁城出面向新闻界发表谈话。他说："李公朴等自从非法组织所谓上海各界救国会后，托名救国，肆意造谣，其用意无非欲削弱人民对于政府之信仰。近且勾结赤匪，妄倡人民阵线，煽动阶级斗争。更主张推翻国民政府……"并诬蔑我们"密谋鼓动上海总罢工，以遂其扰乱治安、颠覆政府之企图"，还说："救国会内部尚有共党分子潜伏"，如此等等，国民党上海市政府于12月26日发表布告。同吴铁城的谈话如出一辙。他们千方百计，捏造各种莫须有的罪名，用以耸人听闻，迷惑舆论。

自租界捕房移送上海市公安局

11月25日，法院裁定把我移送公安局之后、我被押上汽车，由法院直接转移到上海市公安局。

到了上海市公安局，一个职员把我领到里院的一个会客室。在这里我见到了沈钧儒、李公朴、王造时3位，我们4个人很高兴地会合了。27日，章乃器、邹韬奋也被押到这里。这样，我们就形成了 6 个人的战斗集体。沈老提出：“我们 6 个人就是 1 个人。”表示休戚与共，得到大家热烈赞成，并且约定，如果当局要把我们分开羁押，或用别的阴谋分化我们，我们就以绝食来对抗。我们一起进来，就得一同出去。

会客室旁有一间向阳的大房间，屋里有几张矮铁床，也还有被褥，这就是我们临时的关押处，我在这里住了 9 天。这间房子的四周。有几个背盒子枪的特务日夜站岗，屋里还有两个特务执行监视任务，每 3 小时换一次班，24 小时不离人。

上海市政府发表罗织我们罪状的布告后两天，国民党上海市公安局长蔡劲军在晚上设宴招待我们。蔡劲军诡称，抗日救国，政府和人民并没有两样，所以这件事实在是出于“误会”，只要把“误会”解释清楚，便没有事了。而我们也随随便便地驳斥了强加给我们的所谓“组织非法团体”“煽动工潮”“勾结赤匪”一类莫须有的罪名，把国民党反动派的这次虚伪的手法顶了回去。散席之后，我们分析蔡劲军设宴的意图，认为一是诱骗我们的口供，要我们解散救国会；二是欺骗群众，平息社会舆论。我们中的一位开玩笑说：“前天市政府的布告和今天的筵席并不矛盾，执行死刑前，犯人都要吃一个饱的。”大家都笑了，说我们准备明天就“从容就义”！

11 月 30 日，公安局司法科科长黄华通知我们，说晚上要同我们几个人个别谈话，实际上是对我们进行夜审。沈老第一个被“请”去，谈了一个多小时。沈老把救国会的宗旨和主张，向黄华作了说明。最后，我被“请”去。黄华除了问救国会的问题外，特别讯问了关于职业界救国会的各种情况。

“职业界救国会你在内吗？”

“我是发起的一分子，现在是理事之一。”

“还有谁是理事？”

“很多，但是在救国有罪的环境里，我不愿宣布。”“如果今天宣布救国不是犯罪的，那么我明天就可以宣布。”

“会员有多少？”

“一两千。同情而未加入的多到不可计算。并且一天天在发展。”

“有没有共产党分子？”

“不知道。救国会素来主张是：不问党派，不问职业、地位，不问信仰，只要主张抗日救国的，都应该团结起来。所以职业界救国会里，在职业方面，有经理、老板、买办，也有伙计、学徒、老司务。以及一切自由职业者，如医生、律师、新闻记者等，在信仰方面，有基督教、天主教，也有佛教和反宗教者；在党派方面，除国民党党员外，因为环境不允许他们宣布，他们也不肯宣布，救国会里无从知道他们是属于哪一党派。所以有无共产党分子，我完全不知道。即使有了，也和国民党党员一样，大家一律以抗日救国为目的，不是实行某党某派的主义或政策，当然不必拒绝他们；况且他们也不告诉救国会说他们自己是共产党。脸上或外表上又无共产党的标志，所以无从知道有无共产党。”

后来，黄华又问：“火花读书会你加入了吗？”

我说：“不知道有火花读书会这样一个团体。”

“它是否职业界救国会的一个会员？”

“职业界救国会只有个人会员，没有团体会员。”

这次夜审，直到10时以后才告完毕，问话还比较和善谦逊。问毕一人，黄华亲自跑来，再“请”下一位去。当然，这是国民党当局采取的一种软的欺骗手段。我们自然不吃这一套，而是据理直说，丝毫不让。我们早已预料到他们将会采取新的花招，并且做好了思想准备。

我们被押在公安局，以后一直没有受到审理。这种长期羁押的情况引起社会上各方面的重视和关心，纷纷提出责问。天津《大公报》12月2日发表的消息说：“当局对六君，有意送至外埠静养。”上海《大公报》12月2日发表《沈钧儒等六人案杂感》一文，说：“沈等为官厅所逮捕，自系认为有犯罪嫌疑，则何不迅即依法定程序，由法院办理，而在警察机关羁押多日乎？依照现行法，警察机关须于24小时内移交法院；今何不采此措置乎？”上海《申报》《立报》、北平《晨报》、天津《益世报》、南京《新民报》等也先后揭露了国民党以谈话代替审讯的阴谋，指出，采用谈话方式，代替审问，不循法律程序，并且用以避开民众注意力。实是一种不法行为。这时候，全国各地各界救国团体，纷纷发表宣言。人民群众致国民党政府的函电，数以万计。

这一事件在国民党内部也引起了一些人士的不满。在南京的国民党中央委员于右任、孙科、冯玉祥、李烈钧、石瑛等 20 多人，联名致电在洛阳的蒋介石，要求对此事件作“郑重处理”。广西的李宗仁、白崇禧致电南京政府，请求把我们无条件释放。

张学良对此事件表示了强烈的抗议。12 月初，他前往洛阳面见蒋介石时，曾当面要求蒋介石立即释放我们。

蒋介石的顽固立场和态度，使张学良对蒋介石更为不满，进一步促成了张学良、杨虎城发动西安事变。西安事变发生，蒋介石被扣押后，张学良、杨虎城通电全国，提出 8 项主张，其中第三项即为“立即释放上海被捕之爱国领袖”。

但是，国民党政府要把我们送到苏州，由江苏高等法院去“依法”办理的图谋已定。他们对国内外强烈要求释放的呼吁，置若罔闻，坚决置之不理，继续对我们进行迫害。

移解苏州江苏高等法院

12 月 3 日，我们看到上海《申报》发表的一则小小的新闻《苏州通讯》，说：“司法行政部长王用宾，特于前日电召江苏高等法院首席检察官孙鸿霖赴京，面示机宜后，即行返苏派检察官翁赞年承办该案。”看了报，我们大家就猜测很快就将被移解。我们估计当天半夜里又要从被窝里起来，重温 10 天前的“功课”。

12 月 4 日，我们刚吃完午饭，黄华进来了。他对我们说：“立刻要动身到苏州去。”我们要求通知家属一见后再走。这个要求未被批准。不久蔡劲军也貌似殷勤地前来招呼。我们收拾好行李，留下条子告知家属，被押上团体客车，沿沪锡公路向苏州驶去。押解的武装人员超过我们几倍，除去在我们车上的以外，还有一辆坐满武装人员的小车。黄华也乘小汽车一起去了苏州。

押解我们的都是在公安局看守我们的人员。10天中，我们向他们讲抗日救国的道理，其中不少人对国民党当局的暴行流露出不满，对我们表示同情。临行前，公安局的一位青年工友再三要求陪送我们去苏州，并要和我们留在一起，以便招呼我们，我们很受感动，但无能为力。

在赴苏州途中，李公朴轻轻地唱起《义勇军进行曲》，章乃器低低地和着，大家也跟着唱起来，越唱越响。我们向押解人员讲解我们唱的《义勇军进行曲》《毕业歌》等歌词的意义，要他们和我们一起唱。由李公朴指挥，一、二、三，大家齐声唱出“起来！不愿做奴隶的人们！”几十个人的声音汇成一片，雄壮有力，有如怒涛汹涌。歌罢，大家热烈鼓掌，激昂慷慨的情绪，把囚犯和解差的界石融化了。将到苏州之前，我们推举李公朴为代表，向押解人员致告别辞，当讲到国难深重、民族沦亡迫在眉睫时，押解人员中有的人流了泪，李公朴也忍不住哭了起来。我们的眼眶都润湿了。

到了苏州的平门，汽车不能进城。我们改乘黄包车去高等法院。三四十部黄包车形成一字长蛇阵，像是示威游行，一路上引起很多人的注意和议论。

到了高等法院，我们被引入女待审室。法院连夜开了侦讯庭。沈老第一个被叫进去，然后依次逐个传讯。检察官的问话和强加给我们的罪名，与上海市公安局的情况大同小异，我们同前一般，予以严词驳斥。传讯经过两个多小时。最后我们一起被传去看笔录。看完了笔录，大家在当事人席上坐下，邹韬奋没有坐处，便一屁股坐在律师席上。这件事成了我们的笑话。

到了看守所以后，我们考虑到这个案子不可能短时间了结，大家准备作长期斗争。于是，我们对自己的日常生活和对敌人作战的方式方法作了安排和讨论。第二天，我们就组织起来。在我们6人中，沈老德高望重，经验丰富，而又平易近人，和蔼可亲，是我们大家最敬佩的领袖、我们推他老人家做我们的“家长”。本来我们曾提议叫他做“主席”，但是，一想到我们的罪名之一是“颠覆政府”，如果自称“主席”，敌人所谓“图谋不轨”的胡说便会成为“查有实据”，因而改称“家长”。此外 5 人各分任一项工作，乃器为会计，造时为文书，公朴为事务，韬奋为监察，我管卫生。我们每天 7 时半起身，做半小时运动，锻炼身体。运动有几种，一是跑步，二是拳术，此外还有柔软操、打球和推手之类。我在 6 人之中，因为身体最差，他们都鼓励我，督促我把身体锻炼得好好的，将来可以多做一点事。我完全接受了大家的好意，从此每天同大家一起锻炼，不敢稍懈。我在看守所期间，早上练拳，从来没有间断过，获益是很大的。早晨、中午和晚上，我们吃完饭后，各人做自己的工作。韬奋续写《经历》，造时翻译拉斯基的《国家论》，乃器写《救亡运动论》，我写《七人之狱》，沈老精于书法，每日临池挥毫。他领导的上海法学院[①] 早已请他写 50 份书件义卖，募款兴建楼房，此外亲朋求他墨宝的人也很多。他还经常写诗，表达他的感想，新旧诗都有。公朴每日手不释卷，学习很勤。在这次羁押生活中，大家互助互勉，埋头努力，生活很有规律，学习和工作都有一定的收获。

12 月 30 日，史良到高等法院投案，被押在女看守所。她在苏州羁押期间，孤军奋战，很有气魄，受到社会各界的一致赞扬。

12 月 12 日，我们被移送到苏州以后第 8 天，如同一声惊雷，震动中外的西安事变发生了。我们开始并不知道。12 月 14 日，看守所突然宣布不许我们接见来探望的亲友，甚至家属都不许见[②]。从这天起，在相当长的一段时间内，看守所的气氛显得十分紧张，我们从栅栏门里往外望，看到甬道里增加了三四个看守人员，肩荷长枪，来回巡逻。看守所除了原有法警外，又从苏州县政府调来保安队，而且宪兵司令部也派来了一些人，每班 3 人，轮流监视我们。在看守所门口还对来探视我们的亲友的姓名、住所，详细盘问，一一抄录下来。不久我们才知道发生了西安事变。我们看到这样紧张气氛，估计到国民党当局可能要对我们下毒手了。大家毫无畏惧，都做了牺牲的准备。我们商定：在押赴刑场时，齐声高唱《义勇军进行曲》，临刑前一

① 上海法学院院长曾是褚辅成，沈老是教务长。

② 在这时期，经过我们家属的要求和斗争，看守所允许儿童进所送衣物，我们就用以彼此传递信息。

致高呼："打倒日本帝国主义！民族解放万岁！"

后来，我们知道国民党反动派那时确实决定杀害我们。蒋介石被张学良、杨虎城扣押在西安之后，陈果夫、陈立夫等提出把我们枪毙，以警告张、杨。冯玉祥等表示坚决反对，才未能下手。陈果夫和陈立夫一伙并不甘心，指令不许我们接见外人，让我们与世隔绝，并在看守所增加了宪兵和保安队，严加看守，还是企图伺机下毒手。

第一次开庭审理

1937年6月11日是开庭审判的日子。当时，各地群众相互串联，前来苏州旁听。社会上传说救国会将从法庭抢出"七君子"，这使国民党当局慌了手脚。

这一天我们在狱中吃了午饭，即被"押运"到江苏高等法院。他们开来3辆汽车，分载我们7人，在苏州狭窄崎岖的街巷中行驶。我们从车中外望，真是五步一岗，十步一哨，荷枪实弹，如临大敌。更可笑的是我们每辆车的两旁踏板上，各站一名荷枪的宪兵，手扶窗框，有如京官出巡，招摇过市。

当天阴雨连绵，我们到法院时，法院门口已挤满了人。他们在蒙蒙细雨里鹄立着，议论着，是来旁听的，有苏州当地人，也有特地从上海和全国各地来的。其中还有不少年高德劭的社会名流，像张一麐（曾任袁世凯的机要局局长，袁世凯称帝，愤然辞职）、李根源（云南人，曾任国务院代总理）、孔菊生、沈卫、陶家瑶等先生，都是70多岁的老人。他们像年轻人一样站在雨地里，怒容满面，愤慨不平。国民党政府原来宣称审判要公开进行，但等门外围满了人以后，法院却又贴出布告："停止闲人旁听，所有已发出之旁听证一律无效。"大家看到这个布告，非常气愤，纷纷议论，立即对国民党当局这种无理做法提出强烈抗议。有一位老先生高声地说："岂有此理！为了爱国，竟要坐监牢，吃官司，我活了70多岁，还是头一回见到这样的怪事，真不像个样子！"另一位老先生接着说："有什么办法，这叫一朝权在手，便把令来行。现在是他们想怎么办就怎么办！哪有什么法律！"家属大哭大闹，表示不信任法庭的审判，坚持要参加旁听。张一麐先生见此情形，很气愤地说：“我去试试看，家属怎么是闲人？怎能禁止旁听？我去交涉交涉。”于是，他就昂然走进法院，找院长进行交涉。这些情况，都是事后知道的。

当我们听到停止旁听的消息时，都很愤慨。我们提出：不让旁听，这叫什么公审？必须坚持公审！如此公审，我们即不发言。辩护律师表示也要保持沉默。经过法庭外面的群众和家属的抗议，以及我们在法院内的斗争，几经交涉，法院被迫让步，但只允许新闻记者和家属进去，这样才开了庭。许多人淋着雨，仍然在门外等候公审的消息，达数小时之久。

下午 2 点，审判开始。一个审判长、两个推事、一个书记，还有那个检察官，5 个人穿着法衣坐在堂上。以张志让和江庸为首的 27 位辩护律师，围着一张大长桌分坐两旁。我们 10 位被告，面对着法官，立在两旁。沈老是第一位受审的。庭上请沈老就座，被沈老拒绝了。那天沈老穿着铁青的长衫，说着嘉兴音很重的普通话，以压倒法官的论据和声调，理直气壮地侃侃而谈，提出申辩。

法官问：你赞成共产主义吗？

沈答：赞成不赞成主义，这是很滑稽的。我请审判长注意这一点，就是救国会从来不谈主义……如果一定要说我们宣传什么主义，那么，我们的主义就是抗日主义、救国主义。

问：抗日救国不是共产党的口号吗？

沈答：共产党吃饭，我们也吃饭；难道共产党抗日，我们就不能抗日吗？

问：你知道你们被共产党利用吗？

沈答：假使共产党利用我抗日，我甘愿被他们利用；并且不论谁利用我抗日，我都甘愿被他们利用。

审讯进行了一个半小时，沈老和律师对《起诉书》作了有力的驳斥，并提出西安事变与被告的关系等 3 个问题要求调查，还要求张学良出庭作证。审判长连连摆手，说：不用调查！

接着受审的是章乃器。他穿着深灰色的西装，态度从容，发言雄辩有力。

法官问：“你对于各党各派是主张联合的吗？”

章答：“在这国难空前严重的时候，每一个中国人都愿意各党各派联合起来一致抗日。”

问：“你对于共产党抗日有什么意见？”

章答：“如果共产党要求抗日，自然应该让它来一同抗日的。”

问：“剿共是错误的吗？”

章答：“我们认为我们内部不应该再有摩擦，在亡国的威胁之下，自己内部还有什么恩怨可说呢？”

问：“你是不是煽动过日本纱厂罢工工潮？”

章答：“很惭愧！我没有这样大的本领，我要有这样大的本领就好了。”

第三个受审的是王造时。他穿着考究的西装，声音洪亮，逻辑清楚，口若悬河，好像在大学的课堂上讲课一般。

法官问：“你们大会的宣言有句话说：各党各派派代表进行谈判，建立一个统一的抗敌政权，是不是不要现政府呢？”

王答：“《起诉书》把政权和政府混为一谈，真是不知政治为何物！被告是研究政治学的，据我所知，政府是一个国家的机构，政权为政府行使它的职能的力量；政府是具体的，政权是抽象的。政府目前最迫切、最重要、最神圣的任务是抗日。我们要抗日，就不能不使这个作为国家机构的政府有极强大的力量。这极大的力量，必须全国统一，才能发生，我们所说的统一的抗日政权的意义便是如此。”

问：“为什么要援助罢工呢？”

王答：“不是援助罢工风潮。而是援助罢工工人。我们为了工人没有饭吃、没有衣穿，才援助他们的。我们不但自己援助，并且希望当局对于在日本压迫下的工人也加以援助。他们虽是日本工厂的工人，但到底是中华民国的国民，是我们的同胞！”

以下被讯问的是李公朴、邹韬奋、我和史良，以及顾留馨、任崇高、罗青。问的都比较简短。我被讯问不到 10 分钟便结束了。

我们要求法院调查《起诉书》中提出的 20 多个事实，找有关机关和人员，如马相伯、吴铁城、张学良、傅作义、宋哲元、韩复榘，以及国民党政府等，进行查证。但是审判官对我们提出调查证据的要求，却未提出理由，一律裁定驳回。因此，辩护律师起立，要求庭上重加考虑，但也被借口时间关系，制止了发言。法庭决定第一天审讯结束，第二天再审。

当晚，我们分析了白天的审判。国民党当局决定在第二天结审后，即按照《危害民国紧急治罪法》判罪，把我们押送反省院。根据这一情况，我们决定打乱国民党反动派的部署。怎么打乱法呢？几个大律师出主意，提出声请回避。我们随即以“因合议庭之推事，全体执行职务者，显有偏颇之虞”，“断难求得合法公允之审判”为理由，依法向法院提出《声请回避状》，一致要求主审的审判长和推事全体回避。罗青也提出同样的要求。

第二天下午开庭继续审理时，法庭内外虽然警察林立，宪兵密布，戒备森严，但却是空空旷旷，冷冷清清。法院门外没有一个群众，律师休息室里空无一人，全体律师没有一个到庭。

审判不成，法官只好宣布：“停止诉讼程序，由被告审阅笔供。”这样，我们就取得了推迟审判的结果，使国民党政府的随审随判，强送反省院的阴谋，彻底破产，迫使他们只能更新审理。这无疑对国民党当局是一个严重打击，这也是我们在苏州审判中进行合法斗争的又一个重大胜利。

我们回到看守所，都很高兴，欢呼我们胜利了。沈老看得更远些，他说：“我不要这种胜利，我们要的胜利应是抗战的胜利，民族的解放。”他还写了诗，表达他的心情。

斗争不只在法庭上，在法庭外也展开了爱国无罪与救国有罪的政治斗争。

第一次审讯前，救国会已做好了宣传法庭斗争情况的准备工作。胡愈之同志向上海各报馆联系妥当，要为苏州审判的消息留出一定的版面。审讯后，那些到庭采访的进步报刊的新闻记者，当晚即赶乘快车回上海，在社会上展开了爱国无罪的宣传战。张锡荣等记者到上海前，胡愈之同志已做好了一切安排，等待着他们的到来。张锡荣同志等一经到达，便向胡愈之、张仲实同志汇报消息。胡愈之一边听，一边写，不假思索，奋笔疾书，顷刻间就写成数张稿纸，立即刻版油印，分送各报社。这样，一边写、一边印，印就即送，这一篇生动详尽的“特写”是分几次印送报馆的。第二天早晨，各进步报刊都以《爱国无罪案听审记》的通栏标题，刊登了这篇特写，把我们在法庭上的合法斗争和法官审理此案的窘态，都描绘得活灵活现。下午，生活书店的徐伯昕同志等，又把《爱国无罪案听审记》排印成册，由生活书店各门市部立即发售，读者极为踊跃。上海全市轰动，很快传播到全国各大城市，又一次给国民党当局以莫大的舆论压力。

6 月 22 日，我们 7 人向法院提出《政治意见书——第二次答辩状》，进一步驳斥了《起诉书》内所列的政治“罪状”，论证了爱国无罪。

6 月 24 日，第二次开庭审判前夕，我们向法院提出了一个《申请调查证据状》，除要求法院调查我们以前提出的 20 多个问题外，另提出 10 个问题，要求法院调查证据。我们再次要求第一审承审审判长及两位推事，均行回避，第二次开庭，请另定审判人员，以作更新处理。这也是合法斗争。我们依照法律，给法院出了一个难题，为开展新的斗争做了准备。

国民党当局在准备第二次公审的同时，继续对我们进行诱降。

6 月 23 日，杜月笙、钱新之来看守所，拿出两封电报给我们看。第一封电报是叶楚伧从南京给杜月笙、钱新之的。电报说：“沈事势非先将悔过书内容决定，未便赴庐，务乞立即转知具悔过书。”第二封是蒋介石从庐山打给叶楚伧的。电文是：“如沈钧儒等来山时。请代邀杜月笙、钱新之两君同来牯岭晤谈为盼。”

我们对叶楚伧要我们写悔过书一层，十分气愤，表示坚决反对。沈老和韬奋都斩钉截铁地回答：“我们没有‘过’，用不着‘悔’。”李公朴愤然指出：“关于悔过书一点，在最早的时候，就有人暗示过，我们曾坚决地明白地说，这是不可能的，……到庐山是蒋先生要我们去，非我们乞求。今以具悔过书作为我们赴庐山的条件，简直等于不要我们赴庐山啰！”为此，我们 7 人于 6 月 23 日晚，写信给蒋介石，表明了我们这个态度。这样，国民党当局的阴谋又未能得逞。

第二次开庭审理

第一次公开审理与第二次公开审理之间，有 10 多天的时间。我们大家一起回顾第一审的情况，感到我们在法庭上太守法了，比较被动，一问一答，虽也反驳，但态度太平和。我们由此受到启发，决定把法庭当讲台，理直气壮地宣传我们的主张。

第二审审判官改为朱宗周，推事改为张泽甫和李岳，书记官为管翎飞；这次审理，检察官翁赞年依然到庭。他的神态非常紧张和慌乱，可以看出，他经历了第一次开审以后，还心有余悸。按一般情况，开审时法官和检察官只穿法衣，不戴法帽。但是，这个检察官却穿了法衣，又戴了法帽。后来，他看到别人不戴法帽，才慌忙地把他的法帽摘下来，不但检察官紧张，法官也很紧张。他们明知手中无理，害怕在法庭上成为被告，顾虑消息见报，使他们出丑。

6 月 25 日的清晨又是阴雨绵绵，越下越大,9 时开庭时，已是大雨滂沱。开庭前，法院又临时宣布除家属和记者外，禁止闲人旁听。法庭外倾盆的大雨，法庭内的慷慨陈词，整个法院的气氛显得阴森而紧张。这次讯问共 7 个多小时，上午讯问 5 个人，下午讯问了其余的人。

第一个被传审的仍然是沈钧儒。沈老像对学生讲课一样，回答审判长的问题，阐述救国无罪的道理。他说："当前国难严重，除抗日外，别无出路。抗日救国怎么能说是'危害民国'？"法官问起学生罢课的事。沈老几次反问审判长，到底是何年何月何日？全上海？还是一个学校？是哪个煽动的？与救国会有什么关系？证据是什么？审判长无法回答，几次转移话题，沈老追问不停。弄得法官逃遁不得，狼狈不堪。

第二个被审问的是章乃器。审判长问："你们主张抗日救国，是被共产党利用，你知道吗？"章乃器反问他："我想审判长也是和我一样是主张抗日的吧，难道也被共产党利用吗？"问得审判官无言以对，低头看着卷宗不作声。他借机畅谈抗日救国的道理，宣传救国会的宗旨和政治纲领。

法官问到关于联共容共的问题，李公朴从容回答：“13 年（即民国 13 年），中山先生主张容共，实行容共，中山先生错了吗？他并没有错。何况我们只主张停止内战，联合各党各派，目的在集中国力，对付日本。而联合各党各派，是九一八以后，国难会议以来上下的共同主张，检察官却大惊小怪，真是不懂。”

邹韬奋这次讲话声音特别响亮，态度坚定激昂。他驳斥了《起诉书》中诬陷我们提倡“人民阵线”的问题。他说：“这是断章取义，罗织入罪！”检察官想了很久，忽然站起来斥责说：“被告刚才说本检察官断章取义，罗织入罪，这是不对的。你们给张学良的电报，叫他出兵抗日，他没有得到中央命令，怎能抗日？并且他离绥远很远，事实上也不能抗日。本检察官代表国家行使职权，被告不能随意指摘！”

邹韬奋气愤地回答：“我刚才说断章取义，罗织入罪，是指人民阵线证物而言，检察官却牵涉到张学良的问题上去了，真是牛头不对马嘴！”审判长摇手制止他发言，帮助检察官摆脱困境。邹韬奋说：“如果审判长认为检察官的话是对的，那么请不必再审下去了！”李文杰律师站起来慢条斯理地说：“绥远与陕西是毗连的省份，刚才检察官竟说距离甚远，不必援助，实在太无地理知识！”

关于救国会与西安事变的关系问题，邹韬奋指着救国会给张学良的电报说：“这个电报的内容明明说希望张学良请命中央出兵援绥抗日，并非叫他举行兵谏。而且同时打同样性质的电报给国民政府。为什么不说勾结国民政府？请检察官说明电报与西安事变究竟有什么因果关系！”检察官哑口无言。

过了好久，检察官才强词夺理地说：因为你们给张学良的电报引起西安事变，而给国民政府及宋哲元、韩复榘、傅作义的电报并未引起事变。史良马上反问道：比方一爿刀店，买了刀的人也许去切菜，也许去杀人，检察官的意思，难道杀了人要刀店负责吗？

我说：给张学良通电，因为他是东北人，应该出来打日本侵略者。西安事变是否因此电报而引起，应问张学良。张志让、刘祟佑律师等相继要求传张学良来庭作证。

沈钧儒说：煽动军人，应用《危害民国罪》第一条判处死刑，至少应判处无期徒刑。而检察官不知为何宽容，却用了第六条。如说通电是勾结，依法应处死刑，检察官再三声明确有勾结情事，但检察官检察 4 个月，罪证还未清楚。彻底调查后，我甘愿受国法处分。

我们几位被告和我们的全体律师一致坚决要求传讯张学良，调查我们“勾结叛徒”，引起西安事变的证据。检察官却说：“不用传讯张学良，有询问笔谈就行了！”我们同检察官就调查证据的问题，进行了激烈辩论。检察官常常被问得瞠目结舌，几次恼羞成怒地大叫：“这是侮辱检察官，我要检举！”“你叫什么名字，你叫什么，记入笔录！记入笔录！我要依法起诉！我要依法检举！”引起旁听席上一片哄堂大笑。

下午 5 时 35 分，审判长宣布暂时退庭评议。我们几位被告和律师依次退出法庭。

6 时 5 分，我们又被传回法庭。审判长宣布：请求调查西安事变事，评议结果。决定向军委会调集军法会审案卷及事变真相。其他请求应毋庸议。何时再审，没有宣布。

6 时 12 分，天色苍茫，我们在军警的押解下，又分乘 3 辆汽车，离开法院，回到看守所。

第二次审理时，伴随着我们在法庭内的斗争，救国会的同志在法庭外开展了名震一时的“救国入狱运动”。这是宋庆龄、何香凝、诸青来、彭文应、张定夫、胡愈之、汪馥炎、张宗麟、潘大逵、王统照、张天翼、沈兹九、刘良模、胡子婴、陈波儿、潘白山 16 人，为了援救我们，争取抗日救国自由，共同签名发起的运动。6 月 25 日，也就是在第二审的当天，他们即向苏州高等法院呈文具状。文中说：“爱国如竟有罪，则具状人等，皆在应与沈钧儒等同受制裁之列。具状人等，不忍独听沈钧儒等领罪，而愿与沈钧儒等同负奔走救国而发生之责任。为特联名具状，束身待质。”并表示“守候传讯”。

6月26日，宋庆龄等16人向上海新闻界发表书面谈话，说明救国就是因为爱国，救国与爱国是无罪的，并介绍了他们发起“救国入狱运动”的动机、经过以及今后的态度和希望。

与此同时，他们还发布了《救国入狱运动宣言》。《宣言》说：“我们准备去入狱，不是专为了营救沈先生等。我们要使全世界知道中国人绝不是贪生怕死的懦夫，爱国的中国人绝不只是沈先生等7个，而有千千万万个。中国人心不死，中国永不会亡！”

“救国入狱运动”在社会上引起很大震动，全国各界纷纷响应，踊跃参加。上海电影界著名导演和演员应云卫、袁牧之、赵丹、郑君里、白杨等20多人，于7月3日具状江苏高等法院，请求收押，愿与我们“同享自由或同受处罚”。作家何家槐等13人，于7月2日，具状投案，愿为救国而与我们“负连带责任”。许多大学教授、大学生、职员、工商界人士都签名要求爱国入狱，其中有年老德高的老翁和老太太，有救国会员，也有很多非会员。救国会同志在上海发起一个巨大的签名运动，准备签满万人书，奔走联系，异常努力。有一批职业界救国会会员，也具状向江苏高等法院表示：如果沈钧儒等救国有罪，他们也愿救国入狱。因为这一运动是宋庆龄所发起的，而且采取和平合法的斗争形式，国民党当局也无可奈何，不敢公开干涉和镇压。这一时期，风起云涌的救国运动，给予国民党当局更为强大的政治压力，使他们狼狈不堪。

7月5日，宋庆龄怀着愤怒的心情来苏州，要求法院对她收押。同行的有诸青来、彭文应、王馥炎、张天翼、潘大逵、胡愈之、张定夫、张宗麟、沈兹九、陈波儿、胡子婴等12人。他们为了避免国民党特务发觉，在上海分别进入车站上车，上车后集合在一起。上午9时40分，他们到达苏州，在宋庆龄率领下到法院见院长。法院先由一庭庭长朱树声出面接谈。宋庆龄指责说：“我们有要事找院长，他为什么不见？就是蒋委员长，我们要见也是可以的，院长为什么不出来？”院长被迫出来相见。宋庆龄义正词严地说：“如果他们7位因主张抗日救国有罪入狱，则我们10余人亦应共同负责，一同坐牢；如爱国无罪，则应同享自由，立即释放他们7位。”院长无词以对，只是再三说："沈案内有各种困难，法院方面未能迅速了结，实感抱憾。"宋庆龄等表示，我们来此目的，非仅为营救沈钧儒等7位先生，同时也为遵守法律，争取爱国无罪。法院对此难以应付，而宋庆龄等态度又非常坚决，因而双方相持很久。

上午10时许，首席检察官孙鸿霖出来与宋庆龄等在会客室见面。双方就我们的案子作了种种争辩，空气很是紧张。后来，检察官无话可说，以天气热、公务忙为由，径自退出。检察官的无理态度，使大家十分气愤。

下午，法院照章停止办公。宋庆龄对同来苏州的同志们坚决表示，"坐守待旦，再行请求"。大家一直在会客室静候。下午6时，检察官夏敬履出面，再度接谈，双方交谈约一小时。宋庆龄指出："我们来意很简单，是为沈钧儒等案自愿共同负责，请法院收押。法院如不愿收押，权在法院，我们不愿相强。但上午首席检察官不肯说我们无罪，同时又不收押我们，究竟何意，务请说明。"夏敬履当即解释不收押的原因，实因无确实证据，并被迫回答了宋庆龄等提出的四个问题：

"救国会是否有罪？"

"救国会是以救国为目的，当然无罪，但救国会内有不良分子则属可能。"

"检察官对于我们请求侦查是否允许？"

"当然准备开始侦查。"

"我们提出证据，法院是否受理？"

"当然受理。"

"救国会其他会员，倘照我们办法向法院递状，是否能受同样待遇？"

"只要在本院管辖范围之内，当然同样办理。"

宋庆龄等认为检察官的答复比较令人满意，随后将上述4点写成书面文件，法院院长也表示赞同。他们决定返沪提出证据，再行听候传押。

最后，他们要求入狱探视我们，法院被迫答应。他们在狱中看望我们之后，宋庆龄等于当晚9时多乘火车回沪，潘大逵等第二天又来看我们后，才返上海。

中外报刊都以很大版面报道了宋庆龄等赴苏州请求收押审讯的经过，使国民党当局十分狼狈。在国内外进步舆论的压力下，国民党当局更不敢对我们贸然判罪。

宋庆龄返沪后，第二天（7月6日）又发电报给林森（国民政府主席）、蒋介石、汪精卫（国民党中央政治会议主席）、冯玉祥（军事委员会副委员长）、孙科（立法院院长）、居正（司法院院长）、于右任（监察院院长）、戴季陶（考试院院长）等，对苏州法院的傲慢无理态度表示愤慨，并表明自己救国入狱的决心。电报说："庆龄等及全国救亡运动中人，断不敢坐视沈等瘐困而己身享自由。"电报还要求他们："迅予主张公道，勿失全国志士之心。"

宋庆龄等到苏州亲自要求入狱，使我们在押的几个人深受感动。当晚，我们7人联名写信给宋庆龄表示感谢。

斗争胜利，光荣出狱

1937年7月7日夜间，卢沟桥事变爆发。7月8日，中共中央发出通电，要求"立刻给进攻的日军以坚决的反攻，并立刻准备应付新的大事变。全国上下应该立刻放弃任何与日寇和平苟安的希望与估计"。但国民党政府仍企图妥协，指使冀察当局与日本侵略者秘密谈判。

卢沟桥的炮声已震撼了全国人心，人民奔走相告，一致要求发动全面抗战。救国会针对当时的形势，发表宣言，督促国民党政府对日宣战。

日军突然进攻卢沟桥，全国人心极为激愤，国民党政府被迫应战。当时，我们还被关押在苏州看守所，听到卢沟桥事变抗战消息，心情万分激动和愤怒，急切盼望早日出狱，投身到抗战中去。

7月15日，中国共产党代表周恩来副主席亲上庐山，同蒋介石进行会谈。7月17日，蒋介石发表了比较强硬的抗日谈话。

我们的坚决斗争和全国人民的声援，揭露了国民党当局加害我们的阴谋，打乱了他们镇压爱国群众的部署；同时。由于抗战爆发，国内形势发生了巨大的变化，全国团结抗战的局面已经形成，国民党当局对我们的案件已难以继续审理和判决。7月31日，国民党政府通过江苏高等法院裁定：具保释放。《裁定书》说，被告等因家庭困难，裁定停止羁押，具保释放。沈老由张一麐具保，章乃器由李根源具保，王造时由陶家瑶具保，李公朴由陆翥双具保，邹韬奋由张一鹏具保，史良由潘经报具保，我由钱梓楚具保。罗青也都同时具保释放。

我们在被非法拘押了7个多月以后，于1937年7月31日下午5时，光荣出狱。我们7人由看守所所长送至门外。这时，门外已有200多人在烈日之下鹄立欢迎。他们一看到我们，都欢腾起来，高呼抗日救国的口号和欢迎我们的口号，一时间军乐声、爆竹声、欢呼声、口号声，伴随着抗日救亡歌曲声，响彻云霄。我们被感动得流出热泪。沈钧儒代表我们对各报记者说：钧儒等今天步出狱门，见抗敌之呼声已普及全国，心中万分愉快，当不变初旨，誓为国家民族求解放而奋斗。

离开看守所时，各方面的代表及学生数十人，持旗帜列队前导，我们7人先坐人力车，后来也下车步行。家属和欢迎人群相随在后，形成浩浩荡荡的游行示威队伍，高呼口号。高唱抗日救亡歌曲，出金门，经大马路，到达花园饭店。我们在这里暂事休息，准备第二天乘火车去南京。晚7时，苏州各界知名爱国人士李根源、张一麐等人在国货公司屋顶花园设宴招待我们。

8月2日，沈老代表我们7人就时局向报界发表谈话。他说："我等唯有准备牺牲一切，在民族解放战争中，尽一分人民之天职。"

我们出狱后，孙晓村、曹孟君仍关在南京监狱，直至后来沈老到南京与国民党当局作了坚决斗争，始获释放。我们虽然差不多同一时间被捕，他们却迟了一个多月才获自由。他们的监狱生活比我们更为艰苦。

我们原来已致电南京政府，要先到南京，与政府面谈抗日，但南京政府未有复电，于是我们在8月1日从苏州回到上海，重新投入群众之中，参加抗日救国的斗争行列。

我们出狱，在当时还只是所谓"停止羁押"，属于具保释放性质。救国是否有罪一案，没有了结。国民党当局这样做，一方面是遮面子，更重要的是故意留下一条辫子，以便继续迫害我们。直到第三年，即 1939 年 1 月 26 日，苏州、上海、南京早已沦陷，国民党政府已从南京、汉口迁到重庆，才由四川高等法院第七分院宣布撤回起诉，对于陶行知等同志也并案撤销通缉。至此，在全国抗日民主力量的压力下，国民党政府才对我们的案子作了司法上的了结。救国无罪已由历史作出了结论。我们在法院内外进行的救国无罪的斗争，终于得到胜利。

全国抗战开始以后，总的说来，在国共第二次合作的形势下，国内出现了团结抗战的局面，国民党当局对内对外政策也有所改变。例如修改了所谓《危害民国紧急治罪法》，陆续释放了一批政治犯，中国工农红军改编为八路军，于 1937 年 8 月 25 日开赴华北前线抗战。但是，在国民党统治区，人民大众仍没有得到充分的民主权利，救国依然有罪，言论仍无自由。各地的抗日救国运动继续受到压制，爱国人士无端受到迫害的事件不断发生。

救国会是一个组织松散的人民团体，在国难日深的时候，把主张和同情抗日救国的人聚集在一起，成为一个巨大的力量，而参加的人各有不同的派别，不同的政见，核心骨干力量是中共的地下党员和一批进步的革命青年，但也有不少保守的以至反共的人参加在内。就以救国会的领导层来说，以沈钧儒为首的许多同志都是坚定地跟着共产党走抗战到底的革命道路的，如邹韬奋死后被追认为共产党员，李公朴、闻一多在解放战争期间为争取民主，先后被国民党特务所暗杀。但也有些人认为抗战爆发，救国会的任务完成，可以离开斗争岗位，有的人就退出了救国会。总的说来，救国会不仅对推动、宣传抗日救亡运动起到了重大作用，而且经过艰苦斗争的锻炼，为革命队伍培养了骨干，在以后解放战争和建设新中国时期，很多人在各自岗位上作出了贡献。救国会在中国革命史上有它的光荣地位。

抗战爆发后，救国会的同志在各地积极参加战时工作，救国会作为组织的活动已基本结束。

抗战期间，救国会的领导人和骨干分子散处各地，努力战时工作。皖南事变后，国民党当局对进步组织和爱国人士进行摧残和压迫，邹韬奋被迫流亡香港，在香港团结救国会会员和进步人士成立了救国会海外工作委员会。

1942 年，沈钧儒等救国会同志参加了中国民主政团同盟。1945 年冬，救国会在重庆召开会员大会，改名为“中国人民救国会”，由沈钧儒任主席。新中国成立后，1949 年 12 月 18 日，救国会的同志在北京、上海、广州三地同时举行会议，发表了《中国人民救国会结束宣言》，宣告对中国人民革命事业做出重大贡献的救国会光荣结束。

聂耳创作《义勇军进行曲》的经过

司徒慧*

1934 年秋末，一场暴风雨袭击了上海，掀起了黄浦江的怒涛。那样的一个惊险的夜晚，星月无光，狂风暴雨。我和一位朋友从西郊虹桥冒着风雨回到市区，为的是赶虹口区的融光电影院散场以后，去审看经过 4 次修改了的《桃李劫》的样片。同去审看影片的有田汉、阳翰笙、阿英、郑伯奇、孙师毅、允兢（即于伶）、石凌鹤、应云卫、袁牧之、陈波儿等。黄子布（即夏衍）当然也在场，因为最后的定本是他领着头，加上吴蔚云、张云乔等共同修改完成的。那样天昏地暗的暴风雨之夜，也如同我们当时所处的社会和政治环境，反映到我们每一个人的心境一样，笼罩在紧张、恐怖之中。自从 1931 年九一八事变以后，国民党反动派在上海租界采取恐怖、绑架等威胁手段，迫害爱国进步力量，强逼电影公司如联华、明星等排斥左翼电影工作者。1933 年的冬天，田汉、阳翰笙等所支持的艺华电影公司在金司徒庙的摄影场被反动派唆使的暴徒捣毁了。这个形势迫使我们下决心，全力支持新筹建的电通电影公司，完成这个公司的第一部影片《桃李劫》。因为这部影片的成败是关系到当时左翼电影工作

---

* 作者时为电通影业公司的主要创始人之一。

能不能立足的关键。经过进步电影工作者的艰苦奋战，《桃李劫》终于摄制完成，于 1934 年 11 月上映，并且得到公众舆论的好评，与《渔光曲》《大路》等佳片一样，映出盛况空前。《桃李劫》中由聂耳作曲、田汉用陈瑜的笔名作词的《毕业歌》，鼓舞着所有要求进步的中国人的革命斗志。有一天，聂耳和我一同由斜桥斜土路的电通摄影场步行到百代唱片公司途中，听到工厂下班的工人放声歌唱《毕业歌》的时候，他面有喜色地说："我以为只有学生爱唱，想不到它得到如此普遍的爱好。"然后他又说，歌曲有些地方有些段落，如果是改成这样或者那样就会更好了，他随口把修改过的段、句唱出来。他还说，在他创作《毕业歌》的过程中，他自己的脑海里又逐渐浮现出另一个乐调。他说《毕业歌》不过是由学校的课堂想象到战场，而他的新的乐调却应该是直接写战场，写战斗行伍的壮烈内容和气氛。我告诉他说，电通公司完成第一部影片《桃李劫》以后，还打算制作由田汉同志写作的《凤凰涅槃图》，是描写知识青年参加抗日义勇军战斗的故事。那时田汉同志只写了十来张直行的稿纸，不依行格、用毛笔细字写成。这仅能称作故事梗概。夏衍、阿英、孙师毅和我读了都很高兴。当时由于田汉忙于别的工作，环境的险恶也不容许他自由自在地进行创作，而眼见《桃李劫》已经上映，电通摄影棚除了为联华公司几部新片的录音之外、迫切地要求尽快有新片开拍。为此，田汉就把改编电影剧本的任务交给夏衍去完成。仅费了两个星期，夏衍就赶写成这个电影摄制台本，并且把《凤凰涅槃图》这个片名改为《风云儿女》。我告诉聂耳说：剧本中有一首《义勇军进行曲》的诗词，希望他能谱写成歌曲。聂耳很兴奋，他说，田汉曾告诉过他，他自己也有这个思想准备。他认为自己的斗争生活还很不丰富，但是生活在暴风雨时代，耳闻目睹帝国主义的侵略，深感军阀战乱的痛苦；他还为祖国的壮丽河山，以及中国人民的勤劳勇敢所激动。他有几分谦虚，但也很有信心地说他一定努力去完成。1934 年年末和 1935 年年初的那几个月的形势，对于我们确实是一个很不平凡的时刻。正当《风云儿女》在电通公司摄影场开拍的时候，中国人民正处在内忧外患之中。日本军国主义侵占我东北三省以后，继续在我国土地上蠢蠢活动，国民党反动派对外巴结帝国主义，对内压迫人民。就在这一年春节刚过，田汉和阳翰笙同时被国民党特务绑架，夏衍、阿英被搜索追捕。这时更激发了聂耳的热情、勇敢与智慧，在不长的时间内谱写出《义勇军进行曲》的初稿。与此同时也正是聂耳准备出国学习的繁忙时刻，他仍然和以前一样，把他写成的初稿去向青年学生、工人、知识分子、中年人、老年人，甚至文化程度不高或者不识字的人请教，他像一个天真的孩子一样，不管你愿意听或者不愿意听，他总是引吭高歌。他又像小学生一样，每节、每句地听取别人的意见，不断地加以修改完善。在离开祖国的前夜，还亲自到电通公司荆州路的摄影棚来和我们一同练唱，最后还仔细倾听朋友们的意见，决心尽最后的努力去修改。可是出国的船期已经逼近，只有两三天了。这时他向我提出，要求把未完成稿带到日本去修改。尽管我表示担心赶不及《风云儿女》的后期录音，但他那种追求艺术上的完美、永不满足的精神和毅力说服了我。大约在四月末五月初，他就把歌谱的完成稿由东京寄给了我。当时我们几个年轻人，有爱唱歌的青年盛家伦，有当年演过《大路》的郑君里，有正在排演《娜拉》的金山，有《风云儿女》的演员顾梦鹤，有新演员兼场记员施超，把不善于唱歌的我也滥竽充数地凑上去，共六七个人。在吕骥、任光等同志的鼓励下，我们组成一个小小的临时合唱队，经过几天的练习，第一次在百代唱片公司录音棚内录下了这首到今天已举世闻名的《义勇军进行曲》。其后经过多次的电影胶片上的录音，我们的音乐家、电影导演和技术家们都认为不如最初一次的录音，于是我们就决定把第一次唱片上的录音转录到电影胶片上来。那时我们没有自己的乐团，也没有正式的歌队，而影片的上映日期又逼迫我们在端午节以前完成。今天，如果观众中有人听得出歌声中还夹杂着一些广东语音的话，那就是郑君里、顾梦鹤和我三个广东人留下的破绽。这也说明当时我们在十分困难的条件下，为了赶时间完成任务，担当了力不胜任、然而勉为其难的事。

《义勇军进行曲》已经在抗日战争、解放战争的烈火考验中，以它坚强有力、奋进庄重的曲调激励过亿万人民，赢得了一个又一个胜利。今天我们的党、国家和人民，已经把《义勇军进行曲》作为我们庄严、伟大、美丽的国歌。我们为聂耳的才智和他那永不停息的努力感到欣慰。当我们听到我们人民的歌声传遍了祖国以至全世界时，每一个中国人都感到自豪！

回忆国际反帝情报活动

庄克仁[*]

1910 年 10 月 16 日，我出生在山东省潍县（今潍坊市）南庄家村的一个贫苦农民家。

我第一次到哈尔滨是在 1930 年 7 月。在故乡因为县委遭到破坏，我的团县委委员、中共县委通讯员的身份暴露，为了躲避敌人的迫害，来到哈尔滨。借助叔父庄书云的帮助，报考了粮业公会在道外二十道街开办的职业学校。1931 年暑假，我利用假文凭，考入了哈尔滨市立第一中学高中一年级，改名庄紫封。

1932 年年初，日本侵略军占领哈尔滨后，一中停课。叔父让我护送婶母和两个小弟弟返回山东原籍。在故乡，我向党组织汇报了东北抗日形势及自己在哈尔滨参加抗日宣传活动的情况。中共潍县县委安排我负责党的宣传工作。同年秋天，因暴动失败，国民党大肆搜捕共产党员，我又一次脱险，于 1932 年冬天返回哈尔滨。一中复课后，我立即到校报到，以走读生的身份暂时隐蔽，伺机寻找党的组织。一天，在一中对面一家白俄开的牛奶馆门前，遇到高鸣千。他原是哈工大的学生，是反帝大同盟的负责人，我曾 3 次

* 作者时为国际反帝情报组成员，后为该组负责人。

参加他主持的会议。交谈后得知，他已到中共北满特委负责共青团工作，我把在家乡转为党员的情况告诉了他，不久，他就介绍我到道里的一个党支部参加活动。1933年3月，党组织决定让我参加国际反帝情报组织。当时国际反帝情报组组长是王东周，副组长是杨佐青（杨殿坤），他化名老刘。

建立通讯网

王东周交给我的第一项任务是尽快建立哈尔滨与外埠的通讯联系。王东周对我说："现在你以学生身份作掩护做反日军事情报工作很有利。"并交给我一份假名的名单，说有外埠寄到哈尔滨第一中学的信，如果收信人是这几个名字时，就从装信栏内取走信件，交给他或者老刘。由于外埠来信频繁，都是我一人取信，容易引人注意，因此经组织同意，我介绍同班同学王兴邦参加国际反帝情报工作，让他建立第二个通讯联系地点。不久，王兴邦结识了敬恩瑞，敬恩瑞是中东铁路警官学校的毕业生，日军侵占哈尔滨前，警备队准备起义时，他被挑选为去东山里的向导，当时在三十六棚铁路工厂做保卫工作。他那里外地来信很多，建立与外埠的通讯联系点不惹人注意。敬恩瑞处的来信，先由敬收下，王兴邦每周去两次把信取回，通过我再把信转交给王东周或老刘。

为了保证与外埠通讯联络的安全，我们在法政大学建立了第三个取信点。那里学生多，好多学生互相不认识，秩序又比较乱，即使外人到信箱取信也无人过问，这个点由我和王兴邦轮流去取信。第四个取信点设在铁路局机关和工业大学。王东周介绍给我一个姓赵的，他也是警官学校毕业的，那时他在中东铁路工作，由我与他联系，每周两次，接头地点距大直街有轨电车终点站几十步远，每次都是在下午我下课后，去取信和他搜集的日本军事情报。

大约在王东周交给我任务的两个多月后，收到的外埠信件，开始由我开封、显字并整理好后，再交给王东周。凡是军事情报的信，都把情报写在信封的里侧，这样不易发现。那时，显字用两种办法：用淀粉汁写的情报就用碘酒显字；用柠檬水写的情报，用火一烤就显出字来。

由于不少情报要及时转苏联国防部情报部，因此将中文情报译成俄文的工作量较大，有时因来不及翻译而影响情报的传递。王东周要我找一个绝对可靠的同志做翻译工作。我和王兴邦商量，他说，在三十六棚的工艺胡同2号有个名叫王式斌的懂俄文，人也可靠。我考察后即向王东周作了汇报，组织立刻批准吸收王式斌参加了反日军事情报工作。王式斌主要由王兴邦与他联系，有时我以“老于”的化名同王式斌见面。

定点侦察

有一天，王东周又布置我一项任务，要我在哈尔滨市周围和市内建立搜集日军情报的据点，及时掌握日军活动和驻军的情报。

松花江尚未开江时，王东周对我说，江北庙台子车站常有日本军用的物资转运，要派个可靠的人去侦察一下。我把这项侦察任务交给了史顺臣。我认识史顺臣是在道里区作“工运”的时候，史顺臣30岁左右，山东昌邑县人，和王东周是老乡，他在道里的一家木器厂作油漆工，右腿有点瘸，但能干善说，人际交往也广，民族意识很强。他接受任务后，就常去庙台子车站侦察日本军用物资的转运情况。不久，史顺臣又介绍了一个叫蒋鸿滨（又名蒋鸿喜）的同乡，他也是个工人，家住滨江站附近，由他负责了解滨江站和三棵树车站的日本军用物资运输情报。他利用到关东军仓库当装卸工人的机会，得到不少日军情报。

有个姓肖的情报人员干了不到一个月就被捕了，正像王东周说的那样，他在政治上是可靠的，老肖被捕后没牵连别人。另外，组织规定凡是国际情报组织的人都单线联系。老肖就认识我一个人，况且他不知我的真实姓名，就是供出我叫“老于”，敌人也不好查找。我记得老肖在《五日画报》社工作，他愿意参加反日军事情报工作，他利用在中东铁路工作的哥哥的关系搜集情报，由我负责和他联系。

大约在1933年的5、6月间，我们准备打入哈尔滨车站。考虑敬恩瑞政治可靠，活动能力强，在征得王东周同意后，通过关系把敬恩瑞派到哈尔滨车站当搬铁道叉的工人。敬恩瑞在哈尔滨车站发挥了重要作用，他一方面搜集日军军运情报，另一方面发展反日军事情报关系，同时还肩负去三十六棚铁路工厂取信的任务。敬恩瑞在哈尔滨工作不久就物色到一个叫汤玉铭的情报员。汤玉铭是哈尔滨车站抄写车号的统计员，通过汤玉铭可掌握所有经过哈尔滨车站的军用列车的离到站时间、车皮数量、运行方向等。1933年上半年，组织看敬恩瑞把哈尔滨车站的情报网建立起来了，就派他去牡丹江市开展地下反日军事情报工作。在敬恩瑞从牡丹江回哈尔滨汇报工作时，他又把在哈尔滨车站工作时遇到的河北昌黎县同乡王成林介绍给组织。王成林是木工，思想进步，经敬恩瑞教育同意帮助搜集情报。王成林的工作对搜集日军情报很有利，车站货运处常有木箱包装的军事物资，需经常检查木箱包装是否牢靠，凡有不结实的木箱都由王成林修理加固。木箱上拴着两个纸扉子，上写有物资名称、番号、数量和目的地，王成林在修木箱时，就把情报搞到手了。这年初冬，敬恩瑞又一次回哈尔滨汇报工作时，发展了赵永庆为情报员。赵永庆住在马家沟飞机场附近，常到飞机场去干活，能及时掌握飞机场的一些情况。

驻在哈尔滨的伪满军第四军管区于1934年7月建立了第四教导队，王式斌通过同学的亲属关系能打入第四教导队，并把这个情况向组织作了汇报。这真是个好机会，于是把王式斌派了去，在第四教导队当文牍。伪满军第四教导队经常接触到伪满军上层机关与日军往来的机密文件及其自身的军事情报，比如讨伐计划、机构编制和军械、马匹、弹药的月报等。那时很少用打字机，形成的文件是用钢板刻写蜡纸或复写。身为文牍的王式斌借销毁蜡纸等底稿的机会，偷偷地把蜡纸底稿留下交给王兴邦和我。

发展外埠情报网

从1933年4月开始，组织把往外埠派地下反日军事情报员和派人去苏联学习的工作交给我。这时大家都把我用的于得水的化名当成了我的真实姓名。

1933 年 5 月中旬，王东周指示我要物色两个可靠的人去大连开展情报工作。史顺臣推荐一个叫李绍剑的，他 20 多岁，在大连卖过丝绸，对那里的环境非常熟悉。经考察，认为可靠，于是派李绍剑和庄景山去大连。

史顺臣在庙台子车站完成搜集日军情报后在同年初秋又把他派往依兰、佳木斯一带开发情报工作。与此同时，我在呼兰师范学校发展姜其明当地下情报员。他和爱人在呼兰借了半间门面房开设文具用品店。呼兰是通往松花江下江一带的必经之路，冬季日军经常用汽车运输军事物资，这些都是我们需要的重要情报。

组织考虑，需要在间岛地区（今延边地区）开展反日情报工作。王东周给我介绍一个叫陈万言（又名陈维哲）的人，他是地下党员、第二师范的学生，我把他派到吉林省海龙镇和朝阳镇去开展地下反日情报工作。他完成任务后，又于 1934 年 1 月初被派往苏联学习。

隐藏电台

1933 年 8 月末，王东周去长春、吉林、奉天（沈阳）、大连等地视察反日情报工作。临行前，让我和杨佐青分别负责与外埠的通讯联络。杨佐青负责与呼海路（呼兰至海伦的铁路）以及洮南、齐齐哈尔地区的反日情报员的联系；我负责和海龙、佳木斯、牡丹江、哈尔滨（包括阿城、呼兰、双城）地区情报员的联络。所谓联络，就是掌握情报员的思想、工作情况，随时对他们进行爱国主义和保密纪律的教育，使他们圆满地完成组织交给的任务，尽量少出或不出漏洞。

有个负责经济情报的地下工作人员张××，他的公开职业是在哈尔滨炮队街和六道街口的一家商店里当柜伙。还有个姓黄的电报生，在哈尔滨小九站一带做事。王东周让我和他俩取得联系。显然他俩原是王东周发展的情报员。不久，姓黄的电报生交给我一部无线电台，从此我们就用这部电台和苏联上级组织联络。到 1934 年冬，组织决定我去苏联学习，但从黄××手中接收的无线电台一时无法安置，正在我拿不定主意的时候，王东周决定先把电台藏在安全地点，等学习回来后再启封使用。于是我恋恋不舍地把这部电台藏在王成林居住的铁路公房的地板底下，那是道里“地包”一带原叫莫斯科兵营的房子。俄国十月革命后，俄国军队撤出莫斯科兵营回国，那些营房后来变成了铁路职工宿舍，在哈尔滨车站工作的王成林就住在这里，当我从苏联学习回国后，王成林住的房子已改换别人居住，没办法把电台取出来，直到1951年哈尔滨铁路局翻盖房子时才被发现。当时哈尔滨铁路公安处的王东山同志调查好久，有人提供线索说可能是我隐藏的，于是王东山用麻袋把电台包好找到我，我一下子就认出正是我隐藏的那部电台。我的证实结束了公安处对这部电台的调查。

虎口脱险

可能是我们的反日情报活动引起了哈尔滨日本特务机关的注意。有一天，在哈尔滨第一中学的布告栏里贴出一张招领挂号信的纸条，这封挂号信正是外埠的情报员发来的，但收信人的名字在一中是没有的，大概日本特务机关发现了这种情况，产生了怀疑，就采取了钓鱼的办法。我看到招领通知后，没去取信，立即通知来信人，以后写信要改变收信人的名字和投信地址。值得庆幸的是没因这封挂号信发生危险。

有一次，在道里十四道街邮局工作的地下情报员付儒林，匆匆跑来找我，说有紧急情况。原来他在拣信时，发现一封寄给特警处刑事课的信，他拆开一看大吃一惊，这是一中某人写的一封告密信，上写：“庄紫封是反满抗日分子，赶快派人去抓，要不快去抓他就跑了……”付儒林看后悄悄把这封信投入了火炉，急忙给我报信，怕出意外。在这种紧急情况下，我来不及通知王兴邦就急忙离开了一中。看样子便衣特务已经注意我了。一天下午，我约王兴邦下课后到道里七道街巴拉斯电影院门前见面，我想通知他也要提高警惕。可是在约会前半小时，我从电影院门前路过，被一个陌生人叫住，我一看这人就断定他是便衣特务。他问我：“是从三姓（依兰）来的吗？”我没回答，有意一转身，正面对着他，神情非常严肃。他看我胸前戴着“特警处”的小证章，立刻点头哈腰地说：“对不起。”没趣地离开了。我不便通知王兴邦这里发生了险情，立刻赶回偏脸子的家，换上棉袍，围上围巾，戴好口罩和眼镜，又返回巴拉斯电影院。当我走到七道街口时，看到王兴邦也被那个便衣特务缠上了，特务一边走还一边问着什么。当他俩走到马迭尔大钟底下时，我放下皮帽耳，乘人多抢上一步，故意撞王兴邦一下，然后不理不睬地走远了。其实王兴邦已发觉被便衣特务盯梢，他机智地甩掉了“尾巴”，转到八杂市，随我进了一个地下室，这是我的一位同乡的住处。我刚张嘴说我被告密的事，王兴邦说已经知道了，顺手从口袋里拿出一本《唯物史观》交给我，书里夹着一份一中训育课的同学录。王兴邦告诉我：“把有你名字和地址的那一页已经撕掉了，免得特务机关来查。”我很佩服王兴邦的机警。王兴邦还告诉我，两天前有两个陌生人到学校找我，传达室人说：“这个学生有好多天没来了。”那俩人二话没说就走了。

从那以后，我没回学校，连毕业考试都放弃了；也没有回偏脸子的住处。

巧设机关

一天傍晚，王东周约我和已从佳木斯回到哈尔滨的史顺臣到八区的老于头家见面。史顺臣管老于头叫表叔，他家也是我们设的情报点。这次见面决定把反日情报组机关转移到松花江北岸的太阳岛边沿地区，以小卖铺为掩护，由史顺臣负责找房子和其他的准备工作。

史顺臣在小九站对面的江北租了姓魏的两间木板房，一个以卖香烟、糖果、面包、香肠、罐头、汽水、白酒等商品的小铺于 1934 年 4 月开张了。我和王东周也住进了小铺。原来由我负责的在市内各通讯点取信和与外埠联系都交给了王兴邦。小铺在每天上午 6 点半到下午 5 点的营业时间还有些顾客，不太忙，比较适合作反日情报组的机关。史顺臣主要在小铺应付门面，还要到江南市内进货。我和王东周则一面帮助卖货，一面轮流到市内接外埠来的关系。上级领导有时也直接到小铺来取情报，遇到这种情况，我和史顺臣就按纪律要求一一避开，由王东周一人接头，取情报人就是借买烟酒、汽水为掩护把情报取走的；王兴邦到江北送情报，则按约定的地点见面把情报交给我。受王东周的指派，我到长春取过情报，还多次去市内与外地情报员接关系。7 月末，王东周派我去市内与一个姓王的学生接头，他是从吉林来的，送来了从朝鲜、敦图线（敦化——图们）、拉滨线（拉法——哈尔滨）搜集来的比较重要的日本军事战略情报。中秋节前，王东周要我去道外正阳街口天泰旅馆与伪满军的校官庄公谋见面，他提供了日伪军在奉天地区军事大演习的计划、地图和重要文件；秋末，也在天泰旅馆，我与齐齐哈尔来的姓王的女同志接头，她是齐齐哈尔地区地下反日情报组织的交通员，她的爱人苏钦臣已去苏联学习，她把有关四洮路（四平——洮南）日本军事运输的日文抄件交给了我。

约在天冷的时候，我们把设在江北小铺的机关迁回市内，因为天一冷，市内很少有人到江北去，失去了掩护，机关只好搬家。一天，王东周派我去金城旅馆与一位从苏联学习回来的同志接头，原来这人正是齐齐哈尔交通员——姓王的女同志的丈夫苏钦臣。他去苏联学习爆炸技术，是破坏日军军事设施不可缺少的专门人才。一见面，他告诉我，是路过哈尔滨，不久即去奉天与一个美国老太太接关系。

赴苏学习

1934 年冬，组织决定我去苏联学习，我心里很矛盾，去的话，新建的电台就得停止工作，不去的话，又失掉了学习提高与敌斗争本领的机会。王东周非常理解我的心情，他说，从长远看，学习是为了今后把情报工作开展得更好，和电台暂时停下来相比还是合算的。最后，王东周决定，我去苏联学习，电台暂停工作。

为了去苏联学习的过境问题，王东周领我去天泰旅馆找从海拉尔、博克图来的斐笑梅同志，他是小学教员、反日情报员。虽然我们不在同一个反日情报组织，但可以跟他以探亲的名义过境。后来，因斐笑梅走得仓促，我们没联系上。1935 年春节的前两天，我单独踏上了赴苏联的征途，除夕夜到了绥芬河，但我迷了路，没能过境。正月初四，我由绥芬河乘汽车去了东宁，找到我认识的伪满国境警察队分队长孟玉林，晚上 9 点钟他把我送过了中苏边境线。

从苏联的伯力到莫斯科后，住在一家 11 层楼的旅馆里。苏联给我调来个翻译，他叫王卓林，原是铁路工人、东方大学的毕业生，主要帮我学俄语，一直陪我到 9 月结业。先是由一位说中国话比较流利的苏联女同志上政治课，再由一些红军教官轮流给我讲军事常识，上军事课有时在别的房子里。大约过了一个多月，我这只有一个人的军校迁到莫斯科郊区辛木克车站附近的红军俱乐部。我去时天气还很冷，俱乐部绝大部分的房间都空着，来休假的军官很少，我在这里除了学习政治、军事常识外，还学习秘密工作中有关的技术。在一名空军军官的指导下，练习操作无线电台、编制密码。最后由军校负责人斯米特讲如何建立地下电台，怎样组织领导地下反日情报工作。这些知识和技术回国后都用上了。由于讲课有王卓林做翻译，时间长了，一般的俄语我也就会说了。这给我后来把汉语情报翻译俄语，以及与苏联情报人员接触都带来了方便。课余时间，游览了莫斯科市郊，到汽车制造厂、飞机制造厂、军事博物馆去参观。“五一”国际劳动节那天，我还应约到红场参观了阅兵式，拜谒了列宁墓。

学习结束后，我又在伯力住了几天，从那里返回绥芬河市，在车站买票回哈尔滨时，看到穿着马靴、黄军装、挎着手枪的日本宪兵踱来踱去，而那些衣衫褴褛背着破行李的中国老百姓，像囚犯一样被赶上车厢，一种强烈的亡国痛、民族恨涌上我的心头，深感反日情报工作的光荣和责任重大。

担起重任

从绥芬河回到离别 9 个月的哈尔滨，还有两天就到中秋节了，“每逢佳节倍思亲”。自从 1932 年冬，我被迫离开山东，家中姐姐早已出嫁，仅有祖母和母亲相依为命。祖母去世后，只剩母亲一人凄苦度日。我不可能告诉母亲，我在哈尔滨的实际情况，只好先说，在哈尔滨上学，后来又说，做买卖。到苏联的 9 个月，为遵守纪律没给母亲寄只言片语，不知母亲如今生活怎样，眼下不管她老人家怎么想，也应该给她写个平安信。当我刚走到叔父家门口，正在门口休息的一个木工武敦儒就高兴地对我说："我大娘从山东来了！"我又惊喜又意外，他说的"大娘"就是我母亲。迈进叔父家门，母亲一看见我，激动得流着泪，老半天说不出话来。叔父、婶母对我说，母亲几个月没接到我的信急得两个月前就随着同乡来到哈尔滨找儿子了。叔父给我们母子腾出一间有七八平方米的小木板房，在一张床旁搭上木板，给我们母子俩用。我和母亲一宿也没睡，躺在床上一直唠到天亮。

这次回到哈尔滨，根据组织的决定，我要接替王东周，担负起领导国际反帝情报组的工作。

我领导的国际反帝情报组，主要在哈尔滨、牡丹江地区开展反日情报活动。首先要在哈尔滨、牡丹江建立健全地下情报站，地下情报员都要有公开职业作掩护；设立电台，物色政治可靠能胜任的国境交通员，保持与上级组织的定期联系。经过 4 个月的紧张工作，情报站建立了。我们物色国境交通员的工作是从 1935 年秋开始的。第一次派蒋鸿滨去苏联，由于道路不熟未能过境。第二次派孟玉林去，这时的孟玉林已脱离了东宁国境伪警察队，准备让他从虎林过境去苏联。1935 年冬，孟玉林混在日本人中乘汽车去虎林中途被抗日联军俘获。孟玉林穿着水獭领的皮大衣，很是阔气，被抗联误认为是日本人。抗联通过组织给孟玉林原籍河北省宁津县去信调查，回信证实他是中国人，不是汉奸，半年后才放回哈尔滨，这时我们才知道发生了什么事。就在孟玉林被抗联误抓期间，又派马相元去苏联。马相元原在密山县梨树镇以打猎为生，身体健壮，朴实勇敢，枪法准，道路熟，多次往返苏联，顺利完成了国境交通任务。唯独地下电台没有建立起来，主要原因是没有收发报员。原打算让和我一起回国的姓王的电报生当收发报员，可他回山东掖县探亲，不知什么原因一直没回来。另外，在我去苏联学习之前，王兴邦曾介绍一位叫赵宗博的 19 岁青年，他是中东铁路电报传习所即将毕业的学生，准备培养他做地下电台收发报员。可是在寒假时，他随同国境交通员去苏联伯力熟悉电台的联系手续和使用电台的方法，要两个月后才能回哈尔滨。如果等上级再派个电报员来，不知到什么时候才能解决。为此，我奉组织的命令，第二次去伯力与莫斯科派来的负责人商讨这个问题。

任务紧急，我于1936年春节前，从哈尔滨乘车去绥芬河。除夕夜，乘客逐渐下车了，一节车厢空空荡荡就剩下我一个人，铁路乘警和日本宪兵来回走动，怀着忐忑不安的心情度过了除夕夜，幸好未被查问。正月初一天刚亮，又有些提着果品点心去亲友家拜年的乘客上车，人一多，我紧张的心情立刻放松下来。这次出境很顺利。下车后，遇到一个姓刘的老头，他准备过境拜年。由于历史的原因，绥芬河一带和伯力边区有不少人有亲属关系，允许互相串亲，而且手续也不麻烦。姓刘的老头答应我“借光”，于是我俩提着果品盒，以拜年的名义顺利通过了国境线。

我在伯力等了近20天，才与莫斯科的负责人接上头。闲暇时，我看望了正在伯力学习的赵宗博同志，得知他的紧张学习即将结束，不久可回国。这样，收发报员的人选就不用另外考虑了。我和莫斯科的负责人详尽研究了反日情报的工作，他送我到边境，由国境交通员带领我从黑河入境回国。

设立电台

赵宗博在伯力学习结束后，由国境交通员马相元以打猎为名护送回国。为不暴露目标，赵宗博独自乘车回哈尔滨，国内运送电台的任务就交给了马相元。当我见到马相元时，他汇报了运送电台的详细经过，从密山过境，用一辆牛车拉装在喂牛草袋里的电台，牛车路过梨树镇附近时，遇上了抗日联军正与日伪军作战，马相元把牛车打发回去，背起藏有电台的草料袋奔向抗联的营地。抗联的哨兵问：“你背的是什么？”“是送给你们首长的东西。”马相元不便对抗联战士直说，只好打了个马虎眼。哨兵带他见到了姓付的师长。当只剩马相元和师长两人时，他说了实话：“我们从苏联弄来一部无线电台，准备运到哈尔滨，请首长给予协助。”师长立刻派了六七名战士，连夜把他和电台护送到牡丹江郊区。马相元把电台交给敬恩瑞，敬恩瑞利用检车工人的方便，把电台藏在工具箱里，安全运到了哈尔滨。

我立即将电台转交给赵宗博，电台就设在发电厂附近他的家中，仅几天的时间就与上级电台联系上了。3 月初的一天早晨，我以电料行外柜的身份和赵宗博在南岗喇嘛台附近接头。没等我问，他就兴奋地说："昨天夜里电台已经和伯力联系上了，声音非常清楚，对方用手摸灯泡都能听得出来。"听到这个好消息，我很高兴，但脸上没表露出来。

情报组有了方便快捷传递情报的电台，显然是好事，但也给情报组带来了暴露的危险。日本特务机关收到可疑电波，一定会绞尽脑汁破获秘密电台。因此，我们不得不和敌人展开一场电波游击战。安设地下电台要选择不影响电波发射方向的地点，四周房子要少，院子要大，更要防止左邻右舍，特别是敌人看出破绽。使用电台的地点需经常变动，收发报时间不能固定，让敌人摸不到规律。

电台第二个工作地点在道外十三道街，由蒋鸿斌找了两间房，因环境不理想，电台工作点不久就搬到沙曼屯去了。电台第三个工作点设在莫斯科兵营南侧，那里住户多，敌人难以查找。两间房加一个大院是史顺臣出面租的，由他表叔老于头带着老伴住，电台工作时，收发报员再去。后来，史顺臣又在顾乡屯大沟南沿租了两间房，房东是开豆腐坊的，房子西侧有个大院，东边是坟地，史顺臣住这里，并在路口摆了糖果摊观察四周的动静，再加上这里没有交流电电源，不容易引起特务机关的注意，所以这个地点很适合地下电台工作。电台的电源好解决，没有交流电电源，可用干电池，但买干电池一是太贵，二也惹人注意，因此我们决定自己制作，我们到顾乡屯电台工作点去，不敢走大道，要翻越一道大深沟。记得 1936 年深秋，有一批日本军队从朝鲜调到苏中边境集结。地下电台发报频繁，电池消耗量增加。我和赵宗博时常背着笨重的干电池，爬过这道沟。那时，赵宗博在绥化车站当售票员，晚上收发报到下半夜，第二天清晨就到哈尔滨站乘通勤火车去绥化上班，有紧急发报任务时，他就找人替班，下午乘火车提前返回哈尔滨做准备工作，一般情况每次发报不能超过 30 分钟。

翻拍情报

我们情报组还搞到一些书面情报，主要是一些重要文件的底稿，这就急需拍成胶卷，再由国境交通员送出去。翻拍程序复杂，我一个人忙不过来，打算找个可靠的人帮忙。我的一中同学姜其明，在呼兰西大街路北开了家照相馆，于是我去了呼兰。我到呼兰姜其明照相馆的当天晚上，结识了一位姓王的摄影师，他也是山东人，不久前在牡丹江宁北站一家日本人开的照相馆当摄影师。王摄影师擅长交谈。王拿出几张照片给我看，还愤愤地说："日本鬼子没人性！"还说，"这几张照片是日本鬼子在间岛、宁安一带强迫中国农民归屯并户时拍的，让我冲卷印片时偷着留了几张。"

我看着照片，真是惨不忍睹：中国农民被撵出家园，村庄被烧光，老人被杀，婴儿被活活冻死在雪地上，被奸污的妇女赤身裸体被刺死……我问他，为什么要留这类照片？他说，日本鬼子惨无人道，留下几张照片，将来总会有用的。我提出要几张照片留作纪念，他同意了。其实，我把这几张照片翻拍成底版，和情报一起让国境交通员带走了。

按约定时间，姜其明从呼兰来到我家，这时，我已从叔父家搬到偏脸子三道街南头，租刘老三家的一间房子，和母亲住在一起。那天晚上，母亲清理好厨房，在窗户上遮好红黑双层布帘，晚上 9 点开始工作。我对姜其明说："翻拍慢一点不要紧，翻拍坏了要返工，一夜完不成任务那要耽误事的。"姜其明回答我："你放心好了，只要把资料顺序安排好，就不会拍坏的。"于是，我递一张，他就拍一张，到半夜 12 点钟，两个胶卷就用完了。冲好第一个卷，一看效果很好，又冲第二个卷，也很清晰，这时，我才放了心。等一切处理完，天已大亮，姜其明匆匆吃了早饭，去滨江站乘火车返回呼兰。我把胶卷交给国境交通员带走了。

奉令转移

1937 年 3 月中旬，苏联派来了第二个电报生"阿列克斯"，代号 41。

从电报中得知他是中国人，名叫张慧忠，辽宁省灯塔县人，1927 年在奉天参加共产党。与张慧忠接头后，建立了电台工作点，由他当收发报员，其未婚妻龙桂洁从锦州里来哈尔滨后，配合他工作。张慧忠介绍了叫崔炳章的铁路检车工人，崔炳章和龙桂洁都是 1934 年参加反日情报工作的。经请示，上级同意这两人成为我们情报组的地下工作员。下午准备派张慧忠去牡丹江建立地下电台时，发生了意想不到的事。1937 年 4 月中旬的一天早晨，王成林突然来报告说，哈尔滨车站的胡翻译被捕。胡翻译不是我们情报组的情报员，但我知道他曾在洮安做过反日情报工作。我担心国际反帝情报组暴露，当天夜里给上级发报请示对策。很快上级组织回电指示：国际反帝情报组立即停止活动，主要成员立即向关内转移。撤离哈尔滨后，我仍按组织的决定从事国际反帝情报活动。我们国际反帝情报组在哈尔滨工作期间，日本特务机关以哈尔滨为中心，我们也以哈尔滨为中心，在东北的十几个城市建立了地下据点搜集情报。由于任务完成的突出，1937 年 2 月，受到上级的嘉奖，荣获一等列宁奖章，还奖励我一块金壳手表。

（韩晓整理）

太阳旗下的小学校

关　平*

1931年九一八事变后，日本帝国主义占领了我整个东北，成立了伪满洲国傀儡政权，在小学和中学里也积极推行殖民地教育，使年轻一代接受他们所灌输的毒素，做规规矩矩的顺民，以便他们肆无忌惮地进行压榨和奴役。现将个人经历和闻见的事实记述如下。

当时，不论城市的或乡村的小学校，操场上都悬挂着太阳旗（日本国旗）。在这里读书的儿童，不知道自己是中国人，只听说是什么“满洲国”人。学校行政要按照日本帝国主义的法规办事；课本也是日本帝国主义指定编写的。孩子们一律要学日语。入学之前一般来说，学龄儿童只要智力能接受一年级的课程，就可以入学了。但是日本帝国主义对殖民地的儿童别有要求：入学时进行口试，老师不是注意他们能不能数数，能不能清楚地回答简单问题，而是注意孩子的衣服和长相。有的提问题也十分奇怪，例如向孩子们提出“天皇陛下在哪儿？”这类离奇古怪的问题。家长为了自己的孩子能够得到入学的机会，不管生活多么困难，也得想办法给孩子做套新衣服。事先还要反复地教孩子说“天皇万岁”“皇帝陛下万岁”。还要认识“满洲国

* 作者时为东北某小学学生。

旗”和日本国旗，教会孩子在听到“天皇”和“皇帝”时，马上作立正的姿势。这些都是孩子们难以接受的，家长们自然也是迫不得已才这样做的。但是地主、奸商特别是什么翻译官、街长、镇长等人的孩子，却不要经过什么口试就可以入学。

上课的时候

我在小学一年级念书的时候，第一节课的印象，直到现在还十分清楚。挤满 80 多名学生的教室里，有的是 4 个人一张桌。大家都像做梦一样，听老师指手画脚地讲我们不懂的大道理。一位姓石的女教师对我们说：“学生就是向先生学，事事要听先生的话。先生说这黑板是长的，你们不能说它是方的，更不能说它是圆的；这就叫绝对服从。懂吗？”同学们一齐回答说：“懂！”

接着，老师就告诉我们：早上一进学校就要给校门敬礼；进教室要给墙上挂的“满洲国旗”敬礼；每天早会要向日本天皇和“满洲皇帝”敬礼。她边说边示范：首先向日本东京遥拜，这是向日本天皇致敬；其次向“新京”（指长春）遥拜，给“皇帝陛下”敬礼。这些敬礼都要求 90° 的鞠躬。她还再三叮咛，对日本“烈士”致哀默祷时，一定不许笑，也不许抽鼻涕或咳嗽；如果犯了这条，轻则罚站、罚跪，重则开除。同学们的脑子里把这些装得满满的，老师写在黑板上的“入学”两个大字，没有学也没有记就下课了。

老师反复地教学生“敬礼”，差不多每天早上第一节课总要重复一遍，他们生怕不能满足日本人的要求；因为学生犯规，不光自身受责罚，还要祸及级任先生。老师课程教得好坏，日本人并不感兴趣。打进老师中间的侦探，专门向日本人报告老师的思想。凡是甘心做汉奸的，哪怕不会教书，整天在课堂上给学生讲笑话，也没有人来过问。

节日和假日

那时候，学校的节日和假日是很多的。可是学生和先生都怕节日和假日：因为不论什么节日和假日，都要在好多天以前就加强奴化教育。学生所受的训练，不是什么有用的东西，只是一些所谓的礼节和仪式，所以都感到过节日和假日是一种苦难。比如3月1日是伪满建国节；4月29日是日本天皇的生日——天长节；5月2日是“康德”访日回銮宣诏纪念日等等。

节日集会，学生要穿学校规定的制服，要求样式统一，颜色、质量一致，不管学生家庭经济情况如何，一律得由学校统一制作。在日本帝国主义统治下的人民生活是很苦的，给学生做一套制服很不容易，往往要靠帮借贷，才能为孩子交上制服费。学生如果不做制服，就会被扣上“违反校规”甚至“对皇上、天皇大不敬”的帽子。而学校又浑水摸鱼在每年学生做制服的时候，利用买布和加工的机会，从中刮一层皮，多数学生领到的制服都是瘦小不合体的。

节日前还要在操场上进行无数次的仪式演习，往往是起早贪黑，练一整天，在烈日照射下，学生不断晕倒。放学铃响过，还是一次又一次地操练，老师的嗓子喊哑了，学生的腿走酸了，如果日籍副校长认为不满意，还是不能回家休息。不光学生，就是华籍校长也要参加排练。我多少次看过他战战兢兢地捧着用黄绸盖着的“诏书”。他用两只手轻轻揭开黄绸子，打开黄色的纸盒，拿出“诏书”一字一字地读起来。学生低着头听，直到他念完才能松口气，抬起头来。校长把“诏书”照原样收好，捧回去，举过头顶，弓着身子，一步一步地向前走。所有这些，都是在日本副校长监督之下进行的，如果有什么地方日本人感到不满意，那么就得重来一次，甚至再演习几次；每次学生都要陪着，立正恭听。谁要在这个时刻打个哈欠或咳嗽一声，就会遭到耳光或被迫下跪。

一到节日，日本先生走在游行队伍的最前面，拿着太阳旗，像司令员指挥战斗一样，全校学生都得听从他的指挥。开会的时候，一切口号、口令，先用日语，后用中国话翻译过来。唱“国歌”是先唱日本的，后唱伪满的；升旗也是日本国旗和伪满“国旗”同时扯起。年幼的小学生在这些现象面前，被弄得糊里糊涂，恍惚莫解。

学生眼里的“好和坏”

上课、开会、老师讲话、校长训话，都离不开“大日本帝国”“友邦”“盟邦”“亲邦”这一类亡国奴用语。“君叫臣死，臣如不死就是不忠；不忠就是不孝。”这些封建的愚民教育，在幼年学生的脑子里逐渐打上了烙印，尽管他们并不懂得这种奇怪的逻辑。

小学生往往爱用最简单的好和坏来评定事物，可是在日本先生的说教下，在中国老师的教学中，他们是无法分辨真正的好和坏的，只有碰到最鲜明的具体事例，才能用自己的智力来判断。日本帝国主义到底好不好？日“满”是不是真正“一德一心”，小学生在殖民教育的蒙蔽下不能了解；可是对日本副校长不分青红皂白地扭打、辱骂学生的行为，是没有一个同学不恨的。在小学生脑子里，日本副校长不是什么老师，他简直是学校里的一只狼。有一次，某小学一个三年级学生，在厕所门上写了“日语不用学，三年用不着”几个粉笔字，就被开除了，他的父亲也被关进监牢。同学们听到这个消息，也是敢怒而不敢言。

白家堡惨案

丛树才　惠连芳等*

1936年7月15日，日本侵略军杀害了吉林省通化县白家堡无辜百姓400多名，制造了骇人听闻的白家堡惨案。1984年重访了这次惨案的幸存者和目击者。下面是他（她）们的回忆口述笔录。

丛树才口述

血洗白家堡子的时候，我们家住在大荒沟上面道北的头一条沟——丛家沟。我们丛家老一辈子是这个沟的占山户。

那时，我们家里住着7口人。我父亲丛德玉当牌长，我姐姐那年19岁，出嫁了。因母亲去世了，为了照顾我们的生活，姐夫王德发和我们住在一起。我哥12岁，我妹妹8岁，我9岁。还有一个老李头，是我父亲的磕头弟兄，常年在我们家待着。头一天，我舅来串门，也住在我们家。

那天（阴历五月二十七日）早晨，天刚蒙蒙亮，我大姐起来生火做饭，就听狗在院子里叫，我父亲到屋外一看，是村子里姓胡的一个小伙子，他

---

* 作者均为白家堡惨案的幸存者和目击者。

说："村长让我告诉你，昨天你们牌摊的民工一个也没去，今天一定要去，日本人不让了。"我父亲答应去催一催。说完，父亲就往沟里走，去催人。姓胡的小伙子就往沟外走，没走多远，狗又咬起来了。这时候，我们都起来了。往沟门一看：日本兵端着上了刺刀的枪，奔沟里来了。姓胡的一看不好，就往山上跑了，我们还听见日本兵喊骂他的声音。

我姐夫年轻力壮，怕叫日本人抓去背给养，从后窗跳出去跑了。我父亲本来想上沟里去派民工，一看日本兵来了，他也跑了，一边跑一边召唤年轻人："快跑，日本兵来抓人了！"

家里剩姐姐、哥哥、妹妹和我，还有舅舅和老李头。我们很害怕，老李头说；"怕什么？咱们老的老、小的小。他们（指守备队）不能抓咱们去背给养。"我们都在屋里待着，日本兵一进院，我舅舅急忙把放在炕上的一个大吃饭桌子立在了坑角上，他藏在了桌子后面，日本人没看见。

日本兵进屋就把老李头拽下了炕，满屋翻绳子，找了些晒烟绳子。就把老李头、姐姐、哥哥用绳子捆起来了，看我和妹妹小，没捆。留一个日本兵赶着我们往沟外走，其余的日本兵又上沟里赶人去了。

在丛家沟门的平地上，有一个姓陈的开了个大车店，日本兵把我们都赶到大车店的院里，在院里架着机枪。我看见老梁家两口子扒开障桦子跑了。

一直等到快东南晌了，日本兵从白家堡子那边赶下来一大帮老百姓。把我们这些人又从陈家店赶来，入了大帮，往大荒沟赶。一路上孩子哭、老婆叫，有病的、上岁数的走不动，日本兵就用枪把子打，用脚踢。

我们早晨没吃饭，饿了。我和小妹扯着姐姐的手，直喊饿。我姑住在大荒沟南门外的道边上，快走到我姑家的时候，我姐小声对我和妹妹说："快上咱姑家要干粮吃去，别叫日本人看见。"我领着妹妹，躲着日本兵，溜出了大帮，向姑家跑去。姑问我怎么回事，我就把经过一五一十地向我姑说了。她拿了些干粮，把我们兄妹俩领到仓房里，叫我俩蹲在两个装粮食的大木头筒子里。她又想去把我姐和我哥救出来，日本兵不让她靠前，姐姐和哥哥都用绳绑着，大帮人过去，我姑哭着回来了。

到了过半晌，就听着东山根一阵一阵地枪响。我姑不敢叫我们出去，怕我们害怕，她到仓房里陪着我们唠嗑。她说：“日本鬼子杀人了，这帮不得好死的，你哥才 12 岁，你姐 19 岁，他们犯了什么罪？”我和小妹听了都大哭起来……

一直到天大黑了，我父亲才偷偷地到我姑家，一边流着眼泪一边告诉我们：今天被抓来的老百姓都被日本守备队杀了，我哥、我姐和老李头，也被杀了。我姑搂着我小妹，边哭边叫着我哥和我姐的小名，哭得死去活来，在场的人都哭了。

父亲怕我们兄妹俩在姑家发生意外，趁着天黑，把我们领走了。在路上，父亲又告诉我们：沟里的孙大娘，因为得了伤寒病起不了炕，叫日本兵用刺刀捅死了。

我姐夫王德发为了报仇，就投奔了抗联。

从清林口述

那时候，我住在丛家沟南边的背阴汀子。全家四口人，我和我媳妇，领一个两岁的闺女。我哥那年 34 岁，没成家，和我一起过。

那年出事之前，抗联在沟里打死了 11 个日本兵，我去抬过“死倒”。

阴历五月二十六那天，我们牌的杨牌长到大荒沟去开了半天会，回来告诉各户，明天都到大荒沟开会，日本人说去开会的人，每人放半月的口粮，回来好盖房子归大屯。谁知道日本人葫芦里卖的什么药？这事，谁也没往心里去。

那天晚上下了一场大雨。第二天一早，我媳妇起来做饭，我去挑水。到了井湾子一看，井湾子叫雨水冲淤上了，我就用手把井湾子扒了扒。一时水浑，没法挑，我就到旁边我的一块菜地里去看看。辣椒缺苗，我就趁着潮乎土补辣椒苗。正补着苗，就听院里有“哇啦哇啦”的说话声。我抬头一看，好几个日本兵端着枪冲进了我的房里，我寻思又是来抓背给养的，就钻进草棵子里躲起来了。我不放心，从草棵子里往外看，看见日本兵从屋里把我哥和我媳妇赶到院子里，我媳妇抱着两岁的闺女。另一个日本兵到朱作田家，把朱作田也赶出来了。朱作田那几天正闹病，出了屋，走了三四步就倒下了，日本兵看他不能走了，从背后捅了好几刺刀，朱作田当时就死了，血淌了满地。

我们上屋的陶玉春跑出去了，我看见一个日本兵进了他的屋，听见他媳妇在屋里“妈、妈”地叫唤了两声。日本兵出来时，刺刀上还有血呢。下屋住的老宋家全家人也都被赶出来了，他媳妇正怀孕，怀里还抱着小姑娘。日本兵把抓的人都往大道那边赶。

等日本兵走了，我先到老陶家，到他屋一看，一炕血。陶玉春回来看他媳妇还有一口气，怕日本人再回来，把他媳妇从后窗背到树棵子里，过了一会儿，他媳妇就死了。

到了晚上，听说我哥、我媳妇和两岁的闺女都叫日本兵给杀了。

为了报仇，我想去投奔抗联，走到半道，又叫日本兵抓去背给养，到了孤山子就病倒了。

邹绍先口述

那年阴历五月二十七那天一早，听说日本守备队要抓人，我就跑到西山躲起来了。太阳到了东南晌，就看见守备队从横虎头沟里往下赶人。有男的、女的，不管老的、小的，都赶到守备队住的大院（现供销社院内）。把门关上后，门外放了岗。

我下了山，就往背阴汀子跑，我父亲头一天上我岳父家串门去了，不知叫守备队抓着没有。那时我刚订婚，我岳父叫宋德玉，他们家五口人，住在背阴汀子。

我跑到半道，遇见了王永胜，他问我干什么，我说去看看我父亲抓没抓走。他说：“你不用去了，你父亲也被抓了。”我说：“你认识我父亲？”他说：“我怎么不认识？你父亲耳朵上长个肉瘤子，叫日本守备队打破了，淌了一脸血。”我一听，眼泪“刷”一下流下来了。我不死心，我还想去看看没过门的媳妇和岳父怎么样了，我一口气跑到背阴汀子。进了岳父家院里，只有满院的鸡、鸭、鹅、狗在叫唤。进到屋里一看，屋里一个人也没有了。我心里一酸，趴在岳父家的炕上好一顿哭……

第二天天一亮，我就和叔叔跑到东山根，想认认父亲和岳父一家人的尸体，归拢归拢。

到了东山根，简直不敢看，有用机枪扫的，有用刺刀挑的，有七八十岁的老头、老太太，有怀抱吃奶孩子，有砍掉头的，有捅破肚子的……真叫人心里难受。我们爷俩含着眼泪挨个扒拉。还没找着一个亲人的尸体，就叫守备队看见了，他们把机枪架在守备队大院门口，朝我们开了枪。我叔叔赶忙拉着我钻了树棵子，奔了东山。

韩相久口述

我今年 81 岁了。日本鬼子在我们屯杀人那年，我才 30 多岁。

那天（阴历五月二十日），听说抗联在沟里打了日本守备队，心里挺解恨。下半晌的时候，村里派人找我，叫我去给被打死的日本兵做棺材。我说：“日本人的棺材我没做过，不会做。”看我不去，那人就回去了。过了一会，那人领着李翻译来了。李翻译吹胡子瞪眼，说话骂骂咧咧的，他说：“不做不行，小心你的脑袋！”逼我拿着工具，跟他上守备队院里。又找了几个半拉木匠，我掌尺，一共做了 33 口棺材。先做了 11 口大的，5 尺半长，装上尸体，浇上汽油烧了。又做了 11 口中号的，半米长，他们用这个中号的装上骨灰，埋在守备队大院东头。最后做了 11 个小号的，每个 30 公分长，听说是用它装骨灰送往日本。

过了几天，警察署的署长（他叫赵德清）叫我上白家堡子下头去盖分所，他说：盖好了分所，好在那归大屯。阴历五月二十六，屋里的（妻子）给我收拾了行李，准备好吃的，打算第二天天放亮就走。那天晚上下雨，天快亮了还打雷，屋里的说：“天下雨，去也不能干，别去了。”我就没去。

第二天一早，就看见守备队往沟里走，全副武装，不知是干什么，有人说是去抓人背给养，有人说是去赶人开会。年轻的都跑了，我没跑，仗着我会木匠活，我想：你抓我背给养，我就不能去盖房子。

吃完饭我就去老丈人（岳父）家，想探听探听是怎么回事。我老丈人住在大荒沟街里，他叫王明信，当个小牌长（管十几户人家）。听他说，日本人头一天晚上就收绳子，猜摸着是上沟里去抓人，抓人干什么就不知道了。正和我老丈人唠嗑，村里来人叫他派人去遛马。年轻人都跑了，没跑的也上山干活去了，找谁遛？我说我去遛。

这马，是守备队的，我牵了三匹。特意往横虎头沟里走，想看看守备队究竟干什么。越过山头，刚过丛家沟，就看见守备队赶着老百姓往下走。一条绳子绑几个人，大人大部分都上了绑，小孩子没绑，跟着大人走。

大帮人过来了，我牵着马站在道当央。我看见张文财经过我身边，他没绑，我顺手把一匹马的缰绳递给了他，给他使了个眼色，他就明白了。他假装是和我一起遛马的，等大帮人过去了，他顺着山道跑了，临走时直谢我。

我牵着马往回走，看日本守备队把这帮老百姓赶进守备队大院，我也牵着马进了大院。他们知道我是木匠，不叫我走，叫我和一个姓郑的木匠钉厕所。

我们在钉厕所的时候，就听见上屋里打人的声音。守备队的官叫山口，他哇啦哇啦直喊，李翻译直逼问："抗联在哪？""谁通匪？"没听见被审问的人回答。后来，从屋里推出来八个人，叫守备队打得满身是血，这八个人就是头一天被抓来的。当着老百姓的面，李翻译说这几个人"通匪"，眼看着日本守备队用刺刀把这八个人挑死了，把小孩吓得嗷嗷直叫唤，妇女们都哭了，老百姓恨得直咬牙。李翻译叫警察把这八个人的尸体拽到后院。看到日本守备队这样杀害中国老百姓，我心如刀绞，赶紧钉完厕所，就离开了这个大院。

张秀梅口述

那年我21岁，日本杀人的事，我是亲眼看见的。

抓人那天早晨下了一阵雨，雨停了，日本守备队就往沟里走。

我和爷爷赶着猪上了东山。东山顶上，有个我们家的老房场。我爷爷看着猪，我就收拾那个房场，准备种秋菜。

到了傍晌的时候，我在山上看见日本守备队从沟里赶着一大帮人，往大荒沟村子里走。这时候，大荒沟村里年轻力壮的人都往西跑，趟过河，奔了西山。快晌午时候，我也饿了，想回家。爷爷说："守备队什么事都能干出来，咱们别回家了。你年轻，腿脚好，你先跑吧。"我说："我不能扔下你跑了，咱们在山顶上，看见日本人来了，再跑也赶趟。"我们俩挨着饿在山上躲着。

过晌的时候，看见日本兵从守备队院里出来，在东山根放了岗，在半山腰还架了机枪。不一会，就看见从守备队院里赶出来一帮老百姓，押到了东山根。那地方原来是乱坟岗子。我在山顶上看见老百姓在日本兵跟前一个一个地倒下了，也没听见枪响。我问爷爷："枪没响，人怎么一个个都倒下了？"爷爷说："那准是被日本人用刺刀捅死了。"刺了一帮，又赶出来一帮，一帮能有四五十人。我和我爷爷气得直跺脚。

到了日头偏西的时候，从守备队院里又赶出来一大帮，有100多人，在山顶上就听见小孩的哭声和日本兵喊："快走！快走！"的声音。乱坟岗子站不下。有的站在苞米地里。这回听到了枪声，是用机枪扫的，老百姓一面子一面子倒下了。我爷爷咬牙切齿地直骂日本兵。爷爷说："回家赶紧把猪卖了做盘缠，你回山东老家吧，这不是人待的地方。"

后来又听见日本兵给没死的人补枪的声音，直到日头下山了，守备队才收兵回去。

我们一直等到天黑黑的才赶着猪下山，走到杀人的地方，猪都不往前走了，我们爷俩绕道回到了家里。

第二天，警察按户派人去埋被杀的老百姓。先挖了七八个大坑，每个坑都有一个警察记数，埋完了后，他们核的总数是374人。

到了秋天，树叶落了，在树棵子里经常看见一堆一堆的尸骨，这些都是受了重伤当时没死的人，爬出去一段后又死了。加上这些没算数的，被杀害的老百姓总共有四百多人。

惠连芳口述

我是白家堡子惨案幸存者，那年我11岁。那时候，我们家正住在白家堡子。全家6口人，有父亲、母亲、两个哥哥，一个嫂子和我。

我的两个哥哥，前些日子就叫警察署抓到柳河孤山子修铁路去了。

就在惨案发生的头天晚上，我大哥从孤山子跑回来。我妈对我大哥说："今晚你别在家睡了，这几天风声挺紧，听说今天早晨还抓了二三十人押在警察署院里，你先到山上躲一躲吧。"吃了晚饭，我大哥就去山上的人家躲着去了。

我们家离大道近，我妈叫我去上屋老王大娘家躲着。那天晚上下雨，一直等到很晚了，约摸不会出什么事了，我哥和我又都回家了。

第二天早晨，我妈下地做饭，就看见日本兵往横虎头沟里走。我妈赶紧招呼我爹和我哥："你们爷俩还不快跑，日本守备队来了！"我爹和我哥钻了树棵子奔山上跑了。我妈又对我说："快上你老王大娘家躲躲吧。"我脸也没洗就往老王家跑。到了老王家还没等藏好，日本兵就跟进来了。日本兵比划着叫老王大娘往外走，老王大娘说："抓我这么个老太太干什么？"她不走。日本兵就用脚使劲踹她，把她推到院里，把我也赶出来了。

我往我们家的院里一看，妈和嫂子也叫日本兵赶出来了，日本兵用枪把子打我妈，我一边哭一边跑，奔我妈去了，嫂子跟在我妈身后哭，就我妈没哭。我们娘儿仨被赶进了大帮。白家堡子在家的人全都抓来了，押着往大荒沟走。路上遇见人就抓，不管是串门的，还是走道的。

到了守备队院里，就把大门关上了。院里的日本兵端着枪，上着刺刀，明晃晃地怪吓人。旁边还架着机枪，对着院里的老百姓。院里挤得满满的，有的绑着，有的没绑。天下了一阵雨，衣裳淋湿了。我又饿又冷，我嫂子冻得直打哆嗦，我妈脱下来一件衣裳给我嫂子披在身上。

不一会，从上屋推出来一些人，身上打得血淋淋的。我害怕，躲在我妈的身后，从我妈的胳膊缝里偷偷地往外看，看见这些人中有我们邻居王大爷。日本官（后来知道他姓山口）对着大伙哇啦了一阵，李翻译又说了一遍，意思是他们“通匪”，把他们处死。大院的东南角上有拴马桩，拴马桩底下放着板凳子。日本守备队把他们架上了凳子，把绳子一头套在他们的脖子上，另一头绑在拴马桩上，然后，把凳踢倒，他们就活活地被勒死了。王大爷的舌头伸出挺长，把我吓得使劲搂着我妈，院里的小孩都吓哭了。

下午的时候，守备队把抓来的人一批一批地押出大院，没听见枪响。后来听说，那几批都叫守备队用刺刀给挑死了。到了日头快下山的时候，日本守备队把院里剩下的老百姓都往外赶，有些人不走，日本兵就用刺刀捅。80多岁的张老太太，坐在地上不起来，日本守备队当时就用刺刀给捅死了。

到了东山根，看见了先前那几帮老百姓都死在乱坟岗子上。我们这帮人多，乱坟岗子站不下，就站在旁边的苞米地里，苞米苗挺高了，都给踩倒了。旁边的日本兵端着上了刺刀的枪，山腰上还架着机枪。我妈一手拉着我嫂子，一手拽着我，脸朝山站着。有的人想跑出去，一跑，就叫日本兵开枪打倒了。还没等对我们开枪，我妈把我拉到她的前面，等机枪一响，我就什么也不知道了。

我苏醒过来的时候，就觉得肋巴火辣辣地痛，我用手一摸，是肋巴受了伤，直淌血。我爬起来，看见我妈的脑袋炸碎了，我嫂子炸开了半拉肚子，日本兵多狠，用的是“炸子”。我跪在地上，抱着我妈的尸体痛哭，一边哭一边说：“妈呀，你不管我啦？我可怎么活呀……”

正在我哭的时候，听到那边一个小孩叫我：“姐姐呀，你也没死啊？咱俩一块跑吧！”我听声音是老关家的小子。他走到我身边，拉着我的手说：“别哭了，姐姐，快跑吧！”我们俩顺着苞米地往东跑，走到半山腰的时候，我掉到大沟塘子里，不省人事了。等我又苏醒过来的时候，喊姓关的小孩，怎么喊也听不到他的回声。那沟很深，爬了好半天才爬上来，等我上来的时候，姓关的那个小孩已经走了，我再也没见着他。

爬过了岭就是小蚊子沟，我遇到一位老大爷，我问他上白家堡子怎么走，他说：“孩子，你才从死人堆里逃出来，你可别回去，叫日本人再抓住，可就没命了。”他要留我先住下、我不听，一心想回家看看。

我顺着沟往下走，一直走到河套，在河边上洗了洗脸，歇了一会儿，又顺着小河往上走，遇到了小桥，知道快到家了，爬过了桥，伤口痛得我直不起腰来，我一步一步地往家爬。也不知爬了多长时间才到家。进门一看，屋子里空荡荡的，没有一个人影，只有小猫还趴在炕上“咪、咪”地朝着我叫唤。我想起了死去的妈妈和嫂子，心里就像堵上块石头，我爬上了炕，打着滚放声大哭起来……

（辛愚圣整理）

杀害抗日英雄赵一曼的经过

［日］大野泰治*

1936年春，我在哈尔滨任伪满洲国滨江省公署警务厅特务科外事股长。当时哈尔滨的日本情报机关为了寻找所谓苏联通过中国共产党“搅乱”伪满洲国的事实，加强了北满的情报网。

同年2月，召开了省公署所属27县的警务指导官会议，讨论有关情报问题。我提议“对捕获的抗日干部应进行更加彻底的审讯”。珠河县的首席警务指导官远间重太郎当时说：“珠河县正押着二十余名同共产党有关系的人，因为警务人员正忙着进行焚烧民房的事务，没有功夫去审讯。要是警务厅能派人去审讯就好了。”一周后，特务科长命令我去审讯，我就带着翻译（朝鲜人）出发了。

为了阻止抗日军的活动，日军企图把珠河县城周围几公里的地方变成无人区。当时驻珠河县的一个日军中队加上县警察队的八十余人，除每天进攻抗日联军第三军赵尚志部队外，另一任务就是焚烧和平居民的住宅。远间同参谋官天野义光隔日轮流指挥警察队执行这个任务。

我到珠河县一个星期后的一天下午5时左右，远间率领警察队回县公

---

* 作者时任伪满洲国滨江省公署警务厅特务科外事股长。

署，我出门迎接他们时，看见他们押着一辆牛车，车上有两个妇女。远间指着躺在车上的那个妇女，向我报告说："这个女人是在蚂蚁河畔战斗后从民宅跑出来的，被某警长开枪打伤了，由于用的是七九步枪子弹，伤口很大，流血过多，把她解往省城，路上有丧命的可能，我们把她连同俘虏一同解来了，请快些审问吧，免得她死了。"

这个妇女穿着一件黑棉衣，腰下被血染着，脸伏在车台上，一个十八九岁的姑娘坐在她的身旁照料她。伤者头发散乱，大腿的裤管都被血灌满了，在不断往外渗。

我担心她马上死掉，得不到口供，从而失掉可能的情报，急忙走到她的身旁，叫喊道："起来！"她从容地抬起头来看着我，看见她那令人望而生畏的面孔，我情不自禁地倒退了两三步。我让远间找个适当的审问场所，远间同县公所的翻译詹警卫商量之后，决定在马料房的高粱垛上进行。从审讯中，知道她叫赵一曼，27岁，在妇女抗日会工作，家庭是个富户，本人受过中国女性的最高教育。在回答以上这些问题上，她态度坦然，答语明快。当问她关于赵尚志部队的事时，她回答："关于抗日联军的事，我不知道。"

我问她是不是共产党员，在党内是什么地位。她回答说："我同共产党没有关系。"我问她："为什么进行抗日活动？"一听这问题，她一下子提高了声调，做了义正词严的回答，与其说是回答我的问题，不如说是对日军的控诉。她说："我是中国人，日本军侵略中国以来的行动，不是几句话所能道尽的。如果你是中国人，对于日军目前在珠河县的行动将怎样想呢？中国人反抗这样的日军难道还用得着解释吗？我们中国人民除了抗战外，别无出路。你们日本人口蜜腹剑。"接着她就"日本军是保卫中国不受他国侵略""日满一德一心"是"兄弟之邦"等问题做了揭露。她那种激愤之情，在我看来简直不像个身负重伤的人。她对日本军固然很义愤，但讲得有条有理，使人一听就懂。当翻译把她的话向我翻译时，赵一曼就盯着翻译的嘴，生怕她翻译不全似的，翻译完了又继续讲，滔滔不绝，确是个有口才的人。我不知不觉地成了她的宣传对象了。我就说："好啦，别扯这些闲话了，老老实实地回答我的问题就够了。"阻止她再往下谈。从她的谈话内容和态度上看，我觉得她是一个了不起的人物。我到远间的宿舍里去，远间正在洗战斗的尘污。我对他说：“喂，可捉到一个了不起的人了！”远间说：“是嘛！是怎样一个人啊？”我说：“还不太清楚，但是从教育程度上看，从讲话的态度上看，我认为是个在中共里占有重要地位的人。”远间问：“那么，她的生命怎样呢？”我说：“问题就在这里，对这样强硬的女人进行审讯可不那么简单，若是听凭她死掉，我们就立不了功啦。总之，最好找一个高明的大夫来。”远间吩咐仆役唤来一个警察队员，叫他去找大夫。

我又回到赵一曼那里去审讯。还没等我张口，赵一曼就指着照料她的那个姑娘对我说：“这个姑娘是我临时藏身的那户农民的孩子，当时因为吓慌了，才同我一道往外跑，没有必要把她拉到我的案子里来，而且她的家里肯定在惦念她。请你们把她放回去吧！”我冷笑着说：“要是把这个姑娘放回去，谁来照顾你呢？你好好地回答问题，回答完了，我打算让你们一道回去。”赵一曼说：“这个姑娘同我的问题不一样。”她固执地要求把这个姑娘释放。我本想把这个姑娘关押到另外地方去，但又考虑到在得到情报前，不能让赵一曼死掉，还需要让这个姑娘看护她。“这件事要由我们来决定。”说着我就用鞭梢挑了一下她的伤口，“这是干什么？”赵一曼瞪了我一眼，把包扎着绷带的手慢慢地伸出来。

我又用鞭子戳了一下赵一曼的伤口，只见她身子抖了一下，脸上露出了忍痛而愤怒的表情。这时候待在她身旁的那个姑娘跳起来护着她。我命令旁边的警士把那个姑娘拉出来。我说：“看样子你有点发火了吧？我不是为了听你那套话来的，你不说，我也会让你说出来的。你先把你的共产党的身份说一说吧！”在我这样威胁下，她从容地回答道：“我没有什么中共身份，强迫一个人说自己不知道的事情，未免太蛮横了吧？你说我是共产党员，你把证据拿出来！”她除了承认做妇女工作以外，其他什么也不说。于是我就用鞭子抽她的手，她干脆不说话了。

大夫来了，我把大夫领到外边去，命令他：“这个女人，不管怎样也不能在这里死掉，必须把她解到哈尔滨去，希望你能尽一切力量，保证她还能活 10 天。”大夫给她注射了两针樟脑液，检查伤口后，对我摇摇头说：“她流血太多了，非常衰弱，要保证她活命恐怕办不到。如果能度过今天明天，那再看吧。”我说：“不管花多少钱，也要保住她的性命。总之，这是你的责任，有必要的话，到明天早晨，就守在这儿给她治疗吧。”对我的强迫命令，他脸上露有难色，但还是服从了。

第二天早晨，我又到赵一曼那里去进行审讯，警士告诉我，夜里给她打了三针。

在审讯中，我用了多种手法，进行了各种尝试，甚至不顾她的伤势，施加残酷的拷打，可是她一直没有改变态度，赵一曼在痛楚中也没有缄默，她对我说：“与其喊叫，要我别隐瞒自己的行动，倒不如用这里的事实来说明什么是正当的，什么是不正当的。比如，不管你们抱着什么目的，给负伤的人治疗，总是正当的，可是对一个重伤的俘虏用刑不能说是正当的吧。日本人这样杀害我们的同胞，恐怕是难以计数的。”我叫喊道：“别说了，你说在战争里杀人是坏事情吗，你这是胡说。”同时我心里想，对这个女人用刑是得不到什么的，不如先从周围的多数人来调查她的行动。于是决定把当时县公署拘押的二十余个人陆续地提出来审问。

从早到晚，为了审问到赵一曼的材料，增加了四五名警士和翻译。我不择手段地施用毒刑，但是这些人里没有一个了解赵一曼的。我对翻译说：“她的工作做得可真彻底呀，怎么会连一个人也不了解她呢？把那个胆小鬼提来，再试一试看。”于是把一个三十多岁的矮汉子提来，进行第二次刑讯。我命令警士把他捆在门板上，给他灌凉水，凉水把他的肚子灌得鼓鼓的，又往他的肚子上浇凉水，还用破烂布抽他的嘴，让他感到难以忍受的痛楚。在重刑下，他提供了赵的一些情况：“她是个工作员，经常从这个堡子到那个堡子，召集堡子里的群众讲话，把他们组织起来，指导他们团结一致，进行抗击日军的斗争，比如，怎样侦察日本军的行动；怎样向组织方面报告；怎样协助抗联军等等，她都做过指示。她几乎是独来独往，走起路来飞快，比抗日军还快。她一来，堡子里的人立刻就集合起来，听她讲话，然后根据她的指导行动。”我又问：“在押犯里还有谁了解她？”经过再用重刑，他指出一个人来。我说：“不是大家都了解她吗？”又给他上刑，他略微寻思了一会儿说:“不知道。”其他的话再也问不出来了。

我把他指出来的那个人提出来用重刑，经过几次拷问，他供出:“赵尚志部队的干部在我们的堡子里开过干部会议，我出来进去端开水，照料会场内外，看见赵一曼也出席了。看样子，她同赵尚志的地位一样，其他的团长的意见，如果她表示反对，总是听从她的。”我听他说完了这句话，又给他上刑，我说:“你以为把她说成是个了不起的人物就可以混过去了吗？你这个东西也太狡猾了。”我命令警士:“给他灌凉水。”他说:“别灌了，我说。我没有说谎，她是县委，握有领导的权力。”听到这儿，我心里想，“会慢慢地说出来的”，于是又给他用刑，可是他说了上述那几句话后，又想了一会儿，只说:“我不知道了。”

我从这 20 个人的刑讯中，还不能肯定他们哪些口供是可信的。赵一曼是县委还是其他什么样的人也不能确定。我的结论是:“赵一曼是一个以珠河为中心，把三万多农民坚固地组织起来的中心指导者。这一点是可以肯定无误的。”

俘获赵一曼的第三天，从哈尔滨来了两名宪兵。他们来到县公署，对我说:“听说你们逮到一个了不起的女人。”我就把他俩带到赵一曼那里去了。宪兵用笨拙的中国话问她，她什么也没有回答，只是用愤怒的眼睛瞪着他们。宪兵失望地看了一眼翻译，一点儿东西也没有得到。

从这里我觉得，我那样的审问方式对她是无效的。我以为既然逮到了，总要想法子让她对抗日组织起破坏作用，从而给自己取得功绩。我怀着这样的野心，决定把她解到哈尔滨去。我对赵一曼说:“今天就到哈尔滨去。”赵一曼说:“就是到哈尔滨去，也不想活下去。”接着她又寻思了一会儿，说道:“在未走以前，请你们把那个可怜的姑娘开释了吧！叫她伴着我去哈尔滨可不行。”对她的顽强态度我简直无法应付，只好把那个姑娘释放了。珠河县派了三名警士同我和赵一曼一道坐火车去哈尔滨。到哈尔滨后，我们把她关进伪滨江省公署警务厅的地下看守所里。

特务科长山浦公久、特高股长登乐松（日本宪兵将校出身）、特高股长警佐大黑照一（这个人是我当上高知县巡查以来十余年的好友）连同我一共

4个人商讨怎样处置赵一曼。我详细报告了审讯经过以后，提出了如下的意见："押起来，给她治好伤，当作破坏抗日组织的反间用。"大黑反对，说："这样顽固的女人，要想把她当反间用，办不到，而且伤那样重，还是杀了为妙。"大黑所以反对我的意见，是因为担心我负的责任太大。谈来谈去没有结果。我又说："其实，利用她，还是利用别人，都可以。总而言之，我们握有利用她的自由，如果利用得妙，比杀几百个抗日军效果还大呢。"山浦科长耐心地听罢我的解释，做了如下的决定，说："治疗所需的必要费用和监视的责任由大野（指我）来负，就这样，把她先看押起来吧。"

我把治疗赵一曼的枪伤的事，委托给当时警务厅卫生科长王亚良（留学日本的大夫），由于伤势太重，他感到为难。又请白俄外科大夫来看，他说不施行手术是没有希望的。可是赵一曼顽强地拒绝，她说，与其锯了她的腿，不如把她杀掉好，我十分为难。我又同上述的那几个人商量，决定把她送到市立医院的治疗室去，由哈尔滨警务厅派几个警士到那里监视。

我因为担负着监视的责任，几乎每天或隔一天派外事股的翻译黄嘉时到病房去看看。

市立医院给她照了爱克司光片子，大腿骨碎了，碎骨片散乱在肉里。我当时曾在片子上数过，还记得，散乱在肉里的碎骨片一共有24块。大夫诊断："若是把大腿锯掉，治疗的时间会短一些，若是不锯掉，身体不发烧，顺利地度过去，也许会僵化的，僵化之后，只不过腿略微短一些。"由于赵本人坚决反对锯腿，就决定这样治疗了。我也想到，她拒绝锯腿，是不是企图逃走呢？就极力劝她锯掉，无奈她断然反对，也就不能强制了。

我负责执行监视的期间，大约有两周。当然我一直考虑继续审问她，把她当反间来利用。

有一天，我问她："伤治好了以后，你打算怎样呢？"赵一曼说："反正你们不能放我，如果我的伤治好了，我愿意做负伤的警察队员的看护妇。"我嘲笑她说："你这是说胡话，若是叫你当看护妇，警察队会全部叛变的。"我恐吓她："你把我当成傻子，那你可就打错算盘了。"

几天之后，她在一个纸片上写了一首诗，交给我，我拿去问省公署的翻译黄嘉时："写的是些什么？"黄看了看，直摇头："我看不懂，保安科长是个很有学问的人，拿给他看一看吧。"我拿给当时的保安科长吴奎昌，对他说："你看写的是什么？"他略微一看说："这是谁写的，写出这样诗的人，可是个有学问的人呀！"他接着对诗意做了解释，大意是为了中国人民的解放，立志抛了家，现在落到敌人的手里，今后怎么战斗下去才好呢？看起来是抒发自己的感情的。我看她写的字非常锋利。我当时曾把它保存起来，后来遗失了。

大约是把赵一曼解到哈尔滨后的两周，我被调到长春检察官事务所受训去了。离开哈尔滨的时候，我到病房去了一趟，我记得那时候她还不能坐起来呢。两个月受训终了，我转调到阿城县，去阿城之前，我看见赵一曼已经能拄着拐杖在院子里散步了。

我到阿城不久，从报上看到："赵一曼在监视的警士和看护妇的援助下，从医院里逃跑了，在逃跑途中又被哈尔滨警察厅逮住。"

后来，特务科里的人又把赵一曼从警察厅引渡到省公署警务厅，关在地下室里。

以后我见到大黑，他对我说："你让一个了不得的人活下去，结果呢，她同警士和看护妇结成一伙，逃跑了。"我说："我到阿城去的时候，也想到，她的腿好了，必须改变监视的方式。怎能这样说我呢？对一个能组织起三万多群众的人，就应该考虑到她会把警士和看护妇拉过去，失败的原因是把同一个警士和看护妇留在她身边的时间太久，而没有调换。"大黑说："好在是把她逮住了，若是让她逃回原来的地方，不知道将有多少日本人被杀掉呢。我们是受了一次骗，凡是叫共产党的人，我认为杀了是没有错的。"从这些话里，也可以看出赵一曼这个人的侧影了。

此后几个月，我因病回日本休假。从日本返阿城任所时，路过哈尔滨，住在大黑的家里，问起赵一曼，大黑的一个同乡森口作沼（当时正在大黑部下当警副）对我说："赵一曼和周百学被引渡给宪兵队杀掉了。为了让大野先生知道杀她们的情况，我要股长让我到现场去。这两个人是戴着手铐脚镣，由四五名宪兵押解来的。他们坐载重汽车到枪杀中国人的郊外。从汽车上下来就让他们坐下。上级宪兵（大概是准尉，我记不太清了）对他们说：‘还有什么说的吗？’周百学说：‘我死后，要到母亲那里去，戴着脚镣子走起路来不方便，给我把脚镣取下来。’宪兵苦笑着把脚镣取了下来。接着又问赵一曼：‘你有什么话讲吗？’赵一曼说：‘没有什么说的了，不过我家乡还留有一个女儿，如果能把我的话传给她，就这样传吧：母亲为了抗日运动，不能留在你身边教育你，但是代替这个的，是母亲用实际行动给你指明了应该走的道路。仔细地认清母亲的行动，不要走错了路。’这时候宪兵里的指挥者对已经举枪待放的 4 名宪兵下令：‘开枪！’枪声响了，两个中国共产党人倒下了，他们态度从容，毫无惧色，令人震惊。”